လူသားများကို ကုစားခြင်း

အချိန်ပေးခြင်း၊ ထိတွေ့ခြင်း & စကားပြောခြင်း

Richard Cohen, M.A.

TTT Press

Bowie, Maryland

TTT Press
P.O. Box 2315, Bowie, MD 20718
Tel. (301) 805-5155
Fax (301) 805-0182
Email:TTT@TimeTouchandTalk.com
Web: www.TimeTouchandTalk.com

ဒီထုတ်ဝေမှုဟာ တိကျပြီး ခိုင်လုံတဲ့အချက်အလက်တွေကို ပေးဆောင်ဖို့အတွက် ရည်ရွယ်ထားပါတယ်။ ထုတ်ဝေသူဟာ ဥပဒေရေးရာ၊ ဆွေးနွေးလမ်းညွှန်မှု၊ ဆေးဘက်ဆိုင်ရာ ဒါမှမဟုတ် ကုထုံးဆိုင်ရာဝနဆောင်မှုတွေမှာ ပါဝင်ခြင်းမရှိဘဲ ဒီစာအုပ်ကို သဘောပေါက်နားလည်ရုံနဲ့ပဲ ရောင်းချရတာဖြစ်ပါတယ်။ ဥပဒေရေးရာ၊ ဆေးဘက်ဆိုင်ရာ၊ ကုသရေး ဒါမှမဟုတ် အခြားကျွမ်းကျင်သူ အကူအညီလိုအပ်မယ်ဆိုရင် အရည်အချင်းပြည့်မီတဲ့ပညာရှင်တစ်ဦးရဲ့အကူအညီတွေကို ရယူရမှာပါ။

အခြားသူတွေရဲ့အကျိုးအတွက် မိမိတို့ရဲ့ဇာတ်လမ်းတွေကို လိုလိုလားလားမျှဝေပေးသူတွေရဲ့လျှို့ဝှက်ချက်တွေကို ကာကွယ်ဖို့အတွက် နာမည်အများစုကို ပြောင်းလဲထားပါတယ်။

Cover design: Roland Owusu-Tabi / www.rolgh.com
Book layout design: Lisa DeSpain / www.book2bestseller.com
All photos: www.iStockphoto.com
All charts, drawings, and diagrams: www.Fiverr.com
ISBN 979-8-9870260-2-1
Printed in the United States of America

Library of Congress Control Number: 2019904078
Cohen, Richard, 1952, October 15
Healing Humanity: Time, Touch, and Talk
ISBN 979-8-987060-2-1
1. Self-help
2. Psychology
3. Sexuality

အပ်နှံခြင်း

ဒီစာအုပ်ကို အရင်ဆုံးဘုရားသခင်ထံအပ်နှံပါတယ်။ ကိုယ်တော်ဟာ ကျွန်တော့်ကို အသက်ပေးတော်မူတယ်။ ကျွန်တော့်အသက်ကို ထပ်ခါထပ်ခါ ကယ်တင်တော်မူခဲ့တယ်။

ဒီစာအုပ်လေးဟာ သစ္စာရှိပြီး ချစ်ရဇနီး Jae Sook နှင့်ကျွန်တော်တို့ရဲ့ အံ့သြဖွယ်အရွယ်ရောက်ပြီးသား ကလေးသုံးယောက်ဖြစ်တဲ့ Jarish၊ Jessica နဲ့ Alfred တွေကိုလည်း ဂုဏ်ပြုရေးသားပါတယ်။

တစ်ခါစိတ်အားထက်သန်ပြီး မယုံကြည်နိုင်လောက်အောင်ပင်ကောင်း သောဘုရားသခင့်လူတွေဖြစ်တဲ့ Pastor John & Trina Jen- kins, Bishop Alfred & Susie Owens, Pastor Keith & Vicki Battle, and Pastor Ron & Brenda Crawford တွေကိုလည်း တလေးတစားဂုဏ်ပြုပါတယ်။ သူတို့တွေမ ရှိရင် ဒီစာအုပ်ကို ဘယ်လိုမှထုတ်ဝေဖြစ်မယ်မဟုတ်ပါ။

စာမူကို အကြိမ်ကြိမ်တည်းဖြတ်ရာမှာ မိမိတို့ရဲ့တန်ဖိုးမဖြတ်နိုင်တဲ့အ ချိန်တွေကိုပေးပြီး ကူညီပေးကြတဲ့ ချစ်ရတဲ့သူငယ်ချင်း Phillip Schanker နှင့် Mary Hamm တို့ကိုလည်း အထူးကျေးဇူးတင်ရှိပါတယ်။ သင်တို့နှစ်ဦးစလုံး ဟာ အမိကပုဂ္ဂိုလ်တွေဖြစ်တယ်။ သင်တို့အပေါ်ကျေးဇူး တင်၍မဆုံးနိုင်ပါ။ ဒီစာမူကို အကောင်းဆုံးဖြစ်အောင် ဖတ်ပေးသူတွေဖြစ်ပါတယ် Lily Oliver၊ Kari Clewett၊ Xan Woolsey၊ ShehabEldeen Elhawary၊ Pilar Schanker၊ Caleb Brundidge၊ Wenda Fry နှင့် Jae Sook Cohen အဖွဲ့တွေကိုလည်း ထပ်လောင်းကျေးဇူးတင်ရှိပါတယ်။

ဒီစာအုပ်ကို စာဖတ်သူတွေဆီအပ်နှံလိုက်ပါတယ်။ အချိန်ပေးခြင်း၊ ထိ တွေ့ခြင်းနှင့်စကားပြောခြင်းဖြင့် ကမ္ဘာကြီးကို ကုစားနိုင်ဖို့အတွက် လက်ချင်း ချိတ်ကာ နှလုံးသားချင်းဖလှယ်ကြပါစို့။

မာတိကာ

နိဒါန်း

"ကျိုးပဲ့နေတဲ့လူတွေကို ပြုပြင်ဖို့ထက် သန်မာတဲ့ကလေးတွေကို တည်ဆောက်ဖို့ ပိုလွယ်ပါတယ်" —**Frederick Douglass**

အချိန်ပေးခြင်း၊ ထိတွေ့ခြင်းနှင့်စကားပြောခြင်းဟာ ပိုင်ဆိုင်ခြင်း၊ ရင်းနှီးမှုနှင့်ဆက်နွယ်မှုတွေအတွက် သင်ရဲ့အခြေခံလိုအပ်ချက်တွေကိုဖြည့်ဆည်းပေးဖို့ သင်အမှန်တကယ်ဖြစ်လိုသူဖြစ်လာစေဖို့အတွက် ကူညီပေးခြင်းငှာ ပျောက်ဆုံးနေတဲ့ကွင်းဆက်ဖြစ်ပါတယ်။

ကောင်းတဲ့ထိတွေ့ခြင်းအားဖြင့် ကမ္ဘာကြီးကို ကုစားခြင်းလို့ခေါ်တဲ့စာအုပ်တစ်အုပ်ရေးနေကြောင်း ကျွန်တော့်သူငယ်ချင်းတစ်ယောက်ကို ပြောပြတဲ့အခါ သူက "Richard လူတွေမှာ ကောင်းတဲ့ထိတွေ့ခြင်း လိုအပ်တယ်ဆိုတာ ငါဘယ်လိုမှဆက်စပ်လို့မရှိဘူး" လို့ပြန်ဖြေလိုက်တယ်။

သူ့ကို ကျွန်တော်ဒီလိုပြန်ဖြေလိုက်တယ်၊ "မှန်ပါတယ်၊ လူတွေဆီ အဲဒါကိုပြဖို့ ငါမျှော်လင့်ထားတာပါ။ ဒါဟာ ကမ္ဘာမှာရှိတဲ့ကလေးတွေ၊ ဆယ်ကျော်သက်နဲ့အရွယ်ရောက်ပြီးသူတိုင်းရဲ့သွေးကြောတွေထဲမှာ စီးဆင်းနေတဲ့အဓိကအမှန်တရားတစ်ခုပါပဲ။"

Robert Bly ဆီမှာ ကျွန်တော်တို့ရဲ့ဒဏ်ရာတွေကနေ ဆုလက်ဆောင်တွေရတယ်လို့သူရေးသားတဲ့စာအုပ်တစ်အုပ်ရှိတယ်။ အစပြုဖို့အတွက် ကျွန်တော့်ရဲ့ဒဏ်ရာတွေအကြောင်း ရိုးရှင်းတဲ့အချက်အနည်းငယ်ကို ဝေမျှပါမယ်။ ကျွန်တော်ငါးနှစ်သားအရွယ်တုန်းက NFL Hall of Fame အန်ကယ်က ကျွန်တော့်ကို သူ့ရဲ့လိင်ဆက်ဆံဖော်အဖြစ် တစ်နှစ်နီးပါးအသုံးချပြီး သူ့ကို ကျေနပ်စေမယ့်နည်းလမ်းကို သင်ပေးတယ်။ ကျွန်တော့်ခန္ဓာကိုယ်ကို သူကျေနပ်ဖို့ အသုံးချခဲ့တယ်။

ကျွန်တော့်ဖခင် Samuel Cohen ဟာ Iwo Jima တွင် ရေကြောင်းတပ်စုထဲမှာ ဒုတိယကမ္ဘာစစ်ခေတ်က စစ်မှုထမ်းဟောင်းတစ်ဦးဖြစ်ပါတယ်။ သူ့ရဲ့ဘော်တွေအသတ်ခံရတာတွေကိုမြင်ခဲ့သူက အိမ်ပြန်လာတဲ့အခါ ဒေါသတကြီးနဲ့ ကျွန်တော်တို့တွေကို ရိုက်နှက်လေ့ရှိတယ်။ ကျွန်တော်လည်း အဖေ့လိုပဲ စစ်ပွဲထဲမှာ ရောက်နေသလားလို့တောင်ခံစားမိတယ်။ အဲဒီခေတ်က PostTraumatic Stress Disorder (PTSD) နှင့်ပတ်သက်ပြီးတော့ သိပ်နားမလည်သေးပါ။

ကျွန်တော့်အစ်ကိုဟာ ကျွန်တော့်ထက် ငါးနှစ်ခန့်ကြီးတယ်။ Neal ဟာ အဖေ့ရဲ့ရန်လိုမှုကို ခံရသူဖြစ်တယ်။ ဒါပေမယ့် သူက ဒေါသနှင့်နာကျင်မှုတွေကို ကျွန်တော့်အပေါ်လွှဲချပြီး ငယ်စဉ်ကလေးဘဝတစ်လျှောက်လုံးမှာ ကျွန်တော့်ကို ရိုက်နှက်ဆုံးမလေ့ရှိတယ်။ ကျွန်တော်ပြန်ခုခံရပေမယ့် အရွယ်မမျှတဲ့အတွက် ကျွန်တော်ဟာ အမြဲတမ်းရှုံးနိမ့်ခဲ့ရတယ်။

အစ်မကြီး Lyd ဟာ အဖေရဲ့အသည်းကျော်ဖြစ်ပြီး အပြစ်ပေးမခံရပါ။ အဖေ့ဒေါသကြောင့် အမေက ထိတ်လန့်တုန်လှုပ်ပြီး ဘယ်မှာပုန်းရမှန်းမသိ။ ကျွန်တော်က အငယ်ဆုံးဖြစ်တဲ့အတွက် အမေဝေဒနာခံစားချက်နဲ့ မျှော်လင့်ချက်မဲ့စွာတိတ်တဆိတ်ငိုကြွေးတဲ့အခါတိုင်းမှာ ကျွန်တော့်ကို ချီသွားလေ့ရှိတယ်။ အမေ့ရဲ့ပြင်းထန်တဲ့ခံစားချက်ကို မျှဝေခံစားရပေမယ့် ဘယ်လိုလုပ်ပေးမယ်၊ ဘယ်လိုဂရုစိုက်ရမယ်၊ ဘယ်လိုဖြေရှင်းပေးမယ်ဆိုတာကို မသိခဲ့ပါ။ အမေဟာ ကျွန်တော့်အတွက် လုံခြုံမှုကို ပေးစွမ်းနိုင်တဲ့သူမဟုတ်ခဲ့ပါ။

၁၉၅၀ ခုနှစ်တွေမှာ Philadelphia ရဲ့အပြင်ဘက်ရှိ အထက်တန်းစားဂျူးမိသားစုတွင် ကြီးပြင်းလာခဲ့တဲ့ကျွန်တော်တို့ရဲ့မိသားစုမှာ အပြင်ဘက်မှ Ozzie နှင့် Harriet ရှိုးလိုပဲဖြစ်ရတယ်။ ဒါပေမယ့် တကယ်တော့ အမြဲတမ်းအတွင်းထဲမှာ စစ်ပွဲလိုခံစားရတယ်။

ကျွန်တော့်မှာ ဘေးကင်းတဲ့နေရာသုံးခုရှိတယ်။ အဲဒါတွေကတော့ ၁) လူတိုင်းအိပ်ပျော်နေချိန် လမ်းမီးတိုင်အောက်မှာ ကခုန်ခြင်း ၂) ကျွန်တော်တို့အိမ်နောက်ဘက်လယ်ကွင်းပြင်မှာ ညအချိန်မိုးရေထဲမှာ ကိုယ်လုံးတီးနဲ့ ပြေးလွှားခြင်း ၃) တနင်္ဂနွေနေ့မနက်ခင်းတိုင်း ကျွန်တော်တို့ရဲ့အိမ်ကူ Ophelia နဲ့ ဘုရားကျောင်းသို့သွားရောက်ပါဝင်ခြင်း။ Ophelia ဟာ ကျွန်တော့်အတွက် အမေထက်တောင် ပိုပြီးတော့ ခံစားလွယ်တဲ့အမျိုးသမီးဖြစ်တယ်။

ယနေ့ကျွန်တော်တို့ဇနီးမောင်နှံဟာ ကျွန်တော်တို့ရဲ့ဒေသခံသာသနာ့နယ်ရှိ ကက်သလစ်ဘုရားကျောင်း၊ အမေရိကန်ရောက် အာဖရိကန်မျိုးနွယ်အသင်းတော်တွေမှာ ပါဝင်လေ့ရှိတယ်။ ဘော့စတွန်တက္ကသိုလ်တက်နေစဉ် Alvin Ailey အကဖန်တီးသူနဲ့ ကျွန်တော်ကခဲ့ဖူးတယ်။ လူမည်းအပေါင်းအသင်းတွေကြားမှာ လူဖြူဆိုလို့ ကျွန်တော်တစ်ဦးတည်းပါပဲ။ ၁၉၆၀ နှင့် ၁၉၇၀ ရာစုနှစ်တွေမှာ လူမျိုးရေးအရဒေါသဖြစ်စရာဖြစ်ပြီးနောက်ပိုင်း လူတိုင်း ဟားဗတ်စတုရန်းအနားတွင် ထိုင်ကြတယ်။ သူတို့ရဲ့နာကျင်မှုကို နားလည်ပေးနိုင်ပေမယ့် ကျွန်တော့်ရင်တွင်းထဲတွင် ပွက်လောရိုက်လျက် “Philadelphia ရှိ Greenhill Lane 15 စစ်ပွဲရုံမှာ ကြီးပြင်းလာတဲ့အရာဟာ ဘာလဲဆိုတာကို ခင်ဗျားတို့မသိပါဘူး။ စည်းကပ်တင်းကြပ်တဲ့မိသားစုနဲ့အသိုက်အဝန်းမှာ လိင်တူဆက်ဆံတဲ့ခံစားချက်တွေ ကြုံတွေ့နေရတယ်ဆိုတာ ခင်ဗျားတို့မသိပါဘူးလို့ တွေးမိလေတော့တယ်။

၁၉၇၀ ခုနှစ်အတွင်း ဘော့စတွန်တက္ကသိုလ်တက်နေစဉ် ကျွန်တော့်မှာ ယောကျ်ားလေးမိတ်ဆွေတစ်ဦးနဲ့ သုံးနှစ်ရင်းနှီးခဲ့တယ်။ သူ့ကြောင့် ယေရှုခရစ်တော်ကို ယုံကြည်လက်ခံလာခဲ့တယ်။ ဒါဟာ Cohen ဂျူးမိသားစုနဲ့အသိုက်အဝန်းကို နောက်ထပ်စွန့်ခွာလာရခြင်းဖြစ်ပါတယ်။ ကျွန်တော်ဟာ Bar Mitzvahed နှင့်ကျွန်တော်တို့ရဲ့ဒေသဆိုင်ရာ တရားဇရပ်နှစ်ခုစလုံးတွင် အသိအမှတ်ခံခဲ့ရတယ်။ ဒါပေမယ့် စိတ်ထဲတွင် မိန်းမတစ်ယောက်နဲ့ လက်ထပ်ပြီး ကလေးယူလိုတဲ့စိတ်ကူးအိပ်မက်ကို မက်မောနေဆဲဖြစ်တယ်။ အဲဒီအိပ်မက်ဟာ ဘာသာရေး၊ လူ့အဖွဲ့အစည်း၊ ကျွန်တော့်မိဘတွေ ဒါမှမဟုတ် ကျွန်တော့်ရဲ့စိတ်ဝိညာဉ်ထဲတွင် အစပြုစေခဲ့တဲ့လူမှုရေးဖိအားမဟုတ်ပါ။ ငယ်ငယ်ကတည်းက နှလုံးသားထဲမှာ နစ်မြုပ်နေခဲ့တဲ့အိပ်မက်တစ်ခုဖြစ်တယ်။

ကုထုံးတွေ၊ ယုံကြည်ချက်တွေနှင့်သာမန်ထက် ထူးခြားတဲ့အမျိုးသား၊ အမျိုးသမီး အများအပြားရဲ့ချစ်ခြင်းမေတ္တာဟာ ကျွန်တော်မလိုချင်တော့တဲ့ လိင်တူဆွဲဆောင်မှုတွေကို ဖြေရှင်းဖို့ ကူညီပေးခဲ့တယ်။ ကျွန်တော့်မိဘတွေနဲ့ ပြန်လည်သင့်မြတ်ပြီး လိင်ပိုင်းဆိုင်ရာစော်ကားခံရမှုအပေါ် ဝမ်းနည်းကြေကွဲလျက် တခြားလူတွေဆီက စစ်မှန်တဲ့မေတ္တာတရားရရှိဖို့ သင်ယူခဲ့ရပါတယ်။ ၁၉၈၀ ခုနှစ်ကတည်းက ကျွန်တော့်ရဲ့ဇနီးချောလေး Jae Sook နဲ့ လက်ထပ်

ခဲ့ပြီး အရွယ်ရောက်ပြီးဖြစ်တဲ့ချစ်စဖွယ်သားသမီးသုံးယောက် ထွန်းကားခဲ့ပါတယ်။ အိပ်မက်ဟာ အမှန်တကယ်ဖြစ်လာပါတယ်။

ကျွန်တော်ဟာ ၁၉၈၉ ခုနှစ်ကတည်းက စိတ်ကုထုံးပညာရှင်တစ်ဦးဖြစ်ခဲ့ပြီး ကမ္ဘာတစ်ဝှမ်းရှိ ထောင်ပေါင်းများစွာသောလူတွေ၊ စုံတွဲများနှင့်မိသားစုတွေကို ကူညီဆောင်ရွက်ပေးခဲ့သည်။ စိတ်ကုထုံးပညာရှင်တွေ၊ စိတ်ရောဂါအထူးကုတွေ၊ အတိုင်ပင်ခံတွေ၊ နည်းပြတွေ၊ ဘုန်းကြီးတွေနှင့်ဓမ္မအမှုတော်ဆောင်ခေါင်းဆောင်တွေ စုစုပေါင်း ၆,၀၀၀ ကျော်ကိုလည်း လေ့ကျင့်သင်ကြားပေးခဲ့တယ်။

ဒီအကြောင်းကြောင့် လိင်တူဆက်ဆံဖူးသူတစ်ယောက်ဟာ အမျိုးသမီးတစ်ဦးနှင့် အိမ်ထောင်ကျပြီး အရွယ်ရောက်ပြီးတဲ့ကလေးသုံးဦးထွန်းကားကာ Healing Humanity: Time, Touch & Talk ဆိုတဲ့စာအုပ်တစ်အုပ်ကို ရေးသားခဲ့ခြင်းဖြစ်ပါတယ်။ ရိုးရှင်းစွာပြောရမယ်ဆိုရင် မကောင်းတဲ့ထိတွေ့မှုရဲ့ဆိုးကျိုးတွေ၊ ထိတွေ့မှုတွေကို တလွဲသုံးခြင်းနှင့် ၎င်းရဲ့အကျိုးဆက်များစွာကိုနက်ရှိုင်းစွာသိရှိနားလည်ခဲ့တယ်။ မှားယွင်းတဲ့ထိတွေ့မှုကြောင့် စစ်မှန်တဲ့မေတ္တာနှင့်ချစ်ခင်မှုကို အစားထိုးဖို့ ကမ္ဘာတစ်ဝှမ်းရှိ သန်းနဲ့ချီတဲ့အမျိုးသားနှင့်အမျိုးသမီးတွေရဲ့အသက်တာမှာ လိင်ကိစ္စဟာ အစားထိုးဝင်ရောက်လာပါတော့တယ်။

ကောင်းမွန်တဲ့မိဘသားသမီးဆက်ဆံရေး၊ မိသားစုဝင်တွေ၊ သူငယ်ချင်းတွေ၊ လုပ်ဖော်ကိုင်ဖက်တွေ၊ မိမိတို့နှင့်လူတိုင်းကြားမှာ ကောင်းမွန်တဲ့ထိတွေ့ဆက်ဆံမှုတွေကနေတစ်ဆင့် ကမ္ဘာကြီးကို ဘယ်လိုပြောင်းလဲပစ်နိုင်တယ်ဆိုတာကို ကျွန်တော်ရှင်းရှင်းလင်းလင်းမြင်ပါတယ်။ သုတေသနပြုသူတွေက ကောင်းမွန်တဲ့ထိတွေ့မှုဟာ ကျွန်တော်တို့ရဲ့အလုံးစုံသောသုခကို တိုးပွားစေတယ်၊ စိတ်ဖိစီးမှုကိုလျှော့ချပေးတယ်၊ ပျော်ရွှင်မှုကိုမြှင့်တင်ပေးတယ်၊ ကျန်းမာရေးကိုမြှင့်တင်ပေးတယ်၊ အလုပ်မှာ စွမ်းဆောင်ရည်ကို တိုးစေတယ်၊ ပိုမိုတောက်ပတဲ့အနာဂတ်ကို ဖန်တီးပေးတယ်လို့ဆိုကြတယ်) https://www.khca.org/files/-8/10/2015ReasonsWhy-We-Need-Human-Touch-More-Than-Ever.pdf မှကောက်ယူပါတယ်)။

နောက်ပိုင်းစာမျက်နှာတွေမှာ အချိန်ပေးခြင်း၊ ထိတွေ့ခြင်းနှင့် စကားကားပြောခြင်း အင်္ဂလိပ်လိုအတိုကောက် TTT ဆိုတဲ့ဟာနဲ့ ဒီကမ္ဘာကြီးကို

ပြောင်းလဲစေမယ်ဆိုတဲ့ ကျွန်တော့်ရဲ့ဖော်ပြချက်ကို ဖတ်ရလိမ့်မယ်။ ၁၉၉၇ ခုနှစ် ဇန်နဝါရီလ ၈ ရက်နေ့တွင် အံ့ဩဖွယ်အဖဘုရားသခင်ဟာ ကျွန်တော့်ကိုဒီစာအုပ်အတွက် စိတ်ကူးအနာဂတ်ကိုပေးခဲ့ပြီး နောက်ဆုံးတွင် ကမ္ဘာတစ်ဝှမ်းရှိပရောဂျက် တစ်ခုဖြစ်သွားတယ်။ အဲဒီနေ့ကစပြီး ကျွန်တော့်စိတ်၊ နှလုံးသား၊ ကိုယ်နှင့်စိတ်ဝိညာဉ်ဟာ အဲတာကိုပဲ စိတ်စွဲလန်းတော့တယ်။

ဒီနေ့ဟာ လွတ်ငြိမ်းဖို့ အကောင်းဆုံးအချိန်ဖြစ်တယ်။ အမျိုးသားတွေ၊ အမျိုးသမီးတွေ၊ ဆယ်ကျော်သက်တွေနှင့်ကလေးတွေကို လိင်ပိုင်းဆိုင်ရာစော်ကားခံရမှု၊ အလွဲသုံးစားလုပ်မှုတွေကြောင့် ကျွန်တော်တို့တွေဟာ ဟောလိဝုဒ်သူဌေးကြီးတွေ၊ နိုင်ငံရေးသမားတွေ၊ စီးပွားရေးလုပ်ငန်းရှင်ကြီးတွေ၊ ဘာသာရေးခေါင်းဆောင်တွေနဲ့အတူ ရှုန်းရင်းဆန်ခတ်ဖြစ်နေပါတယ်။ အခုနောက်ပိုင်း အများပြည်သူတွေကို စိတ်အနှောင့်အယှက်ဖြစ်စေတဲ့လူငယ်တွေက ကျောင်းတွေ၊ အများပြည်သူဆိုင်ရာနေရာတွေကို သွားပြီး ကျောင်းသားတွေ၊ ဆရာသမားတွေနှင့်အပြစ်မဲ့ပြည်သူတွေကို အကြောင်းမဲ့သတ်ဖြတ်ကြတယ်။ ဒါဘယ်သူ့ဆီမှာ အဖြေရှိမလဲ။ #MeToo နှင့် #TimesUp ဆိုတဲ့လှုပ်ရှားမှုတွေဟာ အံ့ဩဖွယ်ကောင်းတဲ့စတင်မှုတစ်ခုဖြစ်တယ်။ ဖြေရှင်းချက်က ဘယ်လိုလဲ။ ဒီလိုအကြမ်းဖက်မှုတွေနှင့်အလွဲသုံးစားလုပ်မှု တွေကျူးလွန်ခံရတဲ့အမျိုးသားတွေ၊ အမျိုးသမီးတွေနှင့်ကလေးသူငယ်တွေ၊ ဆယ်ကျော်သက်တွေနှင့်အရွယ်ရောက်ပြီးသူတွေကို ဘယ်သူတွေက အကူအညီပေးကြမှာလဲ။

ကျွန်တော်တို့အတူတူ လုပ်ကြမယ်။ ပြီးမှပဲ ဘယ်လိုလဲဆိုတာ သင့်ကိုကျွန်တော်ပြပေးမယ်။ ကျွန်တော်ဟာ အရင်က လိင်ပိုင်းဆိုင်ရာစော်ကားခံရခြင်းမှလွတ်မြောက်ခဲ့သူ၊ တစ်ချိန်က လိင်တူဆက်ဆံဖူးသူ၊ အခုချိန်မှာ အိမ်ထောင်ကျပြီ (ဒါကို ယုံချင်ယုံ၊ မယုံချင်မယုံနဲ့ပေါ့၊ငါ့ဇနီးနှင့်ငါသည် Madison Square Garden တွင် စုံတွဲပေါင်း ၂,၁၀၀ နဲ့ လက်ထပ်ခဲ့တယ်၊ ဟုတ်တယ်။ ငါလည်း အဲဒီထဲက တစ်ယောက်ပါ။ Moonies လို့ခေါ်တဲ့ထဲမှာ ငါလည်း တစ်ယောက်အပါအဝင်ပါ။ သူတို့ကို ၁၉၈၅ ခုနှစ်မှာ ထားရစ်ခဲ့တယ်)။ ၁၉၇၀ ခုနှစ်မှာ တက္ကသိုလ်တက်ရင်း ခဏတာပြည့်တန်ဆာဖြစ်ခဲ့ဖူးတယ်။ လူတွေရှာနေတဲ့အရာက ဘာလဲဆိုတာကို နားလည်စေချင်တယ်။ ငါတွေ့ခဲ့တာက တော်တော်ရိုးရှင်းပါတယ်။ အချိန်ပေးခြင်း၊ ထိတွေ့ခြင်းနှင့် စကားပြောခြင်း စတဲ့အရာတွေဖြစ်ပါတယ်။ လိင်ကိစ္စမဟုတ်ပါဘူး။ ဒါပေမယ့် လုပ်ဆောင်ဖို့

နားထောင်ဖို့၊ အချစ်ခံဖို့ပါပဲ။ ကျွန်တော်ဟာ လူ့စည်းမျဉ်းစည်းကမ်းဘောင်တွေကို ကျော်သွားတဲ့တစ်ယောက်ပါ။

အနှစ် ၃၀ ကျော် အောင်မြင်တဲ့စိတ်ကုထုံးဆရာဖြစ်ခြင်းနဲ့အတူ ဒီဘဝအသက်တာအတွေ့အကြုံတွေအားလုံးဟာ ကျွန်တော့်ကို လူ့သဘောသဘာဝရဲ့အမှောင်ဘက်ခြမ်း၊ လွတ်မြောက်လမ်း၊ စစ်မှန်တဲ့ရင်းနှီးမှုတွေကို နားလည်စေပါတယ်။ ချစ်စရာအကောင်းဆုံးနှင့်အလှပဆုံးနည်းလမ်းဖြင့် သင့်ရဲ့အနက်ရှိုင်းဆုံးဆန္ဒတွေကို ဖြည့်ဆည်းဖို့ နည်းလမ်းကိုပြပေးမယ်။ ဒီဘဝခရီးမှာ ကျွန်တော်နဲ့အတူ လိုက်လာခဲ့ပါ။ သင့်နှလုံးသားနှင့်စိတ်ဝိညာဉ် အတွင်းပိုင်းနက်နဲရာမှာရှိတဲ့အလှတရား၊ ချစ်ခြင်းမေတ္တာနှင့်ပျော်ရွှင်မှုကို တွေ့ကြုံခံစားရမယ်လို့ ကတိပြုပါတယ်။

မကြာသေးမီက အာရုံကြောဆိုင်ရာသိပ္ပံပညာ သုတေသနပြုချက်တွေအရ မေတ္တာဖြင့် ထိတွေ့မှုဟာ ကလေးပြုစုပျိုးထောင်ခြင်းတွင် မရှိမဖြစ်လိုအပ်နေတဲ့အရာဖြစ်ကြောင်း ပြသခဲ့တယ်။ ယင်းဟာ ကလေးဖွံ့ဖြိုးမှုအတွက် မရှိမဖြစ်လိုအပ်ပြီး ထိတွေ့မှုကင်းမဲ့ခြင်းဟာ တစ်ဦးချင်းသာမက ကျွန်တော်တို့ရဲ့လူ့အဖွဲ့အစည်းတစ်ခုလုံးကိုပါ ထိခိုက်စေပါတယ်။ မေတ္တာဖြင့် ထိတွေ့ခြင်းဟာ အောက်စီတိုစင်ဟော်မုန်းဓာတ်တွေနှင့် ဒိုပါမင်းကို ထုတ်လွှတ်ပေးပြီး မထိမကိုင်ရသေးတဲ့မွေးကင်းစကလေးတွေမှာ ၎င်းတို့ရဲ့စိတ်ဖိစီးမှုဟော်မုန်း cortisol ပမာဏကို တိုးမြင့်စေတယ်) "Braun, Ellen c. Touch Hunger, May 15, 2007 မှကောက်နုတ်တယ်။ http://raisingsmallsouls .com/touch- hunger/#respond)။

ဥပမာအားဖြင့် စစ်ပွဲတွေ၊ အကြမ်းဖက်တိုက်ခိုက်မှုတွေ၊ လိင်ပိုင်းဆိုင်ရာစော်ကားမှု အရှုပ်တော်ပုံတွေမှာ အနီးအနားက လူဆိုးလူပေတွေကို စုစည်းဖို့ လွယ်ကူတယ်။ ဒါပေမယ့် အပြုသဘောဆောင်တဲ့အကြောင်းတရားတစ်ခုအတွက် လူတွေကိုစုစည်းဖို့ဆိုတာဟာ တော်တော်ကိုခက်ခဲပါတယ်။ ကျွန်တော်တို့တွေဟာ အကျပ်အတည်းတွေကို အကောင်းဆုံးရွေးချယ်မှုဖြင့် ပြောင်းလဲပစ်နိုင်တယ်။

တစ်စုံတစ်ယောက်က လိင်ဆက်ဆံတဲ့နည်းနဲ့ မဟုတ်ဘဲ သင့်ကို ထိတွေ့တဲ့အချိန်မှာ သင့်မျက်လုံးကိုကြည့်ပြီး သင့်ရဲ့အစစ်အမှန်ဟာ ဘယ်လိုလဲဆိုတာကို သိရှိကာ သင့်လက်မောင်းကို ကိုင်ထားတဲ့အချိန်က ဘယ်အချိန်

လဲ။ ကျွန်တော်တို့အားလုံး ရင်းနှီးမှုကို လိုလားကြပြီး အသားချင်းထိတွေ့မှုကို တောင့်တကြတယ်။ တစ်ခါတစ်ရံ လူတွေဟာ ထိတွေ့မှုနှင့်ရင်းနှီးမှုကို ခံစားဖို့လောက်ပဲ လိင်ဆက်ဆံကြတယ်။ ကျွန်တော်တို့တွေဟာ ဆံပင်ညှပ်သမား၊ အနှိပ်သမား၊ ဆရာဝန်၊ သူနာပြု၊ ကုထုံးဆရာနှင့်တခြားသူတွေဆီသွားတဲ့အခါ ထိတွေ့မှုကြောင့် ခဏတာပျော်ရွှင်ကျေနပ်ကြတယ်။

အချို့က အင်တာနက်ညစ်ညမ်းပုံနှင့် တစ်ကိုယ်ရည်အာသာဖြေခြင်းကိုကြည့်ရှုဖို့ အွန်လိုင်းပေါ်တက်ပြီး အချို့မှာ လိင်ဆက်ဆံတဲ့အက်ပ်တွေကို အသုံးပြုကာ စိတ်ရဲ့ဆာလောင်မှုကို ဖြည့်ဆည်းကြတယ်။ လွန်ခဲ့တဲ့နှစ်အနည်းငယ်အတွင်းမှာ ဒီစာအုပ်ကိုရေးဖို့ ပြင်ဆင်ရာမှာ တရားမဝင်လှုပ်ရှားတဲ့ မြေအောက်အဖွဲ့ကို စူးစမ်းလေ့လာခဲ့တယ်။ ထူးခြားတဲ့စရိုက်ရှိတဲ့အမျိုးသားတွေနှင့်အမျိုးသမီးတွေကို ကျွန်တော်သွားတွေ့ခဲ့တယ်။ သူတို့ထဲမှအများစုဟာ လက်ထပ်ပြီးသူတွေဖြစ်တယ်။ သူတို့တွေဟာ ခဏတာအပျော်အပါးကို ရှာတဲ့သူတွေဖြစ်တယ်။ အများစုမှာ အမျိုးသားချင်းတွေ နှောင်ဖွဲ့ကြတယ်။

ကုသရေးတွင် ကောင်းတဲ့ထိတွေ့ခြင်းကို ကျွန်တော်တို့ရဲ့ယဉ်ကျေးမှုနှင့်အညီ ကမ္ဘာကြီးကို အခြေခံကျတဲ့ပြောင်းလဲမှုတစ်ခုနှင့် မိတ်ဆက်ပေးဖို့ လိုအပ်ပါတယ်။ ကောင်းတဲ့ထိတွေ့ခြင်း ကုသနည်းကို အကြိမ်ကြိမ်ပြောပြပါ။ ကောင်းတဲ့ထိတွေ့ခြင်းဆိုင်ရာ ကုသနည်းဟာ လူသားတိုင်း အမှန်တကယ်လိုအပ်ပါတယ်။ သီချင်းစပ်ဆိုထားတဲ့အတိုင်း အချင်းချင်းလက်တွေကို ကိုင်ဆွဲရင်း ဒီကမ္ဘာကြီးကို နေချင်စရာပိုကောင်းတဲ့နေရာဖြစ်အောင် လုပ်ကြပါစို့ Nickolas Ashford and Valerie Simpson)။

ပြုပြင်ပြောင်းလဲခြင်းဖြင့် ဒီအကျပ်အတည်းကို ပြောင်းပြန်လှန်ပစ်နိုင်တယ်။ ဖြေရှင်းချက်တွေဟာ ဘယ်တော့မှနည်းစနစ်အထဲကနေပေါ်မလာပါ။ Albert Einstein က "တူညီတဲ့သိရှိခြင်း အဆင့်ကနေ ဘာပြဿနာမှမဖြေရှင်းနိုင်ဘူး" လို့ဆိုတယ်။ First Break All the Rules ဆိုတဲ့စာအုပ်တွင် စာရေးဆရာ Marcus Buckingham က "ကြီးမြတ်တဲ့ခေါင်းဆောင်ကြီးတွေက မြင့်မြတ်တဲ့စည်းကမ်းတွေကို ချိုးဖျက်ဖို့ မတွန့်ဆုတ်ကြပါဘူး" လို့ဆိုထားတယ်။ ကျွန်တော်တို့တွေဟာ အကျပ်အတည်းတစ်ခုမှာ အကောင်းဆုံးရပ်တည်ပြီးတော့ အကူအညီလိုအပ်နေတဲ့ မိမိတို့ရဲ့လုပ်ဖော်ကိုင်ဖက်အမျိုးသား/အမျိုးသမီးတွေကို ကူညီရမှာပါ။ အခုအချိန်ဟာ အပြောင်းအရွှေ့လုပ်ရမယ့်အချိန်

ဖြစ်ပါတယ်။ အခုချိန်ဟာ TTT ကို သင်ကြားဖို့၊ နားထောင်ဖို့၊ တန်ဖိုးထားဖို့ အချိန်ဖြစ်ပါတယ်။

မိဘအုပ်ထိန်းခြင်းနှင့်အနာငြိမ်းခြင်း ဆိုင်ရာစာအုပ်တွေဟာ ရာနှင့်ချီရှိနေပြီး ကောင်းမွန်တဲ့ထိတွေ့မှုနဲ့ပတ်သက်တဲ့စကားလုံးတွေမှာ အနည်းငယ်လောက်ပဲ တွေ့ရလို့ စိတ်မကောင်းစရာဖြစ်ပါတယ်။ ဘယ်လိုပဲဖြစ်ဖြစ် ထိတွေ့ခြင်းအကြောင်းအရာဟာ ကျွန်တော်တို့ရဲ့သားသမီးတွေနဲ့သက်ဆိုင်ပြီး ထိမိလွန်းလှပါတယ်။ တချို့က ပိုပြီးတော့ တစ်ကိုယ်ရည်အာသာဖြေနိုင်တဲ့ ကလေးတွေ၊ ကြမ်းတမ်းတဲ့ကလေးတွေ၊ လိင်နှင့်ရုပ်ဝတ္ထုတွေကို စွဲလမ်းတဲ့ ကလေးတွေကို ပြုစုပျိုးထောင်ပြီး ဘဝအသက်တာကို အချည်းနှီးဖြုတ်သန်းစေကာ ဘာမှန်းမသိတဲ့အထီးကျန်ကလေးတွေဖြစ်လာကြတယ်။

ကလေးဖွံ့ဖြိုးမှု အစောပိုင်းအဆင့်မှာ ပေါင်းသင်းဆက်ဆံရေးအတွက် အခြေခံကျတဲ့ချစ်ခြင်းမေတ္တာ လိုအပ်ချက်တွေကို တစ်စုံတစ်ဦးမှ ၎င်းတို့ကို မကူညီပါက/ကောင်းမွန်တဲ့ထိတွေ့ခြင်းမရှိပါက တစ်သက်လုံးဆုံးရှုံးသွားတဲ့ သူတွေဖြစ်နိုင်တယ်။ သင့်ကလေးတွေအရွယ်ရောက်လာပါက စိတ်ပူစရာမလိုဘဲ မိသားစုနှင့်ကောင်းမွန်တဲ့ထိတွေ့မှု လေ့ကျင့်ခန်းများစွာကို ပေးပါမယ်။

ဒီစာအုပ်ရဲ့အရေးပါတဲ့အကြောင်းအရာနှစ်ခုဖြစ်တဲ့ အချိန်ပေးခြင်းနှင့် စကားပြောခြင်းကို ကျွန်တော်မဖော်ပြထားပါ။ အချိန်ရဲ့ကဏ္ဍတွင် သင်ဟာ ကိုယ်ရေးကိုယ်တာနှင့် ပရော်ဖက်ရှင်နယ်ဘဝတွေမှာ ပိုမိုအားကောင်းလာ၍ ငြိမ်းချမ်းလာစေဖို့ ဘဝအသက်တာပြောင်းလဲခြင်း စွမ်းရည်တွေကို သင်ယူရမှာဖြစ်ပါတယ်။ ဒီအရည်အချင်းတွေကို ကျွမ်းကျင်ပိုင်နိုင်စွာတတ်မြောက်ခြင်းဟာ ပေါင်းသင်းဆက်ဆံရေးအားလုံးတွင် သင့်ရဲ့သုခချမ်းသာနှင့် အောင်မြင်မှုအပေါ် ထူးထူးခြားခြားသက်ရောက်မှုရှိပါလိမ့်မယ်။ လွန်ခဲ့တဲ့အနှစ်သုံးဆယ်ကျော်က ကျွန်တော်ရရှိခဲ့တဲ့ကုထုံးဆိုင်ရာ ကျွမ်းကျင်မှုတွေဟာ အဖိုးတန်ကျောက်မျက်ရတနာတွေလိုဖြစ်ပါတယ်။ အဲဒါတွေဟာ သင့်ရဲ့ကုသရေးခရီးစဉ်တွေမှာ အချိန်ကုန်သက်သာစေမှာဖြစ်တယ်။

စကားပြောခြင်း ကဏ္ဍမှာ သင့်မိသားစုအထဲမှာရော အပြင်မှာရော နှစ်နေရာစလုံးဆက်ဆံရေးအားလုံးတွင် သင့်ကိုယ်သင် ပိုမိုအားကောင်းတဲ့နည်းလမ်းတွေနဲ့ ဖော်ပြဖို့ သင်ယူနေစဉ်မှာ ဘယ်လိုလုပ်ပြီး ထိရောက်စွာမျှဝေရမယ်၊ နားထောင်ရမယ်ကို သင်ယူပါလိမ့်မယ်။ ဒါ့အပြင် မတူညီတဲ့ကိုယ်ရည်

ကိုယ်သွေးပုံစံတွေဟာ ကျွန်တော်တို့ရဲ့ရင်းနှီးတဲ့ဆက်ဆံရေးအပေါ် ဘယ်လို အကျိုးသက်ရောက်မှုရှိလဲဆိုတာကို သင်နားလည်လာပါလိမ့်ယ်။ ဒီအရေး ကြီးတဲ့အသိပညာဖြင့် နေ့စဉ်နေထိုင်လုပ်ကိုင်နေတဲ့သူတွေရဲ့မတူညီတဲ့ ကိုယ် ရည်ကိုယ်သွေးတွေအပေါ်မှာ နားလည်မှုနှင့်လေးစားမှုကို ပိုမိုရရှိလာမယ်။ တချိန်က အချေအတင်ငြင်းခုံခဲ့တဲ့ရင်းမြစ်တွေ အခုအချိန်မှာ အံ့သြမှုနှင့်လေး မြတ်မှုတစ်ခုဖြစ်လာလိမ့်မယ်။

ဒီအကြောင်းတွေကြောင့် ဒီစာအုပ်ကို အချိန်ပေးခြင်း၊ ထိတွေ့ခြင်းနှင့် စကားပြောခြင်း (TTT) ဆိုပြီးတော့ အပိုင်းသုံးပိုင်းခွဲထားတယ်။ ကဏ္ဍတစ်ခုစီ ကို အမျိုးအစားသုံးမျိုးခွဲထားပါတယ်။ ၎င်းတို့မှာ မိမိကိုယ်ကို ကုစားခြင်း၊ မိ သားစုကို ကုစားခြင်း၊ အသိုင်းအဝိုင်းကို ကုစားခြင်း ဆိုပြီးတော့ဖြစ်ပါတယ်။ စာအုပ်လေးအုပ်ရေးပြီးမှ သင်ကိုယ်တိုင်၊ သင့်မိသားစု၊ အသိုင်းအဝိုင်းအတွက် အခြေခံဘဝပြောင်းလဲခြင်း စွမ်းရည်တွေကို ရှင်းလင်းလွယ်ကူစေဖို့အတွက် လက်တွေ့ကျတဲ့ကိရိယာတွေ၊ အံ့သြဖွယ်အသွင်ပြောင်းဇာတ်လမ်းတွေ၊ ပန်း ချီကားချပ်တွေ၊ ဇယားတွေနှင့်ဓာတ်ပုံတွေကို အပြည့်အဝအသုံးပြုစေချင်ပါ တယ်။

ကျွန်တော်ဟာ စာအုပ်တစ်အုပ်လုံးတွင် အဓိကသဘောတရားတွေကို အကြိမ်များစွာထပ်ခါထပ်ခါ ဖော်ပြသွားမယ်ဆိုတာကို ကြိုတင်သတိပြုပါ။ အဲဒါတွေကို သင်ပိုဖတ်လေလေ၊ ဒီသော့ချက်ရဲ့အယူအဆတွေဟာ သင့်စိတ် နှလုံးထဲသို့ ဝင်ရောက်နိုင်ခြေပိုများလေလေဖြစ်မယ်။ ဒါ့အပြင် ဒီစာအုပ်ဟာ လေ့ကျင့်ခန်းများစွာပါဝင်တဲ့ အလုပ်စာအုပ်ဖြစ်ပါတယ်။ အကျိုးကျေးဇူးအ များဆုံးရရှိဖို့အတွက် ဒီလေ့ကျင့်ခန်းတွေကို တတ်နိုင်သလောက်များများ လုပ်ဖို့ အကြံပြုချင်ပါတယ်။ သင်ဟာ ဘာပြဿနာတစ်ခုခုမှမကိုင်တွယ်နိုင် ဒါမှမဟုတ် မဖြေရှင်းနိုင်သေးတာပဲဖြစ်စေ လေ့ကျင့်ခန်းတွေဟာ သင့်ဘဝအ သက်တာရဲ့ကဏ္ဍရပ်တိုင်းတွင် ခံစားချက်၊ စိတ်ပိုင်း၊ ရုပ်ပိုင်းနှင့် ဝိညာဉ်ရေး ရာတွေမှာ ပိုမိုဖြေရှင်းနိုင်ပြီး ငြိမ်းချမ်းမှုကို ပိုမိုဆောင်ကြဉ်းပေးမှာဖြစ်တယ်။

ပြောင်းလဲမှုဟာ စာဖတ်ခြင်း တစ်ခုတည်းဖြင့်မဟုတ်ဘဲ စွမ်းရည်တွေ ကို ထပ်ခါတလဲလဲလေ့ကျင့်ခြင်းဖြင့် ဖြစ်ပေါ်လေ့ရှိတယ်။ နောက်ဆုံးအနေနဲ့ စာဖတ်ပြီးတဲ့အခါ အစကနေပြန်ဖတ်မယ်လို့ မျှော်လင့်ပါတယ်။ စာဖတ်တိုင်း ဘဝတစ်သက်လုံးတည်တံ့စေမယ့်ချစ်ခြင်းမေတ္တာ သင်ခန်းစာအသစ်တွေကို

ပိုပြီးသင်ယူနိုင်မယ်လို့ ကတိပေးပါတယ်။ ဒီစာအုပ်ဟာ နားလည်မှု၊ ချစ်ခြင်းမေတ္တာနှင့်ရင်းနှီးမှုတွေကို ပိုမိုမြှင့်တင်ပေးမယ်ဖြစ်တယ်။

ဒါကြောင့် အနှစ်ချုပ်ပြောရရင် ဒီစာအုပ်ဟာ အချိန်ပေးခြင်း၊ ထိတွေ့ခြင်းနှင့်စကားပြောခြင်း စတာတွေကို ပုံမှန်အခြေခံထားတဲ့အတွက် ငြင်းလို့မရနိုင်တဲ့လိုအပ်ချက်ကို နားလည်သဘောပေါက်ခြင်း မြှင့်တင်ပေးဖို့အတွက် အဆင့် ၁ ဖြစ်ပါတယ်။ နိဂုံးချုပ်အနေနဲ့ အဆင့် ၂- ကမ္ဘာတစ်ဝှမ်း အာရုံစိုက်ရာဖြစ်တဲ့ TTT အကြောင်းနဲ့ပတ်သက်ပြီးတော့ စိတ်လှုပ်ရှားဖွယ်ရာအမြင်တစ်ခုကို မျှဝေပေးဦးမှာဖြစ်ပါတယ်။

စာအုပ်တစ်အုပ်လုံးတွင် စိတ်ပိုင်းဆိုင်ရာအယူအဆများနှင့် လေ့ကျင့်ခန်းများစွာကို မိတ်ဆက်ပေးထားသည်။ ဤကုစားခြင်းဆိုင်ရာစည်းမျဉ်းများကို ပိုမိုနားလည်သဘောပေါက်ရန်အတွက် နောက်ထပ်လေ့လာရန်အ တွက် စာအုပ်၏နောက်ဘက်ရှိ ကိုးကားချက်များစာရင်းကို ကြည့်ပါ။

စကားချီး

တစ်ချိန်က ကမ္ဘာကြီးက အလွန်လှပတယ်။ သစ်ပင်တွေဟာ လန်းဆန်းမှုနှင့်ပြည့်နှက်ပြီးတော့ အသီးတွေရင့်မှည့်နေခဲ့တယ်။ တောပန်းပင်တွေရဲ့ရနံ့ဟာ လေထဲမှာ ပျံ့နှံ့နေပါတယ်။ သိသာထင်ရှားတဲ့လူနှစ်ဦးကို ကြည့်လိုက်ပါ။ လူချောတစ်ဦးနှင့်လှပတဲ့မိန်းမတစ်ဦးဟာ မြေကြီးပေါ်တွင် လျှောက်သွားခဲ့ကြတယ်။ ပျော်ပျော်ပါးပါး စားသောက်ကြတယ်။ တစ်နေ့ပြီးတစ်နေ့ သူတို့နှစ်ဦးဟာ သူတို့ရဲ့ကမ္ဘာကြီးကို အတူတကွစူးစမ်းလေ့လာရင်း ပျော်ရွှင်ကြတယ်။ ကျွန်တော်ဖော်ပြဖို့ မေ့ကျန်ခဲ့တာများရှိပါသလား။ အဲဒီနှစ်ယောက်လုံးဟာ ရှက်ကြောက်တာမရှိဘဲ ကိုယ်လုံးတီးနဲ့ နေကြတယ်လို့သမ္မာကျမ်းစာကဆိုတယ်။

သူတို့ရဲ့ပျော်ရွှင်စရာဘဝမှာ လမ်းလျှောက်ခြင်း၊ ပြေးခြင်းနှင့်တောရိုင်းတွေကို စူးစမ်းခြင်း ပါဝင်တယ်။ နေ့ရက်တိုင်းဟာ ဆင်ခြင်တုံတရားရဲ့ပွဲတော်တစ်ခုပါ။ သဘာဝတရားနှင့်ဆက်ဆံရာတွင် စိတ်ဖိစီးမှုမရှိဘဲ အလုပ်လုပ်ကြတယ်။ သူတို့အသက်ရှင်နေထိုင်ခဲ့ကြတယ်။ သူတို့တွေဟာလွတ် လပ်သူတွေဖြစ်ကြတယ်။ သူတို့အတွက် ဘုရားသခင်ဖန်ဆင်းပေးထားတဲ့ပျော်ရွှင်ဖွယ်များစွာနှင့်ရိုးရှင်းစွာဝမ်းမြောက်ခဲ့ကြတယ်။

သူတို့ဟာ သူတို့ကိုယ်သူတို့၊ အချင်းချင်း၊ မြေကြီးနှင့် အဆက်အသွယ်ရှိခဲ့ကြတယ်။ သဘာဝတရားနှင့် ပြောဆိုဆက်ဆံကြပြီး ၎င်းတို့ရဲ့ဥယျာဉ်တွင် မရေမတွက်နိုင်လောက်အောင်များပြားတဲ့ ချစ်စရာကောင်းတဲ့တိရစ္ဆာန်တွေနဲ့ မျှဝေနေထိုင်ကြတယ်။ ဘုရားသခင်ခံစားရတဲ့အရာကို ခံစားခဲ့ကြတယ်။ ကိုယ်တော်နှင့်ဖြစ်စေ၊ အချင်းချင်းကြားဖြစ်စေ လွတ်လပ်စွာမျှဝေကြတယ်။ သူတို့နှလုံးသားမှာ ကာထားတဲ့တံတိုင်းဆိုတာမရှိပါ။ သူတို့စိတ်ထဲမှာ ဘယ်အတားအဆီးမှမရှိပေ။ လူမျိုးရေး၊ ဘာသာရေး၊ နိုင်ငံရေး၊ စီးပွားရေး၊ စက်မှုလုပ်ငန်း၊

ဖျော်ဖြေရေး၊ ပညာရေး စတာတွေဟာ သူတို့နဲ့မသက်ဆိုင်ပါ။ တကယ်ပါပဲ အဲဒါတွေမရှိခဲ့ပါ။ ချစ်စဖွယ်ကောင်းတဲ့ဇနီးမောင်နှံဟာ သန့်ရှင်းလတ်ဆတ်တဲ့လေကို ရှူရှိုက်ရင်း ပရဒိသုဘုံတခွင်၌ အဝတ်အစားမဲ့ကာ အတားအဆီးမဲ့သွားလာနေထိုင်ခဲ့ကြတယ်။

အဲဒီနောက်မှာ အသံထွက်ပေါ်လာတယ်။ သာယာတဲ့အိပ်မက်အဆုံးသတ်သွားပြီ။ ရပ်သွားပါပြီ။ သင်သိတဲ့နောက်တစ်ခုကား သူတို့ဟာ မိမိတို့ရဲ့ကိုယ်ခန္ဓာအစိတ်အပိုင်းတွေကို ဖုံးဖိထားကြတယ်။ သူတို့ရဲ့လိင်အင်္ဂါတွေကို ဖုံးကွယ်ထားကြတယ်။ ဘာ့ကြောင့်ပါလဲ။ ဘာများအမှားဖြစ်သွားပါသလဲ ဘာ့ကြောင့် ချုံပုတ်ထဲမှာ ပုန်းနေကြတာလဲ။ ဘယ်သူ့ဆီကနေပုန်းနေကြတာလဲ။ ဘယ်လိုဆိုးရွားမှုကို ပြုခဲ့၍ သူတို့ကိုယ်သူတို့ ဖုံးကွယ်နေကြတာလဲ။

ကမ္ဘာဦးကျမ်းတွင် ဖော်ပြထားတဲ့တကယ့်ဖြစ်ရပ်တစ်ခုဖြစ်စေ၊ ဥပစာဖြစ်စေ အဲဒီအဖြစ်အပျက်အတွက် ကျွန်တော်တို့တွေဟာ အဲဒီအချိန်ကတည်းက ပေးဆပ်နေပါတယ်။ ထုံးတမ်းစဉ်လာအများစု၊ ယုံကြည်ချက်တွေနှင့်ယဉ်ကျေးမှုတွေမှာ ကျေးဇူးတော်ကနေ ပြိုလဲသွားပြီး အပြစ်၊ အရှက်၊ ကြောက်ရွံ့မှု၊ အပြစ်တင်မှု၊ ဒေါသ၊ လူသတ်မှု၊ ညှင်းပန်းနှိပ်စက်မှု၊ အကြမ်းဖက်မှုနှင့်သေဆုံးမှုတွေဆီ ဦးတည်စေတဲ့အလားတူဇာတ်လမ်းတွေရှိတယ်။ ဒီအရာတွေဟာ ကျွန်တော်တို့ရဲ့ပထမဆုံးမိသားစုကနေ အမွေဆက်ခံခဲ့တဲ့ ခါးသီးတဲ့အသီးတွေဖြစ်ကြပါတယ်။

တစ်ချိန်က ပရဒိသုဘုံရှိခဲ့တယ်။ နောက်မှ ပရဒိသုဘုံပျောက်ဆုံးသွားခဲ့တယ်။ အဲဒီအချိန်ကစပြီး ကျွန်တော်တို့တွေဟာ ကိုယ်ရေးကိုယ်တာအောင်မြင်မှုတွေ၊ အာရုံငါးပါးကျေနပ်မှုနှင့် မကြာခဏမအောင်မြင်တဲ့ဆက်ဆံရေးတွေကနေတစ်ဆင့် ပရဒိသုဘုံကို စိတ်အားထက်သန်စွာလိုက်ရှာနေကြတယ်။ ကျေးဇူးတော်ကနေ ပြိုလဲသွားတဲ့အချိန်ကစပြီး အကြီးမြတ်ဆုံးနှင့်အဖိုးတန်ဆုံးအရာဖြစ်တဲ့လိင်မှုကိစ္စ၊ ချစ်ခြင်းမေတ္တာနှင့်ရင်းနှီးမှုတွေဟာ ရှုပ်ထွေးကုန်တော့တယ်။ ဒီသုံးခုဟာ ကွဲကွာသွား၍ အားလုံးပေါင်းစည်းသွားကြတယ်။ ဘုရားသခင်ဟာ သမိုင်းတစ်လျှောက်လုံးတွင် ကြိမ်ဖန်များစွာတောင်းဆိုမှုကို လုပ်ဆောင်ခဲ့ပြီး ကျွန်တော်တို့ရဲ့စိတ်နှလုံးကို မေတ္တာနဲ့သမ္မာတရား၌ အသက်ရှင်စေဖို့အတွက် နှိုးဆွပေးဖို့ မမောမပန်းလုပ်ဆောင်ခဲ့တယ်။

ကျွန်တော်ဟာ အမှားတွေနဲ့အောင်ပွဲတွေကနေတစ်ဆင့် သင်ခန်းစာများစွာကို သင်ယူခဲ့ရတဲ့ရိုးရှင်းတဲ့အတိတ်ကလူတစ်ဦးဖြစ်ပါတယ်။ ကျွန်တော်ရဲ့စိတ်အားထက်သန်မှုမှာ အချိန်ပေးခြင်း၊ ထိတွေ့ခြင်းနှင့် စကားပြောခြင်း အတိုကောက် (TTT) နဲ့ ကျန်းမာတဲ့ကမ္ဘာကို မြင်တွေ့ဖို့ဖြစ်တယ်။ ဒါဟာ ဖြစ်နိုင်တယ်ဆိုတာကို ကျွန်တော်သိရှိထားတယ်။ ကြေကွဲခဲ့တဲ့ကျွန်တော့်ဝိညာဉ်ကတောင် ပကတိပြန်ကောင်းနိုင်ရင် ဘယ်သူမဆိုစစ်မှန်တဲ့ချစ်ခြင်းမေတ္တာနဲ့ အသက်ရှင်နေထိုင်နိုင်တယ်ဆိုတာကို သိရှိထားတယ်။

မတူညီတဲ့ပျော်ရွှင်ဖွယ်အချိန်အခါမျိုးတွင် ဘားဆိုင်တွေမှာ အရက်ဘီယာတွေကို လျှော့စျေးနဲ့ ရရှိနိုင်တဲ့အချိန်မှာ အချိန်ပေးခြင်း၊ ထိတွေ့ခြင်းနှင့်စကားပြောခြင်းကို လုပ်ဆောင်ဖို့၊ ကြားနာဖို့၊ ချစ်ဖို့အတွက် လုံခြုံတဲ့နေရာတစ်ခုဖန်တီးပေးပါမယ် (အသေးစိတ်ကို ဒီစာအုပ်ရဲ့အဆုံးပိုင်းတွင် ဖော်ပြထားတယ်)။ TTT ဟာ အချိန်ကျလာပြီဖြစ် တဲ့စစ်မှန်တဲ့ချစ်ခြင်းရဲ့အရွေ့အပြောင်းဖြစ်တယ်။ ဘောပင်တစ်ချောင်းဟာ ဓားစွမ်းထက် အစွမ်းထက်တယ်လို့ဆိုကြတယ်။ ဒါကြောင့် ဒီစာအုပ်မှာ ရေးသားတဲ့ TTT ဆိုတာကို အခြေခံပြီးတော့ ကမ္ဘာတစ်ဝှမ်းတွင် စစ်မှန်တဲ့ချစ်ခြင်းနဲ့ အရွေ့အပြောင်းကို ဆင်နွှဲဖို့ ကျွန်တော်ဆုတောင်းထားတယ်။ လူနှစ်ဦးက T3 = TTT ကိုမျှဝေပြီး ပေါင်းစပ်အကျိုးသက်ရောက်မှုကို ဖန်တီးကြတယ်။

TTT ဟာ ရိုးရှင်းပေမယ့် ကမ္ဘာပေါ်မှာ ပရဒိသုဘုံအသစ်တစ်ခုကို ပြန်လည်ဖန်တီးဖို့ လေးနက်တဲ့အသေးစိတ်စီမံချက်တစ်ခု ဒါမှမဟုတ် အနည်းဆုံးစတင်မှုတစ်ခုဖြစ်ပါတယ်။ သင့်စိတ်ဆန္ဒပြည့်မီဖို့အတွက် နောက်စာမျက်နှာတွေမှာ ဖော်ပြပေးမယ့်ရိုးရှင်းတဲ့စွမ်းရည်တွေကို လေ့ကျင့်ခြင်း၌ ကျွန်တော်နှင့်ပူးပေါင်းစေလိုပါတယ်။ သင်နဲ့အတူတူ ဘဝခရီးနှင်ဖို့ သင့်ကို စောင့်မျှော်နေပါတယ်။

အချိန်ပေးခြင်း၊ ထိတွေ့ခြင်း၊ စကားပြောခြင်း

By Richard Cohen, M.A. © 2019

အချိန်ပေးခြင်း	ထိတွေ့ခြင်း	စကားပြောခြင်း
အချိန်=မေတ္တာ နေရောင် အတည်ပြုချက် အရည်အချင်း ဘုရားသခင်၊ မိမိ ကိုယ်ကို၊ အခြားသူ များ၊ သဘာဝတရား နှင့်အချိန်ယူပါ။ အချိန်သည် မေတ္တာ ၏အရင်းအနှီးတစ်ခု ဖြစ်သည်။ လှုပ်ရှားမှုများ၊ ကစား ခြင်း၊ ဂိမ်းများ၊ ပျော်စ ရာ၊ အားကစား၊ အနု ပညာ၊ လမ်းလျှောက် ခြင်း၊ စခန်းသွင်းခြင်း၊ ငါးဖမ်းခြင်း၊ စူးစမ်း လေ့လာခြင်း။ ပျော်ရွှင်စရာအချိန် များ၊ အမှတ်ရစရာ များဖန်တီးပါ။ အတွင်းစိတ်ကို ထုတ် ကစားပါ။ အဆိုးမြင်အတွေးများ ကို ဖြေရှင်းနိုင်သော အရည်အချင်းများ၊ အတည်ပြုချက်များ။ ဒဏ်ရာများကို ကုစားပြီး မေတ္တာ လိုအပ်ချက်များကို လိင်ဆက်ဆံခြင်း မဟုတ်ဘဲ ဖြည့်ဆည်းပေးခြင်း။	ကောင်းသောထိခြင်း=မေတ္တာ ရေ ချစ်ခင်မှု ပိုင်ဆိုင်ခြင်း ရင်းနှီးမှုဓလေ့များ-ပွေ့ဖက်ခြင်း၊ ဖက်ခြင်း၊ နမ်းခြင်း၊ ပြုံးခြင်း၊ မျက်လုံးချင်းဆုံခြင်း။ မိသားစုဆက်ဆံရေးတွင် လုံခြုံတဲ့တွယ်တာမှု ဟာ ကိုယ်တွေ့နှင့်ပရော်ဖက်ရှင်နယ်ဘဝတွင် မိမိတန်ဖိုးနှင့်အောင်မြင်မှုကို ဖန်တီးပေးတယ်။ ထိခြင်း ≠ လိင် (အမျိုးမတူ/မျိုးတူ) အိမ်ထောင်ပြင်ပ၊ ညစ် ညမ်း၊ အတင်းအကျပ်တစ်ကိုယ်ရည်အာ သာဖြေခြင်း စသည် ဒဏ်ရာများနှင့်မပြည့် မီသောမေတ္တာလိုအပ်ချက်များကို ကုစားဖို့ မှားယွင်းသောလုပ်ဆောင်မှုဖြစ်သည်။ အဖြေနှင့်ပြန်လည်သင့်မြတ်ခြင်းကို ဆောင်ကြဉ်းဖို့ လက်ရှိဆက်ဆံရေးတွင် မိမိတို့၏အတိတ်ကို ပြန်လည်ဖန်တီးပါ သည်။ မိမိတို့လုပ်သောအရာကြောင့်မ ဟုတ်ဘဲ မိမိတို့မည်သူမည်ဝါဖြစ်ကြောင်း ချစ်ခြင်းခံလိုပါသည်။ ကောင်းမွန်သောပွေ့ဖက်ခြင်း-ကိုင်တွယ် ခြင်း၊ ပွေ့ဖက်ခြင်း၊ အခြားသောကုထုံးလေ့ ကျင့်ခန်းများ။ ကလေးများ၊ ဆယ်ကျော်သက်များ၊ လူကြီး များအသက်ရှင်ဖို့အတွက် နေ့စဉ်ကောင်း မွန်သောထိတွေ့မှုလိုအပ်ပါသည်။ 6 D's-ကွာရှင်းမှု၊ နေ့စားစောင့်ရှောက်မှု၊ ဒစ်ဂျစ်တယ်နည်းပညာ၊ တန်ဖိုးကျဆင်းမှု၊ စွမ်းဆောင်ရည်ကျဆင်းမှုနှင့်မေတ္တာကို နည်းလမ်းမှားများနှင့်မှားယွင်းသောနေ ရာများတွင် ရှာဖွေနေတဲ့စွန့်ပစ်ခံရသော ကလေးများ။	နားထောင်ခြင်း & မျှဝေခြင်း=မေတ္တာ လေ လက်ခံခြင်း တန်ဖိုး ဆက်ဆံရေးစွမ်းရည်-ထိရောက်သော နားထောင်ခြင်းနှင့်မျှဝေခြင်း၊ ရင်းနှီးမှု အတွက် ကျွမ်းကျင်မှုအမျိုးမျိုး။ KYMS-သင့်ပါးစပ်ကို ပိတ်ထားပါ။ နား ထောင်ပါ၊ အခြားသူများနှင့် ပူးပေါင်းပါ၊ သင့်ခံစားချက်များ၊ တွေးခေါ်မှုနှင့်လို အပ်ချက်များကို ဖော်ပြရန် သင်ယူပါ။ မတောင်းလျှင် မရပါ။ မျှော်လင့်ချက်ကို သတ်ပစ်သည်။ မတူညီသောကိုယ်ရည်ကိုယ်သွေးအ မျိုးအစားများ-Myers-Briggs, Enneagram စိတ်နေစိတ်ထား လေးခု၊ မေတ္တာစကားများ၊ မွေးရာ ပါအစီအစဉ်။ သင့်အတွေးများ၊ ခံစားချက်များ၊ လိုအပ် ချက်များကို ပိုင်ပိုင်နိုင်နိုင်ရယူလိုက်ပါ။ တစ်ပါးသူအပေါ် တစ်ခုတည်းသောစစ် မှန်သောတုံ့ပြန်မှုမှာ မေတ္တာဖြစ်သည်။ အခြားအရာအားလုံးသည် အကြောက် တရား သို့မဟုတ် ချစ်ခြင်းမရှိခြင်းပင် ဖြစ်သည်။ စက်ဆုပ်ခြင်းမှသနားခြင်းသို့ ကူးပြောင်း ခြင်း-ကွဲပြားမှုများကို လက်ခံပါ။

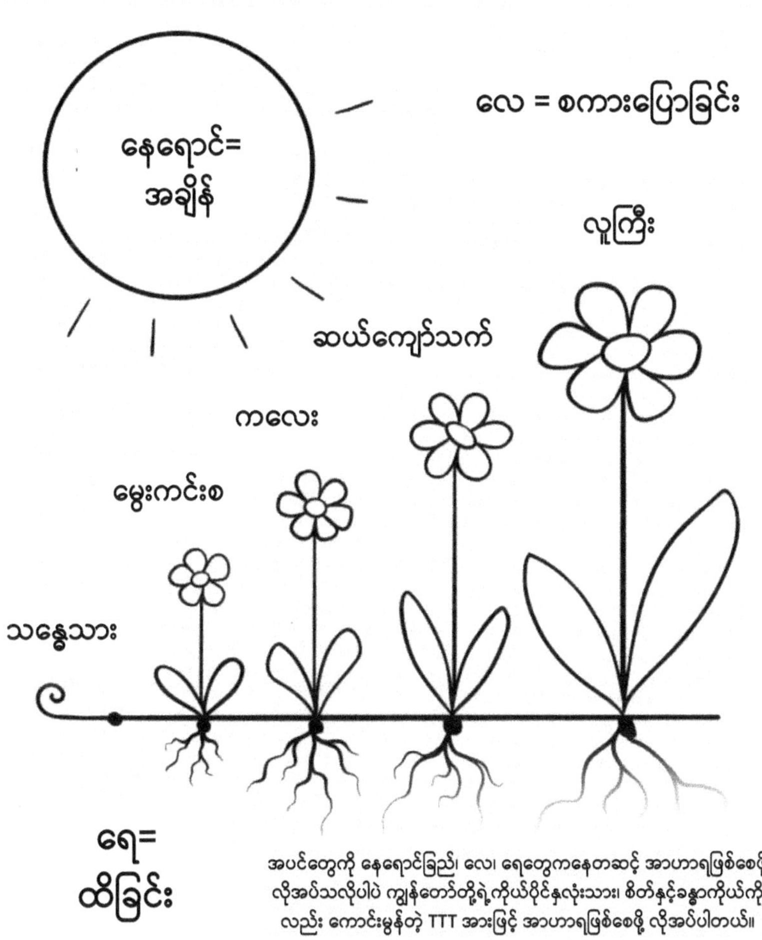
နေရောင်=
အချိန်
လေ = စကားပြောခြင်း
လူကြီး
ဆယ်ကျော်သက်
ကလေး
မွေးကင်းစ
သန္ဓေသား
ရေ=
ထိခြင်း
အပင်တွေကို နေရောင်ခြည်၊ လေ၊ ရေတွေကနေတဆင့် အာဟာရဖြစ်စေဖို့
လိုအပ်သလိုပါပဲ ကျွန်တော်တို့ရဲ့ကိုယ်ပိုင်နှလုံးသား၊ စိတ်နှင့်ခန္ဓာကိုယ်ကို
လည်း ကောင်းမွန်တဲ့ TTT အားဖြင့် အာဟာရဖြစ်စေဖို့ လိုအပ်ပါတယ်။

အပိုင်း တစ် - အချိန်

အချိန်ဟာ နေရောင်ကို ကိုယ်စားပြုတယ်။ နေဟာ အပင်တွေကြီးထွားဖို့အတွက် အလင်းစွမ်းအင်ကို ပေးစွမ်းတယ်။ အခုအချိန်ဟာ သင့်စိတ်ဝိညာဉ်နဲ့ဆက်သွယ်ဖို့၊ သင့်ဒဏ်ရာတွေကို ကုစားဖို့၊ သင်လိုအပ်တဲ့မေတ္တာကို ဖြည့်ဆည်းရမယ့်အချိန်ဖြစ်ပါတယ်။ ကိုယ့်ကိုကိုယ်မချစ်ရင် မလေးစားရင် ဘယ်သူကမှ သင့်ကို ချစ်မှာမဟုတ်ပါဘူး။ ကမ္ဘာငြိမ်းချမ်းရေးဆိုတာဟာ တစ်ဦးချင်းစီနဲ့ တစ်ချိန်တည်းမှာ စတင်ပါတယ်။ မိမိကိုယ်ကို မုန်းတီးခြင်းဟာ မိမိတို့ရဲ့ကိုယ်ရေးကိုယ်တာနှင့်ပရော်ဖက်ရှင်နယ်ဆက်ဆံရေးအားလုံးကို ထိခိုက်စေပါတယ်။ လူတွေကို နာကျင်အောင်ပြုရင် လူကို ထိခိုက်တယ်။ မိမိကိုယ်ကို ချစ်ခြင်းဟာ အပြင်ကမ္ဘာထိ ကျယ်ပြန့်လာမှာဖြစ်တယ်။

အားနည်းတဲ့ ဒါမှမဟုတ် ဒဏ်ရာရတဲ့သူတွေကို ကြည့်ရှုဖို့ နည်းလမ်းများစွာရှိတယ်။ ဖြေရှင်းနည်းအချို့မှာ

၁) Dr. Greg Bear က သူ့ရဲ့ Real Love စာအုပ်တွင် တစ်စုံတစ်ဦးဟာ ညှံ့ဖျင်းတဲ့အပြုအမူ ဒါမှမဟုတ် ခုခံကာကွယ်တတ်တဲ့အပြုအမူတွေနဲ့ ပြုမူနေမယ်ဆိုရင် အဲဒီလူဟာ ရယူခြင်းနှင့်ကာကွယ်ခြင်း အမူအကျင့်တွေကို လုပ်ဆောင်နေခြင်းဖြစ်ပြီး ၎င်းတို့ရဲ့အတွင်းစိတ်မလုံခြုံမှုတွေနှင့်လိုအပ်နေတဲ့ မေတ္တာပြည့်ဝစွာမရရှိမှုတွေကနေ ထွက်ပေါ်လာတဲ့ကြောက်ရွံ့ခြင်းနှင့်ဘာမှမရှိခြင်းကို ဖုံးကွယ်ဖို့ ကြိုးပမ်းနေခြင်းဖြစ်တယ်။ သူတို့တွေဟာ နာကျင်နေသူတွေဖြစ်တယ်ဆိုတာကို သိနားလည်ပြီး သင်တတ်စွမ်းနိုင်သလောက် ပိုမိုကြီးမြတ်တဲ့ချစ်ခြင်းမေတ္တာကို ပြသလိုက်ပါ။

၂) Johann Wolfgang von Goethe ရဲ့ဖြေရှင်းပုံမှာ မိမိကိုယ်မိမိမချစ်တဲ့အခြားသူတစ်ဦးကိုကြည့်ပြီး သူ့အတွက် ကြီးမြတ်မှုကို မျှော်မှန်းခြင်းဖြစ်တယ်။ ကဗျာဆရာ၊ ဝတ္ထုရေးဆရာ၊ ပြဇာတ်ရေးဆရာနှင့်လေးစားထိုက်တဲ့နိုင်ငံ့ခေါင်းဆောင် Goethe က "လူတစ်ဦးချင်းစီကို သူ့အရှိအတိုင်း ဆက်ဆံရင် အဲဒီအတိုင်း ဆက်ရှိနေပါလိမ့်မယ်။ ဒါပေမယ့် သူ့ကို သူဖြစ်သင့်ဖြစ်ထိုက်တဲ့အတိုင်း ဆက်ဆံမယ်ဆိုရင် ဖြစ်သင့်ဖြစ်ထိုက်တဲ့အတိုင်း၊ ဖြစ်နိုင်

တဲ့အတိုင်းဖြစ်သွားလိမ့်မယ်” လို့ဆိုတယ်။ ဒါကြောင့် နာကျင်နေတဲ့သူကို သင့်နှလုံးသားမျက်စိ၌ သင့်စိတ်မှန်ဘီလူးဖြင့် မြင်အောင်ကြည့်ကာ မိမိကိုယ်တိုင် ဒါမှမဟုတ် စကားဖြင့် အသက်အကြောင်း ပြောဆိုကြည့်ပါ။ “သင့်ကို အံ့သြစရာကောင်းတဲ့မိန်းမတစ်ယောက်လို ငါမြင်တယ်။ သင်နေမကောင်းဘူးလား ဒါမှမဟုတ် သင်နာကျင်နေတယ်ဆိုတာ ငါနားလည်တယ်။ ဒီလိုကြုံတွေ့နေတဲ့အတွေ့အကြုံရဲ့တဘက်မှာ သင့်ရဲ့အဆုံးမရှိတဲ့အလှတရားနဲ့ တောက်ပမှုတွေကို ငါမြင်တယ်။”

၃) Christian Hip-Hop ဂီတပညာရှင် Toby Mac ဟာ ၎င်းရဲ့သီချင်း “အသက်အကြောင်းကို ပြောပါ” ဆိုတဲ့သီချင်းတွင် အောက်ပါခံစားချက်ကို ဒီလိုသီဆိုခဲ့တယ်။ “စိတ်နှလုံးကြေကွဲနေသူတွေရဲ့မျက်လုံးတွေကို ကြည့်ပါ။ မျှော်လင့်ချက်စကားကို ပြောပြီးတာနဲ့ ၎င်းတို့အသက်ရှင်လာတာကို ကြည့်ပါ။ မေတ္တာအကြောင်းပြောပါ၊ အသက်အကြောင်းပြောပါ။” ဒီအကြံပြုချက်တွေဟာ တစ်စုံတစ်ဦးရဲ့စိတ်နှလုံးတံခါးဖွင့်ခြင်း ဒါမှမဟုတ် စိတ်ဒဏ်ရာတွေကို တကယ်ပဲ သက်သာစေနိုင်ပါတယ်။

Brent Henderson သီဆိုသော *Love is Spelled Time* သီချင်းတစ်ပုဒ်

“ငါကြီးပြင်းလာတဲ့အခါ ငါ့မှာ အခင်ဆုံးသူငယ်ချင်းတစ်ယောက်ရှိခဲ့ဖူးတယ်၊
သူ့ရဲ့ဘေ့စ်ဘောလက်အိတ်အသစ်စက်စက်ကို ပြသခဲ့တာကို သတိရမိတယ်။
သူပြောတာကို မကြားမချင်း သူအရမ်းကံကောင်းတယ်လို့ ငါထင်ခဲ့တယ်။
အဖေ့ကို အချိန်ပေးပြီး ကစားနည်းသင်ပေးစေချင်တယ်။

“အချစ်ဆိုတာ အချိန်ပေးခြင်းပါပဲ၊ အချစ်ဆိုတာ အချိန်ပါပဲ။
တစ်စုံတစ်ခုကို သင်ဝယ်ယူတာမဟုတ်ဘဲ သုံးစွဲခြင်းပါပဲ။
အချိန်မနှောင်းခင် သင်တွေ့နိုင်မယ်လို့ ငါမျှော်လင့်တယ်။
ကလေးရဲ့အမြင်မှာ အချစ်ဆိုတာ အချိန်ပေးခြင်းပါပဲ။”

မိမိကိုယ်ကို ကုစားခြင်း၊ မိသားစုကို ကုစားခြင်းနှင့် အသိုင်းအဝိုင်းကို ကုစားခြင်းအတွက် အံ့သြဖွယ်လေ့ကျင့်ခန်းအချို့ကို သင့်အား မျှဝေပါရစေ။

သင့်ခင်ပွန်းနဲ့ ကလေးတွေကို သင်ပေးနိုင်တဲ့အကောင်းဆုံးလက်ဆောင်က
သင့်ကိုယ်သင် ကုစားဖို့ပါပဲ။ မဟုတ်ရင် သင့်ရဲ့အတိတ်က မဖြေရှင်းနိုင်ခဲ့တဲ့
ပြဿနာအားလုံးကို နောက်မျိုးဆက်သစ်အပေါ် ရောက်သွားမယ်။
သင့်ကိုယ်သင် ကုစားခြင်းဖြင့် သင့်သားသမီးနဲ့မြေးတွေအတွက်
စစ်မှန်တဲ့မေတ္တာအမွေကို ချန်ထားခဲ့ပါ။

အချိန်ပေးခြင်း

မိမိကိုယ်ကို ကုစားခြင်း

- ခံစားချက်စက်ဝန်း
- ဒဏ်ရာဖြစ်နိုင်တဲ့အကြောင်းရင်းတွေ
- ကျွန်တော် တို့ရဲ့ကိုယ်ရည်ကိုယ်သွေးအလွှာတော
- ပွဲပိုးမှုကွန်ရက်
- သိမြင်မှုဆိုင်ရာပြောင်းလဲမှုတွေ
- ကတိသစ္စာပြုခြင်း
- အတွင်းစိတ်ကလေးကို ကုစားခြင်း

မိသားစုကို ကုစားခြင်း

- သင့်မိသားစုအတွက် မြေပုံအသစ်: 13 Rs
- အိမ်ထောင်တစ်ခုတွင် လူဆယ့်နှစ်ယောက်
- မိသားစုပျော်စရာလေ့ကျင့်ခန်းတွေ

အသိုင်းအဝိုင်းကို ကုစားခြင်း

- မိတ်ဆွေတွေနဲ့ အချိန်ယူပါ။
- သင့်ဝါသနာတွေအတွက် အချိန်ပေးပါ။
- သင့်အသိုင်းအဝိုင်းတွင် စေတနာ့ဝန်ထမ်းလုပ်ပါ။

မိမိကိုယ်ကို ကုစားခြင်း

Jerry McGuire ရုပ်ရှင်ထဲက "နင်ငါ့ကို ပြီးဆုံးပြီလား"ဆိုတဲ့ကျော်ကြားတဲ့စကားလုံးကို သင်မှတ်မိပါသလား။ ဒီအယူအဆဟာ လုံးဝအဓိပ္ပါယ်မဲ့ပြီး ဆက်ဆံရေးအားလုံးတွင် ကျရှုံးမှုအတွက် ပုံသေနည်းတစ်ခုဖြစ်တယ်။ ဒီလိုအယူအဆဟာ ကိုယ့်ကိုယ်ကိုလေးစားမှုနည်းပါးတာကို ဖြစ်ပေါ်စေပြီး နောက်ဆုံးတွင် ဝမ်းနည်းဖွယ်ဘဝနှင့်ကွာရှင်းပြတ်စဲခြင်းဆီကို ဦးတည်စေပါတယ်။ တကယ်လို့ အဲဒီလူဟာ သူမကိုပြီးဆုံးစေမယ်ဆိုရင် သူမဟာ အချိန်မရွေးငြင်းပယ်ခံရဖို့ အဆင်သင့်ဖြစ်ပြီး သူမရဲ့ပျော်ရွှင်မှုနှင့်ဒုက္ခတွေကို ဒီယောက်ျားက ထိန်းချုပ်ထားတယ်လို့ဆိုလိုတယ်။ "နင်ငါ့ကို ပြီးဆုံးပြီးလား" ဆိုတဲ့ရိုးရှင်းတဲ့ဖော်ပြချက်တွင် တစ်စုံတစ်ဦးဟာ မိမိရဲ့အခွင့်အာဏာကို စွန့်လွှတ်နေစဉ်တွင် အခြားသူတစ်ဦးက သူ့ကောင်းကျိုးအတွက် အခွင့်အာဏာဖြင့် ဆုပ်ကိုင်ထားခြင်းဖြစ်တယ်။ သင့်ကိုယ်သင် သားကောင်အဖြစ်မခံပါနဲ့၊ ထိခိုက်လွယ်သူမဖြစ်ပါနဲ့၊ လှည့်စားလွယ်တဲ့သူမဖြစ်ပါနဲ့။ သင့်စွမ်းအားကို ဘယ်သူ့ကိုမှ မပေးမိပါနဲ့။ တခြားလူနဲ့ ရင်းနှီးမှုတစ်ခုဖန်တီးဖို့ ကြိုးစားမယ်ဆိုရင်တောင် သင့်ရဲ့အကောင်းဆုံးဖြစ်စဉ်မပြီးဆုံးခင် ပေါင်းသင်းဆက်ဆံရေးအားလုံးက သင့်ရဲ့ပျက်ကွက်မှုထဲကို ဝင်ရောက်လာပါလိမ့်မယ်။ ဘယ်သူကမှ သင့်ကို ပြီးဆုံးအောင် မလုပ်နိုင်ပါ။ သူတို့တွေဟာ သင့်ကို အားဖြည့်ပေးနိုင်တာလောက်ပါပဲ။

ကိုယ်တိုင်ကိုယ်ကျကုစားခြင်း လုပ်ရှားမှုတွေနှင့် လေ့ကျင့်ခန်းတွေဖြင့် သင်ကိုယ်တိုင် ပြီးမြောက်နိုင်ပါတယ်။ ဒီစာအုပ်တစ်အုပ်လုံးမှာ လက်တွေ့ကျတဲ့ကိရိယာများစွာကို အကြံပြုပေးပါမယ်။ သင်ဟာ ခံ့ညားပြီး ကြီးမြတ်တဲ့သူဖြစ်ဖို့ ရည်မှန်းထားတယ်။ ဘုရားသခင်ရဲ့ချစ်ခြင်းမေတ္တာနှင့်သစ္စာတရားကို ထူးထူးခြားခြားထင်ရှားစေသူအဖြစ် ဖန်ဆင်းခံထားတာကိုလည်း သိတယ်။ ဒါပေမယ့် ပထမအချက်က ကိုယ့်ကိုကိုယ် ကုစားပါ။ နောက်မှ သင့်ရဲ့လက်တွဲဖော်ကို ဖြည့်ဆည်းပေးနိုင်ပါလိမ့်မယ်။ သင့်မှာ ဆက်နွယ်မှုရှိနေပြီဆိုရင် အခုပဲစတင်လိုက်ပါ။ ဘယ်တော့မှနောက်မကျပါ။ ဒိန်းမတ်ဒဿန ပညာရှင်နှင့်ဓမ္မပညာရှင် Soren Kierkegaard က "ဘဝအသက်တာဆိုတာ နောက်ကြောင်းပြန်ဖို့ပဲ နားလည်တယ်။ ဒါပေမယ့် ရှေ့ကိုပဲ လှမ်းပြီး ရှင်သန်ရမယ်"လို့ပြောခဲ့

ဖူးတယ်။ သင့်မှာ အဖြေတွေ/ဖြေရှင်းချက်အားလုံးမရသေးပေမယ့် ဆက်သွားပါ၊ ကြီးထွားလာပြီး အဲဒီနေရာရောက်တဲ့အထိ ဆက်လက်ကြိုးစားပါ။

ကျွန်တော်တို့မသိတဲ့အရာဟာ တကယ်မသိတာပါ။ ကျွန်တော်တို့နားမလည်တဲ့အရာကို ကြောက်ရွံ့ပြီး လက်ရှိအချိန် ကိုယ်ရေးကိုယ်တာနှင့်ပရော်ဖက်ရှင်နယ်ဆက်ဆံရေးတွေမှာ မိမိတို့ရဲ့အတိတ်ကဒဏ်ရာတွေနှင့် လိုအပ်ချက်မပြည့်မီတဲ့မေတ္တာတွေကို မသိစိတ်ဖြင့် ပြန်လည်ရှင်သန်စေပါတယ်။ မဏ္ဍိုင်နှစ်ခုကတော့ အတိတ်ကာလကနေအနာမပျောက်ကင်းတဲ့ဒဏ်ရာတွေနှင့်လိုအပ်ချက်မပြည့်မီတဲ့ မေတ္တာလိုအပ်ချက်တွေဟာ မလိုလားအပ်တဲ့အမူအကျင့်တွေဖြစ်တဲ့ အတင်းအကြပ်တစ်ကိုယ်ရည်အာသာဖြေခြင်း၊ အမူကိစ္စနှင့်မူးယစ်ဆေးစွဲနေမှု စတဲ့အရာတွေဆီကို ဦးတည်စေပါတယ်။ TTT ဟာ ဖြေရှင်းချက်ဖြစ်ပါတယ်။ TTT ဟာ အလွန်အဓိပ္ပာယ်ရှိပြီး တိကျတဲ့ရည်ရွယ်ချက်တွေကို ဆောင်ကြဉ်းပေးတယ်။ ဒါဟာ လိင်ဆက်ဆံခြင်းမဟုတ်ဘဲ မိမိတို့ရဲ့စိတ်နှလုံးကို ကုသရာမှာ ကူညီပေးဖို့ မေတ္တာရဲ့အခြေခံလိုအပ်ချက်တွေကို ရရှိစေမှာဖြစ်တယ်။ ကျွန်တော်တို့ရဲ့ဘဝကဏ္ဍအားလုံး ဥပမာအားဖြင့် မိသားစု၊ သူငယ်ချင်းတွေ၊ အလုပ်၊ ယုံကြည်ခြင်းနှင့်အသိုင်းအဝိုင်းတွေမှာ ကောင်းမွန်တဲ့ထိတွေ့မှု အချိတ်အဆက်ကင်းမဲ့နေကြတယ်။

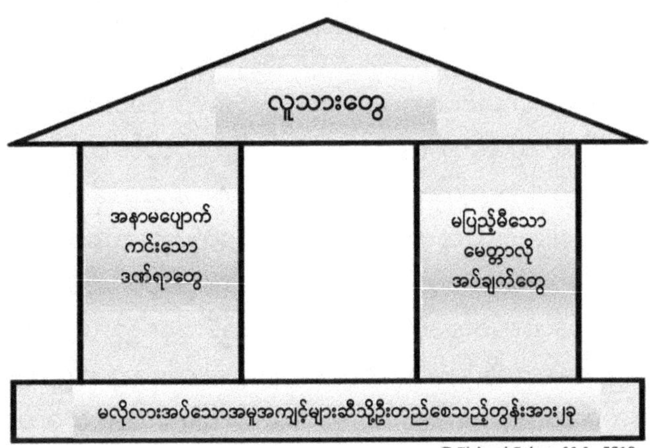

သင်ဟာ တစ်စုံတစ်ဦးအတွက် တာဝန်မရှိပါ၊ ရိုးသားဖို့၊ မေတ္တာရှိဖို့နှင့်လူစစ်လူမှန်ဖြစ်ဖို့ တာဝန်ရှိတာပါ။ တစ်စုံတစ်ယောက်ရဲ့ ခံစားချက်တွေအတွက် တာဝန်ရှိတယ်လို့ ယုံကြည်ရင် ဘဝအသက်တာမှာ သင့်ရဲ့ဖြစ်ခြင်း ထိခိုက်နစ်နာစေနိုင်တယ်။

ရုပ်ရှင်အများစုဟာ အကြမ်းဖက်မှုစစ်ပွဲတွေကို အနိုင်ရကြောင်းပြသနေပုံရတယ်။ ဒါပေမယ့် အကြမ်းဖက်မှုအားဖြင့် အနိုင်ရတဲ့စစ်ပွဲတွေဟာ ယာယီဖြစ်ကြောင်း သမိုင်းက သင်ပေးတယ်။ ရလဒ်တွေဟာ ဘယ်တော့မှမတည်မြဲပါ။ ကျွန်တော်တို့ရဲ့ဒေါသ၊ အတွင်းပိုင်းယုတ်မာမှု၊ အတွင်းပိုင်းစိတ်ကောက်ကျစ်မှုကို ထိန်းချုပ်ဖို့ လိုအပ်တယ်။ ဒဏ်ရာရနေတဲ့နှလုံးသားကို နားလည်ပေးရမယ်။ ဒီနေ့ တကယ့်စစ်မြေပြင်ဟာ ကျွန်တော်တို့တစ်ဦးချင်းစီရဲ့အတွင်းထဲမှာ ရှိနေပါတယ်။

မလိုလားအပ်တဲ့အကြမ်းဖက်မှုနှင့်ဆုံးရှုံးမှုပုံစံကို The Romeo &Juliet Principle လို့ကျွန်တော်ခေါ်တယ်။ William Shakespeare ၏ Romeo & Juliet ပြဇာတ်ကို မှတ်မိပါသလား။ ၎င်းတို့ရဲ့သားသမီးတွေ သေဆုံးခြင်းအားဖြင့် Capulets နှင့် Montagues ဟာ နောက်ဆုံးတွင် စည်းလုံးညီညွတ်ခဲ့ကြတယ်။ ထိုးဖောက်မှုတွေ ဖန်တီးနိုင်ဖို့ သွေးချောင်းစီးခဲ့ရတယ်။ ဒါပေမယ့် ကျွန်တော်တို့ဟာ မိမိတို့ရဲ့မိသားစု၊ အသိုင်းအဝိုင်းနှင့်ယဉ်ကျေးမှုတွင် အချိန်ပေးခြင်း၊ ထိတွေ့ခြင်းနှင့်စကားပြောခြင်း အစီအစဉ်ကိုစတင်မယ်ဆိုရင် ဒါဟာ မလိုအပ်ပါ။ ကျွန်တော်တို့တွေဟာ မိမိတို့ကိုယ်တိုင်၊ တစ်ဦးနှင့်တစ်ဦး အချိန်ယူခြင်းဖြင့် ကမ္ဘာကြီးရဲ့ညစ်ညမ်းမှုတွေကို ဖယ်ရှားနိုင်မှာဖြစ်တယ်။ ကျွန်တော်တို့မဖြေရှင်းလိုက်တဲ့အကြောင်းအရာတွေဟာ လူတွေကို ထိခိုက်နစ်နာစေတယ်၊ နာကျင်စေတယ်လို့ ကျွန်တော်အမိပ္ပါယ်ဖွင့်ဆိုတယ်။ တစ်ခါမပျောက်နိုင်တဲ့ဒဏ်ရာတွေနှင့်လိုအပ်ချက်မပြည့်မီတဲ့မေတ္တာဟာ မလိုလားအပ်တဲ့အပြုအမူတွေကို ဖြစ်ပေါ်စေပါတယ်။ ရလဒ်ကတော့ ကျွန်တော်တို့ရဲ့ ကိုယ်ရေးကိုယ်တာနှင့် ပရော်ဖက်ရှင်နယ်ဆက်ဆံရေးတွေမှာ ထိခိုက်နာကျင်မှုတစ်ခုဖြစ်လာရတယ်။

သင့်မိဘတွေနဲ့ငြိမ်းချမ်းမှုမရှိပါက သူတို့အသက်ရှင်တာပဲဖြစ်ဖြစ်၊ သေဆုံးတာပဲဖြစ်ဖြစ်မိုင်ထောင်ချီဝေးကွာရင်တောင် သင်ဟာ နေအိမ်ကနေဘယ်

မှထွက်ခွာနိုင်မှာမဟုတ်ပါ။ အကြောင်းကတော့ သူတို့ဟာ သင့်အထဲ၌ ရှိနေကြတဲ့အတွက်ဖြစ်တယ်။

ဒီအယူအဆဟာ Sandor Ferenczi၊ Otto Rank၊ Margaret Mahler နှင့်အခြားစိတ်ပညာရှင်တွေရဲ့ Object Relations Theory ကနေဆင်းသက်လာရတာဖြစ်တယ်။ သင့်မိခင်ကို မချစ်ဘဲ သင့်အမျိုးသမီးကို ကောင်းမွန်စွာမချစ်နိုင်ပါ ဒါမှမဟုတ် သင့်ပြဿနာတွေကို သူနဲ့ဖြေရှင်းပြီးမှပဲ အခြားသူတွေဆီက အမျိုးသမီးကောင်းရဲ့မေတ္တာကို တွေ့ကြုံခံစားနိုင်မှာဖြစ်တယ်။ အမျိုးသမီးတစ်ဦးအနေနဲ့ သင့်ဖခင်ကို မချစ်ဘဲ ယောက်ျားတစ်ယောက်ကို ကောင်းမွန်စွာချစ်နိုင်မှာမဟုတ်ပါ ဒါမှမဟုတ် သင့်ပြဿနာတွေကို ဖခင်နဲ့ ဖြေရှင်းပြီးမှပဲ အခြားအမျိုးသားတွေဆီက ကောင်းမွန်တဲ့မေတ္တာကို တွေ့ကြုံခံစားနိုင်မှာဖြစ်တယ်။

သင့်အတိတ်မှ အနုတ်လက္ခဏာဆောင်တဲ့နှောင်ကြိုးပုံစံတွေကို မဖြေရှင်းမချင်း လက်ရှိဆက်ဆံရေးမှာ ပြဿနာတွေဆက်ရှိနေဦးမှာဖြစ်တယ်။ ကျွန်တော်တို့ဟာ လိင်ကိစ္စမှာပဲဖြစ်ဖြစ်၊ အခြားဘာကိစ္စမှာဖြစ်ဖြစ် အတိတ်က မိဘတွေပြုသလိုပြုမူတတ်ကြတယ်။ ကုစားဖို့အတွက် ခံစားချက်အစစ်အမှန်ဖြစ်ရမယ်။ လက်ရှိအချစ်ရေး ဆက်နွယ်မှုမှာ ကောင်းကောင်းမွန်မွန်နေထိုင်အသက်ရှင်ချင်ရင် သင့်အတိတ်က ပျက်ကွက်မှုတွေကို ဝန်ခံပြီး သင့်မြတ်အောင်လုပ်ဆောင်ဖို့ လိုပါလိမ့်မယ်။ ဒီလုပ်ငန်းစဉ်ကို လျစ်လျူရှုပြီး သင့်ပတ်ဝန်းကျင်ရှိလူတွေဆီ သင့်ဒဏ်ရာတွေကိုဆက်လက်ဖော်ပြနေမယ်ဆိုရင် သင့်ပျက်ကွက်မှုတွေကို ကမ္ဘာတစ်ဝှမ်းရှိ လူတွေဆီချပြသလိုဖြစ်သွားမယ်။ ပတ်ဝန်းကျင်ညစ်ညမ်းမှုတွေထက် ပိုဆိုးတာက သင့်အတွင်းပိုင်းနာကျင်မှုကြောင့်ပေါ်ထွက်လာတဲ့ညစ်ညမ်းမှုပဲဖြစ်တယ်။ TTT ဟာ ကမ္ဘာတစ်ဝှမ်းရှိ အတွင်းပိုင်းနာကျင်မှုတွေကြောင့် ပေါ်လာတဲ့ညမ်းမှုတွေကို ဖြေရှင်းဖို့ အပြောင်းအလဲကို စတင်တော့မှာဖြစ်ပါတယ်။

ခံစားချက်စက်ဝန်း

ကျွန်တော်တို့ဟာ မိမိတို့ရဲ့တွေးခေါ်ပုံ၊ ခံစားချက်နှင့်လိုအပ်ချက်တွေကို သိရှိနိုင်ဖို့ အလွန်အရေးကြီးပါတယ်။ ဒီလိုမဟုတ်ရင် ကျွန်တော်တို့ရဲ့သုခချမ်းသာကို ဖန်တီးဖို့ အခြားသူတွေရဲ့ကရုဏာနောက်ကို လိုက်သွားနိုင်တယ်။

အင်တာနက်ပေါ်ကနေ ရရှိနိုင်တဲ့ခံစားချက်စက်ဝန်း ဗားရှင်းများစွာရှိတယ်။ ကျွန်တော်တို့ရဲ့အဓိက စိတ်ခံစားချက်နှင့်ခံစားချက်တုံ့ပြန်မှုတွေအကြား ခြားနားမှုကို ရှင်းလင်းစေတာကြောင့် အောက်မှာ ပြန်လည်ထုတ်လုပ်ထားတဲ့ဗားရှင်းပုံကို ကျွန်တော်နှစ်သက်ရခြင်းဖြစ်ပါတယ်။ စိတ်ခံစားမှုတွေဟာ မိမိတို့ရဲ့ ဇီဇတွင် ကုဒ်နံပါတ်တပ်ပြီး ဆုချဖို့ ဒါမှမဟုတ် ကာကွယ်ဖို့ ဖန်တီးထားတယ်။ ခံစားချက်တွေဟာ မိမိတို့ရဲ့အတွေ့အကြုံတွေ၊ အတွေးအမြင်တွေ၊ စီရင်ချက်တွေနှင့်ထင်မြင်ချက်တွေကို ပေါင်းစပ်ထားတယ်။ အဓိကခံစားချက်တွေက ချစ်ခြင်း၊ ဒေါသ၊ ကြောက်ရွံ့မှုတွေဖြစ်တယ်။ အခြားတုံ့ပြန်မှု အားလုံးဟာ ခံစားချက်တွေဖြစ်ပြီး လိုအပ်ချက်မပြည့်မီတဲ့မေတ္တာတရားအပေါ်မူတည်တာကို တွေ့ရပါတယ်။

စိတ်ခံစားချက် စက်ဝန်းကို ဖန်တီးသူ Bret Stein က "လူ့စိတ်ခံစားမှုတွေကို လေ့လာတဲ့သုတေသီတွေအများကြီးရှိပြီး သူတို့ဟာ စိတ်ခံစားမှုတစ်ခုနဲ့ ဖွဲ့စည်းထားတဲ့အရာတွေနဲ့ပတ်သက်ပြီးတော့ မတူကွဲပြားတဲ့စိတ်ခံစားချက်တွေ ဘယ်လောက်ရှိလဲဆိုတာကို အားလုံးက သဘောမတူကြပါဘူး။ The Feelings Wheel ကို Paul Ekman ရဲ့သုတေသနပြုမှုအပေါ် အခြေခံ၍ ယဉ်ကျေးမှုအားလုံးတွင် လူအများစုက တစ်ကမ္ဘာလုံးက သိမြင်နိုင်စေဖို့ သရုပ်ပြထားတဲ့စိတ်ခံစားမှုခြောက်ခုကို အခြေခံပြီး ဖွဲ့စည်းထားခြင်းဖြစ်တယ်။ စိတ်ခံစားချက်ခြောက်ပါးမှာ ဒေါသ၊ ရွံရှာမှု၊ ကြောက်ရွံ့မှု၊ ပျော်ရွှင်မှု၊ ဝမ်းနည်းမှု၊ အံ့ဩမှု စတဲ့အရာတွေဖြစ်ပါတယ်။ ဒီခံစားချက်ခြောက်ခုနဲ့ စိတ်ခံချက်စက်ဝန်းကို တည်ဆောက်ဖို့ ၎င်းတို့ရဲ့ဆန့်ကျင်ဘက်တွေကို ကျွန်တော်ရွေးချယ်ခဲ့တယ်။"

Stein က "စိတ်ခံစားမှုအားလုံးက မြင်သာတဲ့မျက်နှာအမူအရာနဲ့ ထွက်ပေါ်လာတာမဟုတ်ပါဘူး။ အားလုံးမှာ 'အခြေခံ' စိတ်ခံစားမှု ၁၅ မှ ၂၀ အထိရှိနိုင်မယ်လို့ Ekman က ယုံကြည်ပါတယ်။ စိတ်ခံစားမှုတစ်ခုစီဟာ မတူညီတဲ့ဇီဝကမ္မဆိုင်ရာတုံ့ပြန်မှုကို လှုံ့ဆော်ပေးပြီး ဦးနှောက်ရဲ့သီးခြားနှင့် ကွဲပြားတဲ့ဧရိယာကို လှုံ့ဆော်ပေးတယ်လို့ ယုံကြည်တယ်။ အဆိုပါစိတ်ခံစားမှုတွေကို သုတေသနပြုဖို့အတွက် လုပ်ဆောင်နိုင်တဲ့ MRI လိုမျိုးဦးနှောက်ပုံရိပ်ဖော်တဲ့နည်းပညာတွေကို အသုံးပြုလေ့ရှိတယ်။ Ekman ရဲ့လက်ရာဟာ အလွန်စွဲမက်ဖွယ်ကောင်းပြီး အတိုင်ပင်ခံတွေ၊ ဆရာတွေ၊ မိဘတွေ၊ ရဲတပ်ဖွဲ့ဝင်တွေ

နှင့်လျှို့ဝှက်ဝန်ဆောင်မှုအေးဂျင့်တွေကို လေ့ကျင့်ပေးဖို့ အသုံးပြုတဲ့မတူညီတဲ့လူ့စိတ်ခံစားမှုတွေကို ခွဲခြားသိမြင်နိုင်ပုံနှင့်အရင်းအမြစ်တွေကို ထုတ်လုပ်ပေးပါတယ် (www.paulekman.com)။ John Cleese (Monty Python ရဲ့ ကျော်ကြားမှု) ဟာ Ekman ရဲ့အလုပ်အချို့ကို ဖော်ပြတဲ့လူသားတွေရဲ့မျက်နှာလို့ခေါ်တဲ့ရယ်စရာကောင်းတဲ့ BBC ပညာပေးဗီဒီယိုထဲမှာ သရုပ်ဆောင်ထားပါတယ်။

"Ekman နဲ့ အလုပ်လုပ်ပြီး သူ့အလုပ်ကို ရည်ညွှန်းတဲ့တခြားစာရေးဆရာတွေကတော့ *Blink* စာအုပ်ကိုရေးသူ Malcolm Gladwell, *Emotional Intelligence, Social Intelligence and Destructive Emotions* ရေးသားသူ Daniel Goleman, *Emotional Awareness* စာအုပ်ကိုရေးသားသူ Dalai Lama, *Raising Emotionally Intelligent Children*, and *the 10 Emotions Feeling Identification Postcards* စာအုပ်တွေကို ရေးသားသူ John Gottman တွေဖြစ်ပါတယ် (www.talaris.org or www.gottman.com)။ NVC(Nonviolent Communication) ကိုလေ့လာသင်ယူဖို့ စိတ်ဝင်စားသူတွေဘယ်သူမဆို မိုငြမ်းစရာအတွက် ဒီစာရေးဆရာတွေရေးသားတဲ့ စာအုပ်တွေ ရရှိနိုင်တယ်ဆိုတာကို ဖော်ပြခြင်းဖြစ်ပါတယ်။

သတ်မှတ်ထားတဲ့အခိုက်အတန့်တွင် သင့်အတွေ့အကြုံတွေကိုသိရှိနိုင်စေဖို့ ဒီစိတ်ခံစားချက်စက်ဝန်းကို နေ့စဉ်အသုံးပြုဖို့ လေ့လာပါ။ သင့်ကိုယ်ရေးကိုယ်တာနှင့်ပရော်ဖက်ရှင်နယ်ဆက်ဆံရေး တစ်ခုစီတွင် သင့်ခံစားချက်တုံ့ပြန်မှုတွေကို ကိုယ်တိုင်တာဝန်ယူတတ်ဖို့ သင်ယူပါ။ အိမ်ထောင်သည်ဖြစ်မယ်ဆိုရင် သင့်ခင်ပွန်း၊ သားသမီးတွေနှင့် လေ့ကျင့်ပါ။ သင့်မိသားစုအားလုံးအတူတကွလေ့လာရာတွင် ပျော်စရာကောင်းတဲ့လှုပ်ရှားမှုတစ်ခုဖြစ်လာနိုင်ပါတယ်။ သင့်ခင်ပွန်း ဒါမှမဟုတ် မိသားစုနှင့်အတူ ပုံမှန်အသုံးပြုဖို့ ရိုးရှင်းတဲ့ကျင့်ခန်းမှာ အခုလိုတွေ့ရပါတယ်။

၁) သင့်ရဲ့လက်ရှိဘဝကို အကောင်းဆုံးကိုယ်စားပြုသောခံစားချက်ကို စကားလုံးနှစ်လုံးကို အမည်ပေးပါ။
၂) သင့်ခံစားချက်စကားလုံးနှစ်ခုရဲ့နောက်ကွယ်က အရာကိုမျှဝေပါ။
၃) သင့်ခင်ပွန်း ဒါမှမဟုတ် သားသမီးတွေဆီကဖြစ်စေ သင့်မှာရှိတဲ့လိုအပ်ချက်တစ်ခုကို ပြောစေပါ။

ခံစားချက်စက်ဝန်း

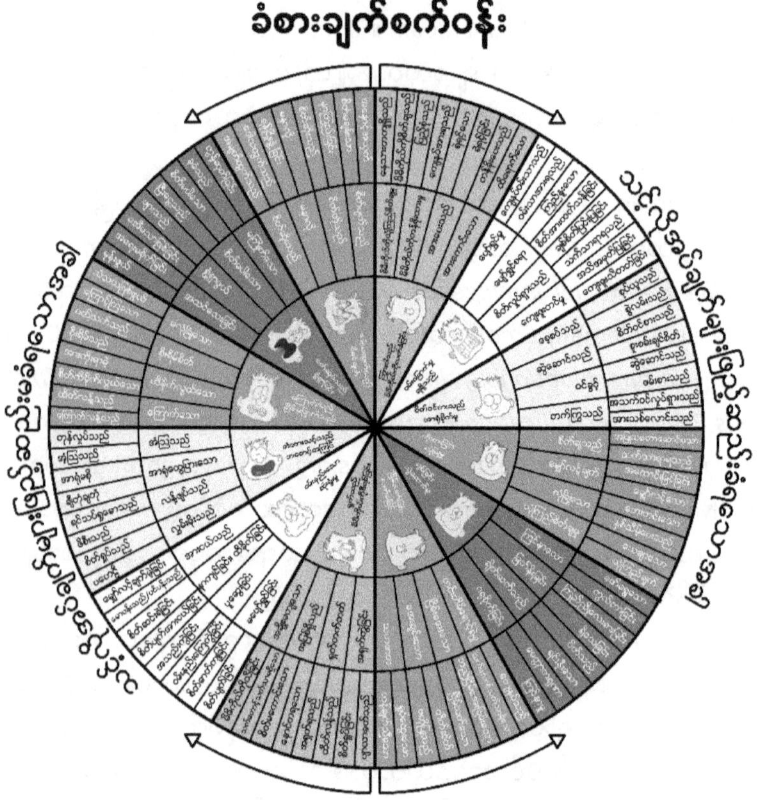

ခံစားချက်တွေဟာ အတွင်းစိတ်ခံစားမှုတွေဖြစ်တယ်။ စကားလုံးတွေဟာ စိတ်ခံစားမှုအတွက် လွဲမှားနေပေမယ့် အမှန်တကယ်ငင်းဟာ အခြားသူတွေရဲ့အကဲဖြတ်မှုပုံစံဖြင့် အတွေးအမြင်တွေ၊ “ငါခံစားရတယ် ...”

စွန့်ပစ်တယ် တိုက်ခိုက်တယ် အလွဲသုံးစားတယ် သစ္စာဖောက်တယ် အပြစ်တင်တယ် အနိုင်ကျင့် လှည့်စားတယ်
အတင်းအကျပ် ဝေဖန်တယ် ဖယ်ထုတ်တယ် ရှိင်းပြတယ် ကြဉ်တယ် မသိကျိုးကျွန်ပြု ခြိမ်းခြောက်တယ်
စော်ကားတယ် စိတ်ပျက်တယ် ခြယ်လှယ်တယ် နားလည်လွဲ လျစ်လျူရှုတယ် အထင်သေး ငြင်းပယ်တယ်
တန်ဖိုးမထားတာ မချစ်တာ ဂရုမစိုက်တာ မလိုချင် အသုံးချတယ် ထိပါး မှားယွင်းခဲ့တယ်

* အကြမ်းမဖက်သောဆက်သွယ်ရေး (NVC) ကိုအခြေခံ၍ Bret Stein မှ ခွင့်ပြုချက်ဖြင အသုံးပြုသောစိတ်ခံချက်စက်ဝန်း

အမျိုးသား/သမီးများတွင် ဒဏ်ရာဖြစ်စေနိုင်သည့်အကြောင်းရင်းများ

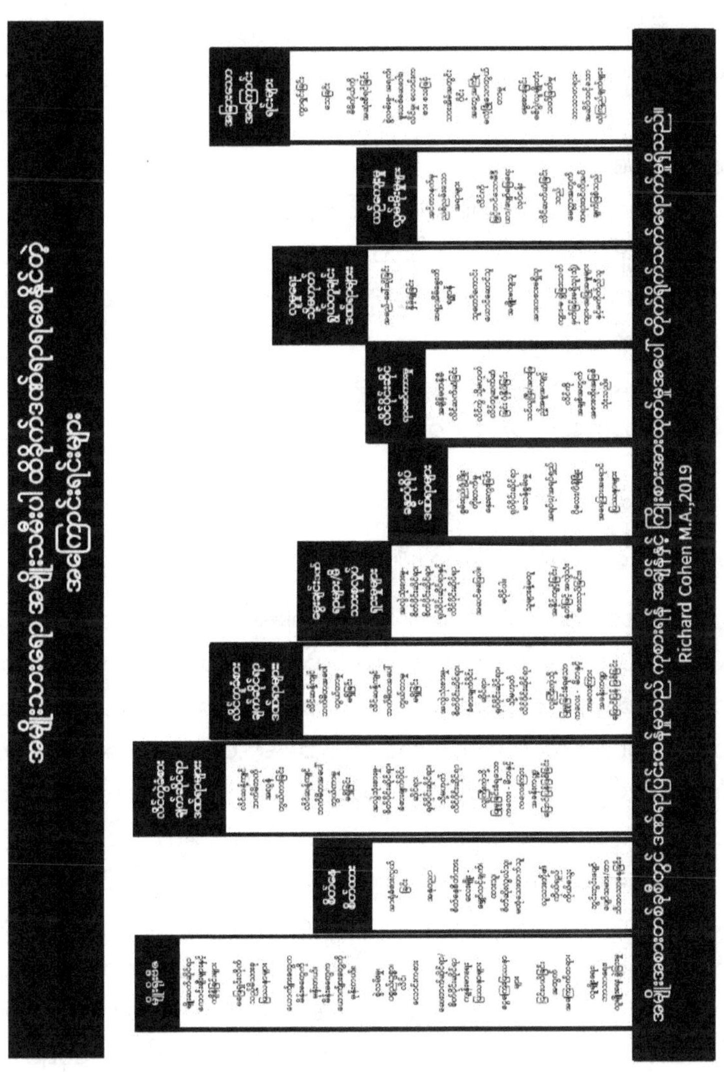

ဒီအရာက ကြီးပြင်းလာစဉ်တွင် သင်ကြုံတွေ့ခဲ့ရတဲ့ဘုံပြဿနာ များစွာဖြင့် ဖွဲ့စည်းထားတဲ့စာရင်းတစ်ခုဖြစ်တယ်။ တကယ်လို သင်ဟာ အဲဒီလိုပြမျိုးဿနာတွေမဖော်ပြတဲ့နေရာ ဒါမှမဟုတ် သင့်ဆုလက်ဆောင်တွေကို တန်ဖိုးထားခြင်းမရှိ ဒါမှမဟုတ် လက်ခံခြင်းမရှိတဲ့ပတ်ဝန်းကျင်တွင် နေထိုင်ပါကဖြစ်နိုင်ချေရှိတဲ့အကြောင်းတရားတစ်ခုစီဟာ ဒဏ်ရာတစ်ခုဖြစ်လာနိုင်တယ်။

၁။ မျိုးရိုးဗီဇ

- မျိုးဆက်ဆိုင်ရာကောင်းချီးတွေနှင့်ကျိန်စာတွေ
- မဖြေရှင်းလိုက်တဲ့မိသားစုပြဿနာတွေ
- အမျိုးသားတွေက မိန်းမတွေကို မုန်းတီးခြင်း၊ မိန်းမတွေက အမျိုးသားတွေကို မုန်းတီးခြင်း
- စွဲလမ်းမှုတွေ - ပစ္စည်းတွေ၊ လိင်မှု၊ လောင်းကစား
- ဆေးဘက်ဆိုင်ရာ/စိတ်ကျန်းမာရေးပြဿနာတွေ
- ငွေကြေးပြဿနာတွေ
- ငြင်းဆိုမှုကို မက်မောခြင်း
- လူမျိုးရေး၊ ဘာသာရေး၊ လူမျိုးရေးမုန်းတီးမှု

ကျွန်တော်တို့ရဲ့မိဘဘိုးဘွားတွေ မဖြေရှင်းလိုက်တဲ့ပြဿနာတွေဟာ ပျောက်ကွယ်မသွားပါ။တစ်စုံတစ်ဦးမှ ကိုယ်တိုင်တာဝန်ယူတဲ့အထိ မျိုးဆက်တစ်ခုမှတစ်ခုသို့လွှဲပြောင်းပေးတယ်။ ဗီဇအပြောင်းအလဲဖြစ်စေခြင်းကို လေ့လာတဲ့သိပ္ပံပညာက ကျွန်တော်တို့ရဲ့အပြုအမူနှင့် လူနေမှုပုံစံအပေါ် မိမိတို့ရဲ့မျိုးရိုးဗီဇဖော်ပြပုံအပေါ် အကျိုးသက်ရောက်ပုံကို ပံ့ပိုးပေးတယ် (ဗီဇ ၉၀% ဟာ မိမိတို့ရဲ့အပြုအမူ၊ ပတ်ဝန်းကျင်၊ တွေးခေါ်မှုတွေကြောင့်ဖြစ်တယ်)။

အိမ်မှာ သင်ယူခဲ့တဲ့စိတ်ခံစားမှုပုံစံတွေကို ထပ်ခါတလဲလဲဘယ်လိုလုပ်ရမယ်ဆိုတာကို တော်တော်များများက မှတ်မိကြမှာပါ။ “ငါက ငါ့မိဘတွေလို ဘယ်တော့မှပြုမူမှာမဟုတ်ဘူး။ ငါ့အိမ်ထောင်ဖက် ဒါမှမဟုတ် သားသမီးတွေကို အဲဒီလို ဘယ်တော့မှဆက်ဆံမှာမဟုတ်ဘူး” ဟု ပြောတတ်ကြတယ်။ ဒါပေမယ့် ကျွန်တော်တို့တွေဟာ မိဘတွေပြုမူခဲ့တဲ့ပုံစံအတိုင်း ပြုနေရတာကို တွေ့မြင်ရတယ်။ စိတ်တိုခြင်းကိုဖော်ပြခြင်း၊ လိင်ပိုင်းဆိုင်ရာအလွဲသုံးစားလုပ်မှု၊ သူတစ်ပါးအပေါ်နာကြည်းမှု၊ ငွေအလွဲသုံးစားမှုတွေဟာ မျိုးဆက်တွေအထိ

ပျံ့နှံ့နေတဲ့ပြဿနာအသေးအဖွဲ့ပါ။ကျွန်တော်တို့က ဘုရားသခင်ကို ချစ်တယ်လို့ပြောနေပေမယ့် နာကျင်ခြင်းနှင့်မုန်းတီးခြင်းတွေဟာ ကွယ်ပျောက်မသွားပါ။ ကယ်တင်ခြင်းနှင့်သန့်ရှင်းစင်ကြယ်ခြင်းဟာ အလွန်ကွဲပြားတဲ့အရာတွေဖြစ်ပါတယ်။

အဖေနှင့်သူ့အစ်မတွေဟာ တစ်သက်လုံးငွေကြေးကြောင့် ရန်ဖြစ်ကြတယ်။ အဒေါ်က ပျော်ပျော်နေပြီး သဘောကောင်းတယ်။ ဒါပေမယ့် ဖေဖေကြောင့် သူမနှင့်တွေ့ခြင်း၊ စကားပြောခြင်း မပြုဖို့ ကျွန်တော်တို့ကို တားမြစ်ထားတယ်။ ဒီအဖြစ်ဆိုးကြီးကို အစ်ကိုကြီးက အမွေလိုဆက်ခံခဲ့တယ်။ အကိုကြီးဟာ လွန်ခဲ့တဲ့နှစ်ပေါင်းများစွာက ကျွန်တော်နဲ့ကျွန်တော့်ညီမကို အဆက်ဖြတ်ခဲ့တယ်။

ကျိန်ခြင်းနှင့်ကောင်းချီးဟာ အမှန်တကယ်ရှိပါတယ်။ ကျွန်တော်တို့ရဲ့သားသမီးတွေ ပိုမိုလွတ်လပ်မှုကို ခံစားနိုင်စေဖို့အတွက် ကျွန်တော်တို့မိဘတွေနှင့်ဘိုးဘေးတွေရဲ့အပြစ်တွေကို ကိုင်တွယ်ဖြေရှင်းဖို့ လိုအပ်တယ်။ ကျွန်တော့်ရဲ့အတိတ်ဒဏ်ရာတွေကို ဖြေရှင်းဖို့ ဆုံးဖြတ်ခဲ့တယ်။ ဒါမှပဲ ကျွန်တော့်ရဲ့သားသမီးတွေဟာ ဘဝခရီးတွင် ကိုယ့်ခြေထောက်ပေါ် ကိုယ်ရပ်တည်နိုင်မှာဖြစ်တယ်။ ကျွန်တော်ကြီးပြင်းလာစဉ်မှာ တွေ့ကြုံခဲ့ရတဲ့နာကျင်မှုတွေကို သားသမီးတွေဆီမရောက်စေချင်ပါ။ အဖေနှင့်အမေက အဲဒီလိုတွေးနေတာကျိန်းသေတယ်။ ကျွန်တော့်ယောက်ဖက “ငါတို့လင်မယားလည်း ကလေးတွေအတွက် နည်းနည်းလေး ပိုအဆင်ပြေလာအောင် ကြိုးစားနေပါတယ်” လို့တစ်ခါပြောခဲ့ဖူးတယ်။ လိုက်နာရမယ့်လေ့ကျင့်ခန်းတွေဟာ မိသားစုကျိန်စာတွေကို ချိုးဖျက်နိုင်ပြီး လာမယ့်မျိုးဆက်တွေအတွက် မေတ္တာပါတဲ့ပုံစံသစ်တွေကို ဖန်တီးနိုင်မှာဖြစ်ပါတယ်။

၂။ စိတ်နေစိတ်ထား

- စိတ်ထိခိုက်လွယ်ခြင်း
- ရသကို ခံစားတတ်ခြင်း
- စိတ်နေစိတ်ထားလေးမျိုး- မျှော်လင့်ချက်ထားတာ (လူမှုရေး၊ တက်ကြွမှု)/စိတ်ဆိုးလွယ်တာ (လွတ်လပ်တာ၊ အဆုံးအဖြတ်)/စိတ်အားငယ်တ

(ခံစားချက်ရှိသူ၊ နက်နဲသောတွေးခေါ်သူ)/မထုံတက်သေးနိုင်တာ (ငြိမ်းချမ်းမှု၊ တိတ်ဆိတ်မှု)။

- လူသားတွေရဲ့ကိုယ်ရည်ကိုယ်သွေးကို ပိုင်းခြားစိတ်ဖြာတဲ့စနစ် (ပြုပြင်ပြောင်းလဲသူ၊ ကူညီသူ၊ အောင်မြင်သူ၊ တစ်ကိုယ်တော်သမား၊ စုံစမ်းစစ်ဆေးသူ၊ သစ္စာစောင့်သိသူ၊ စိတ်အားထက်သန်သူ၊ စိန်ခေါ်သူ၊ ငြိမ်းချမ်းရေးဖော်ဆောင်သူ)
- ပွင့်လင်းတဲ့သူ/ဘာသိဘာသာနေတတ်ခြင်း

ကျွန်တော်တို့တစ်ဦးစီအား မိမိတို့ရဲ့ဖန်ဆင်းရှင်က ဆုလက်ဆောင်တွေနှင့်အရည်အချင်းအချို့ကို ပေးအပ်ထားတယ်။ ကျွန်တော်တို့ကြီးပြင်းလာတဲ့အခါ ပံ့ပိုးကူညီပေးတဲ့ပတ်ဝန်းကျင်မှာ နေထိုင်ပါက အဲဒီဆုလက်ဆောင်တွေဟာ မြှင့်တင်ခြင်းခံရပြီး ဖြစ်ရမယ်လို့ရည်မှန်းထားတဲ့အတိုင်း ကြီးပြင်းလာရပါတယ်။ ဒါမှမဟုတ် မိမိတို့ဟာ ပြစ်တင်ဝေဖန်ခြင်းနှင့်တရားစီရင်ခြင်းခံရတဲ့ပတ်ဝန်းကျင်မှာပဲ နေထိုင်ပါက မိမိတို့ရဲ့ဆုလက်ဆောင်တွေဟာ နှစ်မြုပ်ခံရပြီး ဖြစ်တဲ့နည်းနဲ့ ရှင်သန်ဖို့ သင်ယူကြရတယ်။

ကျွန်တော်တို့ရဲ့ဘဝအသက်တာကို ကုစားဖို့ ကြိုးပမ်းအားထုတ်ရာမှာ မိမိတို့ရဲ့ပင်ကိုယ်စွမ်းရည်တွေနှင့်ပင်ကိုယ်စိတ်နေစိတ်ထားကို တူးဖော်တွေ့ရှိဖို့၊ ပြန်လည်ရယူဖို့နှင့်ပြန်လည်ထူထောင်ဖို့ လိုအပ်မှာဖြစ်ပါတယ်။ မတူကွဲပြားတဲ့စိတ်နေစိတ်ထားနဲ့ပတ်သက်လာရင် စံနမူနာအမျိုးမျိုးရှိတယ်။ အချို့ကို အထက်မှာ ဖော်ပြပြီး အခြားအရာတွေကို ဆွေးနွေးခြင်း ကဏ္ဍတွင် သတ်မှတ်ပေးပါမယ်။ အဓိကမှာ သင့်ရဲ့စိတ်နေစိတ်ထားကို ခွဲခြားသိမြင်ဖို့၊ သင်ကိုယ်တိုင်အကောင်းဆုံးဗားရှင်းအနေနဲ့ ကြီးထွားလာတာနဲ့ဘုရားသခင်ဆီက ရရှိတဲ့ဆုလက်ဆောင်တွေကို မြှင့်တင်ဖို့ဖြစ်ပါတယ်။

၃။ လိင်ကွဲ-ခံစားချက်ဆိုင်ရာဒဏ်ရာတွေ

- လိင်ဆန့်ကျင်ဘက်မိခင်/ဖခင်ကို အလွန်တွယ်တာခြင်း
- လိင်ဆန့်ကျင်ဘက်မိခင်/ဖခင်အပေါ် တွယ်တာမှုမရှိခြင်း
- အလွဲသုံးစားမှု-စိတ်ပိုင်းဆိုင်ရာ၊ ခံစားချက်ပိုင်းဆိုင်ရာ၊ ရုပ်ပိုင်းဆိုင်ရာနှင့်လိင်ပိုင်းဆိုင်ရ

- လူကြီးလိုပြုမူခံရတဲ့ကလေး- မိဘနှင့်ကလေးကြား အခန်းကဏ္ဍပြောင်းပြန်ဖြစ်ခြင်း

ဖခင်နှင့်သမီး၊ မိခင်နှင့်သားတွေရဲ့ဆက်ဆံရေးဟာ ကျန်းမာသန်စွမ်းတဲ့အမျိုးသမီးဘဝ ဒါမှမဟုတ် ယောကျ်ားဘဝသို့ကြီးထွားဖို့အတွက် မရှိမဖြစ်လိုအပ်တယ်။ အမျိုးသမီးတစ်ဦးအနေနဲ့ သင့်ဖခင်က သင့်အပေါ်ရိုင်းရိုင်းစိုင်းစိုင်းစော်ကားခြင်း ဒါမှမဟုတ် သင့်မိခင်ကို စော်ကားမယ်ဆိုရင် ဒါဟာ သင့်ရဲ့မိန်းမပီသမှုကို ထိခိုက်စေပြီး အမျိုးသားတွေနဲ့ပတ်သက်တဲ့လုံခြုံမှုမရှိတဲ့ခံစားချက်တွေကို ဖြစ်ပေါ်စေနိုင်တယ်။ သင်ဟာ ယောကျ်ားဖြစ်တဲ့အတိုင်း သင့်အမေက သင့်ဆီက မိန်းမဆန်တဲ့မေတ္တာတရား ရင်းမြစ်တွေကို မရရှိနိုင်ပါက ဒါမှမဟုတ် နှစ်သက်အားရခြင်းမရှိပါက သင့်နှလုံးသားက အဲဒီဒဏ်ရာတွေကို ပြန်ကောင်းစေဖို့ လိုအပ်ပါလိမ့်မယ်။အဆုံးစွန်ပြောရရင် သင့်မိခင်ရဲ့မိန်းမဆန်တဲ့မေတ္တာတရားကို ခွင့်လွှတ်ပေးရမယ်။ မိဘတိုင်းက သူတို့ရဲ့ဖခင်နှင့်မိခင်နှစ်ဦးစလုံးရဲ့အခန်းကဏ္ဍကို အကောင်းဆုံးထမ်းဆောင်ရမှာပါ။ မဟုတ်ရင် ကလေးတွေအပေါ် အပျက်သဘောဆောင်တဲ့အကျိုးသက်ရောက်မှုဖြစ်စေနိုင်ပါတယ်။ မဖြေရှင်းလိုက်ရတဲ့ဒဏ်ရာတွေဟာ ကိုယ်ရေးကိုယ်တာနှင့်ပရော်ဖက်ရှင်နယ်ဆက်ဆံရေးအားလုံးကို အများကြီးထိခိုက်လာမှာဖြစ်တယ်။ ၎င်းကို မဖြေရှင်းပါက မိမိတို့ခံရသလို အခြားသူတွေကို ဆက်ဆံပါလိမ့်မယ်။

၄။ လိင်တူ-ခံစားချက်ဆိုင်ရာဒဏ်ရာတွေ

- လိင်တူမိဘအပေါ် အလွန်တွယ်တာခြင်း
- လိင်တူမိဘအပေါ် တွယ်တာမှုမရှိခြင်း
- အလွဲသုံးစားမှု- စိတ်ပိုင်းဆိုင်ရာ၊ ခံစားချက်ပိုင်းဆိုင်ရာ၊ ရုပ်ပိုင်းဆိုင်ရ ၂ င့်လိင်ပိုင်းဆိုင်ရ
- လူကြီးလိုပြုမူတဲ့ကလေး- မိဘနှင့်ကလေးကြား အခန်းကဏ္ဍပြောင်းပြန်ဖြစ်ခြင်း

ယောကျ်ားလေးတစ်ယောက်ဟာ သူ့ဘဝရဲ့အစောပိုင်းနှစ်တွေမှာ သူ့ဖခင်ဆီက ယောကျ်ားပီသမှုကို ခံစားရတယ်။ ကြီးကောင်ဝင်ခါစမှာ သူဟာ အမျိုးသားဆွေမျိုးတွေနှင့်ရွယ်တူချင်း ကစားခြင်းဖြင့် ကျား-မလက္ခဏာကို ခံ

စားရတယ်။ အဲဒီအခါမှာ သူဟာ အမျိုးသားတွေရဲ့မျိုးဆက်ပိုင်ရှင်ဖြစ်တယ်ဆိုတာကို ရှင်းရှင်းလင်းလင်းသိရှိသွားတယ်။ မိန်းကလေးတစ်ဦးဟာ သူ့မိခင်ဆီကနေ ပထမဦးဆုံး မိန်းမပီသမှုကို အမွေဆက်ခံရရှိပြီးနောက် အခြားမိန်းကလေးတွေဆီကနေ ရရှိခဲ့တာဖြစ်ပါတယ်။

အဖေနှင့်သားမှာ စိတ်နေစိတ်ထား ကွဲပြားနေရင်၊ အဖေက သူ့သားကို အပြစ်ရှာပြီး ငြင်းဆန်မယ်ဆိုရင် ယင်းက သူ့သားရဲ့ယောကျ်ားပီသမှုကို ထိခိုက်စေနိုင်တာကြောင့် ဘယ်သူကမှ သူ့အနားမကပ်နိုင်အောင် တင်းမာတဲ့သူဖြစ်လာနိုင်တယ်။ မိခင်နှင့်သမီးဟာ စိတ်နေစိတ်ထားအလွန်ကွဲပြားနေရင်၊ မိခင်က သူ့သမီးကို ငြင်းပယ်ပြီး ပြစ်တင်ဝေဖန်နေမယ်ဆိုရင် သမီးရဲ့စိတ်ဝိညာဉ်ထဲတွင် နောက်ထပ်လစ်ဟာမှု အခြေအနေတွေဖြစ်လာနိုင်ပါတယ်။ ဒီဒဏ်ရာတွေနှင့်အခြားဒဏ်ရာတွေကို ကိုင်တွယ်ဖြေရှင်းရပါမယ်။ မဟုတ်ရင် အသက်အန္တရာယ်ဖြစ်စေနိုင်တဲ့အကျိုးဆက်တွေ ရှိလာနိုင်တယ်။

ဘုရားသခင်အကြောင်း ကျွန်တော့်ရဲ့ရွှေရောင်စာအုပ်ငယ်လေးမှာ ချစ်စရာကောင်းတဲ့ပုံတူကို ပေးဆောင်ထားပြီး "ဘုရားသခင်ဟာ ငါတို့မိခင်ရဲ့အနမ်းချစ်ခြင်းမေတ္တာ၊ ဖခင်ရဲ့နွေးထွေးခိုင်ခံ့တဲ့ပွေ့ဖက်ခြင်းဖြစ်ပါတယ်။" ပုံမှာ အဖေနှင့်အမေနှစ်ယောက်စလုံးက သူတို့ရဲ့သားမီးတွေကို ကိုင်ဆောင်ထားတဲ့ပုံလေးဖြစ်ပါတယ်။ မိဘတွေဟာ သားသမီးတွေအတွက် ဘုရားသခင်ရဲ့ ကိုယ်စားလှယ်ဖြစ်တယ်။ ကလေးတွေဟာ ဘုရားသခင်ရဲ့ကိုယ်စားလှယ်မိဘတွေနဲ့ ခွဲခွာတဲ့အခါ သူတို့ရဲ့ကျားမခွဲခြားသတ်မှတ်ခြင်း စံနမူနာပြတွေနှင့် ဝေးကွာသွားကြတယ်။

၅။ မွေးချင်းဒဏ်ရာတွေ / မိသားစုအင်အားတွေ

- အလွဲသုံးစားမှု- စိတ်ပိုင်းဆိုင်ရာ၊ ခံစားချက်ပိုင်းဆိုင်ရာ၊ ရုပ်ပိုင်းဆိုင်ရာနှင့် လိင်ပိုင်းဆိုင်ရ
- အဆင်မပြေပါ
- မပိုင်ဆိုင်ပါ
- အခြားသူတွေနဲ့ မတူပါ။
- အနိုင်ကျင့်ခြင်း/နှုတ်နဲ့ အလွဲသုံးစားလုပ်ခြင်း

သင့်အစ်ကိုက သင့်ကိုလှောင်ပြောင်ရင်၊ သင့်အစ်မက သင့်ကို ချီမရင်၊ သင့်ဝမ်းကွဲတွေက သင့်ကို ဝေဖန်ရင်၊ သင်က အမြဲထူးဆန်းနေရင် မိသားစုအတွင်း ဒီအတွေ့အကြုံနှင့်တခြားအတွေ့အကြုံတွေနည်းစနစ်ကြောင့် သင့်ရဲ့စိတ်ဝိညာဉ်ထဲမှာ ဒဏ်ရာနက်နက်ရှိုင်းရှိုင်းဖြစ်စေနိုင်ပါတယ်။ ဒီပြဿနာတွေကို ဆွဲထုတ်ပြီး အပြုသဘောဆောင်တဲ့အသိအမှတ်ပြုမှုတွေ၊ ကောင်းမွန်တဲ့ဆက်ဆံရေးတွေနဲ့ အစားမထိုးမချင်း ဒီပြဿနာတွေဟာ ပျောက်ကွယ်သွားမယ်မဟုတ်ပါ။

၆။ ခန္ဓာကိုယ်ပုံရိပ်ဒဏ်ရာတွေ

- စွမ်းရည်ဖွံ့ဖြိုးမှု နှေးကွေးခြင်း
- ရုပ်ပိုင်းဆိုင်ရာမသန်စွမ်းမှု
- အရုပ်ပု/အရုပ်ရှည်
- လေးလံတယ်/ပိန်တယ်
- အသားအရောင်ခွဲခြားခြင်းခံရတဲ့ပြဿနာတွေ

အရုပ်ပုခြင်း၊ အရုပ်ရှည်ခြင်း၊ ပိန်ခြင်း ဒါမှမဟုတ် ဝလွန်းခြင်း၊ ခန္ဓာကိုယ်ဖွံ့ဖြိုးတိုးတက်မှု နှေးကွေးခြင်း၊ စောစီးစွာရင့်ကျက်ခြင်း၊ ရုပ်ပိုင်းဆိုင်ရာမသန်စွမ်းမှုတွေဟာ ရုပ်ပိုင်းဆိုင်ရာဒဏ်ရာတွေကို ဖြစ်ပေါ်စေနိုင်တဲ့ဝိသေသလက္ခဏာအချို့ဖြစ်တယ်။ သက်တူရွယ်တူ ဒါမှမဟုတ် မိဘတွေရဲ့တုံ့ပြန်မှုတွေကြောင့် ရုပ်ပိုင်းဆိုင်ရာနာကျင်မှုကို ဖြစ်စေနိုင်တယ်။ အားလုံးမဟုတ်ရင် တောင်အများစုမှာသူတို့ရဲ့ရုပ်သွင်ပြင်ပိုင်းဆိုင်ရာမပြည့်စုံမှုတွေကြောင့်ကိုယ့်ကိုယ်ကိုယ် သိမ်ငယ်တတ်/တန်ဖိုးနည်းတယ်လို့ခံစားတတ်ကြတယ်။

ဆယ်ကျော်သက်အရွယ်မှာ တချို့တွေဟာ အခြားသူတွေလို လျင်မြန်စွာမဖွံ့ဖြိုးတာကြောင့် သူတို့ကိုယ်သူတို့ ညံ့တယ်/နိမ့်ကျတယ်လိုခံစားတတ်ကြတယ်။ အချို့ကတော့ အဝလွန်ခြင်း ဒါမှမဟုတ် အလွန်ပိန်ခြင်း စတာတွေကြောင့် ကိုယ့်ကိုယ်ကိုယ်သိမ်ငယ်တတ်ကြတယ်။ အခြားသူတွေက အရုပ်ပု၍ ဘယ်တော့မှရွယ်တူတွေလို အရုပ်မမြင့်လာတဲ့အတွက် ကိုယ့်ကိုယ်ကိုယ်ကျေနပ်မှုမရှိတင်ရုံမက တစ်ခုခုလိုနေသလိုအမြဲတမ်းခံစားရတယ်။ ရွယ်တူတွေထက် တော်တော်လေးကိုအရုပ်ပုတာကြောင့် လှောင်ပြောင်ခံကြတယ်။ အခြားသူတွေကတော့ ရုပ်ပိုင်းဆိုင်ရာမသန်စွမ်းမှုတွေကြောင့် ငြင်းပယ်ခံကြ

တယ်။ သူတို့တွေဟာ ညီအစ်ကိုမောင်နှမတွေ ဒါမှမဟုတ် ရွယ်တူချင်းတွေလောက် ဆွဲဆောင်မှုမရှိကြကြောင်း အခြားသူတွေရဲ့အပြောကို ခံကြရတယ်။ ဆိုရှယ်မီဒီယာတွေ၊ မော်ဒယ်တွေ၊ ရုပ်ရှင်သရုပ်ဆောင်တွေရဲ့ဓာတ်ပုံတွေကို ကြော်ငြာခြင်းဖြင့် ကျွန်တော်တို့အားလုံးပုံရိပ်ကျသွားပြီး မိမိတို့ကို မလုံခြုံမှုနှင့်အခြားသူတွေထက် "အားနည်းတယ်" လို့ခံစားရစေနိုင်တယ်။

အသားအရောင်ဟာ ကမ္ဘာတစ်ဝှမ်းရှိ လူများစွာအတွက် အလွန်ထိခိုက်စေတဲ့ အဓိကရင်းမြစ်ဖြစ်ပါတယ်။ လူဦးရေအများစုရဲ့မတူကွဲပြားတဲ့အသားအရောင်ရှိခြင်းဟာ သိမ်ငယ်စိတ် ဒါမှမဟုတ် မလိုမုန်းထားစိတ်ဖြစ်စေနိုင်တယ် ဒါမှမဟုတ် အရှက်ကွဲခြင်းဖြစ်စေနိုင်တယ်။ လူမျိုးနွယ်စုတစ်စုအတွင်းမှာတင် ပိုမိုအသားဖြူတာတွေ ဒါမှမဟုတ် ပိုမိုအသားမည်းတာတွေရှိနေတဲ့အတွက် အချင်းချင်းကြားမှာ အတားအဆီးတွေကိုဖြစ်စေနိုင်ပါတယ်။ ဒါ့ပြင် သူ့ထက်သာလွန်တယ် ဒါမှမဟုတ် ယုတ်ညံ့တယ်ဆိုတဲ့ကိစ္စတွေလည်း မကြာခဏပေါ်လာတတ်တယ်။ မတူကွဲပြားတဲ့ခံစားချက်တွေကို ဖြေရှင်းဖို့ အင်မတန်အရေးကြီးပါတယ်။ မဟုတ်ရင် ဆက်လက်နာကျင်ခြင်းနှင့်နာကျင်ခြင်းတွေအတွက် အခြေတည်ရာဖြစ်သွားနိုင်တယ်။

၇။ လိင်ပိုင်းဆိုင်ရာစော်ကားမှု

- အချိန်မတန်မီ လိင်ဆက်ဆံခြင်း
- လိင်ကွဲ ဒါမှမဟုတ် လိင်တူဆက်ဆံမှု ပုံနှိပ်ခြင်း
- သင်ယူတယ်/အားဖြည့်တဲ့အမူအကျင့်
- လိင်ဆက်ဆံခြင်းကို အချစ်အတွက် အစားထိုးအဖြစ် သုံးတယ်။

USA မှာ မိန်းကလေးသုံးလေးဦးတွင် တစ်ဦး၊ ယောက်ျားလေးငါးဦးတွင် တစ်ဦးဟာ ကလေးဘဝမှာ လိင်ပိုင်းဆိုင်ရာစော်ကားမှုကို ကြုံတွေ့ဖူးကြောင်း သုတေသနပြုချက်တွေအရ သိရှိရပါတယ်။ လိင်ပိုင်းဆိုင်ရာအလွဲသုံးစားမှုရဲ့ကိန်းဂဏန်းတွေနှင့် အဓိပ္ပါယ်ဖွင့်ဆိုချက်တွေဟာ ပြည်နယ်တစ်ခုနှင့်တစ်ခု၊ နိုင်ငံတစ်နိုင်ငံနှင့်တစ်နိုင်ငံ ကွဲပြားတယ်။ ဒါပေမယ့် ဆိုလိုရင်းမှာ အသက်ကြီးသူတစ်ဦးဟာ ငယ်ရွယ်သူရဲ့ယုံကြည်မှုနှင့် အားနည်းချက်ကို အခွင့်ကောင်းယူနေခြင်းဖြစ်တယ်။ သူတို့ရဲ့မိဘတွေနှင့် လုံလုံခြုံခြုံမချိတ်ဆက်ထားသူတွေဟာ ကျူးလွန်သူရဲ့သြဇာလွှမ်းမိုးမှုကို ပိုပြီးတော့ ခံနေကြတယ်။

ပြစ်မှုကျူးလွန်သူတိုင်းဟာ တစ်ချိန်က ကလေးသူငယ်ညှင်းပန်းနှိပ်စက်မှုရဲ့ သားကောင်ဖြစ်ခဲ့ကြောင်း သုတေသနပြုချက်တွေအရ သိရတယ်။ လိင်ပိုင်းဆိုင်ရာအလွဲသုံးစားမှုဟာ လိင်ကိစ္စမဟုတ်ဘဲ အခွင့်အာဏာပါဝါနဲ့ ပတ်သက်နေတယ်။ ပြစ်မှုကျူးလွန်သူဟာ သူကြုံတွေ့ခဲ့ရတဲ့အရာကို ပြန်လည်ဖော်ပြနေတယ်။ ဒီမျိုးရိုးဗီဇဆိုင်ရာတုပခြင်းဟာ ယုံကြည်ခြင်း၊ ကျော်ကြားမှု၊ ကံဇာတာတွေနဲ့ ပျောက်ကွယ်မသွားပါ။ ပြဿနာကို တိုက်ရိုက်ဖြေရှင်းမှပဲ နက်နဲတဲ့ဒဏ်ရာတွေနှင့်အမာရွတ်တွေကို ကုစားခံရပြီး လွတ်မြောက်လာကာ ဒီလိုမျိုးစော်ကားမှုတွေကို အဆုံးသတ်နိုင်မှာဖြစ်တယ်။

လိင်ပိုင်းဆိုင်ရာသားကောင်တွေဟာ ကလေး ဒါမှမဟုတ် ဆယ်ကျော်သက်အရွယ်တွေမှာ စိတ်ပိုင်းဆိုင်ရာလိုအပ်ချက်မပြည့်မီသူတွေကို အလွယ်တကူသိရှိနိုင်တယ်။ လိင်ပိုင်းဆိုင်ရာကျူးလွန်သူအများစုမှာ အဲဒီလိုမိသားစုတွေနှင့်ရင်းနှီးတဲ့မိတ်ဆွေတွေဖြစ်တယ်။ အလွဲသုံးစားလုပ်ခြင်းရဲ့ယုတ်ညံ့တဲ့သဘောသဘာဝမှာ မကြာခဏဆိုသလိုစိတ်ခံစားချက်ပိုင်းဆိုင်ရာ ရင်းနှီးမှုကနေစတင်ပြီး နောက်ပိုင်းတွင် လိင်ပိုင်းဆိုင်ရာဖြစ်လာတယ်။

ကျူးလွန်သူဟာ ကလေးရဲ့ယုံကြည်မှုကို အရင်ရယူပြီး လက်ခံလာဖို့အတွက် အခြေခံမေတ္တာလိုအပ်ချက်တွေကို ဖြည့်ဆည်းပေးတယ်။ နောက်မှ လိင်ဆက်ဆံမှုဘက်ကို ပြောင်းလဲစေခဲ့တယ်။ ဒါဟာ ဝတ်မွတ်ပြီး အယုံလွယ်တဲ့ကလေးအဖို့ ဘယ်လိုမှရုန်းထွက်လို့မရတော့တဲ့ ထောင်ချောက်ကြီးဖြစ်နေပါတယ်။ ချစ်ခြင်းမေတ္တာ၊ လိင်နှင့်ရင်းနှီးမှု သတင်းစကားတွေဟာ ရောယှက်နေတာကြောင့် ကလေးရဲ့စိတ်နှင့်ဇီဝကမ္မဗေဒဟာ ရှုပ်ထွေးကာ ရောယှက်လာပါတော့တယ်။

၈။ လူမှုရေး ဒါမှမဟုတ် တူရွယ်ချင်းဒဏ်ရာတေ

- အမည်-ခေါ်ဆိုခြင်း
- ငြိမ့်ချခြင်း
- ဆရာ့အိမ်မွေးတိရစ္ဆာန်
- ကြောင်သူတေ
- အချိုးမကျသူ
- အားကစားမလုပ်သူ

- ကျား-မ ခွဲခြားသတ်မှတ်ခြင်း မရှိသူ ဒါမှမဟုတ် ကျား-မ အပြုအမူတွေနဲ့ မကိုက်ညီသူ

"တုတ်နဲ့ကျောက်တွေက ငါ့အရိုးတွေကို ကျိုးစေပေမယ့် နာမည်တွေက ငါ့ကို ဘယ်တော့မှထိခိုက်မှာမဟုတ်ဘူး" ဆိုတာဟာ လိမ်ညာမှုကြီးတစ်ခုဖြစ်တယ်။ အရိုးတွေနှင့်အရေပြားတွေဟာ လျင်မြန်စွာကျန်းမာလာပေမယ့် လှောင်ပြောင်တဲ့ပုံစံနဲ့ ခေါ်ဆိုတဲ့နာမည်ကို မိမိတို့ရဲ့စိတ်ဝိညာဉ်ကနေ မဆွဲထုတ်ဘူးဆိုရင် စိတ်ဒဏ်ရာတွေ ကျန်နေဦးမှာဖြစ်တယ်။ ဒါ့အပြင် ကျွန်တော်တို့ဟာ ပိုမိုအကဲဆတ်တဲ့ယောကျ်ားလေး၊ ပိုမိုအားကစားသမားဆန်တဲ့မိန်းကလေးလို ကျား-မလိင်ပုံစံနှင့်မကိုက်ညီပါက ကျီစယ်ခြင်းနှင့်လှောင်ပြောင်ခြင်းကို ပို၍ခံရမှာဖြစ်တယ်။

Pew Research Center ရဲ့အဆိုအရ ဆယ်ကျော်သက်တွေရဲ့ ၆၀% နီးပါးဟာ နာမည်ကို တမျိုးခေါ်ဆိုခြင်း၊ ကောလာဟလပုံစံနဲ့ ပျံ့နှံ့စေခြင်း စတဲ့ ဆိုက်ဗာအနိုင်ကျင့်ခြင်းကို အဖြစ်အများဆုံးကြုံတွေ့ခဲ့ရတယ် (ဆယ်ကျော်သက်အများစုဟာ ဆိုက်ဗာအနိုင်ကျင့်မှုပုံစံအချို့ကို တွေ့ကြုံခံစားခဲ့ရတယ် စစ်တမ်း မတ်လ ၇ မှ ဧပြီလ ၁၀ ရက်နေ့အထိ၊ ၂၀ ၁၈)။ ၁၀-၁၂ နှစ် ဆယ်ကျော်သက် (အလယ်တန်းကျောင်းသား/သူတွေဟာ) ကျောင်းတွေမှာရော ဆိုရှယ်မီဒီယာတွေမှာပါ အနိုင်ကျင့်ခြင်းကိုခံလေ့ရှိတယ်။ဒီအတွေ့အကြုံတွေက စိတ်ဓာတ်ကျခြင်း၊ မိမိကိုယ်ကို တန်ဖိုးလျှော့တွက်ခြင်းနှင့် အချို့ကိစ္စတွေမှာ မိမိကိုယ်ကိုအဆုံးစီရင်ဖို့အထိဖြစ်လာရတယ်။ အတိတ်ကာလမှာပဲဖြစ်ဖြစ်၊ လက်ရှိအချိန်မှာဖြစ်ဖြစ် ကျွန်တော်တို့အများစုဟာ အနိုင်ကျင့်မှုပုံစံအမျိုးမျိုးကို တွေ့ကြုံခံစားခဲ့ကြရတယ်။

မိခင်တွေမနှစ်သက်တဲ့နည်းလမ်းတွေနဲ့ ဖခင်တွေဟာ ကလေးတွေအပေါ် လွှမ်းမိုးမှုရှိနိုင်တယ်။ ဥပမာအားဖြင့် ဖခင်မရှိတဲ့ယောကျ်ားလေးတွေဟာ ယောကျ်ားဆန်ဆန် မိမိကိုယ်ကို ယုံကြည်လွန်းတဲ့အတွက် မိမိကိုယ်ကို ချုပ်တည်းခြင်း ချိန်ခွင်လျှာကို ထိန်းညှိဖို့ ခက်ခဲကြောင်း သုတေသနတွေက ဖော်ပြထားတယ်။ ဒါကြောင့် ဒီလိုမျိုးယောကျ်ားလေးတွေဟာ ကြီးပြင်းလာတဲ့အခါမှာ စရိုက်ကြမ်းလာသဖြင့် ပေါင်းသင်းဆက်ဆံရေး၊ ပညာရေး၊ အသက်မွေးဝမ်းကျောင်းပန်းတိုင်တွေတက်လှမ်းလာတာနဲ့ သူ့ကိုယ်သူထိန်းချုပ်ဖို့ သင်ယူရာတွင် နှောင့်နှေးလာတတ်တယ်။ ဖခင်တစ်ဦးရဲ့အပြုသဘောဆောင်ခြင်း

ဟာ သူ့သမီးရဲ့ပညာရေးနှင့် အသက်မွေးဝမ်းကျောင်းအောင်မြင်မှုအတွက် အရေးပါတဲ့အချက်တစ်ခုဖြစ်နိုင်တယ်။ ဒါပေမယ့် ဖခင်တွေရှိနေတဲ့မိန်းကလေးတွေရဲ့ငယ်ရွယ်စဉ်ဘဝတွင် လူတကာနှင့်လိင်ဆက်ဆံခြင်း ဖြစ်နိုင်ခြေနည်းပြီး အရွယ်ရောက်လာတဲ့အခါ အမျိုးသားတွေနှင့် ကောင်းမွန်တဲ့ဆက်ဆံရေးကို အတုယူနိုင်ခြေပိုများကြောင်း ရှင်းရှင်းလင်းလင်းသိရတယ်။" (Gottman, John, *The Heart of Parenting*, New York: Simon and Schuster, 1977, page 166).

၉။ ယဉ်ကျေးမှုလွှမ်းမိုးမှုတွေ

- အင်တာနက်မှ ညစ်ညမ်းတဲ့အရာတွေ
- လိင်ကို အသားပေးတဲ့မီဒီယာ/ဖျော်ဖြေရေးလုပ်ငန်း
- လိင်ဆက်ဆံခြင်းက ချစ်ခြင်းမေတ္တာနေရာမှာ အစားထိုးလ

ဒီနေ့ကျွန်တော်တို့မလုပ်ချင်တဲ့အရာကို လုပ်ဆောင်ဖို့ မိမိတို့ကို လိင်ပိုင်းဆိုင်ရာရုပ်ပုံတွေက မိမိတို့ကို လွှမ်းမိုးနေတယ်။ ဒီလိင်ပိုင်းဆိုင်ရာရုပ်ပုံတွေဟာ ကျွန်တော်တို့ရဲ့ယဉ်ကျေးမှု၊ လူ့အဖွဲ့အစည်းကို ဆက်လက်လွှမ်းမိုးနေမယ်ဆိုရင် နောက်ဆုံးတွင် အဲဒါတွေဟာ စံနှုန်းတစ်ခုဖြစ်လာပြီး မိမိတို့ရဲ့ဦးနှောက်ပတ်လမ်းကို ပြန်လည်အသုံးပြုနိုင်တယ်။ အခြားသူတစ်ဦးနဲ့ လိင်ဆက်ဆံခြင်းဖြင့် စစ်မှန်တဲ့ဆက်ဆံရေးနှင့် စစ်မှန်တဲ့ရင်းနှီးမှုကို ပိုမိုနက်ရှိုင်းစွာရရှိဖို့ အဟန့်အတားဖြစ်စေပါတယ်။ အင်တာနက်ပေါ်မှာ အရွယ်ရောက်ပြီးသူနှစ်ဦး၊ အမျိုးသား/အမျိုးသမီး ဒါမှမဟုတ် ကျားမအမျိုးမျိုးကြားတွင် စိတ်ကူးယဉ်၍ရနိုင်သော၊ စိတ်ကူးယဉ်၍မရနိုင်သောလိင်မှုကိစ္စနှင့်ညစ်ညမ်းရုပ်ပုံတွေကို ကလေးတစ်ဦးက ကြည့်ရှုနိုင်တယ်။ ဒါဟာ ကလေးတွေရဲ့စိတ်ကို အလွဲသုံးစားလုပ်နေခြင်းပါပဲ။

၁၀။ အခြားအကြောင်းရင်းတွေ

- ကွာရှင်းခြင်း
- သေခြင်း

- မိမိကိုယ်ကို အဆုံးစီရင်ခြင်း
- စွဲလမ်းမှု- အရက်၊ မူးယစ်ဆေးဝါး၊ လိင်မှု၊ လောင်းကစား
- သားအိမ်အတွင်း အတွေ့အကြုံ-မလုံခြုံတဲ့တွယ်တာမှု
- မွေးစားခြင်း
- စစ်ပွဲ/လူမျိုးတုံးသတ်ဖြတ်မှု
- ဘာသာတရား- အဆိပ်သင့်သောယုံကြည်ချက်တွေ

မိဘတွေကွာရှင်းရင် သားက သူ့ကိုယ်သူ အပြစ်တင်နိုင်တယ်။ "ငါ သာ ပိုကောင်းတဲ့ကလေးဖြစ်ခဲ့ရင် သူတို့အတူတူ နေခဲ့ကြလိမ့်မယ်။" မိဘတွေ သေဆုံးရင် သမီးက သူ့ကိုယ်သူအပြစ်တင်နိုင်တယ်။ "ဒါအားလုံး ငါ့အမှား ပဲ။" ဒါဟာ သူမရဲ့အတွင်းစိတ်ထဲမှာ နစ်မြုပ်နေတဲ့သတိမထားမိတဲ့သတင်းစ ကားတစ်ခုပါပဲ။ မိဘ ဒါမှမဟုတ် ဆွေမျိုးရင်းချာတစ်ဦးက မိမိကိုယ်ကို အဆုံး စီရင်ပါက နောက်တစ်ကြိမ် မိမိကိုယ်ကိုအပြစ်တင်တာတွေ ဖြစ်ပေါ်လာနိုင် တယ်။ မိဘတစ်ဦးဟာ ပစ္စည်းဥစ္စာ ဒါမှမဟုတ် အပြုအမူတစ်ခုကို စွဲလမ်းနေ မယ်ဆိုရင် ကလေးတွေက မိသားစုစနစ်ဟာ အဲဒီလိုအခြေအနေမျိုးမှာ လှည့် ပတ်နေတယ်လို့ဆိုကာ သူတို့ရဲ့ခံစားချက်၊ အတွေးတွေနှင့်လိုအပ်ချက်တွေ ဟာ အရေးမကြီးပါဘူးလို့ ယုံကြည်လာစေတယ်။

မီးမဖွားသေးတဲ့မိခင်ရဲ့အသေးစိတ်အချက်အလက်တွေကို စိတ်ပညာဉ် အရ သုတေသနပြုတဲ့အခါ ဖခင်ရဲ့အတွေးအမြင်တွေနှင့် ခံစားချက်တွေဟာ မွေးကင်းစကလေးအပေါ် လွှမ်းမိုးမှုရှိကြောင်း တွေ့ရှိရတယ်။ အသေးစိတ်အ ချက်အလက်တွေအတွက် Dr. Thomas Verny ရဲ့ထိုးထွင်းသိမြင်နိုင်တဲ့စာ အုပ်တစ်အုပ်ဖြစ်တဲ့ *"The Secret Life of the Unborn Child"* ကိုဖတ်ရှု စေလိုပါတယ်။

မွေးစားကလေးတွေဟာ သူတို့ရဲ့မိဘအသစ်တွေကို ငြင်းပယ်နိုင်ပါ တယ်။ အကြောင်းကတော့ "ငါ့ကို မိဘအရင်းက မလိုချင်တဲ့အတွက် ဘယ် သူမှ ငါ့ကိုချစ်မှာမဟုတ်ဘူး" ဆိုတဲ့ယုံကြည်ခြင်းဟာ သူတို့ရဲ့မသိစိတ်မှာ ရှိ နေတဲ့အတွက်ဖြစ်တယ်။ စစ်ပွဲအတွင်း ကြီးပြင်းလာရတဲ့အတွေ့အကြုံဟာ မိ ဘနှင့်သားသမီးတွေကို "ဘဝအသက်တာမလုံခြုံတော့ဘူး" ဆိုတဲ့အတွေးနဲ့ အများကြီးထိခိုက်စေပါတယ်။

တစ်စုံတစ်ယောက်ဟာ တရားစီရင်နိုင်/အဆိပ်အတောက် ဖြစ်စေတဲ့ ဝိညာဉ်ရေးယုံကြည်မှုပုံစံဖြင့် ကြီးပြင်းလာပါက "သင်ဟာ မကောင်းတဲ့သူ၊ အပြစ်ရှိတဲ့သူဖြစ်တယ်..." ဒါမှမဟုတ် "သင်ဟာ ဘုရားသခင်ရဲ့နှုတ်ကပတ်တော်ကို မနာခံတဲ့သူဖြစ်လို့ အန္တရာယ်တစ်ခုခုဖြစ်လာနိုင်တယ်။ ဘုရားသခင်က ငါဘယ်သူဘယ်ဝါဆိုတာကို ငြင်းပယ်လိုက်တယ်။ ဒီလိုမျိုးသီသြလော်ဂျီ ယုံကြည်ချက်တွေဟာ တစ်သက်တာကြာရှည်တဲ့ အကျိုးဆက်တွေရှိတယ်။ "ငါမကောင်းပါဘူး။ ငါ့ကို ဘယ်သူက လက်ခံနိုင်မှာလဲ။ ကျွန်တော်ဟာ ခွင့်လွှတ်ခံရဖို့ မတန်တဲ့သူပါ။"

လွှမ်းမိုးမှုဆယ်မျိုးမှာ မျိုးရိုးဗီဇ၊ စိတ်နေစိတ်ထား၊ ကွဲပြားတဲ့စိတ်ခံစားမှုဆိုင်ရာဒဏ်ရာတွေ၊ မျိုးတူစိတ်ခံစားမှုဆိုင်ရာဒဏ်ရာတွေ၊ မွေးချင်းဒဏ်ရာတွေ/မိသားစုပြောင်းလဲမှုတွေ၊ ခန္ဓာကိုယ်ပုံရိပ်ဒဏ်ရာတွေ၊ လိင်ပိုင်းဆိုင်ရာအလွဲသုံးစားပြုမှု၊ လူမှုရေး/သက်တူရွယ်တူဒဏ်ရာတွေ၊ ယဉ်ကျေးမှုဆိုင်ရာဒဏ်ရာတွေနှင့်အခြားအချက်တွေ - ကွာရှင်းပြတ်စဲခြင်း/သေဆုံးခြင်း/သားအိမ်အတွင်း အတွေ့အကြုံတွေ/မွေးစားခြင်း/ဘာသာတရား။ ဒီအရာတွေဟာ အမျိုးသားတွေနှင့်အမျိုးသမီးတွေမှာ စိတ်ဒဏ်ရာရစေတဲ့အဓိကအကြောင်းရင်းတွေကို ကိုယ်စားပြုတယ်။

လေ့ကျင့်ခန်း

စိတ်ဒဏ်ရာရစေနိုင်တဲ့ ဒီအကြောင်းအရာဆယ်မျိုးနှင့် ဖော်ပြမထားတဲ့ အခြားနာကျင်ဖွယ်အတွေ့အကြုံတွေကို အသုံးပြု၍ ကြီးပြင်းလာစဉ်တွင် သင်ကြုံတွေ့ခဲ့ရတဲ့ပြဿနာတွေကို စာရင်းပြုစုပါ။ သင်ဖြေရှင်းပြီးတဲ့ ကိစ္စရပ်တွေနှင့်အခြားမဖြေရှင်းရသေးတဲ့ပြဿနာတွေကိုစာရင်းပြုစုပါ။ ဒါတွေဟာ သင့်ရဲ့ပုဂ္ဂိုလ်ရေးဆိုင်ရာ ကုသရေးအစီအစဉ်ဖြစ်လာလိမ့်မယ်။

ဒီပြဿနာတွေထဲမှတစ်ခုစီကို ဖြေရှင်းခြင်းဖြင့်၊ ၎င်းတို့ရဲ့အဓိပ္ပါယ်နှင့်အကျိုးသက်ရောက်မှုတွေကို ဖော်ထုတ်ခြင်းဖြင့် သင်ဟာ အနာငြိမ်းပြီး သင့်အခွင့်အရေးကို အပြည့်အဝကို ရရှိနိုင်ပါတယ်။ အမျိုးအစားတစ်ခုစီရဲ့ဒဏ်ရာပြင်းထန်မှု သက်သာပျောက်ကင်းဖို့ဆိုရင် အချိန်အတိုင်းအတာအပေါ် တိုက်ရိုက်သက်ရောက်မှုရှိနေပါတယ်။

> "ကျွန်တော်တို့တစ်ယောက်ချင်းစီဟာ ၎င်းကို သိတာပဲဖြစ်ဖြစ်၊ မသိတာပဲဖြစ်ဖြစ်၊ ဝန်ခံတာပဲဖြစ်ဖြစ် မိဘတွေနှင့် မဖြေရှင်းလိုက်ရတဲ့ကလေးဘဝပြဿနာတွေကို အရွယ်ရောက်ပြီးသူဘဝထဲသို့ စွဲပါလာကြတယ်။ ကျွန်တော်တို့ရဲ့မသိစိတ်ထဲတွင် ရှင်သန်မှုနှင့်ကျေနပ်မှုတွေဟာ ညီမျှတာကြောင့် ဒီလိုအပ်ချက်တွေကို ဖြည့်ဆည်းပေးရမှာဖြစ်တယ်။ ဒါကြောင့် သူတို့ရဲ့ကျေနပ်မှုဟာ အရွယ်ရောက်ပြီးသူတွေရဲ့ချစ်ခြင်းဆက်နွယ်မှုထဲတွင် လုပ်ငန်းစဉ်ဖြစ်လာပါတယ်" (Hendrix, Harville, Getting the Love You Want: A Couples' Study Guide, New York: Harper Perennial, 1988, page 26).

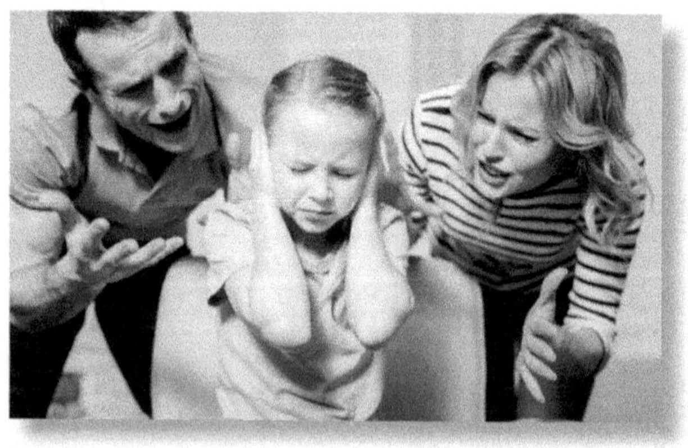

လေ့ကျင့်ခန်း

ဖြစ်နိုင်ချေရှိတဲ့ဒဏ်ရာတွေရဲ့စာရင်းကို ပြီးစီးသွားတဲ့အခါ မျိုးဆက်သုံးဆက်ရဲ့မျိုးရိုးစဉ်ဆက်ဂရမ်ကို ဆွဲပါ။ မျိုးရိုးစဉ်ဆက်တစ်ခုဟာ မိသားစုသစ်ပင် ဒါမှမဟုတ် မျိုးဆက်သုံးဆက်ရဲ့မြေပုံတစ်ခုအတွက် အခြားအမည်တစ်ခုဖြစ်တယ်။ ဒါဟာ မျိုးဆက်တစ်ခုကနေနောက်တစ်ခုသို့ ကူးဆက်ခဲ့တဲ့ဆက်ဆံရေးပုံစံတွေကို ခွဲခြားသိရှိနိုင်စေဖို့အတွက် အလွန်အရေးကြီးတဲ့လေ့ကျင့်ခန်းတစ်ခုဖြစ်ပါတယ်။ ဒါဟာ သင့်ကို ချည်နှောင်ထားတဲ့လျှို့ဝှက်ဆက်ဆံရေးတွေ(အပြုသဘောနှင့်အပျက်သဘောဆောင်တဲ့မျိုးဆက်ဆက်နွယ်မှု ပုံစံတွေ)၊ သင့်ဒဏ်ရာတွေကို စတင်ကုသဖို့၊ သင့်ဘဝတွင် အပြုသဘောဆောင်တဲ့ပြောင်းလဲမှုတွေကို ပြုလုပ်ဖို့ ကူညီပေးပါမယ်။

သင့်မိသားစုဝင်တွေနဲ့ စကားပြောတဲ့အခါ အလွန်သနားကြင်နာတတ်ပြီး သိချင်တဲ့ပုံစံနဲ့ပြောပါ။ သင့်မိဘတွေ၊ အဘိုးအဘွားတွေအသက်ရှင်နေပါက ၎င်းတို့အား စစ်ဆေးမေးမြန်းခြင်း ဒါမှမဟုတ် ဝေဖန်ခြင်းဖြစ်တယ်လို့ယူဆရင် ခုခံကာကွယ်မှုဖြစ်လာနိုင်တယ်။ သင့်ကိုယ်ပိုင်တိုးတက်မှုနှင့် ကုသခြင်းအတွက် မိသားစုရာဇဝင်ကို သင်စိတ်ဝင်စားကြောင်း ရိုးရှင်းစွာပြောပါ။ ဒါဟာ သင့်မျိုးရိုးဗီဇ ဒါမှမဟုတ် မိသားစုသစ်ပင်ကို တည်ဆောက်ရာတွင် အထောက်အကူဖြစ်စေဖို့ အကြံပြုထားတဲ့မေးခွန်းတွေစာရင်းဖြစ်တယ်။

အပိုင်းတစ်

၁။ သင့်ဖခင်ရဲ့မိဘတွေ (သင့်ဖခင်ရဲ့အဘိုးနှင့်အဖွား) ကို အမည်ပေးပြီး သင့်ဖခင်အပါအဝင် သင့်ဖခင်ရဲ့မွေးချင်းတွေရဲ့နာမည်၊ အသက်အကြီးဆုံးမှအငယ်ဆုံးအထိ အစဉ်လိုက်ရေးချပါ။ လူတစ်ဦးချင်းစီ (အဘိုးအဘွား၊ မောင်နှမ) မွေးဖွားတဲ့နှစ်ကို ထည့်သွင်းပါ။ ဘယ်သူက ဘယ်သူ့ကိုလက်ထပ်ခဲ့တယ်၊ ဘယ်သူက ကွယ်လွန်သွားပြီဆိုတာကို ခွဲခြားသတ်မှတ်ပါ။ ကိုယ်ဝန်ပျက်ကျခြင်း၊ ကလေးမွေးခြင်း၊ ကိုယ်ဝန်ဖျက်ချခြင်း ဒါမှမဟုတ် ကလေးသေဆုံးသွားခြင်းတွေလည်း ပါဝင်ပါတယ်။

၂။ သင့်မိခင်၏မိဘတွေ (သင့်မိခင်အဘိုးနှင့်အဖွား) တွေကို အမည်ပေးပြီးသင့်မိခင်အပါအဝင်သင့်မိခင်ရဲ့မွေးချင်းတွေရဲ့နာမည်၊ အသက်အကြီးဆုံးမှအငယ်ဆုံးမှအငယ်ဆုံးအထိ အစဉ်လိုက်ရေးချပါ။ လူတစ်ဦးချင်းစီ

(အဘိုးအဘွား၊ မောင်နှမ) မွေးဖွားတဲ့နှစ်ကို ထည့်သွင်းပါ။ ဘယ်သူက ဘယ်သူ့ကို လက်ထပ်ခဲ့တယ်၊ ဘယ်သူက ကွယ်လွန်သွားပြီဆိုတာကို ခွဲခြားသတ်မှတ်ပါ။ ကိုယ်ဝန်ပျက်ကျခြင်း၊ ကလေးမွေးခြင်း၊ ကိုယ်ဝန်ဖျက်ချခြင်း ဒါမှမဟုတ် ကလေးသေဆုံးသွားခြင်းတွေလည်း ပါဝင်ပါတယ်။

၃။ သင့်မိဘတွေ (သင့်မွေးချင်းတွေနှင့်သင်) ရှိခဲ့တဲ့အမည်တွေ၊ မွေးနှစ်တွေနှင့်သားသမီးတွေ။ သင့်မွေးချင်းတွေ အိမ်ထောင်ကျပါက ၎င်းတို့ရဲ့ အိမ်ထောင်ဖက်အမည်တွေနှင့်သားသမီးအရေအတွက်တွေကို စာရင်းပြုစုပါ။ သင့်ကလေးတစ်ဦးစီရဲ့အသက်၊ အမည်နှင့်ကျား/မတွေကို ထည့်သွင်းပါ။ ကိုယ်ဝန်ပျက်ကျခြင်း၊ ကလေးမွေးခြင်း၊ ကိုယ်ဝန်ဖျက်ချခြင်း ဒါမှမဟုတ် ကလေးသေဆုံးခြင်းရှိပါက ၎င်းတို့တစ်ခုချင်းစီကို ထည့်သွင်းပါ။ ၎င်းတို့ရဲ့မွေးသက္ကရာဇ်အစဉ်လိုက်၊ မွေးသက္ကရာဇ်နှစ် ဒါမှမဟုတ် ကွယ်လွန်သူစာရင်းကိုလည်း ထည့်သွင်းပါ။

အပိုင်းနှစ်

၁။ သင့်ဖခင်နှင့်သူ့ဖခင်၊ သင့်ဖခင်နှင့် သူ့မိခင်၊ သင့်ဖခင်နှင့်သူ့မွေးချင်းတွေ (သူ့မှာ တစ်ဦးဦးရှိရင်)၊ သင့်ဖခင်နှင့်သူကြီးပြင်းလာစဉ် သူ့ဘဝ၌ တခြားအရေးပါတဲ့လူတွေကြားက ဆက်စပ်မှုကို ဖော်ပြပါ။ သင့်ဖခင်ရဲ့မွေးချင်းအားလုံးရဲ့နာမည်နှင့်မွေးစာရင်းကို အစဉ်လိုက်ထည့်သွင်းပါ။

၂။ သင့်ဖခင်ရဲ့မိဘတွေကြား အတိတ်နှင့်ပစ္စုပ္ပန်ကြားဆက်စပ်မှုကို ဖော်ပြပါ။

၃။ သင့်ဖခင်မိသားစု ဘယ်မှာနေလဲ။ သူဘယ်မှာကြီးပြင်းလာတာလဲ။

၄။ သူတို့ရဲ့လူမျိုးစုနောက်ခံက ဘယ်လိုလဲ။ သူတို့ရဲ့ဘာသာရေးနောက်ခံက ဘယ်လိုလဲ။

၅။ သင့်မိခင်နှင့် သူ့ဖခင်၊ သင့်မိခင်နှင့် သူ့မိခင်၊ သင့်မိခင်နှင့် သူ့မွေးချင်းတွေနဲ့ ကြီးပြင်းလာတဲ့သူ့ဘဝရဲ့တခြားအရေးပါတဲ့လူတွေကြားက ဆက်စပ်မှုကိုဖော်ပြပါ။ သင့်မိခင်ရဲ့မွေးချင်းအားလုံးရဲ့နာမည်နှင့်မွေးစာရင်းကို အစဉ်လိုက်ထည့်သွင်းပါ။

၆။ သင့်မိခင်ရဲ့မိဘတွေကြား အတိတ်မှပစ္စုပ္ပန်ကြား ဆက်စပ်မှုကို ဖော်ပြပါ။

၇။ သင့်မိခင်၏မိသားစု ဘယ်မှာနေလဲ။ သူဘယ်မှာကြီးပြင်းလာတာလဲ။
၈။ သူတို့၏မျိုးနွယ်စုနောက်ခံက ဘယ်လိုလဲ။ ဘာသာရေးနောက်ခံ ဘယ်လိုလဲ။
၉။ စစ်အတွေ့အကြုံများ၊ လူဝင်မှုကြီးကြပ်ရေး၊ လိင်ပိုင်းဆိုင်ရာအလွဲသုံးစားပြုမှု၊ ကိုယ်ထိလက်ရောက်စော်ကားမှု၊ ခံစားချက်ဆိုင်ရာ-စိတ်ပိုင်းဆိုင်ရာအလွဲသုံးမှု၊ မူးယစ်ဆေးဝါးများ/အရက်/လိင်ပိုင်းဆိုင်ရာစွဲလမ်းမှု၊ လောင်းကစားစွဲလမ်းမှု၊ စားချိန်မမှန်ကန်မှု၊ လိင်ပိုင်းဆိုင်ရာပြဿနာများ၊ ကြီးမားသောစိတ်ကျရောဂါများ၊ ကွာရှင်းပြတ်စဲမှု၊ သတ်သေမှု၊ မုဒိမ်းမှု၊ လူသတ်မှု၊ ခိုးမှု၊ ကိုယ်ဝန်ဖျက်ချမှု၊ လိင်တူဆက်ဆံမှု၊ မွေးစားမှု၊ ပြောင်းရွှေ့မှု စသည်ဖြင့် နှစ်ဖက်မိသားစု၏အဓိကပြဿနာများနှင့်အဖြစ်အပျက်များကို သေချာစွာဖော်ပြပါ။

အပိုင်းသုံး

၁။ သင့်ဖခင်နှင့်သင့်ဆက်ဆံရေး အတိတ်နှင့် (သင်အစောဆုံးအမှတ်ရတဲ့အရာတွေ) ပစ္စုပ္ပန် (လက်ရှိခေတ်ဆက်စပ်မှု) ကို ဖော်ပြပါ။
၂။ သင့်ဖခင်ရဲ့ပင်ကိုယ်စရိုက် ယခင်နှင့်ယခုကို ဖော်ပြပါ။
၃။ သင့်ဖခင်ရဲ့ပညာရေး၊ အလုပ်အကိုင်အကြောင်းနှင့် ဘာသာရေးအကြောင်းကို ဖော်ပြပါ။
၄။ သင့်မိခင်နှင့်သင့်ဆက်စပ်မှု အတိတ်မှလက်ရှိအချိန်အထိ ဖော်ပြပါ။
၅။ သင့်မိခင်ရဲ့ပင်ကိုယ်စရိုက် အတိတ်မှပစ္စုပ္ပန်ကို ဖော်ပြပါ။
၆။ သင့်မိခင်ရဲ့ပညာရေး၊ အလုပ်အကိုင်အကြောင်းနှင့် ဘာသာရေးအကြောင်းကို ဖော်ပြပါ။
၇။ သင့်ဖခင်နှင့်မိခင်ကြားက ဆက်စပ်မှု အတိတ်မှပစ္စုပ္ပန်ကို ဖော်ပြပါ။
၈။ သင့်ရဲ့မွေးချင်းတွေနှင့်သင့်ရဲ့ဆက်စပ်မှု (သင့်မှာ တစ်ခုခုရှိရင်) အတိတ်မှပစ္စုပ္ပန်ကို ဖော်ပြပါ။
၉။ သင့်မွေးချင်းတွေရဲ့ကိုယ်ရည်ကိုယ်သွေးတွေကို ဖော်ပြပါ။
၁၀။ သင့်မိသားစုစနစ်အတွင်း ဒါမှမဟုတ် သင့်မိသားစုစနစ်အတွင်းရှိ အခြားထင်ရှားတဲ့လူတွေနှင့် သင့်ဆက်စပ်မှုကို ဖော်ပြပါ (ဥပမာ၊ အဖွား၊ အဖိုး၊ ဦးလေး၊ ဝမ်းကွဲ၊ အိမ်နီးချင်း၊ မိတ်ဆွေ)။

၁၁။ မိသားစုစနစ်တွင် သင့်ရဲ့အခန်းကဏ္ဍက ဘာလဲ (ဥပမာ၊ သူ့ရဲ့ကောင်း၊ နှစ်သက်သူ၊ လူရွှင်တော်၊ ပုန်ကန်သူ၊ အစားထိုးခင်ပွန်း၊ ရွှေကလေး၊ အိမ်စောင့်၊ အထီးကျန်သူ၊ သတ်ပုတ်သူ၊ ငြိမ်းချမ်းရေးဖော်ဆောင်သူ)။

၁၂။ သင့်ရဲ့ကျောင်းသမိုင်း—ပညာရေးနှင့်လူမှုရေးအရ၊ အတိတ်မှလက်ရှိအချိန်အထိ ဖော်ပြပါ။

၁၃။ သင့်မိသားစုအသစ်ကို ဖော်ပြပါ-

က) သင့်အိမ်ထောင်ဖက်၏ပင်ကိုယ်စရိုက်

ခ) သင့်ကလေးတစ်ဦးစီရဲ့အမည်နှင့် ကိုယ်ရည်ကိုယ်သွေး (မွေးသက္ကရာဇ်)

၁၄။ သင့်ကလေးငယ်တွေကြီးပြင်းလာစဉ်တွင် သူတို့အပေါ် အခြားသြဇာညောင်းသူတစ်ဦးဦးရှိပါသလား၊ ဖော်ပြပါ။

၁၅။ သင့်ဘဝအသက်တာ၌ အခြားအရေးကြီးသောအဖြစ်အပျက်တွေ၊ သင့်ကလေးတွေရဲ့ဘဝအသက်တာ၌ ကြီးပြင်းလာစဉ် အဲဒီလိုမျိုးအရာရှိရင် ဖော်ပြပါ။

၁၆။ သင့်ရဲ့ဘာသာရေးအကြောင်းနှင့်သင့်မိသားစုအကြောင်းကို ဖော်ပြပါ။

၁၇။ သင့်ကိုယ်သင် ဖော်ပြပါ။ ယနေ့ သင့်ကိုယ်သင် မည်သို့မြင်ကြောင်း ဖော်ပြပါ။

၁၈။ ဒီမေးခွန်းတွေမှာ မပါဝင်တဲ့သင့်ဘဝအသက်တာ ဒါမှမဟုတ် သင့်မိသားစုနှင့်ပတ်သက်တဲ့ အခြားသိသာထင်ရှားတဲ့ ပြဿနာတွေဖြစ်တဲ့ ကျန်းမာရေးပြဿနာတွေ၊ အိမ်ထောင်ရေးပြဿနာတွေ၊ အိမ်ထောင်ကွဲတဲ့ကိစ္စတွေ၊ အသက်မွေးဝမ်းကြောင်းဆိုင်ရာပြဿနာတွေ ဒါမှမဟုတ် ငွေကြေးပြဿနာတွေကို စာရင်းပြုစုပါ။

လေ့ကျင့်ခန်း

မျိုးရိုးစဉ်ဆက်ကို ရေးဆွဲပါ။

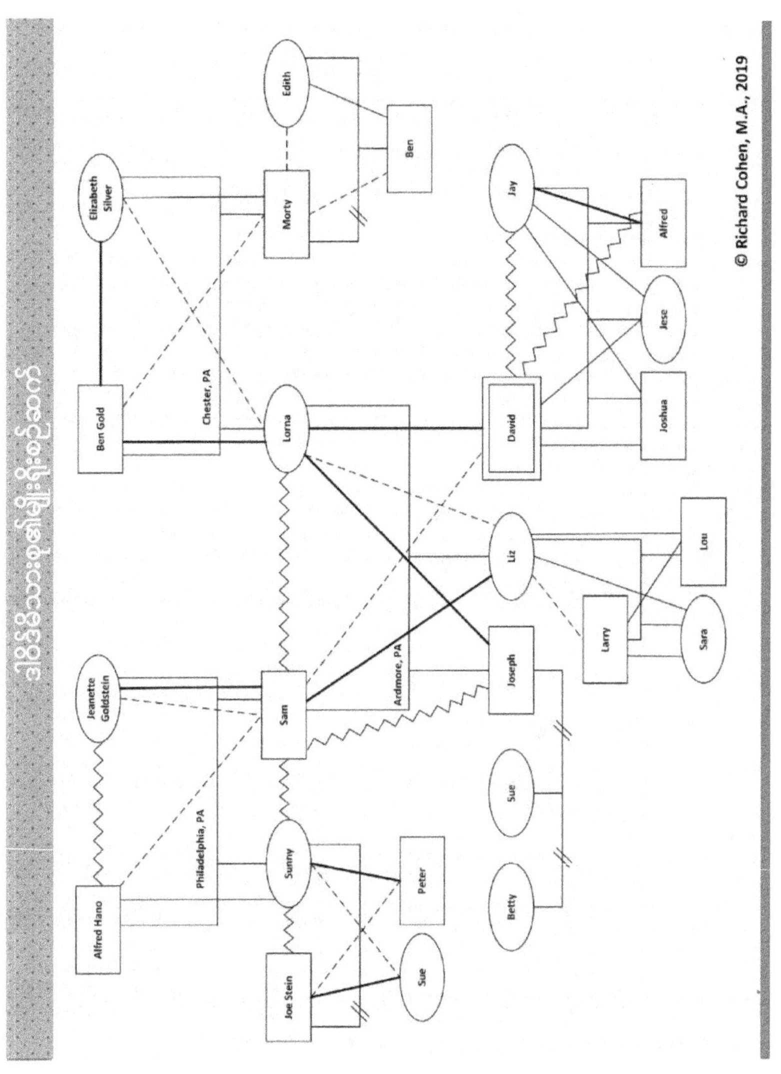

သင်္ကေတစာရင်း

- စက်ဝိုင်းတွေဟာ အမျိုးသမီးတွေကို ကိုယ်စားပြု၍ လေးထောင့်တွေဟာ အမျိုးသားတွေကို ကိုယ်စားပြုတယ်။
- X က လူတစ်ဦးကိုဖြတ်သွားတယ်ဆိုတာ ဆုံးသွားတာကိုဆိုလိုတယ်။
- ထောင့်ဖြတ်မျဉ်းနှစ်ထပ်ဆိုတ လင်မယားကွဲကွာခြင်း ဒါမှမဟုတ် ကွာရှင်းပြတ်စဲခြင်းကို ဆိုလိုတယ်။ ဒီသင်္ကေတကို ကလေးတွေနဲ့ မနေတဲ့ မိဘတွေနဲ့ ပိုမိုနီးကပ်စွာထားပါ။ ဥပမာ မိဘတွေကွာရှင်းလို့ သားသမီးတွေဟာ မိခင်နှင့်အတူ နေထိုင်ပါက ဖခင်ဘေးတွင် မျဉ်းနှစ်ကြောင်းချထားပါတယ်။
- ဖခင်တစ်ဦးဟာ သူ့သမီးနဲ့ နီးကပ်နေပါက သူတို့ကို ချိတ်ဆက်ထားတဲ့ ကြိုးကို အလွန်ခိုင်ခံ့အောင်ပြုလုပ်ပါ (သာမန်လိုင်းထက် ပိုထူစေပါ)။
- မိခင်တစ်ဦးဟာ ဝေးကွာနေပါက ဒါမှမဟုတ် သူ့သမီးနဲ့ ခွဲခွာနေရရင် အဆက်အသွယ်ပြတ်တောက်မှုကို ကိုယ်စားပြုတဲ့ အစက်အပြောက်မျဉ်းတစ်ခုဆွဲပါ။
- မိဘတစ်ဦးက ကလေးအား မတော်မတရားပြုပါက အလွဲသုံးစားလုပ်မှုပုံစံအချို့ (ရုပ်ပိုင်းဆိုင်ရာ၊ ခံစားချက်ပိုင်းဆိုင်ရာ၊ စိတ်ပိုင်းဆိုင်ရာ၊ လိင်ပိုင်းဆိုင်ရာ) ကို ကိုယ်စားပြုတဲ့အစက်ချမျဉ်းနှင့် အစက်အပြောက်ကို ဆွဲပါ။
- မိဘတွေရဲ့ဆက်ဆံရေးဟာ နီးနီးကပ်ကပ်ရှင်ရင် သူတို့ကြားမှာ မျဉ်းထူတစ်ခုပြုဆွဲပါ။
- မိဘတွေရဲ့ဆက်ဆံရေးဟာ ဝေးနေရင် သူတို့ကြားမှာ အစက်ချမျဉ်းတစ်ခုဆွဲပါ။
- မိဘတွေရဲ့ဆက်ဆံရေးဟာ ရှိုင်းစိုင်းနေရင် ဆိုလိုတာကတော့ ငြင်းခုံခြင်း၊ ရန်ဖြစ်ခြင်း၊ ရင်းနှီးမှုမရှိခြင်းတွေရှိနေရင် ပဋိပက္ခကို ကိုယ်စားပြုတဲ့မျဉ်းကွေးတွေဆွဲပါ။
- အကြီးဆုံးကလေးဟာ ဘယ်ဘက်ခြမ်းတွင်ရှိပြီး ဒုတိယမြောက်အကြီးဆုံးဟာ အငယ်ဆုံးညာဘက်အစွန်တွင် ရှိတယ်။

- တိရစ္ဆာန်ဟာ မိသားစုစနစ်ရဲ့အရေးကြီးတဲ့အစိတ်အပိုင်းတစ် ခုဖြစ်ရင် အိမ်မွေးတိရစ္ဆာန်တွေကို ကိုယ်စားပြုဖို့ စိန်သင်္ကေတကို သင်အသုံးပြုနိုင်ပါတယ်။

သင့်ရဲ့မျိုးရိုးစဉ်ဆက် ဒါမှမဟုတ် မိသားစုသစ်ပင်ကို ဖန်တီးရခြင်းရဲ့ ရည်ရွယ်ချက်မှာ မျိုးနွယ်ဆက်စပ်မှုပုံစံတွေကို ပိုမိုကြီးမားတဲ့ပုံသဏ္ဍာန်၊ အပြုသဘောဆောင်တဲ့ပုံစံ၊ အပြုသဘောမဆောင်တဲ့ပုံစံနဲ့ မြင်တွေ့ဖို့ဖြစ်တယ်။ ကျွန်တော်တို့ရဲ့မိဘတွေ၊ ဆွေမျိုးတွေ၊ သက်တူရွယ်တူတွေဆီက ဒဏ်ရာတွေ ခံစားနိုင်တဲ့အပြင် အရင်မျိုးဆက်တွေကနေ မဖြေရှင်းလိုက်တဲ့ပြဿနာတွေကိုအမွေဆက်ခံခဲ့ကြတယ်။ ဒီပြဿနာတွေဟာ ပျောက်ကွယ်မသွားပါ။

အချိန်တစ်ခုတည်းက ဘာမှ ကုစားမပေးနိုင်ဘူး၊ မဖြေရှင်းရသေးတဲ့ ပြဿနာတွေကို ပိုနက်ရှိုင်းအောင် မြှုပ်နှံထားတာပဲရှိတယ်။

ဘုရားသခင်ဟာ ကျွန်တော်တို့အား ကုသခြင်းရဲ့သဘာဝဖြစ်စဉ်ကို ပံ့ပိုးပေးထားတယ်။ ဒါကို ဝမ်းနည်းခြင်း လို့ခေါ်ပါတယ်။ ကလေးတစ်ယောက် (ရုပ်ပိုင်းဆိုင်ရာ/စိတ်ပိုင်းဆိုင်ရာ) ထိခိုက်ဒဏ်ရာရတဲ့အခါ ငိုလေ့ရှိတယ်။ ကလေးတွေကို နှစ်သိမ့်ပေးဖို့ဆိုရင် ချီမရမှာပါ။ ပွန်းပဲ့ဒဏ်ရာရှိရင် ပြုစုစောင့်ရှောက်ပေးရပါမယ်။ ဒါဟာ ကုစားခြင်းရဲ့သဘာဝဖြစ်စဉ်ပါပဲ။ ဒါပေမယ့် စိတ်နှလုံးထဲတွင် စိတ်ပိုင်းဆိုင်ရာ နာကျင်မှုတွေကို မိမိတို့ခံစားနေရင် အကာအကွယ်အလွှာတွေကို ပြုစုပျိုးထောင်ခြင်းဖြင့် ရင်ဆိုင်ဖြေရှင်းဖို့ သင်ယူရမှာဖြစ်ပါတယ်။

ကျွန်တော်ရဲ့ကိုယ်ရည်ကိုယ်သွေးအလွှာတော

ကျွန်တော်တို့ဖြစ်တည်မှုရဲ့အဓိကအချက်မှာ ဘုရားသခင်ပေးသနားတော်မူတဲ့ပင်ကို၊ ပြည့်ဝတဲ့မေတ္တာ၊ နားလည်မှု၊ ခွင့်လွှတ်မှုတွေဖြစ်ပါတယ်။ ကျွန်တော်တို့တွေဟာ မိမိတို့ပင်ကို၊ ဘိုးဘေးဘီဘင်တွေရဲ့အောင်ပွဲတွေနှင့် ကျရှုံးမှုတွေပေါင်းစပ်ထားတာ (မျိုးရိုးလိုက်ခြင်း မိသားစုကုထုံးနှင့်မျိုးရိုးဗီဇ လုပ်ဆောင်မှုဆိုင်ရာ ပြောင်းလဲမှုတွေကို လေ့လာခြင်း) ကို အမွေဆက်ခံပြီး ကမ္ဘာပေါ်ကိုရောက်လာတာဖြစ်ပါတယ်။

အသက်တာရဲ့ပထမနှစ်တွေမှာ ဒဏ်ရာတစ်မျိုးမျိုး - စွန့်ပစ်ခြင်း၊ လျစ်လျူရှုခြင်း၊ အလွဲသုံးစားလုပ်ခြင်း (ကာယကံ၊ စိတ်၊ နှုတ်၊ လိင်) /လွှမ်းမိုးမှု (ကိုယ်ပိုင်နယ်ပယ်တွေမှာ စိမ့်ဝင်နိုင်ပြီး မရှင်းလင်းတဲ့လူတွေကြား ဆက်ဆံရေး) မွေးကင်းစကလေး ဒါမှမဟုတ် ဆယ်ကျော်သက်အရွယ်ဖြစ်သည်နှင့်အညီ မိမိတို့ရဲ့ပထမဆုံးခံစားချက်တုံ့ပြန်မှုမှာ ကြောက်လန့်မှုဖြစ်တယ်။

ဘုရားသခင်ရဲ့ဥပဒေသကြောင့် ကလေးတွေဟာ ကိုယ့်ကိုယ်ကို အမြဲအပြစ်တင်ကြတယ်။ အရင်က ဖော်ပြခဲ့တဲ့အတိုင်း မိဘတွေဟာ သူတို့ရဲ့ဖန်ဆင်းရှင်အဖိုအမသဘောသဘာဝကို ကိုယ်စားပြုသည်နှင့်အညီ သူတို့ရဲ့သားသမီးတွေအတွက် Mr. & Mrs. ဘုရားသခင်ရဲ့အနေအထားမှာ ရှိကြပါတယ်။ ဒါကြောင့် ကလေးတွေဟာ ၎င်းတို့ရဲ့မိဘတွေကို ကျေနပ်စေဖို့ လိုလားကြတယ် (ကျွန်တော်တို့က ဘုရားသခင်ရဲ့စိတ်တော်နှင့် တွေ့လိုတဲ့ပုံစံအတိုင်း)။ တကယ်လို့ သူတို့ရဲ့မိဘတွေစိတ်မကောင်းဖြစ်ရင် ကလေးတွေက သူ့တို့ဘာသာသူတို့ “ဘုရားသခင်က ငါ့ကိုမကြိုက်ဘူး” ဒါမှမဟုတ် “ငါလုပ်ခဲ့တာတွေမှားနေပြီ” လို့တွေးလေတော့တယ်။

ကျွန်ုပ်တို့၏ ကိုယ်ရည်ကိုယ်သွေးအလွှာများ

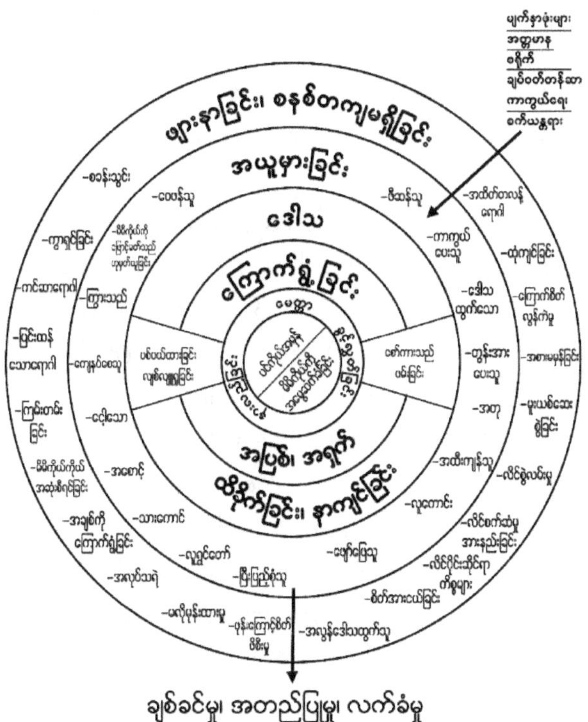

ချစ်ခင်မှု၊ အတည်ပြုမှု၊ လက်ခံမှု

စိတ်ပိုင်းဆိုင်ရာ အကြောက်တရားအောက်မှာ အပြစ်ရှိသလို အရှက်လည်းရှိတယ်။ အပြစ်ဟာ "ငါတစ်ခုခုမှားခဲ့တယ်" ဆိုတဲ့ကျွန်တော်တို့ရဲ့အတွေးနဲ့ ဆက်နွယ်နေပါတယ်။ အရှက်ဟာ "ငါညံ့တယ်၊ ချို့ယွင်းချက်ရှိတယ်၊ ချစ်ဖို့မကောင်းတဲ့သူပဲ" ဆိုတဲ့မိမိတို့ရဲ့ဖြစ်တည်မှုနဲ့ ဆက်နွယ်နေပါတယ်။ ကျွန်တော်တို့ဟာ မိမိတို့ရဲ့ခံစားချက်တွေကို လွတ်လပ်စွာထုတ်ဖော်ပြောဆိုခွင့်ရှိပြီး ခံစားချက်တွေကို မိဘတွေနှင့်ပြုစုစောင့်ရှောက်ပေးသူတွေဆီကနေ သိရှိခွင့်ရရှိမယ်ဆိုရင် ထိခိုက်ဒဏ်ရာတွေဟာ သက်သာရာရရှိနိုင်ပါတယ်။

အခြားတစ်ဖက်မှာက မိမိတို့ရဲ့စိတ်ခံစားချက်တွေကို ဖော်ပြခြင်း ဒါမှမဟုတ် လက်ခံခြင်းမပြုပါက အဲဒါတွေကို မိမိတို့ချုပ်တည်းရပါတယ်။ "ချုပ်တည်းခြင်းဆိုတာဟာ" စိတ်ပိုင်းဆိုင်ရာ ထုံကျင်ခြင်းရဲ့အခြေအနေတစ်ခုပါပဲ။ သင့်မိသားစုနှင့်ကမ္ဘာကြီးရဲ့ကောင်းကျိုးအတွက် "ငြိမ်သက်ခြင်း" ကို စောင့်ထိန်းဖို့အတွက် သင့်ရဲ့အဆိုးမြင်တဲ့စိတ်ကို အောင်အောင်မြင်မြင် ချုပ်တည်းရဖို့ ငြင်းဆန်ခြင်း၊ နာကြည်းခြင်းနှင့်ငြင်းပယ်ခြင်းတွေကို ငြီးငွေ့လာတဲ့အခါ ချုပ်တည်းခြင်းဆိုတာဖြစ်ပေါ်တယ်။ (Gray, John, *What You Feel, You Can Heal*, Mill Valley, CA: Heart Publishing, 1984, page 84).

စွန့်လွှတ်မှု၊ လျစ်လျူရှုမှု၊ အလွဲသုံးစားမှု ဒါမှမဟုတ် စွဲလန်းမှု ဆက်လက်ရှိနေပါက ခံစားချက်ရဲ့တုံ့ပြန်မှုမှာ ဒေါသဖြစ်လာပါလိမ့်မယ်။ ဒေါသဟာ ဒေါသအတွက် ဇီဝကမ္မတုံ့ပြန်မှုဖြစ်ပြီး နာကျင်ခြင်းနှင့်ဝေဒနာအတွက် စိတ်ပိုင်းဆိုင်ရာတုံ့ပြန်မှုဖြစ်တယ်။ ကျွန်တော်တို့ဟာ မိမိတို့ရဲ့ဒေါသကို ထုတ်ဖော်လေ့ရှိပြီး မိဘတွေက ကျွန်တော်တို့ကို အပြုသဘောဆောင်တဲ့ပုံစံနဲ့ ပြုလုပ်ခွင့်ပြုပါက မိမိတို့ရဲ့နာကျင်တဲ့ခံစားချက်တွေဟာ ပြေလည်သွားမှာဖြစ်တယ်။ မိဘတွေ ဒါမှမဟုတ် ပြုစုစောင့်ရှောက်ပေးသူတွေဟာ မိမိတို့ရဲ့ဒေါသကို ဖော်ပြဖို့ ခွင့်မပြုပါက မိမိတို့ရဲ့နာကျင်ခြင်း ဝေဒနာတွေကို ချုပ်တည်းရပါတယ်။ အရှင်လတ်လတ်မြှုပ်နှံထားတဲ့ခံစားချက်တွေက ဘယ်တော့မှမသေနိုင်ပါ။ အချိန်တစ်ခုတည်းနဲ့ ဒဏ်ရာအားလုံးကို ကုစားလို့မရနိုင်ပါဘူး၊ ဒဏ်ရာတွေကို ပိုမိုနက်ရှိုင်းအောင်သာ မြှုပ်နှံထားတာပါ။

နောက်ဆုံးတွင် ကျွန်တော်တို့တွေဟာ မိမိတို့ရဲ့အတွေးတွေနှင့်ခံစားချက်တွေကို ဂရုစိုက်မခံရတဲ့နေရာနှင့် အခြေခံမေတ္တာလိုအပ်ချက်တွေ မဖြည့်ဆည်းနိုင်တဲ့ဝန်းကျင်မှာ ရှင်သန်နိုင်ဖို့အတွက် ကိုင်တွယ်ဖြေရှင်းမှုစွမ်းရည်

နှင့်ခံစစ်ယန္တရားတွေတွေကို မိမိတို့ပြုစုရပါလိမ့်မယ်။ ဒီလို ကိုင်တွယ်ဖြေရှင်းနိုင်မှုစွမ်းရည်နှင့်ခံစစ်ယန္တရားတွေဟာ ပင်ကိုအမှားကို ကိုယ်စားပြုတယ်။

ဒီကိုင်တွယ်ဖြေရှင်းနိုင်မှု စွမ်းရည်၊ ခုခံကာကွယ်မှုယန္တရားတွေနဲ့ပတ်သက်၍ စိတ်ဝင်စားစရာကောင်းတဲ့အချက်ကတော့ ဒါတွေဟာ မိမိတို့ရဲ့မူလသဘာဝ၊ ဘုရားသခင်ပေးထားတဲ့ဆုလက်ဆောင်တွေပေါ်မှာ အခြေခံတာဖြစ်ပါတယ်။ ဆိုလိုတာကတော့ ပြုစုစောင့်ရှောက်သူ၊ ဖျော်ဖြေသူ၊ တက်ကြွလှုပ်ရှားသူဆိုပြီးဖြစ်ပါတယ်။ ဒါပေမယ့် ဒီဆုလက်ဆောင်တွေကို ရည်ရွယ်ချက်နှစ်ခုအတွက် အသုံးပြုတယ်၊ ၁) ကျွန်တော်တို့ရဲ့နာကျင်ခြင်း၊ ဝေဒနာခံစားခြင်း၊ အပြစ်ရှိခြင်းနှင့်ရှက်ကြောက်ခြင်း စတာတွေကို ဖုံးကွယ်ထားဖို့ ၂) ဘယ်တုန်းကမှလက်ခံရယူခြင်းမရှိခဲ့တဲ့ ချစ်ခင်မြတ်နိုးခြင်း၊ အသိအမှတ်ပြုခြင်းနှင့်လက်ခံခြင်း စတာတွေကို ရရှိဖို့ဖြစ်ပါတယ်။

မှားယွင်းတဲ့အတ္တတဲ့အလွှာတွင် ကျွန်တော်တို့ဝတ်ဆင်ထားတဲ့မျက်နှာဖုံးတွေ၊ ကျွန်တော်တို့ကစားတဲ့ဂိမ်းတွေ၊ ကျွန်တော်တို့ဝတ်ဆင်ထားတဲ့ချပ်ဝတ်တန်ဆာတွေနှင့်ဒဏ်ရာရနေတဲ့ မိမိတို့ရဲ့နှလုံးသားကို ထပ်မံထိခိုက်နာကျင်မှုမှကာကွယ်ဖို့ ခံစစ်ယန္တရားတွေကို မိမိတို့အသုံးပြုကြတယ်။ နှစ်သက်သူ၊ စုံလင်သူ၊ ဖျော်ဖြေသူ၊ တွန်းအားပေးသူ၊ ထိန်းချုပ်သူ၊ မိမိကိုယ်ကို ဖြောင့်မတ်တယ်လို့သဘောထားတဲ့သူ၊ လူရွှင်တော်၊ သားကောင်တွေပါဝင်ပါတယ်။ ပြဿနာမှာ မိမိတို့လိုအပ်တဲ့ချစ်ခင်မှု၊ အသိအမှတ်ပြုခြင်းနှင့်လက်ခံခြင်း ရရှိဖို့ ဘယ်လောက်ပဲကြိုးစားအားထုတ်နေပါစေ မိမိတို့ရဲ့စိတ်ဝိညာဉ်ကို ဘယ်အခါမှသက်သာစေမှာမဟုတ်ပါ။ အကြောင်းကတော့ ဒီလိုအပြုအမူတွေဟာ မိမိတို့ရဲ့စစ်မှန်တဲ့ ဘယ်သူဘယ်ဝါဖြစ်ခြင်းထက် မိမိတို့လုပ်ဆောင်တဲ့အရာအတွက် ချစ်ခြင်းခံရတာကို သိအမှတ်ပြုမှု လိုအပ်နေတာကြောင့် ဖြစ်ပေါ်လာခြင်းဖြစ်တယ်။

ကျွန်တော်တို့လုပ်ဆောင်မှုကြောင့်မဟုတ်၊ ကျွန်တော်တို့ဘာနဲ့တူလဲဆိုတကြောင့်မဟုတ်၊ ကျွန်တော်တို့ရဲ့အောင်မြင်မှုတွေကြောင့်မဟုတ်၊ ကျွန်တော်တို့ဘယ်သူလဲဆိုတာကို လက်ခံဖို့အတွက် ကျွန်တော်တို့အားလုံးမွေးရာပါလိုအပ်ချက်ကို ပိုင်ဆိုင်ကြတယ်။

မှားယွင်းတဲ့ပင်ကိုအလွှာအောက်မှာ ဖော်ပြထားတဲ့သုံးမျိုးမှာ ချစ်ခြင်း၊ အတည်ပြုချက်နှင့်လက်ခံခြင်းဖြစ်တယ်။ ဒီအရာတွေဟာ ကလေး၊ ဆယ်ကျော်သက်နှင့်လူကြီးတိုင်း ပုံမှန်လိုအပ်ချက်ဖြစ်တယ်။ ဒါပေမယ့် မိမိတို့ရဲ့ မှားယွင်းတဲ့ပင်ကိုဟာ မေတ္တာကိုရရှိရဖို့ သတိမဲ့စွာအသုံးချခံနေရတဲ့အပြင် မိမိတို့ရဲ့ချုပ်ဝတ်တန်ဆာနှင့်ခံစစ်ယန္တရားတွေလည်း အသုံးပြုချခံနေရတယ်။ ချစ်ခင်မြတ်နိုးခြင်း (ကောင်းမွန်တဲ့ရုပ်ပိုင်းဆိုင်ရာထိတွေ့ခြင်း)၊ အသိအမှတ်ပြုခြင်း (မိမိတို့ရဲ့မွေးရာပါစွမ်းဆောင်ရည်တွေ၊ အရည်အချင်းတွေအတွက်)၊ လက်ခံခြင်းဖြစ်တယ် (ကျွန်တော်တို့ဘယ်သူလဲ)။

အသိအမှတ်ပြုတာဟာ အပြုအမူကို အခြေခံတာဖြစ်တယ်။ မိဘ၊ လုပ်ဖော်ကိုင်ဖက်၊ သူငွေး၊ သူငယ်ချင်း ဒါမှမဟုတ် ဘုရားသခင်က မိမိတို့ရဲ့အပြုအမူတွေကို သဘောမတူတာဟာ ပုံမှန်ပါပဲ။ အပြုအမူဟာ ကျွန်တော်တို့ရဲ့ ဖြစ်တည်မှုမဟုတ်ဘဲ ကျွန်တော်တို့ရဲ့လုပ်ဆောင်မှုနဲ့သက်ဆိုင်တယ်။ ဒီတော့ တစ်စုံတစ်ဦးက ကျွန်တော်တို့ရဲ့အပြုအမူတွေကို သဘောမကျရင်လည်း မိမိတို့ဟာ ကျွန်တော်တို့ရဲ့ဖြစ်တည်မှုအမှန်နဲ့ ချစ်ခြင်းခံနေဆဲပါ။

တကယ်လို့ ၎င်းဟာ ကုစားခြင်းမခံရရင် မှားယွင်းတဲ့ပင်ကိုဟာ နာမကျန်းမှုနှင့်ချို့ယွင်းမှုတွေလို့ခေါ်တဲ့အခြားအလွှာဆီကို ဦးတည်သွားမှာဖြစ်တယ်။ ကုသပေးသူများစွာက မကျန်းမာမှုတွေနှင့်ချို့ယွင်းမှုအများစုတွင် မဖြေရှင်းလိုက်တဲ့ဆက်ဆံရေးတွေ (အပျက်သဘောဆောင်တဲ့ နှောင်ကြိုးပုံစံတွေ)၊ ရုပ်ပိုင်းဆိုင်ရာ ချစ်ခင်မှုမရှိတာတွေ၊ အပျက်သဘောဆောင်တဲ့သဘောထားတွေနှင့်ယုံကြည်ချက်တွေကြောင့်လို့ ယုံကြည်ကြတယ်။ ကျွန်တော်တို့ရဲ့ အစိတ်အပိုင်းတစ်ခုစီဟာ ခန္ဓာ၊ စိတ်၊ ဝိညာဉ် သုံးနေရာစလုံးမှာ သက်ရောက်မှုရှိတယ်။ ကျွန်တော်တို့ရဲ့စစ်မှန်တဲ့ပင်ကို ဒါမှမဟုတ် အတွင်းစိတ်ကလေးအမှန်ကို ပြန်လည်ရှာဖွေတွေ့ရှိဖို့ အချိန်ယူရတာဖြစ်တယ် (အတွင်းစိတ်ကလေးအကြောင်းကို နောက်ပိုင်းတွင် ပိုမိုသိရှိနိုင်တယ်)။

ကျွန်တော်တို့ဟာ ကြက်သွန်နီလို မိမိတို့ရဲ့ကိုယ်ရည်ကိုယ်သွေးအလွှာတွေကိုခွာထုတ်ရပါမယ်။ ကျွန်တော်တို့ရဲ့ဖြစ်တည်မှု ဗဟိုချက်သို့မှန်ကန်စွာရွေ့လျားနိုင်ပြီး မိမိတို့ရဲ့ကိုယ်ရည်ကိုယ်သွေးကို လျင်မြန်စွာဖယ်ရှားနိုင်မယ်မဟုတ်ပါ။ ခံစစ်အလွှာတစ်ခုစီကို စနစ်တကျဖယ်ရှားပြီး ကိုင်တွယ်ဖြေရှင်း

တဲ့ယန္တရားတစ်ခုစီကို ကျန်းမာတဲ့နေထိုင်မှု၊ တွေးခေါ်မှု၊ ပြုမူပုံနည်းလမ်းတွေနဲ့ အစားထိုးရမှာဖြစ်တယ်။

နောက်ဆုံးအနေနဲ့ ကျွန်တော်တို့ရဲ့အတိတ်က ဆုံးရှုံးမှုများစွာအတွက် ဝမ်းနည်းဖို့ လိုအပ်ပါတယ်။ ဝမ်းနည်းခြင်း ဖြစ်စဉ်ဟာ အချိန်ကြာမြင့်တယ်။ ဘုရားသခင်၊ မိမိကိုယ်ကို၊ အခြားသူတွေနဲ့ ကျွန်တော်တို့ရဲ့ဆက်ဆံရေးကနေ မိမိတို့ကိုယ်ကိုယ် တန်ဖိုးရှိတယ်လို့ လုံလောက်တဲ့ခံစားချက်ရရှိတဲ့အခါ မိမိတို့ရဲ့စစ်မှန်တဲ့ဖြစ်တည်မှုကို ပြန်လည်ရရှိဖို့ ပိုမိုနက်ရှိုင်းရာသို့ရွေ့လျားလာရပါတယ်။

လေ့ကျင့်ခန်း

ယခုကျွန်တော်တို့ရဲ့ကိုယ်ရည်ကိုယ်သွေး ဇယားအလွှာကို အသုံးပြု၍ သင်အောင်မြင်စွာဖြေရှင်းပြီးတဲ့ ပြဿနာတိုင်းကို ဝိုင်းထားလိုက်ပါ။ လက်ရှိအချိန်တွင် သင်ကိုင်တွယ်ဖြေရှင်းနေတဲ့ပြဿနာတိုင်းကို ထောင့်မှန်စတုဂံပုံတွေထည့်ပါ။ သင့်ပြဿနာတွေကို ဆက်လက်လုပ်ဆောင်နေချိန်တွင် ၎င်းကို အကိုးအကားအဖြစ် ထားရှိပါ။

မိမိကိုယ်ကို ကုသခြင်း နည်းလမ်းတွေ

အဆင့်တစ် - အပြုအမူပြောင်းလဲမှုတွေ- ပံ့ပိုးမှုကွန်ရက်
အဆင့်နှစ် - အသိဉာဏ်ဆိုင်ရာပြောင်းလဲမှုတွေ- အတည်ပြုချက်တွေ
အဆင့်သုံး - သင့်အတွင်းစိတ်ကလေးကို ကုသပေးခြင်း
အဆင့်လေး - ဆန့်ကျင်ဘက်လိင်ဒဏ်ရာတွကို ကုသပေးခြင်း
အဆင့်ငါး - လိင်တူဒဏ်ရာတွေကို ကုသပေးခြင်း။

အဆင့်တစ် - အပြုအမူပြောင်းလဲမှုများ

ကွန်ရက် ပံ့ပိုးမှု

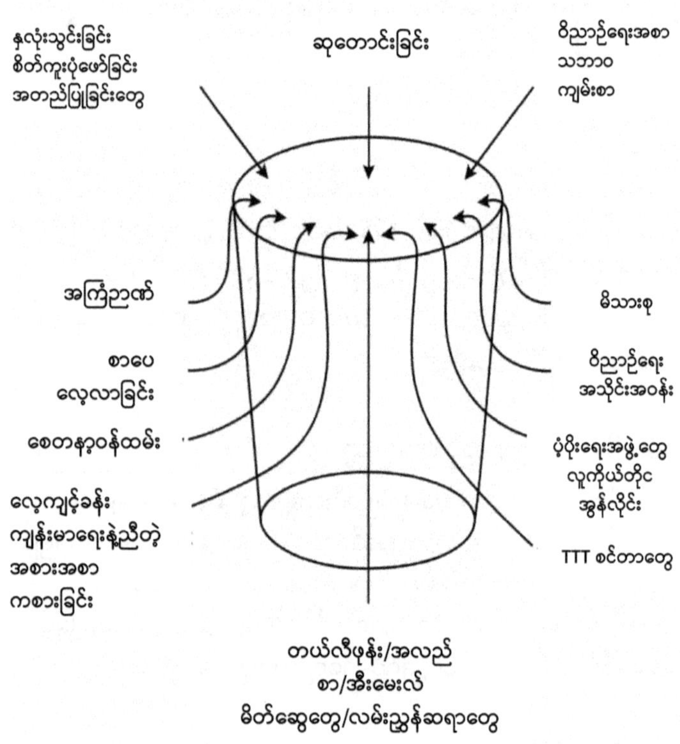

ကွန်ရက် ပံ့ပိုးမှု

"ဘယ်သူမှမိမိကိုယ်ကို ချစ်နိုင်တဲ့အရည်အချင်းနဲ့ မွေးဖွားလာတဲ့သူမရှိပါဘူး။ မိမိကိုယ်ကို ချစ်ခြင်းဟာ ကျင့်ယူရတာပါ။ ၎င်းကို မကျင့်ယူတဲ့သူဟာ သူတစ်ပါးကို မချစ်နိုင်သလို မိမိကိုယ်ကိုလည်း မချစ်တတ်ပါ။ အဲဒီလိုလူမျိုးစားဟာ ဘုရားသခင်နဲ့ သူ့ရဲ့ဆက်ဆံရေးမှာလည်း အဆင်ပြေမှာမဟုတ်ပါဘူး။ပြတ်ပြတ်သားသားပြောရရင် ကိုယ့်ကိုယ်ကို မချစ်တဲ့သူက အတ္တသမားပါပဲ။ သူဟာ သူ့ရဲ့ဖြစ်တည်မှု ပုံရိပ်အမှန်ကို မသေချာတဲ့အတွက် သူ့ဖြစ်တည်မှုကို ရှာဖွေဖို့ အမြဲကြိုးစားနေတဲ့သူပါပဲ" (Trobisch, Walter, Love Yourself, Downers Grove, IL: Intervarsity Press, 1978, pages. 8-9).

ကွန်ရက် ပံ့ပိုးကူညီမှုထဲမှာ မိသားစုအသစ် ရွေးချယ်မှုတစ်ခုဖန်တီးရာတွင် မိမိတို့အား အတွင်းပိုင်း ချစ်ခြင်းမေတ္တာကို ကူညီပေးဖို့အတွက် မတူညီတဲ့အမူအကျင့်တွေနှင့်ဆက်ဆံရေးတွေပါဝင်တယ်။ ဒီပုထဲမှာပါရှိတဲ့အရာက မိမိတို့တစ်ဦးစီကို ကိုယ်စားပြုတယ်။ ဒီပုံရဲ့ထိပ်တွင် ဆုတောင်းခြင်း၊ နှုတ်ကပတ်တော်တွေကိုလေ့လာခြင်း၊ တီထွင်ဆန်းသစ်တဲ့စိတ်ကူးပုံဖော်ခြင်း (တေးဂီတအသံနှင့် အပြုသဘောဆောင်တဲ့အသိအမှတ်ပြုချက်တွေကို နားထောင်ခြင်း) နှင့်သဘာဝတရား (ဒုတိယကျမ်းစာ) ထဲ၌ အချိန်ယူဖြင့် ဘုရားသခင်ရဲ့မေတ္တာကို မိမိတို့ရရှိကြတယ်။

ပြန်လည်ထူထောင်ရေးလမ်းပေါ်တွင် ချစ်ခြင်းမေတ္တာကို တွေ့ကြုံခံစားဖို့ များစွာသောအရင်းအမြစ်တွေနှင့်အခွင့်အလမ်းတွေက မိမိတို့ကို ဝန်းရံလေ့ရှိတယ်။ ဒါတွေဟာ မိသားစု၊ ဝိညာဉ်ရေးအသိုင်းအဝိုင်း၊ ပံ့ပိုးကူညီမှုအဖွဲ့တွေ (လူကိုယ်တိုင် ဒါမှမဟုတ် အွန်လိုင်း)၊ TTT စင်တာတွေ (နိဂုံးချုပ်အနေဖြင့် ရှင်းပြဖို့)၊ သူငယ်ချင်းတွေနှင့်လမ်းညွှန်ပေးသူ၊ လေ့ကျင့်ခန်း၊ ကျန်းမာရေးနဲ့ ညီညွတ်တဲ့အစားအစာ၊ ကစားခြင်း၊ စေတနာ့ဝန်ထမ်း၊ စာပေလေ့လာခြင်း၊ အကြံပေးခြင်းတွေပါဝင်ပါတယ်။

တကယ်လို့ သင်ဟာ အဆင်မပြေတဲ့မိသားစုနှင့်ပတ်ဝန်းကျင်ကနေ ကြီးပြင်းလာရင် အကောင်းဆုံးမိသားစုအသစ်ကို ဖန်တီးခြင်းဖြင့် အခုပဲသင့်ကံကြမ္မာကိုပြောင်းလဲဖို့ အခွင့်အရေးရှိတယ်။ ခိုင်မာတဲ့ ကွန်ရက်ပံ့ပိုးကူညီမှုကို တည်ဆောက်ခြင်းဟာ သင်ရဲ့ကုစားခြင်းဆိုင်ရာ မရှိမဖြစ်အစိတ်အပိုင်း တစ်ခု

ဖြစ်ပါတယ်။ ဒါဟာ ကောင်းမွန်ပြီး အပြုသဘောဆောင်ကာ မေတ္တာနှင့်ပံ့ပိုး ပေးတဲ့ပုံစံနဲ့ အကောင်းဆုံးမိသားစုအသစ်ကို ပြန်လည်ဖန်တီးနေခြင်းပဲဖြစ်ပါ တယ်။ သင့်ကို အရှိကိုအရှိတိုင်း၊ အဖြစ်တိုင်းလက်ခံတဲ့မေတ္တာရှင် ဘုရားသခင် နဲ့အချိန်ယူခြင်း၊ အပြုသဘောဆောင်တဲ့အသိအမှတ်ပြုချက်တွေကို နားစွင့် ခြင်းဖြင့် (သင့်ရဲ့ကိုယ်ပိုင်အသိအမှတ်ပြုချက် MP3 ကို ဖန်တီးနည်းနောက် တွင်) သင့်ရဲ့အတွင်းကမ္ဘာဟာ ပျော့ပြောင်းလာပြီး ချစ်ခြင်းမေတ္တာကို လက်ခံ လာတယ်။

သင့်မိသားစု၊ မိတ်ဆွေတွေနှင့်လမ်းညွှန်ဆရာတွေရာဝေ့ပံ့ပိုးမှုတွေဟာ ကုသခြင်းရဲ့နောက်ပိုင်းအဆင့်တွေမှာ အရေးကြီးတယ်။ အရင်ဆုံး သင့်ကို အ ကောင်းနှင့်အဆိုးအချိန်နှစ်ခုစလုံးမှာ ဂရုစိုက်ပေးမယ့်အဖွဲ့တစ်ခုကို ဖန်တီးရ ပါမယ်။ "လူဆိုတာ ကျွန်းတစ်ကျွန်းလုံးမဟုတ်ပါဘူး။ လူသားတိုင်းဟာ တိုက် ကြီးရဲ့အစိတ်အပိုင်းတစ်ခုဖြစ်ပြီး အဓိကအစိတ်အပိုင်းတစ်ခုဖြစ်ပါတယ်" လို့ John Donne က Meditation XVII တွင် ဖော်ပြထားတယ်။ သင်ရဲ့ကွန်ရက် ပံ့ပိုးမှုအစိတ်အပိုင်းတွေဟာ ခံတပ်တစ်ခုခွန်အားအဖြစ် ရပ်တည်တယ်။ ဒါ ဟာ ရှင်သန်ပေါက်ဖွားနိုင်တဲ့မြေသြဇာကောင်း မြေဆီလွှာဖြစ်ပါတယ်။

အခုခေတ်မှာ လူကိုယ်တိုင်နှင့်အွန်လိုင်းပံ့ပိုးမှုအဖွဲ့များစွာရှိတယ်။ သင့် ရဲ့သီးခြားလိုအပ်ချက်နဲ့ ကိုက်ညီတဲ့အုပ်စုတွေအတွက် ရိုးရှင်းတဲ့အင်တာနက် ရှာဖွေမှုပြုလုပ်ပါ။ ဥပမာ အမည်မသိလိင်စွဲလမ်းသူ၊ အမည်မသိ ပူးတွဲမှီခိုသူ တွေ၊ အမည်မသိ လိင်နှင့်အချစ်စွဲလမ်းသူတွေ၊ အမည်မသိ အရက်သမား၊ အ မည်မသိ စိတ်ခံစားချက်တွေ၊ အမည်မသိ အလွန်အကျွံစားသူတွေ၊ အမည်မသိ မူးယစ်ဆေးဝါးသမားတွေ၊ အမည်မသိလောင်းကစားသမားတွေဖြစ်ပါတယ်။ သင်ဟာ လူတွေရဲ့အသိုင်းအဝိုင်းတစ်ခုမှဖြစ်ပြီး တခြားသူတွေရဲ့ရှေ့မှာ ကုစား ဖို့ လိုအပ်တယ်။ တကယ်လို့ သင့်မိသားစုဟာ လုံခြုံမှုမရှိရင်၊ သင့်မှာ သူငယ် ချင်းတွေ၊ လမ်းညွှန်ဆရာတွေမရှိရင် ကြီးထွားလာတဲ့ဆက်ဆံရေးအသစ်တွေ ကို တည်ဆောက်ဖို့ အချိန်တန်နေပြီဖြစ်တယ်။ ဒေသ ဒါမှမဟုတ် အွန်လိုင်း ပံ့ပိုးကူညီမှုအဖွဲ့တွေနဲ့ ဆက်သွယ်ခြင်းဖြင့် စတင်ပါ။

သင့်ဝတ်ပြုတဲ့နေရာမှာ လမ်းညွှန်ဆရာတွေ၊ ပံ့ပိုးကူညီမှုအဖွဲ့တွေ၊ ကု ထုံးအဖွဲ့၊ ပုံမှန်တွေ့ဆုံမှုအဖွဲ့တွေကို ရှာဖွေပါ။ လူကိုယ်တိုင်ဖြစ်စေ၊ အွန်လိုင်း

ကနေဖြစ်စေ အကြံပေးသူနဲ့ တွေ့ဆုံဖို့ အချိန်တစ်ခုသတ်မှတ်ပါ။ ယုံကြည်မှု ထူထောင်ဖို့ ညီညွတ်ခြင်းဟာ မရှိမဖြစ်လိုအပ်ပါတယ်။

တစ်ခါ သင်ဟာ အမှန်တကယ် သက်သာပျောက်ကင်းဖို့ ဆန္ဒရှိရမယ်။ သင်တွေ့ကြုံခံစားရတဲ့အမှန်တရားကို အခြားသူတစ်ဦးဆီ ဝေမျှတဲ့အခါ သင်ဟာ ဘယ်သူဖြစ်၍ ဘယ်အရာလုပ်ဆောင်ခဲ့လဲဆိုတာကိုပြောရင်းနဲ့ အဲဒီလူကို မစီရင်မိစေနဲ့။ ဒီလိုဆက်ဆံရေးကောင်းမွန်တာဟာ သင့်ကွန်ရက်အတွက် အကောင်းဆုံးလုပ်ဆောင်ပေးလိမ့်မယ်။ ဒီလိုမျိုးပံ့ပိုးကူညီမှုမရှိရင် သင့်ဒဏ်ရာတွေကို ကုစားနိုင်ခြင်း၊ လိုအပ်ချက်မပြည့်မီတဲ့ချစ်ခြင်းကို ဖြည့်ဆည်းပေးနိုင်ခြင်းရှိမှာမဟုတ်ကြောင်း ကျွန်တော်အတပ်ပြောရဲတယ်။ ညံ့ဖျင်းတဲ့ဆက်ဆံရေးနဲ့ ဖန်တီးထားတဲ့အရာတွေကို ကောင်းမွန်တဲ့ဆက်ဆံရေးတွေနဲ့ ကုစားပစ်ရမှာပါ။ အခုပဲသင့်မိသားစုရဲ့ရွေးချယ်မှုအသစ်ကို ဖန်တီးဖို့ စတင်လိုက်ပါ။

လေ့ကျင့်ခန်းပုံမှန်လုပ်ခြင်း၊ ကျန်းမာရေးနဲ့ညီညွတ်တဲ့အစားအစာတွေကို စားသောက်ခြင်းဟာ ကျန်းမာရေးအတွက် မရှိမဖြစ်လိုအပ်ပါတယ်။ အခြေခံအစားအစာတွေနှင့်သဘာဝအစားအစာတွေဟာ မိမိတို့ရဲ့ခန္ဓာကိုယ်ကို အာဟာရဖြစ်စေပါတယ်။ မေတ္တာနဲ့ ကျွေးတဲ့အစားအစာဖြစ်ပေမယ့် တဘက်လူအတွက်တော့ ဆန့်ကျင်ဘက်ဖြစ်ပြီး ရန်သူသဖွယ်ဖြစ်နိုင်ပါတယ်။ ဒီနေ့ခေတ်အမျိုးသမီးတွေနှင့်အမျိုးသားတွေဟာ အဝလွန်ရောဂါ၊ ပုံပျက်ပန်းပျက်ပိန်ချုံးခြင်းရောဂါ ဒါမှမဟုတ် ကိုယ်အလေးချိန်လွန်သူတွေ ပိုများလာတယ်။ အဲဒီလူတွေအားလုံးဟာ ကိုယ့်ကိုကိုယ် သိမ်ငယ်အောင်ပြုပြီး နာကျင်မှုကို ခံစားနေကြရတယ်။ အမည်မသိအစားကျူးသူများက အစားအစာကြောင့် ရုန်းကန်နေရသူတွေကို ထောက်ပံ့ကြတယ်။ စိတ်အားထက်သန်မှုတစ်ခုတည်းနဲ့ သင့်ကို ဒီရုန်းကန်မှုတိုက်ပွဲတစ်လျှောက်လုံးတွင် ကောင်းမွန်စွာခေါ်ဆောင်သွားမှာမဟုတ်ပါ။ သင့်လိုရုန်းကန်မှုတွေကို တွေ့ကြုံဖူးသူတွေကို ရှာဖွေပြီး သူတို့ဆီကနေသင်ယူပါ။ သင့်ဘဝခရီးတွင် သင်နဲ့အတူ လိုက်ပါဖို့ ကူညီမယ့်သူ ဒါမှမဟုတ် လမ်းညွှန်မယ့်သူကို ရှာပါ။

လူ့ဘဝတစ်လျှောက်လုံးတွင် ပျော်ရွှင်မှုနှင့်အားကစားလုပ်ခြင်းဟာ မရှိမဖြစ်လိုအပ်တယ်။ တင်းနစ်ကစားခြင်း၊ ဘတ်စကတ်ဘောကစားခြင်း၊ ဘောလုံးကစားခြင်း၊ ပန်းခြံထဲမှာ လွှဲခုန်ကစားခြင်း၊ ရုပ်ရှင်ကြည့်ခြင်း စတာတွေဟာ မိမိတို့ရဲ့ဘဝကို ဟန်ချက်ညီအောင် ထိန်းထားဖို့ အထောက်အကူဖြစ်စေ

တဲ့ကစားစရာတွေဖြစ်တယ်။ အတွင်းစိတ်ကလေးကဏ္ဍာတွင် ပျော်ရွှင်ဖွယ်ရာ လှုပ်ရှားမှုတွေအကြောင်းကို ထပ်မံမျှဝေပါမယ်။

ကျွန်တော်တို့ရဲ့အသိုင်းအဝိုင်းတွင် စေတနာ့ဝန်ထမ်းလုပ်ဆောင်ခြင်းဟာ အခြားသူတွေကို အကျိုးပြုဖို့ နည်းလမ်းတစ်ခုဖြစ်တယ်။ ကုသရေးလုပ်ငန်းဆောင်တာအတွင်း နောက်ကြောင်းပြန်တာဟာ အတော့်ကို အန္တရာယ်ရှိပါတယ်။ သင့်ဒေသတွင် လိုအပ်နေတဲ့သူတွေကို ကူညီဖို့ အခွင့်အလမ်းတွေကို ရှာဖွေပါ။ တခြားသူတွေကို ကူညီရင်းနဲ့ သင့်ကို ပိုကောင်းလာစေပါလိမ့်မယ်။ ဆော့ကစားခြင်းနှင့်ဝန်ဆောင်မှုပေးခြင်းဖြင့် ဟန်ချက်ညီညီ ကုသပေးခြင်းကို သင်လုပ်နိုင်ပါတယ်။ သင့်အသိုင်းအဝိုင်းတွင် စေတနာ့ဝန်ထမ်းလုပ်ခြင်းဟာ အပြုသဘောဆောင်တဲ့စွမ်းအင်ရဲ့အံ့သြဖွယ် အရင်းအမြစ်တစ်ခုဖြစ်တယ်။

သင်မလုပ်ချင်တဲ့အရာကို ဘာ့ကြောင့်လုပ်တာလဲဆိုတာကို နားလည်အောင် ကူညီပေးနိုင်တဲ့အကောင်းဆုံးစာအုပ်တွေရှိပါတယ်။ တိုက်ပွဲတွေကို ဆင်နွှဲလို့ အနိုင်ရခဲ့တဲ့ အတွေ့အကြုံရင့်စစ်သည်တွေဆီကနေ သင်ယူလို့ရပါတယ်။ ဒါတွေဟာ သင့်အတွက် အိမ်အပြန်ခရီးမှာ အချိန်များစွာ၊ မလိုအပ်တဲ့နာကျင်မှုနှင့်ငွေကို သက်သာစေမှာဖြစ်ပါတယ်။

အကြံဉာဏ်လိုအပ်ရင် အောင်မြင်ပြီး အရည်အချင်းပြည့်မီတဲ့ကုထုံးဆရာ၊ ကိုယ်တိုင်ပြဿနာတွေကို ကိုယ်တိုင်ကျော်လွှားနိုင်သူကို ရှာဖွေပါ။ သူတို့ရဲ့ကိုယ်ပိုင်ဘဝမှာ အောင်မြင်မှုမရှိရင် သင်ကြိုးစားရှာဖွေထားတဲ့ငွေကြေးကို အတိုင်ပင်ခံ ဒါမှမဟုတ် ကုထုံးဆရာဆီမှာ မသုံးမိပါနဲ့။ ဥပမာ သင်ဟာ အိမ်ထောင်ရေးဆိုင်ရာအကြံဉာဏ်ကို ရယူချင်ရင် အိမ်ထောင်ဖက်နဲ့ လှပတဲ့ဆက်ဆံရေးရှိတဲ့ကုထုံးပညာရှင်တစ်ဦးလိုအပ်ပါတယ်။ တကယ်လို့ သင်ဟာ စွဲလမ်းမှုတစ်ခုနဲ့ ရုန်းကန်နေရရင် သင့်ပြဿနာကို နားလည်ပြီး သူ့ကိုယ်ပိုင်ရဲ့ဘဝ တိုက်ပွဲတွေကို ကျော်လွှားအောင်မြင်တဲ့ကုထုံးပညာရှင်တစ်ဦးလိုပါလိမ့်မယ်။ သူ့ဆီ ကုသမှုမခံယူခင် ဆရာ၊ "ငါ့ကို ဘယ်လိုကူညီနိုင်မလဲ" လို့မေးလိုက်ပါ။

ဆရာရဲ့ပညာက ဘယ်လိုလဲ။ ဘယ်လိုကုထုံးကိရိယာတွေကို သုံးလဲ။ ငါ့လိုလူတွေကို ကူညီတဲ့အလေ့အကျင့်မှာဆရာဘယ်လောက်အောင်မြင်ခဲ့လဲ။ ဆရာ့ရဲ့အောင်မြင်မှုနှုန်းက ဘယ်လောက်လဲ။ နောက်ဆုံးအနေနဲ့ ဆရာ့ရဲ့ ကိုယ်ပိုင်ဘဝက ဘယ်လိုလဲ။ ဆရာ့ကိုယ်ပိုင်ပြဿနာတွေကို လုပ်ဆောင်ခဲ့ဖူးပါသလား။ ဆရာလက်ထပ်ပြီးပြီဆိုရင် ဆရာ့အိမ်ထောင်ရေးမှာ ပျော်ရဲလား။

သင့်အတွက် ဒီမေးခွန်းဟာ အရေးကြီးမယ်ဆိုရင် "ဆရာ၊ ဘုရားသခင်ကို ယုံကြည်ပါသလား။ ဆရာ့ရဲ့ကုသရေးလုပ်ငန်းစဉ်မှာ ဝိညာဉ်ရေးနဲ့ပတ်သက်ပြီးတော့ ဘယ်လိုလဲဆိုတဲ့ဟာတွေ မေးလို့ရပါတယ်။

ကုထုံးဆရာက သင့်မေးခွန်းတွေကို မဖြေကြားဘဲ သူ့ကိုယ်သူကာကွယ်ပြောဆိုနေရင် ဒီလိုကုထုံးဆရာနဲ့ သင့်အချိန်ကို မဖြုန်းတီးပါနဲ့။ ပုဂ္ဂိုလ်ရေးအရရော ပရော်ဖက်ရှင်နယ်ရော အရည်အချင်းပြည့်မီမှုရှိမရှိ၊ ပွင့်လင်းမြင်သာမှုရှိမရှိသေချာပါစေ။

ခိုင်မာတဲ့ကွန်ရက် ပံ့ပိုးကူညီမှု ဖွံ့ဖြိုးလာလေလေ၊ ပိုမိုတည်ငြိမ်ပြီး အကြောင်းအရာတွေရှိလာလေလေဖြစ်တယ်။ ကွန်ရက်ပံ့ပိုးကူညီမှုဟာ သင့်မိသားစုရဲ့ရွေးချယ်မှုကို ကိုယ်စားပြုပြီး သင့်ရဲ့ကုစားခြင်း ခရီးအတွက် အခြေခံအုတ်မြစ်ဖြစ်လာတယ်။

အဆင့်နှစ် - အသိဉာဏ်ဆိုင်ရာပြောင်းလဲမှုတွေ

ကျွန်တော်တို့အများစုဟာ ကလေးဘဝတစ်လျှောက်လုံး မိသားစု၊ သူငယ်ချင်းတွေ၊ အသိုင်းအဝန်းနှင့်လူမှုရေးဆိုင်ရာ ဖိအားပေးမှုတွေကြောင့် မိမိတို့ကိုယ်တိုင်၊ အခြားသူတွေနဲ့ပတ်သက်၍ အဆိုးမြင် တွေးခေါ်မှုပုံစံတွေဖြစ်ဖြစ်ပေါ်လာပါတယ်။ ဒါဟာ ကျွန်တော်တို့ကို စိတ်မကောင်းဖြစ်စေတဲ့အပြင်ဖြစ်ရပ်တစ်ခုမဟုတ်ဘဲ မိမိတို့ရဲ့ယုံကြည်မှုစနစ် ဒါမှမဟုတ် အဆိုးမြင်တုံ့ပြန်မှုကို ဖန်တီးပေးတဲ့အဖြစ်အပျက်ကို အဓိပ္ပာယ်ဖွင့်ဆိုခြင်းကြောင့်ဖြစ်ပါတယ်။ ဂရိဒဿနပညာရှင် Epictetus က "လူတွေဟာ အရာဝတ္ထုတွေကြောင့် နှောင့်ယှက်ခြင်းခံရတာမဟုတ်ဘဲ သူတို့ခံယူထားတဲ့အမြင်ကြောင့်" လို့ဆိုပါတယ်။ သိရှိမှုဆိုင်ရာကုထုံးက ဒီအရာကို ABC မော်ဒယ်လို့ ခေါ်တယ်။

• အဖြစ်အပျက်ကို အသက်သွင်းခြင်း—ကျွန်တော်တို့ကို ဆိုးရွားစွာခံစားရစေတဲ့အရာတစ်ခုဖြစ်တယ်။

• ယုံကြည်မှုစနစ်—ဖြစ်ရပ်နဲ့ပတ်သက်၍ ကျွန်တော်တို့ရဲ့အရင်းခံ ဒါမှမဟုတ မသိစိတ်ရှိ ယုံကြည်ချက်တွေရှိနေတယ်။

• နောက်ဆက်တွဲခံစားချက်တွေ—ဖြစ်ပျက်ခဲ့မှုနဲ့ပတ်သက်တဲ့ ကျွန်တော်တို့ရဲ့ယုံကြည်ချက်တွေဟာ ကျွန်တော်တို့ကို စိတ်ထိခိုက်စေတယ်။

In David Burns excellent workbook Ten Days to Self-Esteem (Harper Collins, New York, 1993, 1999) တွင် ကျွန်တော်တို့ရဲ့သိမြင်မှု ပုံမမှန်မှုတွေကို အပြုသဘောဆောင်တဲ့ အတွေးအမြင်တွေနှင့်ခံစားချက်တွေအဖြစ်သို့ပြောင်းလဲဖို့ လက်တွေ့ကျတဲ့ကျွမ်းကျင်မှုတွေကို ပေးဆောင်ပါတယ်။ သင့်အတွေးနှင့်ခံစားချက်တွေပြောင်းလဲဖို့ အရေးကြီးတဲ့ဘဝကျွမ်း ကျင်မှုအားလုံးကို ထည့်သွင်းဖို့ နှစ်ပတ်တစ်ကြိမ် အခန်းတစ်ခန်းလုပ်ဖို့ အကြံပြုချင်ပါတယ်။ အရေးအကြီးဆုံးကတော့ စိတ်ခံစားမှတ်တမ်း၊ ရိုးရှင်းမှုနှင့်ထိရောက်တဲ့နည်းလမ်းဖြစ်တယ်၊ ၁) သင့်ကို စိတ်ထိခိုက်စေတဲ့အဖြစ်အပျက်ကို ဖော်ပြပါ၊ ၂) ထွက်ပေါ်လာတဲ့ခံစားချက်တွေ ၃) ဖြစ်ပျက်ခဲ့တဲ့အရာတွေနဲ့ပတ်သက်၍ သင်ဘယ်လိုထင်မြင်ကြောင်း စာရင်းပြုစုဖို့၊ အပျက်သဘောဆောင်တဲ့အတွေးတွေကို ဖော်ထုတ်ပြီး အပြုသဘောဆောင်တဲ့တုံ့ပြန်မှုတွေကို ဖော်ထုတ်ပါ။ နေ့စဉ်စိတ်ထားမှတ်တမ်းကို ပုံမှန်လေ့ကျင့်ခြင်းဖြင့် အန္တရာယ်ရှိတဲ့ခံစားချက်တွေကို မကြာမီအပြုသဘောဆောင်တဲ့အတွေးတွေနှင့် စိတ်ခံစားမှုတွေဖြင့် အစားထိုးသွားပါမယ်။ အဆိုးမြင်တွေးခေါ်မှုကို ဖြေရှင်းဖို့ နောက်ထပ်အံ့သြဖွယ်စာအုပ်မှာ Dennis Greenberger and Christine A ရေးသားတဲ့ ဒုတိယမြောက်ထုတ်ဝေတဲ့ *"Mind Over Mood"* (Guilford Press, New York, 2016) စာအုပ်ဖြစ်ပါတယ်။

ဘောလုံးပွဲသွားကြည့်တဲ့လူအကြောင်း ဟာသကြားဖူးပါသလား။ သူက သူ့သူငယ်ချင်းကို လှည့်ပြီး "ငါထွက်သွားရမယ်။" "ဘာလို့ ငါတို့ဒီကို ရောက်နေတာလဲလို့ပြောတဲ့အခါ သူ့သူငယ်ချင်းက ပြန်ဖြေတယ်။ "ဘာလို့လဲဆိုတော့ အသင်းက ရှုပ်ထွေးနေပြီး သူတို့က ကျွန်တော့်အကြောင်းပြောနေလို့လေတဲ့။" ရယ်စရာပဲမဟုတ်လား။ ဒါပေမယ့် ထင်မြင်ချက်က လက်တွေ့ဖြစ်လာတယ်။ အပျက်သဘောဆောင်တဲ့မိမိကိုယ်မိမိစကားပြောဆိုခြင်းကို ဖြေရှင်းခြင်းဟာ အတွင်းငြိမ်းချမ်းရေးကို ဖန်တီးရာမှာ အရေးကြီးတဲ့အစိတ်အပိုင်းတစ်ခုဖြစ်တယ်။

ကျွန်တော်တို့ရဲ့ဦးနှောက်ဟာ ထပ်ခါတလဲလဲတွေးခေါ်မှု ပုံစံတွေနှင့်အပြုအမူတွေကနေတစ်ဆင့် ပြောင်းလဲကြောင်း သိပ္ပံနည်းကျကျသက်သေပြခဲ့တယ်။ ဒီအံ့သြဖွယ်ရာသတင်းဟာ ကျွန်တော်တို့အသက်တာမှာ ဘယ်လိုအသက်အရွယ် ဒါမှမဟုတ် ဇာတ်ခုံတွင်မဆို ပြောင်းလဲနိုင်တယ်ဟုဆိုလိုတယ်။

တစ်ခါ Dr. Burns Ten Days Self-Esteem ၊ Dr. Greenberger နှင့် Pad- esky တို့ရဲ့ "Mind Over Mood" နဲ့ပတ်သက်တဲ့ရိုးရှင်းမှုနှင့်ထိရောက်မှု အားလုံးကို လက်တွေ့လုပ်ဆောင်ကြည့်လိုက်ပါ။

အတည်ပြုချက်တွေ

အတည်ပြုခြင်းတွေ ဒါမှမဟုတ် အပြုသဘောဆောင်တဲ့စကားတွေကို ပုံမှန်နားထောင်ခြင်းဟာ သင်ကိုယ်တိုင်နှင့်အခြားသူတွေအပေါ် တွေးခေါ်ပုံနှင့်ခံစားချက်ကို ပြောင်းလဲပေးလိမ့်မယ်။

"လူမှုရေးစိတ်ပညာရှင်တွေက ပျမ်းမျှလူတစ်ယောက်ဟာ တစ်နေ့ကို အတွေးပေါင်း ၂၅၀၀၀ ခန့်ရှိတယ်လို့ဆိုပါတယ်။ အတွေးတစ်ခုသတ်မှတ်ပုံပေါ်မူတည်၍ တစ်ရက်ကို ၇၂၀၀၀ အထိ မြင့်မားနိုင်ကြောင်း လေ့လာမှုအချို့က အကြံပြုထားတယ်။ အရေးအကြီးဆုံးကတော့ အဲဒီအတွေးတွေရဲ့ ၉၀-၉၅% လောက်ဟာ တူညီတဲ့အတွေးတွေပဲဖြစ်ပါတယ်။ ကြောက်ရွံ့ခြင်းလို အပျက်သဘောဆောင်တဲ့အတွေးတွေဟာ ကျွန်တော်တို့ကိုစိတ်တိုစေတယ် ဒါမှမဟုတ် ဒေါသဖြစ်စေပြီး ခန္ဓာကိုယ်အတွင်း အဒရီနလင်း (adrenaline) ကို မြင့်တက်စေပါတယ်။ စွမ်းအားမဲ့ပြီး အပြစ်မြင်တတ်တဲ့အတွေးတွေဟာလည်း ငါတို့ရဲ့ဦးနှောက်အတွင်းရှိ စေရိုတိုနီန် (serotonin) ကိုပြောင်းလဲခြင်းဖြင့် စိတ်ဓာတ်ကျခြင်းကိုဖြစ်စေတယ်။ ကျွန်တော်တို့ရဲ့ဦးနှောက်ဓာတုဗေဒ ကိုပင် အတွေးနှင့်ခံစားချက်တစ်ခုစီတိုင်းကို တုံ့ပြန်လိုက်ခြင်းဖြင့် ချက်ချင်းပြောင်းလဲသွားပါတယ်။ ကျွန်တော်တို့အမြဲတွေးဖူးတဲ့အတွေးတွေကိုပဲ အကြိမ်ကြိမ်တွေးနေရင် ကျွန်တောတို့ရဲ့အသက်တာနဲ့ဆက်ဆံရေးဟာ ဘယ်တော့မှ တိုးတက်မလာနိုင်ဘူး။ အတ္တစိတ်ရဲ့တွေးခေါ်မှုအောက် ရောက်သွားရလိမ့်မယ်။ ကျွန်တော်တို့တွေဟာ မိမိတို့စိတ်ရဲ့သခင်မဖြစ်လာမချင်း မိမိတို့ရဲ့ခံစားချက်တွေ ဒါမှမဟုတ် ဆက်ဆံရေးတွေကို အုပ်ထိန်းနိုင်မှာမဟုတ်တဲ့အပြင် အခြားသူတွေရဲ့အကျိုးသက်ရောက်မှုတွေကို ခံစားပေးနိုင်မယ်မဟုတ်ပါ။ အဓိကအားဖြင့် သားကောင်ဖြစ်ခြင်းရဲ့အတွေ့အကြုံတစ်ခုအဖြစ် ငါတို့ကိုယ်တိုင်ကြုံတွေ့ရလိမ့်မယ်" လို့ဆိုတယ် (Grayson, Henry, *Mindful Loving*, New York: Penguin Pub- lishing Group, 2003, pages 67-70)။

အံ့ဩစရာကောင်းတာက ကျွန်တော်တို့ရဲ့ နေ့စဉ်အထပ်ထပ်အခါခါ တွေးတဲ့အတွေရဲ့ ၇၀-၈၀% ဟာ အပျက်သဘောဆောင်ပါတယ်။

(Raghunathan, R.(2013, October 10), How Negative is Your "Mental Chatter"?, Psychology Today, https://www.psychology to-day.com/us/blog/ sapientnature/201310/how-negative-is-your-men-tal-chatter) and (Galloza, Stephen (2012, March 22) 80% of Thoughts are Negative... 95% are Repetitive, https://faithhopeand psycho-logy.wordpress.com/2012/03/02/80 -of-thoughts-are-nega-tive-95-are-repetitive/.)

သင့်ကိုယ်ပိုင် အတည်ပြုချက်တွေကို နားထောင်ခြင်းဖြင့် သင်ဟာ သင့်ဦးနှောက်အတွင်းရှိ အာရုံကြောလမ်းကြောင်းတွေကို စတင်ပြောင်းလဲပြီး သင့်ကိုယ်ကိုယ်တန်ဖိုးရှိမှုရဲ့ခံစားချက်အားလုံးကို မြှင့်တင်ပေးလိမ့်မယ်။ အတည်ပြုချက်တွေဟာ သင့်ရဲ့အတွင်းပိုင်း အပြစ်မြင်မှုကို တည်ငြိမ်စေပြီး သင့်ကျန်းမာရေးနှင့်ကောင်းကျိုးကို ပိုမိုကောင်းမွန်စေပါတယ်။

လေ့ကျင့်ခန်း

စာရင်းနှစ်ခုလုပ်ပါ။

၁။ သင့်အမေ ဒါမှမဟုတ် သင့်အဖေ သင့်ကို ပြောဖူးတဲ့လိုအင်ဆန္ဒတွေနှင့် သင်ကြီးပြင်းလာစဉ်မှာ သင်နှင့်အတူ သူတို့လုပ်ခဲ့တဲ့အရာတွေ။

၂။ သင့်မောင်နှမတွေ ဒါမှမဟုတ် ရွယ်တူချင်းတွေက သင့်အား ပြောကြားလိုတဲ့အရာတွေနှင့် သင်ကြီးပြင်းလာစဉ်တွင် သင်ပြုလုပ်လိုတဲ့အရာတွေ။

ဝါကျတစ်ခုစီဟာ လက်ရှိကာလတွင် ရှိနေပြီး အပြုသဘောဆောင်တဲ့ စကားလုံးတွေနှင့်စကားစုတွေသာဖြစ်ကြောင်း သေချာပါစေ။ အတည်ပြုချက်တွေမှာ "မဟုတ်၊ မဖြစ်၊ မဖြစ်နိုင်၊ မဖြစ်သင့်" ဆိုတဲ့စကားလုံးတွေ မရှိသင့်ပါ။ ဥပမာအနေနဲ့ "မင်းက အရူးပဲ" လို့မပြောဘဲ နှလုံးသားအဖို့ အပြုသဘောဆောင်တဲ့စကားလုံးတွေဖြစ်သင့်တယ်။ အရူးလို့မပြောဘဲ ထက်မြက်တယ်၊ စမတ်ကျတဲ့သူလို့ပြောသင့်တယ်။ အပျက်သဘောဆောင်တဲ့စကားလုံးတွေကို

ချန်လှပ်ထားရတဲ့အကြောင်းရင်းမှာ ကျွန်တော်တို့ရဲ့မသိစိတ် ဒါမှမဟုတ် အတွင်းစိတ်ကလေးဟာ ပြုပြင်မွမ်းမံသူကို ချန်လှပ်ထားပြီး "မင်းက အရှုံးပဲ" ဆိုတဲ့စကားလုံးကိုပဲ ကြားနေရတာကြောင့်ဖြစ်တယ်။

သင့်စာရင်းတွေကို ပြုစုပြီးတဲ့အခါ သင့်မိဘတွေ၊ မောင်နှမတွေ ဒါမှ မဟုတ် သက်တူရွယ်တူတွေကို ကိုယ်စားပြုဖို့ သင်ယုံကြည်ရတဲ့လူတွေကို ရွေးချယ်ပါ။ သင်ရွေးချယ်ထားတဲ့လူတွေဟာ အတည်ပြုချက်တွေကို မှတ်တမ်းတင်ပါမယ်။ MP3 ကို မှတ်တမ်းတင်သူတွေက (ဒါမှမဟုတ် သင်ရွေးချယ်တဲ့ပုံစံအတိုင်း) သူတို့ခေါင်းထဲကနေမဟုတ်ဘဲ သူတို့နှလုံးသားကနေ မျှဝေဖို့ အရေးကြီးဆုံးဖြစ်တယ်။ ၎င်းက သင့်စိတ်ဝိညာဉ်၊ သင့်အတွင်းစိတ်ကလေးကို သက်ရောက်မှုရှိစေမယ်။ ဒါ့အပြင် စာကြောင်းတစ်ခုစီပြီးတဲ့အခါမှာ ၎င်းကို သင့်စိတ်ထဲတွင် ထပ်ခါထပ်ခါပြုလုပ်နိုင်စေဖို့အတွက် တူညီတဲ့အချိန်တစ်ခု ချန်ထားပေးပါ။ ဥပမာအားဖြင့် သူတို့က "သင့်ကို အရှိတိုင်း ငါချစ်တယ်"လို့ ပြောလိမ့်မယ်။ အဲဒီနောက် သူတို့စကားပြောပြီးတဲ့အခါ တိတ်ဆိတ်နေတဲ့ အချိန်၌ သင်က "ငါ့ကို အရှိကိုအရှိတိုင်း ချစ်တယ်" ဒါမှမဟုတ် "ငါ့ပုံစံအတိုင်း ငါက အချစ်ခံရတယ်" လို့သင့်ကိုယ်သင်ကို ပြောပါ။ ၎င်းကို သင့်နှလုံးသားထဲမှာ တိတ်တိတ်လေးပြောပါ။

အသံသွင်းပြီးနောက် လှပတဲ့တေးဂီတကို နောက်ခံတွင် ထည့်ပါ၊ ဒီအံ့ဩဖွယ်ကောင်းတဲ့အတည်ပြုစကားတွေကို နားထောင်နေစဉ် သင့်နှလုံးသားကို ကျန်းမာစေပါတယ်။ မှတ်တမ်းတင်ခြင်းက ယေဘုယျအားဖြင့် ၅-၁၀ မိနစ်ခန့်ကြာသင့်တယ်။ အကောင်းဆုံးက မနက်အိပ်ရာနိုးချိန်နှင့်ညအိပ်ရာမဝင်ခင် နားထောင်ပါ။ ပထမတွင် အကြိမ်ရေအလွန်များပါက နည်းနည်းလျှော့လိုက်ပါ။ ဒီအတည်ပြုချက်တွေကို တစ်ပတ်ရင် အကြိမ်များစွာနားထောင်ပြီး တစ်ရက်ကို နှစ်ကြိမ်အထိ အကြိမ်ရေကို စနစ်တကျတိုးမြှင့်ပါ။ အနည်းဆုံးသုံးလကနေလေးလလောက်နားထောင်မယ်ဆိုရင် သင့်ကိုယ်သင်တန်ဖိုးထားခြင်း ပြောင်းလဲလာမှာဖြစ်ကြောင်း ကျွန်တော်ကတိပေးပါတယ်။ သင့်ရဲ့အတည်ပြုချက်တွေကို တစ်နှစ်လောက်နားထောင်ဖို့ အကြံပြုလိုပါတယ်။

အခု သင့်ရဲ့အတည်ပြုချက်တွေကို သင်စနားထောင်တဲ့အခါ စိတ်ဝင်စားစရာကောင်းတဲ့ဖြစ်စဉ်တစ်ခုပေါ်ပေါက်လာမယ်။ သင့်ချစ်ရသူနှင့်မိတ်ဆွေတွေဆီကအမြဲတမ်းကြားချင်တဲ့စကားတွေကို အစပိုင်းမှာ သင်ကြားရတာဟာ

အံ့သြဖွယ်ကောင်းပေလိမ့်မယ်။ ဒါပေမယ့် သင်ဟာ အလွန်ဒေါသထွက်တယ် ဒါမှမဟုတ် အပျက်သဘောကို စတင်နိုင်တယ်။ "ဘာလို့ အခုကျမှ ဒီလိုပြော တာလဲ။ ဘာ့ကြောင့်လဲ။ အခုမှ မင်းငါ့ကို ချစ်တယ်လို့ ဘာလို့ပြောတာလဲ။ ငါ မင်းကိုမယုံဘူး။" ဒါတွေဟာ ပုံမှန်နှင့်ကောင်းမွန်တဲ့တုံ့ပြန်မှုတွေဖြစ်ကြောင်း စိတ်ချပါ။ အဲဒီလိုဖြစ်လာရင် ခေတ္တရပ်ပြီး သင်ရဲ့ မကောင်းတဲ့အတွေးတွေနှင့် ခံစားချက်အားလုံးကို ဖော်ပြပါ။ အော်ဟစ်ပါ၊ စိတ်ဆိုးလိုက်ပါ၊ အပြီးပိုင်လွှတ် လိုက်ပါ။ မြန်မြန်လွှတ်ထားလေလေ မြန်မြန်သက်သာလေပါပဲ။ နာကျင်ဖွယ် အတွေးနှင့်ခံစားချက်တွေကို ထုတ်ပြီးတာနဲ့ နောက်ထပ်ခန္ဓာကိုယ်ကို အစိပ် အတောက်ဖြစ်စေတဲ့ရာတွေကို ရှင်းထုတ်ဖို့ လိုအပ်လာတဲ့အထိ နောက်တစ် ကြိမ် play ကိုနှိပ်ပြီး နားထောင်လိုက်ပါ။ သင့်စိတ်ခံစားချက်ပုံးကို မလွှတ်မ ချင်း ဒီလုပ်ငန်းစဉ်ကို ထပ်လုပ်ပါ။ အချိန်ယူရမည်။ ဒီဒဏ်ရာတွေဖြစ်လာရ တာဟာ နှစ်ပေါင်းများစွာအချိန်ယူခဲ့ရတာမို့ နေ့ချင်းညချင်းပျောက်ကွယ်သွား မှာမဟုတ်ပါ။ သင့်ကိုယ်သင် ကျေးဇူးတော်နဲ့ကုစားဖို့ အချိန်ပေးပါ၊ ချစ်ခြင်း မေတ္တာဟာ သင့်စိတ်ဝိညာဉ်ထဲသို့ နက်ရှိုင်းစွာထိုးဖောက်ဝင်ရောက်ပါစေ။

အောက်တွင် ယခင်အမှုသည်တစ်ဦးထံကအတည်ပြုချက်ရဲ့ဥပမာ တစ် ခုဖြစ်တယ်။

ဖခင်ထံကနေသားသို့ အပြုသဘောဆောင်တဲ့သတင်းစကားတွေ

- သားကို ချစ်တယ်။
- သားနဲ့ အချိန်ယူချင်တယ်။
- သားရဲ့အဖေဖြစ်ရတာ ဂုဏ်ယူတယ်။
- သားကို အထူးကျေးဇူးတင်ပါတယ်။
- သားက ရုပ်ချောတယ်။
- သားက ငါ့အတွက် အရမ်းအရေးကြီးတယ်။
- သားကိုချစ်တယ်၊ ငါ့ကောင်းချီးကို မျှဝေပေးတယ်။
- သားက ထက်မြက်ပြီး စမတ်ကျတယ်။
- သားက သန်မာတယ်၊ ရဲရင့်တယ်၊ ရဲရင့်တယ်။
- သားကို သားပုံစံအတိုင်းပဲ ချစ်တယ်။

• သားတစ်ယောက်အနေနဲ့ သားက အဖေမျှော်လင့်ထားတာတောင် ပိုလုပ်နိုင်ပါတယ်။

ရှုယ်တူတွေထံကအပြုသဘောဆောင်တဲ့သတင်းစကားတွေ

• ငါတို့က မင်းသူငယ်ချင်းတွေပါ။ မင်းကို ငါတို့လေးစားတယ်။
• မင်းဥစ္စာပါ။
• မင်းကို ငါတို့လက်ခံတယ်။
• မင်းက သန်မာပြီး အစွမ်းထက်တယ်။
• ငါတို့က မင်းနဲ့ လက်တွဲချင်တယ်။
• ငါတို့က မင်းကိုမျှော်နေတာ။
• မင်းအနားမှာ နေရတာကိုက ငါတို့နှစ်သက်တယ်။
• မင်းက အကောင်းဆုံးနဲ့ ထိုက်တန်တဲ့သူပဲ။
• မင်းကို ငါ့အဖွဲ့မှာ ပထမဆုံးရွေးချယ်မယ်။
• ငါတို့က မင်းကို အသိအမှတ်ပြုတယ်။
• ငါ မင်းနဲ့ အဖော်လုပ်ရတာ ကြိုက်တယ်။
• ငါတို့မင်းကို ချစ်ပါတယ်။

အဆင့်သုံး - သင့်အတွင်းစိတ်ကလေးကို ကုသပေးခြင်း

ကျွန်တေ တို့ဟာ နို့စို့အရွယ်မှအသက်ကြီးလာသောအခါတွင် ကျွန်တော်တို့ရဲ့အတွင်းစိတ်ကလေးတွေဟာ မိမိတို့ရဲ့အသက်တာနှင့် နှလုံးသားထဲတွင် အမြဲရှိနေပါတယ်။ အသက်ကြီးလာတဲ့အခါ ကလေးလိုပြန်ဖြစ်လာတယ်။
© Richard Cohen, M.A., 2019

အတွင်းပိုင်းကလေးရဲ့သဘောတရားကို Carl Jung, Emmet Fox, Charles Whitefield, Alice Miller နှင့်အခြားပရော်ဖက်ရှင်နယ်ကုထုံးပညာရှင်တွေက တီထွင်ခဲ့ပါတယ်။ သင့်စိတ်နှလုံးအတွင်းရှိ အဖိုးတန်တဲ့ယောကျ်ားလေး ဒါမှမဟုတ် မိန်းကလေးကို သင့်ရဲ့မသိစိတ်ထဲကနေ ထိတွေ့မိခြင်းဟာ အံ့ဩစရာပါ။ ဒါကြောင့် အထဲမှာရှိတဲ့အသံကို နားထောင်ဖို့သင်ယူပါ။ သူ/သူမဟာ နှလုံးသားရေးရာတွေမှာ သင့်ရဲ့အကောင်းဆုံးဆရာဖြစ်ပြီး သင့်ဘ၀တွင်

အရေးကြီးဆုံးဖြစ်တယ်။ မှန်ပါတယ်၊ သင်အရွယ်ရောက်လာတဲ့အထိ သင့်ရဲ့ အတွင်းပိုင်းမိသားစုအတွက် CEO ရာထူးမှာ ရှိနေပါသေးတယ်။

ဒီခရီးစဉ်မှာ သင့်ကို ကူညီပေးဖို့ အကောင်းဆုံးစာအုပ်မှာ Dr. Lucia Capacchione မှသင့်အတွင်းစိတ်ကလေးကို ပြန်လည်ရရှိခြင်းဆိုတဲ့စာအုပ် ဖြစ်တယ်။ လေ့ကျင့်ခန်းတွေဟာ ကမ္ဘာသစ်တစ်ခုလုံးကို ရှာဖွေတွေ့ရှိဖို့ ကူညီပေးပါလိမ့်မယ်။ တစ်ခါတစ်လေရယ်စရာကောင်းတယ်လို့ ထင်ရပေမယ့် ဆက်လက်လုပ်ဆောင်ပါ။ ဒီစာအုပ်ဟာ သင့်နှလုံးသားရဲ့ရတနာတွေကို ဖွင့်ပေးဖို့ ဉာဏ်ပညာနှင့်ပြည့်စုံတယ်။ အခန်းဆယ့်တစ်ခန်းဟာ သင့်အတွင်းစိတ်ကလေးကို ရှာဖွေခြင်း၊ သင့်အတွင်းစိတ်မိဘတွေကို ရှာဖွေခြင်းနှင့်သင့်ရဲ့အံ့ဖွယ်ဖြစ်သော၊ မြူးစေသော၊ ဝိညာဉ်ရေးရာအတွင်းစိတ်ကလေးနဲ့ထိတွေ့ဆက်ဆံခြင်းတွေနဲ့ သက်ဆိုင်ပါတယ်။

ဖွံ့ဖြိုးတိုးတက်မှု အဆင့်ခုနှစ်ဆင့်

ဇာတ်ခုံ	အချိန်	လုပ်ဆောင်မှု	လိုအပ်ချက်တွေ	သင်ယူတယ်
နှောင်ကြိုး	၀-၆/၉ လများ	ငိုသည်	ကြေးမုံ	ယုံကြည် မျှော်လင့်ချက်
စူးစမ်းခြင်း	၀-၆/၉ လများ ၁၈/၂၄ လများ	စူးစမ်းသည်	အကာအကွယ်	ကိုယ့်ကိုယ်ကိုယ် လှုံ့ဆော်မှု လိုအင်ဆန္ဒ
ခွဲခွာခြင်း	၁၈/၂၄ လများ -၃ နှစ်များ	ပုန်ကန်သူများ	လက်ခံခြင်း/ ကန့်သတ်ချက်များ	တွေးတောခြင်း လွတ်လပ်မှု လိုအင်ဆန္ဒ
လူမှုဆက်ဆံရေး	၃-၅/၆ နှစ်များ	မေးခွန်းများ	အဖြေများ	အထောက်အထား ပါဝါ ရည်ရွယ်ချက် သက်ရောက်မှု

စောင့်နေချိန်	၅/၆- ၁၂/၁၃ နှစ်များ	ငြင်းခုံခြင်း လုပ်နေသည်	စည်းကမ်းများ အကြောင်း ပြချက်များ	ကျွမ်းကျင်မှုများ ဖွံ့စည်းပုံ ညှိနှိုင်းခြင်း လုပ်ရည်ကိုင်ရည်
ဆယ်ကျော်သက်	၁၂/၁၃- ၁၈/၂၁ နှစ်များ	အထက်ဖော်ပြပါ အားလုံးသည် ပိုမိုရင့်ကျက်သောပုံစံတစ်ခုဖြစ်သည်။		အထောက်အထား လိင်စိတ် ခွဲခွာခြင်း ကိုယ်ပိုင်အုပ်ချုပ်ခွင့်
လူကြီးဘဝ	၁၈/၂၁ အရွယ်နှစ်များ	သတ်မှတ်ထားသောအရွယ်ရောက်ပြီးသူ လုပ်ငန်းဆောင်တာများကို ပံ့ပိုးပေး သည့် နည်းလမ်းများဖြင့် အဆင့် အားလုံးကို ပြန်လည်အသုံးပြုပါ။		လွတ်လပ်မှု အပြန်အလှန်မှီခိုမှု သစ္စာရှိမှု

Source: Jon and Laurie Weiss, *Recovery from Codependency,* used by permission from the authors.

ဒီဇယားဟာ သင်ကလေးဘဝကနေ လူကြီးဘဝအထိ ဖြတ်သန်းခဲ့တဲ့ အသက်အရွယ်နှင့်ဖွံ့ဖြိုးမှုအဆင့်တွေကိုဖော်ပြတယ်။ အနာမကျက်တဲ့ဒဏ်ရာတွေ ဒါမှမဟုတ် ချစ်ခြင်းမေတ္တာလိုအပ်ချက်တွေကြောင့် ကြီးထွားမှုအဆင့်တွင် နစ်မြုပ်နေရင် သင့်စိတ်နှလုံးဟာ ရပ်တန့်နေဆဲဖြစ်တယ်။ အတွင်းထဲက သင့်ကလေးကို ပြန်နိုးထစေရမယ်။

ကျွန်တော်တို့တစ်ဦးချင်းစီမှာ ဒဏ်ရာနှင့်အားနွဲ့တဲ့အတွင်းစိတ်ကလေး ရှိတယ်။ အတွင်းစိတ်ကလေးရဲ့အခြားနာမည်တစ်ခုမှာ သင့်ရဲ့ဖြစ်တည်မှုအစစ်အမှန်ပါပဲ။ ပြင်းထန်တဲ့ကံကြမ္မာရဲ့လောက်လွှဲနှင့်မြှားတွေကြောင့် ကြီးပြင်းလာစဉ်တွင် နာကျင်မှုတွေကြုံတွေ့ခဲ့ရပြီး ရှင်သန်နိုင်ဖို့အတွက် သင့်နှလုံးသားတစ်ဝိုက်တွင် တံတိုင်းတွေတည်ဆောက်ခဲ့တယ်။ သင့်ရဲ့ ရွှေရောင်ကလေးဟာ ဘယ်သူကိုမှအဝင်မခံ/အသိမခံတဲ့အတွက် တံတိုင်းနောက်ကွယ်နှင့်လျှို့ဝှက်ထားတဲ့သင့်နှလုံးသားတဝိုက် ထူထပ်လှတဲ့နံရံမှာ ပုန်းအောင်းလေ့နေတယ်။

အခြားသူတွေက ကျွန်တော်တို့ကို အစိတ်အပိုင်းလောက်ပဲ မြင်နိုင်ဖို့ အမျိုးမျိုးသောပုံသဏ္ဍာန်ဖြင့် ကျွန်တော်တို့ရဲ့ဖြစ်ခြင်း အမှန်တရားကို အကာအကွယ်လုပ်တတ်ကြတယ်။ အခြားသူတွေရဲ့ဖြစ်ခြင်းကို မိမိတို့မြင်နေရတယ်လို့

လူတိုင်းဟာ သူတို့ရဲ့နှလုံးသားကို ကာကွယ်ရင်း ၎င်းတို့ရဲ့ပြတင်းပေါက်မှ ကြည့်နေကြတယ်။

ထင်ကောင်းထင်နိုင်ပေမယ့် သူတို့ပြသထားတဲ့သေးငယ်တဲ့ အစိတ်အပိုင်းတွေကိုပဲ မြင်တွေ့ကြတယ်။ သူတို့တွေလည်း နံရံတွေနှင့်သူတို့ရဲ့ဖြစ်ခြင်း အမှန်ကို ကာရံထားကြတယ်။ ကျွန်တော်တို့အများစုဟာ အခြားသူတွေကို မိမိတို့အထဲသို့ဝင်ခွင့်မပြုနိုင်တဲ့အပြင် မိမိတို့ရဲ့ဖြစ်ခြင်းအမှန်တရားမြင်မိမှာကို အင်မတန်ကြောက်တတ်ကြတယ်။

တစ်ခါ သင်ဟာ သက်သာပျောက်ကင်းစေဖို့အတွက် ခံစားရပြီး အမှန်တကယ်ဖြစ်နေရမယ်။ သင့်အတွင်းမှ သင့်ရဲ့လှပတဲ့ကလေးကို ပြန်လည်ရှာဖွေတွေ့ရှိဖို့ အစီအစဉ်တစ်ခုကို အကောင်အထည်ဖော်ဖို့ လိုအပ်ပါတယ်။ ပြီးမှ သင်ဟာ သားကောင်ဘဝကနေအောင်နိုင်သူသို့ ရွေ့သွားမှာဖြစ်တယ်။

ကျွန်တော်တို့အများစုဟာ သားကောင်ဘဝမှာနေထိုင်ပြီး သားကောင်နဲ့ဆိုင်တဲ့စကားကို ပြောဆိုကြတယ်။ အတွင်းပိုင်းမှာရှိတဲ့သင့်ကလေးကို ရှာ

ဖွေတွေ့ရှိပြီး ပြန်လည်ရယူခြင်းဖြင့် ကလေးဘဝ/ဆယ်ကျော်သက်အရွယ်မှာ ဆုံးရှုံးခဲ့တဲ့သင့်ရဲ့စွမ်းအားကို ပြန်လည်ရယူကာ အချစ်ကို အောင်နိုင်သူဖြစ်လာပါလိမ့်မယ်။ အခြားသူတွေ၅ သင်လက်မခံနိုင်တဲ့အရာဟာ သင့်ကိုယ်ပိုင်အရိပ်၊ ပျောက်ဆုံးသွားတဲ့အပိုင်း၊ အေးခဲနေတဲ့ကလေး/မြုံနေတဲ့အပိုင်းကို ရောင်ပြန်ဟပ်ခြင်းပင်ဖြစ်တယ်။ နာမည်ကြီးရက်ပ်ပါ Eminem ရဲ့ဖီဆန်ပြီး ဒေါသထွက်နေတဲ့ဂီတနှင့်စာသားတွေဟာ ငါတိုရဲ့ဖိနှိပ်ထားတဲ့ဒေါသကို ဖော်ပြလေ့ရှိတယ်။ကျွန်တော်တို့ရဲ့ဒေါသနှင့်နာကျင်မှုတွေကို ကောင်းမွန်တဲ့နည်းလမ်းတွေနဲ့ ဖော်ပြတဲ့အခါ၊ မိမိတို့ရဲ့အတွင်းစိတ်ကလေးနဲ့ ထိတွေ့မိတဲ့အခါ ကမ္ဘာကြီးကို ကုသပေးမှာဖြစ်တယ်။

ကျွန်တော်တို့ရဲ့အတွင်းစိတ်ကလေးကို ရှာဖွေတွေ့ရှိခြင်း

ကျွန်တော့်ရဲ့အတွင်းစိတ်ကလေးကို ပထမဆုံးရှာတွေ့တဲ့အခါ မွေးလာကတည်းက မျက်စိကန်းပြီး အမြင်ပြန်ကောင်းလာတာနဲ့ တူတယ်။ ရုတ်တရက်ထိတွေ့မှု၊ အနံ့၊ အမြင်၊ အသံ၊ အရသာ အားလုံးကို ခံစားနိုင်ခဲ့တယ်။ အရောင်တွေ၊ အတိုင်းအတာတွေ၊ ကွဲလွဲမှုတွေကြောင့် ကျွန်တော်ဟာ အစစ်မဟုတ်ဘူးလို့ ထင်ရလောက်အောင် နစ်မွန်းသွားခဲ့တယ်။ ကျွန်တော်ရဲ့အတွင်းစိတ်ကလေးနှင့် ပြန်လည်ထိတွေ့ခွင့်ရတာဟာ အံ့သြဖွယ်အတွေ့အကြုံတစ်ခုဖြစ်ပါတယ်။ တစ်ခါတစ်ရံ ဘဝခရီးက ရှုပ်ထွေးပြီး တခြားအချိန်တွေမှာလည်း အပြိုင်စကြာဝဠာထဲကို ဝင်သွားသလိုပဲ။

ငယ်စဉ်ကလေးဘဝရဲ့ဓာတ်ပုံတွေကို ကြည့်နေရင်းနဲ့ ကျွန်မရဲ့အတွင်းစိတ်ကလေးကို ပြန်ဆက်သွယ်လာခဲ့တယ်။ လှပပျော်ရွှင်သော၊ အသွင်အပြင်၊ ယုံကြည်မှုအပြည့်နဲ့ ပွက်ပွက်ဆူနေတဲ့နှစ်နှစ်သားအရွယ်ကို မြင်ပြီး “ဒါက ဘယ်သူလဲ။ သူမ ဘာဖြစ်သွားတာလဲ။ သူမဘယ်ကိုသွားတာလဲ” လို့တွေးမိတယ်။ ဓာတ်ပုံအယ်လ်ဘမ်ဟောင်းတွေကို စုံစမ်းကြည့်တော့ အဲဒီဓာတ်ပုံတွေရိုက်ပြီး သိပ်မကြာခင်မှာပဲ အဲဒီရွှင်ပျက်တက်ကြွတဲ့ကလေး ပျောက်ကွယ်သွားတယ်ဆိုတာ ထင်ရှားလာတယ်။ သူမဘယ်ရောက်သွားတာလဲ။ စားသောက်ဆိုင်သို့ချီတက်လာတဲ့ နှစ်နှစ်အရွယ်လေးက ဘယ်မှာလဲ၊ နှုတ်ဆက်ဖို့ လူစားပွဲတွေဆီကို လျှောက်သွားကာ အိမ်ထဲကနေ ခိုးထွက်ပြီး မြို့လယ်ရှိ သူ့အဖေရဲ့ရုံးခန်းကို သွားချင်တယ်လို့ပြောပြီး ကားမှတ်တိုင်ဆီကို ပြေးသွားခဲ့တယ်။ တောက်ပနေတဲ့မျက်လုံးတွေဟာ မျက်ရည်တွေနဲ့ပြည့်လာပြီး စူးစမ်းချင်တဲ့မျက်လုံးတွေဟာ ဘာမှမမြင်နိုင်တော့တဲ့အဖြစ်သို့ ပြောင်းလဲသွားပြီ။

ကျွန်မက အနုပညာရှင်တစ်ဦးဖြစ်ပြီး အမြင်အာရုံရှိတဲ့အမျိုးသမီးတစ်ဦးဖြစ်တဲ့

အတွက် ကျွန်မရဲ့ "ဖြစ်ပျက်ပုံ" မှာ အောက်ပါအတိုင်းဖြစ်ပါတယ်။ ကျွန်မရဲ့ငယ်ဘဝ အိမ်မှာ အားနွဲ့မှု၊ တီထွင်ဖန်တီးနိုင်မှု၊ ရွှင်လန်းမှုနှင့်ဉာဏ်ပညာရှိတဲ့ အတွင်းစိတ်က လေးငယ်ဟာ အမှောင်ခန်းထဲမှာ ညစာမစားဘဲ အိပ်ရာထဲကို ထည့်လိုက်ကြတယ်။ နောက်ထပ်ကျွန်မရဲ့အတွင်းမိသားစုဟာ လှပတဲ့အခန်းတစ်ခုထဲကို အပို့ခံရတယ်။ ဘာလို့လဲဆိုတော့ မိဘတွေက ကြမ်းတမ်းစွာငြင်းခုံနေချိန်မှာ သူ့ကိုယ်သူ ဖုံးကွယ်ပြီး ကာကွယ်ဖို့ပါပဲ။ ကျွန်မရဲ့အကျင့်စာရိတ္တပိုင်းကို အလွဲသုံးစားလုပ်ခံရအချိန်မှာ အရှက်ကို အေးခဲသွားစေဖို့အတွက် ကြီးမားတဲ့အအေးခန်းကို ပြောင်းရွှေ့ခံရပါတယ်။ နောက်ဆုံးတော့ ကျွန်မရဲ့တဲ့စိတ်ဝိညာဉ်ကို ဘုရားသခင်ရဲ့လှပတဲ့မြေဆီ ခေါ်ဆောင်သွားခဲ့ပြီး အဲဒီမှာ စိတ်ပိုင်းဆိုင်ရာနဲ့ရုပ်ပိုင်းဆိုင်ရာ ပျက်စီးမှုတွေ၊ အလွဲသုံးစားခံရမှုတွေကနေ ပြန်လည်ရှင်သန်လာဖို့ ဖြစ်ပါတယ်။ ဒါက ငယ်ငယ်က ရှုပ်ထွေးမှုတွေကို ကျွန်မ ဘယ်လို ကိုင်တွယ်ဖြေရှင်းခဲ့သလဲဆိုတာပါပဲ။

ကျွန်မရဲ့အတွင်းစိတ်မိသားစုကိုရှာဖွေတွေ့ရှိခြင်းဆိုတာဟာ ကျွန်မရဲ့ငယ်ဘဝ အိမ်မှာ လမ်းလျှောက်ပြီး ကျွန်မနှလုံးသာရဲ့မတူညီတဲ့အစိတ်အပိုင်းတွေနဲ့ ပြန်လည်အကျွမ်းဝင်ဖို့ တံခါးတိုင်းကို ခေါက်နေခြင်းပဲဖြစ်ပါတယ်။ ကျွန်မရဲ့အတွင်းစိတ်ကလေးတွေကို ယုံကြည်မှုရအောင်ယူရမယ်။ "ပြစ်ဒဏ်" ခံရတဲ့သူတွေဟာ မြင်ခြင်း/ ရှိနေခြင်းကိုပင် ကြောက်နေကြတယ်။ ပျော်ရွှင်နေသူတွေဟာ ၎င်းတို့ရဲ့ငြိမ်းချမ်းပြီး ပြီးပြည့်စုံတဲ့အပြိုင်စကြာဝဠာကြီးကို စွန့်ခွာဖို့ ရည်ရွယ်ချက်မရှိပါဘူး။ ကျွန်မရဲ့အတွင်းစိတ်ကလေးတွေကို လုံခြုံအောင် ထိန်းကျောင်းပေးမယ့် အကာအကွယ်ပေးသူတွေနဲ့ ပြေလည်အောင် ညှိနှိုင်းခဲ့ရပါတယ်။ အရွယ်ရောက်လာတာနဲ့ ကျွန်မရဲ့တွင်းမိသားစုကို ကြိုဆိုဖို့ စိတ်ခံစားချက်ပိုင်းဆိုင်ရာ ရင့်ကျက်တဲ့ပုံစံကို ဖန်တီးခဲ့တယ်။ အရေးကြီးဆုံးကတော့ ငါဟာ အလေးအနက်ဝေဖန်ခံရတဲ့ အတွင်းစိတ်မိဘတစ်ဦးနဲ့ ဆက်ဆံခဲ့ရတယ်။ ဝေဖန်မှုကို ဆန့်ကျင်ဖို့အတွက် ကျွန်မရဲ့အတွင်းစိတ်ကလေးတွေ ပုန်ကန်တတ်တဲ့ကလေး၊ စိတ်ဆိုးတဲ့ကလေး၊ အပျော်တမ်းတဲ့ကလေးနှင့်တီထွင်ဖန်တီးနိုင်စွမ်းရှိတဲ့ကလေးတွေကို လက်ခံပြုစုပျိုးထောင်ပေးတဲ့အတွင်းစိတ်မိဘကို ပြုစုပျိုးထောင်ပေးပါတယ်။

အဲဒါက ရှုပ်ထွေးသလိုလိုဖြစ်တယ်ဆိုတာ ကျွန်မသိတယ်။ ဒါပေမယ့် တစ်ခါတစ်လေ အဲဒီလိုခံစားရတယ်။ တကယ့်အမှန်တရားက စိတ်ကူးတွေ တွေးဝံ့တာထက် ပိုလှတယ်ဆိုတာကို ကျွန်မသိလာရတယ်။ ဖရိန်ပိတ်ပြီး အေးခဲနေတဲ့အချိန်တွေမှာ ကျွန်မဘဝရဲ့ဗီဒီယိုကို ကြည့်ရတာနဲ့တူတယ်။ အခုချိန်မှာ ပြန်လည်ပြုပြင်ပြီး ရှာဖွေတွေ့ရှိတဲ့ကျွန်မရဲ့အဖိုးတန်တဲ့အတွင်းစိတ်မိသားစုကို ပြန်လည်ပြသဖို့အတွက် အခွင့်အရေးရလာပါပြီ။ အေးခဲမနေတော့ဘဲ လွတ်မြောက်လာပါပြီ။

— Chanta

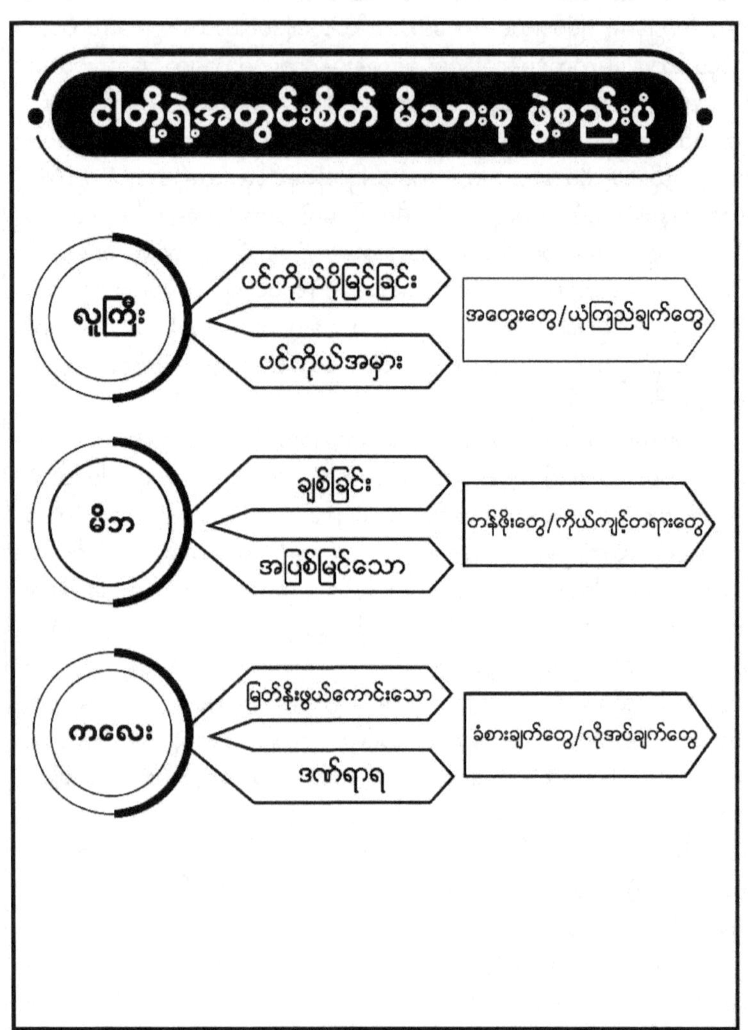

လူကြီး

ဒါဟာ မြင့်မြတ်တဲ့သင့်ရဲ့ဖြစ်ခြင်း ဒါမှမဟုတ် သင့်ရဲ့ဖြစ်တည်မှုအစစ်အမှန်ဖြစ်ခြင်း၊ နားလည်မှု၊ ပြဿနာဖြေရှင်းနိုင်စွမ်း၊ အကြွင်းမဲ့မေတ္တာ၊ ခွင့်လွှတ်မှု၊ ချိတ်ဆက်မှုနှင့်မိမိကိုယ်ကိုတန်ဖိုးရှိခြင်းကို သိရှိခြင်းတွေဖြစ်တယ်။

အရိပ်ဘက်ခြမ်း ဒါမှမဟုတ် အမှောင်ဘက်ခြမ်းဟာ မှားယွင်းတဲ့ပင်ကို၊ အကာအကွယ်ချပ်ဝတ်တန်ဆာ၊ ကာကွယ်တဲ့စရိုက်၊ ဒဏ်ရာရတဲ့သင့်အတွင်းစိတ်ကလေးကို ကာကွယ်ဖို့ ဖြစ်ပါတယ်။ ဒီအရာတွေဟာ သင်ဝတ်ဆင်ထားတဲ့ မျက်နှာဖုံးတွေနှင့်နောက်ထပ်နာကျင်မှုတွေကနေ သင့်ကိုယ်သင်ကာကွယ်ဖို့ သင်ကစားတဲ့ဂိမ်းတွေဖြစ်တယ်။ အရွယ်ရောက်ပြီးသူဟာ အတွေးအခေါ်နှင့် ယုံကြည်ချက်တွေကို အာရုံစိုက်တယ်။

မိဘ

သင့်ရဲ့အတွင်းစိတ်ကလေးကို အတည်ပြုပြီး လေးမြတ်ကာ လက်ခံပေးဖို့အတွက် ကောင်းမွန်တဲ့၊ မေတ္တာပြတဲ့၊ ပြုစုပျိုးထောင်တဲ့၊ အကာအကွယ်ပေးတဲ့အတွင်းပိုင်းမိဘဆိုတာရှိတယ်။ ကောင်းမွန်တဲ့မိဘဟာ သင့်အတွင်းစိတ်ကလေးကို မြှင့်တင်ပြီး အားပေးကာ ချီးမွမ်းတယ်။ အရိပ်ဘက်ခြမ်း/အမှောင်ဘက်ခြမ်းဟာ အတွင်းပိုင်းမိဘကို အပြစ်မြင်ပြီးတော့ အကျည်းတန်ကာ သင့်အတွင်းစိတ်ကလေးကို တရားစီရင်ဖို့၊ အပြစ်မြင်ဖို့၊ အအေးဒဏ်ခံစေဖို့၊ ရိုင်းစိုင်းပြဖို့ ဒါမှမဟုတ် လစ်လျူရှုဖို့ လုပ်ဆောင်တတ်တယ်။ အတွင်းပိုင်းမိဘစကားသံတွေဟာ မိဘတွေဆီကနေ မသိစိတ်ပိုင်းဆိုင်ရာဖြစ်စဉ်တွေ၊ အာဏာပိုင်ပုဂ္ဂိုလ်တွေ၊ ဘာသာရေးဆိုင်ရာပုဂ္ဂိုလ်တွေနှင့် ယဉ်ကျေးမှုဆိုင်ရာသတင်းစကားတွေ စုစည်းမှုတစ်ခုဖြစ်တယ်။ မိဘဟာ တန်ဖိုးများ၊ ကျင့်ဝတ်တွေနှင့်ကိုယ်ကျင့်တရားတွေကို အာရုံစိုက်တယ်။

အတွင်းစိတ်ကလေး

သင့်မှာ ကျန်းမာတဲ့၊ စစ်မှန်တဲ့၊ မှန်ကန်တဲ့အတွင်း စိတ်ကလေးရှိတယ်။ ၎င်းဟာ အံ့အားသင့်ဖွယ်၊ မေတ္တာ၊ ဖန်တီးနိုင်စွမ်း၊ ပျော်စေပြက်စေသဘော၊ မှော်ဆန်တဲ့တွေးခေါ်မှုနှင့် စစ်မှန်တဲ့ဝိညာဉ်ရေးရာတွေနဲ့ ပြည့်နှက်တယ်။ အရိပ်ဘက်ခြမ်းဟာ နာကျင်ခြင်း၊ နှလုံးသားနာကျင်ခြင်း၊ အပြစ်ရှိခြင်း၊ အရှက်ကွဲခြင်း၊ အထီးကျန်ခြင်း၊ စိုးရိမ်ကြောက်ရွံ့ခြင်း၊ စိတ်ပျက်အားငယ်ခြင်း၊ မျှော်လင့်ချက်ကင်းမဲ့ခြင်း၊ အထင်အမြင်လွဲမှားမှုတွေနှင့်ပြည့်နှက်တယ်။ ဒဏ်ရာရနေတဲ့ သင့်အတွင်းစိတ်ကလေးဟာ သင်မဖြေရှင်းလိုက်တဲ့ စိတ်ဝေဒနာတွေ၊ သင့်မိဘတွေမဖြေရှင်းလိုက်တဲ့ပြဿနာတွေ/အရင်မျိုးဆက်တွေကနေ အမွေ

ဆက်ခံမှုတွေရဲ့စုစည်းမှုကြောင့်ဖြစ်နိုင်တယ်။ အတွင်းစိတ်ကလေးဟာ ခံစားချက်နှင့်လိုအပ်ချက်တွေကို အာရုံစိုက်တယ်။

လက်ရှိမှာ သင့်ဘဝအသက်တာ ပြောင်းလဲဖို့၊ နိုးထဖို့၊ ရှာဖွေတွေ့ရှိဖို့၊ ပြန်ကောင်းလာဖို့၊ သင့်အထဲကဒဏ်ရာရှိတဲ့ အတွင်းစိတ်ကလေးကို ကုသပေးဖို့ လိုတယ်။ ဆိုလိုတာက စိတ်ဆိုးနေတဲ့ကလေး၊ နာကျင်နေတဲ့ကလေး၊ ထိတ်လန့်နေတဲ့ကလေးပါ။ သတိလစ်မေ့မြောနေတဲ့အတွင်းစိတ်ကလေးဟာ သတိပြန်ဝင်လာဖို့ လိုတယ်။ ဝေဖန်တတ်တဲ့သင့်အတွင်းပိုင်းမိဘရဲ့အသံကို တိတ်ဆိတ်စေပြီး မေတ္တာ၊ အားပေးမှု၊ ပြုစုပျိုးထောင်မှုတွေနဲ့ အတွင်းပိုင်းမိဘကို ကာကွယ်ဖို့ လိုအပ်ပါတယ်။ ဒါကြောင့် သင့်ဘဝအသက်တာရဲ့အတိတ်က မဖြေရှင်းလိုက်တဲ့ဒဏ်ရာတွေကို ကုစားဖို့ လိုအပ်ပါတယ်။

ဒီကုသခြင်းလုပ်ငန်းစဉ်ကို စတင်ဖို့ သင့်အတွင်းစိတ်မိသားစုရဲ့အသံကို အရင်နားထောင်ပါ။ နောက်မှ ဘယ်သူက ဘာတွေပြောနေလဲဆိုတာကို ခွဲခြားသိမြင်နိုင်မှာဖြစ်သလို သင့်အတွင်းစိတ်ကလေးရဲ့လိုအပ်ချက်တွေကို သင့်လျော်တဲ့နည်းလမ်းတွေနဲ့ ဘယ်လိုဖြည့်ဆည်းပေးရမယ်ဆိုတာကိုလည်း သေချာစေမှာဖြစ်ပါတယ်။

<u>သင့်အတွင်းစိတ်ကလေးကို ကုသဖို့ အဆင့်သုံးဆင့်</u>

မိမိကိုယ်ကို မိဘအုပ်ထိန်းခြင်း

- ➢ သင့်ရဲ့အတွေးတွေ၊ ခံစားချက်တွေ၊ လိုအပ်ချက်တွေကို နားထောင်ပါ။
- ➢ သင့်အတွင်းစိတ်ကလေးအတွက် အချိန်ပေးခြင်း၊ ထိတွေ့ခြင်း၊ စကားပြောခြင်းဖြင့် မိဘကောင်းတစ်ဦးဖြစ်ပါစေ။
- ➢ ကုသရေးလုပ်ရှားမှုတွေကို ဖန်တီးပါ။

ဝိညာဉ်ရေးရာ မိဘအုပ်ထိန်းခြင်း

- ➢ ဆုတောင်းခြင်း၊ ဆင်ခြင်နှလုံးသွင်းခြင်း၊ လေ့လာခြင်း
- ➢ ဘုရားသခင်ရဲ့သားသမီးအနေနဲ့ တန်ဖိုးရှိတဲ့အရာကို တွေ့ကြုံခံစားခြင်း
- ➢ မှတ်နိုင်စွမ်းတွေကို ဝိညာဉ်ရေးဆရာတွေနဲ့ ကုသပေးခြင်း

လမ်းညွှန်ပေးခြင်း ဒါမှမဟုတ် ပြန်လည်ပြုစုပျိုးထောင်ခြင်း

- ➢ ကွဲပြားတဲ့စိတ်ခံစားမှုဆိုင်ရာနဲ့ မျိုးတူစိတ်ခံစားမှုဆိုင်ရာဒဏ်ရာတွေကို ကုသပေးပါ။
- ➢ ဆက်နွယ်မှုကို လမ်းညွှန်ပေးခြင်းဖြင့် မေတ္တာကို တွေ့ကြုံခံစားပါ။
- ➢ ကုသရေးလှုပ်ရှားမှုတွင် ပါဝင်ပါ။

©Richard Cohen, M. A. 2019

Martha Baldwin က ဒီစရိုက်ကို အဖျက်သမားအဖြစ် ဖော်ပြတယ်။ "အဖျက်သမားကို လျစ်လျူရှုခြင်းက ၎င်းကို ခွန်အားဖြစ်စေတယ်။ ၎င်းကို ဖယ်ရှားဖို့ ကြိုးစားခြင်းဟာ ပိုမိုလိမ္မာပါးနပ်တဲ့နည်းလမ်းတွေနဲ့ သူ့ကိုယ်သူဖုံးကွယ်ထားဖို့သာ သင်ကြားပေးတယ်။ မိမိကိုယ်ကို အဖျက်သမားလုပ်နေခြင်း အဆုံးသတ်ဖို့ တစ်ခုတည်းသောလမ်းကြောင်းမှာ အဖျက်သမားကို ရင်းနှီးစွာ ရင်ဆိုင်ပြီး သိခြင်းပါပဲ။ ဒါမှသာ ၎င်းရဲ့ပျက်စီးခြင်းကို အသိအမှတ်ပြုနိုင်ပြီး ၎င်းရဲ့တည်ရှိမှုကို လက်ခံနိုင်ကာ ၎င်းရဲ့စွမ်းအားကို ချုပ်ကိုင်ထားဖို့ သင်ယူလျက် သင့်ဘဝကိုဖျက်ဆီးဖို့ ၎င်းရဲ့ကြိုးပမ်းမှုတွေကို "မရှိဘူး" လို့ပြောနိုင်မယ်ဖြစ်တယ်။၎င်းရဲ့တည်ရှိမှုကိုသင်လျစ်လျူရှုပြီး ငြင်းဆိုတဲ့အခါမှပဲ အဖျက်သမားဟာ သေစေနိုင်တဲ့အလုပ်ကို တိတ်တဆိတ်အောင်မြင်စွာလုပ်ဆောင်နိုင်လိမ့်မယ်" လို့ဆိုပါတယ် (Baldwin, Martha, *Self-Sabotage*, New York, Warner Books, 1987, page 23)။

အဆင့်တစ်- ကိုယ့်ကိုယ်ကို မိဘအုပ်ထိန်းခြင်း

၁။ သင့်အတွေး၊ ခံစားချက်တွေနဲ့လိုအပ်ချက်တွေကို နားထောင်ပါ။

၂။ ချိန်ပေးခြင်း၊ ထိတွေ့ခြင်းနှင့်စကားပြောခြင်း နဲ့ပတ်သက်ပြီးတော့ သင့်အတွင်းစိတ်ကလေးအတွက် မိဘကောင်းတစ်ဦးဖြစ်ပါစေ။

၃။ ကုသခြင်း လှုပ်ရှားမှုတွေကို ဖန်တီးပါ။

အရင်ဆုံး Dr. Lucia Capacchione ရေးသားတဲ့ "သင့်အတွင်းစိတ်ကလေးကို ပြန်လည်ထူထောင်ရေး" ဆိုတဲ့စာအုပ်မှာရှိတဲ့လေ့ကျင့်ခန်းတွေလုပ်ခြင်းဖြင့် သင့်အတွင်းစိတ်ကလေးရဲ့အသံကို နားထောင်ဖို့ သင်ယူပါ။ သင့်လိုအပ်ချက်တွေကို ဂရုစိုက်ဖို့ တခြားသူတွေကို မကြည့်ခင် သင့်အတွက် ပထမဆုံး မိဘကောင်းတစ်ယောက်ဖြစ်လာဖို့ လိုပါတယ်။ သင်က အတွင်းစိတ်မိဘကိုပြုစုပျိုးထောင်ပြီး ဝေဖန်သူကို ရပ်စေဖို့ လိုအပ်ပါတယ်။ ကျွန်တော်တို့အများစုဟာ လက်ခံမှုကိုအလွန်လိုချင်ကြတယ်။ အရင်ဆုံးအခြားသူတွေရဲ့လက်ခံမှုကို မရှာဖွေခင် သင့်ကိုယ်သင်လက်ခံဖို သင်ယူရပါ။ ဒီလိုမှမဟုတ်ရင် သင်နဲ့ပတ်သက်၍ သင်ဘယ်လိုတွေးပြီး ဘယ်လိုခံစားရတယ်ဆိုတာထက် သူတို့က သင်ဘယ်လိုတွေးပြီး ဘယ်လိုခံစားရသလဲဆိုတာကို ဆုံးဖြတ်ကြပါလိမ့်မယ်။ ကမ္ဘာငြိမ်းချမ်းရေးဟာ ကျွန်တော်တို့ရဲ့အပြင်ဘက်ကနေ စတင်တာမဟုတ်ဘဲ ကိုယ်တွင်းကနေ စတင်တာဖြစ်ပါတယ်။

သင့်အတွင်းစိတ်ကလေး ပြန်လည်ထူထောင်ရေးမှာ လေ့ကျင့်ခန်းတွေကိုပြုလုပ်ခြင်းဖြင့် သင့်အတွင်းပိုင်းမိသားစုရဲ့ကွဲပြားတဲ့အစိတ်အပိုင်း တွေဖြစ်တဲ့ထိခိုက်လွယ်တဲ့ကလေး၊ စိတ်ဆိုးတဲ့ကလေး၊ မိဘကို ပြုစုပျိုးထောင်ပေးသူ၊ ကာကွယ်စောင့်ရှောက်ပေးတဲ့မိဘ၊ အပြစ်မြင်တတ်တဲ့မိဘ၊ ဒဏ်ရာရနေတဲ့ကလေး၊ မြူးတတ်တဲ့ကလေးတွေ၊ တီထွင်ဖန်တီးတတ်တဲ့ကလေးတွေ၊ ဝိညာဉ်ရေးဆိုင်ရာကလေးတွေကို သိရှိနိုင်မှာဖြစ်ပါတယ်။ ဒါက ကလေးအတွင်းပိုင်း ပြန်လည်ကောင်းမွန်လာစေဖို့အတွက် အကောင်းဆုံးဖြစ်ပါတယ်။ သင်ဟာ ပုံကြမ်းစာရွက်နှင့်ရောင်စုံခဲတံတွေ လိုအပ်ပါလိမ့်မယ်။ ပုံဆွဲခြင်းနှင့် စာရေးခြင်း လေ့ကျင့်ခန်းကို နှစ်ပတ်မှာ အခန်းတစ်ခန်းလုပ်ပါ (သင်ဆန္ဒရှိရင် အမြန်လည်းရတယ် ဒါမှမဟုတ် အနှေးလည်းရတယ်)။ တာဝန်အားလုံးကို ပြီးမြောက်ဖို့ အရေးကြီးတယ်။ သင့်ဘဝနှင့် သင့်မိသားစုဘဝအတွက် များစွာအကျိုးရှိမှာဖြစ်ပါတယ်။ (စကားမစပ်လွန်ခဲ့တဲ့အနှစ်နှစ်ဆယ်အတွင်း သင့်ရဲ့

အတွင်းပိုင်းကလေး ပြန်လည်ထူထောင်ရေးမှာ အနည်းဆုံးရှစ်ကြိမ်လောက် လေ့ကျင့်ခန်းအားလုံးကို ကျွန်တော်လုပ်ခဲ့ပြီးပြီ။ စာအုပ်ကို ပြန်ဖတ်ပြီး လေ့ကျင့်ခန်းလုပ်တိုင်း ကျွန်တော်ရဲ့အတွင်းစိတ်မိသားစုအကြောင်း ပိုသိလာရတယ်။ တစ်ကိုယ်ရည်ကြီးထွားမှုနှင့်ဖွံ့ဖြိုးမှုအတွက် အကောင်းဆုံးကိရိယာတစ်ခုဖြစ်တယ်။ ကျွန်တော့်ဇနီးနှင့်သားသမီးတွေဟာ ဒီစာအုပ်မှာရှိတဲ့လေ့ကျင့်ခန်းတွေကို ပြုလုပ်ခဲ့တယ်။ မိသားစုနှင့်အတူ အိမ်စာတွေကို မျှဝေခြင်းဟာ အံ့သြစရာကောင်းပါတယ်။)

ဒုတိယအနေနဲ့ သင့်အတွင်းစိတ်ကလေးနဲ့ အချိန်ယူပါ။ ဥပမာ ပုံဆွဲတာ၊ ဆွေးနွေးတာ၊ တွေးခေါ်တာတွေပါ။ John Pollard ရဲ့စာအုပ်၊ Self-Parenting: The Complete Guide to Your Inner Conversations ထဲမှာ သင့်အတွင်းစိတ်ကလေးနှင့် ဆွေးနွေးဖို့ ရိုးရှင်းပြီး ထိရောက်တဲ့နည်းလမ်းကို ဖော်ပြထားပါတယ်။ မှတ်စုစာအုပ်ကိုယူပြီး စာမျက်နှာတစ်ခုစီရဲ့အလယ်မှာ မျဉ်းတစ်ကြောင်းဆွဲပါ။ ဘယ်ဘက်ခြမ်းမှာ သင့်ရဲ့လွှမ်းမိုးတဲ့လက်နဲ့ သင့်အတွင်းစိတ်မိဘရဲ့အသံကို ပြောခွင့်ပြုပါ။ လက်ျာဘက်တွင် သင့်ရဲ့အတွင်းပိုင်းစိတ်ကလေးရဲ့အသံကို ပြောခွင့်ပြုပါ။ ဒီနည်းနဲ့ အသံနှစ်သံဟာ အချင်းချင်းဆက်သွယ်ပြီး မျှဝေမှာဖြစ်ပါတယ်။

ဒါဟာ ထူးဆန်းတယ်လို့ထင်ရပေမယ့် အလုပ်လုပ်ပြီး တကယ့်ကုထုံးဖြစ်ပါတယ်။ သင့်ရဲ့လက်သာနဲ့ ပုံဆွဲ/စာရေးရတဲ့အကြောင်းရင်းမှာ ဉာဏ်ရည်ဉာဏ်သွေးဆိုင်ရာ အာရုံကြောဗေဒကို ကျော်လွန်ပြီး သင့်ခန္ဓာကိုယ်နှင့်စိတ်ခံစားချက်တွေကိုထိတွေ့စေခြင်းကြောင့်ဖြစ်တယ်။ သင့်ဦးနှောက်ရဲ့ဘယ်ဘက်ခြမ်းဟာ ခွဲခြမ်းစိတ်ဖြာမှု၊ ဉာဏ်ရည်ဉာဏ်သွေး၊ ယုတ္တိနှင့်နူတ်အားဖြင့်ပဲဖြစ်တယ်။ ညာဘက်ခြမ်းဟာ စိတ်ခံစားမှု၊ အနုပညာနှင့်အလိုလိုသိသာတယ်။ ကျွန်တော့လိုပဲ သင်ဟာ လက်ဝဲသမားဖြစ်ရင်တောင် လက်နဲ့ ပုံဆွဲခြင်းနှင့်စာရေးခြင်းကို လှပစွာအသုံးပြုတယ်။

ဆင်ခြင်နှလုံးသွင်းခြင်းဟာ သင့်ရဲ့အတွင်းစိတ်ကလေးဆီ ဝင်ရောက်ဖို့ အခြားကိရိယာတစ်ခုဖြစ်တယ်။ ကျွန်တော်က အတွင်းကလေး ဆင်ခြင်နှလုံးသွင်းခြင်းတွေကို (MP3) အကြိမ်ကြိမ်လုပ်ဆောင်ခဲ့တယ် (https://sellfy.com/p/VWIK/). Capacchione ရဲ့စာအုပ်ထဲက လေ့ကျင့်ခန်းတွေကို လုပ်နေတဲ့အခါမှာ အတွင်းစိတ်ကလေးရဲ့နှလုံးသွင်းခြင်းကို တစ်ပြိုင်နက် (တစ်ပတ်

မှာ နှစ်ကြိမ် ဒါမှမဟုတ် သုံးကြိမ်) အသုံးပြုဖို့ အကြံပြုချင်ပါတယ်။ အခြားကောင်းတဲ့အတွင်းစိတ်ကလေး နှလုံးသွင်းခြင်းတွေအတွက်လည်း အွန်လိုင်းမှာ ရှာဖွေနိုင်ပါတယ်။

တတိယအနေနဲ့ သင့်အတွင်းစိတ်ကလေးအတွက် ကုသရေးလှုပ်ရှားမှုတွေကို ဖန်တီးပါ။ ဆိုလိုတာကတော့ စက်ဘီးစီးတာ၊ ပန်းခြံထဲမှာ လမ်းလျှောက်တာ၊ စကိတ်စီးတာ၊ ကခုန်တာ၊ ရေကူးတာ၊ ရေခဲမုန့်စားတာ၊ ခရီးထွက်တာတွေလုပ်နိုင်ပါတယ်။ ဆွေးနွေးခြင်း၊ ပုံဆွဲခြင်းနှင့်နှလုံးသွင်းခြင်းဖြင့် သင့်အတွင်းစိတ်ကလေးဟာ သူလိုအပ်တဲ့အရာကို ထုတ်ဖော်ပြသမှာဖြစ်ပါတယ်။ ဒီလိုအပ်ချက်တွေကို အချိန်နှင့်တပြေးညီ သင့်လျော်စွာဖြည့်ဆည်းဖို့ အရေးကြီးပါတယ်။ အရေးကြီးဆုံးကတော့ သင်မလုပ်နိုင်မယ့်ကတိတွေကို ဘယ်တော့မှ မပေးပါနဲ့။ သင့်ကလေးကို တစ်ခုခုလုပ်မယ်လို့ ကတိပေးပြီးမှ တကယ်မလုပ်ပေးတာနဲ့ တူပါတယ်။ တစ်သမတ်တည်းဖြစ်ခြင်းဆိုတာဟာ အောင်မြင်တဲ့မိဘအုပ်ထိန်းမှုရဲ့ သော့ချက်ဖြစ်ပါတယ်။ သင့်စကားကို သင်တာဝန်ယူ စောင့်ရှောက်ရမယ်။ ဒီနည်းအားဖြင့် သင့်အတွင်းစိတ်ကလေးက သင့်ကိုယုံကြည်လာပြီး ပိုမိုနက်နဲတဲ့အမှန်တရားတွေ ထုတ်ဖော်ပြသလာမှာဖြစ်တယ်။

အဆင့်နှစ်- ဝိညာဉ်ရေးဆိုင်ရာ မိဘအုပ်ထိန်းမှု

၁။ ဆုတောင်းခြင်း၊ နှလုံးသွင်းခြင်း၊ လေ့လာခြင်း

၂။ ဘုရားသခင်ရဲ့သားသမီးအနေနဲ့ အတွေ့အကြုံကို တန်ဖိုးထားပါ။

၃။ ဝိညာဉ်ရေးဆရာတွေနဲ့ မှတ်ဉာဏ်ကို ကုသပေးခြင်း

ပထမမှာ ဆုတောင်းခြင်း၊ နှလုံးသွင်းခြင်း၊ လေ့လာခြင်းအားဖြင့် သင့်အတွင်းစိတ်ကလေးရဲ့ဒဏ်ရာတွေနှင့်လိုအပ်ချက်တွေဆီဝင်ရောက်နိုင်တယ်။ ဒုတိယမှာ သင့်အတွင်းစိတ်ကလေးရဲ့သူ့ကိုယ်သူ တန်ဖိုးထားမှုကို ပြန်လည်ရရှိဖို့ သင့်ရဲ့အတည်ပြုချက် မှတ်တမ်းကို အသုံးပြုပါ။ အရေးကြီးတဲ့အချက်မှာ သင့်စိတ်၊ နှလုံးသားနှင့်စိတ်ဝိညာဉ်တွေကို စဉ်ဆက်မပြတ်ပေါင်းစပ်ကာ သင့်ရဲ့တန်ဖိုးကို ဘုရားသခင်ရဲ့အဖိုးတန်တဲ့သားသမီးတစ်ဦးအဖြစ် တွေ့ကြုံလာစေဖို့ဖြစ်ပါတယ်။

အတည်ပြုချက်တွေဟာ အခြေခံအားဖြင့် အလိုအလျောက်အကြံပြုချက်ပုံစံတစ်ခုဖြစ်ပြီး တမင်တကာ၊ ထပ်ခါတလဲလဲလေ့ကျင့်တဲ့အခါ ၎င်းတို့ဟာ ဦးနှောက်အတွင်းရှိ ဓာတုဖွဲ့စည်းပုံကို အားဖြည့်ပေးကာ အာရုံကြောချိတ်ဆက်မှုတွေကို အားကောင်းစေပါတယ်။ Columbia University မှ Clinical Psychiatry ပါမောက္ခ David J. Hellerstein က 'အတိုချုပ်ပြောရရင်တော့ ဦးနှောက်ဖွဲ့စည်းပုံနဲ့ လုပ်ငန်းဆောင်တာတွေကို ပြုပြင်မွမ်းမံခြင်းဖြစ်တဲ့ "Neuroplasticity" ဟာ ဘဝတစ်လျှောက်လုံးမှာ ဖြစ်ပေါ်နေတာကို မိမိတို့သဘောပေါက်သွားပါပြီ။ ဒါဟာ ဘဝအတွေ့အကြုံတွေ၊ မျိုးဗီဇတွေ၊ ဇီဝဗေဒဆိုင်ရာပစ္စည်းတွေ၊ အပြုအမူတွေအပြင် တွေးခေါ်မှုပုံစံတွေကြောင့်ပါ ထိခိုက်နိုင်တယ်။ အာရုံကြောသိပ္ပံပညာဟာ မိမိတို့ရဲ့ဦးနှောက်ဖွဲ့စည်းပုံနှင့်လုပ်ငန်းဆောင်တာတွေကို ပြောင်းလဲနိုင်ကြောင်း သက်သေပြနေပြီဖြစ်တယ်။ အပြုသဘောဆောင်တဲ့တွေးခေါ်မှုပုံစံတွေကို အကြိမ်ကြိမ်လေ့ကျင့်ခြင်းဖြင့် မိမိတို့တွေးနေတဲ့အရာကို လုပ်ဆောင်ပေးတဲ့ဦးနှောက်ရဲ့ဧရိယာအတွင်း အာရုံကြောပလပ်စတစ်ကို အမှန်တကယ် ဖန်တီးပေးပါတယ်။ အဓိကကတော့ အကြိမ်ကြိမ်ဖြစ်တာကြောင့် သင့်ဦးနှောက်ကိုအပြုသဘောဆောင်တဲ့အတွေးတွေနဲ့ပြည့်စေတယ်။ (https://liveboldand-bloom.com/08/quotes/positive-affirmations)

အဆင့် ၂ ရဲ့တတိယတာဝန်မှာ မှတ်ဉာဏ်ကုသခြင်းကိုအသုံးပြုခြင်းဖြစ်ပါတယ်။ သင့်ဘဝတွင် အပြုသဘောဆောင်တဲ့ပြောင်းလဲမှုတွေ ဖြစ်ပေါ်စေဖို့အတွက် စိတ်ပိုင်းဆိုင်ရာပုံရိပ်ကို အသုံးပြုခြင်းနှင့်အတည်ပြုခြင်း အနုပညာဖန်တီးမှုအမြင်ဖြင့် သင့်အတွင်းစိတ်ကလေးကို နာကျင်ရာကနေ ကူညီပေးနိုင်ပါတယ်။ ဝိညာဉ်ရေးဆိုင်ရာ လမ်းညွှန်ပေးသူဟာ ဘာသာရေးဆိုင်ရာပုဂ္ဂိုလ်တစ်ဦး (ခရစ်တော်၊ ဒါဝိဒ်၊ မာရီ စတဲ့ပုဂ္ဂိုလ်တွေ)၊ စံပြမိဘ၊ ယုံကြည်ရတဲ့မိတ်ဆွေ၊ ချစ်ရတဲ့သူ ဒါမှမဟုတ် တစ်စုံတစ်ဦးရဲ့မိဘဖြစ်နိုင်တယ်။ သင့်ဝိညာဉ်ရေးဆရာတွေရဲ့အကူအညီဖြင့် အတိတ်က အမှတ်တရတွေကို အပြုသဘောဆောင်တဲ့အတွေ့အကြုံတွေအဖြစ်သို့ ပြောင်းလဲခြင်းကို မြင်ယောင်နိုင်စေဖို့ အတွင်းစိတ်ကလေး နှလုံးသွင်းခြင်းတွေကို အသုံးပြုနိုင်ပါတယ်။

သင့်ရဲ့အတိတ်က နာကျင်စရာတွေကို ပြန်လည်ရယူပြီး လွှတ်လိုက်ဖို့အဆင်သင့်ဖြစ်နေပါက ဒါဟာ ကုသဖို့ အင်မတန်ထိရောက်တဲ့နည်းလမ်းတစ်

ခုဖြစ်တယ်။ တကယ်လို့ မှတ်ဉာဏ်ဟာ ပြင်းထန်တဲ့ဒဏ်ရာတွေရှိနေပါက သင်ဟာ "စာနာတတ်တဲ့" တစ်ဦးဦးထံတွင် အဲဒီဒဏ်ရာတွေကို ကုသမှုခံယူရမယ်။ ဆိုးရွားတဲ့ဆက်ဆံရေးကို ကောင်းမွန်တဲ့ဆက်ဆံရေးအဖြစ်သို့ ကုစားရမှာဖြစ်ပါတယ်။

မှတ်ဉာဏ်ကုသပေးခြင်းကို အံ့သြစရာကောင်းပြီး နှစ်သက်ပျော်ရွှင်စရာကောင်းတဲ့အတွေ့အကြုံတွေအနေနဲ့ ဖန်တီးနိုင်ပါတယ်။ ဝိညာဉ်ရေးဆိုင်ရာလမ်းညွှန်ဆရာက သင့်ရဲ့အတွင်းစိတ်ကလေးကို ပျော်ရွှင်မှု၊ သင်ယူမှုနှင့် ပြုစုပျိုးထောင်မှုဆိုင်ရာလှုပ်ရှားမှုတွေမှာ ပါဝင်စေခြင်းဖြင့် သင့်ရဲ့အနက်ရှိုင်းဆုံးလိုအပ်ချက်တွေကို ဖြည့်ဆည်းပေးနိုင်ပါတယ်။ တီထွင်ဖန်တီးထားတဲ့ စိတ်ကူးပုံဖော်မှုတွေကနေတဆင့် ဝိညာဉ်ရေးဆရာဟာ ဘောလုံးကစားခြင်း၊ ငါးဖမ်းခြင်း၊ လမ်းလျှောက်ခြင်းဖြင့် သင့်ရဲ့အတွင်းစိတ်ကလေးကို ထိန်းထားနိုင်တယ်။

အဆင့် ၃- လမ်းညွှန်ခြင်း

၁။ အတိတ်ဒဏ်ရာတွေကို ကုစားခြင်း

၂။ လမ်းညွှန်ပေးခြင်း ဒါမှမဟုတ် မိဘအုပ်ထိန်းခြင်း ဆက်ဆံရေး

၃။ မိတ်ဆွေဖြစ်ခြင်းနှင့်လှုပ်ရှားမှုတွေကို ဖန်တီးခြင်း

သင်ဟာ မိမိကိုယ်ကိုတန်ဖိုးထားမှု၊ အသိပညာနှင့်မိမိကိုယ်ကို မိဘအုပ်ထိန်းမှုဆိုင်ရာကျွမ်းကျင်မှုတွေ ပိုမိုသိရှိလာပြီးနောက် ဆက်ဆံရေးဒဏ်ရာတွေကို ကုစားပေးတဲ့လုပ်ငန်းစဉ်တွင် အခြားသူတွေကို ကူညီပေးဖို့ တာဝန်ရှိတယ်။ ပထမဆုံးနှင့်အကောင်းဆုံးရွေးချယ်မှုမှာ သင့်မိဘတွေဖြစ်တယ်။ တကယ်လို့ သင့်မိဘတွေဟာ စွမ်းဆောင်နိုင်တယ်၊ စိတ်ဆန္ဒရှိတယ်၊ ထက်မြက်တယ်ဆိုရင် အကောင်းဆုံးပါပဲ။ ဒါပေမယ့် သူတို့တွေဟာ ဆန္ဒမရှိရင်၊ ကွယ်လွန်သွားရင် ဒါမှမဟုတ် ကျန်းမာရေးမကောင်းရင် မိဘတွေရဲ့ဒုတိယအခွင့်အရေးအနေနဲ့ ကူညီနိုင်မယ့်လူ၊ မေတ္တာထားတဲ့အမျိုးသား/သမီးတွေကို ရှာဖွေပါ။ (Jarema, William J., *Fathering the Next Generation*, Crossroad, 1995)။

ဒုတိယအနေနဲ့ သင်ဟာ အသင်းတော်တစ်ပါး၊ တရားဇရပ်၊ ဗလီ၊ ဒါမှမဟုတ် ဝိညာဉ်ရေးအဖွဲ့အစည်းနှင့် သက်ဆိုင်ပါက သင့်ရဲ့ယုံကြည်ခြင်း အ

သိုင်းအဝိုင်းမှ လမ်းညွှန်ဆရာတွေကို ရှာဖွေခြင်းဟာ သဘာဝကျပါတယ်။ အဓိကကတော့ သင်တစ်ခါမှမကြုံဖူးတဲ့ချစ်ခင်ကြင်နာတတ်တဲ့အမေ/အဖေအဖြစ်ဆောင်ရွက်တဲ့လမ်းညွှန်ဆရာတွေကို ရှာဖွေဖို့ပါပဲ။ အောင်မြင်တဲ့အိမ်ထောင်သည်အမျိုးသား/အမျိုးသမီးတွေဟာ ကောင်းမွန်တဲ့လမ်းညွှန်ပေးသူတွေဖြစ်တယ်။ လမ်းညွှန်ဆရာရဲ့အခန်းကဏ္ဍအချို့မှာ ၁) အကြွင်းမဲ့ချစ်ခြင်းမေတ္တာကို ပေးဆောင်ခြင်း၊ ၂) အတည်ပြုစကားတွေကို ပြောဆိုခြင်း၊ ၃) ပေါင်းသင်းဆက်ဆံရေးတွင် ကောင်းမွန်တဲ့နယ်နိမိတ်တွေနှင့်အခြေခံကျတဲ့ဘဝစွမ်းရည်တွေအကြောင်း သင်ကြားပေးခြင်း၊ ၄) မျှဝေလုပ်ဆောင်မှုတွေမှာ ပါဝင်ဆောင်ရွက်ခြင်း၊ ၅) အရွယ်ရောက်ပြီးသူနှင့်ကလေးတွေအတွက် ဆုတောင်းခြင်း၊ ၆) ကောင်းမွန်တဲ့အထိအတွေ့ လက်ဆောင်ကို ပူဇော်ခြင်း စတဲ့အရာတွေဖြစ်ပါတယ်။

အရွယ်ရောက်ပြီးသူကလေးရဲ့အခန်းကဏ္ဍအချို့မှာ- ၁) ကောင်းမွန်တဲ့နည်းလမ်းတွေနဲ့လိုအပ်ချက်တွေကို ဖော်ပြခြင်း၊ ၂) မှီခိုမှု အဆင့်တွေကို ဖြတ်ကျော်ပြီး လွတ်လပ်စွာအပြန်အလှန်မှီခိုခြင်း၊ ၃) ခုခံကာကွယ်မှု အတားအဆီးတွေကို ဖြတ်ကျော်ကာ ကိုယ့်ကိုကိုယ်ချစ်မြတ်နိုးလာစေဖို့ တွန်းလှန်ခြင်း၊ ၄) လူမှုဆက်ဆံရေးစွမ်းရည်အသစ်တွေကို လေ့လာခြင်း၊ ၅) သင့်ကို ထိခိုက်နာကျင်စေသူတွေကို ခွင့်လွှတ်ခြင်း။

တစ်ခုခုကို သင်တောင့်တမိတဲ့အခါ နာကျင်မှုရဲ့အရင်းအမြစ်ဖြစ်လာတယ်။ ဒါကြောင့် သင်လိုချင်တဲ့အရာကိုရယူခြင်းဟာ နာကျင်စေပါတယ်။ ဒီအတွက် ကျွန်တော်တို့မပြင်ဆင်ကြဘူး။ တကယ်လို့ ထိတွေ့ခံချင်စိတ်ပြင်းပြပြီး ထိတွေ့ခံရဖို့ ငတ်နေတယ်ဆိုရင် တစ်စုံတစ်ယောက်က ငါ့ကို လာထိတာကို ငါက ခုခံရလိမ့်မယ်။

နှစ်တွေတော်တော်ကြာ ထိတွေ့ခွင့်ရဖို့ ကျွန်တော်တောင့်တခဲ့တယ်။ ထိတ်လန့်နေတယ်ဆိုတာ ကျွန်တော်သိတယ်။ ငယ်ငယ်ကတည်းက ထိတွေ့ခွင့်မရခဲ့ဘူး။ ဆိုတော့ အရွယ်ရောက်လာတဲ့အခါ ဒီထိတွေ့မှုကို လိုချင်လာခဲ့တယ်။ ဒါပေမယ့် ကိုယ်လိုချင်တဲ့အရာကို ရရှိခြင်းက နာကျင်တာကြောင့် ထိတွေ့မှုကို တွန်းလှန်ရပြန်တယ်။ နာကျင်မှုကို ဖြတ်ကျော်ရင်းနဲ့ ရင့်ကျက်မှုကို ရရှိမှာ ဖြစ်သလို ခါးသီးတဲ့အတွေ့အကြုံတွေနဲ့ပဲ လိုချင်တာကို ရယူနိုင်မှာဖြစ်ပါတယ်။

"ထိတွေ့ခြင်းဆိုတာဟာ ကျွန်တော်တို့ရဲ့ဖြစ်တည်မှုအတွက် အခြေခံဖြစ်တယ်။ ကလေးဘဝတုန်းက ဒီလိုထိတွေ့မှုတွေကို မရရှိလိုက်ဘဲ သေဆုံးသွားတယ်။ ဒါဟာ ရွေးချယ်မှုတစ်ခုမဟုတ်ပါ။ ရှင်သန်ဖို့အတွက် ထိတွေ့မှုနှင့်နှီးနွှယ်မှု ရှိရမယ်။ အရွယ်ရောက်ပြီးသူတိုင်း ရှင်သန်ဖို့အတွက် ဒီအရာဟာ မလိုအပ်ပေမယ့် ရှင်သန်ဖို့တော့ လိုအပ်တယ်။ ထိတွေ့ခြင်းဟာ အင်မတန်အရေးကြီးတဲ့အရာတစ်ခုဖြစ်ပြီး ထိတွေ့မိတဲ့အခါ မခံမရပ်နိုင်တဲ့ပူဆွေးသောက အတွေ့အကြုံနဲ့ ထိတွေ့တတ်တယ်။ သင်လိုချင်တောင့်တတဲ့အရာက ဒီနည်းအတိုင်းပါပဲ" (Love, Patricia, *Hot Monogamy*, Sounds True Audio Tapes, No. 2, Side A. 1994; also from her book of the same title, 2012, pages 263-264).

သင်ဟာ ဒဏ်ရာတွေကို ကုစားနိုင်ပြီး မေတ္တာပါတဲ့လမ်းညွှန်ပေးတဲ့ဆက်ဆံရေးမျိုးတွင် မေတ္တာလိုအပ်ချက်ကို ဖြည့်ဆည်းပေးနိုင်ပါတယ်။ ကျွန်တော်တို့ရဲ့လူကြီးတွေအသိုက်အဝန်းထဲမှာ ကြီးပြင်းလာတဲ့ကလေးတွေဟာ အုံ့ဩဖွယ်လမ်းညွှန်ဆရာတွေထဲကနေ ထွက်သွားပြီး မိဘအုပ်ထိန်းမှုကို အသည်းအသန်လိုအပ်နေသူတွေဖြစ်တယ်လို့ကျွန်တော်မြင်ယောင်မိပါတယ် (ဒီအကြောင်းကို ထိတွေ့ခြင်းရဲ့နောက်အပိုင်းမှာ ပိုမိုသိရှိနိုင်တယ်)။ ပါဝင်ပတ်သက်သူအားလုံးအတွက် အကျိုးရှိမယ့်အခြေအနေတစ်ခုပါ။ လူငယ်တွေဟာ အကြီးအကဲတွေဆီကနေ ကောင်းချီးမင်္ဂလာတွေကို ခံယူပြီး အသက်ကြီးသူတွေဟာ သူတို့ရဲ့ဉာဏ်ပညာနှင့်ချစ်ခြင်းမေတ္တာကို လေးစားခြင်းခံရပါတယ်။

တတိယအနေနဲ့ သူငယ်ချင်းတွေနဲ့ ပျော်ပျော်ပါးပါးသွားလာနေထိုင်ဖို့က အရမ်းအရေးကြီးပါတယ်။ ဒါကလည်း အနာကျက်ဖို့ အခွင့်အလမ်းတွေပေးတယ်။ သူငယ်ချင်းမရှိရင် စိတ်တူကိုယ်တူ အမျိုးသားနဲ့ အမျိုးသမီးတွေ့မယ့်အဖွဲ့တွေကို တက်ရောက်ပါ။ သင့်ကိုယ်သင် ဆန့်ထုတ်ပါ၊ သင့်ရဲ့သက်တောင့်သက်သာဇုန်ကနေ ထွက်ခွာပါ။ အထီးကျန်နေခြင်းက သေခြင်းနဲ့တူတယ်။ ကျွန်တော်တို့တွေဟာ ဆက်နွှယ်မှုကြားမှာ နေထိုင်ကြတာပါ။

နောက်ဆုံးမှတ်စုတစ်ခု- ကျွန်တော်ဟာ စိတ်ကုထုံးပညာရှင်အဖြစ်လွန်ခဲ့တဲ့အနှစ်သုံးဆယ်အတွင်းမှာ ကျွန်တော်ရဲ့အတွင်းစိတ်ကလေး၊ ကိုယ်ခန္ဓာနှင့်စိတ်ဝိညာဉ်တွေရဲ့အသံတွေကို ခွဲခြားသိနိုင်ဖို့အတွက် ကျွန်တော်ရဲ့ကိုယ်ပိုင်ကုသခြင်းမှတဆင့် သင်ယူခဲ့ရတယ်။ စိတ်ဝိညာဉ်ဟာ သင့်နှလုံးသား

(အတွင်းစိတ်ကလေး)၊ စိတ် (လူကြီး) နှင့်လိုအင်ဆန္ဒ (မိဘ) တွေနဲ့ ပေါင်းစပ်ထားပါတယ်။ သင့်ရဲ့အတွင်းစိတ်ကလေးနှင့် ရင်းနှီးလာတဲ့အခါမှာ သင့်ခန္ဓာကိုယ် ဒါမှမဟုတ် သင့်စိတ်ဝိညာဉ်ရဲ့အခြားအစိတ်အပိုင်းတွေကလည်း ဝေမျှနေနိုင်တယ်ဆိုတာ နားလည်ထားပါ။

အဆင့် ၄- ဆန့်ကျင်ဘက်လိင်ဒဏ်ရာတွေကို ကုသခြင်း

ဒီအဆင့်တွင် ဆန့်ကျင်ဘက်လိင်ဒဏ်ရာတွေ- ဖခင်-သမီး၊ မိခင်-သား၊ ဆန့်ကျင်ဘက်လိင်မိသားစုဝင်တွေ ဒါမှမဟုတ် သူငယ်ချင်းတွေနှင့်ကြုံတွေ့ရတဲ့ဒဏ်ရာတွေကို ကုသပေးမှာဖြစ်တယ်။ တစ်ခါ အရှင်လတ်လတ်မြှုပ်နှံထားတဲ့ခံစားချက်တွေဟာ ဘယ်တော့မှမသေတဲ့အတွက် ကျွန်တော်တို့ကျန်းမာဖို့ တကယ်လိုအပ်တယ်။

ကျွန်ုပ်တို့ရဲ့ဒဏ်ရာတွေနှင့် မေတ္တာလိုအပ်ချက်တွေဟာ တစ်မူထူးခြားတာကြောင့် ဒီလုပ်ငန်းစဉ်ဟာ လူတစ်ဦးစီအတွက် ကွဲပြားကောင်းကွဲပြားသွားပါလိမ့်မယ်။ ဒါပေမယ့် ကုသခြင်းရဲ့အခြေခံသဘောတရားတွေကတော့ အတူတူပါပဲ။

၁။ သင့်ရဲ့ဆန့်ကျင်ဘက်လိင်ဒဏ်ရာတွေကို ဖန်တီးပေးခဲ့တဲ့အဖြစ်အပျက်တွေ ဒါမှမဟုတ် အတွေ့အကြုံတွေကို သတိရပါ။

၂။ ကိုယ်ချင်းစာတဲ့သက်သေနှင့်အတူ ဒဏ်ရာတွေကို ပြန်လည်ကြည့်ရှုပါ။ သင့်ရဲ့အဓိကနာကျင်မှုကို သင်တစ်ယောက်တည်း လုပ်လို့မရဘူး။

၃။ နှလုံးသားထဲက ဒဏ်ရာတွေကို လွှတ်ပေးလိုက်ပါ။ ဝမ်းနည်းပူဆွေးခြင်းထဲမှာ မျက်ရည်ကျတာ၊ ဒေါသထွက်တာ ပေါက်ကွဲတာ၊ ရယ်မောတာနှင့်အခြားစိတ်ခံစားမှုတွေ ပါဝင်ပါတယ်။ ၎င်းကို ခံစားနိုင်ရင် ကုစားနိုင်ပါတယ်။ သင့်စိတ်ခံစားချက်တွေကို မရွှေ့လျားဘူးဆိုရင် ခုခံကာကွယ်မှုဆိုင်ရာပိတ်ဆို့ခြင်းတွေဟာ တည်ရှိနေမှာဖြစ်ပြီး ကုသခြင်းလည်း ဖြစ်ပေါ်လာမယ်မဟုတ်ပါ။ မလိုလားအပ်တဲ့အပြုအမူတွေဟာ သင်မဖြေရှင်းလိုက်တဲ့ဒဏ်ရာတွေနှင့် မဖြည့်ဆည်းလိုက်တဲ့မေတ္တာလိုအပ်ချက်တွေနဲ့ ဆက်စပ်နေတယ်။ နံရံတွေပြိုကျလာတဲ့အခါ အချစ်တွေဝင်လာပြီး လွတ်လပ်မှုခံစားချက်အသစ်ကို ခံစားရလိမ့်မယ်။

၄။ သမ္မာတရားကို သဘောပေါက်ပါ။ ဝမ်းနည်းပူဆွေးနေချိန်တွင် သင့်အား လမ်းညွှန်ဆရာက "ဒီအတွေ့အကြုံကြောင့် သင်ကိုယ်တိုင်နှင့်အခြား သူတွေအပေါ် ဘယ်လိုယုံကြည်လာသလဲ" လို့မေးကြည့်ပါ။ ပြီးရင် သင့်နှလုံးသားနှင့်ခေါင်းကို နားထောင်ပါ။ "သမ္မာတရားကိုသိ၍ သမ္မာ တရားသည် သင်တို့ကို လွှတ်စေလိမ့်မည်" (ယော၊ ၈း၃၂)။ သင့်ဒဏ် ရာတွေရဲ့အောက်မှာ သင့်ရဲ့စိတ်ထဲက အထင်ကြီးစရာတွေကို ဖန်တီး ပေးတဲ့အဓိကယုံကြည်ချက်တွေရှိပါတယ်။ သင့်ရဲ့လမ်းကြောင်းကို အ ပျက်သဘောနဲ့မသိစိတ်က ပုံဖော်ထားတဲ့ဆက်ဆံရေးတွေအကြောင်း လည်း ပါရှိတယ်။ ဒီလိုယုံကြည်ချက်တွေထဲမှအချို့မှာ "လူတွေကို ငါမယုံဘူး။ မိန်းမတွေကိုလည်း မယုံဘူး။ ငါလည်း မလုံခြုံဘူး။ လူတွေ က ငါ့ကို အမြဲတမ်းထားခဲ့ကြတယ်။"

၅။ နာကြည်းစရာတွေ ပျောက်ပါစေ။ ဝမ်းနည်းပူဆွေးပြီး သင့်ရဲ့အခြေခံ ယုံကြည်ချက်တွေကို ရှာဖွေတွေ့ရှိပြီးနောက် သင့်ကို နာကျင်စေခဲ့သူ ကို ခွင့်လွှတ်ဖို့ လွယ်ကူပါလိမ့်မယ်။ ခွင့်မလွှတ်ခြင်းက သင့်ကို ကျူး လွန်သူကို သံကြိုးနဲ့ချည်နှောင်စေပါတယ်။ ဒီတော့ ခွင့်လွှတ်ခြင်းဟာ သင်ကိုယ်တိုင်ပေးနိုင်တဲ့အကောင်းဆုံးလက်ဆောင်ဖြစ်ပါတယ်။ သင့် ရဲ့ခါးသီးမှုနဲ့နာကြည်းမှုတွေကို ဆုပ်ကိုင်ထားတဲ့အခါ အထူးသဖြင့် သင်နဲ့ အရင်းနှီးဆုံးသူတွေဟာ အဲဒီခံစားချက်တွေကို တခြားသူတွေ ဆီပုံဖော်ပေးလိမ့်မယ်။ ခွင့်မလွှတ်နိုင်ရင် မသိစိတ်ထဲမှာ အပြစ်ရှိနိုင် တယ်။ အပြစ်တင်ခြင်းရဲ့အောက်မှာ အပြစ်နှင့်အရှက်ကွဲခြင်းရှိတယ်၊ သင့်အတွင်းစိတ်ကလေးရဲ့အသံဟာ ငါ့အ မှားပါပဲ။

၆။ စစ်မှန်တဲ့မေတ္တာဟာ "ကျိုင်းကောင်တို့စားသောနှစ်များ" ကို ပြန်လည် ထူထောင်ရန် အကောင်းဆုံးဆေးတစ်လက်ဖြစ်တယ် (ယောလ၊ ၂း၂၅)။ မူလဒဏ်ရာကြောင့် ဖြစ်ပေါ်ခဲ့တဲ့နှစ်ပေါင်းများစွာနာကျင်ကိုက်ခဲမှုတွေ ဟာ ပျောက်ကွယ်သွားခဲ့တယ်။ သင့်ရဲ့ကုသခြင်းခရီး၊ ဒုတိယအခွင့်အ ရေးဖြစ်တဲ့ဖခင်တွေ၊ မိခင်တွေ၊ ညီအစ်ကိုတွေနှင့်ညီအစ်မတွေမှာ သင့် ကို ကူညီပံ့ပိုးဖို့ သူငယ်ချင်းတွေနှင့်လမ်းညွှန်ဆရာတွေကို ရှာဖွေပါ။

၇။ သင့်စိတ်ကို အသစ်ပြုပြင်ပါ။ အပြုအမူအသစ်တွေကိုလေ့လာပါ၊ ရွေး ချယ်မှုအသစ်ဖြစ်တဲ့လုပ်ဆောင်ချက်၊ လေ့ကျင့်မှုတွေကိုလုပ်ဆောင်ပါ။

အပြုသဘောဆောင်တဲ့ယုံကြည်ချက်အသစ်တွေကို ရွေးချယ်ပါ။ သင့်ဘဝအတွက် မြေပုံအသစ်တစ်ခုကို ဖန်တီးပါ၊ "ငါ့ကိုယ်ငါယုံတယ်။" "ချစ်ဖို့နှင့်ချစ်ခြင်းခံဖို့ဆုံးဖြတ်လိုက်တယ်" တွေးခေါ်မှုပုံစံသစ်နှင့်အမူအကျင့်ပုံစံသစ်တွေကို သင်ယူခြင်းဟာ အချိန်နှင့်အလေ့အကျင့်တွေလိုအပ်တယ်။ ချစ်ခြင်းမေတ္တာကို သင့်နှလုံးသားထဲသို့ လွှတ်ချခြင်းဟာ ကြောက်စရာကောင်းပါလိမ့်မယ်။ အသက်ရှူပါ၊ လက်ခံပါ၊ ပေးကမ်းပါ။ အသက်ရှူပါ။ လက်ခံပါ၊ ပေးကမ်းပါ။

အမေ့ရဲ့မေတ္တာကို ရှာဖွေခြင်း

အမေဟာ ငါတို့အိမ်က ဆိုဖာခုံပေါ်မှာ ထိုင်တယ်။ အရမ်းအရေးကြီးတဲ့အရာတစ်ခုကိုဝေမျှဖို့ လိုအပ်တာကြောင့် အမေ့ကို လာဖို့တောင်းဆိုခဲ့တယ်။ ငါ့မိန်းမနှင့်မိတ ဆွေဟာ ငါတို့နဲ့အတူ အခန်းထဲမှာ နေခဲ့တယ်။ "အမေ၊ ငယ်ငယ်ကလို အမေနဲ့ ရင်းနှီးရတာကို အရမ်းကြောက်တယ်။ ငါက ကလေးနှစ်ယောက်အဖေဖြစ်ပေမဲ့ အဲဒီအကြောက်တရား တွေကို ဖြေရှင်းဖို့အချိန်ရောက်ပါပြီ။

ငါ့ရဲ့အတိတ်ကို ဆုံးရှုံးရလို့ဝမ်းနည်းနေတဲ့အတွက် ကျေးဇူးပြုပြီး မေမေ့ရဲ့ပေါင်ပေါ်မှာ ထိုင်ခွင့်ပြုပါလား။ အမေက "ရပါတယ်" လို့ပြန်ဖြေ လိုက်တယ်။ အမေ့ရင်ခွင်ကိုမှီလိုက်တဲ့အခါမှာ ကြောက်ရွံ့ခြင်းနှင့်စိုးရိမ်ခြင်းတွေက ပြန်ပြီးလွှမ်းမိုးလာပါတယ်။ ချက်ခြင်းပဲ ကျွန်တော်စငိုလာပါတော့တယ်။ အမေ၊ သားကြီးပြင်းလာတဲ့အခါ ဖေဖေနဲ့ ပတ်သက်ပြီးတော့ အမေခံစားခဲ့တဲ့နာကျင်မှုတွေကို မြင်ယောင်လိုက်တော့ ကြောက်စရာကောင်းတယ်။ ဒီလိုနဲ့ အမေဟာ ကျွန်တော့်ကို စကားလွှဲပြီး ဖြောင်းဖျလိုက်တယ်။

မတ်တပ်ထရပ်ပြီး "မေမေ၊ နားထောင်ပေးပါ" လို့အော်ငိုလိုက်တယ်။ နားထောင်ပေးဖို့လိုတယ်။ မေမေတုံ့ပြန်ဖို့၊ ရှင်းပြဖို့၊ ဘာမှလုပ်စရာမလိုပါဘူး၊ သားကို တင်တင်းကြပ်ကြပ်ဖက်ထားပေးလိုက်ပါ။ နှလုံးသားနှင့်စိတ်ဝိညာဉ်ထဲမှာ နက်ရှိုင်းစွာနစ်မြုပ်နေခဲ့တဲ့နာ ကျင်ခြင်းတွေအားလုံးကို ဖော်ပြချင်လို့ပါ၊ ဒါက မေမေနဲ့ မဆိုင်ပါ။ သားအကြောင်းနှင့် သားကြီးပြင်းလာတဲ့အခါ ကြုံတွေ့ခဲ့တဲ့အရာတွေပါ။ မေမေက ကောင်းပါပြီလို့ပြန်ပြော လိုက်တယ်။ နောက်တစ်ကြိမ် ကျွန်တော် အမေ့ပေါင်ပေါ်ထိုင်ပြီး သူ့ရင်ခွင်ကို မှီလိုက်တယ်။ ပါးပြင်ပေါ်မှာ မျက်ရည်တွေစီးကျလာတယ်။ "သားတို့အပေါ် အဖေအော်ဟစ်တဲ့အခါ အမေက သားကို နီးနီးကပ်ကပ်ဆုပ်ကိုင်ထားတယ်။ အမေ့ရဲ့နာကျင်မှုတွေက သားရဲ့စိတ်ဝိညာဉ်ထဲကို စိမ့်ဝင်သွားတယ်။ အမေနာကျင်ခဲ့ရတာထက် အဖေ့ကို ကြောက်တဲ့သား ရဲ့နာကျင်မှုဟာ ပိုပြီးပြင်းထန်

တကယ်ပါပဲ အမေနဲ့ နေရတာမလုံခြုံဘူးလို့ခံစား ခဲ့တယ်။ အမေက သားကို ဂရုစိုက မယ့်အစား သားက အမေ့ကို ပိုဂရုစိုက်ရမယ်လို့ခံစားခဲ့ရတယ်။

နောက်တော့ ညီအကိုတွေရဲ့ကိုယ်ထိလက်ရောက် စော်ကားတဲ့ပုံစံတွေက စိတ်ထဲ မှာပေါ်လာတယ်။ ကျွန်တော် အထိန်းအကွပ်မရှိ ငိုပါတော့တယ်။ "ဘာလို့သူတို့တွ ဆီကနေ မကာကွယ်ပေးတာလဲ။ အမေဘယ်ရောက်နေလို့လဲ။ အမေဒီလိုအဖြစ်အ ပျက်ကို ဘယ်လိုနဲ့ ခွင့်ပြုနိုင်တာလဲ။ ပါးပြင်ပေါ်က မျက်ရည်တွေဟာ မြစ်တွေလို စီးကျလာပြီး အမေ့ရဲ့အင်္ကျီပေါ်ကို စီးကျလာတယ်။ အမေလည်း ငိုလာပါတော့တယ်။

နှစ်ရှည်လများ ဝမ်းနည်းပူဆွေးပြီး နာကျင်မှုတွေကို ခံစားရပြီးနောက် အံ့သြဖွယ် လွတ်မြောက်ခြင်းကို ခံစားခဲ့ရတယ်။ ပြီးတော့ ကျွန်တော်က "မေမေ၊ ကျေးဇူးပြုပြီး သားရဲ့ကျောကို ပွတ်ပေးပါလား။ လုံလုံခြုံခြုံလေးနဲ့ သားအပေါ် အမေ့ရဲ့ထိတွေ့မှု ကိုအမြဲတမ်းကြောက်နေခဲ့ရတယ်။ ကျွန်တော့်အင်္ကျီကိုချွတ်ပြီး အမေက ကျွန်တော့် ကျောကိုပွတ်သပ်ပေးတယ်။ ကျွန်တော်မှတ်မိသလောက် ဘဝမှာပထမဆုံးကြိမ် အနေနဲ့အမေက ကျွန်တော့်အပေါ် မေတ္တာနဲ့ထိတွေ့ခြင်းကို ခွင့်ပြုလိုက်တာပဲဖြစ် တယ်။ ဒါဟာ ကျွန်တော့်ဘဝရဲ့အချိုးအကွေ့တစ်ခုပါ။

—John

ထပ်ပြောပါရစေ၊ သင့်လက်တွဲဖော်နှင့်ကလေးတွေကို သင်ပေးနိုင်တဲ့ အကောင်းဆုံးလက်ဆောင်ကတော့ မိမိကိုယ်ကို ကုစားခြင်းပါပဲ။ မဟုတ်ရင် နောင်လာနောက်သားတွေအတွက် သင့်ရဲ့အတိတ်က မဖြေရှင်းလိုက်တဲ့ပြ ဿနာတွေအားလုံးကို အမွေအနှစ်တစ်ခုလိုထားခဲ့ပါလိမ့်မယ်။ သင့်ကိုယ်သင် ကုစားခြင်းဖြင့် သင့်သားသမီးမြေးတွေအပေါ် စစ်မှန်တဲ့ချစ်ခြင်းမေတ္တာကို အ မွေအနေနဲ့ ထားခဲ့ပါ။

သင့်ပြဿနာတွေကြောင့် သင့်လက်တွဲဖော်ကို အပြစ်တင်ပါက မိမိ ကိုယ်ကို အပြစ်တင်ခြင်းဖြစ်တယ်။ အခြားလူတွေကို သင်လက်ညှိုးထိုးလိုက် တဲ့အခါမှာ ကျန်တဲ့သင့်လက်သုံးချောင်းက သင့်ကို ပြန်ထိုးနေတယ်ဆိုတယ် ဆိုတာကို မမေ့ပါနဲ့။

တခြားလူကို လက်ညှိုးထိုးလိုက်တဲ့အခါ လက်သုံးချောင်းက သင့်ကို ပြန်ထိုးနေပါတယ်။

© Richard Cohen, M.A., 2019

ငယ်ငယ်တုန်းက ကောင်းခဲ့တယ်လို့ ငါထင်တယ်။

"ကျွန်တော့်မှာ ဒီလိုကောင်းတဲ့ကလေးဘဝ ရှိခဲ့ဖူးတယ်။ စံပြအခြေအနေတွေကနေ ကြီးပြင်းခဲ့တယ်။ ငါအဆင်ပြေပါတယ်၊ ငါ့အိမ်ထောင်ရေးမှာ မပျော်ဘူး" ဆိုတဲ့စကားဟာ ကျွန်တော့်ကုထုံးဆရာရဲ့ပထမဆုံးစကားဖြစ်ခဲ့တယ်။ ကြီးပြင်းလာမှုနဲ့ပတ်သက်ပြီး ဒီမေးခွန်းတွေအားလုံးကို သူက ဘာလို့မေးတာလဲ။ ကျွန်တော့်မိဘတွေက အံ့သြစရာကောင်းတဲ့လူတွေဖြစ်ခဲ့တယ်။ ရုပ်ပိုင်းဆိုင်ရာ ဒါမှမဟုတ် လိင်ပိုင်းဆိုင်ရာစော်ကားမှုမကြုံခဲ့ဖူးပါ။ ကျွန်တော်သေးငယ်ရွယ်ဘဝ ကက်သလစ်ရပ်ကွက်အသိုက်အဝန်းမှာ ဘေးကင်းလုံခြုံခဲ့တယ်။ ကြီးကျယ်တဲ့ကလေးဘဝကို ရရှိခဲ့တယ်။ ဒါဖြင့် ဘယ်အရာက ငါ့ကို ထိခိုက်စေနိုင်ပြီး တခြားဆွေးနွေးလမ်းညွှန်မှုဆီ ကို ဦးတည်စေမည်နည်း။ ငါနည်းနည်းသိတယ်။

ကွာရှင်းပြတ်စဲခြင်း ဒါမှမဟုတ် ငါတို့ရဲ့မိတ်ဆွေအသိုင်းအဝိုင်းထဲမှာ ကုထုံးဆရာလိုအပ်ကြောင်း တခါမှမကြားဖူးပါ။ အဲ့တော့ ကျွန်တော်ဟာ တရားတယ်လို့ခံစားရပြီး ကိုယ့်စကားကို ဆက်ပြီး တွန်းလှန်ပြောဆိုခဲ့တယ်။ "ငါ့ကို မွေးစားထားပြီး ဆုံးမပဲ့ပြင်ကာ တန်ဖိုးထားတဲ့မိဘ၊ အလုပ်ကြိုးစားတဲ့မိဘရှိတယ်။ သူတို့ဟာ ငါတို့အပေါ်သနားကြင်နာတယ်။ ငါတို့အသိုင်းအဝိုင်းက လူတိုင်းကို ကြင်နာပြီး မြို့တွင်းရှိ သက်ကြီးရွယ်အိုတွေကို ၂၅ နှစ်ကြာ ဦးဆောင်ခဲ့တယ်။ အဲဒီ့အပြင် ငါ့အစ်ကိုတွေက

တရားထောက်တဲ့လေးတွေနဲ့ ကင်းထောက်တွေဖြစ်ခဲ့တယ်။ ငါက ကက်လစ်လူငယ်အဖွဲ့နဲ့ လှုပ်ရှားခဲ့တယ်။ အမေရဲ့အကူအညီနဲ့ ငါတို့မြို့ငယ်လေးမှာ ကင်းထောက်အမျိုးသမီးကို တည်ထောင်ခဲ့တယ်။ ကြမ်းတမ်းမှုနှင့်စိတ်ပိုင်းဆိုင်ရာခံစားချက်တွေကြောင့် အဖွားက အမေ့ကို အမြဲကြည့်ခိုင်းတယ်။ ကျွန်တော် သူမနဲ့လုံခြုံ တယ်လို့ခံစားရတယ်။ အဖေနဲ့ဆိုရင် ပျက်စီးသွားသလို ခံစားခဲ့ရတယ်။ အနက်ရောင်ဖိနပ်ကို ဝယ်ပေးခဲ့တဲ့အဖေက ငါ့ကိုချစ်တယ်ဆိုတာထက် ပျက်စီးစေတယ်လို့ခံစားရတယ်။

အကိုကြီးတွေက "မင်းက ဆွံ့အတဲ့မိန်းကလေးလိုပဲ" လိုမှတ်ချက်ပေးတဲ့အရာပေါ်မှာ အမေက ကျွန်တော့်ကို ဘယ်လိုကာကွယ်ရမှန်းကို မသိသေးဘူး။ သူငယ်ချင်းတွေကြောင့် စိတ်ဆင်းရဲရတဲ့အခါ အမေက "လွှတ်ထားလိုက်ပါ။ လူတွေက ဒီလိုပါပဲ၊ တခြားသူတွေကို ကိုယ့်ထက်နိမ့်ချချင်ကြတယ်။ သူတို့ကိုယ်သူတို့ ပိုကောင်းတယ်လို့ခံယူကြတယ်။ နင်ဘယ်သူလဲဆိုတာ ဘုရားသခင်သိတယ်။ ကောင်းကင်ဘုံမှာ အရာအားလုံးအဆင်ပြေသွားလိမ့်မယ်"လို့ဆိုပါတယ်။ ကျွန်တော်ဟာ တကယ်အကဲဆတ်တဲ့ကလေးဖြစ်ပြီး ခံစားချက်တွေကို နားထောင်ပေးဖို့ လိုတယ်ဆိုတာကို ဘယ်သူမှမသိကြပါဘူး။ ကျွန်တော်ဟာ ရှက်ရှက်နဲ့ ပါးစပ်ပိတ်ပြီး လူတွေရဲ့အပြုအမူကို စလေ့လာတယ်။

ငါ့ကို ချစ်တဲ့အမေကလွဲလို့ ငါ့ရင်ထဲမှာ ဘာတွေဖြစ်နေတယ်ဆိုတာ ဘယ်သူမှမသိကြဘူး။ ဒါပေမဲ့ ခက်တာက အမေကလည်း ဘာမှမကူညီနိုင်ခဲ့ဘူး။ ရပ်ကွက်ထဲက ကလေးတွေဟာ ငါတို့အိမ်ကိုလာလည်ပြီး ပျော်ကြတယ်၊ အိမ်နောက်ဖေးမှာ ရွက်ဖျင်တဲ့တွေမှာ အိပ်တာတွေ၊ ကစားတာတွေလုပ်ကြတယ်။ အမိဝမ်းကတည်းက ငါမပိုင်ဆိုင်ထားတဲ့အရာရှိတယ်ဆိုတာကို သဘောပေါက်လာရတယ်။ အိမ်စာအကူအညီလိုအပ်နေတဲ့ကျောင်းသားအသစ်တွေကို ကျူရှင်ပေးဖို့အတွက် ကျောင်းမှရွေးချယ်ခံရပေမယ့် ဘာမှမပိုင်ဆိုင်ပါလား၊ မသင့်တော်ပါလားဆိုတဲ့အဆက်မပြတ်ခံစားချက်တွေဟာ ပျောက်ကွယ်မသွားပါဘူး။ ပြင်သစ်နိုင်ငံမှာ ကျောင်းသားတွေကို သင်္ချာကျူရှင်ပေးဖို့ ရွေးချယ်ခံရပြန်တယ်။ဒီအချိန်မှာလည်း ခါတိုင်းလိုပဲမဟုတ်သေး ပါဘူးဆိုတဲ့အတွေးဝင်လာပြန်တယ်။ ငယ်ရွယ်စဉ်ကလေးလေးဘဝမှာကိုက အဲဒီမကောင်းတဲ့အရိုက်အရာတွေက ကျွန်တော့်အသက်တာအပေါ်မှာ သက်ရောက်မှုရှိနေတာကို လုံးဝသတိမထားမိဘူးလို့ ကုထုံးဆရာကို ကျွန်တော်ပြောခဲ့တာဟာ တကယ်အံ့သြစရာမဟုတ်ပါ။

ပေါင်းပင်တွေရဲ့အမြစ်ဟာ ဘာလဲဆိုတာကို မသိဘဲနဲ့ စိတ်ခံစားချက်ခြံထဲမှာ အပင်လေးတွေကိုစိုက်ပြီး ပျော်အောင်ကြိုးစားခဲ့တယ်။ ရက်တွေကိုချိန်းဆိုပြီး အမှန်ဖြစ်လာတယ်။ အရာရာကျပ်တည်းလာတဲ့အခါ အရက်သမားဖြစ်သွားတဲ့ကောင်လေးကို ငါဘယ်လိုရွေးချယ်တာလဲ။ နောက်ပိုင်း ဆက်ဆံရေးတွေမှာ ကျွန်မအားမရတော့ဘူး၊ စမတ်ကျကျမဟုတ်တော့ဘူး၊ စက်စီ (sexy) ကျကျမဟုတ်တော့ဘူး၊ မချမ်းသာ

တော့ဘူး။ အသက်ဆယ့်ကိုးနှစ်မှာ ကျွန်မစိတ်နှလုံးကြေမွစွာနဲ့ ကိုယ့်ကိုယ်ကိုတိုင်တည်ပြီးတော့ ကျွန်မအပေါ် အထင်မသေးမယ့်ကောင်လေးကို လက်ထပ်ဖို့ ကတိပြုလိုက်တယ်။ ဘုရားသခင်ကိုချစ်ပြီး အရေမထူတဲ့လူ၊ သနားကြင်နာပြီး စမတ်ကျတဲ့လူတစ်ယောက်ကို ပထမဦးဆုံးတွေ့လိုက်တာနဲ့ ချစ်မိလေပြီ။ ကလေးငိုနေတဲ့အချိန်ညဥ့်နက်သန်းခေါင်မှာ ထပြီး ကူညီပေးတယ်။ ချက်ပြုတ်မှုတွေ၊ အိမ်မှုကိစ္စတွေမှာတွေလည်း ကူညီပေးတယ်။ ဘာမှမညည်းညူပါဘူး။ ငါ့ရည်းစားတွေအကုန်လုံးက ငါ့ကို မနာလိုဖြစ်ကြတယ်။

သေချာတာက စကြဝဠာကြီးဟာ ငါ့ရဲ့အိမ်ထောင်ဖက်အား ငါ့ကို တွေ့ဖို့တောင်းဆိုမှုကို လျစ်လျူရှုခဲ့တယ်လို့ထင်တယ်။ နာကျင်စွာနဲ့ ကျွန်တော်တွေ့ရှိတဲ့အရာကတော့ ငါဟာ မှန်ကိုကြည့်ပြီး ကုသမှုခံယူဖို့ လိုအပ်တဲ့သူ၊ ငါ့ရဲ့သံသယတွေနှင့်မလုံခြုံမှုတွေရဲ့အမြစ်တွေကို နက်နက်ရှိုင်းရှိုင်းတူးဆွနေသူတစ်ဦးဖြစ်ကြောင်း တွေ့ရှိခဲ့ပါတယ်။ ကျွန်မရဲ့ကုသရေးခရီးစဉ်ဟာ အိမ်ထောင်ကျတဲ့အထိ နှစ်အတော်ကြာစတင်ခဲ့ရတယ်။ အိမ်ကနေဆိုရင် မိုင်ပေါင်းသုံးထောင်လောက်ဝေးပါတယ်။ ငါဟာဒူးထောက်ပြီး စိတ်ပျက်လက်ပျက်နဲ့ ဆုတောင်းခဲ့တယ်။ မကြာခင်မှာပဲ Richard နဲ့တွေ့တဲ့အခါ စိတ်ပညာနဲ့ ကိုယ့်ကိုယ်ကို အသိအမြင်ကမ္ဘာသစ်တစ်ခု ပွင့်လာပါတယ်။ အထောက်အကူပြုစာအုပ်တွေ လုံလောက်အောင်မဖတ်နိုင်၊ ကုသရေးနှီးနှောဖလှယ်ပွဲတွေ မတက်နိုင်ခဲ့ပါ။ အရေးကြီးဆုံးကတော့ တခြားသူတွေရဲ့ခင်မင်ရင်းနှီးမှုနဲ့လက်ခံမှုပါပဲ။ ဗုဒ္ဓဟူးနေ့ညနေတိုင်းတွင် Richard မှ ပံ့ပိုးကူညီတဲ့အဖွဲ့တစ်ခု လူသုံးဆယ်ဟာ ကျွန်မအိမ်မှာ တွေ့ဆုံကြတယ်။ ဒါက ကျွန်မရဲ့နက်နဲတဲ့စိတ်ပိုင်းဆိုင်ရာစီမံဆောင်ရွက်တဲ့အလုပ်ရဲ့ခရီးကို စတင်ခဲ့တယ်။ ကျွန်ုပ်တို့ဟာ မျှဝေဖို့ လိုအပ်တာပဲဖြစ်ဖြစ်၊ အဖွဲ့ထဲတွင် တစ်စုံတစ်ဦးက ဦးဆောင်တာပဲဖြစ်ဖြစ် ဒါမှမဟုတ် TTT အတွက် အခြားတောင်းဆိုမှုတွေ ပြုလုပ်ဖို့ လိုအပ်တာပဲဖြစ်ဖြစ် ကျွန်ုပ်တို့တွေဟာ အဲဒီမှာ ရှိနေကြပါတယ်။

Richard နဲ့ Russell (Richard ကို ကူညီပေးနေတဲ့အဖွဲ့ဟာ) ကျွန်မရဲ့ညီအစ်ကိုတွေဖြစ်လာပြီး ကျွန်မကိုချစ်ကြတယ်၊ အားပေးတယ်၊ ကျွန်မဘယ်သူလဲဆိုတာကိုမြင်ကြတယ်။ ကျွန်မရဲ့အတွေးတွေနှင့်ခံစားချက်တွေကို နာရီတော်တော်ကြာ နားထောင်ပေးကြတယ်။ ချိန်ပေးခြင်း၊ ထိတွေ့ခြင်းနှင့်စကားပြောခြင်း စတာတွေကိုကျွန်မလက်ခံရရှိခဲ့တယ်။ စည်းကမ်းချက်ကြောင့် အုပ်စုလိုက်သုံးလေးကြိမ်တွေ့ဆုံတဲ့အခါမှာ လုံခြုံမှုရှိလာတယ်။ ဒီလိုနည်းနဲ့ ဒဏ်ရာရနေတဲ့အတွင်းပိုင်းကလေးကိုနောက်ထပ်ဒဏ်ရာမရအောင် ကုသပေးခဲ့တယ်။ သူတို့တစ်ဦးချင်းစီမှာ ဖြည့်ဆည်းမေတ္တာအတွက် မပေးနိုင်တဲ့လိုအပ်ချက်တွေကိုဖြည့်ဆည်းပေးဖို့ မတူညီတဲ့အရည်အချင်းတွေရှိကြတယ်။

ငါ့ရဲ့ဒဏ်ရာတွေနှင့်ဆုံးရှုံးမှုတွေအကြောင်းကို ပြောပြီး ငိုနေတဲ့အချိန်မှာ အသက်တာပြောင်းလဲခြင်းဖြစ်ပေါ်ခဲ့တယ်။ ငါဟာ ဘယ်သူမှမလိုချင်တဲ့ကလေးပါလို့ ပြောခဲ့ဖူးတယ်။ ညီအစ်ကိုတွေရဲ့ကျီစယ်ခြင်းကို ခဏခဏခံရပြီး အဲဒီအဆိုးမြင်စိတ်က စိတ်ထဲမှာ နက်နက်ရှိုင်းရှိုင်းဝမ်းနည်းမှုကို ဖန်တီးခဲ့တယ်။ အဖေကလည်း ငါကြီးကောင်ဝင်နေချိန်မှာ ငါတို့ရဲ့ဆက်ဆံရေးကနေ ထွက်သွားတယ်။ အဖေကြီးဟာ တကယ်ကိုခေတ်နောက်ကျလာပြီး ရုက်ရွံ့ကာ ချောမောလှပတဲ့သူ့ရဲ့ဆယ်ကျော်သက်သမီးလေးနှင့် အရမ်းနီးကပ်သွားမှာကို စိုးရိမ်ခဲ့တယ်။

အသက်လေးဆယ်နီးပါး၊ ကျွန်တော်ရဲ့ကိုယ်ရေးကိုယ်တာ ကုသခြင်လုပ်ငန်းကို စတဲ့အခါမှာ ကျွန်တော့်ရဲ့အတွင်းစိတ်ကလေးကို “ဒါမင်းအပြစ်မဟုတ်ဘူး။ မင်းကို နာကျင်အောင် လုပ်တဲ့လူတွေက သူတို့ဘဝအသက်တာကြောင့် နာကျင်နေပါပြီ။ သူတို့ကိုယ်တိုင်က သူတို့ဟာ ဘယ်သူလဲဆိုတာ တကယ်မသိခဲ့ကြဘူး။ သူတို့က မင်းကို နာကျင်စေဖို့ မရည်ရွယ်ပါ။ မင်းအပေါ် သူတို့က ညံ့ဖျင်းစွာမဆက်ဆံခင် သူတို့ဟာ ရာဇဝတ်ကောင်တွေပါ။ ဝမ်းနည်းစရာက ဒါကို သင်ယုံကြည်ခဲ့တယ်။ ဒီတော့ အခုသင့်ကို မိဘတွေရဲ့ကြည့်ရှုစောင့်ရှောက်မှုလို ငါဂရုစိုက်ပြီး အခုမှစ၍ သင်နဲ့ပတ်သက်တဲ့တမ္ဘာတရားကို သင်ပေးမယ်။ မင်းနှင့်ငါစွန့်စားရလိမ့်မယ်။ မင်းကို ငါကာကွယ်မယ်”လို့ပြောလိုက်တယ်။

ဘယ်အရာကမှ ငါ့ကိုမတားနိုင်ဘူး။ အဆုံးမှာ အလင်းရောင်ကို မြင်လိုက်ရတယ်။ ငါ့မှာ မျှော်လင့်ချက်ရှိခဲ့တယ်။ ငါ့ရဲ့အရွယ်ရောက်ခြင်း၊ ငါ့ရဲ့အတွင်းစိတ်မိဘနှင့်အတွင်းဒဏ်ရာရရှိခြင်း တွေကြားမှာရှိတဲ့ဆက်ဆံရေးကြီးထွားပုံကို သင်ယူရပါတယ်။ ငါ့စိတ်ဝိညာဉ်လိုအပ်တဲ့ကျန်းမာခြင်းကိုလည်း သင်ယူခဲ့တယ်လို့ပြောရမှာဖြစ်ပါတယ်။ အဖွဲ့အစည်းထဲက မရနိုင်တဲ့ကုသခြင်းဟာ ငါ့တန်ဖိုးကို သိရှိတဲ့လူတွေ၊ ငါ့ရဲ့နက်နဲတဲ့ဖြစ်ခြင်းကို နားလည်တဲ့သူတွေဆီကနေ ရရှိပါတယ်။ သူတို့ကလည်း ကာလကြာမြင့်စွာရှိနေတဲ့အရာကို ပေးချင်ကြတယ်။

ဝမ်းနည်းစရာက ငါတို့ရဲ့ဘဝအစောပိုင်းတွေမှာ အိမ်မှာပဲဖြစ်ဖြစ်၊ ကျောင်းမှာပဲဖြစ်ဖြစ်၊ ဘုရားကျောင်းမှာပဲဖြစ်ဖြစ် အသိုင်းအဝိုင်းမှာပဲဖြစ်ဖြစ် ဒီလိုအရေးကြီးပြီး နားလည်ထားရမယ့်ဟာကို မသင်ကြားခဲ့ပါဘူး။ Richard နဲ့ဆုံတွေ့တဲ့နေ့မှာပဲ ငါ့ဘဝက ပြောင်းလဲသွားတယ်။ ကျွန်မဖြစ်ချင်တဲ့မိန်းမဖြစ်လာရတယ်။ ကျွန်မအိမ်ထောင်ရေးကိုကယ်တင်ဖို့၊ သားသမီးတွေကို ပိုကောင်းစေဖို့၊ ဒီလောကမှာ ထွန်းလင်းတဲ့အလင်းဖြစ်စေဖို့ပါ။ လူသားအားလုံးက ဒီမြေကြီးပေါ်မှာ ငြိမ်းချမ်းမှုကို ဖန်တီးနိုင်ဖို့၊ ဘုရားသခင်သားသမီးတွေအနေနဲ့ အစွမ်းသတ္တိတွေနဲ့ ပြည့်ဝနိုင်ဖို့ ဒီလိုမျိုးနက်နဲတဲ့ကျန်းမာခြင်းကို လိုအပ်တယ်လို့ ကျွန်မအလေးအနက် ယုံကြည်ပါတယ်။

—Hilde

အောက်က ဖော်ပြထားတဲ့အချက်အလက်တွေဟာ အဓိကဒဏ်ရာတွေရဲ့ကုစားခြင်းကို ပံ့ပိုးပေးမယ့်ကုထုံးနည်းပညာများစွာရဲ့ စာရင်းဖြစ်ပါတယ်။ ထိတ်လန့်မသွားပါနဲ့။ ဒီစာအုပ်တွေ အကုန်ဖတ်ဖို့ ပြောနေတာမဟုတ်ဘူး။ ဒါတွေဟာ ကုစားခြင်းကို အရှိန်မြင့်စေတာကြောင့် ဒီအထူးနည်းပညာတွေကို ကျွန်တော်ဖော်ပြခြင်းဖြစ်ပါတယ်။

Voice Dialogue (*Embracing OurSelves*, Hal & Sidra Stone) Focusing (Focusing, Eugene Gendlin)

Gestalt Therapy (*Gestalt Therapy Verbatim*, Frederick Perls)

Psychodrama (*The Drama Within*, Tian Dayton)

EMDR (*Eye Movement Desensitization and Reprocessing*, Francine Shapiro)

Inner-Child Healing (*Recovery of Your Inner Child*, Lucia Chapacchine)

Family Healing Sessions (*Holding Time*, Martha Welch)

Transactional Analysis (*Games People Play*, Eric Berne)

Bioenergetics (*Bioenergetics*, Alexander Lowen / Core Energetics, Pierrakos)

အလွန်ကောင်းပြီး သိပ္ပံနည်းကျသက်သေပြထားတဲ့ဒီကုထုံးတွေကို ကိုးကားပြီးတော့ ကုသပေးမယ့်သူတွေကို သူတို့ရဲ့လေ့ကျင့်မှုနှင့်ကျွမ်းကျင်မှုအကြောင်း မေးမြန်းနိုင်ပါတယ်။ အကောင်းဆုံးကတော့ ခန္ဓာကိုယ်ကို ဗဟိုပြုတဲ့ကုထုံးတွေမှာ ပေါင်းစပ်ပြီး ပညာသင်ကြားနေတဲ့ကုထုံးပညာရှင်နဲ့ တွဲလုပ်ကြည့်ဖို့ပါပဲ။

"ကိုယ်ခန္ဓာကို ဗဟိုပြုတဲ့စိတ်ဝေဒနာကုသနည်းက ကုထုံးနည်းလမ်းတွေဟာ အမှုသည်ရဲ့ရုပ်ပိုင်းဆိုင်ရာ ခန္ဓာကိုယ်ကို ကုထုံးလုပ်ငန်းစဉ်တွင် ပေါင်းစပ်ပေးတယ်လို့ဖော်ပြထားတယ်။ ခန္ဓာနှင့်စိတ်ခွဲခြားသိမြင်ခြင်းဆိုင်ရာ စိတ်ဝေဒနာကုသနည်းလို့လည်း ခေါ်တယ်။ ဒါဟာ လူတစ်ဦးရဲ့ခန္ဓာကိုယ်နှင့် စိတ်ပိုင်းဆိုင်ရာ ကျန်းမာချမ်းသာမှုကြား ရင်းနှီးတဲ့ဆက်ဆံရေးကို အသိအမှတ်ပြုတဲ့လုပ်ငန်းစဉ်တစ်ခုဖြစ်ပါတယ်။ ခန္ဓာကိုယ်ကို ဗဟိုပြုတဲ့စိတ်ကုထုံးပညာရှင်တွေက ခန္ဓာကိုယ်ကို ကိုယ်တိုင်ရှာဖွေတွေ့ရှိမှုနှင့် ကုသခြင်းအတွက်

အရင်းအမြစ်တစ်ခုအနေနဲ့ ရှုမြင်ကြပါတယ်" (http://www.ashleyeder.Com/approaches/body-centered-psychotherapy/)

ကုသခြင်းရဲ့အခြေခံမူတွေ - သင်ကိုယ်တိုင်သွားသလောက် လူတစ်ဦးကိုသာ သင်ခေါ်သွားနိုင်တယ်။ သင့်မှာမရှိတဲ့အရာ ဒါမှမဟုတ် မကြုံဖူးတဲ့အရာကို သင်မပေးနိုင်ပါ။ ဒါကြောင့် ကုသရေးသမားတော်တော်များများဟာ သူတို့ကိုယ်တိုင် ကုသခြင်းလုပ်ငန်းကို မလုပ်ဆောင်တဲ့အတွက် နာမည်နဲ့ မထိုက်တန်ကြဘူးလို့ပြောရမှာပါ။ မိမိအိမ်ထောင်ဖက်နှင့်ပိုမိုနက်ရှိုင်းတဲ့ဆက်ဆံရေးကို လိုလားတဲ့အိမ်ထောင်ရှင်မဟာ မိမိအဖော်နှင့် နီးကပ်မှုမစမီတွင် အရင်ဆုံး သူမရဲ့ကိုယ်ပိုင်ပြဿနာတွေကို ရင်ဆိုင်ရမှာဖြစ်ပါတယ်။ မိဘတွေအနေနဲ့လည်း သားသမီးတွေနဲ့ပတ်သက်လာရင် နိယာမက အတူတူပါပဲ။ သင့်သားသမီးတွေကို ကျန်းမာစေချင်ရင် အရင်ဆုံးသင်ကိုယ်တိုင်ကျန်းမာအောင်နေရမယ်။

စုံတွဲတွေရဲ့ကုထုံးပုံစံများစွာဟာ အပြစ်တင်ကြောင့် အလုပ်မဖြစ်ပါ။ အရင်ဆုံးကျွန်တော်တို့ရဲ့ဆက်ဆံရေးမှာ ရေရှည်တည်တံ့တဲ့ပြောင်းလဲမှုကို မမျှော်လင့်မီ မိမိတို့ကိုယ်ကို ကုသရပါမယ်။ မိသားစုစနစ်ပြောင်းလဲဖို့ဆိုရင် လူတစ်ဦးတည်းပဲလိုအပ်တာပါ။ သင်ပြောင်းလဲတဲ့အခါ ၎င်းဟာ သင့်အိမ်ထောင်ဖက်နှင့်ကလေးတွေအပေါ် သက်ရောက်မှုရှိမှာဖြစ်ပါတယ်။ လက်ကိုင်ဖုန်းအကြောင်းကို တစ်ချက်စဉ်းစားကြည့်ပါ။ ဖုန်းမျက်နှာပြင်ကို တစ်ချက်ထိလိုက်တာနဲ့ပုံပါအတိုင်း သူတို့တွေအားလုံး လှုပ်ရှားကြတယ်။

အပိုင်းအစတစ်ခုကို ရွှေ့လိုက်တဲ့အခါ ကျန်တဲ့အပိုင်းအစတွေအားလုံး ရွှေ့လျားသွားပါတယ်။ မိသားစုမှာ စနစ်ပြောင်းလဲဖို့ဆိုရင် လူတစ်ဦးပဲ အရင်ပြောင်းလဲဖို့ လိုတာပါ။

ဘယ်လောက်ပဲနာကျင်နေပါစေ၊ လက်ရှိမှာပြီးပြည့်စုံတယ်။ ကျွန်တော်တို့အတွက် သင်ယူစရာတစ်ခု အမြဲရှိတယ်။ အသိအမြင်ဆိုတာ အရာရာပါပဲ။ ဘုရားသခင်က သင်မကိုင်တွယ်နိုင်တဲ့အရာကို သင့်ဆီ ပို့ပေးမှာမဟုတ်ပါဘူး။ သူပို့ပေးလိုက်တဲ့အရာဟာ သင့်ကို သတ်မှာမဟုတ်ပါဘူး။ သင်သာ ခွင့်ပြုမယ်ဆိုရင် သင့်ကိုကုစားပြီး သင်ပေးလိမ့်မယ်။ မေတ္တာဟာ အခြေအနေတိုင်းမှာ အဆုံးစွန်တဲ့သတင်းစကားနှင့်သင်ခန်းစာပါပဲ။

သင်တွန်းလှန်နေတဲ့အရာက ဆက်ရှိနေတယ်။ သင့်ရဲ့အတွင်းစိတ်က နတ်ဆိုးတွေကို ထွေးပွေ့ထားတယ်။ အဆိုပါအတွင်းစိတ်နတ်ဆိုးတွေနဲ့ပတ်သက်ပြီးတော့ မဖြေရှင်းလိုက်တဲ့ပြဿနာတွေဟာ အရုပ်ဆိုးတဲ့ဦးခေါင်းတွေကိုပြုစုပျိုးထောင်ပေးနေတယ်။ ဥပမာ သင့်ကိုနာကျင်စေတဲ့သူ၊ မလိုလားအပ်တဲ့လိင်ပိုင်းဆိုင်ရာအပြုအမူတွေ၊ သင့်အိမ်ထောင်ဖက်အပေါ် ခါးသီးတဲ့စိတ်၊ ဒေါသပြဿနာတွေ၊ စွဲလမ်းမှု စတဲ့အရာတွေဖြစ်ပါတယ်။ ကုစားတဲ့လမ်းကြောင်းဟာ ဆင်းရဲဒုက္ခကနေ ဖြောင့်ဖြောင့်သွားရမှာဖြစ်ပါတယ်။ အဲဒါကို

အခုအတူတူပြောကြပါစို့။ ကျွန်တော်တို့ကျန်းမာဖို့အတွက် အမှန်တကယ် ခံစားရမယ်။ နှလုံးသားရေးရာမှာ ဖြတ်လမ်းမရှိပါ။

ကုစားခြင်း လမ်းစဉ်ဆိုတာဟာ သင့်နှလုံးသားကို ဖြတ်သန်းသွားတာပါ၊သင့်နှလုံးသားအနီးတစ်ဝိုက်ကနေမဟုတ်သလိုအဲဒီအပေါ်မှာလည်းမဟုတ်ပါဘူး။ "သူ့ရဲ့ကောင်းတစ်ယောက်ဟာ သာမန်လူထက် ရဲရင့်မှုမရှိဘူး။ ဒါပေမယ့် သူက ငါးမိနစ်လောက် ပိုသတ္တိရှိလို့ပါ" ဆိုပြီးတော့ Ralph Waldo Emerson က ပြောကြားခဲ့ဖူးတယ်။ ကြီးမြတ်တဲ့လူဟာ အမှားတွေကို ပိုလုပ်တတ်ပြီး ပြန်ထဖို့ကြိုးစားတတ်တယ်။ ဘယ်တော့မှ၊ ဘယ်တော့မှ အရှုံးမပေးတတ်ဘူး"လို့ Winston Churchill က ပြောသွားတယ်။ အကျပ်အတည်းတွေဟာ ဖြစ်တည်မှုလမ်းကြောင်းကို ပြောင်းလဲဖို့အတွက် သင့်စိတ်ဝိညာဉ်ကနေ ရပ်တန့်ဖို့နှင့်ထင်ဟပ်ဖို့ သတင်းစကားတွေဖြစ်တယ်။ ထိုးဖောက်မှုမတိုင်ခင် ပြိုကွဲမှု၊ ထမြောက်ခြင်းမတိုင်ခင် သေခြင်းတရားဆိုသလိုပါပဲ။

သင့်ရဲ့နှလုံးသားကနေ ခွဲထွက်သွားလျက် ဘယ်အချိန်နဲ့ ဘယ်လမ်းဆုံလမ်းခွမှာ ရှင်သန်ဖို့အတွက် မျက်နှာဖုံးတွေ ဖန်တီးခဲ့တယ် (ငါတို့ရဲ့ကိုယ်ရည်ကိုယ်သွေးအလွှာတွေ - ပင်ကိုအမှား)။ ကုသရာမှာ သင့်အတွင်းပိုင်းကလေးကို သဘာဝအတိုင်း ပြန်လည်ကောင်းမွန်လာစေဖို့အတွက် သင့်နှလုံးတစ်ဝိုက်ရှိ အလွှာတွေကို ဖယ်ထုတ်ဖို့ လိုအပ်ပါလိမ့်မည်။ နောက်တစ်ကြိမ်နာကျင်စရာကောင်းတဲ့ဆက်ဆံရေးမှာ သင်ကြုံတွေ့ခဲ့ရတာတွေကို ကောင်းမွန်ပြီး နှစ်သက်ဖွယ်ကောင်းတဲ့ဆက်ဆံရေးမှာ ကုသပေးရပါမယ်။

ညဘက် ခေါင်းအုံးပေါ်မှာ တစ်ယောက်တည်း ငိုနေရုံနဲ့ သင့်ရဲ့နာကျင်မှုတွေ သက်သာပျောက်ကင်းမှာမဟုတ်ဘူး။ ဘုရားသခင်လည်း သင့်ကို ရိုးရှင်းရှင်းနဲ့ ကုစားဖို့ သဘောတူမှာမဟုတ်ပါဘူး။ သင့်ဖခင်က သင့်ကိုထားရစ်ခဲ့ပြီး သင့်ကို (ရုပ်ပိုင်းဆိုင်ရာ၊ စိတ်ပိုင်းဆိုင်ရာ၊ ခံစားချက်ပိုင်းဆိုင်ရာ၊ လိင်ပိုင်းဆိုင်ရာ) စော်ကားခဲ့တယ်ဆိုရင်၊ သင့်ကို လျစ်လျူရှုခဲ့တယ်ဆိုရင်၊ သင့်ကို ရက်စက်စွာဆက်ဆံခဲ့မယ်ဆိုရင်၊ ကောင်းမွန်တဲ့ဖခင်ရဲ့မေတ္တာကို ပြသဖို့အတွက် အမျိုးသားလမ်းညွှန်ဆရာတွေကိုရှာရမယ်။ မိခင်ဆီကနေ ဘာချစ်ခြင်းမေတ္တာမှမရဘူး/မခံစားဘူးဆိုရင်လည်း ဒီလိုပဲလုပ်ရမယ်။ ကျွန်ုပ်တို့ဟာ မိမိတို့ရဲ့ညီအစ်ကိုညီအစ်မတွေကို စောင့်ရှောက်တဲ့သူတွေပါ။

ကုသခြင်း လုပ်ငန်းစဉ်မှာ အရာရာမကောင်းလာခင် အမြဲတမ်းပိုဆိုးလာတတ်တယ်။ ပထမဦးစွာ သင်ဟာ နာကျင်စရာအမှတ်တရတွေ မျက်နှာပြင်ပေါ်တက်လာစေဖို့အတွက် အကြွင်းအကျန်ကို (မသိစိတ် အမှတ်တရတွေကို)နှိုးဆော်ရမည်။ ဆိုတော့ နာကျင်ခြင်း၊ ဝမ်းနည်းခြင်း၊ ဒေါသဖြစ်ခြင်း၊ စိတ်ဓာတ်ကျခြင်း၊ မျှော်လင့်ချက်မဲ့ခြင်းနှင့် ရှုပ်ထွေးတဲ့ကာလတစ်ခုရောက်ရှိလာရပါတယ်။ ပြီးမှ သက်သာမှု၊ ဖြေရှင်းမှု၊ ပြန်လည်ထူထောင်မှု၊ ပြန်လည်သင့်မြတ်ရေးတွေလိုက်လာရတယ်။ သင့်အတွင်းစိတ်ကလေး ပြန်လည်ထူထောင်ရေးလေ့ကျင့်ခန်းကို သင်လုပ်ခဲ့ပါက သင့်နှလုံးသားအတွင်း သော့ခတ်ထားတဲ့ ဒဏ်ရာတွေကို ထုတ်ဖော်ပြသခြင်းဖြင့် သင့်ဝိညာဉ်ဟာ သင့်ကိုယုံကြည်စပြုနေပြီဖြစ်ပါတယ်။

ကျွန်တော့်ရဲ့ကုသရေးခရီးတွင် ကောင်းမွန်တဲ့လမ်းညွှန်ဆရာတွေကို ရှာတွေ့ဖို့ မလွယ်ကူပါ။ ဒါဟာ အနာဂတ် TTT စင်တာတွေရဲ့အရေးကြီးတဲ့ စံတန်ဖိုးတစ်ခုဖြစ်ပါတယ် (သင်ရဲ့နက်နဲတဲ့အတွေးအမြင်တွေ၊ ခံစားချက်တွေကိုဖော်ပြနေချိန်မှာ သင့်ကို ချစ်မြတ်နိုးတဲ့အမျိုးသား/အမျိုးသမီးတွေ ထားရှိခြင်းဖြစ်ပါတယ်)။ ခိုင်ခံ့မြဲမြံတဲ့ချစ်ခြင်းမေတ္တာနှင့် ထိတွေ့မှုတွေကို သရုပ်ပြဖို့ အမျိုးသားနှင့်အမျိုးသမီးကို ကမ္ဘာအနှံ့ရှာဖွေခဲ့တယ်။ ဒါဟာ ကျွန်တော့်ဘဝရဲ့ အရှက်ရစရာကာလတစ်ခုပါပဲ။ အချစ်အတွက် သူတောင်းစားတစ်ယောက်လို ခံစားခဲ့ရပြီး ငြိမ်းချမ်းတဲ့ပုံစံနဲ့ မဖြစ်ခဲ့ပါဘူး။ မှောင်မိုက်နေတဲ့ စကြံနဲ့မှောင်ရိပ်တွေမှာ ချစ်ခြင်းမေတ္တာနဲ့ ကောင်းမွန်တဲ့အထိအတွေ့ကို ရှာတွေ့ဖို့ အသည်းအသန်လျှောက်လှမ်းခဲ့တယ်။

ကုသခြင်းလုပ်ငန်းစဉ်ဟာ ဆယ်ကျော်သက်တွေနှင့်အရွယ်ရောက်ပြီး သူတွေအတွက် နာကျင်ပြီး ရှုပ်ထွေးပါတယ်။ ကလေးတွေဟာ ငါတို့ကုသနည်းကို သရုပ်ဖော်ပြသကြတယ်လို့ဆိုရမှာပါ။ သူတို့ဟာ နာကျင်လာတဲ့အခါမှာတော့ ငိုယိုပြီး နှစ်သိမ့်မှုကိုလိုချင်ကြတယ်။ အဲဒီနောက်မှာတော့ သူတို့ဟာ ချစ်ခင်မှုကိုခံစားပြီး လွတ်လပ်စွာကစားနိုင်ကြတယ်။ ဒါဟာ တကယ်ကို ရိုးရှင်းပါတယ်။ ဆယ်ကျော်သက်အရွယ်နှင့်အရွယ်ရောက်ပြီးတဲ့ ငါတိုအနေနဲ့ အခြားလူတွေကို ငါတို့စိတ်နှလုံးရဲ့မှောင်မိုက်နယ်ပယ်ထဲသို့ ဝင်ခွင့်ပြုတယ်ဆိုတာ တော်တော်ကို အန္တရာယ်များပါတယ်။ ငါတို့ကို မစီရင်ဘဲ လုံခြုံစိတ်ချပြီး ချစ်စရာကောင်းတဲ့ယောက်ျား ဒါမှမဟုတ် မိန်းမတစ်ယောက်နဲ့ တွေ့တဲ့

အခါ ငါတို့ရဲ့အနက်ရှိုင်းဆုံးနှင့်အမှောင်မိုက်ဆုံး လျှို့ဝှက်ချက်တွေကို မျှဝေပါတယ်။ ပြီးမှ ယုံကြည်မှုတွေ ခိုင်မာလာပြီး အတိတ်က ငါတို့ရဲ့ဆုံးရှုံးမှုတွေကြောင့် ဝမ်းနည်းကြေကွဲခဲ့တဲ့လုပ်ငန်းစဉ်ကို စတင်နိုင်ခဲ့တယ်။

တစ်ခါဝမ်းနည်းပြီးရင် သင့်ရဲ့အမှန်တရားကို ဖော်ထုတ်နိုင်မှာဖြစ်ပါတယ်။ သင့်ရဲ့အမှန်တရားကို သိရှိခြင်းအားဖြင့် သင်လွတ်မြောက်ပါလိမ့်မယ်။ အဲဒီနောက် သင်ဝင်ရောက်ခွင့်ရရှိပြီး "ဘယ်သူ့ကိုမှ ငါမယုံဘူး။ ဘယ်မိန်းမကိုမှ ငါမယုံဘူး။ ငါမကောင်းဘူး" ဆိုတဲ့ သင့်ရဲ့ဖုံးကွယ်မှုနှင့်အပျက်သဘောဆောင်တဲ့ယုံကြည်ချက်တွေကို ရှာတွေ့မှာဖြစ်ပါတယ်။ မေတ္တာသစ်ကို တွေ့ကြုံခံစားခြင်းဖြင့် သင်ဟာ ဘဝနှင့်မေတ္တာအကြောင်းနဲ့ပတ်သက်ပြီးတော့ လွတ်လွတ်လပ်လပ်ဆုံးဖြတ်ချက်အသစ်တွေကို ချနိုင်ပြီး သင့်ဘဝရဲ့ဇာတ်ညွှန်းနှင့်ပုံဖော်မှုတွေကို ပြောင်းလဲလာကာ "ယောကျ်ားတွေနှင့်မိန်းမတွေကို ယုံကြည်ဖို့ ငါရွေးချယ်တယ်။ ငါဟာ တန်ဖိုးရှိတဲ့လူပါ။ ချစ်ခြင်းမေတ္တာဟာ ငါ့အတွက် အမြဲတမ်းရှိနေတယ်" လို့ပြောလာမှာဖြစ်ပါတယ်။

တစ်ခုတည်းသောလမ်းက ထိုးဖောက်ခြင်းပါပဲ။ ယုံကြည်ရတဲ့အမျိုးသား/အမျိုးသမီးတစ်ဦးနဲ့ သင့်ရဲ့နာကျင်မှုကို ဦးစွာခံစားရဖို့ လိုအပ်ပြီး အဲဒီဝမ်းနည်းမှုအခြေအနေမှာ သင့်ကိုယ်သင်မေးပါ ဒါမှမဟုတ် သူ/သူမကို သင့်အား မေးခွင့်ပြုပါ။ ဥပမာ- "ဒီအခြေအနေရဲ့အမှန်တရားက ဘာလဲ။ ဘယ်သူက တကယ်အပြစ်ရှိခဲ့တာလဲ။ ဒီအတွေ့အကြုံကြောင့် ကိုယ့်ကိုယ်ကိုရော တခြားသူတွေပါ ဘယ်လိုယုံကြည်လာတာလဲ။" အဲဒီအခိုက်အတန့်မှာ သင့်ရဲ့နှလုံးသား၊ စိတ်၊ ကိုယ်နဲ့ဝိညာဉ်တွေ ဆုံစည်းရာက သင့်ရဲ့အနက်ရှိုင်းဆုံးအဓိကအမှန်တရားကို သင်ရှာတွေ့ပြီး သင့်ရဲ့ကိုယ်ရေးကိုယ်တာချုပ်နှောင်ခြင်းကနေလွတ်မြောက်လာကာ ပထမဆုံးအကြိမ် အိမ်ပြန်လမ်းကို ရှာပါ။ Paulo Paulo Coelho's The Alchemist details such a journey.

"ကျွန်ုပ်တို့ရဲ့စူးစမ်းရှာဖွေမှု အားလုံးရဲ့အဆုံးသတ်ဟာ ကျွန်ုပ်တို့စတင်ခဲ့တဲ့နေရာသို့ရောက်ရှိလာပြီး ပထမဆုံးအကြိမ်နေရာကို သိခြင်းဖြစ်လိမ့်မည်။"

—T.S. Eliot၊ Little Gidding၊ Four Quartets၊ 1942.

ဒီလုပ်ငန်းစဉ်ကို တစ်ယောက်တည်း လုပ်လို့မရပါဘူး။ ဒီအရေးကြီး တဲ့ နိယာမကို ကျွန်တော်လုံလောက်အောင်မပြောနိုင်ပါဘူး။ ပျက်စီးနေတဲ့ဆက်ဆံရေးကနေ ပေါက်ဖွားလာတဲ့အရာတွေကို ကောင်းမွန်တဲ့ဆက်ဆံရေးဖြစ်ဖို့ ကုသရမှာပါ။ "ကိုယ်ချင်းစာတဲ့သက်သေ"လို့စိတ်ရောဂါပညာရှင် Alice Miller က ဆိုခဲ့တဲ့အတိုင်း ဘုရားသခင်ရဲ့ဝိညာဉ်တော်နှင့်မီး တုတ်ကိုင်ဆောင်သူနှင့် အတူ အမှောင်ထဲသို့အလင်းကို ယူဆောင်လာပါ။ အဲဒီနေရာမှာ အတိတ်က အရိပ်တွေကနေ လွတ်မြောက်ခြင်း၊ အလင်းကိုသင်တွေ့ကြုံခံစားရလိမ့်မယ်။ သင့်အသက်တာမှာ သင့်ဒဏ်ရာတွေကို ပြန်လည်ကြည့်ရှုဖို့ လုံခြုံစိတ်ချတဲ့လူတွေမရှိပါက နောင်တွင် ကျွန်ုပ်တို့ရဲ့ TTT စင်တာ တစ်ခုကနေ ရပ်တန့်နိုင်မှာဖြစ်ပါတယ်။ သင့်ကို ကုသပို့နှင့်သင့်နှလုံးသားရဲ့ ဆန္ဒရရှိဖို့—ကြားသိဖို့၊ ဆုပ်ကိုင်ထားဖို့နှင့်ချစ်မြတ်နိုးဖို့ ကျွန်ုပ်တို့ရောက်ရှိနေပါမယ် (ဒီအကြောင်းအသေးစိတ်အချက်အလက်တွေကို စာအုပ်ရဲ့နိဂုံးတွင် တွေ့ရှိနိုင်ပါတယ်)။

ကျွန်ုပ်တို့ဟာ ကျွန်ုပ်တို့ရဲ့လိုအပ်ချက်တွေနှင့် "ထိတွေ့မှု" မရှိတော့တဲ့အခါမှာ မေတ္တာတရားအတွက် တောင်းရမ်းစားသောက်သူတွေဖြစ်လာပြီး ဘယ်နည်းပဲဖြစ်ဖြစ် ဒါမှမဟုတ် ဖြစ်နိုင်သမျှနည်းလမ်းနဲ့ ဆိုလိုတာကတော့ လိင်မှု (အဖော်များစွာနဲ့ လိင်ဆက်ဆံခြင်း၊ ညစ်ညမ်းခြင်း၊ အတင်းအကျပ်တစ်ကိုယ်ရည်အာသာဖြေခြင်း)၊ ပစ္စည်းတွေရရှိခြင်း၊ ဖြစ်ထွန်းမှုတွေ (ဒါတွေကို ငါတို့က "စွမ်းဆောင်မှုအခြေခံတဲ့အမူအကျင့်တွေ"လို့ခေါ်ပါတယ်။ ဘာလို့ဆိုရင် ဒါတွေဟာ ငါတို့မှာ ဘာမှမရှိဘူးလို့ ခံစားနေရတဲ့အချိန်မှာ ယာယီပြည့်စုံမှုတွေကို ပေးစွမ်းနိုင်တဲ့အတွက်ဖြစ်ပါတယ်)။ အခြားသူတွေကတော့ သူတို့ရဲ့နှလုံးသားအနီးတဝိုက်မှာ တံတိုင်းအများကြီးရှိနိုင်ပါတယ်။ ကြည့်လိုက်ရင် နယ်နိမိတ်စည်းမျဉ်းလိုလိုထင်ရပေမယ့် တကယ်တော့ တံတိုင်းတွေပါ။

ကျွန်ုပ်တို့ဟာ မိမိတို့ရဲ့အတွေးတွေ၊ ခံစားချက်တွေ၊ လိုအပ်ချက်တွေနဲ့ ထိတွေ့မှုမရှိတဲ့အခါ ဒါမှမဟုတ် ငါတို့နဲ့နီးစပ်သူတွေက (မိသားစုနှင့်သူငယ်ချင်းတွေက) ရိုးသားမှုမရှိတဲ့အတွက် မိမိတို့ရဲ့ခန္ဓာကိုယ်နှင့်စိတ်ဝိညာဉ်တွေထဲကို ပြန်လည်ဝင်ရောက်ပြီး မိမိတို့ကိုယ်ကိုနဲ့ ပြန်လည်ချိတ်ဆက်နိုင်ဖို့ အတွက် လိင်ဆက်ဆံခြင်းကို နည်းလမ်းအနေနဲ့ အသုံးပြုနိုင်တယ်။ မိမိကိုယ်ကို လိင်ဆက်ဆံခြင်း/အခြားသူတစ်ဦးနဲ့လိင်ဆက်ဆံခြင်းကိုအသုံးပြုခြင်းဟာ မိမိတို့ကိုယ်ကို ထိတွေ့မှုပြန်ရရှိဖို့ လုပ်ဆောင်တစ်ခုဖြစ်နိုင်ပါတယ်။

"သွေးထွက်ရင် လမ်းပေါ်တယ်" ဆိုတာ မီဒီယာရဲ့မန္တန်ဖြစ်ပါတယ်။ အဘယ့်ကြောင့် သတင်းအများစုဟာ စိတ်လှုပ်ရှားဖွယ်ကောင်းတဲ့အရာတွေ၊ မတော်တဆမှုတွေ၊ အလွဲသုံးစားပြုမှုတွေ၊ လူသတ်မှုတွေ၊ မုဒိမ်းမှုတွေ၊ စစ်ပွဲတွေနှင့်ကပ်ဘေးတွေအကြောင်း အစီရင်ခံခြင်းဖြစ်တာလဲ။ ဒီအဖြစ်အပျက်တွေဟာ ငါတို့ရဲ့အရိပ်ဘက် တစ်နည်းပြောပြရရင် ငါတို့တစ်ဦးချင်းစီတိုင်းမှာ မဖြေရှင်းလိုက်တဲ့နာကျင်မှုတွေကို ကိုယ်စားပြုနေတာဖြစ်ပါတယ်။ မတော်တဆမှုတွေကို ကြည့်ဖို့အတွက် ငါတို့ရဲ့ကားတွေကို အရှိန်လျှော့ပြီး "အိုး" နှင့် "အာ" လို့ပြောကာ "သူတို့အတွက် စိတ်မကောင်းပါဘူး" လို့ပြောတတ်ကြတယ်။ ငါတို့ရဲ့ကိုယ်ပိုင်အခြေအနေတွေအတွက် ငိုကြွေးဖို့ ခက်ခဲနိုင်ပေမယ့် ရုပ်ရှင်တွေမှာ အခြားသူတွေရဲ့နာကျင်တဲ့ဘဝအတွက် ဝမ်းနည်းပူဆွေးပေးကြတယ်။ အချို့က အခြားသူတစ်ဦးရဲ့ကံဆိုးမှုကို ရှုမြင်တဲ့အတွက် ခံစားပေးဖို့ ဒါမှမဟုတ် ရင်ဆိုင်ပေးဖို့ မလိုအပ်ပါ။ အခြားသူတွေကတော့ သူတို့ညီအစ်ကိုတွေရဲ့နာကျင်မှုကို မြင်တွေ့ရတဲ့အတွက် မိမိတို့ရဲ့လူသားဆန်တဲ့စိတ်တွေ နိုးကြားလာကြတယ်။

သင်မပိုင်ဆိုင်ရင် ရွှေ့လို့မရဘူး။ သင့်အပိုင်မဟုတ်ရင် ရွှေ့လို့မရဘူး။ သင်လုပ်စေချင်တဲ့အရာကို လူသားတွေ "လုပ်ခိုင်း" လို့မရဘူး။ သင်ကိုယ်တိုင်ကပဲ ပြောင်းလဲနိုင်တာပါ။

ပြောင်းလဲခြင်း အတွေ့အကြုံကို ဖြတ်သန်းခဲ့တဲ့ယုံကြည်သူအချို့ဟာ စိတ်ခံစားမှုရှောင်ကွင်းလို့ခေါ်တဲ့ ဒုတိယအဆင့်သို့ရောက်ရှိနိုင်တယ်။ အဲဒီလူဟာ မိမိဒဏ်ရာ ဒါမှမဟုတ် မှားယွင်းတဲ့ပင်ကိုယ်ကနေ ထွက်သွားပြီး မိမိရဲ့မြင့်မားတဲ့ပင်ကိုယ်ကို ဖြတ်ကျော်ပြီးတော့ အသက်ရှင်ဖို့ ချက်ချင်းကြိုးစားတဲ့အခါ စိတ်ခံစားမှုရှောင်ကွင်းဆိုတာ ဖြစ်ရတာပါ။ ဒါပေမယ့် အမြဲတမ်းကောင်းဖို့နှင့်မှန်ကန်တဲ့အရာကို လုပ်ဆောင်ဖို့ ကြိုးစားနေစဉ် သူ့နှလုံးသားထဲမှာ ဖုံးဖိထားတဲ့လျှို့ဝှက်ချက်တွေနှင့်သူ့ဒဏ်ရာတွေကို ငြင်းဆိုကာ ပိုပြီးဘုရားတရားကိုင်းရှိုင်းတဲ့ပုံစံလို အသက်ရှင်ရပေမယ့် မှားယွင်းတဲ့အသက်ရှင်ခြင်းပါပဲ။ သူဟာ သူ့ကိုယ်သူဖြောင့်မတ်တဲ့သူဖြစ်လာနိုင်တယ်။ ဒီလိုလူအများစုက မိမိတို့

ကိုယ်တိုင်မလုပ်ချင်တဲ့လိင်ဆက်ဆံခြင်း ဒါမှမဟုတ် အိမ်ထောင်မပြုဘဲအခြားသူတွေနဲ့ လိင်ဆက်ဆံခြင်းတွေကို လုပ်ကြတယ်။

ယင်းက လိုအပ်ချက်တွေမဖြည့်ဆည်းနိုင်တဲ့သံသရာစက်ဝန်းကို ဖန်တီးပေး၍ သူမလုပ်ချင်တဲ့အရာကို လုပ်လာကာ အပြစ်ရှိတယ်လို့ခံစားကာ သံသရာလည်တဲ့ဘဝကို ထပ်ခါထပ်ခါစတင်ရတယ်။ သင့်ဒဏ်ရာတွေကို ဖြေရှင်းခြင်း၊ လိုအပ်ချက်မပြည့်မီတဲ့မေတ္တာကို ကောင်းမွန်တဲ့ဆက်ဆံရေးနဲ့ ဖြည့်ဆည်းပေးတာတွေဟာ သင့်ကို အနာကျက်စေရုံတင်မက ကမ္ဘာကြီးကိုပါ ကုသပေးမှာဖြစ်ပါတယ်။

ငါတို့နှစ်ယောက်လုံးက သူတော်စင်တွေနှင့်အပြစ်သားတွေပါ။ ကမ္ဘာကြီးကို ကုစားဖို့ဆိုရင် ကိုယ့်ကိုယ်ကိုယ် တက်ကြွစွာကုစားရမယ်။
St. Augustine က "အရာအားလုံးဟာ ဘုရားသခင်အပေါ် မူတည်သလို ဆုတောင်းပါ။ အားလုံးက မင်းအပေါ်မှာမူတည်သလို လုပ်ပါ။" ပြဿနာကို အာရုံမစိုက်ဘဲ ဖြေရှင်းချက်ကို အာရုံစိုက်ပါ၊
သူတို့ကို ငါဖိထားဖူးပေမယ့် သူတို့တွေက သင့်ရဲ့ခလုတ်တွေပဲ။ သင့်ကို အခြားသူတစ်ဦးမှ စနက်မီးပျိုးပေးတဲ့အခါ သင်မဖြေရှင်းလိုက်တဲ့ ပြဿနာတွေကို ပြန်လည်ရှင်သန်စေတယ်။

ပေါင်းသင်းဆက်ဆံရေးကို ကုစားနိုင်တဲ့အခြားနည်းလမ်းမှာ မိသားစုအတွင်းမှာပါ။ သင့်မိဘတွေဟာ အသက်ရှင်လျက်၊ စွမ်းဆောင်နိုင်ကာ ဆန္ဒရှိပါက မိသားစုကုစားခြင်းအပိုင်းကို ထည့်သွင်းစဉ်းစားနိုင်ပါတယ်။ ငါက လွန်ခဲ့တဲ့နှစ်ဆယ့်လေးနှစ်အတွင်း မိသားစုကုစားခြင်းဆိုင်ရာ အစည်းအဝေးရာပေါင်းများစွာကို ကူညီဆောင်ရွက်ပေးခဲ့ပြီး မိဘတွေ၊ ကလေးတွေ၊ ညီအစ်ကိုမောင်နှမတွေကြားမှာရှိတဲ့ ကာလရှည်ကြာပြဿနာတွေကို ဖြေရှင်းပေးကာ ပိုမိုကောင်းမွန်တဲ့မေတ္တာနှင့်ရင်းနှီးမှုကို တွေ့ကြုံခံစားနိုင်စေဖို့အတွက် ကူညီဆောင်ရွက်ပေးခဲ့ပါတယ်။ဒါဟာ ကျွန်တော့်ရဲ့လုပ်သက်လုပ်ဆောင်မှုတွေထဲမှအကျိုးအရှိဆုံးတစ်ခုဖြစ်ပါတယ်။

Columbia University မှ ပါမောက္ခဟောင်းနှင့်သုတေသီသမားဖြစ် တဲ့ Holding Time ဆိုတဲ့စာအုပ်ကို ရေးသားသူ Dr. Martha Welch ထံက

မှတ်သားဖွယ်ကောင်းတဲ့ကုထုံးနည်းပညာကို ကျွန်တော်လေ့လာခဲ့ပါတယ်။ နှစ်ပေါင်းများစွာက ပဋိပက္ခတွေနှင့်ဝမ်းနည်းမှုတွေဟာ နှစ်ရက်အတွင်းမှာတင် ပြေပျောက်ပြီး နှောင်ကြိုးနှင့်ရင်းနှီးမှုအသစ်တွေနဲ့ အစားထိုးကာ ဘဝတစ်သက်တာရှင်သန်နိုင်တဲ့အရည်အချင်းတွေနဲ့ အစားထိုးပေးခဲ့တယ်။ ဒီထူးခြားတဲ့နည်းပညာနဲ့အခြားကုထုံးပညာရှင်တွေကို လေ့ကျင့်ပေးထားတယ်။ မိသားစုကုစားခြင်းအပိုင်းကို စိတ်ဝင်စားပါက ကျွန်တော်တို့ရဲ့ရုံးကို ဆက်သွယ်နိုင်ပါတယ်။

နားလည်မှုခရီး

ငါတို့မှာ လိင်စွဲလမ်းမှုပြဿနာနဲ့ ရုန်းကန်နေရတဲ့ သားလေးတစ်ဦးရှိပါတယ်။ သူဟာ အရမ်းစိတ်ထိခိုက်လွယ်ပြီး အံ့သြစရာကောင်းတဲ့အနုပညာရှင်တစ်ယောက်ဖြစ်ပါတယ်။ ငါတို့သားသုံးယောက်စလုံးက ထက်မြက်တယ်၊ သန်မာတယ်၊ ရည်မှန်းချက်ကြီးမားတယ်၊ ကြင်နာကြတယ်။

နှစ်ပေါင်းတော်တော်ကြာ ဖုံးကွယ်ပြီး လျှို့ဝှက်ထားပြီးနောက် ငါတို့သားက သူ့ရဲ့ရုန်းကန်မှုတွေအကြောင်းကို ပြောပြခဲ့ပြီး သူ့ကို ဘယ်လိုကူညီရမှန်းကို ကျွန်တော်တို့မသိခဲ့ပါ။ ငါတို့ဘယ်လိုတုံ့ပြန်ရမယ်၊ ဘယ်လိုပြုပေးရမယ်၊ ဘာပြောရမယ်၊ ဘယ်ဘက်ကိုလှည့်ရမယ်ကို မသိခဲ့ကြပါ။ ငါတို့က သူဒုက္ခရောက်နေတာကို ကြည့်နေတယ်။ သူစိတ်ဓာတ်ကျနေတာကို ငါတို့မြင်နေရတယ်။ ငါတို့အတွက် ကြည့်ရတာအရမ်းနာကျင်ပြီး အားကိုးရာမဲ့သလို ခံစားရတယ်။

ဒီလိုနည်းနဲ့ ရုန်းကန်နေရဖို့ ဘုရားသခင်ဖန်ဆင်းထားတာမဟုတ်ဘူးဆိုတာကို ကျွန်တော်တို့ယုံကြည်ကြတယ်။ ဒါပေမယ့် သူဟာ အဖြေအတွက် ဘယ်ကို ဦးတည်ရမလဲဆိုတာကိုမသိပါ။ သူ့သူငယ်ချင်းက Richard နဲ့ သူရေးထားတဲ့စာအုပ်တွေအကြောင်း ပြောပြတယ်။ ဒီသူငယ်ချင်းက သူ့မိဘတွေနဲ့အတူ သူ့ရဲ့ကုသရေးခရီးကို စတင်ခဲ့ကြောင်း ပြောပြခဲ့တယ်။

အဲဒါက ငါတို့မိသားစု ကုစားခြင်းရဲ့အစပဲ။ မျှော်လင့်ချက်နဲ့ ပိုကြီးတဲ့ချစ်ခြင်းမေတ္တာတွေကိုတွေ့ကြုံခံစားနိုင်ဖို့ ကျွန်ုပ်တို့အားလုံးကို ကူညီပေးခဲ့တဲ့ခရီးတစ်ခုပါပဲ။ကျွန်ုပ်တို့လည်း မိဘအုပ်ထိန်းမှုဆိုင်ရာသင်တန်းတွေမှာ ပါဝင်ခဲ့ပြီး စာအုပ်များစွာကို ဖတ်ရှုကာ ပံ့ပိုးကူညီမှုအဖွဲ့တစ်ခုသို့ဝင်ရောက်ခဲ့တယ်။ ကျွန်တော်တို့ရဲ့မိဘအုပ်ထိန်းမှုဟာ သားရဲ့ဒဏ်ရာနှလုံးကို ဘယ်လိုအကျိုးသက်ရောက်ကြောင်း နားလည်လာခဲ့တယ်။

သူ့သူငယ်ချင်းရဲ့မိဘတွေက ငါတို့မှာ မိသားစုကုစားမှုအပိုင်းရှိတယ်။ အတိတ်ပြဿနာတွေကို ဖြေရှင်းပေးမှာဖြစ်ပြီး လူတိုင်းကို ပိုမိုရင်းနှီးစေမယ်လို့အကြံပြုထား

ပါတယ်။ ဒါဟာ ကြောက်စရာကောင်းတဲ့ အဆိုပြုချက်တစ်ခုဖြစ်ပေမယ့် ဒါဟာ ငါတို့ရဲ့နောက်တစ်ဆင့် ခရီးစဉ်ဖြစ်ကြောင်း စိတ်ထဲမှာသိပါတယ်။ ငါတို့ရဲ့သားနှစ်ယောက်ကိုလည်း မိသားစုကုစားခြင်းအပိုင်းမှာ ပါဝင်ဖို့ တောင်းဆိုခဲ့တယ်။ “ဒါကို ငါတို့အတွက် လုပ်ပေးပါ” လို့တောင်းဆိုတဲ့အခါ သူတို့လည်း သဘောတူတယ်။

မိသားစုခရီးထွက်တဲ့အချိန်မှာ ငါတို့အားလုံး “ဘာဖြစ်ရင် ကောင်းမလဲ” နှင့် “ငါတိုဘာတွေလုပ်နေကြတာလဲ” ဆိုတဲ့အတွေးနဲ့ ပြည့်နေကြတယ်။ မိဘတွေအနေနဲ့ စိတ်ပူပြီး ဘာကိုမျှော်လင့်ထားမှန်းမသိခဲ့ကြပါ။ ကျွန်တော်တို့ဟာ ဘဝတစ်သက်တာလုံး ဆုတောင်းခဲ့ပေမယ့် ဒီသင်တန်းမစခင် အပိုဆုတောင်းချက်တွေလိုအပ်ပါတယ်။ ငါတို့အားလုံးကို ပို့ဆောင်ပေးဖို့ ဘုရားသခင်ကို တောင်းဆိုခဲ့ကြတယ်။

အဖဘုရားသခင်က အတွေးအမြင်၊ စကားလုံးနှင့်လုပ်ဆောင်မှုတိုင်းအတွက် Richard အပြင် သူ့ရဲ့တွဲဖက်ကုထုံးပညာရှင် Phillip ကိုပို့ဆောင်ပေးခဲ့တယ်လို့ မိမိတို့ယုံကြည်တယ်။ ကျွန်တော်တို့မိသားစုဟာ ပွင့်လင်းတဲ့နှလုံးသား၊ ပွင့်လင်းမြင်သာမှုနှင့်ရိုးသားတဲ့ခံစားချက်တွေနဲ့ ပြည့်နှက်နေပါတယ်။ ခက်ခက်ခဲခဲနဲ့ နာကျင်တဲ့ဒဏ်ရာတွေကို တူးဖော်တွေ့ရှိခဲ့ရပါတယ်။ တစ်ခါမှ မပြောဖူးတဲ့အရာတွေကို ပြောခဲ့ပြီး အဲဒါတွေအားလုံးကို မေတ္တာနဲ့ စီမံဆောင်ရွက်ခဲ့ကြတယ်။ လူတိုင်းက အရမ်းရိုင်းတယ်၊ သဘာဝကျတယ်၊ ရိုးသားတယ်။ ဒါဟာ ငါတို့ရဲ့နာကျင်မှု၊ ဒေါသနှင့်လိုအပချက်တွေကို မျှဝေဖို့အတွက် လုံခြုံတဲ့နေရာတစ်ခုဖြစ်တယ်။ လူတိုင်းက ကိုယ့်သားသမီးတွေအတွက် ဂုဏ်ယူတတ်ကြတယ်။ ကျွန်တော်တို့ရဲ့မိသားစုအတွင်း မကောင်းတဲ့အပြုအမူတွေ ပြောင်းလဲလာခြင်းဟာ ရောမခြေလှမ်းတစ်ခုဖြစ်တယ်လို့ယုံကြည်တယ်။ Richard နှင့် Phillip အားဖြင့် မိသားစုအစည်းအဝေးမှာ ကြုံတွေ့ခဲ့ရတဲ့ လမ်းညွှန်မှု၊ ထိုးထွင်းသိမြင်မှု၊ အသိပညာနှင့်ကုသပေးမှုအတွက် အလွန်ကျေးဇူးတင်ပါတယ်။ တကယ်ကို ကျေးဇူးတင်ပါတယ်။

ဒီခရီးဟာ မာရသွန်ပြေးပွဲဖြစ်ပြီး ကျွန်တော်တို့ရဲ့မိသားစုကုစားခြင်း အစီအစဉ်ရဲ့ရလဒ်အဖြစ် ထင်ရှားလာတဲ့ကောင်းချီးတွေကို ကျွန်တော်တို့ဆက်လက်မြင်တွေ့နေရပါတယ်။ ထိလွယ်ရှလွယ်တဲ့သားလေးဟာ အကြံဉာဏ်ကို ခံယူလျက် သူ့ရဲ့ကြီးထွားမှုဟာ အံ့မခန်းပင်။ ကျွန်ုပ်တို့မိသားစုဝင်အားလုံးဟာ မိမိတို့ကိုယ်ကိုလည်းကောင်း၊ အချင်းချင်းကိုလည်းကောင်း နားလည်မှုတိုးမြင့်လာစေဖို့တွက် တွန်းအားပေးပါမယ်။ ဘုရားသခင်က ဆက်လက်ဦးဆောင်ပြီး ကျွန်တော်တို့ရဲ့မျှော်လင့်ချက်တွေကို အားသစ်လောင်းကြတယ်။

—Joshua & Wendy

ဒါဟာ အချစ်တိုက်ပွဲပါ။
အချစ်ဆုံးသူဟာ အကြာဆုံးအောင်နိုင်တဲ့သူပါ

နာကျင်စရာအမှတ်တရတွေကို ယခုရှာဖွေတွေ့ရှိပြီး သင့်အတိတ်က ဆုံးရှုံးမှုတွေကို ဝမ်းနည်းကြေကွဲစေမယ့်အစီအစဉ်ကို စတင်လိုက်တဲ့လို့ ဒီအရေးကြီးတဲ့သင်ခန်းစာကို သတိရပါ။ နှင်းဆီပန်းအနံ့ရဖို့အတွက် အချိန်ယူပါ။ နမ်းပါ၊ ရှိုးရှိုးစင်းစင်းလေးပါ။ အနားယူပါ။ ယနေ့ငါတို့ရဲ့ကမ္ဘာကြီးဟာ ဖိစီးမှုနှင့်အလုပ်ပင်ပန်းမှုတွေနဲ့ပဲ ရုန်းကန်လှုပ်ရှားနေပါတယ်။ ဒါက လေးစားစရာမကောင်းသလို ကောင်းမွန်တဲ့အရာလည်း မဟုတ်ပါ။ ဒါဟာ ခန္ဓာကိုယ်နှင့်စိတ်ဝိညာဉ်ကို ထိခိုက်စေတယ်။ ကုသခြင်းအလုပ်ကို အခြားပျော်စရာတွေနဲ့ ရောနှောလုပ်ဆောင်ပါ။ ကစားတာ၊ ဖန်တီးတာ၊ ဝိညာဉ်ရေးဆိုင်ရာ အတွင်းပိုင်းကလေးအတွက် ဂုဏ်ယူပါ။ အပြင်ထွက်ပြီး သင့်လုပ်ဖော်ကိုင်ဖက်၊ သူငယ်ချင်းတွေ/သင့်ကိုယ်သင်ပျော်စရာလှုပ်ရှားမှုလေးတွေကို လုပ်ဆောင်ပါ။ မျှမျှတတဖြစ်ခြင်းက အရေးကြီးတယ်။ သင့်ဘဝမှာ အရိပ်နှင့်အလင်းစွမ်းအင်တွေကို ထိန်းသိမ်းပါ။

အဆင့် ၅- လိင်တူဒဏ်ရာတွေကို ကုသခြင်း

အမေ့မေတ္တာကို တွေ့ရှိခြင်း

၁၉၈၈ ခုနှစ် Seattle တွင် နေသာတဲ့နွေလည်ခင်းမှာ ကျွန်တော့်မိဘတွေဟာ ကျွန်တော်တို့မိသားစုဆီ အလည်လာကြတယ်။ ကျွန်တော့်ရဲ့ကလေးဘဝမှာ ဦးလေး Pete ရဲ့လိင်ပိုင်းဆိုင်ရာစော်ကားခံရမှုကို သူတို့နဲ့ပထမဆုံးမျှဝေခဲ့ရတယ်။ အဖေက ဒေါသတကြီးနဲ့ "သူ့ကို ငါသတ်ပစ်မယ်။ ငါသူ့ကိုရှာပြီး သွေးကြွေးဆပ်ပစ်မယ်" လို့ပြေလိုက်တယ်။ ငါက "အဖေ၊ မဟုတ်ဘူး အလိုမလုပ်ပါနဲ့။ အဖေရဲ့စေတနာကို သားနားလည်ပါတယ်။ ဒီလိုစိုးရိမ်ပူပန်ပေးတာကိုက လေးစားတယ်၊ အဖေရေ၊ ဒီကိစ္စကို သားကိုယ်တိုင် ကိုင်တွယ်ပါ့မယ်"လို့တားလိုက်တယ်။

ဒီထိတ်လန့်စရာကောင်းတဲ့သတင်းကို ပြောပြပြီးနောက်မှာ အဖေက ကျွန်တော့်ကို သီးသန့်အချိန်ပေးဖို့ အမေ၊ ဇနီးနဲ့ ကလေးနှစ်ယောက်ကို တောင်းဆိုခဲ့တယ်။ သူတို့ဟိုတယ်အခန်းကို ကောင်းကောင်းမှတ်မိတယ်။ အခန်းနောက်ဘက်တွင် ပြတင်းပေါက်များစွာရှိပြီး အဖေထိုင်တဲ့ ကုလားထိုင်ကြီးတစ်လုံးရှိတယ်။ ကျွန်တော် သူ့ဆီကို

လှမ်းလာပြီး "အဖေ၊ အဖေက အသက် ၇၂ နှစ်၊ သားက ၃၅ နှစ်ဆိုပေမယ့် သား ကို အဖေ့ရင်ခွင်ထဲမှာ ထိုင်ခိုင်းပါ။ အဖေက သားကို ငယ်ငယ်တုန်းက အဲဒီလိုဖက်တွယ်ထားတာ တစ်ခါမှမမှတ်မိလို့ပါ။ အဲဒါကို သားက အမြဲတမ်းတောင်းတနတာပါ" လို့ ပြောလိုက်တယ်။

အဖေ့ရင်ခွင်ထဲ တိုးဝှေ့ပြီး သူ့လက်နဲ့ ကိုယ့်ကို ပွေ့ချီခိုင်းလိုက်တယ်။ အဖေက စစ်ကျောင်းမှာ ကြီးပြင်းလာတဲ့ရေတပ်သားဟောင်းဆိုတော့ သူ့အတွက် ဘာခံစားချက်မှမရှိသလိုပါပဲ။ သူ့မိဘတွေရဲ့ချစ်ခြင်းမေတ္တာ၊ နွေးထွေးတဲ့ပွေ့ဖက်မှုကို သူတစ်ခါမှ မကြုံဖူးဘူးဆိုတော့ ဒါက သူ့အတွက် တော်တော်ကို စိမ်းနေတယ်။ ဒါ့အပြင် သူဟာ ဆယ်စုနှစ်ပေါင်းများစွာ ဖိနှိပ်ချုပ်ချယ်ခံခဲ့ရတဲ့ နာကျင်မှုတွေဟာ သူ့စိတ်ဝိညာဉ်ထဲတွင် နက်ရှိုင်းစွာစွဲမြဲနေခဲ့တာကြောင့် သူ့မျက်ရည်တွေကို တစ်စက်မှမကျခဲ့ပါဘူး။

သူ့ရင်ဘတ်မှာ ခေါင်းကို တင်းတင်းစိုက်ထားရင်း ထိန်းမနိုင်သိမ်းမရ ဝမ်းနည်းလာတယ်။ သူက ကျွန်တော့်ကို တားဖို့ ကြိုးစားတယ်။ "ဖေဖေ၊ ကျေးဇူးပြုပြီး ငိုပါရစေ။ ဖေဖေအတွက် ခံရခက်တယ်ဆိုတာ သားသိတယ်။ ကျေးဇူးပြု၍ နားထောင်ပါ။ ဖေဖေတစ်ခုခုလုပ်စရာမလိုဘူး။ သားကို ကိုင်ထားပါ။ သားကြီးပြင်းလာခဲ့ရတဲ့ဘဝတစ်လျှောက်လုံးမှာ ဒါကို တကယ်လိုအပ်ခဲ့တာပါ။ ကျွန်တော့်ရဲ့လေးလေနက်နက် စိတ်မကောင်းစွာပြောတဲ့အရာကို သူနားထောင်နေခဲ့တယ်။ ကျွန်တော့်ရဲ့ ဆယ်ကျော်သက်ဘဝနှင့် နှစ်ဆယ်ကျော်ကာလအတွင်း ပေါင်းသင်းဆက်ဆံခဲ့ဖူးတဲ့ ကျွန်တော့်ရဲ့အတိတ်၊ လိင်မှုဆိုင်ရာမြင်ကွင်းတွေကို မြင်ယောင်မိခဲ့တယ်။ အဖေ၊ သားက အဲဒီလူတွေနဲ့လိင် ဆက်ဆံချင်တယ်လို့ထင်လား။ တကယ်တော့ သားက ဖေဖေရဲ့ မေတ္တာကို သူတို့ရဲ့ရင်ခွင်ထဲမှာ ရှာနေခဲ့တာပဲ" လို့ပြောလိုက်တယ်။

မျက်ရည်တွေ ပိုပိုကျလာတယ်။ နောက်တော့ သူ့မျက်ရည်တွေလည်း ပါးပြင်ပေါ် စီးကျလာသလိုခံစားလိုက်ရတယ်။ အဲဒီအခိုက်အတန့်မှာ သူက ငါ့အဖေဖြစ်လာပြီး ငါက သူ့သားဖြစ်လာတယ်။ ဒါဟာ ငါတို့သားအဖဘဝမှာ ပထမဆုံးအကြိမ်ပေါင်းစည်းခဲ့ကြတာ။

— Richard

ဟုတ်ပါတယ်၊ ဒီလိုပုံစံက လူတိုင်းအတွက် မဖြစ်နိုင်ပါဘူး။ အချို့မိဘတွေဟာ ဒီလိုလုပ်ဖို့ လုံခြုံမှုမရှိသလိုခံစားကြရတယ်၊ တချို့က ကွယ်လွန်သွားကြပြီ၊ အချို့က သားသမီးတွေကို အဲဒီလို ရင်းနှီးခွင့်မပြုကြဘူး၊ ရပါတယ်။ ယုံကြည်စိတ်ချရတဲ့လမ်းညွှန်ဆရာ၊ သူငယ်ချင်း၊ "ဒုတိယအခွင့်အရေးဖခင်" ဒါမှမဟုတ် TTT စင်တာမှ တစ်စုံတစ်ဦးအတွက် ဝမ်းနည်းပူဆွေးမှုကို မျှဝေခံစားပေးပြီး ကောင်းမွန်တဲ့အထိအတွေ့လက်ဆောင်ကို ရယူနိုင်ပါတယ်။ ငါ့မှာ

လည်း အတိတ်က ဆုံးရှုံးမှုတွေကြောင့် ဝမ်းနည်းကြေကွဲမှုတွေကို အားပေးခဲ့တဲ့အမျိုးသားလမ်းညွှန်ဆရာသုံးယောက်ရှိတယ်။ အဖေဟာ ဒီလိုရင်းနှီးမှုကို ထိန်းထားနိုင်ခြင်းမရှိသလို သူ့ရဲ့အတွင်းစိတ်ကလေးဟာလည်း အေးခဲနေပြီး သူ့စိတ်ရဲ့လျှို့ဝှက်နက်နက်မှုတွေကို သော့ခတ်ထားတာကြောင့် သူ့အတွက် အလွန်ကြောက်စရာကောင်းတယ်။

ယခင်အပိုင်းတွင် ဖော်ပြထားတဲ့တူညီတဲ့ပရိုတိုကောကို လိုက်နာ ပါ။ ဥပမာ ပြန်အမှတ်ရပါ၊ ပြန်ကြည့်ပါ၊ လွှတ်ပေးပါ၊ နားလည်ပေးပါ၊ နာကြည်းမှုတွေ၊ စစ်မှန်တဲ့ချစ်ခြင်းမေတ္တာတွေ၊ ပြန်လည်ဆန်းသစ်မှုတွေ စတဲ့အရာတွေပါ။ ဖခင်နဲ့သားကြား၊ မိခင်နဲ့သမီးကြား ဒါမှမဟုတ် လိင်တူတစ်စုံတစ်ဦးကြောင့် ဖြစ်ပေါ်လာတဲ့အခြားဒဏ်ရာတွေကို အခုပါပဲ တစ်ကြိမ်လောက်ဖြေရှင်းလိုက်ပါ။

မိသားစုကုစားခြင်း

က။ သင့်မိသားစုအတွက် ပါရာဒိုင်းအသစ်နှင့်ရုပ်ပုံအသစ် ဖန်တီးပါ- 13 Rs
ခ။ အိမ်ထောင်တစ်ခုတွင် လူဆယ့်နှစ်ယောက်ရှိတယ်။
ဂ။ သင့်လုပ်ဖော်ကိုင်ဖက်၊ သားသမီးတွေနဲ့ အချိန်ယူပါ (တကယ်လို့ ဒီလူတွေ သင့်မှာ ရှိတယ်ဆိုရင်ပေါ့)

အချိန်ဆိုတာ ကလေးတွေက သူတို့ရဲ့တန်ဖိုးနှင့်ကိုယ်ကျိုးကို ခံစားရရှိတဲ့နည်းလမ်းဖြစ်ပြီး မိဘတွေက သားသမီးတွေအတွက် ရင်းနှီးမြုပ်နှံပေးရတာပဲဖြစ်ပါတယ်။ မေတ္တာဆိုတာ ကလေးတိုင်းအတွက် အချိန်လို့စာလုံးပေါင်းကြတယ်။ Brent Henderson ရဲ့သီချင်းစာတမ်းလေးတွေကို သတိရလိုက်ပါ။ “မေတ္တာဆိုတာ အချိန်ကို စာလုံးပေါင်းတာပါ။ ဒါဟာ သင်ဝယ်ယူလိုက်တဲ့အရာမဟုတ်ဘဲ သင်သုံးစွဲလိုက်တဲ့အရာပါပဲ။ အချိန်မနှောင်းခင်မှာ တွေ့ရလိမ့်မယ်လို့ မျှော်လင့်ပါတယ်။ ကလေးတွေရဲ့အမြင်မှာ မေတ္တာဆိုတာဟာ အချိန်နာရီပါပဲ။

က။ သင့်မိသားစုအတွက် ပါရာဒိုင်းအသစ်နှင့် ရုပ်ပုံတစ်ခုကို ဖန်တီးပါ

ကျွန်ုပ်တို့မိသားစုရဲ့မူရင်း ဆယ့်သုံး Rs*

လက်ထပ်ထိမ်းမြားခြင်း ဒါမှမဟုတ် အပ်နှံထားတဲ့ဆက်ဆံရေးတွင် အင်မတန်ကွဲပြားတဲ့မျိုးရိုးနှစ်ခု ပေါင်းစည်းထားတယ်။ ဒီစုံတွဲနှစ်ဖွဲ့စလုံးဟာ သူတို့ရဲ့အတိတ်ကို သတိမထားမိပါက အဲဒီအတိတ်က အဖြစ်တွေကို ထပ်ခါတလဲလဲလုပ်ဖို့ အကျုံးဝင်ပါလိမ့်မယ်။ ဒါကတော့ စုံတွဲတွေအတွက် ရိုးရှင်းပေမယ့် လေးနက်တဲ့လေ့ကျင့်ခန်းတစ်ခုပါ။ လက်တွဲဖော်တစ်ဦးစီဟာ အောက်မှာဖော်ပြထားတဲ့ ၁၃ Rs ကို အခြေခံပြီးတော့ သူ/သူမရဲ့မူရင်းမိသားစုသမိုင်းကိုရေးသားရပါတယ်။ စာရင်းပြီးပါက သင့်လက်တွဲဖော်နှင့် မျှဝေပြီး စာရင်းအသစ်တစ်ခုပြုလုပ်ကာ သင့်ကလေးတွေကိုဘယ်လိုပြုစုပျိုးထောင်လိုကြောင်း သတိရှိရှိရွေးချယ်လိုက်ပါ။ အနာဂတ်မျိုးဆက်သစ်တွေအတွက် မြေပုံအသစ်တစ်ခုဖန်တီးပါ။

၁။ **အမြစ်တွေ** - မဖြေရှင်းရသေးတဲ့မိသားစုပြဿနာတွေ၊ ဥပမာ- အရက်စွဲခြင်း၊ မူးယစ်ဆေးစွဲခြင်း၊ လိင်ပိုင်းဆိုင်ရာ အလွဲသုံးစားပြုခြင်း၊ ရုပ်ပိုင်းဆိုင်ရာအလွဲသုံးစားပြုခြင်း/ အကြမ်းဖက်မှု၊ ခံစားချက်ပိုင်းဆိုင်ရာ/စိတ်ပိုင်းဆိုင်ရာ အလွဲသုံးစားပြုမှု၊ လိင်ပိုင်းဆိုင်ရာပြဿနာတွေ၊ သတ်သေမှု၊ စိတ်ကျရောဂါ၊ စိတ်ဝေဒနာ၊ ကွာရှင်းမှု၊ မလိုမုန်းထားမှု၊ အမျိုးသား/အမျိုးသမီးတွေအပေါ် မကျေမနပ်ဖြစ်မှုတွေ၊ ကိုယ်ဝန်ဖျက်ချမှု၊ တရားမဝင်မှု၊ မွေးစားမှု စတဲ့အရာ တွေဖြစ်ပါတယ်။

၂။ **လူမျိုး** - ယဉ်ကျေးမှုနှင့်လူမျိုးရေး နောက်ခံ၊ ဥပမာ အမေရိကန်ဖွား အာဖရိကန်၊ ကုလားဖြူ၊ အာဖရိကန်၊ အာရှ၊ ဥရောပ၊ လက်တင်နို၊ အရှေ့အလယ်ပိုင်း၊ ကနေဒါ၊ ဩစတြေးလျ၊ နယူးဇီလန် စတာတွေဖြစ်ပါတယ်။

၃။ **ဆက်ဆံရေး** - မိခင်၊ ဖခင်၊ မောင်နှမ၊ ဆွေမျိုးတွေ — မိသားစုလေးမျိုး

- တင်းကျပ်တာ - ဝေးကွာတာ၊ ကွဲထွက်တ
- ရှုန်းမထွက်တာ၊ အပြန်အလှန်မှီခိုနေရတာ၊ ဝါးမျိုးတ
- ပြောင်းလွယ်ပြင်လွယ်၊ ပွင့်လင်းတာ၊ မျှဝေတ
- သုံးမျိုးလုံးပေါင်းစပ်ခြင်း

၄။ **အခန်းကဏ္ဍတွေ** - သူရဲကောင်း၊ သူပုန်၊ အထီးကျန်သူ၊ လွှတ်လိုက်တဲ့ဆိတ်ထီး၊ လူရွှင်တော်၊ မင်းသမီး၊ ရွှေရောင်ကလေး စတာတွေ။ ကျား-မ ခွဲခြားမှု၊ ယောကျ်ားလေး/မိန်းကလေးအဖြစ် လက်ခံပါသလား။

၅။ **ဂိုဏ်း** - မွေးစာရင်း—အသက်အကြီးဆုံး၊ အလတ်၊ နောက်ဆုံး၊ တစ်ဦးတည်းသောသား၊ ထူးဆန်းတဲ့ကလေး။

၆။ **စည်းမျဉ်းတွေ** - ပေါ်ပေါ်ထင်ထင် လျှို့ဝှက်စွာပြောဆိုဆက်ဆံခြင်း (ဖြစ်သင့်၊ မဖြစ်သင့်)၊ လိင်ကိစ္စ (အကောင်း၊ အဆိုး၊ ဒီအကြောင်းကိုမပြောပါနဲ့)၊ ငွေကိစ္စ (အကောင်း၊ အဆိုး၊ အချစ်အတွက် အစားထိုးခြင်း၊ ချွေတာခြင်း၊ အသုံးစရိတ်၊ တာဝန်ခံမှု၊ တာဝန်ခံမှုမရှိခြင်း၊ ဆယ်ဖို့တစ်ဖို့)၊ အစားအစာကိစ္စ (အကောင်း၊ အဆိုး၊ မလုံမလောက်၊ အချစ်အတွက် အစားထိုးခြင်း)၊ ဘာသာတရားကိစ္စ (အကောင်း၊ အဆိုး၊ အဆိပ်သင့်၊ တရားဥပဒေ vs. အချစ်)၊ လျှို့ဝှက်ချက်ကိစ္စ (အရက်၊ အကြမ်းဖက်မှု၊ အလွဲသုံးစားပြုမှု၊ ကိုယ်ဝန်ဖျက်ချမှု၊ လိင်တူဆက်ဆံမှု၊ ကိစ္စရပ်တွေ၊ လူသတ်မှု၊ ရောဂါ၊ သေဆုံးမှု စတာတွေ)၊ သန့်ရှင်းရေး (အတင်းအကြပ်၊ အညစ်အကြေး၊ ဟန်ချက်ညီ)။

၇။ စည်းဝိုင်း -

- အမြန်- ဖိစီးမှု၊ တင်းမာတဲ့လေထု
- စိတ်အေးလက်အေး - အချိန်ယူပါ၊ လေထုကောင်းတဲ့နေရ
- ပြောင်းလွယ်ပြင်လွယ်- လိုအပ်သလို ဖြေလျှော့ ဒါမှမဟုတ် အမြန်

၈။ ရိုးရာဓလေ့တွေ - မွေးနေ့တွေ၊ အားလပ်ရက်တွေ၊ အထူးအချိန်အခါတွေ (အမေများနေ့၊ ဖခင်များနေ့၊ မိသားစုနေ့တွေ)

၉။ လုပ်ရိုးလုပ်စဉ်တွေ - အစားအစာတွေ (အတူစားတာ ဒါမှမဟုတ် မစားတာ)၊ ခရီးထွက်တာတွေ (မိသားစုအချိန်၊ ခင်ပွန်းနှင့်ဇနီးအချိန်)၊ ဈေးဝယ်တာ၊ မိသားစုအစည်းအဝေးတွေ၊ နိုးထချိန်၊ အိပ်ရာဝင်ချိန်၊ ဖျော်ဖြေရေး၊ ပျော်စရာ၊ အားကစား စတာတွေ။

၁၀။ ဘာသာတရား - ချစ်ခြင်းမေတ္တာရှင်ဘုရားသခင် vs. တရားစီရင်တဲ့ဘုရားသခင်၊ အပြစ်နှင့်ကြောက်ရွံ့ခြင်း vs. မေတ္တာနှင့် လက်ခံခြင်း၊ တန်ဖိုးထားတာတွေ/ကျင့်ဝတ်တွေ/ကျင့်ဝတ်တွေ vs. ပြစ်တင်ရှုံ့ချခြင်းနှင့်စီရင်ခြင်း။ မတူညီတဲ့ယုံကြည်ချက်တွေ - ကက်သလစ်၊ ခရစ်ယာန်၊ ဗုဒ္ဓဘာသာ၊ အစ္စလမ်ဘာသာ၊ ဂျူး၊ ဟိန္ဒူ၊ ရှင်တို စတာတွေဖြစ်ပါတယ်။

၁၁။ ဝင်ငွေ - မိသားစုက ချမ်းသာတယ်၊ ဆင်းရဲတယ်၊ လုံလောက်တယ်၊ လုံလောက်တယ်ဆိုတာ ဘယ်တော့မှမလုံလောက်ဘူး၊ ငွေကြေးက အမြဲတမ်းပြဿနာတက်တယ်၊ ညည်းညူတယ်၊ ကျေနပ်စေတယ်။

၁၂။ R's ပညာရေး (စာဖတ်ခြင်း၊ စာရေးခြင်း၊ ဂဏန်းသင်္ချာ) - သင်ယူရန်အခွင့်အလမ်းတွေ၊ အခွင့်အလမ်းတွေ နည်းပါးခြင်း၊ အားပေးတာ၊ စိတ်ဓာတ်ကျတာ၊ အိပ်မက်တွေ အကောင်အထည်ဖော်ခြင်း၊ လက်တွေ့မကျတဲ့အိပ်မက်တွေ။

၁၃။ ဆက်နွယ်မှု (ကိုယ်ရည်ကိုယ်သွေးပုံစံတွေ)

- မျှော်လင့်ချက်ထားတာ၊ စိတ်ဆိုးလွယ်တာ၊ စိတ်အားငယ်တာ၊ မထုံတက်သေးတာ (စကားပြောခန်းမှာ ဖော်ပြထားတဲ့စရိုက်လေးမျိုး)
- စိတ်ခံစားမှု/အလိုလိုသိနိုင်တာ၊ ဝိညာဉ်ရေး၊ ဉာဏ်ရည်ဉာဏ်သွေး၊ အားကစားသမား၊ လှုပ်ရှားမှု၊ အနုပညာ။
- Myers Briggs- ကိုယ်ရည်ကိုယ်သွေးပုံစံ ၁၆ မျိုး (စကားပြောခန်းမှာ ဖေပြထားတဲ့ Myers Briggs)

- Enneagram- ကိုယ်ရည်ကိုယ်သွေး ၉ မျိုး (စကားပြောခန်းမှာ ဖော်ပြထားတဲ့ Enneagram)
- စူးစမ်းရှာဖွေသူ၊ တည်ဆောက်သူ၊ ဒါရိုက်တာ၊ စေ့စပ်ညှိနှိုင်းသူ (စကားပြောခန်းမှာ ဖော်ပြထားတဲ့ Helen Fisher ရဲ့စိတ်နေစိတ်ထားလေးခု)
- မေတ္တာစကားတွေ - ကတိသစ္စာပြုမှုတွေ၊ ရုပ်ပိုင်းဆိုင်ရာထိတွေ့မှု၊ ဝန်ဆောင်မှုလုပ်ဆောင်ချက်တွေ၊ တန်ဖိုးရှိတဲ့အချိန်တွေ၊ လက်ဆောင်တွေ (စကားပြောခန်းမှာ ဖော်ပြထားတဲ့ Gary Chapman ရဲ့မေတ္တာစကားတွေ)

လေ့ကျင့်ခန်း

သင်ရဲ့ 13 Rs ကို စတင်ပြီး အပြီးသတ်ရေးသားချင်တဲ့အခါ ပန်းတိုင်တစ်ခု ချမှတ်ပါ။ ပြီးဆုံးဖို့ တိကျတဲ့ရက်စွဲကို သင်ကိုယ်တိုင်သတ်မှတ်ပါ၊ ဆိုလိုတာက နှစ်ပတ်၊ တစ်လဖြစ်နိုင်ပါတယ်။ အဲဒီနောက် အတူတကွပူးပေါင်းပြီး တစ်ဦးနှင့်တစ်ဦးရဲ့စာရင်းတွေကို ပြန်လည်သုံးသပ်ကာ နောက်ဆုံးမှာ သင့်သားသမီးတွေနှင့်အနာဂတ်မျိုးဆက်သစ်တွေထံ ပေးအပ်ဖို့ သင်ရွေးချယ်ထားတဲ့မိသားစုခလေ့ထုံးတမ်းတွေပါဝင်တဲ့စာရင်းအသစ်တစ်ခုပြုလုပ်ပါ။

*Seven of the Rs are taken from the article "Family-of-Origin Therapy within Sex Therapy," Claude A. Guldner, ThD, Family of Origin Therapy: The Family Therapy Collections, James C. Hansen, Senior Editor, Aspen Publication: Rockville, Maryland, 1987, pages 60-61.

ခ။ အိမ်ထောင်တစ်ခုတွင် လူဆယ့်နှစ်ယောက်

အိမ်ထောင်တစ်ခုတိုင်းမှာ လူဆယ့်နှစ်ယောက်ရှိတယ်။ "ဘာလို့ ဆယ့်နှစ်ယောက်ရှိတာလဲ"လို့သင်မေးလိမ့်မယ်။ လူနှစ်ယောက်ပဲရှိမယ်ထင်တယ်။ ဟုတ်တယ်၊ လူနှစ်ယောက်ပါပဲ၊ ဒါပေမယ့် တစ်ယောက်ချင်းစီမှာ မတူညီတဲ့ အစိတ်အပိုင်းခြောက်ယောက်နှင့် သူ့ရဲ့အတွင်းစိတ်ကမ္ဘာရှိတယ်။

- မြင့်မားတဲ့ပင်ကို/မှားယွင်းတဲ့ပင်ကို
- မေတ္တာ၊ ပြုစုပျိုးထောင်ပေးခြင်း၊ အတွင်းစိတ်မိဘကို အားပေးခြင်း၊ အပြစ်မြင်ခြင်း ဒါမှမဟုတ် အတွင်းစိတ်မိဘကို စီရင်ခြင်း
- ပျော်စေပြက်စေခြင်း၊ အတွင်းစိတ်ကလေးဝိညာဉ်ရေးရာ/ဒဏ်ရာရပြီး ငတ်မွတ်နေတဲ့အတွင်းစိတ်ကလေး

လူနှစ်ဦးနဲ့မြောက်ထားတဲ့အစိတ်အပိုင်းခြောက်ယောက်စလုံးဟာ အိမ်ထောင်ရေးခင်းတစ်ခုစီတွင် လူဆယ့်နှစ်ယောက်နှင့် ညီမျှတယ်။ သင့်ရဲ့ကိုယ်ရည်ကိုယ်သွေးကွဲပြားတဲ့ အစိတ်အပိုင်းတွေကို သင်သတိမထားမိရင် သင့်ပြဿနာတွေအတွက် တစ်ဖက်လူကို အပြစ်တင်နေပါလိမ့်မယ်။ ဒီတော့ လက်တွဲဖော်တစ်ဦးစီတိုင်းဟာ မိမိရဲ့အတွင်းစိတ်မိသားစုအကြောင်းကို ပိုမိုသိရှိနားလည်ဖို့ အင်မတန်အရေးကြီးပါတယ်။

ထပ်တူအရေးကြီးတာက သင့်ချစ်သူကို နားလည်ပေးခြင်းပါပဲ။ စိတ်ဆိုးနေတာဟာ သူမရဲ့အတွင်းစိတ်ကလေး ဒဏ်ရာကြောင့်လား/ ပင်ကိုအမှားကြောင့်လား/အပြစ်မြင်တတ်တဲ့မိဘတွေကြောင့်လား။ လောလောဆယ်တွင် အတွင်းစိတ်ကလေးဒဏ်ရာကြောင့်ဖြစ်ရင် သူ့မကိုအရေးကြီးတဲ့ကိစ္စတွေ မမျှဝေပါနှင့် ဒါမှမဟုတ် ချင့်ချိန်ပြီး ပြောဆိုဆက်ဆံပါ။ ဒီလိုမှမဟုတ်ရင် သင်စိတ်ပျက်ဖို့ အသင့်ပြင်ထားသလိုဖြစ်သွားမယ်။

ကုစားခြင်းဟာ ပြဿနာတွေကို ဖြေရှင်းခြင်းနှင့်သတိရှိလာခြင်းပါပဲ။ သင့်အိမ်ထောင်ဖက်နှင့် မျှဝေတဲ့အခါမှာ သင့်အတွင်းစိတ်မိသားစုနှင့် အမြဲအဆက်အသွယ်ရှိပါ၊ ဘယ်သူနှင့်စကားပြောနေလဲဆိုတာကိုလည်း သိပါ။ ဒီလိုမှမဟုတ်ရင် သင့်ပြဿနာတွေအတွက် တစ်ဖက်လူကို အပြစ်တင်ခြင်း၊ တိုက်ခိုက်ခြင်း၊ သင့်ကိုယ်ပိုင်မဖြေရှင်းလိုက်တဲ့ပြဿနာတွေကို သူ့အပေါ် လွှဲချတာတွေလုပ်နိုင်တယ်။

စကားဝိုင်းဟာ စိတ်ခံစားမှုလွန်ကဲပြီး လုံခြုံမှုမရှိဘူးလို ခံစားရရင် အချိန်တစ်ခုတောင်းပြီး နောက်တစ်ခါအတွက် ပြန်ချိန်းလိုက်ပါ။ အတူတူပြန်ဆုံပြီး ခေါင်းအေးအေးနဲ့ ဆွေးနွေးဖို့ အကြံပြုလိုက်ပါ။ အဲဒီအခိုက်အတန့်မှာ ဘယ်သူနဲ့ စကားပြောနေလဲဆိုတာကို သိပါ။ ဒါဟာ ကတယ်မလွယ်ပါ။

သင်ကိုယ်တိုင်၊ သင့်လက်တွဲဖော်၊ သင့်မိသားစုအတွက် အတွင်းစိတ်ကို လေ့ကျင့်ပါ။ သင့်မှာ ချက်ချင်းမျှဝေစရာရှိရင် အခွင့်တောင်းပါ။ "သင့်ကို မျှဝေချင်တဲ့အရာတစ်ခုရှိတယ်။ သင်အခုအရွယ်ရောက်နေပြီလား။" သူမက "ဟုတ်ကဲ့" လို့ပြောရင် သူဟာ မြင့်မားတဲ့ပင်ကိုဘက်ကို ပြောင်းသွားနိုင်တယ်ဆိုတာ သင်သဘောပေါက်ရမယ်။ တကယ်လို့ သူမက ဟင့်အင်းလို့ပြောရင် သူမနဲ့ ဆက်သွယ်ဖို့ မလုံခြုံဘူး/အကြံပြုလို့မရဘူးဆိုတာကို သင်သိ ထားရမယ်။

ပေါင်းသင်းဆက်ဆံရေးတစ်ခုတွင် လူဆယ့်နှစ်ယောက်

Richard Cohen, M.A., 2019

ဤဇယားပုံလေးကို သင်ကူးယူပြီး သင့်ရေခဲသေတ္တာမှာ ကပ်နိုင်ပါတယ်။ သင့်လက်တွဲဖော်နှင့် မျှဝေတဲ့အခါ ဒါကို ကိုးကားလို့လည်းရပါတယ်။ သူ့ကို ဘယ်တော့မှမစွပ်စွဲပါနဲ့။ အကောင်းဆုံးကတော့ သင်တို့နှစ်ဦးဟာ ဒီစာအုပ်ကိုဖတ်ပြီး လေ့ကျင့်ခန်းတွေ အတူတူလုပ်ကြဖို့ပါပဲ။ အဲဒီအခါမှာ သင်တို့

နှစ်ဦးဟာ အပြန်အလှန်လေးစားမှုနဲ့ နားလည်မှုပေးခြင်းဖြင့် တစ်ယောက်ကို တစ်ယောက် ပံ့ပိုးပေးနိုင်ပါတယ်။

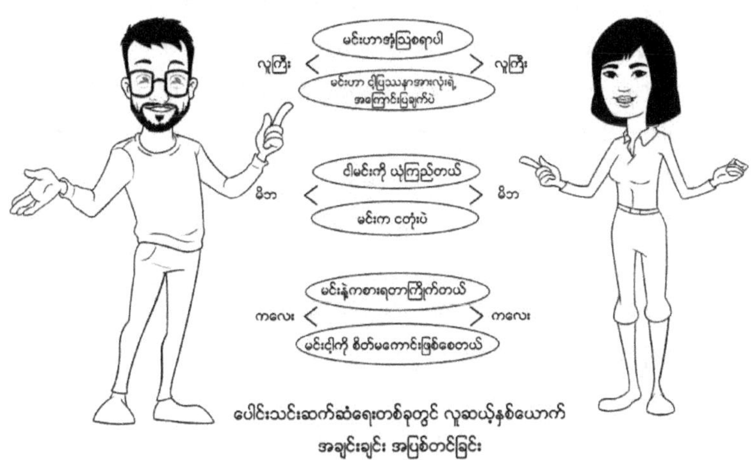

ပေါင်းသင်းဆက်ဆံရေးတစ်ခုတွင် လူဆယ့်နှစ်ယောက် အချင်းချင်း အပြစ်တင်ခြင်း

Richard Cohen, M.A., 2019

သင့်ကိုယ်သင်၊ သင့်အတွင်းစိတ်မိသားစုအကြောင်းကိုပိုမိုလေ့လာလေ၊ သင့်လက်တွဲဖော်အပေါ် သင်ပို၍ချစ်လာလေဖြစ်မယ်။ မိမိကိုယ်ကို ချစ်ခြင်း/ကိုယ့်ကိုယ်ကိုယ်ရှုံ့ရှာခြင်း နှစ်မျိုးစလုံးဟာ အပြင်ပန်းမှာ သူ့လမ်းစဉ်အတိုင်း သူလုပ်ဆောင်တယ်ဆိုတာကို သတိပြုစေချင်တယ်။ ကျွန်တော်တို့ရဲ့အပူချိန်ကိုတိုင်းတာဖို့အတွက် သာမိုမီတာကို အသုံးပြုသလိုပါပဲ သင့်အိမ်ထောင်ဖက်နဲ့မျှဝေတဲ့အခါ သင့်အတွင်းပိုင်း အပူချိန်လည်းဖြစ်တယ်။

- ငါဟာ ငါ့ရဲ့မြင့်မားတဲ့ပင်ကိုကနေ ပြောနေတာလား - မေတ္တာ၊ ကရုဏာ၊ နားလည်မှုလား။
- ငါဟာ ငါ့ရဲ့မှားယွင်းတဲ့ပင်ကိုကနေ ပြောနေတာလား - အပြစတင်ခြင်း၊ စွပ်စွဲခြင်းလား။
- ငါဟာ ငါ့ကို ပြုစုပျိုးထောင်ပေးတဲ့မိဘဆီကနေ ပြောဆိုနေတာ လား - ဖေးမကူညီခြင်း၊ အားပေးခြင်းလား။

- ငါဟာ အပြစ်မြင်တဲ့ငါ့ရဲ့အတွင်းမိဘဆီကနေ ပြောနေတာလား - တရားစီရင်ခြင်းနှင့်ပြစ်တင်ရှုတ်ချခြင်းလား။
- ငါဟာ ငါ့ရဲ့အတွင်းစိတ်ရွှေရောင်ကလေးကနေ ပြောနေတာလား - ချစ်ခြင်းမေတ္တာ၊ ပျော်ရွှင်ဖွယ်၊ ဖက်တွယ်ခြင်း၊ ချိတ်ဆက်ခြင်းလား။
- ငါဟာ ဒဏ်ရာရနေတဲ့ငါ့ရဲ့အတွင်းကလေးဆီကနေ ပြောနေသလား - အပြစ်တင်ခြင်း၊ နာကျင်စေခြင်း၊ ဆုတ်ခွာနေခြင်းလား။

လေ့ကျင့်ပါ။ ဘယ်သူနဲ့စကားပြောနေတယ်ဆိုတာကို သတိရှိအောင် လေ့ကျင့်ပါ။ ပေါင်းသင်းဆက်ဆံရေးတစ်ခုတွင် လူဆယ့်နှစ်ယောက်ရှိတယ်။ တာဝန်သိစိတ်ပိုတိုးလေလေ သင့်လက်တွဲဖော်ကို ချစ်ခြင်းမေတ္တာပိုဝေငှလာလေပါပဲ။ အဲဒီမေတ္တာက သင့်ရဲ့သားသမီးတွေဆီ လျှံမ်းလိမ့်မယ်။

၈။ သင့်လက်တွဲဖော်၊ ကလေးတွေနဲ့ အချိန်ယူပါ

ဒါတွေဟာ စုံတွဲတွေအတွက် လေ့ကျင့်ရမယ့် ရိုးရှင်းတဲ့အကြံပြုချက်အချို့ပဲ ဖြစ်ပါတယ်။

၁။ နံနက်နှင့်ညနေအချိန်မှာ အတူတကွဆုတောင်းပါ။ ဆုတောင်းပြီးရင် အတူတူဆော့ပြီး အတူတူနေပါ။

၂။ အပတ်တိုင်း တစ်နေရာရာကို အတူတူသွားကြပါ။ သင်တို့ရဲ့ဆက်ဆံရေးဟာ ရှင်သန်နေဖို့ အရေးကြီးတယ်။ အပြင်ထွက်တဲ့အခါ ကလေးကိစ္စ၊ ငွေရေးကြေးရေးကိစ္စ၊ နိုင်ငံရေးကိစ္စကို မဆွေးနွေးပါနဲ့။ အတူတူသွားတယ်ဆိုတာဟာ နှစ်ဦးကြားက ဆက်ဆံရေးကိုပြုစုပျိုးထောင်ဖို့ အချိန်ဖြစ်တယ်။ ကောင်းမွန်တဲ့အထိအတွေ့ကို သရုပ်ပြပါ၊ ပျော်ရွှင်စွာလိင်ဆက်ဆံ မှုကိုပြုပါ၊ အချင်းချင်းကျေနပ်အောင်လုပ်ကြပါ။ ချိန်းရက်တွေမှာ သူမကြိုက်တာကိုလုပ်ပါ။ နောက်ရက်ချိန်းတွေမှာ သူကြိုက်တာကို လုပ်ပါ။ တစ်လှည့်စီလုပ်ပြီး သင့်လက်တွဲဖော်ရဲ့ဆန္ဒနဲ့ ဖြည့်ဆည်းပေးပါ။

၃။ နားထောင်ပြီး မျှဝေကြပါ။ ထိရောက်တဲ့ ဆက်သွယ်မှုစွမ်းရည်ကို လေ့ကျင့်ပါ (စကားပြောခန်းရှိ ဆက်သွယ်ရေးကျွမ်းကျင်မှုစာရင်း)။

၄။ အိပ်ခန်းထဲမှာတင်မဟုတ်ဘဲ တစ်ချိန်လုံးထိတွေ့မှုရှိပါစေ။ လိင်ဆက်ဆံမှုမဟုတ်တဲ့ပွေ့ဖက်နမ်းရှုံ့တာ၊သင့်ကလေးတွေရှေ့မှာပွေ့ဖက်နမ်းရှုံ့ပေးပါ။

၅။ သင့်ကလေးမပါဘဲ တစ်နှစ်မှာ အကြိမ်ပေါင်းတော်တော်များများ အတူတူ ခရီးတိုသွားကြပါ။ စနေနှင့်တနင်္ဂနွေရက်တွေဟာ ကောင်းတဲ့ရက်တွေပါ။ သင်တို့နှစ်ဦးကြားက ဆက်ဆံရေးကို မြှင့်တင်ပါ။

၆။ အိပ်ခန်းထဲမှာ ကိုယ်လုံးတီးနဲ့ ပွေ့ဖက်ပြီး ချစ်ဖို့ကောင်းလာမှာ သေချာပါတယ်။ လက်တွဲဖော်တစ်ဦးစီဟာ မိမိရဲ့မြင့်မားတဲ့ပင်ကိုမှာ ရှိနေဖို့ အရင်ဆုံးသေချာပါစေ။ လိင်ဆက်ဆံနေချိန်တွင် အတွင်းစိတ်ကလေး၊ အပြစ်မြင်တတ်တဲ့မိဘ ဒါမှမဟုတ် မှားယွင်းတဲ့ပင်ကိုတွေကို ခွင့်မပြုပါနဲ့။

၇။ သေးငယ်တဲ့အရာတွေကို ရေတွက်ပါ။ ဒါတွေဟာ ပိုကောင်းဖို့ ဒါမှမဟုတ် ပိုဆိုးဖို့ ထပ်ပေါင်းတာဖြစ်နိုင်ပါတယ်။သင့်လက်တွဲဖော်ရဲ့လိုအပ်ချက်တွေကိုသတိရှိရှိ အာရုံစိုက်ပါ။

၈။ ပန်း/သင့်အိမ်ထောင်ဖက်ကို ရေလောင်းပါ။ လေ (ဆက်သွယ်ရေး)၊ နေ (အသိအမှတ်ပြုခြင်း)၊ ရေ (ချစ်ခင်မှု)။ သင့်မှာ ဒါတွေမရှိရင်လည်း သင့်ရဲ့တိုင်ကီပုံးကို အလွတ်မထားပါနဲ့။ သင့်လက်တွဲဖော်ကို မပေးမီ သင့်ကိုယ်ပိုင်အတွင်းပိုင်းမိသားစုကို ပြုစုပျိုးထောင်ပါ။ သင့်ကို ချစ်မြတ်နိုးပြီး လက်ခံတဲ့ပညာရှိ အမျိုးသား/အမျိုးသမီးတွေနဲ့ ဆက်ဆံရေးကိုတည်ဆောက်ပါ။

၉။ အိမ်ထဲကို စဝင်တဲ့အခါ ကလေးတွေကို မနှုတ်ဆက်ခင် သင့်လက်တွဲဖော်ကို အရင်နှုတ်ဆက်ပါ။ သင်တို့ဟာ သားသမီးတွေအတွက် မစ္စတာနဲ့မစ္စစ်တွေပါ။ ကလေးတွေအတွက် အကောင်းဆုံးလက်ဆောင်ဟာ မိဘတွေတစ်ဦးကိုတစ်ဦး ချစ်နေဖို့ပါပဲ။ ကလေးတွေရှေ့မှာ စံနမူနာကောင်းဖြစ်အောင်နေပါ။ "ငါပြောသလိုလုပ်၊ ငါလုပ်သလိုမလုပ်နဲ့"ဆိုတာဟာ ဘယ်လိုမှအလုပ်မဖြစ်ပါဘူး။

၁၀။ "ပြင်းပြတဲ့ဆန္ဒတွေကို သင်ကြားနိုင်ပေမယ့် နားထောင်သူတွေက ဆရာရဲ့သွန်သင်ဆုံးမမှုနဲ့ အသက်တာကွဲပြားနေတာကိုမြင်ကြတဲ့အခါ ငြင်းပယ်ခံရပါတယ်။ ကျွန်တော်တို့ကွယ်ရာမှာ ဖြစ်ပျက်ခဲ့တဲ့အရာတွေဟာ နောင်လာနောက်သားတွေအတွက်အဓိကအားထားရာဖြစ်လာပါလိမ့်မယ်။ 'သူတို့မြင်တဲ့အရာဟာ သူတို့ရရှိတဲ့အရာပါပဲ" (Clewett, Curtis, 3G: *The Art of Living Beyond Your Life,* CreateSpace, 2017, page 58).

သင့်ကလေးတွေနဲ့ အချိန်ယူပါ

ဆွစ်ဇာလန် ကလေးစိတ်ပညာရှင် Jean Piaget က ကလေးဘဝရဲ့ဖွံ့ဖြိုးတိုးတက်မှုဟာ ကစားခြင်းဖြစ်တယ်လို့ဆိုပါတယ်။ သုတေသနပြုချက်တွေအရ စုံတွဲတွေ၊ မိသားစုတွေ အတူတကွ ဆော့ကစားပြီး အတူတကွနေထိုင်တာဟာ ပိုမိုကျန်းမာသန်စွမ်းကြောင်း သိရှိရပါတယ်။ ပျော်စရာတွေကို အတူတူလုပ်ပါ။

မိဘတွေနှင့်ကလေးတွေအတွက် အကြံပြုချက်တွေ

၁။ ပန်းတိုင်တွေထားပါ။ ကျွန်တော်တို့ရဲ့ကလေးတွေကြီးပြင်းလာတဲ့အခါ ဇန်နဝါရီ ၁ ရက်နေ့မှာ မိသားစုတွေ အတူတကွတွေ့ဆုံပြီး မိမိတို့ရဲ့တစ်နှစ်တာပန်းတိုင်တွေကို မျှဝေရမယ်။ ဥပမာမိမိတို့ရဲ့ဆက်ဆံရေးတွေ၊ ကျောင်းကိစ္စတွေ၊ ပရော်ဖက်ရှင်နယ်လုပ်ရှားမှုတွေဖြစ်နိုင်ပါတယ်။ မိမိတို့ရဲ့ရည်မှန်းချက်တွေကို လတိုင်းဖတ်ပြီး မိမိတို့ရဲ့စိတ်ထဲမှာ လန်းဆန်းနေဖို့ လိုအပ်တယ်။ ဒီဇင်ဘာလမှာ မိမိတို့ရဲ့ပန်းတိုင်တွေကို ပြန်လည်သုံးသပ်ပြီး ဘယ်လောက်ထိအောင်မြင်ခဲ့လဲဆိုတာ သုံးသပ်ရမယ်။ ဇန်နဝါရီလ ၁ ရက်နေ့မှာ မိမိတို့ရဲ့တိုးတက်မှုအကြောင်းကို မျှဝေပြီး လာမယ့်နှစ်အတွက် မိမိတို့ရဲ့ပန်းတိုင်အသစ်တွေအကြောင်း ပြောပြကြရမယ်။ ဒါဟာ ကြီးထွားမှုနှင့်တာဝန်ခံမှုကိုမြှင့်တင်ပေးတဲ့ကောင်းမွန်တဲ့မိသားစု လှုပ်ရှားမှုတစ်ခုဖြစ်ပါတယ်။ ဒီလိုလုပ်တာဟာ ကလေးတွေကို သူတို့ရဲ့ဘဝအသက်တာပန်းတိုင်နှင့်ရည်ရွယ်ချက်က ဘာလဲဆိုတာကို သဘောပေါက်စေပါတယ်။

၂။ **မိသားစုပျော်စရာ။** ဇန်နဝါရီလ ၁ ရက်နေ့မှာလည်း တစ်ဦးစီက တစ်နှစ်ပတ်လုံး သူလုပ်ချင်တဲ့ပျော်ရွှင်စရာလှုပ်ရှားမှုတွေကို စာရွက်တစ်ရွက်ပေါ်မှာရေးရမှာပါ။ တစ်ဦးချင်းစီတိုင်းက လုပ်စရာနှစ်ခု/သုံးခုရွေးချယ်ခွင့်ရှိပါတယ်။ လုပ်ဆောင်ချက်တစ်ခုစီဟာ ကျိုးကြောင်းဆီလျော်မှု၊ ဘတ်ဂျက်နည်းပြီး တစ်ရက်/နှစ်ရက်အတွင်း လုပ်ဆောင်နိုင်တဲ့အရာဖြစ်ရပါမယ်။ စာရွက်တွေကို ခေါက်ပြီး ပန်းကန်လုံးတစ်လုံးထဲထည့်လိုက်ပါ။ ပြီးရင်တော့ ပန်းကန်လုံးလေးကို လက်ဆင့်ကမ်းပြီး တစ်ယောက်ချင်းစီက စာရွက်တစ်ရွက်ကို ရွေးလိုက်ပါ။ ပြီးရင် အသက်အကြီးဆုံးကနေ အငယ်ဆုံး/အငယ်ဆုံးကနေအသက်ကြီးဆုံး စတင်ပြီးတော့ အသံထွက်ဖတ်ပါ။ ပထမတစ်ခုက ကျွန်တော်တို့ရဲ့ဇန်နဝါရီလအတွင်း လှုပ်ရှားမှုပါ။ နောက်တစ်ခုကဖေဖော်ဝါရီလရဲ့လှုပ်ရှားမှုတွေ၊ တစ်နှစ်အတွင်းလတိုင်းရဲ့လှုပ်ရှားမှုတွေကို ရွေးချယ်ပြီးတဲ့အထိ ဖြစ်သွားမှာပါ။ ဒီလိုနဲ့ စနေနှင့်တနင်္ဂနွေရက်တွေမှာ ပျော်ရွှင်စရာတွေလုပ်ဖို့ ဆုံးဖြတ်ခဲ့ကြမှာဖြစ်တယ်။

၃။ **စူးစမ်းလေ့လာပါ။** စနေ ဒါမှမဟုတ် တနင်္ဂနွေမှာ ကျွန်တော်တို့အားလုံး ကားပေါ်တက်ကြတယ်။ အငယ်ဆုံးကလေးနဲ့ စတင်ခဲ့တယ်။ “ညာဘက်ကွေ့” လို့ပြောလိမ့်မယ်။ ကျွန်တော်တို့ရဲ့လူလတ်ကလေး Jessica က "ဘယ်" သို့မဟုတ် "ညာဘက်" လို့ပြောတဲ့အထိ ဖြောင့်ဖြောင့် တန်းတန်း

ဆက်လျှောက်သွားခဲ့ကြတယ်။ ငါတို့ငါးယောက်စလုံး အရင်က မစူးစမ်းဖူးသေးတဲ့မယုံနိုင်စရာ ပန်းတိုင်အသစ်ကို ရောက်တဲ့အထိ ဆက်သွားမယ်။ ဘယ်လောက်ပျော်စရာကောင်းလဲ။ နာရီပိုင်းအတွင်းမှာ နယ်မြေသစ်တွေကို ရှာဖွေတွေ့ရှိခဲ့တယ်။ ဒါဟာ အမြဲတမ်းကြီးမားတဲ့စွန့်စားမှုတစ်ခုပါပဲ။

၄။ **သီချင်းအသစ်ကို လေ့လာပါ။** ၎င်းကို Sister Act ရုပ်ရှင်တွေကနေ လှုံ့ဆော်ပေးခဲ့တယ်။ လူကြိုက်များတဲ့သီချင်းတစ်ပုဒ်ကို ကောက်နုတ်ပြီး ဖျော်ဖြေမှုမျိုးပုံစံနဲ့ မိသားစုလိုက် အတူတူလေ့လာကြမယ်။ ဒီလိုလုပ်တာဟာ ကျွန်တော်တို့ရဲ့စိတ်ထဲမှာ အံ့မခန်းဖြစ်သွားမယ်။

၅။ **ပျော်စရာစွန့်စားခန်းတွေကို ဖန်တီးပါ။** ကျွန်တော်တို့ဟာ Ocean City Chesapeake ဒါမှမဟုတ် အခြားအနီးနားရှိ ရေပြင်တွေဆီကို ခရီးထွက်ပါမယ်။ တခါတရံ ခရီးစဉ်ဟာ တစ်ရက်တည်းပဲကြာတယ် ဒါမှမဟုတ် ဈေးနှုန်းသက်သာတဲ့ဟိုတယ်တစ်ညတာ အနားယူပါမယ်။ အဲဒီခေတ်တုန်းက ကျွန်တော်တို့ဘတ်ဂျက်တွေ ကျပ်တည်းနေခဲ့တယ်။ နှစ်သက်ဖွယ်အမှတ်တရအချို့ရှိခဲ့တယ်။ ကျွန်တော်တို့တွေကမ်းခြေကိုသွားဖို့ လှေကားထစ်တွေကနေမဆင်းခင် ဇနီးသည်ဟာ ရေချိုးခန်းသွားခဲ့တယ်။ အဲဒီအချိန်မှာ Alfred ဟာ သူ့ရဲ့ကလေးတွန်းလှည်းထဲမှာပဲရှိနေတယ်။ ငါရေ၊ Jarish, Jessica က သဲပြင်ပေါ်မတက်ခင် ဖိနပ်ချွတ်ကြတယ်။ တွန်းလှည်းက လှေကားထစ်ကနေ ရုတ်တရက်လိမ့်လာတော့တယ်ယ်။ အဲဒါကို ဖမ်းဆွဲဖို့ကြိုးစားခဲ့ပေမယ့် ဘယ်လိုမှလိုက်မမီတော့ပါ။ ကလေးတွန်းလှည်းဟာ လေထဲမှာအရှိန်နဲ့လိမ့်ပြီး အောက်ကိုရောက်သွားတယ်။ အို၊ ဘုရားသခင်ကိုကျေးဇူးတင်တယ်။Alfred လေးကိုတွန်းလှည်းနဲ့သေချာလေးချည်ထားလို့တော်သေးတယ်။ တွန်းလှည်းကလည်း ပျော့ပျောင်းတဲ့သဲပြင်ပေါ်မှာပဲကျလာတယ်။ Alfred က အဆင်ပြေပါတယ်။ ကျွန်တော်တို့သုံးယောက်အံ့အားသင့်သွားပြီး ကျေးဇူးလည်းတင်ပါတယ်။ ကံကောင်းထောက်မစွာကလေးမိခင်က ဒီမြင်ကွင်းကို မမြင်လိုက်ရဘူး။

ရယ်စရာကောင်းတဲ့ အမှတ်ရစရာတစ်ခုကတော့ ပင်လယ်ကမ်းစပ်လမ်းပေါ်မှာ စက်ဘီးငှားရတယ်။ Jessica က ဈေးရောင်းနေတဲ့ကောင်လေးကို တိုက်မိတယ်။ Jessica က သူ့ကို မတော်တဆတိုက်မိတာပါ။ သူလန့်ပြီး မျက်ရည်တွေကျလာတယ်။ သူ့အမေပြေးလာပြီး ကြည့်လိုက်

တော့ ဘာမှထိခိုက်ဒဏ်ရာမရှိတဲ့အတွက် မစိုးရိမ်ပါနဲ့လို့ ပြောလိုက်တဲ့အခါ ကောင်လေးကရယ်လာတယ်။ အဲဒီအမှတ်တရတွေနဲ့ Cohen မိသားစုအတွက် တကယ့်တန်ဖိုးဖြတ်လို့ မရလို့တဲ့အရာတွေပါပဲ။

သင့်ကလေးများနှင့်အတူ စွန့်စားခန်းတွေကို ခံစားလိုက်ပါ။ ဒီနေ့ အရွယ်ရောက်ပြီးတဲ့ကလေးသုံးဦးစလုံးနဲ့ ကမ္ဘာအနှံ့ ခရီးသွားကြခဲ့တယ်။ သူတို့တွေဟာ စွန့်စားခန်းတွေ၊ စိတ်လှုပ်ရှားဖွယ်ရာတွေ၊ ရှုခင်းအသစ်တွေ၊ တောင်ကုန်းတွေကို မြင်ချင်ကြတယ်။ Jessica ဟာ နိုင်ငံပေါင်း ၅၀ လောက်ကို ရောက်ဖူးပါပြီ။ Jarish ကတော့ စနေ၊ တနင်္ဂနွေတွေမှာ စက်ဘီးစီးလျက်နေတယ်။ Alfred ကတော့ မကြာခဏဆိုသလို Jessica ရဲ့ခရီးသွားဖော်ဖြစ်ပြီး စခန်းချတာ၊ တောင်တက်တာ၊ ခန္ဓာကိုယ်ကြံ့ခိုင်ကောင်းဖို့ လေ့ကျင့်ခန်းတွေလုပ်လေ့ရှိတယ်။

မေ့လို့မရတဲ့နောက်ထပ်အမှတ်တရတစ်ခုကတော့ ဇန်နဝါရီ ၁ ရက်မှာ အထူးရုပ်ရှင်ကားတစ်ကားကို အတူသွားကြည့်ကြတယ်။ ဒီကားကတော်တော်အဓိပ္ပာယ်ရှိတဲ့ The Power of One ဇာတ်ကားဖြစ်ပါတယ် (လွန်ခဲ့တဲ့နှစ်တွေမှာ ကြည့်ခဲ့ပြီးသားပါ)။ ဒါပေမယ့် တော်တော်ကို ရီရတဲ့ကားဖြစ်တယ်။ ပြီးတော့ ငါတို့ငါးယောက်လုံး အိပ်ယာပေါ်မှာ အဆာပြေစားပြီး ရယ်မောကြတာကိုလည်း မှတ်မိသေးတယ်။

၆။ **ပြတိုက်တွေဆီကို အလည်အပတ်သွားပါ။** ဝါရှင်တန်ဒီစီမြို့တော်နယ်နိမိတ်အတွင်း နေထိုင်ခြင်းရဲ့ကောင်းချီးကြောင့် ကျွန်တော်တို့ရဲ့ခြံနောက်ဘက်တွင် Smithsonian ပြတိုက်တွေရှိတယ်။ ကျွန်တော်တို့ဟာ မိမိတို့ရဲ့ကလေးတွေကို အရာရာကို စူးစမ်းလေ့လာတတ်ဖို့၊ အနုပညာကို တန်ဖိုးထားတတ်ဖို့ ပြုစုပျိုးထောင်ပေးခဲ့တယ်။ သူတို့ဟာ ကမ္ဘာတစ်ဝှမ်းမှာရှိတဲ့ စွန့်စားခန်းတွေ၊ ပြတိုက်တွေဆီကို ဆက်လက်သွားရောက်ကာ ဘုရားသခင်ဖန်ဆင်းထားတဲ့အလှတရားတွေနှင့် လူသားတွေရဲ့အံ့သြဖွယ်အနုပညာလက်ရာတွေကို စူးစမ်းလေ့လာကြတယ်။

၇။ **သူတို့အဖွဲ့ကို ချီးကျူးပေးပါ။** ကျွန်တော်နှင့်ကျွန်တော့်ဇနီးသည်ဟာ ကလေးတွေရဲ့အားကစားပွဲတွေ၊ ဘောလုံးပွဲတွေ၊ ဘေ့စ်ဘောတွေ၊ ဘတ်စကတ်ဘောတွေကစားတဲ့နေရာကို တော်တော်များများသွားရောက်လေ့ရှိတယ်။ ငါကတော့ မူလတန်းကျောင်းဥက္ကဋ္ဌဖြစ်ဖို့ ယှဉ်ပြိုင်နေတဲ့ Jessica ရဲ့မိန့်ခွန်းကို ကူညီရေးသားပေးခဲ့ပြီး အနိုင်ရခဲ့တယ်။ သူတို့ရှိနေတဲ့ နေရာမှာ ရှိနေခြင်း၊ ပါဝင်ဆင်နွှဲခြင်းနှင့် သူတို့ရဲ့စိတ်အားထက်သန်မှုတွေကို အားပေးခြင်းဟာ ကောင်းတဲ့မိဘအုပ်ထိန်းမှုပါပဲ။

၈။ **ဗီဒီယိုခေါ်ဆိုမှုတွေ ပြုလုပ်ပါ။** ဖခင် ဒါမှမဟုတ် မိခင်ဟာ စီးပွားရေး၊ စစ်မှုထမ်း ဒါမှမဟုတ် မစ်ရှင်ခရီးစဉ်တွေအတွက် ထွက်ခွာဖို့ ဖြစ်လာပါက သူ့ရဲ့ပေါင်းဖော် ဒါမှမဟုတ် ကလေးတွေ နားထောင်ဖို့ ဒါမှမဟုတ် ဖတ်ရှုဖို့ အသံသွင်းဖိုင် ဒါမှမဟုတ် စာသားတွေကို ထားရစ်ဖို့ လိုအပ်ပါလိမ့်မယ်။ ကျွန်တော့်ဇနီးနဲ့သားသမီးတွေဟာ ကျွန်တော်နဲ့ဝေးနေချိန်မှာ ကျွန်တော့်ရဲ့အသံဖိုင်နဲ့မှတ်စုတွေကို အမြဲတမ်းနားထောင်/ဖတ်ရှုတာကို နှစ်သက်ကြတယ်။ အဲဒါကို ထပ်ခါထပ်ခါနားထောင်ကြတယ်။ အဲဒါက သူတို့ကို ဂရုစိုက်ပြီး ချစ်တယ်လို့ခံစားရတယ်။ နည်းပညာအသစ်တွေကြောင့် ဗီဒီယိုကွန်ဖရင့်၊ WhatsApp၊ FaceTime နှင့်အခြားနည်းပညာအရင်းအမြစ်တွေကနေတစ်ဆင့် မိမိတို့ရဲ့မိသားစုတွေကို မြင်တွေ့နိုင်ကြတယ်။

၉။ **မိသားစုအတွေ့အကြုံတွေကို မျှဝေပါ။** သင့်ကလေးတွေ အိမ်ကနေ ထွက်ခွာပြီး တက္ကသိုလ်တက်ဖို့ ဒါမှမဟုတ် သူတို့ရဲ့ဝါသနာတွေကို လိုက်စားတဲ့အခါမှာ အပတ်တိုင်း သူတို့နဲ့ ဆက်သွယ်မှုကိုလုပ်ပါ။ လွန်ခဲ့တဲ့ ၁၅ နှစ်ကျော်ကာလအတွင်း မိမိတို့ရဲ့မိသားစုဟာ မိမိတို့ရဲ့ဘဝအသက်တာအကြောင်းတွေကိုမျှဝေဖို့ တနင်္ဂနွေညနေတိုင်း တွေ့ဆုံလေ့ရှိတယ်။ လွန်ခဲ့တဲ့ဆယ့်ငါးနှစ်လောက်က ကွန်ဖရင့်ဖုန်းတွေကနေတဆင့်တွေ့ဆုံခဲ့ကြတယ်။ အဲဒီနောက် Skype ကိုသုံးလာကြတယ်။ ဒီနေ့ခေတ်မှာတော့ အခြားဗီဒီယိုကွန်ဖရင့်ဝန်ဆောင်မှုတွေကို အသုံးပြုလာကြပြီ။ မိသားစုတွေဆုံဆည်းတဲ့နည်းလမ်းဟာ အများကြီးပေါ်လာပါပြီ။ အဓိကကတော့ အဆက်အသွယ်မပြတ်စေဘဲ မိသားစုဆက်ဆံရေးကိုပုံမှန်ထိန်းသိမ်းထားဖို့ပါ။ မိသားစုအားလပ်ရက်မှာ နှစ်စဉ်အတူတူဆုံကြတဲ့အခါ ဘယ်တော့မှ မခွဲတော့မယ့်ပုံစံလိုပါပဲ။

ဒီအရာတွေဟာ ကျွန်တော်တို့ရဲ့ကလေးတွေနဲ့အတူ ပြုလုပ်ခဲ့တဲ့ပျော်ရွှင်စရာဥပမာတွေပဲဖြစ်တယ်။ ထာဝရအမှတ်တရတွေကိုဖန်တီးပါ။ မေတ္တာဆိုတာ အချိန်ပေးခြင်းလို့ စာလုံးပေါင်းရပါတယ်။

စိုးရိမ်စရာသစ်ပင် - အလုပ်ပြီးရင် သင့်ရဲ့စိုးရိမ်ပူပန်မှုတွေကို သင့်အိမ်ကိုမဝင်ခင် သစ်ပင်မှာပဲ ထားခဲ့လိုက်ပါ။ သင်ရှိတဲ့နေရာမှာ စိတ်အေးအေးနေလိုက်ပါ။ အိမ်မှာနေရင်း အလုပ်အတွက် စိတ်မပူပါနဲ့။ အလုပ်မှာလည်း မိသားစုအတွက် စိတ်မပူပါနဲ့။ စိုးရိမ်မှုကြောင့် ကြီးကြီးမားမားရလဒ်တွေ ဘာတစ်ခုမှ ထွက်မလာပါဘူး။ စိုးရိမ်ပူပန်ခြင်းကို မေတ္တာနဲ့ ပြောင်းပစ်လိုက်ပါ။

ဘဝကို ဘယ်လိုရင်ဆိုင်ရမလဲဆိုတာ သားသမီးတွေကို သင်ပေးပါ။ မိဘဆိုတာ ကိုယ့်သားသမီးတွေကို ၉၅% လက်တွေ့ပြသပေးပြီး ၅% က စကားနဲ့ပြောပြရတယ်။ ကလေးတွေဟာ မိဘတွေရဲ့ဘဝနေထိုင်ပုံ၊ သင့်လက်တွဲဖော်ကို ဆက်ဆံပုံ၊ သင့်ရဲ့နေ့စဉ်လုပ်ငန်းဆောင်တာတွေကို စီမံခန့်ခွဲပုံနှင့် သင်ကိုယ်တိုင်နှင့်အခြားသူတွေအပေါ် ဆက်ဆံပုံတွေကို ကလေးတွေက သင်ယူပုံလေ့ရှိတာ သတိပြုစေချင်ပါတယ်။

သင့်ကလေးတွေကို အခြေခံဘဝကျွမ်းကျင်မှုတွေဖြစ်တဲ့ ကားတာယာကိုပြောင်းလဲနည်း၊ ငွေကိုစီမံခန့်ခွဲနည်း၊ ထိရောက်တဲ့ဆက်သွယ်မှုစွမ်းရည်၊ အငြင်းပွားမှုတွေကို ကိုင်တွယ်နည်း စတာတွေကို သင်ပေးပါ။ ငါနှင့်ငါ့ဇနီးက သားသမီးတွေကို ရင်ခွင်ပေါ်ထိုင်စေပြီး စာအုပ်တွေဖတ်ခိုင်းတယ်။ ညဘက်တွေမှာ စာအုပ်တွေဖတ်ခိုင်းပြီး လက်နှစ်ဖက်ကို ကိုင်ထားရင်း အိပ်ယာထဲလှဲထားပါ။ နှစ်နှစ်အတွင်း ညတိုင်း ကလေးတွေအိပ်ရာမဝင်ခင် ငါ့အကြောင်းကို ၁၅ မိနစ်လောက် ပြောပြလေ့ရှိတယ်။ ဒီလိုနဲ့ နောက်ညတွေကို မျှော်လင့်စောင့်ဆိုင်းလေ့နေကြတယ်။ ဒါတွေဟာ ငါတို့အားလုံးအတွက် အမှတ်တရဖြစ်ခဲ့ရပါတယ်။

သင့်ဘဝရဲ့စံနမူနာ တန်ဖိုးတွေကို သင်ပေးပါ။ "အခြားသူတွေက သင့်အပေါ် ပြုစေချင်တဲ့အတိုင်း သူတို့အပေါ်မှာ ပြုပါ။ လိုအပ်နေသူတွေအတွက် အလေးထားဖော်ပြပါ။ တစ်ခါတစ်ရံ ကျွန်တော်တို့ဟာ ဝါရှင်တန်ဒီစီမြို့သို့ ကားနဲ့ ဆင်းသွားပြီး အိုးမဲ့အိမ်မဲ့တွေကို အဝတ်အစားတွေ ပေးလှူခဲ့တယ်။ တခြားအချိန်တွေမှာ ဇနီးသည်က ကလေးတွေကို ထမင်းဆိုင်ကို ခေါ်သွားပြီး ထမင်းကျွေးတယ်။

မိသားစုများအတွက် နောက်ထပ်အကြံပြုချက်အချို့

- သင်ဆန္ဒရှိလျှင် နံနက်စောစောဘုရားနဲ့ အချိန်ယူပါ။ အတူတူဆုတောင်းပါ။ ကလေးတွေကျောင်းမသွားခင် လက်တင်ဆုတောင်းပေးပါ။ ကလေးတွေရဲ့ နေ့စဉ်အစီအစဉ်တွေကို ကူညီအားပေးပါ။
- ကလေးတစ်ဦးချင်းစီနှင့်အချိန်ယူပါ။ ရက်ချိန်းတွေကို အပတ်တိုင်း/လတိုင်း ပြုလုပ်ပါ။
- သူတို့ရဲ့ကမ္ဘာမှာ ပါဝင်ပေးပါ။ သူတို့လုပ်ချင်တာကိုလုပ်ပါ။
- သင့်ကမ္ဘာကို ပြပေးပါ။ သင်လုပ်ချင်တာကို ပြပါ။
- ကျွမ်းကျင်မှုတွေကို သင်ကြားပေးပါ။ သူတို့အား ဘဝအတွက် ယုံကြည်မှုနှင့်အရည်အချင်းတွေကို (ကား၊ ငွေကြေး၊ တည်ဆောက်ခြင်း၊ ချက်ပြုတ်၊ သန့်ရှင်းရေး၊ အဝတ်လျှော်၊ နေ့စဉ်ဘဝကျွမ်းကျင်မှုတွေကို) ပေးပါ။
- အိပ်ရာဝင်ချိန် - စာဖတ်တာ၊ နားထောင်တာ၊ ဖက်တွယ်တာ၊ နမ်းရှုံ့တာ၊ ဆုတောင်းတာ။
- မိသားစုအချိန် - အစားအစာတွေ၊ ထုံးတမ်းတွေ (အားလပ်ရက်တွေ၊ တနင်္ဂနွေတွေ၊ မွေးနေ့တွေ ကျင်းပခြင်း)။
- မိဘနှင့်ကလေးအချိန်တွေကို နည်းပညာမပါဘဲ ပြုလုပ်ပါ။ ဆိုလိုတာက တီဗီ၊ အင်တာနက်၊ ဗီဒီယိုဂိမ်းတွေ ဒါမှမဟုတ် ရုပ်ရှင်တွေကို မသုံးပါနဲ့။ နည်းပညာကို အသုံးပြုခြင်းဟာ ဦးနှောက်ကို အဆမတန်လှုံ့ဆော်ပေးတအတွက် ကျွန်တော်တို့ရဲ့အာရုံတွေကို ပေါက်ကွဲစေပြီး မိမိတို့အချင်းချင်းကို ခွဲခြားစေပါတယ်။ ဒီနေ့ခေတ် ကလေးတွေနှင့်လူငယ်တွေဟာ စိတ်အားထက်သန်နေကြပြီး သူတို့ရဲ့ဇီဝကမ္မဗေဒမှာ ဖိစီးမှုလွန်ကဲနေတယ်။ ဆဲလ်ဖုန်း၊ ကွန်ပြူတာ၊ ဗီဒီယိုဂိမ်းတွေ အသုံးပြုချိန်ကို လျှော့နိုင်သလောက လျှော့ပါ။ မဟုတ်ပါက ကလေးတွေရဲ့အာရုံစူးစိုက်မှု ချို့ယွင်းမှုဖြစ်ပေါ်လ နိုင်ပြီး အခြားသူတွေနဲ့ အလွယ်တကူ ခွဲခွာသွားနိုင်တယ်။ တီဗွီဟာ မိသားစုဘဝမှာ အဓိကနေရာမ ယူမိဖို့ သတိပြုပါ။ အီလက်ထရောနစ်ပစ္စည်းမပါဘဲ မိသားစုဝင်တွေ အတူတူဝိုင်းထိုင်ပြီး ပုံပြင်တွေပြောတာတွေ၊ စာအုပ်ဖတ်တာတွေ ကျင့်ယူရပါမယ်။ မိသားစုဝင်တွေနဲ့ တန်ဖိုးရှိရှိအချိန်ယူတတ်ဖို့ အင်မတန်အရေးကြီးတယ်။

- အစားအစာတွေကို အတူတကွမျှဝေပါ။ သင့်ကလေးတွေကို သူတို့ရဲ့နေ့စဉ်ဘဝအကြောင်းမေးပါ။ နားထောင်ပြီး လေ့လာပါ။ လတ်တလော သုတေသနပြုချက်တွေအရ အတူတူထမင်းစားတဲ့မိသားစုတွေဟာ အတူတကွနေထိုင်ကြတယ်လို့တွေ့ရှိရတယ်။ အစားအစာတွေနှင့်ပျော်ရွှင်မှုဟာ အောင်မြင်တဲ့မိသားစုတွေအတွက် ကြီးမားတဲ့ရောဂါရှာဖွေရေးညွှန်ပြချက်ဖြစ်ပါတယ်။ တစ်ယောက်တည်းအကြာကြီးပြောနေရင် နဲနဲလျှော့ခိုင်းပြီး အခြားသူတွေ မျှဝေနိုင်အောင် ဟန်ချက်ညီအောင်ဖန်တီးပေးရမယ်။ တစ်ဦးချင်းစီကို သူ့အကြောင်းနဲ့သူ ပြောပြဖို့ အလှည့်ပေးပါ။
- ကလေးတွေက မိသားစုလှုပ်ရှားမှုတွေမှာ မပါဝင်ချင်တဲ့အခါ သူတို့ကို လေးလေးနက်နက် အားပေးပါ။ နောက်ဆုံးမှာ သူတို့ပူးပေါင်းပါဝင်လာပါလိမ့်မယ်။ သင်ဟာ သင့်ကလေးတွေ၊ အခြားမိသားစုဝင်တွေနှင့်သူငယ်ချင်းတွေကို သင့်ဆီပူးပေါင်းစေချင်တာဖြစ်တယ်။ နည်းပညာက နောက်ဆုံးပါ။

အသိုင်းအဝိုင်းကို ကုစားခြင်း

၁။ သူငယ်ချင်းတွေနဲ့ အချိန်ယူပါ။ ငါတို့ရဲ့ဖြစ်ခြင်း အမှန်ကိုသိပြီး ချစ်တဲ့ပ ညာရှိအမျိုးသား/အမျိုးသမီးတွေ ငါတို့လိုအပ်တယ်။

၂။ သင်ရဲ့ဝါသနာတွေအတွက် အချိန်ပေးပါ - အပျော်ခရီးထွက်တာ၊ ငါးမျှားတာ၊ ရုပ်ရှင်ကြည့်တာ၊ စာဖတ်တာ၊ ဆေးသုတ်တာ၊ ကတာ၊ ပန်းခြံလည်တာ၊ ချက်ပြုတ်တာ။

၃။ အသိုင်းအဝိုင်းကို အချိန်ပေးပါ - ပရဟိတအလုပ်၊ အခြားသူတွေအတွက် စွန့်လွှတ်ခြင်းဟာ မိမိတို့ကို ခွန်အားဖြစ်စေတယ်။

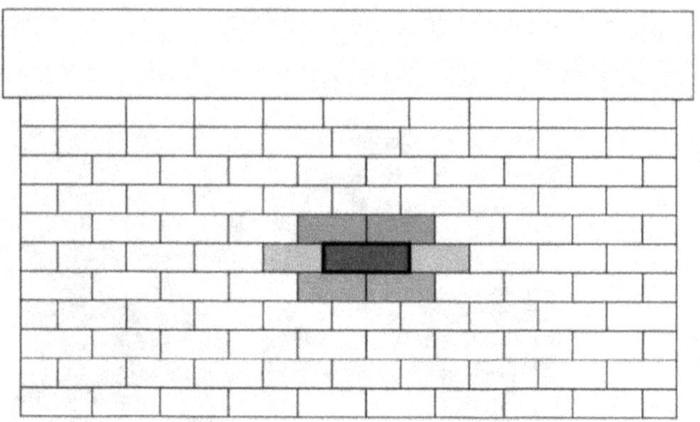

- ကျွန်တော်တို့ရဲ့ဘဝအသက်တာမှာ အနည်းဆုံးလမ်းညွှန်ပေးတဲ့ဆရာနှစ်ဦး လိုအပ်ပါတယ် (ကျွန်တော်တို့အထက် အုတ်ခဲနှစ်ချပ်)။
- ကျွန်တော်တို့ကို သိပ်အထင်ကြီးတဲ့မိတ်ဆွေနှစ်ဦး၊ ကျွန်တော်တို့ရဲ့ဘဝအသက်တာအတွက် အမှန်တရားကိုပြောဆိုနိုင်တဲ့သူငယ်ချင်းနှစ်ဦး ညာဘက်မှာတစ်ဦး၊ ဘယ်ဘက်မှာတစ်ဦးပုံစံမျိုး လိုအပ်တယ် (ဘယ်ဘက်နှင့်ညာဘက်ရှိ အုတ်ခဲတွေ)။
- ကျွန်တော်တို့အောက်မှာ နေတဲ့လူနှစ်ဦး၊ မျိုးဆက်သစ်တွေကို လမ်းညွှန်ပေးမယ့်သူနှစ်ဦးလိုအပ်ပါတယ်။

သင့်ပတ်ဝန်းကျင်တွင် အချိန်တိုင်း အနည်းဆုံးခြောက်ဦး ဒါမှမဟုတ် ခြောက်ဦးထက် ပိုတဲ့ဆက်ဆံရေးမျိုးမရှိရင် သင်ဟာ "တံတိုင်းကြီးရဲ့ အပြင်ဘက်မှာပါ။"

အခြားသူတွေကိုပေးကမ်းခြင်းဟာ အပြုသဘောဆောင်တဲ့စွမ်းအင်ကို ထုတ်ပေးပြီး ကျွန်တော်တို့ကိုယ်တိုင် စိတ်ဓာတ်ကျခြင်းမှ လွတ်မြောက်စေပါတယ်။ အကူအညီလိုတဲ့သက်ကြီးရွယ်အိုတွေရှိတယ်။ ရဲတပ်ဖွဲ့နဲ့မီးသတ်ဌာနတွေမှာ စေတနာ့ဝန်ထမ်းတွေ လိုအပ်နေပါတယ်။ သင့်ခြံနောက်ဖေးတွင် လိုအပ်နေတဲ့သူတွေကို ကူညီဖို့ နည်းလမ်းများစွာရှိတယ်။

၄။ မျှတတဲ့အသက်တာကို ထိန်းသိမ်းပါ - နှလုံးစိတ်၊ ခန္ဓာနှင့်စိတ်ဝိညာဉ်ကို တွေ့ဖြစ်ပါတယ်။ ဘုရားသခင်နှင့်အခြားသူတွေရဲ့ ထောက်ခံမှု/မေတ္တာကို တွေ့ကြုံခံစားပါ။ စွမ်းအားက သင့်ရဲ့ဘဝကို ရှေ့ဆက်တိုးစေတယ်။

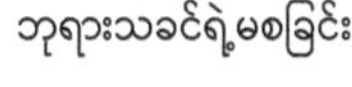

စိတ်

အပိုင်း နှစ် - ထိတွေ့ခြင်း
ကောင်းမွန်တဲ့ထိတွေ့ခြင်းနဲ့ ကမ္ဘာကြီးကို ကုသပေးခြင်း

သူက ကျွန်မကို ယောက်ျားပီသတဲ့သန်မာတဲ့လက်တွေနဲ့ ဆုပ်ကိုင်ထားတော့ ကျွန်မဟာ သူ့ရင်ခွင်ထဲမှာ အရည်ပျော်သွားတယ်။ နောက်ဆုံးတော့ တစ်သက်လုံးတောင့်တနေခဲ့တဲ့ယောက်ျားကို ရှာတွေ့ခဲ့ရပါတယ်။ ကျွန်မတစ်ကိုယ်လုံးက သူ့ရင်ထဲမှာ အရည်ပျော်သွားတယ်။

သူမက အရမ်းကို ဆွဲဆောင်မှုရှိပြီး ချစ်ဖို့ကောင်းတယ်။ ဘယ်လောက်ကောင်းတဲ့သူပါလဲ။ သူက ကျွန်တော့်လိုအပ်ချက်တွေကိုလည်း သိပြီး နည်းလမ်းစုံနဲ့ ငါ့ကို စိတ်ကျေနပ်အောင် လုပ်ပေတဲ့အမျိုးသမီးပါပဲ။ သူမဟာ ငါရဲ့ဆန္ဒအတိုင်းကို ဖြည့်ဆည်းပေးဖို့ အဆင်သင့်ဖြစ်နေပါပြီ။

အသံကို ရင်းနှီးလား။ အဲဒါတွေဟာ ကာမရာဂနှိုးဆွပေးတဲ့ဝတ္ထုတွေ ဒါမှမဟုတ် ညစ်ညမ်းဝှေဗ်ဆိုက်တွေ နှစ်တိုင်းဒေါ်လာဘီလီယံပေါင်းများစွာ တန်တဲ့လိုင်းများဖြစ်ပါတယ်။ ကမ္ဘာပေါ်မှာ အကြီးဆုံးအင်တာနက်ညစ်ညမ်းဝှေဗ်ဆိုက်တွေထဲမှတစ်ခုဖြစ်တဲ့ Pornhub ဟာ ၂၀၁၈ ခုနှစ်တွင် ခန့်မှန်းခြေ ဒေါ်လာ ၁၁၅ ဘီလီယံရရှိပြီး လစဉ်လာရောက်ကြည့်ရှုသူ သန်း ၁၀၀ ရှိ တယ်။ လူတော်များများဟာ လိင်ကိစ္စအတွက် အရမ်းကိုကာမစိတ်နိုးကြားပြီး တစ်စုံတစ်ဦးက သူတို့ကို ကျေနပ်စေဖို့နှင့် သူတို့ရဲ့လိုလားတောင့်တနေတဲ့အရာကို ဖြည့်ဆည်းပေးဖို့ ဆာလောင်နေကြတယ်။ တကယ်လို့သာ စစ်မှန်တဲ့ချစ်ခြင်းမေတ္တာ၊ လိင်မှုနှင့်ရင်းနှီးမှုတွေကို လွယ်လွယ်လေးရမယ်ဆိုရင် (၁) ဒေါ်လာဘီလီယံပေါင်းများစွာတန်တဲ့ညစ်ညမ်းနဲ့ erotica လုပ်ငန်းတွေ ရမှာ မဟုတ်ပါ၊ (၂) ကွာရှင်းမှုနှုန်း ၅၀% ရှိမှာမဟုတ်ပါ၊ (၃) အမျိုးသားအိမ်ထောင် ရေးဖောက်ပြန်မှု ၃၃-၇၅ %၊ အမျိုးသမီးအိမ်ထောင်ရေးဖောက်ပြန်မှု ၂၆-၇၇ % အထိ ရှိမှာ မဟုတ်ပါဘူး (The State of Affairs, Esther Perel, Harper Collins, 2017)။

ထိတွေ့မှုဟာ ပေါင်းသင်းဆက်ဆံရေးအားလုံးအတွက် ရေနှင့်တူတယ်။ ရေမရှိရင် ငါတို့သေတယ်။ ထိတွေ့မှု အာရုံငါးပါးတွင် အရေးအကြီးဆုံးဖြစ်ပြီး လျစ်လျူရှုအခံရဆုံးလည်းဖြစ်တယ်။ လိင်မှု၊ ချစ်ခြင်းမေတ္တာနှင့်ရင်းနှီးမှုကြား တွင် ကြီးစွာတဲ့ရှုပ်ထွေးမှုတွေရှိနေတဲ့အတွက် ကျွန်ုပ်တို့ရဲ့နေ့စဉ်ဘဝအသက် တာမှာ ကောင်းမွန်တဲ့ထိတွေ့မှုရဲ့သဘာဝအကျိုးကျေးဇူးတွေကို ငြင်းပယ်ခံရ ပါတယ်။

ကျွန်တော်တို့ဟာ မွေးကင်းစကလေးတွေလိုပဲ အသားရေတောင့်တမှုနဲ့ မွေးဖွားလာရတယ်။ တကယ်လို့ မိမိတို့ဟာ ငယ်ရွယ်စဉ်ကလေးဘဝမှာ အခြေ ခံလိုအပ်ချက်တွေမပြည့်မှီပါက၊ တကယ်လို့ အလွဲသုံးစားခံရတာတွေ၊ အနိုင် ကျင့်ခံရတာတွေ ဒါမှမဟုတ် လျစ်လျူရှုခြင်းခံရတာတွေနဲ့ ကြုံရပါက မေတ္တာ ကို ရှာဖွေရင်းနဲ့ ကျွန်ုပ်တို့ရဲ့ဘဝအသက်တာတစ်ခုလုံးကို ဆိုးရွားတဲ့ဆက်ဆံ ရေး ဒါမှမဟုတ် အပြုအမူတွေ၊ အမျိုးသားတွေကို ရှာဖွေရင်းနဲ့ ညစ်ညမ်းမှုနှင့် တစ်ကိုယ်ရည်အာသာဖြေခြင်း၊ ကောင်မလေးတွေကိုရှာဖွေရင်းနဲ့ အချစ်ဝတ္ထု နှင့်ကာမရာဂနှိုးဆွပေးတာတွေ၊ ယောကျ်ားရောမိန်းမရော လိင်မှုကိစ္စမှာ စိတ် ဝင်စားမှုရှိလာကြတယ်။

မိသားစု၊ သူငယ်ချင်းတွေ၊ ယုံကြည်သူအသိုင်းအဝိုင်း၊ လုပ်ဖော်ကိုင် ဖက်တွေနှင့် နေ့စဉ်နေ့တိုင်း ကောင်းမွန်တဲ့ထိတွေ့မှုကို ဘယ်လိုရရှိမယ်ဆို တာကို သင်ယူရမှာဖြစ်ပါတယ်။ ကျွန်တော်တို့ရဲ့အိမ်မွေးတိရစ္ဆာန်တွေကို ရိုက် နှက်ခြင်းတွေမလုပ်ဖို့၊ ကျွန်တော်တို့ရဲ့မိတ်ဆွေတွေနဲ့ ကောင်းကောင်းမွန်မွန် ထ တွေ့ဆက်ဆံဖို့ အင်မတန်အရေးကြီးပါတယ် (အိမ်မွေးတိရိစ္ဆာန်လေးတွေရှိ ခြင်းဟာ အံ့သြစရာကောင်းတဲ့အရာပါ၊ တခြားသူတွေကို ချစ်ခြင်းမေတ္တာကို ဖြန့်ကျက်ခြင်းဟာ နောက်တဆင့်ပါ)။ သင့်ဘဝနဲ့ သင်ချစ်ရတဲ့သူတွေရဲ့ဘဝ အသက်တာထဲကိုမျှော်လင့်ချက်နဲ့ကုစားခြင်း ရရှိမယ့်နည်းလမ်းတွေကို ဘယ် နည်းနဲ့ ဘေးကင်းပြီး ကောင်းမွန်စွာထိတွေ့ရမလဲဆိုတာကို ပြသပါရစေ။

နို့စို့အရွယ် ဒါမှမဟုတ် ကလေးဘဝအစောပိုင်းတွင် မိဘတွေ ဒါမှမဟုတ် မူလပြုစုစောင့်ရှောက်သူတွေထံ လုံခြုံစွာဆက်ဆံခြင်း မခံရတဲ့ကလေးတွေဟာ ဆယ်ကျော်သက်နှင့်အရွယ်ရောက်ပြီးအရွယ်မှာ ပိုမိုထိတွေ့ဖို့ လိုအပ်ပါတယ်။ လူ အများစုဟာ တွယ်တာမှု၊ ပိုင်နိုင်မှုနှင့်ဆက်နွယ်မှုတွေ စတဲ့အဓိကလိုအပ်ချက် တွေကိုဖြည့်ဆည်းဖို့ လိင်ပိုင်းဆိုင်ရာကိုရှာဖွေကြတယ်။ ပြဿနာက လိင်ကိစ္စဟာ

ဒီအခြေခံလိုအပ်ချက်ကို ဘယ်တော့မှမဖြည့်ဆည်းနိုင်လို့ပါပဲ။ ဘာကြောင့်လဲဆိုရင် သူဟာ ဆယ်ကျော်သက် ဒါမှမဟုတ် အရွယ်ရောက်ပြီးသူမဟုတ်ဘဲ ကလေးတစ်ဦးဖြစ်လို့ပါပဲ။ ဒီတော့ လိင်မှုကိစ္စဟာ သူရှာဖွေနေရတဲ့ပိုင်ဆိုင်ဖို့ တွယ်တာဖို့ ဘယ်လိုမှမဖြစ်နိုင်ပါ။ သူရှာဖွေနေတဲ့အရာတွေက သူ့ရဲ့အဓိကလိုအပ်ချက်တွေကို မဖြည့်ဆည်းပေးနိုင်ပါ။ ကောင်းမွန်တဲ့အထိအတွေ့ကသာ သူ့ရဲ့အဓိကလိုအပ်ချက်တွေကို ဖြည့်ဆည်းပေးပါလိမ့်မယ်။

အေးမြတဲ့အမေ၊ နွေးထွေးတဲ့လက်

အမေက အေးမြတယ်၊ ဆုံးဖြတ်ချက်ချတယ်၊ အဖက်မလုပ်ဘူး။ ငါက ဆယ်ကျော်သက်အရွယ်ကနေ အရွယ်ရောက်ပြီးတဲ့အထိ အမျိုးသမီးတွေနောက်ကိုလိုက်ခဲ့တယ်။ အမျိုးသမီးတော်တော်များများနဲ့လိင်ဆက်ဆံဖူးတယ်။ အမျိုးသမီးတွေက ကျွန်တော့်ကိုထိန်းချုပ်မှာကို ကြောက်လို့ သူတို့ကို လုံးဝမယုံကြည်ပါ။ နောက်တော့ မထင်မှတ်ဘဲ Samantha နဲ့ တွေ့ခဲ့တယ်။ သူမက ကျွန်တော့်အပေါ် ပေါက်တတ်ကရတွေမလုပ်ဘူး။ သူမဟာ ချစ်ခြင်းမေတ္တာအပြည့်ရှိတဲ့အမျိုးသမီးတစ်ဦးပါပဲ။ တစ်ခါက ကျွန်တော်စိတ်တိုပြီး ဒေါသထွက်တဲ့အခါ သူမက ကျွန်တော့်ပါးပြင်ကို နူးညံ့တဲ့လက်တွေနဲ့ ဆုပ်ကိုင်လိုက်ပြီး "အကို၊ ဘယ်လိုခံစားရလဲ။ ဘယ်လိုခံစားလဲ" လို့မေးလိုက်တယ်။ သူမက ကျွန်မကို တည့်တည့်ကြည့်တယ်။

ထူးခြားလွန်းတဲ့အတွက် ကျွန်တော်ငိုပြီး မရပ်နိုင်တော့ပါ။ Sam က ငါ့ကိုသူ့မရင်ခွင်ထဲမှာ မှီခိုင်းတယ်။ ငိုတာ မရပ်နိုင်ခဲ့ဘူး။ ဆိုဖာပေါ်ထိုင်ပြီး ကျွန်တော့်ခေါင်းကို သူမရဲ့ရင်ခွင်ပေါ်မှီခိုင်းလိုက်တယ်။ ဒါဟာ ငါ့ဘဝမှာ ပထမဆုံးအကြိမ်အမျိုးသမီးတစ်ယောက်နဲ့ လုံခြုံမှုကို ခံစားလိုက်ရတယ်။ ဒါဟာ ကျွန်တော့်ကို ပထမဆုံးအကြိမ်သူ့လက်နဲ့ ဆုပ်ကိုင်ထားတာပါ။ ဒီအမျိုးသမီးဟာ ကျိုးပဲ့ပျက်စီးနေတဲ့ယောက်ျားကို အရမ်းချစ်တယ်။ သူမက ကျွန်တော့်ကို အရှိကိုအရှိတိုင်း လက်ခံပြီး ချစ်တဲ့သူပါ။

ဒါကြောင့် မိန်းကလေးတွေကို လိင်ပစ္စည်းလို အသုံးပြုလေ့ရှိတဲ့ ယောက်ျားတစ်ယောက်ကနေ မိန်းမတွေရဲ့အလှနဲ့ မိန်းမပီသမှုကို တန်ဖိုးထားတဲ့ယောက်ျားတစ်ယောက်ဖြစ်လာဖို့ ငါ့ရဲ့ခရီးကို စတင်ခဲ့တယ်။ Samantha နဲ့ ကျွန်တော် ချိန်းတွေ့တာကြာပါပြီ။ သူမဟာ ချစ်သူရည်းစားတွေထက် သာလွန်တဲ့အမျိုးသမီး စံနမူနာပြတစ်ဦးဖြစ်ကြောင်း ထင်ရှားလာရတယ်။

အမေရဲ့ဒဏ်ရာကို အတွင်းစိတ်ကလေးဖြင့်၊ ကောင်းမွန်တဲ့အမျိုးသမီးတွေနဲ့ တွေ့ဆုံခြင်းအားဖြင့် ကုသပေးနေပါတယ်။ စစ်မှန်တဲ့မေတ္တာလက်ဆောင် မျှဝေပေးတဲ့ Samantha ကို အမြဲတမ်းကျေးဇူးတင်ပါတယ်။

—Todd

အိမ် = အချစ်။ သင့်မိသားစုရဲ့ရင်ခွင်ထဲမှာ နွေးထွေးစွာပွေ့ဖက်ပြီး ထောက်ပံ့ခြင်းကို သင်တွေ့ကြုံခံစားခဲ့ရပါက ၎င်းဟာ အရွယ်ရောက်ပြီးသူ အားလုံးရဲ့ပုံမှန်ဆက်ဆံရေးပုံစံဖြစ်လာပါလိမ့်မယ်။ ကလေးဘဝတွင် အလွဲသုံးစားမှု ဒါမှမဟုတ် လျစ်လျူရှုမှုပုံစံတစ်ခုခု၊ ဆိုလိုတာက ခံစားချက်ပိုင်းဆိုင်ရာ၊ စိတ်ပိုင်းဆိုင်ရာ၊ ရုပ်ပိုင်းဆိုင်ရာ ဒါမှမဟုတ် လိင်ပိုင်းဆိုင်ရာဆက်ဆံမှုပုံစံတွေကို သင်ကြုံတွေ့ခဲ့ရပါက ဒီအပျက်သဘောဆောင်တဲ့တွယ်တာမှုပုံစံတွေဟာ အရွယ်ရောက်ပြီးသူအားလုံးအတွက် နမူနာပုံစံတွေဖြစ်လာပါလိမ့်မယ်။

ဒါ့အပြင် တည်နေရာ = အချစ်။ မွေးရပ်မြေတွေဟာ မသိစိတ်၊ ယဉ်ကျေးမှု ဆက်စပ်မှုပုံစံတွေကို ကိုယ်စားပြုတယ်။ သင်ဟာ ထူးခြားတဲ့နိုင်ငံ ဒါမှမဟုတ် ကမ္ဘာရဲ့အစိတ်အပိုင်းတစ်ခုမှာ နေထိုင်ပါက နေအိမ် = အချစ်၊ ပိုကောင်းတယ် ဒါမှမဟုတ် ပိုဆိုးတယ်ဆိုတာတွေကြောင့် အိမ်လိုခံစားရတဲ့ နေရာတစ်ခုသို့ဆွဲဆောင်နိုင်တယ်။

“အခုအချိန်မှာ လူအများစုဟာ သူတို့ရဲ့အိမ်ထောင်ဖက်တွေ၊ ချစ်သူတွေ၊ ချစ်သူဟောင်းတွေ၊ သူဌေးတွေ၊ လုပ်ဖော်ကိုင်ဖက်တွေ ဒါမှမဟုတ် သားသမီးတွေနဲ့ ကြုံတွေ့နေရတဲ့ပဋိပက္ခတွေဟာ ကလေးဘဝငယ်စဉ်က ဖြစ်ပျက်ခဲ့တဲ့အဖြစ်အပျက်တွေကနေ သိမ်းဆည်းထားတဲ့ ဖိနှိပ်ခံခံစားချက်တွေရဲ့ စိတ်ပိုင်းဆိုင်ရာ ပြန်လည်တုံ့ပြန်မှုတွေရဲ့တစ်စိတ်တစ်ပိုင်းဖြစ်ပါတယ်။ မိဘတွေနဲ့ မဖြေရှင်းလိုက်တဲ့ပဋိပက္ခတွေဟာ သူတို့ရဲ့အရွယ်ရောက်လာချိန်မှာ ‘လျှို့ဝှက်ဆန်းကြယ်စွာ’ ပြန်ပေါ်လာပုံရတယ်”ဆိုပါတယ် (Bloomfield, Harold, *Making Your Parents with Peace*, New York: Ballantine Books, 1983, page 9)။

ဒီသဘောတရားတွေကိုစိတ်ကြိုက်ပြင်ဆင်ပါရစေ။ ကျွန်တော်နှင့် ပထမဆုံးရင်းနှီးရတဲ့လူကြီးမှာ ဦးလေး Pete ပဲဖြစ်ပါတယ်။ ကျွန်တော်ပြောခဲ့သလိုပဲ အဖေရော အမေရော လုံခြုံမှုမခံစားရဘူး။ အန်ကယ် Pete ဟာ ငါတို့ရဲ့ဆက်ဆံရေးမှာ လိင်ဆက်ဆံမှုကို မမိတ်ဆက်ခင် သူဟာ ကျွန်တော်နဲ့ ကစားတယ်၊ ကျွန်တော်နဲ့မျှဝေတယ်၊ ကျွန်တော့်ကိုနားထောင်ပေးတယ်။ ကျွန်တော်လည်း သူ့ဆီက ချစ်ခင်မှုကို ခံစားခဲ့ရတယ်။ အဲဒီနောက် အရာအားလုံးဟာ လိင်ကိစ္စကြောင့် ရှုပ်ထွေးကုန်တယ်။

နောက်ပိုင်း ကြီးကောင်ဝင်တဲ့အရွယ်နှင့်လူလားမြောက်လာတဲ့အရွယ်မှာ ကျွန်တော်ဟာ ဦးလေးရဲ့စရိုက်လက္ခဏာတွေကို ထင်ဟပ်စေတဲ့နွေးထွေးမှု၊ ပျော်ရွှင်မှု၊ ရုပ်ပိုင်းဆိုင်ရာနှင့်သနားကြင်နာတတ်တဲ့အမျိုးသားတွေကို ရှာဖွေနေတယ်။ လိင်တူဆက်ဆံခဲ့တဲ့သူတွေ ဒါမှမဟုတ် လိင်ကွဲဆက်ဆံခဲ့တဲ့သူတွေက ဘာ့ကြောင့် ကျွန်တော့်ကိုထားရစ်ကြတာလဲ။ငါဟာ လူအမျိုးမျိုးကြားထဲကနေ တူညီတဲ့ကိုယ်ရည်ကိုယ်သွေးနဲ့ ပြန်ထနေပြီဆိုတာကို နားမလည်ခဲ့ပါ။ ငါ့ရဲ့အတွင်းစိတ်ကလေးက အဲဒီလူတွေကိုဆက်နေစေချင်ပေမယ့် ဦးလေး Pete လိုပဲ ငါ့ကို ထားခဲ့ပြီး ထွက်သွားကုန်ပြီ။

ဒါကို အပျက်သဘောဆောင်တဲ့နှောင်ကြိုးပုံစံလို့ခေါ်တယ်။ သင်က "မင်းက သူတို့ကို ဒီလောက်တောင်တောင်းဆိုနေရက်နဲ့ ဘာလို့ မင်းကို ထားရစ်ကြတာလဲ" လို့မေးကောင်းမေးနိုင်ပါတယ်။ ဒါပေမယ့် ဒီလူတွေအများစုမှာ ရိုးရှင်းတဲ့လိုအပ်ချက်ကို ဖြည့်ဆည်းပေးဖို့ လိုအပ်နေတဲ့အမျိုးသားတွေဖြစ်ပါတယ်။ အတော်များများကတော့ သူတို့ရဲ့ကိုယ်ပိုင်ပြဿနာတွေကို ရင်ဆိုင်လိုခြင်းမရှိပေမယ့် အခြားသူတွေကို ကယ်တင်ရှင်လိုလို ကယ်တင်ချင်တဲ့စိတ်သဘောရှိတဲ့သူတွေဖြစ်ကြတယ်။ ဒါဟာ တော်တော်ကို ရှုပ်ထွေးတယ်လို့ဆိုရမှာပါ။ ဒါကြောင့် သူတို့တွေဟာ ရေရှည်မှာ အပြန်အလှန်မိတ်ဆွေဖြစ်ခြင်းကို ခိုင်မြဲအောင်မစွမ်းဆောင်နိုင်ကြပါဘူး။

Philadelphia ရဲ့အပြင်ဘက် အထက်တန်းစား ဂျူးအသိုက်အဝန်းမှာ ကျွန်တော်နေထိုင်ခဲ့တယ်။ အပြင်မှာတော့ ဒါတွေအားလုံးရှိပုံရပေမယ့် အထဲမှာတော့ တိုက်ပွဲတွေအဆက်မပြတ်ရှိနေတယ်။ ကျွန်တော့်သူငယ်ချင်းတွေရဲ့မိဘတော်တော်များများကလည်း ရန်ဖြစ်တာ၊ ကွဲတာ၊ ကွာရှင်းတာတွေရှိကြတယ်။ အန်ကယ် Pete ပြီးရင် ကျွန်တော့်ဘဝမှာ လုံခြုံမှု အပေးဆုံးလူက အိမ်ဖော် Ophelia ပါပဲ။ သူက ကျွန်တော့်အမေထက်တောင် ပိုတယ်လို့ခံစားရတယ်။ ရှုပ်ယှက်ခတ်နေတဲ့ကျွန်တော့်မိသားစုကနေ လွတ်မြောက်ရတာ အံ့သြစရာကောင်းတယ်။ သူမရဲ့ထူးခြားမှုကတော့ ဘုရားကျောင်းတက်ခြင်းပါပဲ။ အဲဒီဘုရားကျောင်းက အရမ်းနွေးထွေးတယ်၊ ကြိုဆိုတယ်၊ ချစ်တယ်။ ကျွန်တော်ဟာ အမေရိကန်ရောက် အာဖရိကန်နွယ်ဘွားတွေကြားမှာ လူဖြူကလေးငယ်လေးတစ်ဦးဖြစ်ခဲ့တယ်။

ဒီနေ့ကျွန်တော်တို့ဇနီးမောင်နှံဟာ အမေရိကန်ရောက် အာဖရိကန်လူမျိုးတွေရဲ့လူဦးရေ ၇၀% နီးပါးနေတဲ့အသိုင်းအဝိုင်းတစ်ခုမှာ နေထိုင်ကြပြီး ၉၉% နီးပါးရှိတဲ့အသင်းသားတွေဟာ လူမည်းတွေဖြစ်ကြတယ်။ ဒါဟာ အံ့သြဖွယ်ဖြစ်တယ်လို့ခံစားရတယ်။ ကျွန်တော်တို့ဟာ မသိစိတ်ထဲကနေ အပြုသဘောဆောင် ဒါမှမဟုတ် အပျက်လက္ခဏာဆောင်တဲ့နှောင်ကြိုးပုံစံတွေကို ပြန်လည်ဖန်တီးပြီးတော့ "အိမ်ကို" သွားဖို့ အမြဲကြိုးစားနေကြတယ်။

ပေါင်းသင်းဆက်ဆံရေးအားလုံးဟာ အချစ်ကိုပေးဖို့နဲ့ရရှိဖို့ ကြိုးစားမှုတစ်ခုပါပဲ။ သင်ဟာ လူတချို့ကို မသိစိတ်ဖြင့် ဆွဲဆောင်နိုင်ပြီး သင်ရဲ့အတိတ်ကလူတွေနဲ့ ပြန်ထိတွေ့ဖို့ ဒါမှမဟုတ် ပြန်လည်ချိတ်ဆက်ဖို့ ကြိုးစားနေပါလိမ့်မယ်။ ဒီအရာကြောင့် လူတွေဟာ ရိုင်းစိုင်းတဲ့မိဘကို ရောင်ပြန်ဟပ်စေတဲ့တစ်စုံတစ်ဦးနဲ့ လက်ထပ်ရတဲ့အကြောင်းရင်းတစ်ခုဖြစ်တယ်။ အိမ်မှာတစ်ခါမှမခံစားဖူးတဲ့ ချစ်ခြင်းမေတ္တာကို နောက်ဆုံးမှာ ရရှိဖို့အတွက် သူတို့ရဲ့လက်တွဲဖော်ကနေတစ်ဆင့် သူတို့ရဲ့အတွင်းစိတ်ကလေးက သူတို့ရဲ့မိဘတွေကို ပြောင်းလဲဖို့ ကြိုးစားနေတာဖြစ်ပါတယ်။ Dr.Harville Hendrix က ဒါကို "မသိစိတ်အိမ်ထောင်ရေး" လို့ခေါ်တယ်။ ကျွန်တော်တို့အားလုံးလည်း အချစ်နဲ့ပတ်သက်လာရင် အရူးအမူးဖြစ်ကြတယ်။ ဒီလိုအဆိုးမြင်တဲ့အနှောင်အဖွဲ့ကိစ္စတွေကို ဘယ်လိုချိုးဖျက်ပြီး ကောင်းမွန်တဲ့အချစ်နဲ့ တွေ့ကြုံခံစားမလဲဆိုတာကို လေ့လာကြည့်ရအောင်။

ကျွန်တော်တို့အများစုက မိမိတို့လိုအပ်တဲ့အရာကို အမှန်တကယ်မသိကြပါ။ ရင်းနှီးမှုကိုတောင့်တနေပေမယ့် တစ်ချိန်တည်းမှာ ကြောက်လန့်နေတယ်။ လိင်ဆိုတာ ရင်းနှီးမှုပါ။ လိင်ဆက်ဆံခြင်းကို လုံခြုံတယ်လို့ခံစားရနိုင်ပါတယ်။ လိင်ဆက်ဆံခြင်းက လျင်မြန်ပြီး ရင်းနှီးမှုကင်းမဲ့တာဖြစ်နိုင်တယ်။ အိမ်ထောင်သည် အမျိုးသားတွေက အခြားအမျိုးသမီးတွေ ဒါမှမဟုတ် အမျိုးသားတွေနဲ့ လိင်ဆက်ဆံတယ်။ အိမ်ထောင်ရှင်အမျိုးသမီးတွေက အခြားအမျိုးသားတွေ ဒါမှမဟုတ် အမျိုးသမီးတွေနဲ့ လိင်ဆက်ဆံခြင်းကို စိတ်ကူးယဉ်ကြတယ် ဒါမှမဟုတ် သူတို့နဲ့ လိင်ဆက်ဆံတယ်။ အိမ်ထောင်မရှိတဲ့သူတွေက အချိတ်အဆက်လုပ်ပြီး ပြန်လစ်သွားကြတယ်။ ဒါဆိုရင် သူတို့တွေဟာ ချစ်ခြင်းမေတ္တာအတွက် သူတို့ရဲ့လေးနက်တဲ့လိုအပ်ချက်တွေကို အမှန်တကယ်ဖြည့်ဆည်းကြပါသလား။

အမျိုးသားတွေက အမျိုးသမီးတွေရဲ့ခန္ဓာကိုယ်ကို လိင်ပိုင်းဆိုင်ရာပုံစံနဲ့ ကြည့်ရှုတာ၊ သူတို့ရဲ့ရင်သား၊ တင်ပါးနှင့်အခြားကိုယ်အင်္ဂါအစိတ်အပိုင်းတွေကို ကြည့်ရှုတာကို ပုံမှန်ဖြစ်တယ်လို့ယူဆကြတယ်။ ဒီအတွက် ဘာမှပုံမှန်မရှိပါဘူး။ အမှန်တော့ ကျွန်တော်တို့က အခြားသူတစ်ဦးနဲ့ လိင်ဆက်ဆံတဲ့အခါမှာ သူ့ကို လိင်ပိုင်းဆိုင်ရာအရာဝတ္ထုတွေလို ရှုမြင်ခြင်းဟာ လက်ခံလို့မရပါဘူး။ အလှအပကို လေးမြတ်ခြင်းဟာ အံ့သြဖွယ်ကောင်းပေမယ့် လိင်ဆက်ဆံခြင်းဟာ သိက္ခာချရာရောက်တယ်။

ယောက်ျားရော မိန်းမရော ချောမောလှပကြတယ်။ အလှအပကို တန်ဖိုးထားတတ်ရမယ်။ နောက်တစ်ကြိမ် ယောက်ျား ဒါမှမဟုတ် မိန်းမတစ်ဦးနဲ့ လိင်ဆက်ဆံတဲ့အခါ ဒီအရာကို စဉ်းစားကြည့်ပါ - ငါ့သား၊ သမီး၊ တူ၊ တူမ ဒါမှမဟုတ် အခြားချစ်ရတဲ့သူတစ်ဦးနဲ့လိင်ဆက်ဆံဖို့ ငါရှာကြံနေရင် ဘယ်လိုလဲ။ ဒါဟာ ငါတို့လုပ်နေတဲ့အရာပါပဲ။

အမျိုးသားနှင့်အမျိုးသမီးနှစ်ဦးစလုံးတွင် လိင်ပိုင်းဆိုင်ရာပြဿနာတွေ ရှိတယ်။ အတင်းအကြပ်တစ်ကိုယ်ရည်အာသာဖြေခြင်း၊ ညစ်ညမ်းရုပ်ပုံ စာပေ၊ အမျိုးသမီးတွေ ဒါမှမဟုတ် အမျိုးသားတွေရဲ့ခန္ဓာကိုယ်အစိတ်အပိုင်းတွေကို မက်မောခြင်း ဒါမှမဟုတ် အိမ်ထောင်မပြုခင် လိင်ပိုင်းဆိုင်ရာဆက်ဆံမှုတွေ ဖြစ်ပါတယ်။ ဒီအပြုအမူတွေဟာ မကုစားလိုက်တဲ့ဒဏ်ရာတွေနဲ့ဖြည့်ဆည်းမပေးလိုက်တဲ့ ချစ်ခြင်းမေတ္တာလိုအပ်ချက်တွေကြောင့်ဖြစ်တယ်။ အမျိုးသားတွေက ကြီးပြင်းလာတဲ့အခါ သူတို့ရဲ့မိခင်တွေနဲ့ သံယောဇဉ်မလုံလောက်မှုတွေကို ခံစားခဲ့ရပြီး အမျိုးသမီးတွေက ၎င်းတို့ရဲ့ဖခင်တွေနဲ့ လုံလောက်တဲ့သံယောဇဉ်ကို မခံစားလိုက်တာလည်းဖြစ်နိုင်တယ်။ ငါက ဒါကို 'ဆန့်ကျင်ဘက်လိင်သံယောဇဉ်ကစဥ့်ကလျားဖြစ်ခြင်း' (OSAD) လို့ခေါ်တယ်။ ဒါက ဆန့်ကျင်ဘက်လိင်ရဲ့အဖွဲ့ဝင်တွေကို ကန့်ကွက်ခြင်း ဒါမှမဟုတ် မအောင်မြင်တဲ့ဆက်ဆံရေးတွေအတွက် အခြေခံအုတ်မြစ်ချပေးတယ်။ ငါတို့ဟာ မိမိတို့ရဲ့ဖခင်၊ မိခင်၊ အဘိုးအဘွားတွေ၊ အခြားဆွေမျိုးတွေနှင့် အောင်အောင်မြင်မြင်နှောင်ဖွဲ့ကာ သူတို့ရဲ့မေတ္တာကို ရင်တွင်းထဲထည့်ထားမယ်ဆိုရင် အခြားလူသားတွေကို ကန့်ကွက်စရာအကြောင်းမရှိပါ။

အခုကျွန်တော်အနေနဲ့ ချပြချင်တဲ့အရာကတော့ ကောင်းမွန်တဲ့ထိတွေ့မှုရဲ့စွမ်းအားကြောင့် ခွဲထွက်သွားတဲ့ချစ်ခြင်းမေတ္တာ၊ လိင်နှင့်ရင်းနှီးမှုတွေကို ပြန်လည်ပေါင်းစပ်စေမယ့် ရိုးရှင်းတဲ့ဖြေရှင်းနည်းတွေပဲဖြစ်ပါတယ်။

ထိတွေ့ခြင်း

မိမိကိုယ်ကို ကုစားခြင်း

- ➢ အင်တာနက်ညစ်ညမ်းပုံအကြောင်း အချက်အလက်
- ➢ ကောင်းမွန်တဲ့ထိတွေ့မှုဆိုင်ရာသိပ္ပံ
- ➢ ကောင်းမွန်တဲ့ထိတွေ့မှုအတွက် လေ့ကျင့်ခန်းတွေလုပ်ပါ

မိသားစုကို ကုစားခြင်း

- ➢ အိမ်ထောင်ရေးဖောက်ပြန်ခြင်းဆိုင်ရာ အချက်အလက်
- ➢ ဆယ်ကျော်သက် လိင်ပိုင်းဆိုင်ရာလှုပ်ရှားမှုအကြောင်း အချက်အလက်
- ➢ စုံတွဲတွေအတွက် ထိတွေ့မှုအစီအစဉ်
- ➢ သားသမီးတွေအတွက် ထိတွေ့မှုအစီအစဉ်
- ➢ ဆွေမျိုးတွေအတွက် ထိတွေ့မှုအစီအစဉ်

အသိုင်းအဝိုင်းကို ကုစားခြင်း

- ➢ အသိုင်းအဝိုင်းအတွက် ထိတွေ့မှုအစီအစဉ်

မိမိကိုယ်ကို ကုစားခြင်း

ဒါက အရေးပေါ်အခြေအနေပါ။

တိုင်းမ်မဂ္ဂဇင်းက ညစ်ညမ်းပုံဆိုတဲ့ အံ့ဩဖွယ်ဆောင်းပါးတစ်ပုဒ်ကို ထုတ်ဝေခဲ့တယ်။ သန်မာတဲ့လူတွေကို ခြိမ်းခြောက်နေတဲ့ အကန့်အသတ်မဲ့ အွန်လိုင်းညစ်ညမ်းပုံတွေနဲ့ ကြီးပြင်းလာတဲ့ ပထမမျိုးဆက်အမျိုးသားတွေအတွက် အချက်ပေးသံဆိုတာကို ဧပြီလ ၁၁ ရက်၊ ၂၀၁၆ တွင် Belinda Luscombe မှရေးသားခဲ့ပါတယ်။

တစ်ကိုယ်ရည်အာသာဖြေခြင်းနဲ့အတူ အင်တာနက်ညစ်ညမ်းဗီဒီယိုပုံတွေကို အဆက်မပြတ်အသုံးပြုခြင်းဟာ အမျိုးသားတွေမှာ လိင်အင်္ဂါကို ကမောက်ကမ (PIED) ဖြစ်တဲ့ဘက်ကို ဦးတည်စေပါတယ်။

လူငယ်တွေဟာ ဆယ်ကျော်သက်အရွယ်တုန်းက သူတို့ရဲ့ဦးနှောက်ကို ညစ်ညမ်းတဲ့ပုံတွေနဲ့ ရောစပ်ထားတဲ့အတွက် သူတို့ရဲ့လိင်ပိုင်းဆိုင်ရာတုံ့ပြန်မှုပျက်စီးတဲ့လူအရေအတွက် တိုးလာတယ်လို့အခိုင်အမာယုံကြည်နေကြတယ်" (စာမျက်နှာ ၄၂)။

"အမြင်အာရုံလှုံ့ဆော်မှုဆိုင်ရာ သုတေသနအသစ်ဟာ လူငယ်လေးတွေရဲ့သီအိုရီတွေကို ပံ့ပိုးပေးနေပြီး သင်ယူမှုအတွက် ကွန်ပြူတာဝင်ရောက်မှုနဲ့ပေါင်းစပ်ထားတဲ့လိင်ပိုင်းဆိုင်ရာ အပျော်အပါးနှင့်ဦးနှောက်ရဲ့ယန္တရားတွေကို စိတ်ပိုင်းဆိုင်ရာမှာ သက်ရောက်မှုတွေနဲ့ အွန်လိုင်းညစ်ညမ်းတဲ့အလေ့အထကို ဖြစ်ပေါ်လာစေနိုင်တယ်" (စာမျက်နှာ ၄၂)။

"ဆယ်ကျော်သက်ကောင်မလေးတော်တော်များများက ၎င်းတို့ရဲ့ခန္ဓာကိုယ်အမွေးအမျှင်တွေသာမက လိင်ပိုင်းဆိုင်ရာလိုအပ်ချက်တွေနဲ့ ပြည့်နှက်နေတဲ့လူတွေက ၎င်းတို့ကို အပြာမင်းသမီးတွေလို ပြုမူဆက်ဆံဖို့ မျှော်လင့်နေကြတယ်လို့ဆိုကြတယ်" (စာမျက်နှာ ၄၂)။

Southern Oregon တက္ကသိုလ်မှ ဇီဝဗေဒပါမောက္ခဟောင်း Gary Wilson ဟာ 'Your Brain on Porn' ဆိုတဲ့စာအုပ်ကို ရေးသားသူဖြစ်ပြီး www.yourbrainonporn.com ဝဘ်ဆိုဒ်ကို ဖန်တီးသူဖြစ်ပါတယ်။ သူဟာ ညစ်ညမ်းရဲ့ဆိုးကျိုးတွေအကြောင်း TED ဟောပြောပွဲများစွာကို ပေးခဲ့တယ်။ သူရဲ့ TED ဟောပြောပွဲ 'The Great Porn Experiment' ကို https://www.

yourbrainonporn တွင် ကြည့်ရှုပါ။ com/about/your-brain-on-porn-in-the-news/garys-tedx-talk-thegreat-porn-experiment-2012/.

၂၀၁၈ Pornhub (ကမ္ဘာ့အကြီးဆုံးအင်တာနက်ညစ်ညမ်းဆိုက်) နှစ်စဉ်ကြည့်ရှုမှု ၃၃.၅ ဘီလီယံ၊ နေ့စဉ်ကြည့်ရှုမှု သန်း ၁၀၀၊ ခန့်မှန်းခြေအားဖြင့် $ ၁၁၅ ဘီလီယံဝင်ငွေရရှိပါတယ်။ https://www.pornhub.com/ insights/ 2018-year-in-review မှရယူထားတယ်။

"Stanford တက္ကသိုလ်မှ စိတ်ပညာပါမောက္ခ Philip Zimbardo (နာမည်ကျော် Stanford အကျဉ်းထောင်စမ်းသပ်မှုပြုခဲ့သူ) က ညစ်ညမ်းဗီဒီယိုတွေဟာ ဂိမ်းတွေနဲ့တွဲဖက်လေ့ရှိပြီး တတ်နိုင်သမျှအလေ့အထဖြစ်လာအောင် ကောင်းစွာပြင်ဆင်ထားကြောင်း မှတ်ချက်ပြုတယ်။ 'ညစ်ညမ်းမှုက သင့်ကို ပျော်ရွှင်မှုပဓာန စံတော်ချိန်ဇုန်လို့ ငါလက်ရှိခေါ်တဲ့ထဲမှာ မြုပ်ဝင်စေတယ်လို့' ဆိုပါတယ်။ 'သင်ဟာပျော်ရွှင်မှုနဲ့ အသစ်အဆန်းတွေကို ရှာကြံပြီး လက်ရှိအချိန်မှာ အသက်ရှင်နေပါတယ်။' သူဆက်ပြောတာက "... ညစ်ညမ်းမှုဟာ ဆေးစွဲတဲ့လူအပြုအမူလိုပဲ တူညီတဲ့အကျိုးသက်ရောက်မှုရှိတယ်။ အချို့လူတွေက ၎င်းကို လိုက်စားဖို့ အခြားအရာတွေကို ရပ်တန့်လိုက်ကြတယ်။ ပြဿနာက အဲတာတွေကို ပိုပိုလုပ်လေလေ ရလဒ်က သင့်ဦးနှောက်ကို ဗဟိုပြုတဲ့အတွက် နိုးကြားနိုင်စွမ်းကို ဆုံးရှုံးသွားတယ်" (စာမျက်နှာ ၄၆)။

ညစ်ညမ်းဗီဒီယိုဟာ မိန်းကလေးတွေရဲ့မျိုးဆက်ကို ပြောင်းလဲပုံ၊ Time, April 11, 2016, p. 47

မိန်းလေးတွေနှင့်လိင်ကိစ္စမှ ကျင့်သားရ၊ Peggy Orenstein, 2016

ကြည်ကြည်သာသာ၊ ကြည်နူးစရာကောင်းပြီး လက်တွေ့ကျတဲ့လိင်မှုကိစ္စမှာ ပါဝင်ပတ်သက်နေတဲ့လူတွေဟာ သဘာဝဆန်ပြီး ကြည့်ရတာအန္တရာယ်မဖြစ်နိုင်ပါဘူး။ ကမ္ဘာလုံးဆိုင်ရာ ညစ်ညမ်းရုပ်ရှင်လုပ်ငန်းထုတ်လုပ်သူတွေမှာ ရည်မှန်းချက်တစ်ခုရှိတယ်။ ဒါဟာ ဘာလဲဆိုရင် အမျိုးသားပရိသတ်ကို များများရရှိပြီး မြန်မြန်အမြတ်ထုတ်ဖို့ပါပဲ။ ဆိုလိုတာကတော့ အမျိုးသမီးတွေကိုယုတ်ညံ့စေမယ် ဒါမှမဟုတ် နှိမ့်ချခြင်းပါပဲ။ လူကြိုက်များတဲ့ညစ်ညမ်းအမူအကျင့်တွေကို လေ့လာရာမှာ ကျပန်းပြကွက် ၃၀၄ ခုထဲမှ ၉၀% နီးပါးတွင် အပျော်အပါးလိုက်စားတဲ့အမျိုးသမီးတွေအပေါ် ရုပ်ပိုင်းဆိုင်ရာရန်လိုမှုတွေပါရှိတယ်။ ပိုဆိုးတာက အမျိုးသမီးတွေဟာ တစ်ခါတစ်ရံ သူတို့ရဲ့လက်

တွဲဖော်တွေကို ရပ်တန့်ဖို့ တောင်းဆိုပြီး နာကျင်နေရင်တောင် လိုက်လျောပြီး ကျေနပ်တဲ့ပုံစံနဲ့ စတင်လှုပ်ရှားပေးရတယ်။

ကျယ်ပြန့်တဲ့လေ့လာမှုတွေအရ အခုအခါမှာ ကျွမ်းကျင်သူတွေက အင်တာနက်ညစ်ညမ်းပုံဟာ ညစ်ညမ်းရုပ်ပုံစာပေရဲ့အက်ကွဲ (cocaine) ကိုကင်းဖြစ်ပြီး ငါတို့ရဲ့လူ့အဖွဲ့အစည်းကို ထာဝစဉ်ပြောင်းလဲစေမယ့် ကြီးထွားနေတဲ့ ကူးစက်ရော ဂါတစ်ခုဖြစ်တယ်လို့ဆိုကြတယ်။ အောက်ကကိန်းဂဏန်းတွေကို ရိုးရိုးနံပါတ်တွေလို မဖတ်ပါနဲ့။ အဲတာတွေဟာ သန်းပေါင်းများစွာသောလူအစစ်တွေကို ကိုယ်စားပြုပြီး အများစုမှာ ကလေးငယ်တွေဖြစ်တယ်။ *World Wide Web ရှိ Child-Proofing မှ ပြန်လည်ရယူပါတယ်။ A Survey of Adult Webservers, 2001, Jurimetrics. National Research Council Report, 2002.*

အင်တာနက် ညစ်ညမ်းလုပ်ငန်း

- အင်တာနက်ညစ်ညမ်းရုပ်ရှင်လုပ်ငန်းဟာ နှစ်စဉ်ဝင်ငွေဒေါ်လာ ၁၂ ဘီလီယံရရှိပါတယ်။ ယင်းဟာ ABC, NBC နှင့် CBS တို့ရဲ့နှစ်စဉ်ပေါင်းစပ်ဝင်ငွေထက် ကြီးမားတယ်။ *~Family Safe Media, January 10, 2006.*
- Florida Family Association အသင်းရဲ့အဆိုအရ PornCrawler ဟာ ၎င်းတို့ရဲ့အထူးပြုဆော့ဖ်ဝဲပရိုဂရမ်တွင် အင်တာနက်ညစ်ညမ်းပုံလင့်ခ် ၂၉၇ သန်းရဲ့ ၇၀ ရာခိုင်နှုန်းကျော်ရှိတဲ့အမေရိကန်ကုမ္ပဏီ ၂၀ ကို ဖေထုတ်ခဲ့တယ်။
- ၂၀၀၄ နှစ်ကုန်တွင် အင်တာနက်ညစ်ညမ်းစာမျက်နှာပေါင်း သန်း ၄၂၀ ရှိခဲ့ပြီး ထိုဝဘ်ဆိုဒ်အများစုကို ကုမ္ပဏီ ၅၀ ထက်မနည်းက ပိုင်ဆိုင်ထားတယ်လို့ယုံကြည်ရတယ်။ *~LaRue, Jan. "Obscenity and the First Amendment." Summit on Pornography. Rayburn House Office Building. Room 2322. May 19, 2005.*
- စီးပွားဖြစ်အင်တာနက်ညစ်ညမ်းဆိုဒ်တွေရဲ့လုပ်ငန်းအလေ့အကျင့်တွေ -
  - ၇၄% ဟာ ပင်မစာမျက်နှာမှာ ဆွဲပေးတဲ့ညစ်ညမ်းပုံတွေကို အခမဲ့ပြသပေးတယ်။ အများစုက ညစ်ညမ်းနဖူးစည်းကြော်ငြာတွေဖြစ်တယ်။
  - ၆၆% ဟာ အရွယ်ရောက်ပြီးသူအကြောင်း သတိပေးချက်မပါဝင်ပါ။

- ၃% သာ အရွယ်ရောက်ပြီးကြောင်း အတည်ပြုဖို့ လိုအပ်။

ကလေးတွေ အင်တာနက် ညစ်ညမ်းအချက်အလက်တွေ

- အင်တာနက် ညစ်ညမ်းဗီဒီယိုနဲ့ ပထမဆုံးထိတွေ့မှုရှိတဲ့ပျမ်းမျှအသက်မှာ ၁၁ ဖြစ်တယ်။ *~Family Safe Media, December 15, 2005.*
- ၈-၁၆ နှစ်အရွယ် ၉၀% ဟာ အများစုက အိမ်စာလုပ်နေရင်း ညစ်ညမ်းအွန်လိုင်းကို ကြည့်ဖူးခဲ့ကြတယ်။
- အင်တာနက်ညစ်ညမ်းရုပ်ပုံကိုကြည့်ရှုသူအများဆုံးအုပ်စုမှာ အသက် ၁၂ နှင့် ၁၇ နှစ်ကြားကလေးတွေဖြစ်တယ်။ *~ Family Safe Media*
- ကလေးညစ်ညမ်းရုပ်ပုံစာပေ ကိုယ်တိုင်က နှစ်စဉ်ဒေါ်လာ ၃ ဘီလီယံ ထုတ်ပေးတယ်။ *~TopTenREVIEWs.*
- တရားမဝင် ကလေးညစ်ညမ်းရုပ်ပုံစာပေကို ပေးဆောင်တဲ့ဝဘ်ဆိုဒ် ၁၀၀၀၀၀ ခန့်ရှိပါတယ်။

အင်တာနက်ညစ်ညမ်းပုံ လှိုင်းကစားခြင်း အလေ့အထတွေ

- တက္ကသိုလ်ကျောင်းသူ/သားအားလုံးကို စစ်တမ်းကောက်ယူတဲ့အ ခါ ၈၇% ဟာ Instant Messenger, webcam & telephone တွေကို သုံးပြီး စင်စစ်လိင်ဆက်ဆံကြတယ်။ *~CampusKiss and Tell" University and College Sex Survey. Released on February 14, 2006. CampusKiss. com. February 17, 2006.*
- ၂၀၀၃ ခုနှစ် စက်တင်ဘာလတွင် လူပေါင်း ၃၂ သန်းကျော်ဟာ အပြ ဆိုဒ်သို့ဝင်ရောက်ကြည့်ရှုခဲ့ကြတယ်။ ၎င်းတို့အနက် ၂၂.၈ သန်းဟာ အ မျိုးသားတွေဖြစ်ပြီး (၇၁%) အရွယ်ရောက်ပြီးသူ ၉.၄ သန်းဟာ အမျိုး သမီးတွေ (၂၉%) ဖြစ်ကြတယ်။ *~Nielsen/Net Ratings, Sept. 2003.*

ခရစ်ယာန်အင်တာနက်ညစ်ညမ်းရုပ်ပုံတွေ

- ၅၁% သောသင်းအုပ်ဆရာတွေက အင်တာနက်ညစ်ညမ်းရုပ်ပုံစာပေဟာ သူတို့အတွက် သွေးဆောင်မှုဖြစ်တယ်လို့ဆိုကြပြီး ၃၇% က ညစ ညမ်းပုံတွေဟာ လက်ရှိ သူတို့ရုန်းကန်နေတဲ့အရာဖြစ်တယ်လို့ဆိုကြ တယ်။ တရားဟောဆရာ ၁၀ ယောက်မှာ ၄ ယောက်က ညစ်ညမ်းဝက်

ဘ်ဆိုက်ကို ဝင်ကြည့်နေကြတယ်။ *~Christianity Today, Leadership survey, Dec 2001*

- Promise Keepers ပွဲတစ်ခုတွင် ကောက်ယူခဲ့တဲ့စစ်တမ်းတွေအနက်မှ ၅၀% က လွန်ခဲ့တဲ့ရက်သတ္တပတ်အတွင်း သူတို့ဟာ ညစ်ညမ်းရုပ်ပုံတွေကို စစ်ဆေးကြည့်ရှုခဲ့ကြောင်း ပြောကြားခဲ့တယ်။
- ခရစ်ယာန်တွေအပါအဝင်အမျိုးသမီးခြောက်ဦးတွင် တစ်ဦး(၁၇%) ဟာ ညစ်ညမ်းရုပ်ပုံစာပေ စွဲလမ်းမှုနဲ့ ရုန်းကန်နေရတယ်။ *~Today's Christian Woman, 2003*
- စစ်တမ်းကောက်ယူခဲ့တဲ့ ခရစ်ယာန်ထက်ဝက်နီးပါးက ညစ်ညမ်းရုပ်ပုံစာပေဟာ နေအိမ်တွင် အဓိကပြဿနာဖြစ်တယ်လို့ဆိုပါတယ်။

Jason Chen ဇွန်လ ၁၊ ၂၀၁၀

၁။ အင်တာနက်ပေါ်ရှိ ဝဘ်ဆိုဒ်တွေရဲ့ ၁၂% ဟာ ညစ်ညမ်းပုံတွေ = 24,644,172

၂။ တစ်စက္ကန့်တိုင်း $3,075.64 ကို ညစ်ညမ်းပုံတွင် သုံးနေပါတယ်။

၃။ အမေရိကန်နိုင်ငံသား သန်း ၄၀ ဟာ ညစ်ညမ်းဗီဒီယိုတွေကို ပုံမှန်ကြည့်ရှုသူတွေဖြစ်တယ်။ အသက် ၁၈-၂၄ နှစ်ရှိ အမျိုးသား ၇၀% ဟာ လစဉ်ပုံမှန် အပြာဝဘ်ဆိုဒ်တွေကို ဝင်ရောက်ကြည့်ရှုကြတယ်။

၄။ US တွင် အင်တာနက်ညစ်ညမ်းဗီဒီယိုပုံတွေကနေ တစ်ရက်ကိုဒေါ်လာ ၂.၈၄ ဘီလီယံ ရရှိတယ်။ ကမ္ဘာတစ်ဝှမ်းလုံးလုပ်ငန်းတစ်ခုလုံးကတော့ ဒေါ်လာ ၄.၉ ဘီလီယံ တန်ကြေးရှိတယ်။

၅။ တစ်နေ့ကို အီးမေးလ် ၂.၅ ဘီလီယံဟာ ညစ်ညမ်းပုံတွေဖြစ်ပါ တယ်။ ဒါဟာ အီးမေးလ်အားလုံးရဲ့ ၈% ဖြစ်ပါတယ်။

၆။ ရှာဖွေရေးအင်ဂျင်တောင်းဆိုမှုအားလုံးရဲ့နှစ်ဆယ့်ငါးရာခိုင်နှုန်း (၂၅%)ဟာ ညစ်ညမ်းပုံတွေနဲ့ ဆက်စပ်နေတယ်။ အဲဒါက တစ်နေ့ကို ၆၈ သန်းပါ။

၇။ ထိပ်တန်းညစ်ညမ်းဗီဒီယိုပုံ ရှာဖွေမှု ဝေါဟာရတွေ - လိင် ၇၅ သန်း/အရွယ်ရောက်ပြီးသူ ချိန်းတွေ့မှု ၃၀ သန်း/ညစ်ညမ်းဗီဒီယိုပုံ ၂၃ သန်း။

၈။ Utah တွင် အိမ်သုံးဘရော့ဘန်းအသုံးပြုသူတစ်ထောင်လျှင် နိုင်ငံရဲ့အမြင့်ဆုံးအွန်လိုင်းညစ်ညမ်းဗီဒီယိုပုံ စာရင်းသွင်းမှုနှုန်းမှာ ၅.၄၇ ရှိတယ်။

၉။ အင်တာနက်အသုံးပြုသူတွေရဲ့သုံးဆယ့်လေးရာခိုင်နှုန်း (၃၄%) ဟာ ပေါ်လာသောကြော်ငြာတွေ၊ လွဲမှားတဲ့လမ်းကြောင်းပြလင့်ခ်တွေ/အီးမေးလ်တွေကနေတစ်ဆင့် ညစ်ညမ်းမှုနဲ့မလိုလားအပ်တဲ့ ထိတွေ့မှုတွေကို ကြုံတွေ့ခဲ့ရတယ်။

၁၀။ "ကလေးညစ်ညမ်းရုပ်ပုံစာ" အတွက် နေ့စဉ်ရှာဖွေမှု ၁၁၆,၀၀၀ ရှိတယ်။

၁၁။ ညစ်ညမ်းဗီဒီယိုကြည့်ရှုမှုအတွက် တစ်နှစ်တာ လူကြိုက်အများ ဆုံးနေ့ဟာ "ကျေးဇူးတော်ချီးမွမ်းတဲ့နေ့" ဖြစ်တယ်။ ညစ်ညမ်းကြည့်ရှုခြင်းအတွက် ရက်သတ္တပတ်ရဲ့ရေပန်းအစားဆုံးနေ့ဟာ တနင်္ဂနွေနေ့ဖြစ်တယ်။

https://gizmodo.com/5552899/finally-some-actual- stats-on-internet-porn မှ ရယူထားပါတယ်။

လက်ဖျားခါလောက်တဲ့ညစ်ညမ်းဗီဒီယို အချက်အလက်

၁။ ညစ်ညမ်းဆိုက်တွေဟာ လစဉ်လတိုင်း Netflix, Amazon, & Twi tter တွေ ပေါင်းစပ်ထားတဲ့ထက် ပုံမှန်အသွားအလာပိုမိုရရှိတယ်။ (HuffPost)

၂။ အင်တာနက်အသုံးပြုသူ ၃၄% ဟာ ကြော်ငြာတွေ၊ ပေါ့ပ်အပ်တွေကနေတစ်ဆင့် မလိုလားအပ်တဲ့ညစ်ညမ်းဗီဒီယိုတွေနဲ့ ထိတွေ့ခံခဲ့ရတယ် (Web-Root)

၃။ ၂၀၀၄ ခုနှစ် လူမှုသိပ္ပံသုံးလပတ်လေ့လာမှုတစ်ခုအရ အိမ်ထောင်ရေးအဆင်မပြေကြောင်း ဝန်ခံသူတွေဟာ အိမ်ထောင်မပြုဖူးသူတွေထက် ညစ်ညမ်းဗီဒီယိုပုံကို စွဲလမ်းခြင်း 300% ပိုများတယ်လို့ဆိုပါတယ်။

၄။ ညစ်ညမ်းခေါင်းစဉ်တွေမှာ ဖော်ပြထားတဲ့အဖြစ်အများဆုံး အမျိုးသမီးအခန်းကဏ္ဍဟာ အသက် ၂၀ ဆယ်ကျော်သက်အရွယ်တွေရဲ့သရုပ်ဖော်အမျိုးသမီးတွေဖြစ်တယ်။ (Jon Millward.) *(Millward ဟာ ၂၀၁၃ မှာ US ရှိ Porn Industry တွင် အကြီးမားဆုံးကိုယ်ရေးကိုယ်တာ သုတေသနကို ပြုလုပ်ခဲ့တယ်။သူက လုပ်ငန်းရဲ့ရှုထောင့်အမျိုးမျိုးနဲ့ပတ်သက်၍ ညစ်ညမ်းဖျော်ဖြေသူ ၁၀၀၀၀ ကို တွေ့ဆုံမေးမြန်းခဲ့တယ်။)*

၅။ မှတ်တမ်းတင်ထားတဲ့ကလေးလိင်ပိုင်းဆိုင်ရာ အမြတ်ထုတ်ခြင်းဟာ (ကလေးညစ်ညမ်းလို့လည်းခေါ်တယ်) အလျင်မြန်ဆုံးကြီးထွားနေတဲ့အွန်လိုင်းစီးပွားရေးလုပ်ငန်းတစ်ခုဖြစ်တယ်။ (IWF)

၆။ ၆၂၄၀၀၀+ ကလေးညစ်ညမ်း ကုန်သည်တွေကို အမေရိကန်တွင် အွန်လိုင်းမှာ ရှာဖွေတွေ့ရှိခဲ့တယ် (Innocent Justice)

၇။ ၂၀၀၅ နှင့် ၂၀၀၉ ခုနှစ်အတွင်း ပြည်နယ် ၅၀ လုံးရှိ ဆာဗာတွေမှာ ကလေးညစ်ညမ်းပုံတွေကို လွှင့်တင်ခဲ့တယ်။ (ကလေးသူငယ်ကာကွယ် စောင့်ရှောက်ရေးအသင်းရဲ့ဝဘ်ဆိုက်တွေအသင်း)

၈။ ညစ်ညမ်းတဲ့ဗီဒီယိုပုံဟာ ကမ္ဘာလုံးဆိုင်ရာခန့်မှန်းခြေဒေါ်လာ ၉၇ ဘီလီယံရှိတဲ့လုပ်ငန်းတစ်ခုဖြစ်ပြီး ယင်းတို့အနက်မှ ဒေါ်လာ ၁၂ ဘီလီယံ ခန့်ဟာ US နိုင်ငံထဲက ဖြစ်ပါတယ် (NBC News)

၉။ ၂၀၁၆ ခုနှစ်မှာတင် ကမ္ဘာ့အကြီးဆုံး ညစ်ညမ်းဝဘ်ဆိုက်တွင် ညစ်ညမ်းနာရီပေါင်း 4,599,000,000 ကျော်ကို သုံးစွဲခဲ့တယ်။ (PH Analytics)

၁၀။ ညစ်ညမ်းရုပ်ပုံစာပေ ၁၁ ခုဟာ ကမ္ဘာပေါ်တွင် လူကြိုက်အများဆုံး အင်တာနက်ဝဘ်ဆိုက် ၃၀၀ တွင် ပါဝင်ပါတယ်။ (ဆင်တူဝက်ဘ်)

NCOSE မှ သုံးစွဲသူစာရင်းဟာ ***ယုံကြည်ရခက်***

၁၁။ အသက် ၁၃-၂၄ နှစ်ရှိ လူငယ်တွေရဲ့ ၆၄% ဟာ အပတ်စဉ် ဒါမှ မဟုတ် မကြာခဏဆိုသလို ညစ်ညမ်းရုပ်ပုံစာပေတွေကို တက်ကြွစွာရှာဖွေကြတယ်။ [1]

၁၂။ ဆယ်ကျော်သက်မိန်းကလေးတွေနှင့် အမျိုးသမီးငယ်တွေဟာ အသက် ၂၅ နှစ်နှင့်အထက် အမျိုးသမီးတွေထက် ညစ်ညမ်းမှုကို တက်ကြွစွာရှာဖွေဖို့ သိသိသာသာ ပိုများပါတယ်။ [2]

၁၃။ အသက် ၁၄ နှစ်မှ ၁၉ နှစ်အရွယ်တွေကို လေ့လာမှုတစ်ခုအရ ညစ်ညမ်းဗီဒီယိုတွေကို စွဲလမ်းတဲ့အမျိုးသမီးတွေဟာ လိင်ပိုင်းဆိုင်ရာနှောင့်ယှက်ခံရခြင်း ဒါမှမဟုတ် လိင်ပိုင်းဆိုင်ရာစော်ကားခံရသူတွေဖြစ်နိုင်ခြေသိသိသာသာပိုများကြောင်း တွေ့ရှိခဲ့တယ်။ [3]

၁၄။ ၁၈ နှစ်အရွယ်အမျိုးသားတွေကို ဆွီဒင်လေ့လာမှုတစ်ခုအရ ညစ်ညမ်းဗီဒီယိုရုပ်ပုံစာပေကို မကြာခဏအသုံးပြုသူတွေဟာ အခြားရွယ်တူယောကျ်ားလေးတွေထက် လိင်ရောင်းချမှုနှင့်ဝယ်ယူမှု လုပ်ကိုင်သူတွေပိုများကြောင်း သိသိသာသာတွေ့ရှိခဲ့တယ်။ [4]

၁၅။ နိုင်ငံခုနစ်နိုင်ငံမှ ၂၀၁၅ ခုနှစ် လေ့လာမှု ၂၂ ခုရဲ့ပေါင်းစပ်ထား တဲ့လေ့လာမှုများစွာကို ခွဲခြားစိတ်ဖြာမှုအရ နိုင်ငံတကာတွင် ညစ်ညမ်းရုပ်ပုံစာပေသုံး

စွဲမှုဟာ အမျိုးသားတွေနှင့်အမျိုးသမီးတွေကြားမှာ နှုတ်နှင့်ရုပ်ပိုင်းဆိုင်ရာ ရန်လိုမှုတွေ တိုးလာခြင်းနဲ့ သိသိသာသာဆက်စပ်နေကြောင်း တွေ့ရှိခဲ့ပါတယ်။ [5]

၁၆။ မကြာသေးမီက UK စစ်တမ်းတစ်ခုအရ ညစ်ညမ်းရုပ်ပုံစာပေ ကို သုံးစွဲတဲ့ အသက် ၁၁ နှစ်မှ ၁၆ နှစ်ကြား အမျိုးသား ၄၄% ဟာ အွန်လိုင်းညစ်ညမ်းရုပ်ပုံစာပေက ၎င်းတို့အား စမ်းကြည့်လိုတဲ့လိင်အမျိုးအစားနဲ့ပတ် သက်၍ အကြံဥာဏ်တွေပေးခဲ့ကြောင်း ဖော်ပြခဲ့တယ်။ [6]

https://fightthenewdrug.org/10-porn-stats-thatwill-blow-your-mind/ မှရယူထားပါတယ်။

အချစ်ဝတ္ထုတွေနှင့် အမျိုးသမီးတွေအတွက် ကာမရာဂနှိုးဆွပေးတဲ့ရုပ်ရှင်

The Economist, May 26th 2016, by K.S.C.

၂၀၁၃ ခုနှစ်တွင် အမေရိကန်အချစ်ဝတ္ထုစာရေးဆရာတွေ (RWA) မှ အချစ်ဝတ္ထုရောင်းအား ပမာဏဟာ $၁.၀၈ ဘီလီယံရှိခဲ့ပြီး အဲဒီနှစ်တွင် အရွယ်ရောက်ပြီးသူ ရသစာပေသုံးစွဲမှုရဲ့ ၁၃% ဟာ သိပ္ပံစိတ်ကူးယဉ်၊ လျှို့ဝှက်ဆန်းကြယ်နှင့်စာပေဝတ္ထုတွေထက် ပိုမိုရောင်းချခဲ့တယ်လို့ ခန့်မှန်းခဲ့ရတယ်။ ဗြိတိန်တစ်နိုင်ငံတည်းမှ ၂၀၁၅ ခုနှစ်အထိ ငါးနှစ်တာကာလအတွင်း အချစ်နှင့်စိတ်ကူးယဉ်ဝတ္ထုတွေကို ပေါင် ၁၇၈.၀၉ သန်းတန်ဖိုးရှိတဲ့စာအုပ်ပေါင်း ၃၉.၈ သန်း ရောင်းချခဲ့ရတယ်။ RWA က အချစ်ဇာတ်လမ်းဝယ်ယူသူ ၈၄% က အမျိုးသမီးတွေဖြစ်ပြီး ၄၁% က အသက် ၃၀ နဲ့ ၅၄ နှစ်ကြားဖြစ်တယ်လို့ ခန့်မှန်းထားပါတယ်။ မကြာသေးမီက Nielsen လေ့လာမှုတစ်ခုအရ အနုပညာပရိသတ်တွေရဲ့ ၁၅% ဝန်းကျင်ဟာ စာအုပ်အသစ်တွေကို တစ်ပတ် လျှင် အနည်းဆုံးတစ်ကြိမ်ဝယ်ကြပြီး ၆% က တစ်ပတ်ကို တစ်ကြိမ်ထက်ပို ဝယ်ကြတယ်လို့ အစီရင်ခံပါတယ်။

https://www.economist.com/blogs/prospero/2016/05/erotic-and-romantic-fiction မှယူထားပါတယ်။

အချစ်ဝတ္ထုနှင့် ကာမရာဂနှိုးဆွပေးတဲ့ဝတ္ထု စာဖတ်ပရိသတ်တွေက ဘယ်သူတွေလဲ။

- အမျိုးသမီးတွေ ၈၄%၊ အမျိုးသားတွေ ၁၆% ဖြစ်တယ်။

- စာဖတ်သူတွေ ၇၀% ဟာ အသက် ၁၈-၅၄ နှစ်တွေဖြစ်တယ်။
- စာဖတ်သူတွေ ၈၀% ဟာ လူဖြူ၊ ၆% ဟာစ်စပန်းနစ်၊ ၇% အမေရိကန်နေ အာဖရိကန်၊ ၃% အာရှနှင့် အခြား ၄%
- စာအုပ်များကို တွေ့ရှိပုံ - စတိုးဆိုင်တွင် ၂၄%၊ တီဗီတွင် ၁၂%၊ စာရေးသူရဲ့ဝဘ်ဆိုဒ်တွင် ၁၀%၊ အွန်လိုင်းကြည့်ရှုမှု ၁၈ ရာခိုင်နှုန်း။

https://www.nielsen.com/us/en/insights/news/2016/romance-readers-by-the-numbers.html မှရယူထားပါတယ်။

ဒီအချက်အလက်တွေက သင့်ကို တုန်လှုပ်စေလိမ့်မယ်လို့ မျှော်လင့်မိတယ်။ အမျိုးသားနှင့်အမျိုးသမီး တော်တော်များများဟာ အင်တာနက်ညစ်ညမ်းဗီဒီယိုပုံ/ကာမရာဂစိတ်နှိုးဆွပေးတဲ့ဟာတွေကို စွဲလန်းနေပြီး ဘာလုပ်ရမှန်းမသိဖြစ်နေကြတယ်။ ကျွန်တော်စီစဉ်ထားတဲ့ TTT ဟာ ညစ်ညမ်းဗီဒီယိုပုံတွေ၊ အချစ်ဝတ္ထုတွေနဲ့ကာမရာဂနဲ့ဆိုင်တဲ့ ကူးစက်မြန်ရောဂါတွေကို ဖြေရှင်းဖို့အတွက် သင်နှင့်သင်ချစ်ရတဲ့သူတွေအတွက် ကောင်းမွန်တဲ့ဖြေရှင်းနည်းတွေဖြစ်ပါတယ်။

"အဆက်အသွယ်ရှိပါ။"
"အဆက်အသွယ်မပြတ်စေနဲ့။"
"သင်အဆက်အသွယ်ပြတ်နေတယ်၊ ငါအဆက်အသွယ်ပြတ်နေတယ်"
"နောက်ဆုံးထိတွေ့မှု"
"ထိတွေလို့မရနိုင်"
"တစ်စုံတစ်ယောက်ကို လှမ်းကိုင်လိုက်။"
"ထိထိမိမိ ခံစားရတယ်။"
"သူအရမ်းခံစားရတယ်။"
"သင်တတ်နိုင်ရင် တစ်စုံတစ်ယောက်ရဲ့လက်ကို ဆန့်ထုတ်ပြီး ဒီကမ္ဘာကြီးကို ပိုကောင်းတဲ့နေရာဖြစ်အောင် လုပ်ပါ။" (Nickolas Ashford, Valerie Simpson, 1970

ကုစားခြင်းနှင့်ကောင်းမွန်တဲ့ထိတွေ့ခြင်းဆိုင်ရာ ကျမ်းစာကိုးကားချက်တွေ

- မဿဲ၊ ၁၄:၃-၆ ကိုယ်တော်ကို ထိတဲ့သူတွေဟာ အနာရောဂါပျောက ကင်းကြတယ်။
- မဿဲ၊ ၁၉:၁၄-၁၅ ယေရှုဟာ ကလေးတွေအပေါ်မှာ သူ့လက်ကိုတင် တော်မူခဲ့တယ်။
- ဆာလံ၊ ၆၈:၄-၆ ဘုရားသခင်ဟာ ဖခင်မရှိတဲ့သူတို့အတွက် ဖခင်၊ အထီး ကျန်တဲ့သူတွေကို ခွန်အားပေးတယ်။
- ၁ ယောဟန်၊ ၄:၇၊ ၁၂၊ ၁၆၊ ၁၈၊ ၁၉-၂၁ ဘုရားသခင်က သင်တို့ကို ချစ်သ လိုပါပဲ အချင်းချင်းချစ်ကြပါ။ ချစ်ရမှာကို မကြောက်ပါနဲ့။
- ယောဟန်၊ ၁၃:၂၃-၂၅ တစ်ပည့်တော်တစ်ဦးဟာ ယေရှုကို မှီလျက်နေ တယ်။
- လုကာ၊ ၁၂:၄၈ များများအပ်နှံခြင်းခံရတဲ့လူဟာ များများတောင်းဆိုခံရ မယ်။
- လုကာ၊ ၆:၃၀ တောင်းတဲ့သူတိုင်းကို ပေးလော့။
- မဿဲ၊ ၂၅:၄၀ အငယ်ဆုံးသောသူအပေါ်မှာ ပြုတဲ့အမှုဟာ ငါ့အပေါ် ပြုတဲ့ အမှုပါပဲ။
- မဿဲ ၁၆:၁၉ နိုင်ငံတော်ရဲ့သော့တွေ - မြေကြီးပေါ်မှာ ဖြေလွှတ်ခြင်း၊ ကောင်းကင်ဘုံ၌ ဖြည်လွှတ်ခြင်း၊ မြေကြီးပေါ်တွင် ချည်နှောင်ခြင်း၊ ကောင်းကင်ဘုံ၌ ချည်နှောင်ခြင်း
- မဿဲ၊ ၅:၄ ဝမ်းနည်းကြေကွဲတဲ့သူတွေဟာ နှစ်သိမ့်မှုကိုခံရမယ်။

ကျွန်တော့်ကို နဂိုအတိုင်းပြန်ဖြစ်စေတဲ့အချိန်ပေးခြင်း၊ ထိတွေ့ခြင်းနှင့် စကားပြောခြင်း

အချိန်ပေးခြင်း၊ ထိတွေ့ခြင်း & စကားပြောခြင်းနဲ့ဆိုင်တဲ့အစည်းအဝေးတွေကို တွေးကြည့်တဲ့အခါ ကျွန်တော်ဟာ တကယ့်ကျေးဇူးတင်စိတ်နဲ့ ပြည့်နေပါတယ်။ ဝမ်းနည်းပူဆွေးမှုတွေနဲ့ တွေ့ကြုံနေရပြီး ဘဝကို ဘယ်လိုကျော်ဖြတ်ရမှန်းမသိတဲ့ ချိန်မှာ အတိုင်ပင်ခံပုဂ္ဂိုလ်က မိတ်ဆက်ကူညီခဲ့တယ်။ ကျွန်တော်အကြီးအကျယ် စိတ်ဓာတ်ကျပြီး မိမိကိုယ်ကို ယုံကြည်မှုအားနည်းတဲ့ပြဿနာတွေနဲ့ ရင်ဆိုင်နေရတဲ့ အချိန်မှာ အချိန်ယူပြီး ဆုတောင်းပေးတာတွေ၊ ဘဝအတွေ့အကြုံအမျိုးမျိုးကို ဟော ပြောပေးတာတွေနဲ့ ကူညီပေးခဲ့ကြတဲ့အတိုင်ပင်ခံပုဂ္ဂိုလ်တွေကို အထူးကျေးဇူးတင်ရှိ ပါတယ်။ ကျွန်တော်တို့ပထမဆုံးစတွေ့တုန်းက သေခြင်းတွင်းထဲကနေ ထလာတဲ့ လာဇရုလိုခံစားရတယ်။ ဒါပေမယ့် သင်္ချိုင်းတွင်း အဝတ်ဟောင်းနဲ့ဆိုင်တဲ့ရှက်ခြင်း၊ အ ပြစ်ရှိခြင်း၊ ကြောက်ရွံ့ခြင်း၊ ထိတ်လန့်ခြင်း၊ ဒေါသ၊ အမျက်ထွက်ခြင်း စတဲ့ခံစားချက် တွေကို ဖယ်ရှားပေးဖို့ ကူညီမယ့်သူ၊ ဒီခံစားချက်တွေကို အမှန်တကယ်ထိတွေ့ပေး မယ့်သူကို ကျွန်တော်လိုအပ်ခဲ့တာဖြစ်ပါတယ်။

သင့်ရဲ့အမှုတော်နဲ့ဆိုင်တဲ့ အချိန်ပေးခြင်း၊ ထိတွေ့ခြင်းနှင့် စကားပြောခြင်း ကြောင့် ငယ်စဉ်ကလေးဘဝစိတ်ဒဏ်ရာတွေကနေ ထွက်ပေါ်လာတဲ့ဒီခံစားချက်တွေ ဟာအရည်ပျော်သွားပါပြီ။ တုန်လှုပ်ဖွယ်ဘဝအတွေ့အကြုံများစွာကြောင့် ကျွန်တော် ဟာ မယုံကြည်နိုင်လောက်အောင် များပြားလှတဲ့ခံစားချက်တွေနဲ့ ပြည့်နှက်နေခဲ့ တယ်။ ဖခင်ရဲ့ချစ်ခင်ကြင်နာမှုကို အရမ်းတောင်းတခဲ့ပေမယ့် လှောင်ပြောင်ခံရမှာ၊ ငြင်ပယ်ခံရမှာကို အင်မတန်ကြောက်လန့်တဲ့အတွက် နောက်ဆုံးမှာတော့ ပစ်ပယ်ခံရ တဲ့ဘဝရောက်သွားခဲ့ရတယ်။ ဘုရားသခင်ဟာ စစ်မှန်တဲ့ကုသပေးသူဖြစ်ပြီး ကိုယ် ခန္ဓာ၊ စိတ်နှင့်ဝိညာဉ်တွေ တစ်ကိုယ်လုံးကို အချိန်ပေးခြင်း၊ ထိတွေ့ခြင်းနှင့်စကား ပြောခြင်းဖြင့် ဘုရားသခင်ရဲ့ခြွင်းချက်မရှိတဲ့မေတ္တာနဲ့သင်လုပ်ဆောင်နေတာ ဖြစ်ပါ တယ်။ နောက်ဆုံးမှာတော့ အလွန်နာကျင်တဲ့ခံစားချက်တွေနှင့်အမှတ်ရစရာတွေကို စတင်စုံစမ်းစစ်ဆေးပြီး ဘုရားသခင်ရဲ့ကုသခြင်း အလင်းရောင်ဆီကို ယူဆောင်လာဖို့ လုံခြုံတယ်လို့ခံစားခဲ့ရပါတယ်။ခန္ဓာကိုယ်ဖက်တွယ်ခြင်းနှင့် ထိတွေ့ခြင်းကနေ ထွက် ပေါ်လာတဲ့အကျိုးကျေးဇူးကြောင့် ကျွန်တော်ရဲ့ခံစားချက်အလွှာများစွာကို ချက်ချင်း ပင် စတင်အရည်ပျော်သွားတာဟာ တကယ်အံ့သြစရာပါပဲ။

ကျွန်တော့်အတွက် အချိန်ပေးခြင်း၊ ထိတွေ့ခြင်းနှင့် စကားပြောခြင်းတွေဟာ မယုံနိုင်လောက်အောင်ကောင်းတဲ့လက်ဆောင်တစ်ခုပါပဲ။ ဒီလိုပါပဲ သင်ဟာ ဘဝ ဒဏ်ရာတွေကို တွေ့ကြုံခံစားခဲ့ရတဲ့အတွက် နာကျင်မှုကို သိနားလည်တယ်။ သင့်ရဲ့ အသိပညာနဲ့ အတွေ့အကြုံတွေကနေ ငါ့ကိုစစ်မှန်တဲ့ဂရုစိုက်မှုတွေ၊ အဓိပ္ပာယ်ရှိတဲ့

ရုပ်ပိုင်းဆိုင်ရာထိတွေ့မှုတွေနဲ့ကူညီပေးခဲ့တယ်။ ဒီလက်ဆောင်တွေဟာ ဘုရားသခင်ရဲ့အကြွင်းမဲ့မေတ္တာတွေနဲ့ ပေါင်းစပ်ထားတဲ့အတွက် ဘေးကင်းလုံခြုံတယ်၊ ရိုးသားမှုရှိတယ်၊ စီရင်ခြင်းနဲ့ကင်းတယ်၊ လေးစားမှုတွေရှိတယ်။

သင့်ရဲ့နတ်ဆိုးတွေကို ရင်ဆိုင်ဖို့ ရဲရင့်ခြင်းအပြင် အခြားသူတွေကို ညစ်ညမ်းစေတဲ့သချိုင်းအဝတ်တွေကို ဖယ်ရှားရာတွင် ကူညီပေးဖို့ ဘုရားသခင်ရဲ့ခေါ်ဆိုမှုကို ဖြေကြားချင်တဲ့သတ္တိရှိပြီး လိုလိုလားလားရှိခြင်းအတွက် အထူးကျေးဇူးတင်ပါတယ်။ Richard, သင့်ရဲ့မိသားစုနဲ့ သာသနာလုပ်ငန်းကို ဘုရားသခင်ကောင်းချီးပေးပါစေ။

–Gerald

ထိတွေ့မှုသိပ္ပံ

အရေပြားဟာပြင်ပအာရုံကြောစနစ်နဲ့ ခန္ဓာကိုယ်ရဲ့အကြီးဆုံးအင်္ဂါဖြစ်တယ်။ "ထိတွေ့မှုဟာ ကျွန်တော်တို့ရဲ့အာရုံတွေအတွက် အရေးကြီးဆုံးဖြစ်ပေမယ့် လျစ်လျူရှုမှုအခံရဆုံးဖြစ်တယ်" (Colton၊ Helen, *Touch Therapy,* New York၊ NY: Kensington Publishing Corporation၊ 1989, page 14). ကျွန်ုပ်တို့ဟာ အမြင်၊ အသံ၊ အရသာ၊ အနံ့မရှိဘဲ အသက်ရှင်နေနိုင်တယ်။ ဒါပေမယ့် ကျွန်ုပ်တို့ဟာ မွေးကင်းစကလေးတွေလို ထိတွေ့မှုမရှိဘဲ အသက်မရှင်နိုင်ပါ၊ ဆယ်ကျော်သက်တွေနှင့်လူကြီးတွေလို ထိတွေ့မှုမရှိဘဲရှင်သန်နိုင်မှာမဟုတ်ပါ။

အရေပြားဟာ ကျွန်ုပ်တို့ခန္ဓာကိုယ်အလေးချိန်ရဲ့ ၁၂% ကိုကိုယ်စားပြုတယ်။ အရေပြားမှာ ထိတွေ့မှု ၅ သန်းရှိတယ်။ ကျွန်တော်တို့အားလုံးဟာ အသားချင်းထိတွေ့မှုတောင့်တရင်းနဲ့ မွေးဖွားလာကြတယ်။ ကျွန်တော်တို့ဟာ မိမိတို့ရဲ့မိဘတွေနှင့်အခြားပြုစုစောင့်ရှောက်ပေးသူတွေရဲ့အရေပြား ထိတွေ့မှုကနေတဆင့် အချက်အလက်တွေကို လေ့လာသင်ယူပါတယ်။ ဒါဟာ ကျွန်တော်တို့ရဲ့ ဦးနှောက်ဖွံ့ဖြိုးမှုကို အထောက်အကူပြုပါတယ်။

ထိတွေ့ခြင်းရဲ့ဇီဝကမ္မဗေဒနှင့် မွေးကင်းစကလေးတွေလို ကျွန်ုပ်တို့သင်ယူပုံ

၁။ ကျွန်ုပ်တို့ဟာ ထိတွေ့အာရုံခံကိရိယာတွေကနေတစ်ဆင့် လှုံ့ဆော်မှုတွေကိုရရှိတယ်။

၂။ ၎င်းဟာ နျူရွန်တုံ့ပြန်မှုကို ဖန်တီးပေးတဲ့အသေးစားလျှပ်စစ်အားကို ဖြစ်ပေါ်စေတယ်။
၃။ ခန္ဓာကိုယ်ထဲမှာ အာရုံကြောဆဲလ်တွေ/အာရုံကြောဆဲလ်ပေါင်းဘီလီယံချီ ရှိတယ်။ တစ်ခုနှင့်တစ်ခုသီးခြားစီနာဗ်ကြော ဆက်တွေနဲ့ ချိတ်ဆက်ထားပါတယ်။
၄။ နျူရွန်တစ်ခုမှ အခြားတစ်ခုသို့ လျှပ်စစ်အားသွင်းမှုဟာ မော့စ်ကုဒ်လို (Morse code) ဆက်သွယ်ထားတယ်။
၅။ ၎င်းတို့ဟာ ကျောရိုးကနေတဆင့် ဦးနှောက်သို့မက်ဆေ့ချ်တွေပေးပို့တယ်။

"ထိတွေ့လိုက်ခြင်းက ဦးနှောက်ထဲက ဓာတုပစ္စည်းတွေ ထုတ်လုပ်မှုကို လှုံ့ဆော်ပေးပြီး အဲဒီအရာတွေက ကျွန်ုပ်တို့ရဲ့သွေး၊ ကြွက်သား၊ တစ်သျှူးတွေ၊ အာရုံကြောဆဲလ်တွေ၊ ဂလင်းတွေ၊ ဟော်မုန်းတွေ၊ အင်္ဂါတွေကို အားဖြစ်စေပါတယ်။ ဒီဓာတုပစ္စည်းတွေကို လှုံ့ဆော်ဖို့အတွက် ထိတွေ့ခွင့်မရရင် ကျွန်တော်တို့တွေ အစာရေစာပြတ်သလို ငတ်နေလိမ့်မယ်" (Colton, Helen, *Touch Therapy,* page 16)။ ထိတွေ့ပြီးနောက် ဦးနှောက်အတွင်းမှထုတ်လွှတ်တဲ့ဓာတုပစ္စည်း အေဒိုရ်ဖင်းစ် (Endorphins) ဟာ စိတ်ဖိစီးမှုကို လျော့ကျစေပြီး သုခကို ခံစားရစေတယ်။ ထိတွေ့ခြင်းက ခန္ဓာကိုယ်ရဲ့စနစ်အားလုံးဖြစ်တဲ့အသက်ရှူလမ်းကြောင်း၊ သွေးလည်ပတ်မှု၊ အစာခြေမှု၊ ကြွက်သား၊ ဖယ်ထုတ်မှု၊ အာရုံကြော၊ ဟော်မုန်းထုတ်ပေးတဲ့ခန္ဓာကိုယ်အစိတ်အပိုင်းတစ်ခု၊ ကိုယ်ခံအားနှင့်မျိုးပွားမှုစနစ်တွေကို လှုံ့ဆော်ပေးပါတယ်။

"Dr. Rene Spitz ဟာ စွန့်ပစ်ကလေးတွေနှင့်အကျဉ်းကျနေတဲ့ မိခင်တွေရဲ့ကလေးတွေအတွက် ဆေးရုံမှာ အလုပ်လုပ်နေတဲ့အခါ အထိတ်တလန့်ဖြစ်သွားတဲ့ကိစ္စတစ်ခုရှိတယ်။ ဘာလဲဆိုရင် ကလေးငယ်တွေကို ကောင်းမွန်စွာကျွေးမွေးပြီး သန့်ရှင်းသပ်ရပ်တဲ့အနေအထားမှာ ထိန်းသိမ်းထားရပေမယ့် marasmus လို့ခေါ်တဲ့ရောဂါဖြစ်ပွားမှုနှုန်း မြင့်မားနေကြောင်း၊ ဂရိဘာသာစကားအဓိပ္ပာယ်ဖွင့်ဆိုချက်အရ 'ထင်ရှားတဲ့ဆေးဘက်ဆိုင်ရာအကြောင်းမရှိဘဲ အရေပြားခြောက်သွေ့နေရတယ် (Colton, Helen, Touch Therapy, page 43)။ ဒါပေမယ့် သန့်ရှင်းမှုအားနည်းတဲ့ တတိယကမ္ဘာနိုင်ငံတွေမှာ ကြီးပြင်းလာတဲ့ကလေးငယ်တွေဟာ ကြီးထွားလာကြတယ်။ ဘာ့ကြောင့်လဲဆိုရင် အဲ

ဒီအမျိုးသမီးတွေဟာ သူတို့ရဲ့ကလေးတွေကို နေ့စဉ်လိုလို ပုခက်ပေါ်မှာ လှုပ်ယမ်းပြီး စကားပြောခြင်း၊ သီချင်းဆိုခြင်းတွေ လုပ်ဆောင်လေ့ရှိကြတယ်။ ဒါကြောင့် ပုခက်ပေါ်မှာ ထိတွေ့ခံရတဲ့ကလေးငယ်တွေဟာ အသက်ရှင်ကြပြီး ပုခက်ပေါ်မှာ ထားရစ်ခြင်းခံရတဲ့ကလေးတွေရဲ့ဆဲလ်တွေဟာ ထိတွေ့မှု ငတ်မွတ်တဲ့အတွက် နေမကောင်းဖြစ်လာကြတယ်။ (Spitz, Rene,The First Five Years of Life, New York: International Universities Press, 1965)။

ထိတွေ့ခွင့်မရတဲ့ကလေးတွေ၊ အကြမ်းဖက်ခံရတာကို မြင်တွေ့ခဲ့တဲ့ကလေးတွေ ဆယ်ကျော်သက်နှင့်အရွယ်ရောက်ချိန်မှာ အကြမ်းဖက်မှုဖြစ်နိုင်တယ်လို့ သုတေသီအချို့က ယုံကြည်ကြတယ်။

"ကျွန်တော်တို့ဟာ မိသားစုဘဝရဲ့ပုခက်ထဲတွင် ချစ်ခင်စွာ ထိတွေ့ကိုင်တွယ်ခံရတာထက် ပိုတဲ့မေတ္တာ/ပိုတဲ့တန်ဖိုးဆိုတာ မရှိပါ" (Colton, Helen, *Touch Therapy*, page 58)။ "တစ်စုံတစ်ဦးဟာ သွန်သင်ပေးခြင်းကြောင့်မဟုတ်ဘဲ ချစ်ခြင်းမေတ္တာခံစားရတဲ့အတွက် ချစ်တတ်လာ တာပါ" (Montagu, Ashley, *Touching: The Human Significance of the Skin*, New York: Harper and row Publishers, 1986, page 38)။

The Puritanical heritage of the USA က လိင်ဆက်ဆံခြင်းနှင့်ထိတွေ့ဆက်ဆံခြင်းတွေကို ညီမျှစေဖို့သင်ကြားပေးခဲ့တယ်။ Queen guitarist Brian May က Bohemian Rhapsody ရုပ်ရှင်ထဲမှာ ပြောခဲ့သလိုပဲ "အမေရိကန်တွေဟာ လူမြင်ကွင်းမှာ သိက္ခာစောင့်စည်းသလိုလိုနဲ့ ကွယ်ရာမှာ ဖောက်ပြန်သူတွေပါ" လို့ဆိုပါတယ်။ ဒီသိက္ခာစောင့်စည်းတဲ့အမွေအနှစ် နှင့်အရေခြုံမှုတွေကပဲ လိင်စိတ်လွန်ကဲတဲ့ဆယ်ကျော်သက်တွေနှင့်လူကြီးတွေမျိုး ဆက်တွေကို ဖန်တီးပေးခဲ့တာ။ ညစ်ညမ်းဗီဒီယို၊ အချစ်ဝတ္ထုလုပ်ငန်း၊ ကာမရာဂစိတ်နှိုးဆွခြင်းနှင့်ဖျော်ဖြေရေးလုပ်ငန်းတွေဟာ ဆက်နွယ်မှုအတွက် မိမိတို့ရဲ့အဓိကလိုအပ်ချက်တွေနဲ့ "ထိတွေ့မှုမရှိတော့ဘဲ" ဆယ်ကျော်သက်တွေနဲ့အရွယ်ရောက်သူတွေရဲ့လိင်စိတ်လွန်ကဲတဲ့ယဉ်ကျေးမှုကို မြှင့်တင်ပေးပါတော့တယ်။ တကယ်စိတ်မကောင်းစရာပါ။

ဆယ်ကျော်သက်အရွယ်မိန်းကလေးတွေဟာ အမျိုးသမီးတစ်ဦးရဲ့အာသွင်သဏ္ဍာန်ပေါက်လာတဲ့အခါ ဖခင်များစွာက သမီးလေးတွေရဲ့လိင်ပိုင်းဆိုင်ရာခံစားချက်တွေကို ထိရောက်စွာကိုင်တွယ်ဖြေရှင်းပေးမည့်အစား စိတ်ပူပန်လာကြတယ်။ သမီးတွေကို သူတို့ကိုယ်တိုင် ထိတွေ့ရမယ့်အစား သူတို့ရဲ့ဇနီးတွေ၊ သူငယ်ချင်းတွေရဲ့အကူအညီဖြင့် ဒီအဆင့်ကို ဖြတ်ကျော်ကာ သမီးတွေဆီကနေ ထွက်သွားကြတယ်။ အဲ့တော့ သူတို့ရဲ့သမီးတွေဟာ ကောင်လေးတွေကို လိင်ဆွဲဆောင်ဖို့ ခန္ဓာကိုယ်ကို အသုံးပြုပြီးတော့ ဆွဲဆောင်မှုရှိတဲ့ဂုဏ်သတ်စားဆင်ယင်မှုနဲ့ ကောင်လေးတွေရဲ့ချစ်ခင်မှုကို ရယူကြတော့တယ်။ ဖခင်တွေအနေနဲ့ ကိုယ့်သမီးလေးတွေကိုမလွှတ်ထားပါနဲ့၊ ပွေ့ဖက်ထားကြပါ။ အဲဒီလိုမှမလုပ်ရင် ချစ်စရာကောင်းတဲ့သင့်သမီးဟာ လိင်ပိုင်းဆိုင်ရာအသုံးချမယ့် ကောင်လေးတွေရဲ့ရင်ခွင်ထဲသို့ အမိပ္ပာယ်မဲ့စွာရောက်ရှိသွားနိုင်တယ်။

ဒီနေ့ခေတ်မှာ လူတွေဟာ နို့စို့အရွယ်နှင့်ငယ်ရွယ်စဉ် ကလေးဘဝမှာ ထိတွေ့မှုနည်းခြင်း ဒါမှမဟုတ် မသင့်လျော်တဲ့ထိတွေ့မှုတွေကြောင့် သူတို့ရဲ့အရေပြားဟာ ထိတွေ့မှုကိုတောင်းတနေတယ်။ အရေပြားဟာ ထိတွေ့မှုကို အတွင်းသို့ဝင်စေပြီး အကာအကွယ်ပေးတဲ့ အတားအဆီးတစ်ခုအနေနဲ့လည်း လုပ်ဆောင်လျက်နေတယ်။

ထိတွေ့ခြင်းဟာ သူတို့ရဲ့ဖြစ်တည်မှုနှင့်သမာဓိအပေါ် စော်ကားမှုဖြစ်လာတယ်။ ကျွန်တော်တို့က အခြားလူတစ်ဦးရဲ့တင်ပါးဆုံ ထိရမှာကို ကြောက်ရွံ့တဲ့လူမျိုးနဲ့ ကမ္ဘာကို ဖန်တီးထားပါတယ်။

ကျွန်တော်ရဲ့အတွေ့အကြုံအရ လိင်စွဲလမ်းနေသူတွေဟာ ရင်းနှီးမှုကို ကြောက်ရွံ့ကြတယ်။ ဘာလို့လဲဆိုတော့ ရင်းနှီးမှုဟာ နာကျင်မှုနှင့် ညီမျှလို့ပါပဲ။ ရုပ်ပိုင်းဆိုင်ရာရင်းနှီးမှုကို ခံနိုင်ရည်ရှိတဲ့အခြားသူတွေဟာ သူတို့ရဲ့အရေပြားချပ်ဝတ်တန်ဆာကနေတဆင့် မိမိကိုယ်ကို ကာကွယ်ပြီး ထိတွေ့မှုကြောက်ရွံ့နေသူတွေဖြစ်လာကြတယ်။

အမျိုးသားနှစ်ဦးဟာ ၁၈၈၀ နှောင်းပိုင်းမှ ၁၉၃၀ ပြည့်လွန်နှစ်တွေအတွင်း မိဘတွေနှင့် ကလေးတွေကို စနစ်တကျခွဲထုတ်ခဲ့ကြတယ်။ သူတို့ရဲ့အမည်မှာ ဂျွန်ဟော့ကင်းတက္ကသိုလ်မှ Dr. Luther Emmett Holt နှင့် ဂျွန်ဟော့

ကင်းတက္ကသိုလ်မှ Dr. John Broadus Watson တွေဖြစ်ကြတယ်။ မိဘအုပ်ထိန်းခြင်းဆိုင်ရာ စာအုပ်တွေကို ရေးသားခဲ့ကြတယ်။

၁။ ပုခက်ကိုမသုံးပါနဲ့ (တစ်နည်းအားဖြင့် သင့်ကလေးကိုမလှုပ်ပါနဲ့)

၂။ နို့မတိုက်ပါနဲ့။

၃။ သင့်ကလေးကို ထိခြင်းဖြင့် မပျက်စီးပါစေနဲ့။

၄။ ကလေးကို တစ်ယောက်တည်း အိပ်ပါစေ။

သူတို့ရဲ့အကြံညာဏ်ကို ကမ္ဘာတစ်ဝှမ်းလုံးမှာ အတိအကျလိုက်နာခဲ့တယ်။ ဒါဟာ Dr. Watson ရဲ့စာအုပ်၊ *Psychological Care of Infant and Child,* New York: Norton, 1928. "ကလေးတွေကို ဆက်ဆံရာတွင် ဆင်ခြင်တုံတရားရှိတဲ့နည်းလမ်းတစ်ခုရှိတယ်။ သူတို့ကို ဘယ်တော့မှပွေ့ဖက်နမ်းရှုံ့မနေပါနဲ့။ သင့်ပေါင်ပေါ်မှာ ဘယ်တော့မှမထိုင်စေနဲ့။ လိုအပ်ရင် ကောင်းတဲ့ညပါလို့ဆိုတဲ့အခါမှာပဲ နဖူးကို တစ်ကြိမ်နမ်းပါ။ နံနက်အချိန်မှာ လက်ဆွဲနှုတ်ဆက်ပါ။ ခက်ခဲတဲ့အလုပ်တစ်ခုကို ကောင်းကောင်းလုပ်ခဲ့ရင် သူတို့ကို ခေါင်းညိတ်ပေးပါ။ စမ်းကြည့်လိုက်ပါ။ သင်ကိုင်တွယ်ခဲ့တဲ့နည်းလမ်းက စိတ်ကူးယဉ်ဆန်တဲ့ အတွက် သင်ဟာ လုံးဝရှက်ရလိမ့်မယ်" (Montague, Ashley, *Touching: The Human Significance of the Skin, pages 150-151).*

စိတ်ရှုပ်စေတယ်။ ဟုတ်ပါတယ်၊ ဒီလူနှစ်ယောက်က ဒီလို အဓိပ္ပာယ်မဲ့စွာရေးကြတယ်။ အမျိုးသမီးတွေဟာ သားသမီးတွေအပေါ် ထားရှိတဲ့မေတ္တာတရားနှင့်ကရုဏာတရားတွေ ပိုမိုရရှိလာမှာဖြစ်တယ်။

ဦးနှောက်ဟာ အသက်တစ်နှစ်အရွယ်အဆုံးမှာ ၎င်းရဲ့ကြီးထွားမှု သုံးပုံနှစ်ပုံခန့်ဖွံ့ဖြိုးလာပြီး အသက်ရဲ့တတိယနှစ်ကုန်မှာ ကြီးထွားမှုမှာ ၉၀% ရှိတယ်။ လမစေ့ဘဲနဲ့ မိုက်ခွဲမွေးတဲ့ကလေးတွေမှာ တွယ်တာမှုပြဿနာ ပိုများပါတယ်။ မွေးကင်းစကလေးဟာ မွေးပြီးပြီးချင်း မိခင်နှင့် အနည်းဆုံးမိနစ်သုံးဆယ်ရင်းနှီးနေဖို့ လိုအပ်ပါတယ်။ ကလေးဟာ လုံခြုံတဲ့တွယ်တာမှုအတွက် အနည်းဆုံးဆယ့်နှစ်လနို့တိုက်ဖို့ လိုအပ်တယ်။ ကလေးက သားအိမ်ထဲတွင် လှုပ်ယမ်းနေတဲ့ခံစားချက်ကို ကျင့်သားရနေရင်တောင် သူ့အတွက် ပုခက်ဟာ အကောင်းဆုံးမဟုတ်ပေ။ ကလေးငယ်တွေကို ပွေ့ချီခြင်း၊ ပွေ့ဖက်ခြင်း၊ လှုပ်ယမ်းပေးခြင်း စတဲ့အရာတွေ လုပ်ပေးဖို့ လိုအပ်တယ်။

ထိတွေ့မှုသိပ်မရတဲ့ကလေးတွေဟာ ဘဝတစ်လျှောက်လုံးဒေါသထွက်တာတွေဖြစ်နိုင်တယ် ဒါမှမဟုတ် စိတ်ပိုင်းဆိုင်ရာလှောင်ပိတ်ခံရနိုင်တယ်။ သူတို့မှာ စေ့ဆော်မှု၊ မောင်းနှင်မှု၊ ဆန္ဒ၊ ဆက်စပ်မှုတွေမရှိနိုင်တော့ဘဲ ဒေါသထွက်တတ်တဲ့လူ ဒါမှမဟုတ် လူတွေနှင့်ဘဝအသက်တာကို ကြောက်ရွံ့လာနိုင်တယ်။

Dr. Montagu က “ထိတွေ့ခြင်း” ဆိုတဲ့သူ့စာအုပ်မှာ ထိတွေ့မှုမရှိ ခြင်း ဒါမှမဟုတ် ကောင်းမွန်တဲ့ထိတွေ့မှု မရှိခြင်းက အောက်က အရာတွေကို ဖန်တီးတယ်လို့ ရေးသားထားပါတယ်။

- ခန္ဓာကိုယ်တွင်း ဇီဝဓာတု မညီမျှခြင်း
- ဆယ်ကျော်သက်နှင့်အရွယ်ရောက်ပြီးသူတွေမှာ တစ်ကိုယ်ရည်အသာဖြေမှုပမာဏကို တိုးစေတယ်။
- ကလေးတွေနှင့်အနာဂတ်လူကြီးတွေမှာ အကြမ်းဖက်မှုရှိနိုင်တယ်။
- စွဲလမ်းစေတဲ့အပြုအမူတွေကို ဖြစ်ပေါ်စေနိုင်တယ်။

Dr. Sydney Jourard ဟာ အများသူငှာနေရာတွေ (စားသောက်ဆိုင်တွေမှာ) ဥရောပနှင့်အမေရိကန်မိတ်ဆွေတွေကြားမှာ ထိတွေ့ဆက်ဆံခြင်းကို လေ့လာခဲ့တယ်။ ဥရောပတိုက်သားတွေဟာ တစ်နာရီမှာ အကြိမ် ၁၀၀ ကျော် ထိတွေ့ကြတယ်။ အမေရိကန်တွေက တစ်နာရီမှာ ၂-၃ ကြိမ်လောက် ထိတွေ့ကြတယ်။ Puritanical Heritage ဝါဒီသမားတွေကတော့ ထိတွေ့ခြင်း = လိင်ဆက်ဆံခြင်း ဆိုတဲ့လိမ်ညာမှုကြီးကို အခုချိန်ထိ ခံယူနေကြတယ်။ ကျွန်တော်တို့တွေဟာ ထိတွေ့မှုကို အကြီးအကျယ်ဆုံးရှုံးနေရတယ်။ တော်တော်များများက ထိတွေ့ဖို့ လိင်ဆက်ဆံကြတယ်။

မိသားစုနှင့်မိတ်ဆွေတွေကြားမှာ လိင်မဆက်ဆံရတဲ့ဟန့်တားမှုတွေရှိနေပါတယ်။ အများစုယုံကြည်ထားတာက

- မိဘနဲ့ကလေးကြား ထိတွေ့မှု = လိင်ပိုင်းဆိုင်ရာစော်ကားမှု ဖြစ်စေနိုင် ဒါမှမဟုတ် လိင်တူဆက်ဆံတဲ့ကလေးတစ်ဦး ဖန်တီးနိုင်တယ် (အထူးသ ဖြင့် မမှန်ကန်တဲ့ဖခင်နှင့်သားဆက်ဆံရေး)။
- မောင်နှမရင်း ထိတွေ့မှု = သွေးရင်းစပ်ယှက်မှုကို ဖြစ်စေနိုင်
- လိင်တူမိတ်ဆွေတွေ = လိင်တူဆက်ဆံခြင်း ရှိလာနိုင်

- ဆန့်ကျင်ဘက်လိင် မိတ်ဆွေတွေ = အိမ်ထောင်ရေးဖောက်ပြန်မှု ဒါမှမဟုတ် လိင်ပိုင်းဆိုင်ရာအပြုအမူတွေရှိနိုင်
- ပေါ့ပေါ့ပါးပါး မိတ်ဆွေတွေ = ဖောက်ပြန်ဖို့ အလားအလာရှိ

"ဓာတုပစ္စည်းနဲ့ဆိုင်တဲ့ကပ်ရောဂါဟာ အမေရိကန်မှာထူးခြားတဲ့ပြဿနာတစ်ခုပါ။ အမေရိကန်ဟာ ကမ္ဘာ့လူဦးရေရဲ့ ၅% ခန့်ရှိပေမယ့် နေထိုင်သူတွေဟာ ကမ္ဘာလုံးဆိုင်ရာဆေးညွှန်း opioids ထောက်ပံ့မှုရဲ့ ၈၀% ခန့်ကို စားသုံးနေကြတယ်။ အမေရိကန်လူမျိုးတွေဟာ ပြင်းထန်တဲ့ဒဏ်ရာတွေ/နာတာရှည်နာကျင်မှုတွေ ခံစားရခြင်းကို ဥရောပသားတွေထက် သိသိသာသာမြင့်မားတဲ့နှုန်းနဲ့ ခံစားနေရတယ်"လို့ကျွမ်းကျင်သူတွေက ဆိုကြပါတယ်။ (https://news.yahoo.com/americans-much-pain-141918964.html/January 30, 2019).

"၂၀၁၅ မှာ ရေးသားတဲ့နာကျင်မှုဆေးညွှန်း သန်း ၃၀၀ ခန့်ရှိတယ်" လို့ အကြီးတန်းခွဲခြမ်းစိတ်ဖြာသူ၊ အထူးပြုဆေးဝါး၊ Mizuho Securities USA မှ အကြီးတန်းသုံးသပ်သူ Irina Koffler က CNBC သို့ပြောကြားခဲ့ပါတယ်။ "နာကျင်မှုဆေးညွှန်း သန်း ၃၀၀ ဟာ $၂၄ ဘီလီယံဈေးကွက်နှင့်ညီမျှတယ်။" ဒါပေမယ့် ၎င်းဟာ ကမ္ဘာတစ်ဝှမ်း အညီအမျှခွဲခြားထားတဲ့ဈေးကွက်မဟုတ်ကြောင်း Koffler ကဆိုပါတယ်။ (https://www.cnbc.Com/2016/04/27/Americans-consume-almost-all-of-the-globalopioid-supply.html) မှ ကောက်နုတ်ထားပါတယ်။

ကျွန်တော် တို့တွေဟာ ဆေးဝါးတွေ၊ ညစ်ညမ်းမှုတွေ၊ ကာမရာဂစိတ်တွေ၊ အချစ်ဝတ္ထုတွေ၊ အတင်းအကြပ် တစ်ကိုယ်ရည်အာသာဖြေခြင်း၊ ထိတွေ့မှု နည်းပါးခြင်း အရေးကိစ္စတွေကြောင့် ကျွန်တော် တို့ကိုယ်တိုင် ထုံကျင်နေကြပြီ။ ဒါဟာ ကပ်ရောဂါနှင့်တစ်နိုင်ငံလုံးရောဂါပါပဲ။

အကြောင်းအမျိုးမျိုးကြောင့် အခြားသူတွေနဲ့ ထိတွေ့ဖို့၊ ရင်းနှီးဖို့ မိမိတို့ကြောက်ရွံ့နိုင်တယ်။ အချို့မှာ

၁။ ငါက သင့်ကို ပွေ့ဖက်ဖို့ လက်နှစ်ဖက်ကို ဆန့်ထားရင် ငါသင့်ဆီရောက်နေပြီလို့ ထင်မှာလား။

၂။ ငါက သင့်ကို ပွေ့ဖက်ရင် ဒါမှမဟုတ် သင်က ငါ့ကို ပွေ့ဖက်ရင် ငါဟာ လိင်ပိုင်းဆိုင်ရာနှိုးဆွမှုတွေဖြစ်လာနိုင်ပြီး စိတ်ကသိကအောက်ဖြစ်လာ ပါလိမ့်မယ်။

၃။ တကယ်လို့ လိင်တူသူတစ်ယောက်ယောက်ကို ပွေ့ဖက်ထားရင် သူ ဒါမှ မဟုတ် တခြားသူတွေက ငါတို့တွေဟာ လိင်တူချစ်သူလို့ ထင်ကောင်း ထင်နိုင်ပါတယ်။

၄။ သင်နဲ့ နီးစပ်ရမှာကို ကြောက်ရွံ့မှုတွေ ကြုံတွေ့ရနိုင်တယ်။ ရင်းနှီးမှုနဲ့ ထိတွေ့မှုက ငါ့ရဲ့အတိတ်က ပြန်လည်သင့်မြတ်မှုမရှိတဲ့ ဒဏ်ရာတွေ ကြောင့် နာကျင်စေနိုင်တဲ့အားနည်းချက်တွေကို ဖန်တီးပေးနိုင်တယ်။

တခြားသူတွေနဲ့ နီးကပ်လေလေ နာကျင်ရလေလေပါပဲ။ ဘာလို့လဲဆို တော့ သင့်နှလုံးသားရဲ့နံရံတွေဟာ အရည်ပျော်သွားတဲ့အတွက် အတိတ်က ဒဏ်ရာတွေပြန်ပေါ်လာနိုင်တာကြောင့်ပါ။ ဒါကြောင့် ကျွန်တော်တို့နဲ့အနီးစပ် ဆုံးသူတွေကို အဝေးကို တွန်းပို့လိုက်တာ ဖြစ်နိုင်တယ်။

ကျွန်တော့်ဆီလာပြီး အကူအညီတောင်းဖူးတဲ့လူတစ်ယောက်ကို ဘယ် တော့မှမမေ့ဘူး။ သူဟာ အိမ်ထောင်သည်ကလေးငါးယောက်နှင့် လိင်စွဲလမ်း သူဖြစ်တယ်။ အလုပ်မှအိမ်အပြန်လမ်းတွင် သူဟာ အများသူငှာ ပန်းခြံတစ်ခု မှာရပ်ပြီး အဖော်များစွာနဲ့ လိင်ဆက်ဆံလေ့ရှိတယ်။ ဒါက တစ်ပတ်ကို အကြိမ် ပေါင်းများစွာဖြစ်လိမ့်မယ်။ အဲဒီလိုလူတွေအတွက် သူတို့နာမည်မသိတဲ့သူနဲ့ လိင်ဆက်ဆံရာတာဟာ ပိုမိုလုံခြုံတယ်လို့ယုံကြည်ကြတယ်။

လူတွေက နားမလည်တဲ့ဟာကို ကြောက်ကြတယ်။ အကြောက်တရား တွေကို အနိုင်ယူဖို့ အကောင်းဆုံးနည်းလမ်းကတော့ နားလည်သဘောပေါက် ပြီး အရေးယူဆောင်ရွက်ဖို့ပါပဲ။

ထိတွေ့ပါ - ဘယ်လိုလဲ၊ ဘယ်တော့လဲ၊ ဘယ်မှာလဲ၊ ဘယ်သူနှင့်လဲ၊ ဘယ်လို ပုံစံလဲ။

ဘာသာတရားဟာ အစဉ်အလာအားဖြင့် အိမ်ထောင်ရေးမှာ သစ္စာရှိမှု ကို အားပေးကြတယ်။ အိမ်ထောင်ဖက်တစ်ဦးက ဘဝင်မကျတော့တဲ့အခါ အိမ်ထောင်အပြင်ဘက်မှာ လိင်ဆက်ဆံခြင်းဖြင့် ကတိကဝတ်တွေကို ဖောက် ဖျက်တတ်တယ်။ ဒီလိုဖောက်ပြန်တာကို ဘုရားသခင်က ပြစ်ဒဏ်ချမှတ်ရ

မယ်လို့မဆိုထားပေမယ့် မြင့်မြတ်တဲ့ပဋိညာဉ်ကို ထိန်းသိမ်းထားခြင်းပဲဖြစ်ပါတယ်။ လိင်ဆက်ဆံခြင်းမပြုခင် အခြားသူတွေနဲ့ ရင်းနှီးမှုကို ဦးစွာလေ့လာဖို့ ကျွန်တော်တို့ရည်ရွယ်တာဖြစ်တယ်။ ကောင်းမွန်တဲ့ထိတွေ့မှုဟာ ဘေးကင်းတယ်၊ လိင်ဆက်ဆံချင်တဲ့စိတ်ကင်းတယ်၊ ငြိမ်သက်မှု၊ ဆက်သွယ်မှုနှင့်သုခချမ်းသာတွေဖြစ်စေပေါ်စေတယ်။

အခြေခံတွေနဲ့ စကြပါစို့။

မတူညီတဲ့ဖွံ့ဖြိုးတိုးတက်မှုအဆင့်တွေမှာ ကောင်းမွန်တဲ့ထိတွေ့မှု ပုံစံအမျိုးမျိုးကို ကျွန်တော်တို့လိုအပ်တယ်။

နှောင်ဖွဲ့ခြင်း (0-1½ နှစ်) - မိခင်-ကလေး၊ ပွေ့ဖက်ခြင်း၊ တစ်ကိုယ်လုံး ထိတွေ့ခြင်း၊ မျက်လုံးချင်းဆုံခြင်း၊ အပြုံးတွေ၊ နို့တိုက်ကျွေးခြင်း။ ဒီဘဝကနေ ယုံကြည်မှုနှင့်သုခကို မိမိတို့ရရှိတာဖြစ်ပါတယ်။ ဒါဟာ အနာဂတ်ဆက်ဆံရေးအားလုံးအတွက် နမူနာပုံစံကို သတ်မှတ်ပေးတယ်။ ကျွန်တော်တို့ဟာ မိမိတို့ရဲ့ဖခင်တွေနဲ့ အတူတူလှုပ်ရှားမှုတွေလည်း လိုအပ်ပါတယ်။

ခွဲခွာခြင်း-တစ်ဦးချင်း (1½ -3 နှစ်) - အခုအခါ မိဘတွေက နယ်နိမိတ်တွေကို ချပြတယ်။ ဘဝအသက်တာရဲ့ပထမအဆင့်ဟာ သံယောဇဉ်ဖြစ်ပြီး ဘဝဒုတိယအဆင့်ကတော့ ကလေးကို အန္တရာယ်ကနေကာကွယ်ဖို့ နယ်နိမိတ်ချမှတ်တာတွေဖြစ်ပါတယ်။ နှောင်ကြိုး၊ နယ်နိမိတ်တွေ၊ အချစ်နှင့်ကန့်သတ်ချက်တွေပေါ့။ မိဘတွေက ကလေးကို သူ့ဘာသာသူ သီးခြားခွဲထုတ်ခွင့် ပြုရုံတင်မက သူ့ရဲ့ကိုယ်ပိုင်လက္ခဏာကို တည်ထောင်ခွင့်ပြုပါတယ်။ အခုကလေးက တွားသွားတယ်၊ လမ်းလျှောက်တယ်၊ စကားပြောတတ်လာတယ်။ စကားလုံးတွေကိုလည်း သူ့ခေါင်းထဲမှာရှိတဲ့အတိုင်း မပီတပီစပြောလာတယ်။

အဆင့်တစ်မှာ မွေးကင်းစကလေးဟာ မိခင်နှင့်တစ်သားတည်းဖြစ်တယ်။ အခုတော့ သူ့ဦးနှောက်က သူ့အမေနဲ့ ကွဲကွာနေတယ်ဆိုတာ သိလိုက်ရတယ်။ ကလေးဟာ စိတ်အားထက်သန်မှု၊ အစပြုမှုတွေနဲ့ ဖွံ့ဖြိုးလာတယ်။ ဒီအဆင့်မှာ မိဘတွေက ကလေးကို ကိုင်ထားလိုက်၊ လွှတ်ထားလိုက်၊ ကိုင်ထားလိုက်၊ လွှတ်ထားလိုက် လုပ်ပေးနေရတယ်။ မိဘတွေက ကောင်းမွန်တဲ့ နယ်နိမိတ်တွေကို ထိန်းသိမ်းထားစဉ်မှာ သူတို့ရဲ့ကိုယ်ပိုင်အုပ်ချုပ်ခွင့်ကို အခိုင်အမာအတည်ပြုထားတဲ့ မျက်လုံးချင်းဆုံခြင်း၊ ပြုံးပြခြင်း၊ နမ်းခြင်း၊ ပွေ့ဖက်ခြင်း စတာတွေကို ဆက်လက်ကိုင်စွဲထားကြပါတယ်။

သားဖြစ်သူဟာ မိခင်နှင့် ဇီဝကမ္မဆိုင်ရာ ကွဲပြားမှုတွေကို အသိအမှတ်ပြုတဲ့အတွက် သူ့ရဲ့ယောက်ျားပီသမှုနှင့်ကျားမခွဲခြားမှုကို ဖခင်ဆီကနေ အမွေဆက်ခံဖို့ လိုအပ်တယ်။ သမီးကလည်း သူ့မိခင်ဆီနဲ့ခွဲပြီး သီးသန့်နေပေမယ့် ကျားမခွဲခြားမှုကို ဆက်လက်ဖော်ထုတ်ရမှာဖြစ်တယ်။

လူမှုဆက်ဆံရေး၊ အမေး/အဖြေတွေ (၃-၅/၆နှစ်) - ဒီအဆင့်မှာ ကလေးရဲ့အဓိကမေးခွန်းကတော့ "ဘာကြောင့်လဲ" ဆိုတဲ့ဟာပါပဲ။ ကလေးဟာ အကြောင်းတရားနှင့်အကျိုးဆက်ကို တွေးခေါ်နားလည်မှု ဖွံ့ဖြိုးတိုးတက်လာရတယ်။ ကိုင်လိုက်၊ လွှတ်လိုက်၊ ကိုင်လိုက်၊ လွှတ်လိုက်နဲ့ပါပဲ။ တွေးတောကြံဆမှုတွေဟာ ညီအစ်ကိုမောင်နှမတွေ၊ ဆွေမျိုးတွေ၊ ရင်းနှီးတဲ့မိသားစုဝင်တွေနှင့်သူငယ်ချင်းတွေဆီချဲ့ထွင်လာရတယ်။ ကလေးဟာ ပွေ့ဖက်ခြင်း၊ နမ်းခြင်းနှင့်ဆော့ကစားခြင်းတွေ လိုအပ်တယ်။

ယောက်ျားလေးတွေဟာ မိခင်အပေါ် လိင်ပိုင်းဆိုင်ရာတွယ်တာမှု အဆင့်ကို ဖြတ်ကျော်ဖို့ လိုတယ်။ သူ့အမေကို သူ့အဖေနဲ့အတူနေဖို့ လွှတ်ထားရမှာပါ။ ဖခင်ကောင်းနှင့်မိခင်ကောင်းဆက်ဆံရေးက ကောင်လေးအတွက် သူ့မိခင်ကို စွန့်လွှတ်ခြင်း လုပ်ငန်းစဉ်တစ်လျှောက်တွင် အကူအညီပေးရမှာပါ။

သမီးတွေဟာ ဖခင်အပေါ် လိင်ပိုင်းဆိုင်ရာ တွယ်တာမှု အဆင့်ကို ဖြတ်ကျော်ဖို့ လိုတယ်။ သူမရဲ့ဖခင်ကို သူမရဲ့မိခင်နှင့်အတူနေဖို့ လွှတ်ထားရမှာပါ။ မိခင်ကောင်းနှင့်ဖခင်ကောင်းဆက်ဆံရေးက သမီးဖြစ်သူအတွက် ဖခင်လက်လွှတ်ခြင်းလုပ်ငန်းစဉ်တစ်လျှောက်တွင် အကူညီအပေးရမှာပါ။ သမီးဟာ သူ့မိခင်နဲ့ ကျားမခွဲခြားမှုကို ဆက်လက်ဖော်ထုတ်ဖို့ လိုအပ်ပြီး သူမရဲ့မိန်းမပီသမှုကို ပေါင်းစပ်ကာ စဉ်ဆက်မပြတ်ရင်းနှီးတဲ့ဆက်ဆံရေးတစ်ခုလုပ်ဆောင်ဖို့ လိုအပ်ပါတယ်။ သမီးလေးက အတုယူလိုစိတ်နဲ့ သူ့အမေကို လေးစားရမှာပါ။

ငုပ်လျှိုးနေတဲ့အရည်အသွေး (၅/၆-၁၂/၁၃ နှစ်) - စည်းကမ်းတွေနှင့်အကြောင်းပြချက်တွေ။ ထိတွေ့ခြင်း - လိင်တူဆွေမျိုးတွေ၊ သူငယ်ချင်းတွေနဲ့ကစားခြင်း။

> ယောက်ျားလေးတွေ - အားကလုပ်ခြင်း၊ ကြမ်းကြမ်းတမ်းတမ်းဆော့ခြင်း၊ မြင်းစီးကစားခြင်း၊ ဗီဒီယိုဂိမ်းတွေ စတာတွေ။
>
> မိန်းကလေးတွေ - ဆက်ဆံရေး၊ မိတ်ဆွေတွေ၊ အားကစားတွေ။

ကြီးကောင်ဝင်ချိန်မတိုင်ခင် ကလေးဟာ ယောကျ်ားလေးတွေအချင်းချင်း၊ မိန်းကလေးတွေအချင်းချင်း လှုပ်ရှားမှုတွေကနေတစ်ဆင့် ကျားမ ခွဲခြားသိမြင်မှုကို ရရှိတယ်။

လိင်တူမွေးချင်းတွေက အချင်းချင်းကူညီသင့်ပေမယ့် ကောင်းမွန်တဲ့ ကျားမ ခွဲခြားမှုကို တားဆီးနိုင်ရမယ်။
ဖခင်နှင့်သားတွေ - မြင်းစီးကစားခြင်း၊ နပန်းသတ်ခြင်း၊ မျှဝေလှုပ်ရှားမှုတွေ။ အဖေက သားဖြစ်သူကို ကျွမ်းကျင်အောင် သင်ပေးရတယ်။
မိခင်နှင့်သမီးတွေ - ကျွမ်းကျင်မှုကို သင်ကြားပေးပါ၊ အတူတကွ အချိန်မျှဝေပါ။
ဖခင် - သမီးကို အသိအမှတ်ပြုတယ်။ အမေ - သူ့သားကို အသိအမှတ်ပြုတယ်။

ကြီးကောင်ပေါက်အရွယ် (၁၂/၁၃-၁၈/၂၁) အထောက်အထား၊ ကိုယ်ပိုင်အုပ်ချုပ်ခွင့် - ဆန့်ကျင်ဘက်လိင် ပေါင်းသင်းဆက်ဆံရေးနှင့်လမ်းညွှန်ပေးခြင်း - အခုချိန်မှာ သူ/သူမအတွက် ဆန့်ကျင်ဘက်လိင် လမ်းညွှန်ဆရာတွေဖြစ်တဲ့အဒေါ်တွေ၊ ဦးလေးတွေ၊ အဘိုးအဘွားတွေ၊ ဆရာသမားတွေ၊ နည်းပြတွေ ရှိဖို့ အင်မတန်လိုအပ်နေပြီဖြစ်တယ်။

လိင်တူလမ်းညွှန်ခြင်း - လိင်တူစံနမူနာတွေ ကဏ္ဍ၊ ဆိုလိုတာက ဆွေမျိုးတွေ၊ ဆရာတွေ၊ အားကစားနည်းပြတွေဖြစ်ပါတယ်။
ထိတွေ့ခြင်း - လမ်းညွှန်ဆရာတွေနဲ့အတူ လူမြင်ကွင်းမှာ ရောနှောဆက်ဆံခြင်း (အမျိုးသမီးလမ်းညွှန်ဆရာတွေနဲ့အတူ ကောင်လေးတွေ၊ ကောင်လေးလမ်းညွှန်ဆရာတွေ၊ မိန်းကလေးတွေ)။ ဆယ်ကျော်သက်တွေဟာ အပျိုဖော်ဝင်ခါစနှင့်ခန္ဓာကိုယ်ပြောင်းလဲခါစ ပခုံးတစ်ဝိုက်၊ လက်နှစ်ဖက်ဆုပ်ကိုင်ထားခြင်း၊ ပွေ့ဖက်ခြင်း စတဲ့အဆင့်မှာ ဆန့်ကျင်ဘက်လိင်ကို လမ်းညွှန်ပေးခြင်းနဲ့ ကောင်းမွန်တဲ့ထိတွေ့မှုတွေအတွက် ခိုင်မာတဲ့လိုအပ်ချက်ရှိရမယ်။
ဆယ်ကျော်သက်အရွယ်ဟာ အောင်မြင်မှုမရရှိခဲ့တဲ့အရင်က အဆင့်တွေအတိုင်း ပြန်လုပ်ဆောင်ပါလိမ့်မယ်။ သူဟာ မိဘတွေဆီကနေ သီးခြားခွဲထုတ်ဖို့ အမြဲလုပ်ဆောင်နိုင်ပါတယ်။

သူ/သူမဟာ ကျန်းမာခြင်း၊ လုံခြုံမှု၊ လိင်ပိုင်းဆိုင်ရာထိတွေ့မှု လိုအပ်ပါလိမ့်မယ်။ အဲဒီလိုမှမဟုတ်ရင် သူ/သူမဟာ လိင်ဆက်ဆံခြင်းကို တစ်ခုခုနဲ့ အစားထိုးဖို့ ရှာကြံနိုင်ပါတယ်။ သူတို့ရဲ့ခန္ဓာကိုယ်တွေဟာ သိသာထင်ရှားတဲ့ဟော်မုန်း ပြောင်းလဲမှုတွေကို ကြုံတွေ့ခံစားပြီး ကောင်းမွန်တဲ့ထိတွေ့မှုအတွက် အသားချင်းထိတွေဖို့ တောင့်တနိုင်ပါတယ်။ သူ/သူမဟာ ကောင်းမွန်တဲ့နည်းလမ်းဖြင့် ဒါမှမဟုတ် လိင်ကနေတစ်ဆင့် ထိတွေ့မှုကိုခံစား ရလိမ့်မယ်။ ကျွန်တော်တို့ဟာ သူတို့ရဲ့မိဘတွေလို၊ မိသားစုဝင်တွေလို၊ အသိုင်းအဝိုင်းတွေလို သူတို့ရဲ့ရလဒ်ကို ဆုံးဖြတ်ရတယ်။

မွေးကင်းစကလေးငယ်တွေ၊ လမ်းလျှောက်တတ်စကလေးတွေ၊ ကလေးသူငယ်တွေကို ကျွန်တော်တို့မိသားစုရဲ့ရင်ခွင်မှာ လုံခြုံတယ်လို့ ခံစားရစေဖို့အတွက် ထိန်းသိမ်းထားဖို့ လိုအပ်ပါတယ်။

ကျွန်တော်တို့ရဲ့မိဘတွေ၊ ဆွေမျိုးတွေ၊ ပြုစုစောင့်ရှောက်ပေးသူတွေနှင့် ကောင်းမွန်တဲ့ထိတွေ့မှုကို တွေ့ကြုံခံစားခြင်းဖြင့် မိမိတို့ဟာ လုံခြုံတဲ့တွယ်တာမှုကို ခံစားရစေတယ်။ တကယ်လို့ ငယ်ရွယ်စဉ် ကလေးဘဝကတည်းကဒါတွေနဲ့ ထိတွေ့ခံစားခြင်းမရှိခဲ့ရင် ဒါမှမဟုတ် ကျွန်ုပ်တို့ဟာ ကျွန်ုပ်တို့ရဲ့မိဘတွေ၊ ချစ်ရသူတွေနဲ့ ရင်းနှီးတဲ့ပေါင်းသင်းဆက်ဆံရေးမရှိရင် မိမိတို့ရဲ့ဘဝတစ်ခုလုံးမှာ ဆန့်ကျင်ဘက်လိင်တွေ၊ လိင်တူတွေနဲ့ လိင်ဆက်ဆံ မှုကနေတစ်ဆင့် မရရှိခဲ့တဲ့ဆက်နွယ်မှုကို ရရှိဖို့ ရှာဖွေနေပါလိမ့်မယ်။

မိဘနှင့် သားသမီးဆက်ဆံရေးဟာ ကမ္ဘာကြီးကို အုပ်စိုးပြီး
ပုဂ္ဂိုလ်ရေးဆိုင်ရာနှင့် ပရော်ဖက်ရှင်နယ်ဆက်ဆံရေးတိုင်းကို အုပ်စိုးတယ်။
ကြီးကောင်ဝင်စအရွယ်မတိုင်ခင် ကျွန်တော်တို့ရဲ့မိဘတွေနဲ့
ပေါင်းသင်းဆက်ဆံဖို့ သာမာန်လိုအပ်ချက်အဖြစ်
တစ်ချိန်ကကြုံတွေ့ခဲ့ရတဲ့အရာဟာ အပျိုဖော်ဝင်ပြီးနောက်
လိင်ပိုင်းဆိုင်ရာစွဲချက်ဖြစ်လာနိုင်တယ်။ လိင်ဆက်ဆံခြင်းဟာ
မေတ္တာလိုအပ်ချက်တွေကို ဖြည့်ဆည်းဖို့ တွန်းအားဖြစ်လာတယ်။
မိဘနဲ့ ပေါင်းသင်းဆက်ဆံရဖို့အတွက် အဆိုပါပုံမှန်လိုအပ်ချက်တွေဟာ
လိင်ဆက်ဆံမှု၊ ညစ်ညမ်းမှု၊ ကာမရာဂစိတ် ဒါမှမဟုတ်

တစ်ကိုယ်ရည်အာသာဖြေမှုတွေကြောင့် ၎င်းတို့ဟာ ကလေးအတွင်း၌ တရားဝင်လိုအပ်ချက်တွေဖြစ်လာတဲ့အတွက် ဘယ်တော့မှ ဖြည့်ဆည်းပေးမယ်မဟုတ်ပါ။ ကောင်းမွန်တဲ့ထိတွေ့မှုကသာ ကျွန်တေ တို့ရဲ့စိတ်နှလုံးကို ကုစားပေးပြီး လုံခြုံတဲ့တွယ်တာမှုအတွက် အသားချင်းထိတွေ့ဖို့ တောင့်တမှုကို ကျေနပ်စေပါတယ်။

ကျွန်တော်တို့လုပ်သမျှဟာ အောက်ခြေမှာ ခိုင်မာဖို့ပဲလိုတယ်။ Marilyn Monroe ဟာ ဒီနိယာမရဲ့ဂန္တဝင်ဥပမာတစ်ဦးဖြစ်တယ်။ သူမဟာ အမျိုးသားတွေရဲ့ကြည်ညိုလေးစားမှုကနေ သူမဖခင်ရဲ့အချစ်ကို ရှာဖွေနေခဲ့တယ်။ သူမရဲ့လုပ်ဆောင်ချက်ဟာ အလုပ်မဖြစ်ပါဘူး။ ဘာလို့လဲဆိုတော့ သူမ လိုချင်တာအားလုံးက အချစ်ခံရဖို့ဖြစ်လို့ပါပဲ။ သူမလုပ်ခဲ့တဲ့အရာကြောင့်မဟုတ်သလို၊ သူမရဲ့ပုံပန်းသဏ္ဌာန်ကြောင့်လည်းမဟုတ်ပါ။ လိင်သင်္ကေတနှင့်ယဉ်ကျေးမှုဆိုင်ရာပြယုဂ်တစ်ခုဖြစ်လာပေမယ့် သူမရဲ့စိတ်သောကရောက်နေတဲ့ကိုယ်ရေးကိုယ်တာဘဝနှင့်ကြေကွဲဖွယ် အဆုံးစီရင်မှုဟာ သတိထားစရာပုံပြင်တစ်ခုဖြစ်လာပါတယ်။

ထိတွေ့မှုကို တောင့်တတဲ့အမျိုးသမီးတွေဟာ အချစ်ဝတ္ထုတွေကို ဖတ်ရှုနိုင်တယ်၊ လက်တွဲဖော်များစွာနဲ့ ပေါင်းသင်းနိုင်တယ် ဒါမှမဟုတ် ကာမရာဂစိတ်နှင့်တစ်ကိုယ်ရည်အာသာဖြေခြင်းကို အသုံးပြုနိုင်တယ်။

အမျိုးသားတွေနဲ့ ဒါမှမဟုတ် အမျိုးသမီးတွေနဲ့ လိင်ဆက်ဆံခြင်းဟာ မေတ္တာနှင့်နွေးထွေးအတွက် ကလေးဘဝလိုအပ်ချက်တွေကို ဖြည့်ဆည်းဖို့အတွက် မှားယွင်းတဲ့ကြိုးပမ်းမှုကို ကိုယ်စားပြုတာဖြစ်ပါတယ်။ အမျိုးသမီးတွေက ယောကျ်ားတစ်ယောက်ရဲ့ချစ်ခင်မှုကို လိုချင်ကြပါတယ်။ ဖေဖေ့အချစ်၊ အဖိုးရဲ့အချစ်၊ ဦးလေးရဲ့ချစ်ခြင်းနဲ့မောင်လေးရဲ့ချစ်ခြင်းတွေကို ပေါင်းစပ်ဖို့လိုပါတယ်။ ဒီလိုမှမဟုတ်ရင် မိမိတို့ရဲ့ခန္ဓာကိုယ်တွေကို ကောင်လေးတွေဆီ အပ်နှံမိနိုင်တယ်။

ရင်သား၊ တင်ပါး၊ မိန်းမအင်္ဂါတွေကို တောင့်တမှုမရှိတဲ့အမျိုးသားတွေကိုထိတွေ့ပါ။ သူတို့ဟာ အမျိုးသမီးတွေကို လိင်ဆက်ဆံခြင်းဖြင့် မိခင်ရဲ့ချစ်ခြင်းမေတ္တာနှင့်လက်ခံမှုကို ရှာဖွေကြတယ်။ အခြားအမျိုးသားတွေကတော့ အမျိုးသားတွေရဲ့ခန္ဓာကိုယ်နှင့်လိင်တံတွေကို ဆာလောင်မှုဖြစ်နိုင်တယ်။ သူတို့

ဟာ ၎င်းတို့ရဲ့ဖခင် ဒါမှမဟုတ် လိင်တူရွယ်တူတွေရဲ့ချစ်ခြင်းမေတ္တာနှင့် လက်ခံမှုကို ရိုးရှင်းစွာရှာဖွေနေသူဖြစ်ပါတယ်။ လိင်မှုကိစ္စသာ ကုစားနိုင်ရင် စစ်မှန်တဲ့ချစ်ခြင်းမေတ္တာကို ရရှိမှာဖြစ်ပါတယ်။ ဒါပေမယ့် သူဟာ တစ်စုံတစ်ဦးရဲ့ဆန္ဒအမှန်ကို ဖြည့်ဆည်းဖို့ဖြစ်လာတဲ့အခါမှာ အမြဲတမ်းအနှောင့်အယှက်ပေးလေ့ရှိတယ်။ ဘာလို့လဲဆိုတော့ ယင်းဟာ လူကြီးရဲ့ဆန္ဒ ကြောင့်မဟုတ်ဘဲ ငယ်ရွယ်စဉ်ကလေးရဲ့ဆန္ဒဖြစ်လို့ပါပဲ။

အချိန်ဆိုတဲ့ပထမအပိုင်းမှာ အသေးစိတ်ဖော်ပြထားတဲ့အတိုင်း သင့်လျော်တဲ့မိမိကိုယ်ကို စောင့်ရှောက်မှုအတွက် ဖော်မြူလာကို လိုက်နာပါ။ ၎င်းဟာ ကောင်းကင်နိုင်ငံတော်ရဲ့သော့ကို ကိုင်ဆောင်ထားတဲ့သင့်ရဲ့အတွင်းစိတ်ကလေးကို ပြန်လည်ရရှိစေမယ်ဖြစ်တယ်။

ထိတွေ့ခြင်း ≠ လိင်ဆက်ဆံခြင်း

တစ်ခါ - ကိစ္စတွေ၊ အပြင်ဘက်မှာ ကျူးလွန်ထားတဲ့လိင်ပိုင်းဆိုင်ရာလုပ်ဆောင်မှုတွေ၊ အတင်းအကြပ်တစ်ကိုယ်ရည်အာသာဖြေခြင်း စတာတွေအားလုံးကို ဒဏ်ရာတွေကုစားဖို့နှင့် အခြေခံမေတ္တာလိုအပ်ချက်တွေကို ဖြည့်ဆည်းဖို့ မှားယွင်းတဲ့ကြိုးပမ်းမှုတွေအဖြစ် အသုံးပြုကြတယ်။ တကယ်တော့ လိင်ပိုင်းဆိုင်ရာဟာ ၎င်းရဲ့လေးနက်တဲ့လိုအပ်ချက်တွေကို ဘယ်တော့မှဖြည့်ဆည်းပေးနိုင်မှာမဟုတ်ပါ။

> "ကလေးဘဝကတည်းက ယောကျ်ားလေးတွေက သူတို့ရဲ့စိတ်ခံစားချက်တွေကို ဖိနှိပ်တတ်လာပြီး မိန်းကလေးတွေက ခံစားချက်တွေကို အပြည့်အဝစီမံခန့်ခွဲတတ်လာတယ်။ သူတို့ကြီးပြင်းလာ ဆုံဆည်းထိမ်းမြားလက်ထပ်ကာ သူတို့ရဲ့ခံစားချက်တွေကို ဖော်ပြဖို့ အရေးပါတဲ့အချိန်ရောက်လာတဲ့အခါမှာ အဆုံးသတ်က ဆန့်ကျင်ဖက်ဖြစ်သွားတယ်။ အမျိုးသားတစ်ဦးဟာ သူ့ရဲ့ခံစားချက်တွေကို ထုတ်ဖော်ပြောဆိုတာထက် လုပ်ဆောင်ဖို့ ပိုအားသန်တယ်။ ဘာလို့လဲဆိုရင် အမျိုးသားတွေရဲ့စိတ်ခံစားချက်ဟာ အားနည်းချက်နှင့်ညီမျှနိုင်ခြေ ပိုများလို့ဖြစ်ပါတယ်" (Gottman, John, *Why Marriages Succeed or Fail ... and*

How You Can Make Yours Last, New York: Simon and Schuster 1994, page 143).

"ပထမအနေနဲ့ ခန္ဓာကိုယ်ရဲ့ဖိစီးမှု တုံ့ပြန်မှုကို ထိန်းချုပ်ထားတဲ့အမျိုးသားတွေရဲ့အလိုအလျောက် အာရုံကြောစနစ်က ပိုပြီးထိလွယ်ရှလွယ်ဖြစ်ပြီး သာမန်မိန်းကလေးတွေထက် စိတ်ခံစားချက်ပိုင်းဆိုင်ရာ ကမောက်ကမဖြစ်အောင် ပြန်လည်ကောင်းမွန်ဖို့ ပိုကြာနိုင်ပါတယ်။ ဒုတိယအနေနဲ့ အမျိုးသားတွေက အငြင်းအခုံပြီးသွားတာတောင် တုံ့ပြန်မှုပိုရှိနိုင်တဲ့အပြင် အပျက်သဘောဆောင်တဲ့အတွေးတွေကို ထပ်ခါတလဲလဲပြုလုပ်နိုင်ခြေပိုများတယ်။ သူတို့စိတ်တွေကိုဖတ်နိုင်ရင် 'ဒီပေါက်တတ်ကရကို ငါမယူဘူး။ ဒါ သူ့အမှားပဲ၊' 'အဲဒါအတွက် သူ့ကို ငါပညာပြလိုက်မယ်'ဆိုတဲ့ စကားစုတွေကို ကြားကောင်းကြားရပါလိမ့်မယ်။ ဒီလိုအတွင်းကနေပေါက်ကွဲပြီး အပြစ်ကင်းတဲ့ပုံစံလိုပြုနေခြင်းဟာ မိမိကိုယ်ကိုသက်သာစေခြင်းမဟုတ်တာကတော့ ထင်ရှားပါတယ်။

"အမျိုးသားတွေအတွက် အထူးအခက်အခဲကတော့ သူတို့ရဲ့ခံစားချက်တွေကို မျှဝေခံစားဖို့ပါပဲ။ ယေဘုယျအားဖြင့် အမျိုးသမီးတွေဟာ သူတို့ရဲ့ခံစားချက်တွေကိုပိုမိုဖော်ပြနိုင်ကြတယ်။ အမျိုးသားတွေဟာ စိတ်လှုပ်ရှားမှုကို အခြေခံတာမဟုတ်ဘဲ လုပ်ဆောင်ချက်တွေကို ဗဟိုပြုတတ်ကြတယ်။ အမျိုးသားတော်တော်များများဟာ သူတို့ရဲ့ခံစားချက်တွေကို ဖော်ပြဖို့ လူမှုရေးအရ လက်မခံနိုင်ဘူးလို့ အသက်ငယ်ငယ်ကတည်းက သိလာကြပါတယ်။ နောက်တချက်ကတော့ အမျိုးသားတွေရဲ့ဇီဝကမ္မဗေဒပါ။ စိတ်ခံစားမှုဆိုင်ရာနိုးကြားမှုဟာ အမျိုးသားတွေရဲ့ဟော်မုန်းဓာတ်စနစ်အပေါ်ဒဏ်ခတ်မှုပိုများစေပါတယ်" (Welch, Martha, *Holding Time: Intensive One-Day Seminar*, audio casettes, 1996).

"အမျိုးသားနဲ့အမျိုးသမီးတွေရဲ့ဦးနှောက် ညာဘက်ခြမ်းနဲ့ဘယ်ဘက်ခြမ်းဟာ နေရာချထားမှုအတိအကျမတူညီပါ။ ဥပမာ အမျိုးသမီးတွေဟာ ဦးနှောက်နှစ်ဖက်စလုံးတွင် 'နှုတ်ဗဟိုချက်' (verbal centers) ရှိပြီး အမျိုးသားတွေဟာ ဘယ်ဘက်ခြမ်းမှာသာ နှုတ်ဗဟိုချက်ရှိတာကို

တွေ့ရတယ်။ ဒါက သိသာထင်ရှားတဲ့ခြားနားချက်ပါ။ မိန်းကလေးတွေဟာ အဖြစ်အပျက်၊ ဇာတ်လမ်း၊ လူ၊ အရာဝတ္ထု၊ ခံစားချက်၊ နေရာတွေကို ဆွေးနွေးတဲ့အခါ ဒါမှမဟုတ် ဖော်ပြတဲ့အခါ စကားလုံးတွေ ပိုမိုအသုံးပြုလေ့ရှိတယ်။ အမျိုးသားတွေကတော့ ယေဘုယျအားဖြင့် နှုတ်ဗဟိုချက်နည်းပါးရုံတင်မက မကြာခဏဆိုသလို သူတို့ရဲ့စကားလုံးဗဟိုချက်တွေနှင့်မှတ်ဉာဏ်တွေ/ခံစားချက်တွေကြားမှာ ချိတ်ဆက်မှုနည်းပါးတယ်" (Jantz, Gregory L., Brain Differences Between Genders, *Psychology Today*, February 27, 2014, https://www.psychologytoday.com /us /blog /hoperelationships /201402/ brain-differences-between-genders).

ယောက်ျားလေးအများစုဟာ မခံစားတတ်အောင် သွန်သင်ဆုံးမခြင်း ခံရတယ် ဒါမှမဟုတ် ဘဝရဲ့ကစားကွင်းမှာ လျောင်ပြောင်ခံရတတ်တယ်။ အဲဒီနောက် ဆယ်ကျော်သက်နှင့်လူကြီးဘဝရောက်လာတဲ့အခါ သူတို့အများစုဟာ အသုံးမကျတဲ့ကောင်တွေဖြစ်လာတယ်။ သူတို့ရဲ့ဦးနှောက်ထဲမှာ အချိန်တော်တော်များ လိင်ကိစ္စက နေရာယူနေတယ်။ ဘာလို့လဲဆိုတော့ သူတို့ရဲ့လိင်အင်္ဂါဇာတ်နှင့်ဦးနှောက်ကြားမှာ ပိတ်သွားတဲ့အတွက်ဖြစ်ပါတယ်။ ဒါဟာ စိတ်ပိုင်းဆိုင်ရာ အဆက်အစပ်ပြတ်တောက်မှုကြောင့်ဖြစ်ပါတယ်။ တုန်လှုပ်ချောက်ချားဖွယ်ညစ်ညမ်းမှုနှင့် ဖောက်ပြန်မှုဆိုင်ရာ စာရင်းဇယားတွေထဲက မျက်မြင်တွေ့ခဲ့ရတဲ့အတိုင်း ယောက်ျားအများစုမှာ အသုံးမကျတဲ့သူတွေဖြစ်ကြတာအမှန်ပါ။

အသုံးမကျတဲ့ကောင်မွေးဖွားခြင်း

အချို့ယောက်ျားလေးတွေဟာ ကလေးတွေလိုပဲ စိတ်ခံစားမှုကို ပိတ်ပင်ပြီး အသုံးမကျကောင်ဖြစ်လာကာ သူတို့ရဲ့ခံစားချက်တွေနဲ့ မထိတွေ့နိုင်ဘဲ ဖိနှိပ်ချုပ်ချယ်ထားတဲ့စိတ်ခံစားချက်တွေကို လိင်ဆက်ဆံခြင်းဘက်သို့ လှို့ဆော်လေ့ရှိကြတယ်။

© Richard Cohen,M.A.,2019

အိမ်ထောင်သည်တွေဟာ သူတို့ရဲ့ဇနီးတွေနှင့်သားသမီးတွေရဲ့လိုအပ်ချက်တွေကို သိတတ်တဲ့သူတွေဖြစ်ရမယ်။ အဲဒီလိုဇနီးနှင့်သားသမီးတွေရဲ့လိုအပ်ချက်တွေကို သိတတ်ခြင်းဟာ သူတို့ကြီးပြင်းလာတဲ့ နောက်ခံမိသားစုနဲ့ ဆန့်ကျင်ဘက်ဖြစ်နိုင်ပါတယ်။ ယောက်ျားတော်တော်များများဟာ တုံးအတဲ့လူဖြစ်လာအောင် လေ့ကျင့်ပေးခြင်းခံကြရတယ်။ ဒီတော့ ဒီလိုလူတွေဟာ ခံစားချက်မရှိတဲ့လူတွေဖြစ်လာကြတယ်။ ဒီလိုဘာမှမခံစားတတ်တဲ့စရိုက်တွေကို မြေမြှုပ်သင်္ဂြိုဟ်ပစ်ရမှာပါ။

ကစားကွင်းမှာ သူတို့ရဲ့ခံစားချက်တွေကို ဖော်ပြတဲ့အခါ နာမည်တွေ ခေါ်ဝေါ်ကြပါတယ်။ "ကောင်လေးတွေ မငိုနဲ့။" သူတို့က ငိုနေတာကို ရပ်ပစ်လိုက်တယ်။ "မင်းက မိန်းမလျာလို ငိုတာပဲ။" ကောင်လေးတွေအတွက် သူတို့ရဲ့သာမန်သဘာဝခံစားချက်တွေကို ဖော်ပြဖို့ မလုံခြုံတော့ဘူး။

ယောက်ျားလေးတွေရဲ့ဇီဝကမ္မဗေဒဟာ မိန်းကလေးတွေထက် စိတ်အားထက်သန်မှု ပိုပြင်းထန်ပါတယ်။ ယောက်ျားလေးတွေဟာ စိတ်ပိုင်းဆိုင်ရာ ထိလွယ်ရှလွယ်ဖြစ်ဖို့ ဇီဝကမ္မနဲ့ တည်ဆောက်ထားပါတယ်။ သူတို့ရဲ့လိင်အင်္ဂါတွေလိုပဲ အလွယ်တကူနှိုးဆွတတ်ကြတယ်။ သူတို့တွေဟာ လျင်မြန်စွာ

စိတ်ဆိုးပြီး သူတို့ရဲ့ခံစားချက်တွေကို ထုတ်ဖော်ပြောဆိုခွင့်ပြုလိုက်ရင် ချက်ချင်းတည်ငြိမ်ပြီး ပျော်ရွှင်လာတတ်ကြသူတွေဖြစ်တယ်။ သူတို့ကို နာမည်နဲ့ခေါ်ပြီး "မင်းက မိန်းမလျာပဲ၊ ဟေ့၊ ကောင်လေးတွေ မငိုစမ်းပါနဲ့" လို့ပြောလိုက်ရင် ဒေါသတွေထွက်ပြီး ခံစားချက်တွေ ရပ်တန့်သွားတတ်ကြတယ်။ အဲဒီတော့ လိင်အင်္ဂါနှင့်ဦးခေါင်းကြား ချိတ်ဆက်မှုဝင်လာပြီး နောက်ထပ်အသုံးမကျတဲ့ကောင်မွေးလာပြန်တယ်။

"ကျွန်တော်တို့ရဲ့သားလေးတွေ အရွယ်ရောက်လာတာနဲ့ သူတို့အပေါ် မိမိတို့ပြသတဲ့ရုပ်ပိုင်းဆိုင်ရာ ချစ်ခင်မှုပမာဏကို လျော့သွားရုံတင်မက အခြားသူတွေကိုပေးရမယ့် သူတို့ရဲ့ချစ်ခင်မှုပမာဏကိုပါ မထင်မှတ်ဘဲ ကန့်သတ်ထားလိုက်တယ်။ ခေတ်ဟောင်းအတွေးအခေါ်ကို လိုက်နာခြင်းဖြင့် ကျွန်တော်တို့ရဲ့ယောက်ျားကလေးတွေကို အကြမ်းပတမ်း၊ ခံနိုင်ရည်ရှိပြီး လွတ်လပ်မှုရှိစေဖို့ ပြုစုပျိုးထောင်ပေးကြတယ်။ သုံးလေးနှစ်အရွယ်ယောက်ျားလေးတွေကို 'ဒါကို ကြံ့ကြံ့ခံလိုက်၊ နာကျင်ရင်းနဲ့ ကစားလိုက်ပါ။ မိန်းမလျာလို မနေပါနဲ့။ မင်းဘယ်သူလဲဆိုတာ ပုံဖော်စမ်းပါ။ ငါ့ဆီလာမငိုပြန်နဲ့။ ကိုယ့်ကိုယ်ကို ကာကွယ်ပါ။ မင်းက မိန်းမကလေးတွေလို ပြုမူနေတာ'" ဆိုပြီးတော့ ပြောတတ်ကြတယ်။

"ကျွန်တော်တို့ဟာ ပင်မရေစီးကြောင်းကို ဆန့်ကျင်လျက် ယောက်ျားလေးတစ်ဦးအား နူးညံ့သိမ်မွေ့ပြီး ဂရုစိုက်တတ်ဖို့ အားပေးပါက သူဟာ ကစားကွင်းမှာ နှုတ်နဲ့ စော်ကားခံရနိုင်တယ်။ ပစ်မှတ်ဖြစ်ဖွယ်ရှိတယ်။ ကောင်မလေးတွေက 'အို သိမ်မွေ့ပြီး ချစ်ခင်တတ်တဲ့ကောင်လေးပါလား၊ ဒီလိုအရည်အချင်းရှိတဲ့ယောက်ျားက ကျွန်မယောက်ျားဖြစ်ခဲ့ရင် ဘယ်လောက်တောင် ကောင်းမလဲလို့' စိတ်ထဲကနေ အပြောခံရနိုင်တယ်။ အမျိုးသားတွေကြီးပြင်းလာသောအခါ အမျိုးသမီးတွေလောက် ချစ်ခင်ကြင်နာမှုမရှိတာဟာ အံ့သြစရာမဟုတ်ပါ။ အေးတဲ့ရာသီဥတုဒဏ်ကို ခံနိုင်ရည်ရှိတဲ့အပင်တွေလိုပဲ အမျိုးသားတွေရဲ့စိတ်နှလုံးဟာ မာကျောသွားပါပြီ" (Love, Patricia and Robinson, Jo, *Hot Monogamy*, CreateSpace, 2012, page 186).

အမျိုးသားတွေခံစားတတ်စေဖို့အတွက် ပြန်လည်ပညာပေးဖို့ လိုအပ်နေပြီး ဒီပန်းတိုင်ရောက်ဖို့ဆိုရင် ထိတွေ့ခြင်းဟာ ရိုးရှင်းတဲ့ယာဉ်ဖြစ်ပါတယ်။ အမျိုးသားတွေဟာ အမြင်အာရုံရှိသူတွေဖြစ်ပြီး အမျိုးသမီးတွေဟာ နှုတ်နဲ့ပြောတတ်သူတွေဖြစ်တယ်။ယေဘုယျအားဖြင့် အမျိုးသားတွေဟာ စစ်မှန်တဲ့စိတ်ခံစားမှုမျိုးကို ဖော်ပြတဲ့အခါမှာ အပြစ်တင်ခံရတာကို သတိပြုစေချင်ပါတယ်။ ဒီတော့ အမျိုးသားတွေဟာ ခံစားချက်ကို နောက်တစ်ကြိမ်ပြန်သင်ပေးရပါလိမ့်မယ်။ ဒီလိုပြောလိုက်လို့ အမျိုးသားတွေကို အမျိုးသမီးတွေအဖြစ်ပြောင်းလဲချင်တယ်လို့မဆိုလိုပါ။ စစ်မှန်တဲ့အမျိုးသားတွေ ဖြစ်လာဖို့အတွက် သူတို့ရဲ့သဘာဝခံစားချက်တွေကို နိုးထဖို့ လိုအပ်ပါတယ်။ ယောက်ျားအစစ်တွေဆိုတာဟာ ခံစားရတယ်။

အလုပ်မလုပ်တဲ့မိသားစုများစွာကလွဲလို့ အမျိုးသမီးတွေဟာ သူတို့ရဲ့ခံစားချက်တွေကို ဖော်ပြခွင့်ရှိတယ်။ မိန်းကလေးတွေအတွက် ငိုခြင်း၊ ရယ်ခြင်းနှင့်ထိခြင်းတွေဟာ ယေဘုယျအားဖြင့် လက်ခံလို့ရနိုင်ပါတယ်။ ဒါပေမဲ့ ဒေါသမထွက်အောင် တားမြစ်လေ့ရှိတယ်။ ဒေါသထွက်တယ်ဆိုတာဟာ ချစ်စရာကောင်းတဲ့မိန်းကလေးတွေအတွက် လက်ခံနိုင်စရာမရှိဘူး၊ "ယောက်ျားလေးတွေ" ရဲ့ခံစားချက်ပါ။ အမျိုးသမီးတွေက ကောင်းမွန်တဲ့နည်းလမ်းတွေနဲ့ဒေါသကိုပြသခြင်းဖြင့် သူတို့ရဲ့စွမ်းအားကို ပြန်လည်ရယူဖို့ လိုအပ်ပါတယ်။ ခဏခဏဒေါသထွက်တယ်ဆိုတာဟာ အမြဲတမ်းနာကျင်နေတဲ့နှလုံးသားကိုဖုံးကွယ်ထားတဲ့မျက်နှာဖုံးတစ်ခုပါ။ ပြင်းထန်တဲ့ဒေါသဆိုတာဟာ မိမိကိုယ်ကို ကာကွယ်ဖို့ ရည်ရွယ်တာပါ။ ဒေါသဟာ ကြောက်ရွံ့မှု၊ ချစ်ခြင်းမေတ္တာနဲ့အတူ အခြေခံစိတ်ခံစားမှုတစ်ခုပါ။ အဲဒီထဲက အကြီးမြတ်ဆုံးက ချစ်ခြင်းပါ။ "စုံလင်တဲ့မေတ္တာဟာ ကြောက်ရွံ့ခြင်းကို ပယ်ရှားပစ်တယ်" (၁ယော ၄း၁၈)။

အမျိုးသမီးတွေ၊ သင့်ယောက်ျားကို ကျန်းမာ၊ ဘေးကင်းပြီး လိင်ကိစ္စမှာ ထိထိမိမိနဲ့ သူ့ရဲ့စိတ်ခံစားမှုတွေနှင့် ပြန်လည်ထိတွေ့နိုင်ဖို့ ကူညီပေးပါ။ ယောက်ျားတွေက အစပိုင်းမှာ လိင်စိတ်ထကြွလာမယ်။ ဒါဟာ အဆင်ပြေပါတယ်။ အင်္ဂါတောင့်လာမယ်၊ ပြန်ပျော့သွားမယ်။ လိင်တံဆိုတာလည်း သွေးသားလည်ပတ်ခြင်းပါပဲ။

လိင်ဂီါတောင့်လာတိုင်း သုက်လွှတ်စရာမလိုပါ။ ကောင်းမွန်၊ လုံခြုံပြီး လိင်ဆက်ဆံခြင်းမဟုတ်တဲ့ထိတွေ့မှုကို အာရုံစိုက်ပါ။

အိမ်ထောင်သည်စုံတွဲတွေအတွက် လေ့ကျင့်ခန်း

တစ်ပတ်မှာ နှစ်ကြိမ်/သုံးကြိမ်၊ သင့်ဇနီးမောင်နှံဟာ ဆယ်မိနစ်ခန့် အဝတ်ဗလာနဲ့ ပွေ့ဖက်ပေးပါ။ ချိန်းထားတဲ့အချိန်တွေမှာပဲ လိင်မဆက်ဆံပါနဲ့။ မတူညီတဲ့ညတွေမှာလည်း လိင်ဆက်ဆံပါ။ အမျိုးသားတွေဟာ အလွယ်တကူ လိင်စိတ် ထကြွလာနိုင်တယ်။ ကိစ္စမရှိပါဘူး၊ ရပါတယ်။ လိင်မဆက်ဆံဘဲ ကောင်းမွန်တဲ့အထိအတွေ့ကိုတွေ့ကြုံခံစားနိုင်ဖို့ ခန္ဓာကိုယ်ကိုပြန်လည်ပညာပေးပါ။

ကလေးဘဝအစောပိုင်းနှင့် ဆယ်ကျော်သက်အရွယ်မရောက်ခင် ဖခင်တွေ၊ ညီအစ်ကိုတွေ၊ အခြားယောကျ်ားလေးတွေနှင့် အောင်မြင်စွာပေါင်းစည်းနိုင်ခြင်းမရှိတဲ့ အမျိုးသားတွေဟာ လိင်ဆက်ဆံခြင်းမဟုတ်တဲ့ အခြားအမျိုးသားတွေဆီက ကောင်းမွန်တဲ့ထိတွေ့မှုကို ခံစားရရှိဖို့ လိုအပ်ပါတယ်။ မိခင်တွေနှင့်အောင်မြင်စွာပေါင်းသင်းဆက်ဆံခြင်း မရှိတဲ့အမျိုးသမီးတွေလည်း အ

ခြားအမျိုးသမီးတွေဆီက လိင်ပိုင်းဆိုင်ရာထိတွေ့မှုမျိုးမဟုတ်တဲ့ ကောင်းမွန်တဲ့ထိတွေ့မှုကို ကြုံတွေ့ခံစားဖို့ လိုအပ်ပါတယ်။

လိင်တူစုံမက်သူအမျိုးသားတစ်ဦးဟာ လိင်မတူကာမဆက်ဆံမှုကို နှစ်သက်သူအမျိုးသားဆီ ရောက်ရှိလာပါက ဒါမှမဟုတ် လိင်တူစုံမက်သူအမျိုးသမီးတစ်ဦးဟာ လိင်မတူကာမဆက်ဆံမှုကိုနှစ်သက်သူအမျိုးသမီးဆီ ရောက်ရှိလာရင် ချီးကျူးစရာပါ။ သူ/သူမဟာ သင့်အထဲမှာ မြင်လိုက်ရတဲ့ယောကျ်ားပီသမှုကြောင့် ဒါမှမဟုတ် မိန်းမပီသမှုကြောင့် ဆွဲဆောင်ခံရတယ်။ ဒါဟာ လိင်ကိစ္စမဟုတ်ပါ။ ကလေးဘဝဖွံ့ဖြိုးမှုအစောပိုင်း အဆင့်တွင် မလုံလောက်တဲ့ရင်းနှီးမှုနှင့်အတွင်းရေးကိစ္စဟာကွက်တွေကြောင့် ဖြစ်ပါတယ်။

ပွေ့ဖက်ခြင်းအနုပညာ

ငါ့ဘဝကို ပြောင်းလဲစေခဲ့တဲ့ပွေ့ဖက်မှု

ငါ့ဘဝရဲ့အကောင်းဆုံးခရီးကို ပြန်တွေးကြည့်တော့ ငါ့အတွက် ထူးခြားတဲ့ခရီးတစ်ခုကို တွေးလိုက်မိတယ်။ ခရီးသွားခြင်းဟာ ငါ့ရဲ့ဝါသနာဖြစ်တယ်။ ကမ္ဘာတဝှမ်းက နိုင်ငံတော်တော်များများကိုရောက်ဖူးပါတယ်။ ငါမြင်ဖူးတဲ့မြို့တွေက တော်တော်အထင်ကြီးစရာကောင်းပြီး ငါ့စိတ်ကို အရောင်အမျိုးမျိုးနဲ့ ခြယ်သခဲ့တယ်။ အခုအချိန်မှာ ဒီအရောင်တွေဟာ တူညီတဲ့စူးစိုက်မှုရှိတယ်လို့ ကျွန်တော်ပြောနိုင်တယ်။ သူတို့ဟာ ကျွန်တော့်ဘဝမှာ ရောင်စုံချည်နဲ့ ပုံဖော်ထားတဲ့အထည်တွေပါပဲ။

ဒါပေမယ့် အကြီးကျယ်ဆုံးဆွဲဆောင်မှု ကျန်ရစ်ခဲ့တဲ့ခရီးတစ်ခုရှိခဲ့တယ်။ ဒါဟာ ငါ့ကို ငါ့ရဲ့ကိုယ်ရည်ကိုယ်သွေးအလယ်ဗဟိုသို့ ပို့ဆောင်ပေးတဲ့လေးနက်တဲ့ခရီတစ်ခုဖြစ်တယ်။ လမ်းက တော်တော်ကြောက်စရာကောင်းပြီး မှောင်မည်းနေတယ်။ ကျွန်တော်နဲ့အတူ ပါသွားခဲ့တဲ့တစ်ခုတည်းသောကိရိယာမှာ ဖြစ်စဉ်ပေါ်မှာ ယုံကြည်ခြင်းနှင့် ကိုးစားခြင်းပဲဖြစ်တယ်။ အကြိမ်ကြိမ်အရှုံးပေးချင်ခဲ့တယ်။ နာကျင်ခဲ့ရတယ်။ ဘဝမှာ ဒါကို ကြုံလာရပေမယ့် အကြီးမားဆုံးတန်ဖိုးက ဒုက္ခထဲကနေ ပေါက်ဖွားလာတာပါ။ ကျွန်တော်ရဲ့ကိုယ်ပိုင်အတွင်းကမ္ဘာကို ကြည့်ရှုလေ့လာခြင်းဖြင့် ကျွန်တော်ရဲ့ ရင်းနှီးမှု၊ ထိတွေ့မှုနှင့်စစ်မှန်မှုတွေ ကြောက်ရွံ့ခြင်းကို မြင်နိုင်စေခဲ့တယ်။ ကိုယ်မသိလိုက်ဘဲ တည်ရှိနေတဲ့အစိတ်အပိုင်းတွေပေါ်လာတယ်။ အဲဒီအတွက် အကြီးမြတ်ဆုံးဥပမာက ကျွန်တော့်ရဲ့အတွင်းစိတ်ကလေးနဲ့ တွေ့တာပါပဲ။ ဒါဟာ ထိတွေ့လို့ရပြီး အင်မတန်ထူးခြားလှပါတယ်။

လွန်ခဲ့တဲ့ငါးနှစ်က ကိုယ့်ဘဝကို ပြန်တွေးကြည့်လိုက်တော့ ကိုယ့်မိသားစုက ပံ့ပိုးမှုမရှိ၊ အထီးကျန်ပြီး အယုံအကြည်မရှိ၊ ရင်းနှီးမှုနှင့်အထိအတွေ့ကို ကြောက်လန့်နေတဲ့ကောင်လေးတစ်ယောက်လို မြင်မိတယ်။ ကျွန်တော့်အတွက် ပွေ့ဖက်ခြင်းဆိုတာ ဘာမှန်းကိုမသိခဲ့ပါ။ တခြားလူကို ပွေ့ဖက်ရမယ့်အနေအထားဖြစ်လာတဲ့အခါ မကြာခဏ ထွက်ပြေးချင်ခဲ့တယ်။ ကျွန်တော်ဟာ ကျွန်တော့်ရဲ့ကိုယ်ခန္ဓာနှင့်အခြားလူတွေဆီကနေ ကင်းကွာနေခဲ့ရတယ်။ Richard နဲ့ ကုသမှုခံယူစဉ်မှာ တစ်ယောက်ယောက်ကို အဓိပ္ပါယ်ရှိရှိ ပွေ့ဖက်နည်းကို သင်ယူခဲ့ပါတယ်။

ပွေ့ဖက်မှုတစ်ခုဟာ ကျွန်တော်ဘယ်တော့မှ မမေ့နိုင်တဲ့ဘဝကို ပြောင်းလဲစေခဲ့တဲ့အတွေ့အကြုံတစ်ခုပါ။ ဒီပွေ့ဖက်မှုဟာ ရုပ်ပိုင်းဆိုင်ရာနှင့်လောကုတ္တရာဆိုင်ရာတွေ့ဆုံမှုဖြစ်တယ်။ အဲဒီမတိုင်ခင်အထိ တခြားသူနဲ့ ဆက်ဆံရာမှာ ကိုယ့်ကိုယ်ကို အားနွဲ့သူအနေနဲ့ ခွင့်မပြုပါ။ ဒါပေမယ့် ကျွန်တော့်ဘဝမှာ ပထမဆုံးအကြိမ် ဒီပွေ့ဖက်အတွင်း ဖခင်ရဲ့လက်ခံမှုနှင့်နားလည်မှုဖြင့် ထွေးပွေ့ခြင်းခံရတဲ့အရွယ်ရောက်တဲ့

သားတစ်ဦးလို ခံစားခဲ့ရတယ်။

ပွေ့ဖက်ခြင်းရဲ့အကျိုးသက်ရောက်မှုကို ရှင်းပြချင်ပါတယ်။ Richard က ကျွန်တော့်ကို ဖက်ပြီး ကျွန်တော်လည်း အဲဒီလိုလုပ်ခဲ့တယ်။ လက်ရဲ့အနေအထားက အရေးကြီးတယ်။ ညာလက်ကို ငါ့ဘယ်ဘက်ပခုံးပေါ်တင်ပြီး ဘယ်ဘက်လက်ကို ငါ့ညာလက်မောင်းအောက်မှာ တင်ထားတယ်။ သူ့လက်နှစ်ဖက်နဲ့ ကျွန်တော့်ကျော ကို ထောက်ထားတယ်။ သူ့ခေါင်းက ကျွန်တော့်ကို နဲနဲလေး ထိမိပြီး ကျွန်တောလည်း အဲဒီလိုလုပ်တယ်။ ကျွန်တော်တို့ဖက်ထားပါတယ်။ မိနစ်အနည်းငယ်ကြာ အောင် ပွေ့ဖက်ခံရတာကို ခံစားခွင့်ရခဲ့တယ်။ မျက်စိမှိတ်ထားတဲ့အခါ ပိုကောင်လာတယ်လို့ ခံစားရတယ်။ ရုပ်ပိုင်းဆိုင်ရာ၊ စိတ်ခံစားချက်ပိုင်းဆိုင်ရာ၊ စိတ်ပိုင်းဆိုင်ရာနှင့်ဝိညာဉ် ရေးဆိုင်ရာအဆင့်အားလုံးတွင် ဆက်နွှယ်မှုရှိလာတယ်။ ဒါအမှန်တကယ်ဖြစ်ခဲ့တယ်။ အဲဒီလို လုပ်ဆောင်ပြီးတဲ့အခါ အရာရာထူးခြားလာတယ်။

Richard နဲ့ အဲဒီနေ့က တွေ့ကြုံရတဲ့ပွေ့ဖက်ခြင်းက ကျွန်တော့်ရဲ့ခရီးနဲ့သင် ယူမှုလုပ်ငန်းစဉ်ကို အရှိန်မြှင့်ဖို့ လှုံ့ဆော်ပေးခဲ့တယ်။ ပေါင်းသင်းဆက်ဆံရေးအား လုံးတွင် ကျွန်တော့်ရဲ့ခံစားချက်နှင့်လိုအပ်ချက်တွေကို ဖော်ပြနည်းကို လေ့ကျင့်ခဲ တယ်။ စိတ်မချတဲ့လူတွေကို "မဟုတ်ဘူး" လို့ ဘယ်လိုပြောရမလဲဆိုတာကိုလည်း သင်ယူပြီး ကောင်းမွန်တဲ့စည်းတွေကို ချမှတ်ခဲ့တယ်။ တခြားသူရဲ့လိုအပ်ချက်တွေ ကို ဖြည့်ဆည်းပေးတဲ့လူတော်လူကောင်းဖြစ်ဖို့ သင်ယူနေဆဲပါ။

နှစ်အတော်ကြာ "လူတော်ကောင်လေး" ဖြစ်ရတာဟာ ကျွန်တော့်ရဲ့ရှင်သန်မှု ယန္တရားပါပဲ။ အခုချိန်မှာတော့ ကျွန်တော့်ရဲ့အတွင်းစိတ်ကလေး လိုအပ်ချက်တွေကို နားထောင်ပြီး လက်ခံဖို့ ကိုယ့်ကိုယ်ကိုယ်ပိုယုံကြည်လာလေပြီ။ ကျွန်တော်သွားခဲ တဲ့လမ်းက ဆူးတွေရှိပြီး ရှည်လျားပေမယ့် အလွန်အကျိုးရှိပါတယ်။ ကျွန်တော့်ရဲ့ ကုသရေးလမ်းကြောင်းမှာ ရရှိထားတဲ့လက်ဆောင်တွေအားလုံးအတွက် ကျေးဇူးတင် ပါတယ်။ အခုချိန်မှာ ကျွန်တော်ဟာ ပိုပြည့်စုံလာတယ်၊ ပိုနီးကြားလာတယ်၊ အသိ ဉာဏ်တွေနဲ့ ပိုပြည့်ဝလာပါတယ်။ ကျွန်တော့်ဘဝဟာ ချစ်ခြင်းမေတ္တာနှင့်ပွံ့ပိုးမှု အ ပြည့်နဲ့ အဓိပ္ပါယ်ရှိတဲ့ဆက်ဆံရေးတွေနဲ့ ကြွယ်ဝပြီး ပွေ့ဖက်ခြင်းဟာ ကျွန်တော့်ရဲ့ ဆက်ဆံရေးဆိုင်ရာ အဓိကအစိတ်အပိုင်းတစ်ခုဖြစ်လာပါတယ်။

—robert

လူသားအများစုဟာ အထိအတွေ့မခံကြပါ။ ကျွန်တော်တို့သိတဲ့သူတွေ၊ မသိတဲ့သူတွေနဲ့ ရင်းနှီးမှုကိုကြောက်ရွံ့ခြင်းရှိနိုင်တယ်။ ကမ္ဘာပေါ်ရှိယဉ်ကျေးမှုအမျိုးမျိုးဟာ မတူညီတဲ့နည်းလမ်းတွေနဲ့ တစ်ယောက်ကိုတစ်ယောက် နှုတ်ဆက်ကြတယ်။ အချို့က လက်ဆွဲနှုတ်ဆက်ကြပြီး အချို့က ပါးပြင်ပေါ်မှာ အနမ်းပေးကြတယ်၊ အချို့က တခဏပွေ့ဖက်ကြတယ်၊ အခြားယဉ်ကျေးမှုမှာ တစ်ယောက်ကိုတစ်ယောက် ဦးညွှတ်ထားကြတယ်။ TTT ဟာ ကမ္ဘာတစ်ဝှမ်းရှိပွေ့ဖက်ခြင်းနှင့်ဖက်တွယ်ခြင်းဆိုင်ရာ ဓလေ့အသစ်ကို ချဲ့ထွင်ဖို့ စီစဉ်နေပါတယ်။

"အသက်ရှင်ဖို့အတွက် တစ်နေ့ကို လေးကြိမ် ပွေ့ဖက်ဖို့ လိုပါတယ်။ ပြုပြင်ထိန်းသိမ်းဖို့အတွက် တစ်နေ့ကို ရှစ်ကြိမ် ပွေ့ဖက်ဖို့ လိုအပ်ပါတယ်။ ကြီးထွားဖို့အတွက် တစ်နေ့ကို ဆယ့်နှစ်ခါ ပွေ့ဖက်ဖို့ လိုပါတယ်။"
Virginia Satir, Family Therapist

ကောင်းမွန်တဲ့ပွေ့ဖက်ပုံက ဘယ်လိုမျိုးလဲ။ တစ်ဖက်လူရဲ့ပခုံးထက် မှာ လက်တစ်ဖက်၊ အခြားလက်တစ်ဖက်ကို ၎င်းတို့ရဲ့ပခုံးအောက်ဘက်မှာ ထားရမှာပါ။ ပါးနဲ့ပါးကို ထိစေခြင်းလည်း သင့်တော်ပါတယ်။ မင်းဦးခေါင်းခွံမှာ ဇစ်တစ်ခုရှိပြီး ပွင့်နေတယ်လို့မြင်ယောင်ကြည့်ပါ။ အခြားသူကို ကောင်း ချီးပေးဖို့အတွက် ဘုရားသခင်ရဲ့မေတ္တာတော်ဟာ သင့်အားဖြင့် ကောင်းကင်ဘုံကနေ စီးဆင်းခွင့်ပြုပါ။ တစ်ချိန်တည်းမှာပင် အခြားသူတစ်ဦးဆီကနေ ဘုရားသခင်ရဲ့မေတ္တာကို ခံယူရထားတာကြောင့် ပေးကမ်းခြင်းနှင့်မေတ္တာခံယူခြင်းဟာ အဆက်မပြတ်စီးဆင်းလျက်နေတယ်။ သင်တို့နှစ်ယောက်ကြား က စွမ်းအင်တွေ စီးဆင်းပါစေ။ ဒီကောင်းမွန်တဲ့ပွေ့ဖက်ခြင်းကို သင့်ခင်ပွန်း၊ မိဘ ဒါမှမဟုတ် သူငယ်ချင်းနဲ့ တစ်မိနစ်ကြာအောင် လေ့ကျင့်ပါ။ မျှဝေပါ၊ လက်ခံပါ။

တကယ်လို့ သင်ဟာ အခြားသူထက် အရပ်ရှည်ပါက သူ/သူမကို ပွေ့ဖက်ဖို့ ပါးချင်းကပ်ထားလို့ရအောင် ဒူးကိုကွေးလိုက်ရုံပါပဲ။ ဒူးတွေကို ကွေးလိုက်ခြင်းက သင့်အောက်ပိုင်းကို လွတ်ထွက်သွားစေပြီး သင့်ကျန်းမာရေးနဲ့ ကိုယ်ဟန်အနေအထားအတွက် ပိုကောင်းပါတယ်။ ဒါ့အပြင် တစ်ဖက်လူရဲ့ ပခုံးပေါ် ခေါင်းမတင်ပါနဲ့။ ပါးမှပါး၊ ပွေ့ဖက်၊ အသက်ရှူ၊ ပေး၊ လက်ခံ၊ ပေး၊ လက်ခံဆိုတဲ့ပုံစံနဲ့ လုပ်ပါ။

ကျွန်တော်တို့အားလုံးက ရင်းနှီးမှုကို လိုလားကြတယ်။ လူများစွာဟာ ချစ်ခင်မှုကို ဝေါ်မွတ်နေတာကြောင့် တူညီတဲ့လိင် ဒါမှမဟုတ် ဆန့်ကျင်ဘက်လိင်တစ်ဦးနဲ့နီးကပ်လာတဲ့အခါတွင် လိင်ခံစားချက်တွေဖြစ်ပေါ်လာနိုင်တယ်။ ဒီလိုဖြစ်တာဟာ အထူးအဆန်းမဟုတ်ပါဘူး၊ ကျွန်တော်တို့အများစုဟာ ထိတွေ့မှုနည်းခြင်း/လိင်ဆက်ဆံမှုများစွာကိုကြုံတွေ့ခဲ့ရတာတွေကြောင့် သဘာဝဖြစ်စဉ်တစ်ခုဖြစ်တာပါ။ ပွေ့ဖက်ထားစဉ် လိင်စိတ်ခံစားမှုဖြစ်ပေါ်ပါက သင့်

လိင်အင်္ဂါရေိယာကနေ ၎င်းရဲ့စွမ်းအင်ကိုသင့်နှလုံးသားဆီသို့ဆောင်ကြဉ်းပေးပါ။ ဒါဆိုရင် အဆင်ပြေသွားမယ်။

© Richard Cohen, M.A., 2019

ယောက်ျားတွေအနေနဲ့ မိန်းမတစ်ယောက်ကို ပွေ့ဖက်တဲ့အခါ ခေါင်းကို ပခုံးပေါ်မတင်ပါနဲ့။ သင့်ဦးခေါင်းကို မတ်မတ်ထားပြီး သူ့ဦးခေါင်းကို သင့်ပခုံး၊ ရင်ဘတ်ပေါ်တွင် အနားယူစေပါ ဒါမှမဟုတ် ပါးမှပါးပြင်တွင် ရှိနေပါ စေ။ ပွေ့ဖက်ရင်းနဲ့ အမျိုးသမီးရဲ့ပုခုံးပေါ် ခေါင်းတင်တဲ့အမျိုးသားတွေဟာ အမေ့ရဲ့အချစ်ကိုရယူဖို့ ကြိုးစားနေတဲ့ယောက်ျားလေးတွေဖြစ်နိုင်ပါတယ်။ သင့်ခေါင်းကို မတ်မတ်ထားပါ။ သူမဟာ သင့်ရဲ့ရင်ခွင်ထဲမှာ လုံခြုံမှုကိုခံစားပါစေ။ မိန်းမတစ်ဦးဟာ ယောက်ျားတစ်ယောက်ရဲ့ပြုစုစောင့်ရှောက်မှုကို တောင့်တနေတာပါ။

- ထိတွေ့ = ထိုက်တန် = လုံခြုံ = ချစ်ခြင်းခံရ
- များများထိတွေ့ = ဖိစီးမှုနည်း = ကြောက်ရွံ့မှုနည်း = ချစ်ခြင်းကြီးမား
- ရုပ်ပိုင်းဆိုင်ရာထိတွေ့မှုဟာ တစ်စုံတစ်ဦးစိတ်အားထက်သန်တာပဲဖြစ်ဖြစ်၊ စိတ်ဓာတ်ကျတာပဲဖြစ်ဖြစ် စိတ်ခံစားချက်တွေကို ထိန်းညှိပေးတယ်။ ၎င်းဟာ စိတ်ကျရောဂါကို သက်သာစေတဲ့သဘာဝဆေးဖြစ်တယ်။
- ကောင်းမွန်တဲ့ထိတွေ့မှုဟာ မွေးကင်းစကလေးတွေ၊ ဆယ်ကျော်သကတွေနှင့် လူကြီးတွေအတွက် တည်ငြိမ်စေတဲ့အချက်ပါပဲ။

ပွေ့ဖက်ခြင်း = ပျော်ရွှင်ခြင်း၊ လုံခြုံမှုရှိတဲ့ကလေးတွေ၊ ဆယ်ကျော်သက်တွေ၊ လူကြီးတွေ။

ပွေ့ဖက်လေ့ကျင့်ခန်း

၁။ ကောင်းမွန်တဲ့ပွေ့ဖက်ခြင်း ဒါမှမဟုတ် သင့်မိသားစုဝင်တွေ၊ သူငယ်ချင်းတွေနဲ့ ပွေ့ဖက်ခြင်းအစီအစဉ်ကို စတင်ပါ။ သင်က ကောင်းမွန်တဲ့ပွေ့ဖက်ခြင်း ဓာတ်ပုံတွေကို သူတို့အား ပြသကာ အတူလေ့ကျင့်ချင်ပါလိမ့်မယ်။

၂။ သင့်မိသားစုဝင်တွေ ဒါမှမဟုတ် သူငယ်ချင်းတွေအား ကောင်းမွန်တဲ့ပွေ့ဖက်ခြင်း အကြောင်းပြောပြပြီး နယ်နိမိတ်နှင့်လမ်းညွှန်ချက်တွေကို သတ်မှတ်ပေးပါ။

၃။ တစ်မိနစ်လောက် ပွေ့ဖက်တာကို လေ့ကျင့်ပါ။ သင့်ရဲ့ဦးခေါင်းထိပ်က ပွင့်နေပြီး ဘုရားသခင်ရဲ့ချစ်ခြင်းမေတ္တာကို သင်ကနေတစ်ဆင့် တခြားလူဆီ သွန်းလောင်းပေးမယ့်စိတ်ကူးကို လေ့ကျင့်ပါ။ ချစ်ခြင်းမေတ္တာကို လက်ဆင့်ကမ်းပြီး လက်ခံပါ။ တစ်ခါတစ်ရံ အင်မတန်ချိုမြိန်တဲ့တေးဂီတကို နောက်ခံအနေနဲ့ ဖွင့်နိုင်ပါတယ်။ ဒါမှသာ အချင်းချင်းကြား သင့်နှလုံးသားကို လွယ်လွယ်နဲ့ ဖွင့်နိုင်မှာဖြစ်တယ်။

၄။ တကယ်လို့ သင်ဟာ အခြားသူထက် အရပ်ရှည်ပါက ဒူးလေးကိုကွေးပြီး သူနဲ့အညီ နေပေးလိုက်ပါ။ အကောင်းဆုံးပွေ့ဖက်ခြင်းဟာ ပါးချင်းထိနေခြင်းပါပဲ။

၅။ လုံခြုံမှုပေးနိုင်တဲ့သူတွေနဲ့ ပွေ့ဖက်လေ့ကျင့်ခြင်းဖြင့် စိတ်ခံစားချက်တွေစီးဆင်းလာစေဖို့ မျှော်လင့်ပါ။ ဥပမာ ဒေါသ၊ ကြောက်ရွံ့မှု၊ ဝမ်းနည်းမှု၊ နာကျင်ခြင်းတွေဖြစ်ပါတယ်။ ယင်းခံစားချက်တွေကို မချုပ်တည်းပါနဲ့၊ လွှတ်ထားလိုက်ပါ။ ခံစားရလေလေ မြန်မြန်သက်သာလေပါပဲ။

၆။ လုံခြုံမှုပေးနိုင်သူတွေဆီ ကောင်းမွန်တဲ့ပွေ့ဖက်ခြင်းကို ပေးဖို့နှင့်လက်ခံရရှိဖို့ ချဲ့ထွင်ပါ။ များလေလေ၊ ပိုကောင်းလေပါပဲ။ ထက်မြက်တဲ့မိသားစုကုထုံးပညာရှင် Virginia Satir က အကြံပြုထားတဲ့အတိုင်း တစ်နေ့ကို ၁၂ ကြိမ် ပွေ့ဖက်ရမယ်၊ လက်ခံရမယ်။

ဒီစာအုပ်ရဲ့အစောပိုင်းမှာ ဖော်ပြတဲ့အတိုင်း ကျွန်တော်တို့ဟာ နောက်ဆုံးမှာ မိမိတို့လိုအပ်တဲ့အရာဖြစ်တဲ့ ကောင်းမွန်တဲ့ထိတွေ့မှုရရှိတဲ့အခါ ဒေါသနှင့်ဝမ်းနည်းပူဆွေးမှုကို မိမိတို့ခံစားနိုင်တယ်။ အနီးကပ်ဆုံးသူတွေနဲ့ ပွေ့ဖက်ခြင်း လေ့ကျင့်ရင်း မမျှော်လင့်ထားတဲ့ခံစားချက်တွေ ဖြစ်ပေါ်လာခဲ့ရင် ပြင်ဆင်ထားပါ။

နာကျင်နေတဲ့နှလုံးသားကို ဆက်လက်ကုစားပါ။
မျက်ရည်ပြီးရင် တောက်ပတဲ့နေထွက်လာမယ်။

ကောင်းမွန်တဲ့ထိတွေ့မှုက ပြန်လည်သင့်မြတ်မှုမရှိတဲ့ စိတ်ခံစားမှုတွေကို ပြန်လည်ပြုပြင်ပေးပါတယ်။ ၎င်းဟာ ဆေးဝါးလိုအပ်ချက်ကို လျှော့ချနိုင်ပြီး ကုသမှုစားရိတ်ဒေါ်လာဘီလီယံပေါင်းများစွာကို သက်သာစေမှာဖြစ်ပါ

တယ်။ Dr. Martha Welch ဟာ မိဘနှင့်သားသမီးကြား တွယ်တာမှုနှင့်တွယ်တာမှုဆိုင်ရာသိပ္ပံအကြောင်း သင်ကြားပေးခဲ့တယ်။ မိဘနှင့်သားသမီးတွေရဲ့ မှန်ကန်တဲ့နှောင်ကြိုးကနေတစ်ဆင့် အထီးကျန်စိတ်ဝေဒနာကို ခံစားနေရတဲ့ကလေးတွေဟာ သက်သာပျောက်ကင်းပြီး စွမ်းဆောင်ရည်မြင့်မားလာကြမယ်။ တုံ့ပြန်မှုအားနည်းတဲ့ရောဂါခံစားနေရတဲ့ ကလေးတွေရဲ့မိဘတွေအဖို့ Dr. Welch ရဲ့လုပ်ထုံးလုပ်နည်းဟာ သူတို့ရဲ့ခန္ဓာကိုယ်နှင့်နှလုံးသားတွေကို သက်သာစေပြီး မိဘတွေရဲ့မေတ္တာကို ပေါင်းစပ်ပေးနိုင်တာကြောင့် ဦးနှောက်အတွင်း သိပ္ပံနည်းကျသိသာထင်ရှားတဲ့အပြောင်းအလဲတွေကို ပြသခဲ့တယ်။ ဒီကလေးတွေဟာ သူတို့ရဲ့ဘဝကဏ္ဍပေါင်းစုံမှာ ငြိမ်သက်ပြီး အရာရောက်လာတယ် (https://nurturescienceprogram.org/martha-welch and https: //www.columbiapsychiatry.org/profile/martha-g-welch-md)။ Just to clarify: Dr. Welch ရဲ့နည်းလမ်းဟာ အရည်အချင်းမပြည့်မီတဲ့ ကုထုံးနည်းများစွာနဲ့ တလွဲအသုံးပြုထားတဲ့အတွက် "တွယ်တာမှုကုထုံးနဲ့" မသက်ဆိုင်ပါ။ Dr. Welch ဟာ မိဘနှင့်ကလေးကြား ဆက်ဆံရေးကို အမြဲတမ်းမြှင့်တင်ပေးလေ့ရှိတယ်။

ညံ့ဖျင်းတဲ့ပွေ့ဖက်မှု ပုံစံသုံးမျိုး

ကျည်းဘောင်ပုံစံ ပွေ့ဖက်ခြင်း

ဘဲပုံစံပွေ့ဖက်ခြင်း

ဘေးစောင်းပုံစံ ပွေ့ဖက်ခြင်း

- ကျည်းဘောင်ပုံစံ ပွေ့ဖက်ခြင်း - တင်ပါးဆုံတွင်း ဧရိယာကို မထိမိစေဖို့ ကပ်ထားတယ်။
- ဘဲပုံစံ ပွေ့ဖက်ခြင်း - နောက်ကျောကို ပုတ်တယ်။
- ဘေးစောင်းပုံစံ ပွေ့ဖက်ခြင်း - တင်ပါးမှတင်ပါးဆုံ၊ တင်ပါးဆုံနေရာကို ထိတွေ့ခြင်းမှ ရှောင်ကြဉ်ရတယ်။

ဒီညှံ့ဖျင်းတဲ့ပွေ့ဖက်မှု ပုံစံသုံးမျိုးစလုံးဟာ စစ်မှန်တဲ့ရင်းနှီးမှုနှင့်စစ်မှန်တဲ့ချစ်ခင်မှုကို ရှောင်ရှားပါတယ်။ တတ်နိုင်သမျှ လူများများနဲ့ ကောင်းမွန်တဲ့ပွေ့ဖက်ခြင်းကို လေ့ကျင့်ပေးပါ။ ကောင်းမွန်တဲ့ပွေ့ဖက်ခြင်းက စိတ်ဒဏ်ရာတွေကို သက်သာပျောက်ကင်းစေပါတယ်။

ကစားခြင်း၊ ဆုတောင်းခြင်းနှင့်ချစ်ခင်မှုကို ပွင့်ပွင့်လင်းလင်းဖော်ပြတဲ့မိသားစုဟာ ပျော်ရွှင်ပြီး လုံခြုံတဲ့ကလေးတွေကို ဖန်တီးပေးလိမ့်မယ်။ ဖခင်ဒါမှမဟုတ် မိခင်ဟာ တစ်နေ့တာ တော်တော်များများအဝေးမှာပဲ ရှိနေရင်ပြန်လာတဲ့အခါသူတို့ရဲ့ကလေးတွေနဲ့ပြန်တွေ့ဖို့ အရေးကြီးဆုံးလို့ Dr. Martha Welch က ကျွန်တော့်ကို သင်ပေးခဲ့တယ်။ ကလေးတွေကို သင့်လက်နဲ့ ကိုင်တွယ်ပြီးဖက်ထားပါ။ သူတို့ရဲ့အတွေးအမြင်တွေနှင့်ခံစားချက်အားလုံးကို ဖော်ပြခွင့်ပြုပြီး "ကျေးဇူးတင်တယ်၊ သားရေ၊ ဆက်ပြောပါ”လို့ ရိုးရိုးရှင်းရှင်းပြောလိုက်ပါ။ ကလေးတွေစကားပြောတာကို မပြင်ပါနဲ့၊ မရှင်းပြနဲ့။ သူတို့က သူတို့ရဲ့ခံစားချက်တွေကို ဖော်ပြဖို့နှင့်နားထောင်ပေးဖို့ပဲ လိုချင်တာပါ။ ဒါဟာ သင်နဲ့သူတို့ကြား ရိုးရှင်းတဲ့ချိတ်ဆက်မှုတစ်ခုပါပဲ။

၁၉၉၇ ခုနှစ် ဩဂုတ်လတွင် George Howe Colt ရေးသားတဲ့ "The Healing Power of Touch” ဆိုတဲ့စာအုပ်ကို LIFE မဂ္ဂဇင်းရဲ့မျက်နှာဖုံးမှာ ခေါင်းစဉ်မှာ ရေးသားလာကြတယ်။ ဆောင်းပါးမှာ University of Miami's Touch Research Institute (TRI) မှ Dr. Tiffany Field ရဲ့အုတ်မြစ်ချသုတေသနအကြောင်း ဆွေးနွေးခဲ့တယ်။ Dr. Field ဟာ Duke၊ Harvard နှင့်ကမ္ဘာတစ်ဝှမ်းရှိ အခြားလေးစားရတဲ့တက္ကသိုလ်တွေကနေ သုတေသီတွေနဲ့ပူးပေါင်းဆောင်ရွက်ခဲ့ပါတယ်။ “အနှိပ်ခံရတာက ပန်းနာရင်ကျပ်ရှိတဲ့လူတွေကိုအသက်ရှူရလွယ်ကူစေပြီး HIV ပိုးရှိသူတွေမှာ ခုခံအားစနစ်ကို မြှင့်တင်ပေးတယ်၊ အထီးကျန်ကလေးတွေရဲ့အာရုံစူးစိုက်နိုင်စွမ်းကို မြှင့်တင်ပေးတဲ့အပြင် စိတ်ဓာတ်ကျနေတဲ့ဆယ်ကျော်သက်အရွယ်တွေမှာရှိတဲ့စိုးရိမ်စိတ်တွေကို

လျှော့ချပေးပြီး အရေပြားမှာရှိတဲ့ အဆိပ်အတောက်တွေကို ဖယ်ရှားပစ်ပါတယ်" (page 60).

"ရိုးရှင်းတဲ့ထိတွေ့ခြင်း၊ ပခုံးပေါ်လက်တစ်ဖက်တင်ခြင်း၊ ခါးတစ်ဝိုက်လက်တင်ခြင်း ဒါလေးတွေဟာ နှလုံးခုန်နှုန်းနှင့်သွေးဖိအားတွေကို လျှော့ချသက်သာစေနိုင်တယ်။ အထိအတွေ့ဟာ နာကျင်မှုတွေကို သက်သာစေတဲ့ ဟောမုန်းကို ဦးနှောက်ကနေ ထုတ်ပေးဖို့ လှုံ့ဆော်ပေးတယ်။ မိခင်တစ်ဦးရဲ့ ပွေ့ဖက်မှုကြောင့် ဒူးအရေခွံနာကျင်နေတဲ့ကလေးဟာ တကယ်ကို သက်သာစေနိုင်ပါတယ်" (p. 60).

အမေရိကန်ပြည်ဟာ အသားချင်းထိတွေ့မှုကို တောင့်တတဲ့ရောဂါကို ခံစားနေရတယ်" လို့ Dr. Field က ဆိုခဲ့ဖူးတယ်။ "TRI က အသက် ၆၀ ကျော် စေတနာ့ဝန်ထမ်းတွေဟာ မူကြိုကလေးငယ်လေးတွေကို နှိပ်နယ်ပေးဖို့ သုံးပတ်ကြာ လေ့ကျင့်ပေးခြင်းခံကြရတယ်။ နှိပ်နယ်ပေးခြင်းဟာ တကယ်အကျိုးရှိကြောင်း သက်သေပြခဲ့တယ်။ သက်ကြီးရွယ်အို တွေအတွက် စိတ်ဓာတ်ကျခြင်း၊ စိတ်ဖိစီးမှုဟော်မုန်းတွေ လျော့နည်းခြင်း၊ အထီးကျန်ခြင်း စတာတွေကို လျော့နည်းစေတယ်။ သူတို့ဆီ ဆရာဝန်လာလည်တာ နည်းတယ်၊ ကော်ဖီနည်းနည်းသောက်ပြီး လူမှုရေးဖုန်းခေါ်ဆိုမှုတွေ ပိုလုပ်တယ်" (page 60). Tiffany Field, Ph.D နှင့် Touch Research Insti- tute, University of Miami School of Medicine မှ သူ့ဝန်ထမ်းတွေပြုလုပ် တဲ့သုတေသနအကြောင်း သင်ပိုမိုဖတ်ရှုချင်ရင် (http://www6.miami.edu/ touch-research/Index.html).

"သုတေသနက နေမကောင်းဖြစ်နေတဲ့လူနာတွေကို အထိအတွေ့လုပ်တဲ့အခါ အလျင်အမြန်သက်သာပျောက်ကင်းကြောင်း အကြိမ်ကြိမ် သရုပ်ပြခဲ့ပါတယ်။ သူနာပြု Pamela McCoy ရဲ့အစီရင်ခံတင်ပြချက်ကတော့ ထိတွေ့ခံရတဲ့လူနာ ရှစ်ဆယ့်ငါးရာခိုင်နှုန်းဟာ လျင်မြန်စွာပြန်လည်ကောင်းမွန်လာပြီး ဆေးရုံဝန်ထမ်းတွေအတွက် ပိုကောင်းတယ်လို့" ဆိုပါတယ် (McCoy, Pamela, "Further Proof that Touch Speaks Louder than Words," *RN Magazine,* vol. 40, no. 11, November 1977, pages 43-46).

လူတွေဟာ ဆန့်ကျင်မှုခံနေရတဲ့အချိန်၊ အပြစ်တင်ခံနေရတဲ့အချိန်၊ အကြောင်းအမျိုးမျိုးကြောင့် စိတ်ဓာတ်ကျနေရတဲ့အချိန်၊ အထီးကျန်နေရတဲ့အချိန်၊ ကြောက်စိတ်တွေဝင်နေရတဲ့အချိန်၊ စိုးရိမ်းသောကတွေနဲ့ ပြည့်နေတဲ့အချိန်တွေမှာ မေတ္တာပါတဲ့ထိတွေ့မှု အရမ်းလိုအပ်ပါတယ်။ ဒါကြောင့် ထိတွေ့မှုဟာ ပေးသူနှင့်လက်ခံသူကြား ယုံကြည်မှုတည်ဆောက်ဖို့ ကူညီပေးပါတယ်။

အားကစားဆိုတာဟာ ကစားခြင်း၊ ပျော်ပွဲရွှင်ပွဲနှင့်အလှမယ်ပြိုင်ပွဲတွေကို မိမိတို့လိုအပ်ကြောင်း ကိုယ်စားပြုတာပါလို့ မှတ်ချက်တစ်ခုမှာဖတ်ခဲ့ဖူးတယ်။ လူတွေက အော်တယ်၊ အော်ဟစ်တယ်၊ အသံကျယ်ကျယ်အော်တယ်။ ကစားနေတဲ့ကွင်းပြင်မှာ အချင်းချင်းထိလို့ရတယ်။ ဒါပေမယ့် တကယ့်လက်တွေ့ဘဝမှာတော့ ထိမိရင်တောင် အဆင်မပြေတော့ပါ။ ဒါကြောင့် အားကစားဟာ အမျိုးသားတွေ တစ်ဦးနှင့်တစ်ဦး ပိုမိုနီးကပ်ဖို့အတွက် မရှိမဖြစ်လိုအပ်တာဖြစ်ပါတယ်။

“ကွင်းပြင်မှာ ကစားနေတဲ့လူတွေဟာ ပုံစံအမျိုးမျိုးနဲ့ဖက်နိုင်ကြတယ်၊ ထိတွေ့နိုင်ကြတယ်။ အဲဒီလို ပွေ့ဖက်ကြတာကို ရှက်စရာလို့မထင်ကြပါဘူး။ ရုပ်ရှင်ဇာတ်လမ်းတွေမှာ လိင်တူ/လိင်ကွဲချစ်သူတွေလို ပွေ့ဖက်နေတာကို တွေ့ရပါတယ်။ပုခုံးမှာ လက်နှစ်ဖက်နဲ့ကိုင်ပြီး တယောက်ကိုတယောက် ဖက်ထားနိုင်ခဲ့တယ်။ ဒါတွေဟာ ချစ်ခြင်းမေတ္တာကို ပြသတဲ့ကောင်းမွန်တဲ့သရုပ်ဖော်ခြင်းပဲလို့ ကျွန်တော်ယူဆပါတယ်။ မကောင်းတဲ့အရာက ဘာလဲဆိုရင် အားကစားကွင်းအပြင်မှာ ယူနီဖောင်းချွတ်ပြီး မိမိကိုယ်ကိုဖော်ပြရမှာကို အရမ်းကြောက်နေခြင်းပါပဲ” (Kopay, David, with Young, Perry Deane, *The David Kopay Story: An Extraordinary Self-Revelation*, New York: Arbor House, 1977, p. 57).

ဆော့ကစားခြင်းက ကျွန်ုပ်တို့ရဲ့ပုံမှန်နေ့စဉ်လှုပ်ရှားမှုတွေကို TTT သို့ပြောင်းလဲပေးဖို့ လိုအပ်တဲ့ထိတွေ့မှုအတွက် အခွင့်အလမ်းတွေကို ဖန်တီးပေးပါတယ်။

Massachusetts တက္ကသိုလ်မှ ပါမောက္ခဟောင်း Sidney B. Simon က “အရင်ဆုံး အသားချင်းထိတွေ့မှု တောင့်တတဲ့လိုအပ်ချက်တွေကို ဂရုစိုက်တဲ့

အခါ ကျောင်းမှာ လုပ်ရတဲ့အလုပ်တွေက အံ့သြစရာပဲ” လို့ပြောကြားခဲ့တယ်။ သူက သူ့ကျောင်းသားတွေအတွက် အနှိပ်သင်တန်းလေ့ကျင့်ခြင်းနှင့် နောက်ကျောနှိပ်တဲ့ပုံစံလေ့ကျင့်ခန်းအမျိုးမျိုးကို အကြံပြုခဲ့တယ်။ (Simon, Sidney B., “Please Touch: How to Combat Skin Hunger in Our Schools,” *Scho- lastic Teacher Magazine,* Junior/Senior High Teachers’ Edition, Octo ber 1974, pages 222-25). ဟုတ်ပါတယ်၊ ဒီခေတ်ကြီးတွင် စာသင်ခန်းထဲမှာ ထိတွေ့ဆက်ဆံမှုဟာ ရှောင်ကြဉ်စရာဖြစ်လာပါတယ်။ ဘယ်လောက်ဝမ်းနည်းစရာကောင်းလဲ။ ဖြေရှင်းချက်ကိုမြှင့်တင်မည့်အစား ပြဿနာကို ဥပဒေပြုကြတယ်။

မိဘအုပ်ထိန်းမှုနှင့်မိသားစုဘဝဆိုင်ရာ စာအုပ်တွေ အများကြီးရှိပေမယ့် ကောင်းမွန်တဲ့ထိတွေ့မှုလိုအပ်ကြောင်း ဖော်ပြတဲ့စာအုပ်က နဲနဲလေးပဲရှိတယ်။ ဒါဟာ ထိတ်လန့်ဝမ်းနည်းစရာပါပဲ။

အဆင့်မြင့်နည်းပညာခေတ်မှာ နေထိုင်အသက်ရှင်တဲ့လူ့အဖွဲ့အစည်းတွေအတွက် ထိတွေ့ခြင်း တိုးမြှင့်ပေးဖို့ လိုအပ်ပါတယ်။ အရင်ကထက် ပိုထိတွေ့ဖို့ လိုပါတယ်။ အိမ်မွေးတိရစ္ဆာန်တွေကို ချစ်ခြင်းဟာ အင်မတန်ကောင်းမွန်ပြီး ၎င်းတို့ကို အသက်ပိုရှည်စေကြောင်း သုတေသနပြုချက်တွေအရ သိရပါတယ်။ အခု ကျွန်တော်တို့ရဲ့အိမ်မွေးကြောင်တွေနှင့်ခွေးတွေကို ချစ်ခင်မြတ်နိုးမှုနဲ့လူသားတွေအပေါ် ချစ်ခင်မြတ်နိုးမှုကြား ကွာဟချက်ကို ပေါင်းကူးကြပါစို့။လုပ်ငန်းခွင်မှာ ကောင်းမွန်တဲ့ထိတွေ့မှု ဘယ်လိုဖန်တီးရမလဲ/ဘယ်လိုလေ့ကျင့်ရမလဲဆိုတဲ့ အကြံပြုချက်တွေကို တင်ဆက်ပေးလိုက်ပါမယ်။

လိင်ရောင်းတယ်

မင်းကအရမ်းစွဲဆောင်မှုရှိတယ်။ မင်းကိုလိင်ဆက်ဆံချင်တယ်။ စလိုက်ကြရအောင်။ ဘာအပြုအမူပဲဖြစ်ဖြစ် အကြိမ်ကြိမ်လုပ်လာတဲ့အခါ ၎င်းဟာ ငါတို့ရဲ့ဦးနှောက်မှာ ခံစားချက်ပိုင်းဆိုင်ရာနှင့်စိတ်ပိုင်းဆိုင်ရာကို ချိတ်ဆက်ပေးတဲ့အရာဖြစ်လာပါတယ်။ နိယာမက ဒီမှာပါ။

ပေါင်းစပ်လောင်ကျွမ်းတဲ့အာရုံကြောဆဲလ်တွေ ဆက်နေတယ်။
ကွဲထွက်သွားတဲ့အာရုံကြောဆဲလ်တွေ ဆက်စပ်မှုပြတ်နေတယ်။

ဒီအရာဟာ ကောင်းမွန်တဲ့အပြုအမူဟုတ်သလို မကောင်းတဲ့အပြုအမူလည်းဖြစ်တယ်။ တကယ်လို့ ကောင်းမွန်တဲ့ထိတွေ့မှုအတွက် ကျွန်တော်တို့ရဲ့ အခြေခံလိုအပ်ချက် လိင်ဆက်ဆံခြင်းပြုပါက လုံလောက်တယ်ဆိုတာ ဘယ်တော့မှရှိမှာမဟုတ်ပါဘူး။ ဦးနှောက်အတွင်းကနေ ထုတ်လွှတ်တဲ့ဓာတုပစ္စည်းတွေဟာ နောက်ဆုံးမှာ အသစ်သောလိင်စိတ်ထကြွမှု အဆင့်ကို တောင်းဆိုမှာဖြစ်တယ်။ ဒီလိုနဲ့ စွဲလမ်းမှုသံသရာက ဆက်သွားနေရတော့မှာဖြစ်တယ်။

တကယ်တမ်းတော့ ကုသခြင်းအတွက် ဒီတူညီတဲ့နိယာမကို ကျွန်တော်တို့အသုံးပြုနိုင်တယ်။ ကောင်းမွန်တဲ့ထိတွေ့မှု၊ လိင်ဆက်ဆံမှုမပါတဲ့ ထိတွေ့မှုလိုမျိုးကို အကြိမ်ကြိမ်လုပ်လို့ရပါတယ်။ ဒါဆိုရင် ဦးနှောက် အတွင်းရှိ မိမိတို့ရဲ့အာရုံကြောလမ်းကြောင်းတွေကို စိတ်ခံစားမှုရှိစွာအားဖြည့်ပေးပြီး သာယာပျော်ရွှင်ဖွယ်ကောင်းတဲ့အာရုံကြောဓာတ်ကို ထုတ်ပေးမှာဖြစ်ပါတယ်။

ပေါ့ပ်သီချင်းတော်တော်များများဟာ လိင်အကြောင်း စပ်ဆိုထားတာပါ။ Marvin Gaye သီဆိုတဲ့ “လိင်ပိုင်းဆိုင်ရာ ကုသခြင်း” ဆိုတဲ့သီချင်းဟာ လိင်မှု၊ ချစ်ခြင်း၊ ရင်းနှီးမှုလိုအပ်ချက်ကို ရှုပ်ထွေးစေတဲ့ ဂန္တဝင်မြောက်သီချင်းတစ်ပုဒ်ပါ။ အခြားသီချင်းတွေဟာ အချစ်နှင့်ရင်းနှီးမှု လိုအပ်ချက်တွေကို ရိုးရှင်းစွာလှုံ့ဆော်ပေးတဲ့သီချင်းတွေပါ။ ဥပမာ George Michael သီဆိုတဲ့ “မင်းနဲ့ လိင်ဆက်ဆံချင်တယ်” ဆိုတဲ့သီချင်း၊ Nicki Minaj သီဆိုတဲ့ “ဘေးချင်းကပ်” ဆိုတဲ့သီချင်း၊ Justin Timberlake သီဆိုတဲ့ “sexy လာပြန်တယ်။” ဆိုတဲ့သီချင်း၊ Toni Braxton သီဆိုတဲ့ “မင်းက ငါ့ကို မြင့်မြတ်စေတယ်၊ Snoop Dogg သီဆိုတဲ့ “ငါနဲ့လိင်ဆက်ဆံပါ” ဆိုတဲ့သီချင်း၊ Rihanna သီဆိုတဲ့ “ငါဟာငါထိတယ်” ဆိုတဲ့သီချင်း၊ The Divinyls သီဆိုတဲ့ “ငါ့အချစ်ကို ရှင်းပြပါ” ဆိုတဲ့သီချင်း၊ Madonna သီဆိုတဲ့ “ကာမရာဂစိတ်ဆွပေးတဲ့မြို့” ဆိုတဲ့သီချင်းတွေဖြစ်ပါတယ်။

အမျိုးသားအမျိုးသမီးတော်တော်များများဟာ အချစ်ကို လိုချင်တောင့်တကြပြီး လိင်ဆက်ဆံကြတယ်။ ငါတို့ဟာ ချစ်ဖို့နှင့်အချစ်ခံဖို့၊ လက်ခံခြင်းနှင့်ပိုင်ထိုက်တဲ့နေရာကို ရှာဖွေကြတယ်။ ချိတ်ဆက်မှုအတွက် ငါတို့လိင်ဆက်

ဆံကြပေမယ့် ဒီလိုလိင်ဆက်ဆံခြင်း တစ်ခုတည်းက စိတ်ရဲ့ပိုမိုနက်ရှိုင်းတဲ့လိုအပ်ချက်ဖြစ်တဲ့နှောင်ကြိုး၊ ပိုင်ဆိုင်မှုနှင့်ချိတ်ဆက်မှုတွေကို ဘယ်သောအခါမှမဖြည့်ဆည်းပေးနိုင်ပါ။ငါတို့တွေဟာ ဆယ်ကျော်သက်အရွယ်မှာ လိင်ဆက်ဆံဖို့ သွန်သင်ခံရတယ်။ ဒါပေမယ့် ဒါဟာ ငါတို့ရဲ့အနက်ရှိုင်းဆုံးဆန္ဒတွေကို အမှန်တကယ်မဖြည့်ဆည်းပေးနိုင်ပါ။ ဆယ်ကျော်သက်တွေ၊ အရွယ်ရောက်ပြီးသူတွေဟာ လက်ခံမှု၊ ကောင်းမွန်တဲ့ထိတွေ့မှု၊ လိင်ဆက်ဆံခြင်းမပါတဲ့ထိတွေ့ဆက်ဆံမှုကို အရင်ဆုံးလိုအပ်ပါတယ်။ လိင်ဆက်ဆံတယ်ဆိုတာ ခိုင်မာတဲ့ဆက်ဆံရေးတစ်ခုအတွင်း မျှဝေရန်သာ ရည်ရွယ်တယ်။ မဟုတ်ပါက ကိစ္စတိုင်းတွင် ၎င်းကို အချစ်အတွက် အစားထိုးအဖြစ် အသုံးပြုလာလိမ့်မယ်။ (မကြာခဏဆိုသလို အိမ်ထောင်တစ်ခုအတွင်းမှာတင် ဒါကို အလားတူအသုံးပြုနိုင်တယ်)။

လိင်၊ ချစ်ခြင်းနှင့်ရင်းနှီးမှုတွေကို ဘယ်လိုခွဲခြားနိုင်မလဲ။ သင်နှင့်သင့်လက်တွဲဖော်မဟုတ်တဲ့အခြားသူတစ်ဦးကြားတွင် လိင်ပိုင်းဆိုင်ရာလွန်လွန်ကဲကဲဖြစ်နေပါက ဒီခံစားချက်ဟာ သင့်ဆီကလား ဒါမှမဟုတ် အခြားသူဆီကလားဆိုတာကို သိရှိဖို့ စစ်ဆေးပါ။ တကယ်လို့ ၎င်းက သင့်ရဲ့စွမ်းအင်ဖြစ်နေရင် အဲဒီလိင်ပိုင်းဆိုင်ရာခံစားချက်ကို သင့်လိင်အင်္ဂါကနေ သင့်နှလုံးသားဆီပို့လိုက်ပါ။ အမျိုးသားတွေ၊ "ခက်ခက်ခဲခဲ" လုပ်မယ့်အစား "နှလုံးသွင်းရမယ်" ဆိုတာကို သတိရပါ။ လိင်ပိုင်းဆိုင်ရာစွမ်းအင်က တခြားလူဆီက လာတယ်လို့ခံစားရပြီး သူ/သူမနဲ့ မလုံခြုံဘူးလို့ခံစားရရင် အသာလေးရှောင်ထွက်သွားပါ။ "ငါမင်းကို တွေ့ရတာ အဆင်မပြေလို့ပါ။ နောက်မှတွေ့ကြမယ်၊ ဆောရီးပါ ငါအခုသွားမှဖြစ်မယ်" ဆိုပြီးတော့ ပြောလိုက်ပါ။

ဆယ်ကျော်သက်အရွယ်တွေ၊ အသက်နှစ်ဆယ်နှင့်သုံးဆယ်ကြားရှိသူတွေဟာ သူတို့ရဲ့လိင်ပိုင်းဆိုင်ရာနဲ့ပတ်သက်ပြီးတော့ အရေးကြီးဆုံးအချိန်ဖြစ်တယ်။ တကယ်လို့ သူတို့ဟာ သူတို့ရဲ့မိသားစုနှင့်အသိုက်အဝန်းမှာ လုံခြုံတဲ့နှောင်ကြိုးကို တွေ့ကြုံခံစားခဲ့ရရင် သူတို့ရဲ့လိင်စွမ်းအင်ကို ပိုမိုလွယ်ကူစွာချုပ်တည်းနိုင်ပါလိမ့်မယ်။ တကယ်လို့ သူတို့ရဲ့ဘဝအသက်တာတစ်လျှောက်လုံးမှာ လုံခြုံတဲ့နှောင်ကြိုးနှင့်တွယ်တာမှုတွေမရှိခဲ့ရင်၊ သူတို့ရဲ့မိသားစုတွေမှာ ခိုက်ရန်ဖြစ်ပွားမှုတွေနှင့်မငြိမ်မသက်မှုတွေရှိခဲ့မယ်ဆိုရင် အဲဒီလူတွေဟာ

အချစ်နှင့်ချစ်ခင်မှုတွေ လိုအပ်ချက်ကြောင့် လိင်ကိစ္စမှာ ယုံလွယ်တဲ့လူတွေ ဖြစ်သွားနိုင်တယ်။

သင့်ဘဝမှာ ကောင်းမွန်ပြီး လိင်ဆက်ဆံခြင်းမဟုတ်တဲ့ထိတွေ့မှုကို အကောင်အထည်ဖော်ဖို့ သင်ယူပါ။ တစ်နေ့ကို ဆယ့်နှစ်ခါ ပွေ့ဖက်ခြင်းဟာ ဆရာဝန်မလိုတဲ့ဘဝဖြစ်စေပါလိမ့်မယ်။

ယောက်ျားတော်တော်များများက လိင်ကိစ္စကလွဲလို့ ဘယ်လိုထိတွေ့ရမှန်းမသိကြဘူး။ သူတို့တွေကို ပြန်လည်ပညာပေးရမယ်။ ကလေးတွေ၊ ဆယ်ကျော်သက်တွေ၊ လူကြီးတွေဟာ ကောင်းမွန်ပြီး လိင်ပိုင်းဆိုင်ရာမဟုတ်တဲ့ ထိတွေ့မှုကို နေ့တိုင်းလိုအပ်ကြတယ်။ အင်တာနက်ပေါ်က ညစ်ညမ်းတဲ့ဗီဒီယိုတွေ၊ အတင်းအကြပ်တစ်ကိုယ်ရည်အာသာဖြေမှုတွေ၊ ကာမရာဂစိတ်ဆွပေးတာတွေ၊ လိင်ပိုင်းဆိုင်ရာဆက်စပ်မှုတွေဟာ ကျွန်တော်တို့ရဲ့စစ်မှန်တဲ့မေတ္တာနဲ့ချိတ်ဆက်မှုတွေအတွက် မရှိမဖြစ်လိုအပ်မှုကို ဘယ်တော့အခါမှဖြည့်ဆည်းပေးနိုင်မှာမဟုတ်ဟုတ်ပါဘူး။

လေ့ကျင့်ခန်း

အမျိုးသမီးတွေ၊ အမျိုးသားတွေကို ထိတွေ့မှုပြန်ရရှိဖို့အတွက် ကူညီပေးပါ။

၁။ အမျိုးသားရဲ့ရင်ဘတ်ကို ညင်သာစွာကိုင်ပြီး မျက်လုံးကို ကြည့်ပါ။

၂။ သင့်လက်ကို သူ့ပခုံးပေါ်တင်ပြီး မျက်လုံးထဲကို ကြည့်ပါ။

၃။ သင့်လက်တွေကိုသူ့ရင်ဘတ်ပေါ်တင်ပြီး မျက်လုံးတွေကို ကြည့်ပါ။

သူ့ကို ထိရင်းနဲ့ မျက်လုံးတွေကို ကြည့်လိုက်တာဟာ တာဝန်သိစွာမျှဝေခြင်းဖြစ်ပြီး သူက သင့်ကို နှောင်ဖွဲ့ကာ အလျှော့ပေးလိမ့်မယ်။ သူဟာ သင်ကြားဖို့ စောင့်နေတယ်။ သူ့ကို အိမ်ပြန်လမ်းပြဖို့ သင့်ကို လိုအပ်တယ်။ သူဟာ လမ်းပျောက်နေပြီး အချစ်အတွက် ဆာလောင်နေတဲ့ခွေးကလေးလိုဖြစ်နေတယ်။ သူဟာ မြေပုံ၊ လမ်းညွှန်ချက်နှင့်ဦးတည်ချက်တွေကို လိုအပ်နေပါတယ်။ အမျိုးသားတွေရဲ့နှလုံးသားနှင့်ချစ်ခြင်းမေတ္တာသော့ကို အမျိုးသမီးတွေက ကိုင်ဆောင်ထားကြတာပါ။ အမျိုးသားအများစုဟာ အမျိုးသမီးတွေရဲ့အမှန်တကယ်လိုချင်တာနှင့်လိုအပ်တာကို မသိကြဘူး။ သင့်ယောက်ျားကို လေ့ကျင့်ပေးပါ။ ဒါဆိုရင် သူက သင့်ရဲ့လိုအပ်ချက်တွေကို အမြဲတမ်းဂရုတစိုက်ရှိလိမ့်မယ်။ ဒါဟာ အချိန်ယူရမယ်၊ သည်းခံရမယ်၊ ဖြစ်စဉ်မှာ ကိုယ့်ကိုယ်ကို ကောင်းအောင်လုပ်ပါ။ မေတ္တာနှင့်အတည်ပြုချက်တွေကို သင့်ယုံကြည်မှု၊ မိသားစုနှင့်သူငယ်ချင်းတွေဆီက ရယူလိုက်ပါ။ ထုံကျင်ပြီး ကျောက်ရုပ်လိုဖြစ်နေတဲ့ဘဝကနေလိင်ကိစ္စမှာ သိတတ်နားလည်တဲ့လူဖြစ်လာဖို့ဆိုတာ နှစ်တွေကြာတယ်။ ဒါကြောင့် ယောက်ျားရဲ့ခန္ဓာကိုယ်ထဲကို ပြန်ဝင်ပြီး သူ့နှလုံးသားနဲ့ ပြန်လည်ချိတ်ဆက်ဖို့ အချိန်ယူရလိမ့်မယ်။

ဒီခေတ်ကြီးမှာ ခေါင်းဆောင်များစွာဟာ ကျေးဇူးတရားကနေ ယိုင်လဲသွားကြပြီ။ Harvey Weinstein, R. Kelly, Kevin Spacey, Bill Cosby, နိုင်ငံရေးသမားအများအပြားတွေ၊ ဘုန်းကြီးတွေ၊ သင်းအုပ်ဆရာတွေ စတဲ့

ပုဂ္ဂိုလ်ကြီးတွေပေါ့။ အမျိုးသားတွေ၊ အမျိုးသမီးတွေနှင့်အရွယ်မရောက်သေးသူတွေကို အလွဲသုံးစားလုပ်ခဲ့မှုတွေက တုန်လှုပ်ဖွယ်၊ ဝမ်းနည်းစရာ၊ ရှက်ဖွယ်ကောင်းလှပါတယ်။ ဒါပေမယ့် သူတို့အတွက် အကူအညီနှင့်မျှော် လင့်ချက်တွေကို ဘယ်သူက ပေးဆောင်နေလို့လဲ။ မရေတွက်နိုင်တဲ့အခြားအမျိုးသားတွေနှင့်အမျိုးသမီးတွေက အဲဒီလိုလုပ်နေကြတယ်။ MeToo# နှင့် TimesUp# လှုပ်ရှားမှုတွေမှာ ပါဝင်တဲ့အလွဲသုံးစားပြုခံခဲ့ရတဲ့အမျိုးသမီးတွေ၊ အမျိုးသားတွေနှင့်အရွယ်မရောက်သေးသူတွေအတွက် အကူအညီ၊ မျှော်လင့်ချက်တွေကို ဘယ်သူက ပံ့ပိုးပေးမှာလဲ။

ဒီလိင်ပိုင်းဆိုင်ရာ ရာဇဝတ်မှုကျူးလွန်သူတွေဟာ ဒဏ်ရာရနေတဲ့အတွင်းစိတ်ကလေးကို "ထိတွေ့မှုမရှိလို့ပဲ" ဖြစ်ပါတယ်။ စိတ်ပညာဘာသာရပ်ကို ဘွဲ့လွန်ကျောင်းတက်စဉ်တွင် ကျွန်ုပ်ရဲ့ပါမောက္ခတစ်ဦးက (ကလေးကာကွယ်စောင့်ရှောက်ရေးတာဝန်ကို ၂၅ နှစ်ကြာအလုပ်လုပ်ခဲ့သူ) ပြစ်မှုကျူးလွန်သူတိုင်းဟာ တစ်ချိန်က ကလေးသူငယ်လိင်ပိုင်းဆိုင်ရာအလွဲသုံးစားမှုရဲ့သားကောင်ဖြစ်ကြောင်း ကျွန်တော်တို့ကို သွန်သင်ပေးခဲ့ဖူးတယ်။ သူတို့တွေဟာ ဒဏ်ရာရနေတဲ့အတွင်းစိတ်ကလေးနှင့် ထိတွေ့မှုမရှိတော့ပါဘူး။ ဟုတ်ပါတယ်၊ ဒါက သူတို့ကျူးလွန်ခဲ့တဲ့ထိတ်လန့်စရာကောင်းတဲ့လုပ်ရပ်တွေကို ကာကွယ်ပေးတာတော့မဟုတ်ဘူး။ ၎င်းက သူတို့ကို ဘီလူးတွေလို မြင်ဖို့မဟုတ်ဘဲ လူသားတွေမြင်တတ်ဖို့ ကူညီပေးတာပါ။ အလွဲသုံးစားပြုခံရသူတွေရဲ့ကြေကွဲနေတဲ့နှလုံးသားတွေကို ရှာဖွေတွေ့ရှိပြီး ကုသပေးဖို့ တကယ်လိုအပ်နေပါတယ်။

ချစ်ခြင်းကို အများဆုံးလိုအပ်နေသူတွေဟာ အနည်းဆုံးသာရရှိနေတယ်

ဒဏ်ရာတွေကို ကုစားပြီး မပြည့်စုံတဲ့မေတ္တာလိုအပ်ချက်တွေကို ဖြည့်ဆည်းပေးဖို့ လက်ရှိဆက်ဆံရေးတွေမှာ ငါတို့ရဲ့အတိတ်ကဟာကို ပြန်လည်ဖန်တီးနေပါတယ်။ ရှုပ်ထွေးတယ်လို့ထင်ရပေမယ့် Harville Hendrix က "လူကြီးအားလုံးရဲ့ဆက်ဆံရေးတွေဟာ ဒဏ်ရာရတဲ့အတွင်းပိုင်းကလေးကို ပြန်လည်သင့်မြတ်ဖို့ ကြိုးပမ်းမှုတစ်ခုဖြစ်တယ်"လို့ဖော်ပြတယ်။

ကျွန်တော့်နှလုံးသားကို ပြန်ယူ

ဦးလေးရဲ့အနိုင်ကျင့်ခံရမှု ဝေဒနာကို ဝမ်းနည်းကြေကွဲစွာခံစားရတဲ့အခါ သူမက ငါ့ကို ပွေ့ချီထားပါတယ်။ Hilde ဟာ ငါ့အတွက် အနှစ်နှစ်ဆယ်ကျော် ညီအစ်မတစ်ယောက်လိုပါပဲ။ ငါတို့ဟာ အချင်းချင်းပြုစုပျိုးထောင်ဖို့ ကူညီပေးခဲ့ကြတယ်။ တစ်နေ့နေ့လည်ခင်းမှာ ဦးလေး Pete က ငါးနှစ်သားလေးငါ့ကို စော်ကားခဲ့တဲ့ထိတ်လန့်ဖွယ်အကြောင်းကို ပြန်သုံးသပ်မိကြတယ်။ အဲဒီမတိုင်ခင်က ဦးလေးက ငါ့ကို ပြုစုပေးတယ်။ အဖေနဲ့ တစ်ခါမှ ဒီလိုမတွဲခဲ့ဖူးဘူး။ ဆိုတော့ ဦးလေးက အဖေ့နေရာမှာ အစားထိုးဝင်လာတယ်။ အတူတူကစားတယ်၊ ရယ်မောတယ်၊ ကြမ်းတမ်းတဲ့လှုပ်ရှားမှုတွေကို အတူတူလုပ်ခဲ့ကြတယ်။ ငါ့နှလုံးသားကို သူသိမ်းပိုက်ခဲ့တယ်။ နောက်တော့ သူက ငါ့အိပ်ရာထဲဝင်လာပြီး သူနဲ့ လိင်ဆက်ဆံဖို့ တစ်နှစ်နီးပါး သင်ပေးခဲ့တယ်။ "ဒါက ငါတို့ရဲ့အထူးလျှို့ဝှက်ချက်ပါ။ ဒီအကြောင်းကို ဘယ်သူ့ကိုမှ မပြောနဲ့"လို့ ငါ့ကို သတိပေးလိုက်တယ်။ NFL ကျော်ကြားတဲ့ဘောလုံးကစားသ မားနဲ့ ငါးနှစ်သားလေး တစ်ဦးရဲ့အဖြစ်အပျက်ကို သင်မြင်ယောင်ကြည့်နိုင်ပါသလား။

ဒါပေမယ့် အဆိုးဆုံးမလာသေးပါဘူး။ ညနေတိုင်း ငါနဲ့ လိင်ဆက်ဆံခဲ့တဲ့ဦးလေးနဲ့ ငါ့ရဲ့ပျော်စရာတွေကို ပိုင်းခြားဖို့ သင်ယူခဲ့ရတယ်။ သူက "နှုတ်ဆက်ပါ တယ်" လို့ပြောပြီး ထွက်သွားတဲ့အခါ သူနဲ့အတူ ငါ့နှလုံးသားကို ယူဆောင်သွားခဲ့တယ်။ ငါ့ရဲ့အတွင်းကလေးစိတ်ထဲမှာတော့ ဦးလေးက ငါ့ကို တကယ်ချစ်တယ်လို့ယုံခဲ့တာ။ အခု ငါနဲ့ ရင်းနှီးတဲ့ပထမဆုံးလူကြီးက ငါ့ဘဝကို စွန့်ခွာသွားပါပြီ။ မတွေးဝံ့စရာပါ။

ဒီဒဏ်ရာတွေကို Hilde နဲ့ ကုသခြင်း အပိုင်းလုပ်ဆောင်တဲ့အခါမှာ ဟိုလူက ငါ့နှလုံးသားကို ယူသွားပြီဆိုတာ သိလိုက်ရတယ်။ သူငါတို့အိမ်ကနေ ထွက်သွားတဲ့အခါ သူနဲ့အတူ ယူသွားပြီ။ ဒီလိုနဲ့ ဦးလေး Pete လို စရိုက်လက္ခဏာရှိတဲ့အမျိုးသားတွေကို အပြင်းအထန်ကြိုးစားရှာပါတော့တယ်။ ဦးလေး Pete လို ချစ်ဖို့ကောင်းပြီး နူးညံ့သိမ်မွေ့ ကာ လက်တွေ့ကျကျသရုပ်ဖော်ပေးနိုင်တဲ့ လက်တွဲဖော်ဟောင်တွေ အနည်းဆုံးအမျိုး သားရစ်ယောက်နာမည်တွေကို မှတ်မိသေးတယ်။ နောက်ဆုံးတော့ သူတို့လည်း ဦးလေးလိုပဲ တစ်ယောက်ပြီးတစ်ယောက် ငါ့ကို ထားရစ်ခဲ့ကြတယ်။

Hilde က ငါ့ကို တခဏချုပ်ထားတဲ့အခါမှာ သိပ်အဆင်မပြေဘူး။ ငါ့နှလုံးသားကို ဦးလေး Pete ပေးလိုက်တဲ့အတွက် အဲဒီလိုဆက်ဆံရေးမျိုးကို ပြန်သိမ်းယူဖို့ကြိုးစားခဲ့တယ်။ ငါဟာ ယောကျ်ားတိုင်းရဲ့အချစ်ကို အလွန်အကျွံလိုအပ်တဲ့ခံစားခံအနေနဲ့ ငါ့ကိုငါချုပ်နှောင်ခဲ့တယ်။ သူတို့က ငါ့ကို မထားရစ်ပါဘူး။ ငါဟာ တကယ်ပါပဲ ငါ့ရဲ့ပြင်းထန်မှု၊ သတိရှိမှု၊ မသိစိတ်တောင်းဆိုမှုတွေနဲ့ သူတို့ကို တွန်းထုတ်နေတာပါ။

အဲဒီအခိုက်အတန့်မှာ Hilde ရဲ့အကူအညီဖြင့် ဦးလေး Pete ဆီကနေ ငါ့ရဲ့နှလုံးသားကို ပြန်လည်ရရှိခဲ့တယ်။ "မင်းက ဒီဟာနဲ့ မထိုက်တန်ဘူး။ ဒါငါ့နှလုံးသားပဲ၊ မင်းငါ့ဆီကနေ ခိုးသွားတာ။ မင်းက ငါ့ကို မင်းရဲ့အပျော်အပါးနှင့်ရည်ရွယ်ချက်အတွက် အသုံးချခဲ့တယ်။ ပြီးတော့ မင်းငါ့ကို ထားခဲ့တယ်။ အခု ငါ့နှလုံးသားကို ပြန်ယူပြီး မင်းကို ငါ့ဘဝထဲက လွှတ်လိုက်ပြီ။" Hilde ရဲ့ရင်ခွင်ထဲမှာ အချိန်အတော်ကြာအောင် ငိုခဲ့ပြီး ကိုယ့်စိတ်နှလုံးကို ပြန်သိမ်းယူပြီးတော့ စိတ်ခံစားချက်ထောင်ကနေ လွတ်မြောက်ခဲ့ပါတယ်။

ကလေးဘဝက လိင်ပိုင်းဆိုင်ရာအလွဲသုံးစားခံရမှု ဝေဒနာကို ဖြတ်ကျော်ဖို့ နှစ် ပေါင်းတော်တော်ကြာ ကုထုံးတွေလုပ်ခဲ့တယ်။ ဒါဟာ ငါ့ရဲ့ဖြစ်တည်မှု အဓိကပါပဲ။ ဦးလေး Pete ကို ပေးလိုက်တဲ့ကျွန်တော့်ရဲ့နှလုံးသား အတွေ့အကြုံဟာ ငါ့ရဲ့ဖြစ်တည်မှုအဓိကပါ။ ဒါဟာ ငါ့ရဲ့နောက်ဆုံးအပိုင်းအစလေးကို ဧရဲပြည်ကနေ လက်ခံရရှိမယ့်လက်မှတ်လေးပါ။ အဲ့ဒီအချိန်ကစပြီး တခြားလူက ငါ့ကို ဒီလိုမျိုး ဂရုစိုက်ဖို့ မမျှော်လင့်ထားတော့ပါဘူး။ ငါဟာ ငါ့ရဲ့အကောင်းဆုံးသူငယ်ချင်း၊ အကာအကွယ်ပေးသူ၊ အတွင်းစိတ်မိဘကို ပြုစုပျိုးထောင်ပေးသူဖြစ်လာခဲ့ပြီ။ ဟုတ်ပါတယ်၊ ငါ့မှာ ယောကျ်ားလေးသူငယ်ချင်းတွေနဲ့လမ်းညွှန်ပေးသူတွေ အမြဲတမ်းလိုအပ်နေဦးမှာပါ၊ ဒီနေ့ ငါ့မှာ ရင်းနှီးတဲ့မိတ်ဆွေများစွာရှိပြီး အမျိုးသားအဖွဲ့တွေမှာ ပါဝင်ပါတယ်။ ငါဟာ ကျန်းမာသန်စွမ်းတဲ့လူတွေနဲ့ ဝိုင်းရံခံရပြီး တစ်ယောက်ကိုတစ်ယောက်ဂရုစိုက ကြတယ်။

– Richard

သတိပြုရန်- သင် ဒါမှမဟုတ် ချစ်ရတဲ့သူတစ်ဦးဟာ ကလေးဘဝမှာ လိင်ပိုင်းဆိုင်ရာအလွဲသုံးစားမှုကိုကြုံတွေ့ခဲ့ရပါက ရုပ်ပိုင်းဆိုင်ရာနှင့်စိတ်ပိုင်းဆိုင်ရာနာကျင်မှုကို ဖြစ်စေနိုင်တယ်။ ထိတွေ့မှုဟာ တစ်ဦးအပေါ်တစ်ဦး စော်ကားမှုအဖြစ် ကြုံတွေ့ရနိုင်တယ်။ ကောင်းမွန်တဲ့ထိတွေ့မှုခံယူခြင်းကို အလန့်တကြားဖြစ်နိုင်ပါတယ်။ လိင်အလွဲသုံးစားပြုမှုခံရဖူးတဲ့လူတွေကို ကောင်းမွန်တဲ့ပွေ့ဖက်ခြင်းအကြောင်း ညင်သာစွာမိတ်ဆက်ပေးပါ။

ဘယ်သူ့ကိုမဆို ပွေ့ဖက်ခြင်းမပြုခင် အမြဲတမ်းခွင့်ပြုချက်တောင်းပါ။ လိင်အလွဲသုံးစားပြုမှုခံရဖူးတဲ့သူတွေဆီကနေ ငြင်းပယ်ရနိုင်တယ်။ ဒါကို တင်ကြိုသိရှိထားဖို့၊ မျှော်လင့်ထားဖို့ လိုပါတယ်။ စိတ်ရှည်သည်းခံပြီး မေတ္တာထားပါ။ သူ့နှလုံးသားထဲက နံရံတွေပြိုကျဖို့ အချိန်ယူရလိမ့်မယ်။ မရပ်ပါနဲ့၊ သူ့အထဲမှာရှိတဲ့အကြောက်တရား တံတိုင်းတွေကို ဆက်ပြီး လှမ်းဆွဲလိုက်ပါ။

ဆက်လက်တည်မြဲနေပါက ယုံကြည်မှုတည်ဆောက်ထားတဲ့အတွက် နောက်ဆုံးမှာ သူ့ရဲ့ခုခံမှု လျော့နည်းသွားမယ်။

ကလေးဘဝလိင်ပိုင်းဆိုင်ရာအလွဲသုံးစားမှုကနေ လွတ်မြောက်လာသူတစ်ဦးဟာ ကောင်းမွန်တဲ့ထိတွေ့မှုကိုလိုလားတောင့်တနေပေမယ့် ထိတ်လန့်ကြောက်ရွံ့နေပါတယ်။ မိသားစုနှင့်သူငယ်ချင်းတွေဆီကနေ ပွေ့ဖက်ခြင်းကိုလက်ခံတဲ့အခါမှာ ကျွန်တော်ဟာ လိင်စိတ်ထကြွလာပြီး နောက်ပြန်ဆုတ်သွားတတ်တယ်။ တစ်ဖက်လူက ကျွန်တော့်ရဲ့လိင်အင်္ဂါတောင့်တင်းလာတဲ့လို့ ခံစားရမှာကို အရမ်းကြောက်ခဲ့တယ်။ နှစ်တော်တော်ကြာ အဲဒီလိုခံစားခဲ့ရပါတယ်။ ကျွန်တော့်ရဲ့ကုထုံးကာလမှာ ကျွန်တော်နဲ့ရင်းနှီးတဲ့သူငယ်ချင်းတွေကို ပွေ့ဖက်ရင်းနဲ့ ကျွန်တော့်ဟာ တောင့်တင်းလာခဲ့ရင် နားလည်ပေးကြပါလို့ ပြောရင်း ရုတ်တရက်မျက်ရည်တွေကျလာမိတယ်။ တချိန်တည်းမှာ အရှက်တရားနှင့်လွတ်မြောက်မှုနှစ်ခုစလုံးဖြစ်ခဲ့လို့ပါ။ လိင်စိတ်ထကြွမှာကို မထိတ်လန့်မကြောက်ရွံ့ဘဲ ကောင်းမွန်တဲ့ပွေ့ဖက်မှုကို ရိုးရိုးရှင်းရှင်းနဲ့ လက်ခံနိုင်လောက်အောင် လုံခြုံတယ်လို့ ခံစားရတဲ့အထိ လန့်ချိပြီး ထပ်ခါတလဲလဲ လေ့ကျင့်ခဲ့ရပါတယ်။ အချိန်တန်တော့၊ ကောင်းမွန်တဲ့ပွေ့ဖက်မှုရဲ့ဘုရင်ဖြစ်လာတယ်။ ဆိုတော့ ဒါကို သင်လည်း လုပ်နိုင်ပါတယ်။

လိင်အလွဲသုံးစားပြုမှုမှ အသက်ရှင်ကျန်ရစ်သူတွေရရဲ့နောက်ထပ်စိတ်ဝင်စားဖွယ်လက္ခဏာမှာ စိတ်ပိုင်းခြားခြင်းပါပဲ။ ကလေးဘဝတွင် လိင်ပိုင်းဆိုင်ရာစော်ကားခံရခြင်းရဲ့ထိတ်လန့်ကြောက်ရွံ့မှုကို ကိုင်တွယ်ဖြေရှင်းတဲ့အခါ အချို့က အဖြစ်အပျက်ထဲမှာ ကိုယ်တိုင်မပါဝင်ဘဲ ခွဲထုတ်တဲ့နည်းနဲ့ ကိုင်တွယ်ခဲ့ကြတယ်။ အချို့က အခင်းဖြစ်တဲ့နေရာမှာတင် လွင့်မျောနေသလိုခံစားရပြီး ကိုင်တွယ်ဖြေရှင်းကြတယ်။ အရွယ်ရောက်ပြီးသူတစ်ဦးအနေနဲ့ ရုပ်ရှင်ကြည့်နေစဉ် အထူးသဖြင့် နာကျင်စရာမြင်ကွင်းတစ်ခုကို ကြည့်ရှုတဲ့အခါမှာ အခင်းဖြစ်ပွားတဲ့နေရာမှာ ဇာတ်လိုက်နဲ့ ပါသွားတတ်တယ်။ စိတ်ပိုင်းဆိုင်ရာ တွန်းအားဖြစ်စေတဲ့ဇာတ်လမ်းတွေကို ကြည့်ရင်းနဲ့ဒီလိုအဖြစ်မျိုး ခဏခဏကြုံလေ့ရှိတယ်။ ဒါပေမယ့် ကိုယ်ဟာ တကယ့်ဇာတ်ကားထဲပါတာမဟုတ်ပါဘူး။ ဒီလိုနဲ့ ကိုယ်ဟာ အရွယ်ရောက်တဲ့လူတစ်ယောက်ပဲဆိုတဲ့အသိစိတ်ကို ပြန်နိုးပြီး ရုပ်ရှင်ကိုရုပ်ရှင်လိုကြည့်ရှုတတ်လာတယ်။ ဒါဟာ ကြုံတွေ့ခဲ့ရတဲ့ခါးသီးမှုတွေ

နှင့်နာကျည်းစရာတွေကို ခန္ဓာကိုယ်ကနေ အလွယ်တကူခွာထုတ်နိုင်တဲ့ရိုးရှင်းတဲ့အကြံပြုချက်လေးပါ။

အလွဲသုံးစားပြုမှုခံခဲ့ဖူးသူတွေအတွက် နောက်ဆုံးသတိပေးချက်တစ်ခု-သင်ဟာ ထိခိုက်လွယ်တယ်လို့ ခံစားရတဲ့အခါမှာ ပြင်းထန်တဲ့စိတ်ခံစားချက် ဇာတ်လမ်းတွေကို မကြည့်ပါနှင့်။ မဟုတ်ရင် ဇာတ်ဆောင်ရဲ့နာကျင်မှုနဲ့ ရောယှက်မိနိုင်လို့ပါ။ အန္တရာယ်ကတော့ သူတို့ရဲ့နာကျင်မှုတွေက သင့်စိတ်ထဲကို တိုက်ရိုက်ရောက်သွားနိုင်လို့ပါ။ သင်ခံစားနေရတဲ့အရာကို မသိပါက ဒီအရှုပ်အထွေးဟာ နာရီပေါင်းများစွာ ဒါမှမဟုတ် ရက်များစွာကြာနိုင်တယ်။ ဒီတော့ ခံစားချက် အားနည်းလာတဲ့အခါမှာ အခြားသူတွေရဲ့ ပြင်းထန်တဲ့နာကျင်မှုကို မကြည့်ပါနဲ့၊ မဖတ်ပါနဲ့။

ကလေးဘဝမှာ လိင်ပိုင်းဆိုင်ရာ ကိုယ်ထိလက်ရောက်စော်ကားမှု ဒါမှမဟုတ် ပြင်းထန်တဲ့စိတ်ဒဏ်ရာတွေ မကြုံဖူးပါက ဒါဟာ အင်မတန်ထူးဆန်းပါလိမ့်မယ်။ ကြုံခဲ့ဖူးပါက သင့်ရဲ့ခန္ဓာကိုယ်ကို စွန့်လိုက်ရသလို၊ စိတ်ဝိညာဉ်ဟာ သိမ်းပိုက်ခံရသလိုခံစားနိုင်ကြောင်း ကျွန်တော်သိပါတယ်။ ကျွန်တော်တို့ငယ်ရွယ်ဘဝမှာ လုယူခံရတဲ့ဂုဏ်သိက္ခာတွေကို ပြန်လည်ရရှိဖို့အတွက် လေ့ကျင့်မှုနှင့်ကြိုးစားအားထုတ်မှု လိုအပ်ပါတယ်။ စိတ်ပညာရှင် Hal နှင့် Sidra Stone ရဲ့ထူးထူးခြားခြား Voice Dialogue လို့ခေါ်တဲ့ Embracing Our Selves ကုထုံးနည်းလမ်းညွှန်စာအုပ်ကို သင်ဖတ်ရှုနိုင်ပါတယ်။ သူတို့ရဲ့စာအုပ်တစ်အုပ်လုံးမှာ သူတို့ရဲ့စစ်မှန်တဲ့ပင်ကိုနှင့်စိတ်ပိုင်းဆိုင်ရာ တွယ်တာမှုတွေကြောင့် စွဲလမ်းလာသူတွေဖြစ်ကြောင်းကို ဖော်ပြထားတယ်။ သူတို့တွေဟာ ကုထုံးရှုထောင့်ကနေ နားလည်သဘောပေါက်တဲ့လောကစိတ်ပညာရှင်တွေပါပဲ။

ကုသခြင်းအတွက် လေ့ကျင့်ခန်း

လမ်းညွှန်ဆရာနဲ့အရွယ်ရောက်တဲ့ကလေးကြား ဖက်တွယ်ခြင်း

ဒီပုံလေးတွေဟာ ကုစားခြင်းအတွက် လှပတဲ့လေ့ကျင့်ခန်းတစ်ခုဖြစ်ပါတယ်။ သင်ချစ်ရတဲ့သူ ဒါမှမဟုတ် ရင်းနှီးတဲ့မိတ်ဆွေတစ်ဦးဟာ ရုပ်ပိုင်းဆိုင်ရာ/လိင်ပိုင်းဆိုင်ရာစော်ကားခံရပါက/လျစ်လျူရှုခံရပါက ပုံမှာ ဖော်ပြသလိုပါပဲ ပုံမှန်ထိတွေ့ခြင်းစတင်လိုက်ပါ။ ဆိုဖာခုံပေါ်ထိုင်နေတဲ့အခါ မိဘတွေအနေနဲ့ ကိုယ့်သားသမီးတွေကို လက်နှစ်ဖက်စလုံးနဲ့ ပုံပါဖော်ပြတဲ့သလို သေချာစွာ ဖက်တွယ်ထားပါ။ ဒါဟာ မိဘနဲ့သားသမီးတွေကြား နွေးထွေးတဲ့ဆက်ဆံရေး

ကိုရှင်းရှင်းလင်းလင်းဖြစ်စေပါတယ်။ ကလေးရဲ့လက်တစ်ဖက်ဟာ သင့်ရဲ့ပခုံး အထက်နှင့်အနီးတစ်ဝိုက်တွင် ရှိနေရင် အပြန်အလှန်ဆက်ဆံရေးကို ပိုမိုဖန်တီးပေးပါတယ်။

လမ်းညွှန်ဆရာက အရွယ်ရောက်ပြီးသူ-ကလေးကို ဖက်တွယ်ထားတဲ့ နွေးထွေးလုံခြုံတဲ့ထိတွေ့မှုကို ခံစားဖို့ သင့်ကိုယ်သင် ခွင့်ပြုပါ။ သင့်မျက်လုံးတွေကိုမှိတ်ထားပြီး သင်အမြဲလိုချင်ခဲ့တဲ့ပုံစံနဲ့ သင့်လမ်းညွှန်ဆရာ/မိဘတွေ ဖက်တွယ်ထားကြောင်း စိတ်ကူးကြည့်ပါ။ ဒါမှမဟုတ် ဝိညာဉ်ရေးဆရာက သင့်ကို ဖက်တွယ်ထားပြီး သင့်ခန္ဓာကိုယ်နှင့်စိတ်ဝိညာဉ်ထဲကို ဘုရားသခင်ရဲ့ မေတ္တာတော်ကို သွန်းလောင်းနေတယ်လို့ မြင်ယောင်နိုင်ပါတယ်။ သက်သောင့်သက်သာနေပြီး လက်ခံလိုက်ရုံပါပဲ။ ပိုပြီးတော့ အဆင်ပြေတဲ့ကုသရေး အငွေ့အသက်ကို ဖန်တီးဖို့ဆိုရင် သင့်သားသမီးတွေကို ဖက်တွယ်နေတဲ့အချိန်မှာ သာယာတဲ့တေးဂီတကို နောက်ခံအတွက် ဖွင့်နိုင်ပါတယ်။

ဒါကို ပုံမှန်လေ့ကျင့်ပါ။ တိကျတဲ့အချိန်တွေကို သတ်မှတ်ပြီး ရှင်းလင်းတဲ့စည်းတွေကို သတ်မှတ်ပါ။ အရွယ်ရောက်ပြီးသူ-ကလေးငယ်ဟာ စော်ကားခံခဲ့ဖူးပြီး အချစ်ကို အစားထိုးဖို့ လိင်ကို အသုံးပြုတတ်လာပါက သူ/သူမဟာ ဖက်တွယ်ခံရတဲ့အချိန်မှာ လိင်စိတ်နိုးကြားလာနိုင်တယ်။ ဒါဟာ ကုသခြင်းရဲ့ ဖြစ်စဉ်မှာ ဖြစ်တတ်တာဟာ သဘာဝအစိတ်အပိုင်းတစ်ခုပါပဲ။ မူလဒဏ်ရာကို ကုစားတဲ့အခါမှာ စိတ်တိုင်းမကျတဲ့အရာတွေဖြစ်လာနိုင်ပါတယ်။ မူလဒဏ်ရာတွေကို ကုသတဲ့အခါမှာ လိင်စိတ်ခံစားချက်တွေ ပေါ်လာမှာဖြစ်ပြီး အဓိကနာကျင်မှုတွေ၊ ထိခိုက်မှုတွေနှင့်အချစ်အတွက် လိုအပ်ချက်တွေကို သင်ရှာဖွေတွေ့ရှိမှာဖြစ်တယ်။

သင်အမှန်တကယ် ကုသချင်ရင် လိင်စိတ်နှိုးဆွခံရခြင်းအကြောင်း သင့်လမ်းညွှန်ဆရာနဲ့မျှဝေပါ။ လွန်ခဲ့တဲ့အနှစ်သုံးဆယ်ကျော်က ခရစ်ယာန်ဓမ္မအမှုတော်ထဲမှာ လူတော်တော်များများက သူတို့ရဲ့အဓိကဒဏ်ရာတွေကို အမှန်တကယ်မဖြေရှင်းတာတွေ၊ လိင်ဆက်ဆံခြင်းမဟုတ်တဲ့ ကောင်းမွန်တဲ့ထိတွေ့မှုမရှိတာတွေ၊ မေတ္တာလိုအပ်ချက်ဖြည့်ဆည်း မပေးနိုင်တာတွေကို တွေ့ရပါတယ်။ ဒါဟာ စိတ်ပျက်ဖွယ်ကောင်းတဲ့အဆုံးမရှိတဲ့ စက်ဝန်းတစ်ခုဖြစ်တယ်။

စိတ်ရင်းမှန်နဲ့ ကုသဖို့ဆိုရင် တစ်စုံတစ်ဦးဟာ သူ့ရဲ့ပုံရိပ်တွေဖြစ်တဲ့ လိင်ဆန္ဒတွေ၊ အဓိက ဒဏ်ရာတွေနှင့်မေတ္တာလိုအပ်ချက်တွေကို ရင်ဆိုင်ရမှာ

ဖြစ်ပါတယ်။ လမ်းညွှန်ဆရာတစ်ဦးနဲ့ နီးကပ်လာတဲ့အခါ အရွယ်ရောက်ပြီးတဲ့ကလေးက သူ့ရဲ့လိင်စိတ်ဆန္ဒတွေအကြောင်းကို ဖွင့်ပြောဖို့ လိုအပ်ပါတယ်။ "ငါလိင်စိတ်နိုးထနေတယ်။ ဒါက ပြောရခက်ပေမယ့်ပြောရမယ့်ကိစ္စပါ။

အရွယ်ရောက်ပြီးတဲ့ကလေးက ဒီလိုဟာတွေနဲ့ အခြားလိင်ပိုင်းဆိုင်ရာအတွေးတွေကိုမျှဝေဖို့ ရှက်စရာဖြစ်ပေမယ့် တုန်လှုပ်စရာအရိပ်အယောင်တွေကိုမပြဘဲ လမ်းညွှန်ဆရာကနေ လက်ခံနိုင်ဖို့ လုပ်ယူတတ်ဖို့ အင်မတန်အရေးကြီးပါတယ်။ လမ်းညွှန်ဆရာရဲ့တစ်ခုတည်းသောမှန်ကန်တဲ့တုံ့ပြန်မှုဟာ ခြွင်းချက်မရှိတဲ့မေတ္တာလက်ဆောင်ကို ပေးဆောင်ခြင်းပါပဲ။ "မျှဝေပေးလို့ ကျေးဇူးတင်ပါတယ်။ မင်းနဲ့လိင်ဆက်ဆံချင်လို့မဟုတ်ပါဘူး။ မင်းကို အရှိကိုအရှိတိုင်း /အဖြစ်ကိုအဖြစ်တိုင်း ချစ်ရတာပါ။"

၎င်းက အရွယ်ရောက်ပြီးသူ-ကလေးအား လိင်ပိုင်းဆိုင်ရာခံစားချက်တွေကို ဖြတ်ကျော်ပြီး သူ့ရဲ့နှလုံးသားထဲ နက်ရှိုင်းတဲ့ဒဏ်ရာတွေဆီကို ဝင်ရောက်နိုင်စေမှာဖြစ်တယ်။ ဒီဖြစ်စဉ်တွေဟာ အချိန်ယူရလိမ့်မယ်။ အဲဒီလိုပြုမူခြင်းဟာ ကျွန်တော့်အသက်တာကို ကယ်တင်ခဲ့ပြီး ပြီးခဲ့တဲ့ဆယ်စုနှစ်သုံးခုအတွင်း ကျွန်တော်ကူညီခဲ့တဲ့ မရေတွက်နိုင်တဲ့လူနာတွေရဲ့ဘဝတွေကို ကယ်တင်ခဲ့ရတယ်။ ရာနှင့်ချီတဲ့အမျိုးသားနှင့်အမျိုးသမီးတို့ဆီက အံ့ဩဖွယ်ရာအသွင်ကူးပြောင်းမှု ဇာတ်လမ်းတွေကို ကျွန်တော်ကြားခဲ့ဖူးပါတယ်။ သူတို့ရဲ့အပြစ်တွေ၊ အရှက်ကွဲမှုတွေ၊ နာကျင်မှုတွေကို ကျော်ဖြတ်ဖို့ ကူညီပေးတဲ့ အံ့ဩစရာကောင်းတဲ့လမ်းညွှန်ဆရာတွေကို သူတို့တွေ့ရှိခဲ့တယ်။ နောက်ဆုံးမှာ ချစ်ခြင်းမေတ္တာကို ခံစားခဲ့ရပြီး မယုံနိုင်လောက်တဲ့လွတ်လပ်မှုရရှိခဲ့ကြတယ်။

သတိ

တကယ်လို့ လမ်းညွှန်ပေးတဲ့သူဟာ အရွယ်ရောက်ပြီးတဲ့ကလေးကိုကိုင်ထားစဉ် လိင်ပိုင်းဆိုင်ရာခံစားချက်တွေပေါ်လာခဲ့ရင် အဲဒီခံစားချက်တွေကို သူ/သူမအား မျှဝေခြင်းမပြုပါနဲ့။ သင့်လိင်အင်္ဂါ ဧရိယာမှ ခံစားချက်တွေကို သင့်နှလုံးသားဆီကိုပို့ဆောင်ပြီး အရွယ်ရောက်ပြီးတဲ့ကလေးကို ချစ်ခြင်းအပေါ်မှာပဲ အာရုံစိုက်ပါ။ သင့်ခံစားချက်တွေတစ်လျှောက်လုံး အရေးယူဆောင်ရွက်ပါ။ သင့်ကိုယ်ပိုင်အရိပ် (သင့်ဝိညာဉ်ရဲ့မသိစိတ်အစိတ်အပိုင်းတွေ)၊ သင့်

လိုအပ်ချက်တွေနှင့်သင့်ပြဿနာတွေကို ကိုင်တွယ်ဖြေရှင်းဖို့အတွက် ဒါဟာ အခွင့်အရေးတစ်ခုဖြစ်ပါတယ်။

အရွယ်ရောက်ပြီးတဲ့ကလေးဟာ လိင်ပိုင်းခံစားချက်ဖြစ်ပေါ်လာရင် ဒါဟာ ပိုမိုနက်ရှိုင်းစွာကုသပေးဖို့အတွက် အခွင့်အရေးကောင်းဖြစ်ပါတယ်။ လွန်ခဲ့တဲ့နှစ် (၃၀) ကျော်က ငါ့ရဲ့ကိုယ်ရေးကိုယ်တာ နှင့်ပရော်ဖက်ရှင်နယ်အတွေ့အကြုံဟာ သင့်ရဲ့လိင်ခံစားချက်တွေအောက်မှာ နာကျင်မှုနှင့်အချစ်အတွက် ဆာလောင်မှုကို တွေ့နိုင်မယ်ဖြစ်တယ်။

"အခြားအရာအားလုံးထက် ချစ်ခင်ကြင်နာမှုကို သင်ယူရာမှာ လူသားတစ်ယောက်အနေနဲ့ အမြဲတမ်းပါဝင်ဖို့က မိမိတို့ရဲ့အခန်းကဏ္ဍဖြစ်တယ်လို့ ကျွန်တော်ထင်ပါတယ်။ ချစ်တတ်ဖို့ သင်ယူခြင်း၊ ကြင်နာတတ်ခြင်းတွေဟာ အလွန်နီးကပ်စွာအပြန်အလှန်ဆက်နွှယ်နေပြီး အထူးသ ဖြင့် ထိတွေ့ခံစားမှုနဲ့ နက်နက်ရှိုင်းရှိုင်း အပြန်အလှန်ရောယှက်နေပါက/မိမိတို့ရဲ့အတွေ့အကြုံလိုအပ်မှုကို ပိုမိုအာရုံစိုက်ပါက မိမိတို့ရဲ့လူသားဆန်မှုကို ပြန်လည်ရရှိဖို့ များစွာအထောက်အကူပြုလိမ့်မယ်" (Montagu၊ Ashley၊ *Tou- ching: The Human Significance of the Skin,* New York: Harper and Row Perennial၊ 1986၊ page xiv).

ကောင်းမွန်တဲ့အထိအတွေ့ရဲ့ကုသခြင်းစွမ်းအား

Richard နှင့်ကျွန်တော်ရဲ့ခင်မင်ရင်းနှီးမှုဟာ သူ့ရဲ့ကုသရေးခရီးကို စတင်နေချိန်လွန်ခဲ့တဲ့နှစ်ပေါင်းများစွာက စတင်ခဲ့တယ်။ ကျွန်တော်တို့တွေတွေ့ပြီး မကြာခင်မှာပဲ Richard က ငါကူညီဆောင်ရွက်ပေးနေတဲ့အပန်းဖြေစခန်းကို သွားခဲ့တယ်။ Richard ဟာ အိမ်ထောင်ပြုဖို့ စေ့စပ်လိုက်ပြီဆိုတာ သိပေမယ့် သူ့အတိတ်နဲ့ နပန်းလုံးပြီး သူ့အနာဂတ်ကို ရင်ဆိုင်တဲ့အခါမှာ သူ့အတွင်းစိတ် ကမောက်ကမဖြစ်မှုကို ကျွန်တော်မသိခဲ့ဘူး။ သူက အစီအစဉ်အတွက်ရော ကျွန်တော့်အတွက်ပါ ပြဿနာရှာနေတာလို့ပဲထင်တယ်။

စည်းဝေးမှုတစ်ခုပြီးတဲ့နောက်မှာ Richard ရဲ့နှောင့်ယှက်မှုကြောင့် သည်းမခံနိုင်တော့ဘူး။ အစီအစဉ်ပြီးသွားတော့ အခန်းနောက်ဘက်က သူ့ဆီလှမ်းသွားပြီး "မင်းရည်ရွယ်ချက်ရှိရှိနဲ့ ပုန်ကန်နေတာလား" လို့မေးလိုက်တယ်။ "ဟုတ်တယ်"လို့ ပြန်ဖြေတယ်။ ကံကောင်းထောက်မစွာနဲ့ မိတ်ဆွေတစ်ဦးဆီကနေ အကြံဉာဏ်ရရှိလို့

စိတ်ဆိုးမယ့်အစား Richard ရဲ့မျက်လုံးကို ရိုးရိုးရှင်းရှင်းကြည့်ပြီး ပွေ့ချီ လိုက်တယ်။ သူမျက်ရည်တွေကျပြီး ကျွန်တော့်ရင်ခွင်ထဲတွင် အရည်ပျော်သွားကာ ကျွန်တော့်ပခုံးပေါ် ရှိုက်ငိုတယ်။ နှစ်ပေါင်းများစွာကတည်းက ပဋိပက္ခကြီးရဲ့အရင်းအမြစ်ဖြစ်တဲ့ သူ့ရဲ့လိင်ကိစ္စကို ရှင်းပြဖို့ တိတ်ဆိတ်တဲ့အခန်းသို့ ကျွန်တော်တို့သွားကြတယ်။ မကြာခင် သူ့အိမ်ထောင်ရေးမှာ အမျိုးသမီးတစ်ဦးနဲ့ရင်းနှီးလာမှာကို ကြောက်ရွံ့မှု၊ အတိတ်က မပျောက်နိုင်တဲ့ဒဏ်ရာတွေ၊ အမျိုးသားလမ်းညွှန်ဆရာတစ်ဦးရဲ့မေတ္တာတွေကို တောင့်တခြင်း စတာတွေကြောင့် ဖြစ်တယ်လို့ဆိုပါတယ်။

Richard ကို ကျွန်တော့်ရဲ့အခန်းဖော်လုပ်ခိုင်းခဲ့တယ်။ သူလည်း ဒီလိုပြောင်းအရွှေ့လုပ်ရတာကို အရမ်းပျော်တယ်။ ညတိုင်း ကျွန်တော် သူ့ကို ရင်ခွင်ထဲ ပွေ့ဖက်ပြီး မျှဝေရင်းရင်းနှီးတဲ့ သူငယ်ချင်းတွေဖြစ်ခဲ့ပါတယ်။ တစ်ညမှာ ကျွန်တော်တို့ရဲ့ရင်းနှီးမှုအပေါ် Richard ရဲ့တုံ့ပြန်မှုဟာ ကျွန်တော့်ကို လိင်ပိုင်းဆိုင်ရာဆွဲဆောင်လာပါတော့တယ်။ ကျွန်တော်က ဒီအရာနဲ့ ဘာမှကို ဆွဲဆောင်မခံရဘူး။ ဒါနဲ့ သူ့ကို ဒါဟာ ကျွန်တော်တို့ရဲ့ရင်းနှီးမှုမဟုတ်ပါဘူး၊ စိတ်လည်း မဝင်စားပါဘူးလို့ ရိုးရိုးသားသား ပြောခဲ့ပါတယ်။

ဒီစကားတွေပြောပြီးတဲ့အခါ Richard က မျက်ရည်ကျပြန်တယ်။ ‘လွန်ခဲ့တဲ့နှစ်ပေါင်းများစွာက မင်းဦးလေးလုပ်သလိုမျိုး မင်းငါ့ကို အခွင့်ကောင်းယူမှာ မဟုတဘူးဆိုတာ ငါသိတယ်။ ဒါက ယောကျ်ားလေးတွေရဲ့ ရင်းနှီးမှုနှင့်စစ်မှန်တဲ့ရင်းနှီးမှုကို ခွဲခြားသိမြင်ဖို့ ကူညီပေးခဲ့တာပါ’ လို့ပြောလိုက်တယ်။ ကျွန်တော်တို့ရဲ့ခင်မင်ရင်းနှီးမှု တိုးလာတာနဲ့အမျှ လအတော်ကြာ တိုက်ခန်းတစ်ခန်းမှာ အတူနေခဲ့ကြတယ်။

Richard ဟာ သူ့ရဲ့ကုထုံးကို သင်ယူရင်း ကြီးပြင်းလာတာနဲ့အမျှ သူ့ရဲ့အသိဥာဏ်တွေကို မျှဝေခဲ့တယ်။ ကျွန်တော့်ကိုလည်း ကုထုံးနဲ့ပတ်သက်ပြီးတော့ စတင်သင်ကြားပေးခဲ့တယ်။ လအနည်းငယ်ကြာပြီးနောက် လိင်မှုကိစ္စမှာ တော်တော်ကို အရှက်ကြီးတဲ့အမျိုးသမီးတစ်ဦးနဲ့ ကျွန်တော်တွေ့ဆုံခဲ့တယ်။ သူမ ကလေးဘဝက လိင်ပိုင်းဆိုင်ရာအလွဲသုံးစားလုပ်မှု အတွေ့အကြုံကို မျှဝေခဲ့တယ်။ Richard ဆီက သင်ယူမှုတွေကြောင့် သူမရဲ့ကလေးဘဝ အနိုင်ကျင့်ခံရမှု၊ နာကျင်မှုနှင့်အရှက်ကွဲမှုတွေကို ကူညီနိုင်ခဲ့တယ်။ သူမဟာ ကျွန်တော့်ရင်ခွင်ထဲက ငြိမ်းချမ်းမှုနှင့် ဘေးကင်းမှုကို ရရှိပြီး ကောင်းမွန်တဲ့အထိအတွေ့ရဲ့ကုသခြင်းစွမ်းအားကို ခံစားခဲ့ရပါတယ်။

သူမနှင့်ကျွန်တော်ဟာ အကောင်းဆုံးနှင့်အဖြူစင်ဆုံး သူငယ်ချင်းတွေဖြစ်လာပြီး လပေါင်းများစွာကြာတဲ့အခါမှာ ကျွန်တော်ဟာ ကျွန်တော့်ရဲ့မိခင်ကိစ္စတွေနဲ့ အခြားသူတွေကို နှစ်သက်စေဖို့ဖြစ်လာတဲ့အခါ ဒီအမျိုးသမီးက ခြွင်းချက်မရှိတဲ့လက်ခံမှုနှင့်ပံ့ပိုးကူညီမှုတွေကို ပေးခဲ့တယ်။

အရမ်းချစ်တယ်လို့ခံစားရတယ်၊ ရင်းနှီးတယ်၊ တော်တော်ကို နီးနီးကပ်ကပ်ပါပဲ။ ဆိုတော့ သဘာဝအရဆိုရင် လိင်ဆက်ဆံရေးဘက်ကို ဦးတည်ဖို့ပဲရှိတော့တယ်။

ဒါပေမယ့် ဒါဟာ တကယ်ကိုမလိုအပ်ပါဘူး။ သူမဟာ ကျွန်တော့်ဇနီးလည်း မဟုတ်ပါဘူး။ ကျွန်တော်လည်း သူမရဲ့ခင်ပွန်းမဟုတ်ပါဘူး။ ကျွန်တော်ဟာ ငြိမ်းချမ်းပြီး ပြည့်စုံနေပါတယ်။ ကျွန်တော့်ဘဝမှာ ရှိခဲ့ဖူးတာထက် ပိုပြီးတော့ လေးလေးနက်နက် ခံစားရတယ်။

အဲဒီအချိန်မှာ ကျွန်တော်ဟာ အလွန်သန့်စင်ပြီး စစ်မှန်ခဲ့တယ်။ ငါ့နှလုံးသားမှာ အမြဲတမ်းရှိနေတဲ့အရာက "ခက်တယ်" ဆိုတဲ့ဟာပါပဲ။ ငါတောင့်တခဲ့တဲ့အရာဟာ ငယ်ရွယ်စဉ်မှာ ငါ့အမေဆီက တစ်ခါမှမကြုံဖူးတဲ့ပြုစုပျိုးထောင်မှုပါပဲ။ အဲဒီအချိန်မှာ ငါဘယ်လောက်လွတ်မြောက်ကြောင်း ထုတ်ဖော်မပြောနိုင်ပါ။ အချိန်တွေကြာလာတဲ့အခါ လိင်စိတ်ရှုပ်ထွေးမှုတွေကို ဖြတ်ကျော်နိုင်ပြီး ကြောက်ရွံ့မှုကင်းတဲ့မေတ္တာနဲ့ ကုသရေးမှာ အခြားသူတွေအတွက် လုံခြုံတဲ့နေရာကို ပေးစွမ်းနိုင်ခဲ့တယ်။

စိတ်ပိုင်းဆိုင်ရာကုသရေးမှာ ကောင်းမွန်တဲ့အထိအတွေ့ရဲ့စွမ်းအားကို ရှေ့ဆောင်ကူညီပေးရာတွင် ကျွန်တော့်ရဲ့အချစ်ဆုံးသူငယ်ချင်းရဲ့ရဲစွမ်းသတ္တိနှင့် ရဲရင့်မှုအတွက် အထူးပင် ကျေးဇူးတင်ရှိပါတယ်။ အချိန်ပေးခြင်း၊ ထိတွေ့ခြင်းနှင့်စကားပြောခြင်း စတာတွေက ကျွန်တော်တို့ကို ပိုမိုကျန်းမာစေပြီး လုံးဝသက်သာလာစေဖို့အတွက် စစ်မှန်တဲ့ဆက်ဆံရေးတွေကို ဖန်တီးပေးကာ ပိုမိုပျော်ရွှင်တဲ့ချိတ်ဆက်မှုတွေကို ကမ္ဘာကြီးနဲ့ ချိတ်ဆက်ဖို့ ကူညီပေးမှာ သေချာပါတယ်။

—Phillip

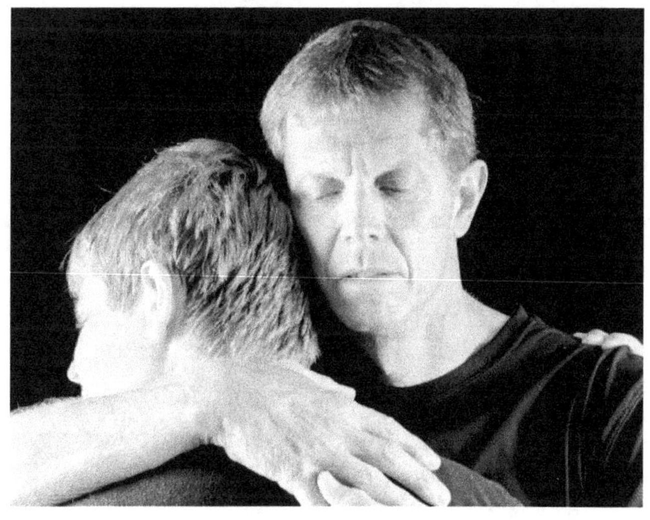

အချစ်ဆိုတာ နာကျင်မှုအားလုံးကို ကုစားနိုင်တဲ့အရာပါပဲ။

အခြားသူတွေနဲ့လိင်ဆက်ဆံခြင်းမပြုဘဲ ရုပ်ပိုင်းဆိုင်ရာရင်းနှီးမှုရှိတဲ့လူတစ်နည်းပြောရရင် ကောင်းမွန်တဲ့စောင့်စည်းမှုတွေကို ထိန်းသိမ်းပြီးတော့ သွေးသားဇာတိမှာ လွတ်လွတ်လပ်လပ်နေထိုင်အသက်ရှင်နိုင်တဲ့လူဟာ လူနည်းစုလေးပါပဲ။ တာဝန်ခံမှုတာဝန်ယူမှုမရှိဘဲ လွတ်လပ်မှုဆိုတာမရှိပါဘူး။ ရည်ရွယ်ချက်ကတော့ ပေါင်းသင်းဆက်ဆံရေးတွေမှာ စည်းတွေ၊ မေတ္တာနှင့် ကန့်သတ်ချက်တွေကိုဖန်တီးဖို့ပါပဲ။ အမျိုးသားတွေက အချစ်ကိုခံစားရဖို့ လိင်

ဆက်ဆံကြပြီး အမျိုးသမီးတွေက လိင်ဆက်ဆံရတာကို နှစ်သက်ဖို့ လိုအပ်ပါတယ်။ လိင်ဆိုတာ အချစ်နဲ့တန်းတူမဟုတ်ပါဘူး။ ထိတွေ့မှုဆိုတာလည်း လိင်နှင့်တန်းတူမဟုတ်ပါဘူး။ ကျွန်တော်တို့ဟာ စစ်မှန်တဲ့ရင်းနှီးမှု၊ ကောင်းမွန်တဲ့တွယ်တာမှု၊ အိမ်ထောင်ရေး အတွင်းရော အပြင်မှာပါ လိင်ကိစ္စမှာ သစ္စာရှိဖို့ လိုပါတယ်။

ချီးကျူးစကားကြောင့် သေအံ့ဆဲဆဲ

လွန်ခဲ့တဲ့နှစ်ပေါင်းများစွာက လုပ်ဖော်ကိုင်ဖက်တစ်ယောက်နဲ့ စားသောက ဆိုင်တစ်ခုမှာ ညစာစားဖြစ်တယ်။ စားပွဲထိုးအမျိုးသမီးဟာ ဆွဲဆောင်မှုရှိစွာဝတ်စား ဆင်ယင်ထားပါတယ်။ သူမရဲ့ရင်သားလေးဟာ ပေါ်နေပြီး ဆံပင်တွေဟာ ပခုံးပေါ်ကျ နေပါတယ်။ ကျွန်တော်က "မင်းက အရမ်းလှတယ်" လို့ပြောလိုက်တယ်။ ကျွန်တော့်ရဲ့ချီးကျူးမှုကို သူမ လုံးဝမခံယူနိုင်ခဲ့ဘူး။ ဘာလို့လဲဆိုတော့ သူ့ကိုယ်သူ အရမ်းဆိုးတယ်လို့တွေးနေခဲ့လို့ပါပဲ။ သူမမှာ ဖခင်ကြောင့် စိတ်ဒဏ်ရာရရှိခဲ့တယ်/အမျိုးသားတွေရဲ့အနိုင်ကျင့်မှု အချို့ကိုခံခဲ့ဖူးတယ်၊ အမျိုးသားတွေရဲ့အာရုံစိုက်မှုနှင့် ထောက်ခံမှုကို ရရှိဖို့ ရှာဖွေနေပေမယ့် ချီးကျူးစကားနည်းနည်းလေးကိုတောင် မခံယူနိုင်ခဲ့ပါ။

ဒီအမျိုးသမီးဟာ သူ့ကိုသူ သိမ်ငယ်ပြီး ဆန့်ကျင်ဘက်လိင်တွယ်တာမှု ဒဏ်ရာတွေရှိခဲ့တယ်။ ဆွဲဆောင်မှုရှိရှိ ဝတ်စားဆင်ယင်တဲ့အမျိုးသမီးတွေဟာ ဖခင်/အမျိုးသားတွေရဲ့တောင့်တမှုနဲ့ ကြုံရမှာသေချာတယ်။ အမျိုးသမီးတွေကို တပ်မက်တဲ့အမျိုးသားတွေဟာ မိခင်ငတ်မွတ်ခြင်းကြောင့်ဖြစ်နိုင်ပါတယ်။ အမျိုးသားနှင့်အမျိုးသမီးတွေက အချင်းချင်းတပ်မက်တာကြဟာ သာမန်မဟုတ်သလို သဘာဝလည်းမဟုတ်ပါ။ ဒါဟာ မကောင်းတဲ့ဒဏ်ရာတွေ၊ မဖြည့်ဆည်းလိုက်တဲ့ချစ်ခြင်းမေတ္တာတွေကို ကိုယ်စားပြုတာဖြစ်ပါတယ်။ငါက ယောက်ျားမိန်းမတွေရဲ့အလှကို ချီးမွမ်းဖို့ ပြောနေတာမဟုတ်ပါဘူး။ အနုပညာဆိုတာ အနုပညာပါပဲ။ လှပခြင်းဆိုတာ လှပခြင်းပါပဲ။ မဆိုင်တဲ့လူနဲ့ အပျော်သဘောနဲ့ လိင်ဆက်ဆံတာဟာ လုံးဝမကောင်းပါ။

— Richard

ကလေးတွေဟာ နို့စို့အရွယ်နှင့်ငယ်ရွယ်စဉ်မှာ မိဘတွေနှင့်ဆွေမျိုးတွေရဲ့ချစ်ခင်မှု လုံလောက်စွာမရရှိပါက ဆယ်ကျော်သက် အရွယ်ရောက်လာရင် လိင်စိတ်ပြင်းထန်တဲ့လူဖြစ်လာနိုင်တယ်။ အဲဒီလိုလိင် စိတ်ဆန္ဒပြင်းပြနေခြင်းဟာ သူမခံစားလိုက်ရတဲ့အချစ်ကို ပြန်လည်ရရှိဖို့ ကြိုးပမ်းနေတဲ့နည်းလမ်းတစ်ခုဖြစ်လာပါတယ်။ အဲဒီလိုလူတွေဟာ မိသားစုနဲ့အသိုင်းအဝိုင်းရဲ့ထိတွေ့မှုကို လိုအပ်တာဖြစ်တယ်။ ဖြေရှင်းချက်က ဘယ်တော့မှ လိင်ဆက်ဆံခြင်းမ

ဟုတ်ပါဘူး။ သူတို့တွေဟာ အခြေခံလိုအပ်ချက်တွေဖြစ် တဲ့တွယ်တာမှု၊ ရင်းနှီးမှု၊ နားလည်မှု၊ အချိန်ပေးခြင်း၊ ထိတွေ့ခြင်းနှင့်စကားပြောဆိုခြင်း တွေပဲဖြစ်ပါတယ်။

ကျွန်တော်တို့ရဲ့ခန္ဓာကိုယ်တွေဟာ အတွင်းစိတ်ဒဏ်ရာတွေနှင့် မဖြည့်ဆည်းလိုက်တဲ့ အချစ်လိုအပ်ချက်တွေကို ပြေလျော့စေမယ့်ဟာကိုပဲ လိုအပ်နေတာဖြစ်ပါတယ်။ အချစ်ကို တောင့်တလို့ နေမကောင်းဖြစ်သွားတယ်။ အိမ်မွေးခွေးတွေ၊ ကြောင်တွေနှင့်အခြားတိရစ္ဆာန်တွေကို ချစ်တာဟာ အိုကေပါတယ်။ ဒါပေမယ့် ကမ္ဘာပေါ်တွင် ဝမ်းနည်းစရာအကောင်းဆုံးအရာတွေထဲမှ တစ်ခုက ဖောက်ပြန်နေခြင်းပါ။ ဒါဟာ တကယ်ကို မသင့်တော်တဲ့အရာပါ။ လိင်ပိုင်းဆိုင်ရာသားကောင်တွေရှိတယ်ဆိုတာကိုတော့ မယုံမရှိနဲ့။ ဒါပေမယ့် လူသားမျိုးနွယ်အများစုဟာ လိင်ပိုင်းဆိုင်ရာသားကောင်တွေမဟုတ်ဘဲ သူတို့ရဲ့လှောင်အိမ်ထဲမှာ ပိတ်လှောင်ခံထားတာကြောင့်ဖြစ်တယ်။ ပိုမိုချစ်ခင်တတ်တဲ့ကလေးတွေက အခြားသူစိမ်းတွေကို ပွေ့ဖက်တာဟာ လက်ခံနိုင်စရာရှိပေမယ့် ကျွန်တော်တို့အတွက်ကတော့ ဒါဟာ လက်ခံနိုင်စရာအကြောင်းမရှိပါ။

TTT ရဲ့ထိတွေ့မှုက ဝမ်းနည်းဖွယ်ဖြစ်စဉ်တွေကို စတင်ပြောင်းလဲပစ်မှာဖြစ်ပါတယ်။

ယေဘုယျအားဖြင့် ကျွန်တော်တို့ကလေးတွေကို လိင်ပိုင်းဆိုင်ရာအလွဲသုံးစားမှုကနေ လုံခြုံဖို့အတွက် လူတို့တွေကို မယုံကြည်ဖို့ သင်ကြားပေးလေ့ရှိတယ်။ တပည့်တွေကို ပွေ့ဖက်တာ ရပ်ဖို့ ဆရာတွေကို ပြောထားတယ်။ ဖြေရှင်းချက်ကို မြှင့်တင်မယ့်အစား ကောင်းမွန်တဲ့ထိတွေ့မှုနှင့်ပွေ့ဖက်ခြင်းအကြောင်းတွေကို သင်ကြားပေးကြတယ်။ ကောင်းမွန်တဲ့ထိတွေ့ခြင်းနှင့်ပွေ့ဖက်ခြင်းကို တားမြစ်တဲ့ဥပဒေပြဋ္ဌာန်းခြင်းဖြင့် ပြဿနာကိုမြှင့်တင်ကြတယ်။

လူသားအားလုံးအတွက် ကောင်းမွန်တဲ့ထိတွေ့မှု သင်ကြားပေးဖို့ လိုအပ်ပါတယ်။

ကလေးတွေ၊ ဆယ်ကျော်သက်တွေနှင့်လူကြီးတွေအားလုံး ကောင်းမွန်တဲ့ထိတွေ့မှုကို ပုံမှန်ခံစားနိုင်ဖို့ ကူညီခြင်းဖြင့် လိင်၊ ညစ်ညမ်းနှင့်လိင်စိတ်နိုးဆွမှုလုပ်ငန်းတွေကို လျှော့ချနိုင်ပါတယ်။ သင့်မိသားစု၊ သူငယ်ချင်းတွေနှင့် ပွေ့ဖက်ခြင်းတို့ကို လေ့ကျင့်ပါ။ ထိတွေ့မှုက ကျန်းမာစေပါတယ်။ ကျွန်တော်တို့တွေဟာ အလွဲသုံးစားမှုတွေ၊ အကြမ်းဖက်မှုတွေနှင့်ဘေးအန္တရာယ်တွေကို ကြုံတွေ့ခဲ့ကြရတယ်။ ကောင်းမွန်တဲ့ထိတွေ့မှုကို နေ့စဉ်တွေ့ကြုံခံစားရမယ့် ချိန်ရောက်လာပါပြီ။ တစ်ရက်ကို ဆယ့်နှစ်ကြိမ်ပွေ့ဖက်ခြင်းဟာ ဆရာဝန်မလိုအပ်ဘဲ စိတ်ဖိစီးမှုကို လျှော့ချစေတယ်၊ အစွမ်းတန်ခိုးကို တိုးစေကယ်၊ ပိုမိုပျော်ရွှင်မှုကို မြှင့်တင်ပေးရုံတင်မကလို့ သင့်ကျန်းမာရေးကို တိုးတက်စေမှာဖြစ်ပါတယ်။ တစ်ကြိမ်လျှင် လူတစ်ဦးနဲ့ စတင်နိုင်တယ်။ ကြီးမားတဲ့ကွာခြားမှုကို သင်ပြုလုပ်နိုင်ပါတယ်။

ကျွန်တော်တို့ဟာ မတော်တဆမှုတွေ၊ အဖြစ်ဆိုးတွေ၊ သေဆုံးခြင်းတွေ ဒါမှမဟုတ် မိမိတို့ကိုယ်တိုင်နှင့်အခြားသူတွေကို ချစ်ခြင်းဖြင့် နှလုံးသားနဲ့ သင်ယူရတယ်။

ဒီနေ့ပဲ စတင်ပွေ့ဖက်လိုက်ပါ။

ကလေးတွေ၊ ဆယ်ကျော်သက်တွေနှင့်အရွယ်ရောက်ပြီးသူတွေကို လိင်ပိုင်းဆိုင်ရာပွေ့ဖက်ခြင်းမဟုတ်တဲ့ကောင်းမွန်တဲ့ပွေ့ဖက်ခြင်းကို ဘယ်သူပေးမှာလဲ။ ထိတွေ့မှုအရသာကို ခံစားဖို့အတွက် အနှိပ်သည်တွေ၊ ဆံပင်ညှပ်သမားတွေ၊ အလုပြင်တဲ့သူတွေကို ပိုက်ဆံပေးရတယ်။ တစ်နေ့ကို ဆယ့်နှစ်ကြိမ်ပွေ့ဖက်တဲ့အမူအကျင့်ကို အခုပဲစတင်ကြရအောင်။ တစ်ရက်ကို လူသုံးဦး စတင်ပွေ့ဖက်ပါ။ တစ်လကြာတဲ့အခါ တစ်ရက်ကို ပွေ့ဖက်မှု ငါးကြိမ်ထပ်တိုးပါ။ လအနည်းငယ်ကြာလာတဲ့အခါ တစ်ရက်ကိုရှစ်ကြိမ်ထပ်တိုးလိုက်ပါ။ တစ်ရက်ကို ဆယ့်နှစ်ကြိမ်ပွေ့ဖက်ခံရတာ၊ သူတစ်ပါးကို ပွေ့ဖက်ရတဲ့အထိ ဆက်လက်လုပ်ဆောင်ပါ။ သင့်အသိုင်းအဝိုင်းရှိ မိသားစု၊ သူငယ်ချင်းတွေနှင့် အခြားသူတွေကို ပွေ့ဖက်တဲ့အလေ့အထ လေ့ကျင့်ပါ။

တစ်ကိုယ်ရည်အာသာဖြေခြင်း

လိင်ဟာ ဘုရားသခင်ပေးတဲ့လက်ဆောင်တစ်ခုဖြစ်ပြီး ထိမ်းမြားလက်ထပ်ပြီးသားသူတွေအတွက် အလုံခြုံဆုံး၊ ယုံကြည်မှုအရှိဆုံးနှင့်ဘေးကင်းမှု အရှိဆုံးနဲ့ အသုံးပြုရမှာဖြစ်ပါတယ်။ လိင်ဟာ ချစ်ခြင်းမေတ္တာနဲ့ရင်းနှီးမှုကို လက်တွေ့ထုတ်ဖော်ခြင်းဖြစ်ပါတယ်။ တစ်ကိုယ်ရည်အာသာဖြေခြင်းနဲ့ပတ်သက်ပြီးတော့ ယုံကြည်မှု အမျိုးမျိုးရှိတယ်။ လူတော်တော်များများက တစ်ကိုယ်ရည်အာသာဖြေပြီးနောက်တွင် အပြစ်ရှိခြင်း၊ အရှက်ကွဲခြင်း၊ စိုးရိမ်ပူပန်ခြင်းတွေကို ခံစားရပြီး စိတ်ဒဏ်ရာရရှိတတ်ကြတယ်။ ၎င်းဟာ အဆုံးမရှိနိုင်တဲ့လို အပ်ချက်နှင့်စိုးရိမ်ပူပန်မှု သံသရာကို ထပ်ခါထပ်ခါဖြစ်စေပါတယ်။ ဒီသံသရာကို ရပ်တန့်ပြီး မလုပ်ချင်တဲ့အရာကို လုပ်ဆောင်ဖို့ မိမိတို့ကို တွန်းအားပေးတဲ့အရာကို ရှာဖွေတွေ့ရှိဖို့ လိုအပ်ပါတယ်။ အကြောင်းတရားက အကျိုးထက်ပိုအရေးကြီးပြီး အစွမ်းထက်တယ်။

တစ်ကိုယ်ရည်အာသာဖြေခြင်းနဲ့ပတ်သက်လို့ မှန်တယ်၊ မှားတယ်ဆိုတာဟာ ကျွန်တော့်ရဲ့အဓိကရည်ရွယ်ချက်မဟုတ်ပါဘူး။ တစ်ကိုယ်ရည်အာသာဖြေခြင်းဟာ အကျိုးရှိတယ်၊ မရှိဘူးဆိုတာ လူတစ်ဦးစီတိုင်းက ဆုံးဖြတ်ရမှာပါ။ ဒီနေရာမှာ ကျွန်တော်ဆွေးနွေးနေတဲ့အရာက အဓမ္မတစ်ကိုယ်ရည်အာသာဖြေခြင်းဖြစ်ပြီး လက်တွဲဖော်နဲ့ ပြီးပြည့်စုံတဲ့လိင်ဆက်ဆံမှုကို အဟန့်အတားဖြစ်စေနိုင်တဲ့အလေ့အထတစ်ခုဖြစ်ပါတယ်။ တစ်ကိုယ်ရည်အာသာဖြေခြင်းကို ကျွန်တော်တို့လုပ်နိုင်တဲ့အကြောင်းရင်းအချို့ကတော့

- မိမိကိုယ်ကို ဖြေသိမ့်ဖို့ - လက်ရှိဆက်ဆံရေးတွင် စိတ်ဖိစီးမှုတွေ ဒါမှမဟုတ် ပဋိပက္ခတွေကနေ နှစ်သိမ့်မှုရရှိဖို့ဖြစ်ပါတယ်။
- အခြားသူတွေနဲ့ ရင်းနှီးမှုကို အစားထိုးဖို့ - စိတ်ကူးယဉ်ခြင်းနှင့် တစ်ကိုယ်ရည်အာသာဖြေခြင်းဟာ စစ်မှန်တဲ့ဆက်ဆံရေးကို ဖန်တီးခြင်း ဒါမှမဟုတ် ထိန်းသိမ်းခြင်းထက် ပိုမိုလွယ်ကူတယ်။
- ကြိုးစားအားထုတ်မှု ဒါမှမဟုတ် ကောင်းတဲ့လုပ်ဆောင်မှုအတွက် သင့်ကိုယ်သင်ဆုချဖို့
- ရုပ်ပိုင်းဆိုင်ရာ ဒါမှမဟုတ် စိတ်ပိုင်းဆိုင်ရာ နာကျင်မှုကို ထုံစေဖို့
- သင့်အတွင်းစိတ်ကလေးရဲ့အာရုံစူးစိုက်မှုကို ရယူနည်း

- သင့်ခန္ဓာကိုယ်ထဲပြန်ဝင်ဖို့ နည်းလမ်းတစ်ခု။ ပျော်ရွှင်တဲ့သူဖြစ်လာတဲ့အတွက် စစ်မှန်တဲ့ကိုယ်နဲ့ အဆက်အစပ်ပြတ်သွားတတ်ပါတယ်။ သင့်ကိုယ်သင်ထိတွေ့ပြီး တစ်ကိုယ်ရည်အာသာဖြေခြင်းဟာ စိတ်ဝိညာဉ်ထဲသို့ ပြန်လည်ဝင်ရောက်ခြင်း လမ်းကြောင်းတစ်ခုဖြစ်လာတယ်။
- ဒါဟာ ပုံမှန်ဖြစ်လာတယ် - ဇီဝကမ္မဗေဒရဲ့စွဲလမ်းမှုအရ လုံလောက်တယ်ဆိုတာ ဘယ်တော့မှမရှိပါ။

တစ်ကိုယ်ရည်အာသာဖြေခြင်းဟာ အချို့အဖို့ ဆယ်ကျော်သက်အရွယ်ကနေ ပုံမှန်ဖြစ်လာနိုင်တယ်။ တခြားသူမရှိတဲ့အခါ ကိုယ့်ကိုယ်ကို ဂရုစိုက်ဖို့ နည်းလမ်းတစ်ခုပါပဲ။ ဒါဟာ ယေဘုယျအားဖြင့် လိင်ပိုင်းဆိုင်ရာ စိတ်ကူးယဉ်မှုတွေနဲ့ တွဲနေပါတယ်။ တစ်ကိုယ်ရည်အာသာဖြေခြင်းဖြင့် ကျွန်တော်ဟာ မိမိဘဝကို ပြန်လည်ထိန်းချုပ်နိုင်ခဲ့တယ်။

အပြစ်နဲ့ အရှက်သံသရာကို ရပ်တန့်ဖို့ လိုပါတယ်။ အကြောင်းတရားတွေကို ဖော်ထုတ်ပြီး ကိုယ့်ကိုယ်ကို ကျေးဇူးပြုပါ။ ကျွန်တော်တို့အများစုက ကိုယ့်ကိုယ်ကို ပြီးပြည့်စုံသူတွေ၊ ဖြောင့်မတ်သူတွေလို့မှတ်ယူတဲ့အတွက် တစ်ကိုယ်ရည်အာသာဖြေခြင်းကို အပြစ်ရှိတယ်၊ ရှက်ဖွယ်ကောင်းတယ်လို့ ခံစားကြတယ်။ အိမ်ထောင်ရေးဟာ တစ်ကိုယ်ရည်အာသာဖြေခြင်းနှင့်လိင်ပိုင်းဆိုင်ရာစိတ်ကူးယဉ်ခြင်းတွေအတွက် ဖြေရှင်းချက်မဟုတ်ပါ။ အိမ်ထောင်ရေးတစ်လျှောက်လုံးမှာတင် အမျိုးသားတော်တော်များများဟာ တစ်ကိုယ်ရည်အာသာဖြေခြင်းကို ဆက်လက်လုပ်ဆောင်ကြတယ်။

ကျွန်တော့်မိတ်ဆွေ သင်းအုပ်ဆရာက သူ့ရဲ့နှစ်ဆယ်ကျော်အတွေ့အကြုံကို အခုလိုမှတ်ချက်ပြုခဲ့တယ်။ သူက ဇနီးမောင်နှံတွေရဲ့အတိုင်ပင်ခံတစ်ပါးဖြစ်ပါတယ်။

လက်မထပ်မီ လိင်စိတ်ဆန္ဒကို တောင့်တနေချိန်မှာ သူတို့ရဲ့လိင်စိတ်ဆန္ဒကို ဖြည့်ဆည်းဖို့အတွက် စိတ်ကူးယဉ်တွေ၊ ညစ်ညမ်းပုံတွေ၊ တစ်ကိုယ်ရည်အာသာဖြေတာတွေကို အသုံးချခဲ့တဲ့လူငယ်လေးတွေရဲ့ရှက်ကြောက်မှုနဲ့ စိတ်ဖိစီးမှုခံနေကြတာကို ကျွန်တော်တွေ့ဆုံဖူးတယ်။ သူတို့မှာ တကယ့်လိင်ဆက်ဆံဖော်ရပြီဆိုတာနဲ့ ညစ်ညမ်းပုံတွေ၊ တစ်ကိုယ်ရည်အာသာဖြေတာကို မလိုအပ်တော့ဘူးလို့ ထင်ခဲ့ကြတယ်။ ဒါပေမယ့် အဲဒီအကျင့်တွေကို ဖောက်

ဖျက်ဖို့ ခဲယဉ်းပြီး စိတ်ဖိစီးမှုတွေ၊ စိတ်ထိခိုက်မှုတွေနဲ့ ပြည့်လာတဲ့အတွက် သူတို့ရဲ့အိမ်ထောင်ရေးမှာ အခက်အခဲတွေကြုံလာရတာကို တွေ့ရပါတယ်။

အမျိုးသမီးတွေက သူတို့ခင်ပွန်းရဲ့ကာမရာစိတ်နှင့်တစ်ကိုယ်ရည်အာသာဖြေမှုအလေ့အထတွေအပေါ်မှာ တုံ့ပြန်မှုကွဲပြားပါတယ်။ ခင်ပွန်းဖြစ်သူရဲ့ မဖောက်ဖျက်နိုင်တဲ့အလေ့အထတွေကြောင့် အိမ်ထောင်ရေးထိခိုက်ပျက်စီးသွားတဲ့အထိဖြစ်သွားတာကို ကျွန်တော်တွေ့ခဲ့ဖူးတယ်။ အဲဒီအမျိုးသားတွေဟာ သူတို့ရဲ့မိန်းမတွေနဲ့ ဆက်ဆံတဲ့အခါမှာ ညစ်ညမ်းတဲ့ရုပ်ရှင်တွေကို မြင်ယောင်ခြင်းမရှိဘူးဆိုရင် သူတို့ရဲ့လိင်စိတ်က ဘယ်လိုမှမနိုးလာတာကို တွေ့ရတယ်။ ဒါဟာ လင်မယားကြားမှာ တော်တော်ကို ဆိုးဆိုးဝါးဝါးအလေ့အထလို့ ပြောရမှာပါ။

တချို့ခင်ပွန်းတွေက သူတို့ရဲ့လက်တွဲဖော်တွေလိုလားချက်ဖြစ်တဲ့လိင်စိတ်နှိုးဆော်ပေးဖို့နှင့်လိင်စိတ်ဆန္ဒတောင်းဆိုမှုကို ဖြည်းဆည်းပေးဖို့ ခေါင်းထဲမှာ ထည့်တွက်မစဉ်းစားဘဲ ဇနီးသည်တွေကို စွဲမက်ဖွယ်/တပ်မက်ဖွယ်အရာတွေအဖြစ် တောင်းဆိုနေတာကိုလည်း တွေ့ခဲ့ရပါတယ်။ — Phillip

အခုခေတ်မှာ အိမ်ထောင်သည်အမျိုးသားတွေဟာ အချစ်ဟောင်း/အချစ်သစ်တွေနဲ့ အော်လိုင်းကနေဖောက်ပြန်ပြီး ပေါင်းသည်းနေတဲ့ဖြစ်စဉ်အလေ့အထအသစ်ကို တွေ့ရပါတယ်။

အကြောင်းရင်းတွေကို ရှာဖွေပြီး အပြုသဘောဆောင်တဲ့အခြားရွေးချယ်မှုတွေကို ဖန်တီးပါ။ အမျိုးသားတစ်ဦးအနေနဲ့ တစ်ကိုယ်ရည်အာသာဖြေခြင်းကို လျှော့ချပါက ဒါမှမဟုတ် ရပ်တန့်ပါက သင်အိပ်တဲ့အခါတွင် သဘာဝအတိုင်း ထုတ်လွှတ်မှုကို ခံစားရနိုင်ပါတယ်။ ဒါဟာ သုတ်ပိုးတွေစုပုံလာခြင်းကို ထိန်းကျောင်းတဲ့သဘာဝနည်းလမ်းဖြစ်ပါတယ်။သင့်ခန္ဓာကိုယ်ရဲ့ CEO ဖြစ်ပါစေ။ တစ်ကိုယ်ရည်အာသာဖြေချင်စိတ်ဟာ သင့်ရဲ့အစိတ်အပိုင်းတစ်ခုပါပဲ။ သင့်ခန္ဓာကိုယ်ကို မထိန်းချုပ်လိုက်ပါနှင့်။ အကြောင်းရင်းတွေကိုရှာဖွေပြီး အပြုသဘောဆောင်တဲ့အခြားရွေးချယ်မှုတွေကိုဖန်တီးပါ။ မလိုလားအပ်တဲ့တစ်ကိုယ်ရည်အာသာဖြေခြင်းကို ဖြေရှင်းနည်း။

၁။ တစ်ကိုယ်ရည်အာသာဖြေလိုတဲ့အခါ ပုံမှန်လေးအသက်ရှူပါ။ သင့်ဝိညာဉ်ဆီက သတင်းစကားကို နားထောင်ပါ။ သင့်ရဲ့ဆန္ဒတွေကို ဆုပ်ကိုင်ထားပါ။ ဆိုလိုတာကတော့ လိုအင်ဆန္ဒတွေရဲ့နောက်ကွယ်

မှာ ဘာလဲဆိုတာကို ဖော်ထုတ်ဖို့ပါ။ သင့်ခန္ဓာကိုယ်နှင့်စိတ်ဝိညာဉ်တွေကို နားထောင်ပြီး သင်ယူပါ။

၂။ တစ်ကိုယ်ရည်အာသာဖြေခြင်းမှာ အပြစ်ရှိတယ်လို့ ခံစားရရင် သင့်ကိုယ်သင်ခွင့်လွှတ်ပါ။

၃။ အကြောင်းရင်းတွေ ဒါမှမဟုတ် စစ်မှန်တဲ့လိုအပ်ချက်တွေကို ဖော်ထုတ်ဖို့ ဆုတောင်းပါ ဒါမှမဟုတ် ဆင်ခြင်နှလုံးသွင်းပါ။

၄။ မိတ်ဆွေ ဒါမှမဟုတ် တာဝန်ခံလုပ်ဖော်ကိုင်ဖက်ကို ဖုန်းခေါ်ဆိုပြီး သင်ကြုံတွေ့နေရတဲ့အရာတွေကို မျှဝေပါ။

၅။ တစ်ကိုယ်ရည်အာသာဖြေခြင်းကိုဖြစ်စေတဲ့မီးစ ဒါမှမဟုတ် မလိုလားအပ်တဲ့လိင်ပိုင်းဆိုင်ရာအပြုအမူတွေကို ခွဲခြားသတ်မှတ်ပါ။

၆။ အကြောင်းတရားတွေကို ထိထိရောက်ရောက်ကိုင်တွယ်ပါ။

(က) ဆက်ဆံရေးပဋိပက္ခတွေကိုဖြေရှင်းပါ။ သင်စိတ်ဆိုးနေတဲ့သူနဲ့ ငြိမ်းချမ်းမှုရယူပါ။

(ခ) နာကျင်တဲ့ခံစားချက်တွေကို ကုစားပါ။ ဒါကို သင်ကိုယ်တိုင်လုပ်ဆောင်ပါ။

(ဂ) သင့်ကိုယ်သင် အထီးကျန်နေခြင်းကို ရပ်လိုက်ပြီး သင့်လိုအပ်ချက်တွေကို ဖြည့်ဆည်းပေးလိုက်ပါ။ အထီးကျန်ခြင်း = သေခြင်း။ ကောင်းမွန်တဲ့ထိတွေ့မှုကို ပေးပါ၊ ရယူလက်ခံပါ။

(ဃ) စိတ်ဖိစီးမှုကို လျှော့ချပါ။ ပိုမိုမျှတတဲ့ဘဝကို ဖန်တီးပါ။

၇။ အပြုသဘောဆောင်တဲ့အခြားရွေးချယ်စရာတွေကို ဖန်တီးပါ။

(က) အလုပ်လုပ်ပါ၊ လမ်းလျှောက်ပါ၊ လေ့ကျင့်ခန်းလုပ်ပါ။

(ခ) အခြားသူတွေကို ပေးလှူပါ။ ကိုယ်ကျိုးစွန့်ပြီး အလုပ်လုပ်ပါ။ သင့်စွမ်းအားကို ထုတ်သုံးပါ။

(ဂ) ကောင်းမွန်တဲ့ထိတွေ့မှုကိုရယူပါ။ ဥပမာ နှိပ်နယ်ခြင်း၊ ကောင်းမွန်တဲ့ပွေ့ဖက်ခြင်း။

၈။ အတွင်းစိတ်ကလေးနဲ့ ဆွေးနွေးပါ။

ရောဂါရှာဖွေရေးကိရိယာဟာ မလိုလားအပ်တဲ့တစ်ကိုယ်ရည်အာသာဖြေမှု ဒါမှမဟုတ် လိင်ပိုင်းဆိုင်ရာလုပ်ဆောင်မှုတွေအတွက် ရိုးရှင်းတဲ့နည်းလမ်းတစ်ခုဖြစ်ပါတယ်။

ဆာလောင်မွတ်သိပ်ခြင်း - လိင်ဆန္ဒအဖြစ်သို့ပြောင်းလဲသွားတဲ့ရုပ်ပိုင်းဆိုင်ရာဆာလောင်မှုဖြစ်နိုင်ပါတယ်။ ဒါ့အပြင် ကိုယ်ရေးကိုယ်တာ ဒါမှမဟုတ် ပရော်ဖက်ရှင်နယ်ဆက်ဆံရေးတွေမှာ တွေ့ကြုံခံစားရတဲ့ ငြင်းပယ်ခံလိုက်ရတဲ့ခံစားချက်တွေဟာ အခြားသူတစ်ဦးကို လိုချင်တောင့်တခြင်း ဒါမှမဟုတ် မက်မောခြင်းဆီသို့ဦးတည်စေပြီး တစ်ကိုယ်ရည်အာသာဖြေခြင်း၊ ကာမရာဂစိတ်၊ လိင်ဆက်ဆံမှုပြုခြင်း ဒါမှမဟုတ် မိမိကိုယ်ကို ဆေးဝါးတွေအသုံးပြုခြင်းထိဖြစ်စေနိုင်တယ်။

ဒေါသထွက်ခြင်း - ထုတ်ဖော်မပြတဲ့ခံစားချက်တွေဟာ ကာမရာဂစိတ်ကို ဖြစ်စေနိုင်တယ်။ ကျွန်တော်တို့ဟာ မိမိတို့ရဲ့ခံစားချက်တွေကို ဖိနှိပ်ချုပ်ချယ်တဲ့အခါမှာ ဥပမာ ဒေါသ၊ စိတ်ပျက်မှု၊ ဝမ်းနည်းမှု၊ တစ်ကိုယ်ရည်အာသာဖြေခြင်း ဒါမှမဟုတ် လိင်ဆက်ဆံလိုတဲ့ဆန္ဒတွေကို ပြန်ဖိနှိပ်လေ့ရှိတယ်။

အထီးကျန်ခြင်း - တကယ်လိုအပ်နေတဲ့ရင်းနှီးမှု မရှိခြင်းက လိင်ဆန္ဒတွေအဖြစ်ကြုံတွေ့စေနိုင်တယ်။ အထီးကျန်ခြင်းဟာ ဆင်းရဲဒုက္ခ/သေခြင်းနဲ့ညီမျှပါတယ်။

မောပန်းနွမ်းနယ်ခြင်း - စိတ်ဖိစီးမှုများလာတဲ့အခါ လိင်မှုအလေ့အထကို အသုံးပြုခြင်းဖြင့် မိမိကိုယ်ကို ဂရုစိုက်လိုစိတ်ဖြစ်ပေါ်လာနိုင်တယ်။

အတင်းအကျပ် တစ်ကိုယ်ရည်အာသာဖြေခြင်း၊ ကာမရာဂစိတ်နှင့်မလိုလားအပ်တဲ့လိင်ပိုင်းဆိုင်ရာအပြုအမူတွေကိုဖြေရှင်းဖို့ နည်းလမ်းရှာဖွေနေသူတွေအတွက် Sex Journal ကို ပုံမှန်စတင်အသုံးပြုဖို့ အကြံပြုအပ်ပါတယ်။ ဒါဟာ သင့်အတွင်းစိတ်အတွေးတွေ၊ ခံစားချက်တွေ၊ လိုအပ်ချက်တွေကို နားလည်ဖို့နှင့်မလိုလားအပ်တဲ့လိင်ပိုင်းဆိုင်ရာအပြုအမူတွေကို လှုံ့ဆော်ပေးနိုင်တဲ့အစပျိုးမှုတွေအကြောင်းကို လေ့လာသင်ယူဖို့ ကူညီပေးမှာဖြစ်ပါတယ်။

ဒီလိုလုပ်ဆောင်ခြင်းဖြင့် သင်မလိုချင်တဲ့အပြုအမူတွေကို ဖြစ်စေတဲ့အရာဟာ ဘာတွေလဲဆိုတာကို မကြာမီသိရှိလာမှာဖြစ်တယ်။ အဲဒီနောက် အဆို

ပါပြဿနာကို ဖြေရှင်းဖို့ အပြုသဘောဆောင်တဲ့လုပ်ဆောင်မှုအဆင့်ဆင့်ကို လုပ်ဆောင်နိုင်ပါလိမ့်မယ်။ ဆိုလိုတာကတော့ သင့်ခံစားချက်တွေကို ကိုယ်ချင်းစာတဲ့သက်သေဖြင့် ဖော်ပြခြင်း၊ ကောင်းမွန်တဲ့ထိတွေ့မှုပေးခြင်း၊ အခြားသူတွေကို ကူညီခြင်း၊ ချစ်ရတဲ့သူ ဒါမှမဟုတ် လုပ်ဖော်ကိုင်ဖက်တွေနဲ့ ပဋိပက္ခတွေကို ဖြေရှင်းခြင်း၊ လေ့ကျင့်ခန်းလုပ်ခြင်း စတာတွေဖြစ်ပါတယ်။

သင့်အာရုံကို အတွင်းရောအပြင်ရော ဟန်ချက်ညီအောင်ထားပါ။ ကုသရေးလုပ်ငန်းစဉ်အတွင်း လူတစ်ဦးဟာ တွေးခေါ်မှုလွန်ကဲလာနိုင်တဲ့အန္တရာယ်ရှိတယ်။ သင့်ဘဝမှာ ပျော်ရွှင်မှုကို ဖန်တီးပါ။ တခြားသူတွေကို ပေးကမ်းပါ။ သင်ရဲ့စွမ်းအင်ကို အတွင်းမှာရောအပြင်မှာပါ အမြဲတမ်းစီးဆင်းစေပါ။ ကောင်းမွန်တဲ့ဆက်ဆံရေးတည်ဆောက်ပါ၊ ပျော်ရွှင်မှုကိုခံစားပါ၊ ကစားပါ။

ဆယ်နှစ်ကြာ ပံ့ပိုးကူညီမှုအဖွဲ့ကို ကူညီဆောင်ရွက်ပေးရင်း ဆောင်ပုဒ်တစ်ခုကို တီထွင်ခဲ့တယ်။

အထဲမဝင်ဘဲ လက်လှမ်းလိုက်ပါ

အခ်ပ္ပာယ်မှာ ရိုးရှင်းတယ်။ မိမိကိုယ်ကို အလိုလိုက်ပြီး တစ်ကိုယ်ရည်အာသာဖြေခြင်း လုပ်မည့်အစား သူငယ်ချင်းတစ်ဦးဆီ ဆက်သွယ်ပြီး မျှဝေပါ ဒါမှမဟုတ် လိုအပ်နေသူကို ရှာဖွေပါ။ ကိုယ့်ကို တခြားသူတွေကို ပေးလိုက်ပါ။ မျှဝေပေးခြင်းနှင့်ပေးကမ်းခြင်းက စွမ်းအင်ကို ထုတ်ပေးတယ်။

လိင်ပိုင်းဆိုင်ရာ စိတ်ကူးယဉ်မှုတွေ

ယုံသည်ဖြစ်စေ၊ မယုံသည်ဖြစ်စေ၊ ထပ်ပြီးပြောပါရစေ။ လိင်ပိုင်းဆိုင်ရာစိတ်ကူးယဉ်မှုတွေဟာ အမှန်တကယ်လိင်ကိစ္စကြောင့်မဟုတ်ဘဲ အတိတ်က မဖြေရှင်းလိုက်ရတဲ့ဒဏ်ရာတွေနှင့်အချစ်အတွက် လိုအပ်ချက်တွေ မဖြည့်ဆည်းလိုက်တာတွေကို ကိုယ်စားပြုတာဖြစ်ပါတယ်။သင့်လိင်ပိုင်းဆိုင်ရာစိတ်ကူးယဉ်မှုတွေဟာ ဘယ်လောက်ပဲကာမစိတ်ဖြစ်နေပါစေ ဒါမှမဟုတ် ထူးထူးဆန်းဆန်းဖြစ်နေပါစေ အဲဒါတွေဟာ သင့်နှလုံးသားအတွက် သော့တွေကို ကိုင်ဆောင်ထားတယ်။

လူတစ်ဦးချင်းစီရဲ့လိင်စိတ်ဆန္ဒတွေနောက်ကွယ်မှာ ဖုံးကွယ်ခံထားတဲ့ အဓိပ္ပါယ်တွေကို ရှာဖွေဖော်ထုတ်ရာတွင် ကူညီပေးတဲ့အလွန်ထိရောက်တဲ့ ကုထုံးဆိုင်ရာလိင်စိတ်ကူးယဉ်လေ့ကျင့်ခန်းများစွာကို ကျွန်တော်ဖန်တီးထားခဲ့ပါတယ်။ ဒီလေ့ကျင့်ခန်းတွေဟာ အမျိုးသား/အမျိုးသမီးတစ်ဦးစီအတွက် အသိစိတ်ထဲမှာ လုံးဝပိတ်ဆို့ခံထားရတဲ့နာကျင်မှုတွေကို ဖြေရှင်းရာမှာ ကူညီပေးပါတယ်။ ဒီဖြေရှင်းနည်းဟာ သင့်အတွက် တန်ပြန်အလိုလိုသိပုံရနိုင်ပါတယ်။ ကျွန်တော်ပြောနေတဲ့အရာဟာ အဖြေကို အာရုံစိုက်တာထက် ပြဿနာကို ပြုစုပျိုးထောင်နေတာဖြစ်နိုင်သလား။ ကျွန်တော်အာမခံပါတယ်၊ ဆန့်ကျင်ဘက်ကတော့အမှန်ပါပဲ။ လိင်ပိုင်းဆိုင်ရာစိတ်ကူးယဉ်မှုတွင် “ပြဿနာ” ကိုဖြတ်ကျော်ခြင်းဖြင့် သင်ဟာ မသက်သာသေးတဲ့ သင့်နှလုံးသားအတွင်း နာကျင်မှုနှင့်မေတ္တာအတွက် လိုအပ်ချက်တွေဖြစ်တဲ့ သင့်ရဲ့အဓိကအမှန်တရားဆီကို ရောက်ရှိမှာဖြစ်ပါတယ်။ သင့်ရဲ့လိင်ပိုင်းဆိုင်ရာစိတ်ကူးယဉ်မှုတွေနဲ့ပတ်သက်ပြီး ပိုမိုနက်နဲတဲ့အဓိပ္ပါယ်ကို ရှာဖွေတွေ့ရှိဖို့ အင်မတန်ထိရောက်တဲ့လေ့ကျင့်ခန်းနှစ်ခုကို တင်ပြလိုက်ပါတယ်။

၁။ အခင်းအကျင်းရှိ လူတစ်ဦးစီရဲ့အစိတ်အပိုင်းကို ကစားပါ။ သင်ဟာ စိတ်ကူးယဉ်ထဲကဇာတ်ဆောင်တစ်ယောက်ဖြစ်တယ်ဆိုရင်သူ့နေရာမှာရပ်ပြီး သင့်ကိုယ်သင် စကားပြောပါ။ တကယ်လို့ သင်ဟာ စိတ်ကူးယဉ်မှုတွင် မရှိပါက ပါဝင်သူတိုင်းရဲ့အစိတ်အပိုင်းကို ကစားပြီး အဓိက ဇာတ်ကောင်ကိုစကားပြောပါ။ စိတ်ကူးယဉ်ရှိသူတစ်ဦးစီတိုင်းရဲ့အမှန်တရားကို ဇာတ်ကောင်အား မျှဝေခွင့်ပြုပါ။ လူတစ်ဦးစီမျှဝေပြီးရင် နောက်ဆုံးမှာ သင်ကိုယ်တိုင် ဒါမှမဟုတ် ဇာတ်ဆောင်အဖြစ်သို့ ဝင်ရောက်ပါ။ စိတ်ကူးယဉ်မှုတွင် လူတစ်ဦးစီအား သင်ရဲ့အမှန်တရား ကိုပြောပြပါ။

ၚင်းကို သင်ကိုယ်တိုင်လုပ်ဆောင်နိုင်တယ် ဒါမှမဟုတ် လေးနက်တဲ့အဓိပ္ပါယ်နှင့်နာကျင်မှုတွေ သက်သာဖို့ လိုအပ်နေတာကြောင့် သင့်ကို ကူညီမယ့်ကျွမ်းကျင်ကုထုံးပညာရှင် ဒါမှမဟုတ် လမ်းညွှန်ဆရာတွေလိုအပ်နိုင်ပါတယ်။ ဒီလိုလုပ်ရုံနဲ့ လိုချင်တဲ့ရလဒ်ကို မရနိုင်ပါဘူး။ ပျက်စီးနေတဲ့ဆက်ဆံရေးတွေကို ကောင်းမွန်တဲ့ဆက်ဆံရေးနဲ့ ကုသရမယ်။

၂။ သင့်ဘေးမှာ တစ်ယောက်ယောက်ထိုင်ခိုင်းပါ။ သူဟာ သင့်ရဲ့အနက်ရှိုင်းဆုံးနှင့်အမှောင်မိုက်ဆုံးလျှို့ဝှက်ချက်တွေအတွက် ယုံကြည်စိတ်ချရတဲ့လူဖြစ်ရမယ်။ မျှဝေခြင်းမပြုခင် သင့်ထိုင်ခုံကို ဘယ်ဘက် ဒါမှမဟုတ် ညာဘက်ကို အနည်းငယ်ရွှေ့ပါ။ ဒီနေရာအသစ်မှာ သင်ထိုင်လိုက်တဲ့အခါ သင်ဟာ သင်ကိုယ်တိုင်မဟုတ်တော့ဘူး။ သင်ဟာ သင့်ရဲ့လိင်ပိုင်းဆိုင်ရာ စိတ်ကူးယဉ်မှု၊ သင့်ရဲ့အနက်ရှိုင်းဆုံး၊ အမှောင်ဆုံးလိုအင်ဆန္ဒတွေနှင့်လိုအပ်ချက်တွေဖြစ်လာမယ်။

သင့်လိင်ပိုင်းဆိုင်ရာစိတ်ကူးယဉ်မှုကို ပြောခွင့်ပြုပါ။ဥပမာ "မင်း၊ ငါ့နားကပ်လာပြီး ငါ့အကျီကြယ်သီးကို ဖြုတ်ပေးပါ။ ပြီးတော့ မင်း ငါ့ရင်ခွင်တစ်ခုလုံးကို နမ်းပြီး မင်းလျှာနဲ့ နမ်းပါ။"

အဲဒီလိုလုပ်ပြီးတဲ့အခါ သင်စိတ်ချတဲ့သူနဲ့ ထိုင်ခုံပြောင်းပါ။ ဆိုတော့ သူဟာ သင့်ရဲ့လိင်ပိုင်းဆိုင်ရာစိတ်ကူးယဉ်ဆန်မှုဖြစ်လာပြီး သူကြားခဲ့တဲ့အရာကို သင့်အား ထပ်တလဲလဲပြောပါလိမ့်မယ်။ သူပြောတာကို သေချာအာရုံစိုက်နားထောင်ရမယ်။ပြီးရင် ထိုင်ခုံကိုပြန်ပြောင်းပါ။ သင့်စိတ်ကူးယဉ်မှုကို ဆက်လုပ်ပါ။ "အခု မင်းငါ့ဘောင်းဘီကို ချွတ်ပေးတော့၊ ငါ့ခါးပတ်နှင့်ငါ့ဘောင်းဘီဇစ်ကို ဖြုတ်ပေးပြီး ငါ့ဘောင်းဘီကို ချွတ်ပေးလိုက်ပါ။ ငါ့ရဲ့အတွင်းခံဘောင်းဘီကိုလည်း ချွတ်ပစ်လိုက်ပါ။ သင့်လိုအင်ဆန္ဒတွေကို အဲဒီလိုပြောဆိုပြီးမှအခြားသူတစ်ဦးနဲ့ နေရာချင်းလဲပါ။

သူဟာ သင်ထပ်တလဲလဲပြောခဲ့တဲ့အတိုင်း သင့်လိင်ပိုင်းဆိုင်ရာ စိတ်ကူးယဉ်ဆန်မှုဖြစ်လာလိမ့်ပါမယ်။ နောက်တစ်ကြိမ် နားထောင်တိုင်း သင့်ရဲ့စိတ်ကူးယဉ်စကားတွေကို ကြားရတာ တော်တော်ကို ခိုင်လုံတယ်။ ဒီထက်ပိုပြီး လေးလေးနက်နက်မရောက်မချင်း ဒါကို ထပ်ခါထပ်ခါ ဆက်လုပ်ပါ။ မိနစ် ၃၀ ကနေတစ်နာရီကျော်ကြာတဲ့ ဒီလိင်ပိုင်းဆိုင်ရာစိတ်ကူးယဉ်လေ့ကျင့်ခန်းကို သင်ဆက်လက်လုပ်ဆောင်တဲ့အခါမှာ သင်ဟာ နောက်ဆုံးတွင် လိင်ပိုင်းဆိုင်ရာစိတ်ကူးယဉ်မှုကနေ စစ်မှန်တဲ့မေတ္တာအတွက် အဓိကလိုအပ်ချက်ဆီကို ရောက်သွားမှာဖြစ်ပါတယ်။ သင့်ရဲ့အဓိက ထိခိုက်နာကျင်မှုတွေ၊ သင့်ရဲ့အချစ်လိုအပ်ချက်ဇစ်မြစ်တွေဆီကိုလည်း သင်ဝင်ရောက်နိုင်ပါတယ်။

ဒီလေ့ကျင့်ခန်းတွေကို အသုံးပြုခြင်းဖြင့် သင့်ရဲ့လိင်ပိုင်းဆိုင်ရာစိတ်ကူးယဉ်မှုတွေဟာ လိင်ကိစ္စမဟုတ်ကြောင်း၊ သင့်ရဲ့အတိတ်ကနာကျင်မှုကို လွတ်မြောက်စေဖို့နှင့်သင့်ရဲ့နှလုံးသားသော့တွေကို ကိုင်ထားခြင်းဖြစ်ကြောင်း သင်တွေ့ရှိမှာဖြစ်ပါတယ်။ ဒီလေ့ကျင့်ခန်းလုပ်နေတဲ့အချိန်မှာ အတိတ်က သင့်ဒဏ်ရာတွေကြောင့် ဝမ်းနည်းမိတာရှိရင်လည်း လွှတ်ထားလိုက်ပါ။ မျက်ရည်ဆိုတာ နာကျင်မှုတွေကို အရည်ပျော်စေပြီး နှလုံးသားကို ကုသပေးတဲ့ဆေးပါ။ စစ်မှန်တဲ့သမ္မာတရားကို သင်မတွေ့ခင် ဒီလေ့ကျင့်ခန်းတွေကို အကြိမ်ကြိမ်လုပ်ဖို့လိုအပ်ပါလိမ့်မယ်။ အစပိုင်းဟာ သင့်စိတ်နှလုံးက သင့်ကို ယုံမှာမဟုတ်ပါဘူး။ အတွင်းစိတ်ကလေး ကုသရေးလုပ်ငန်းစဉ်လိုပါပဲ သူက သူ့ရဲ့အနက်ရှိုင်းဆုံးအတွေးတွေ၊ ခံစားချက်တွေနှင့်လိုအပ်ချက်တွေကို မျှဝေပေးလိမ့်မယ်။ သင့်စိတ်ဝိညာဉ်အတွက် မိဘကောင်းတစ်ယောက်ဖြစ်ပါစေ။

မိသားစုကို ကုစားခြင်း

အိမ်ထောင်ရေးဖောက်ပြန်မှု စာရင်းအင်း ၂၀၁၇

- အိမ်ထောင်သည်သုံးပုံတစ်ပုံကျော်ထဲတွင် လက်တွဲဖော်တစ်ဦး ဒါမှမဟုတ် နှစ်ဦးစလုံးဟာ လိမ်လည်ကြောင်းကို ဝန်ခံကြတယ်။
- အမျိုးသား ၂၂% က သူတို့နဲ့သက်ဆိုင်တဲ့အရေးပါသူတွေကို လှည့်စားတယ်လို့ ပြောကြတယ်။
- အမျိုးသမီး ၁၄% က သူတို့နဲ့ သက်ဆိုင်တဲ့အရေးပါသူတွေကို လှည့်စားကြောင်း ဝန်ခံကြတယ်။
- အမျိုးသားနှင့်အမျိုးသမီး ၃၆ ရာခိုင်နှုန်းဟာ လုပ်ဖော်ကိုင်ဖက်တစ်ဦးနဲ့ ဆက်ဆံရေးရှိကြောင်း ဝန်ခံကြတယ်။
- အမျိုးသားနှင့်အမျိုးသမီး ၁၇% ဟာ ခယ်မ ဒါမှမဟုတ် ခဲအိုနဲ့ ပေါင်းသင်းကြောင်း ဝန်ခံကြတယ်။
- အရင်က လိမ်လည်လှည့်စားဖူးသူတွေဟာ နောက်တစ်ကြိမ် ထပ်လိမ်ဖို့ ၃၅၀% ပိုများပါတယ်။
- အိမ်ထောင်ရေးကိစ္စတွေဟာ နှစ်နှစ်အကြာတွင် ဖြစ်ပွားနိုင်ချေများပါတတ်တယ်။
- အမျိုးသားနှင့်အမျိုးသမီးတွေ ၃၅% က စီးပွားရေးခရီးတစ်ခုတွင် လှည့်စားကြောင်း ဝန်ခံကြတယ်။
- အမျိုးသား ၉% က အိမ်ထောင်ဖက်ဆီပြန်ဖို့ ကိစ္စရှိနိုင်ကြောင်း ဝန်ခံကြတယ်။
- အမျိုးသမီး ၁၄% က အိမ်ထောင်ဖက်ဆီ ပြန်ဖို့ ကိစ္စရှိနိုင်ကြောင်း ဝန်ခံကြတယ်။
- ကိစ္စတွေရဲ့ ၁၀% ဟာ အွန်လိုင်းကနေ စတင်ပါတယ်။
- အချိန်ရဲ့ ၄၀%၊ အွန်လိုင်းရေးရာတွေဟာ လက်တွေ့ဘဝကိစ္စတွေအဖြစ်သို့ပြောင်းလဲသွားတယ်။
- အိမ်ထောင်သည်အမျိုးသမီး ၇၀% နှင့်အိမ်ထောင်ရှင်အမျိုးသား ၅၄% ဟာ ၎င်းတို့ရဲ့အိမ်ထောင်ဖက်တွေရဲ့အိမ်ထောင်ကွဲလှုပ်ရှားမှုတွေကို မသိရှိကြပါ။

- အမေရိကန်ပြည်ထောင်စုမှာ ကွာရှင်းပြတ်စဲမှုအားလုံးရဲ့ ၁၇% ဟာ နှစ်ဖက်စလုံးရဲ့အိမ်ထောင်ရေးဖောက်ပြန်မှုကြောင့်ဖြစ်တယ်။

https://www.trustify.info/blog/infidelity-statistics-2017 http://www.divorcestatistics.info/latest-infidelity-statistics-of-usa.html မှရယူထားတယ်။

၂၀၁၇ ခုနှစ်တွင် အမေရိကန်အထက်တန်းကျောင်း ကျောင်းသားတွေက စစ်တမ်းကောက်ယူခဲ့တယ်။

- ၄၀% ဟာ လိင်ဆက်ဆံဖူးကြတယ်။
- ၁၀% တွင် လေးယောက် ဒါမှမဟုတ် အဲဒီထက်ပိုတဲ့လိင်ဆက်ဆံဖော်ရှိကြတယ်။
- ၇% ဟာ မလိုချင်တဲ့အခါ လိင်ဆက်ဆံဖို့ အတင်းအကြပ်ခိုင်းစေခြင်းခံခဲ့ရတယ်။
- ၃၀% ဟာ ပြီးခဲ့တဲ့ ၃ လအတွင်း လိင်ဆက်ဆံခဲ့ဖူးကြတယ်။ အဲဒီထဲမှ
  - ၄၆% ဟာ နောက်ဆုံးလိင်ဆက်ဆံတဲ့အခါ ကွန်ဒုံးမသုံးခဲ့ပါ။
  - ၁၄% ဟာ ကိုယ်ဝန်တားဖို့ ဘာနည်းလမ်းကိုမှ မသုံးခဲ့ပါ။
  - ၁၉% ဟာ နောက်ဆုံးလိင်မဆက်ဆံခင် အရက်သောက်တာတွေ၊ မူးယစ်ဆေးဝါးသုံးစွဲခဲ့တာတွေရှိတယ်။
- ကျောင်းသားအားလုံးရဲ့ ၁၀% နီးပါးဟာ HIV ပိုးရှိမရှိ တစ်ခါမှမစမ်းသပ်ခဲ့ဖူးကြပါ။
- CDC (ရောဂါထိန်းချုပ်ရေးစင်တာတွေ) ရဲ့အချက်အလက်တွေအရ အမျိုးသမီးလိင်တူချစ်သူတွေ၊ ယောကျ်ားလိင်တူချစ်သူတွေ လိင်တူလိင်ကွဲချစ်သူအထက်တန်းကျောင်းသူ/သားတွေဟာ ပြင်းထန်တဲ့ရလဒ်တွေနဲ့ ရင်ဆိုင်နိုင်ကြောင်း ဖော်ပြထားတယ်။
- လိင်ပိုင်းဆိုင်ရာအန္တရာယ်ပြုမှုတွေဟာ လူငယ်တွေကို HIV ပိုးကူးစက်နိုင်ခြေ၊ အခြားလိင်မှတဆင့်ကူးစက်တဲ့ရောဂါတွေ (STDs) နှင့် မရည်ရွယ်ဘဲ ကိုယ်ဝန်ရစေပါတယ်။
- အသက် ၁၃-၂၄ လူငယ်တွေဟာ ၂၀၁၆ ခုနှစ်တွင် အမေရိကန်နိုင်ငံရှိ HIV ရောဂါရှာဖွေမှုအသစ်အားလုံးရဲ့ ၂၁% ခန့်ရှိတယ်။

- ၂၀၁၆ ခုနှစ်တွင် HIV ပိုးတွေ့ရှိတဲ့လူငယ် (အသက် ၁၃-၂၄ နှစ်) ၈၁% ဟာ လိင်တူချစ်သူတွေနှင့်လိင်တူလိင်ကွဲချစ်သူတွေ ဖြစ်ပါတယ်။
- ၂ စ်စဉ် အခြားလိင်ကနေတဆင့် ကူးစက်တဲ့ရောဂါသည် သန်း ၂၀ ရဲ့ ထက်ဝက်ဟာ အသက် ၁၅ မှ ၂၄ နှစ်ကြားရှိ လူငယ်တွေဖြစ်ကြောင်း ဖော်ပြထားတယ်။
- ၂၀၁၆ ခုနှစ်တွင် အသက် ၁၅-၁၉ နှစ်ကြား ဆယ်ကျော်သက်မိန်းကလေးတွေကနေ ကလေး ၂၀၀၀၀၀ နီးပါး မွေးဖွားခဲ့ကြတယ်။

https://www.cdc.gov/healthyyouth/sexualbehaviors မှပြန်လည်ရယူပါတယ်။

၂၀၁၁ စက်တင်ဘာလကနေ ၂၀၁၅ ခုနှစ် စက်တင်ဘာလအထိ ဆယ်ကျော်သက် ၄၁၃၄ ဦးအပါအဝင် အမျိုးသား/အမျိုးသမီး ၂၀၆၂၁ ဦးနဲ့ တွေ့ဆုံမေးမြန်းမှုအချက်အလက်ဖြစ်ပါတယ်။နမူနာဟာ နိုင်ငံကိုယ်စားပြုဖြစ်တယ်။

- အသက် ၁၅-၁၉ နှစ်ကြား တစ်ခါမှလက်မထပ်ဖူးတဲ့မြီးကောင်ပေါက်အရွယ်တွေရဲ့ ၄၂% ကျော်ဟာ အနည်းဆုံးတစ်ကြိမ် လိင်ဆက်ဆံဖူးတယ်လို့ဆိုကြတယ်။
- အမျိုးသားကျန်းမာရေးစာရင်းအင်းစင်တာမှ သုတေသီတွေရဲ့အစီရင်ခံစာအရ ၂၀၁၁ - ၂၀၁၅ ခုနှစ်အထိ၊ တစ်ခါမှလက်မထပ်ဖူးတဲ့မိန်းကလေးတွေ (၄ သန်း) ရဲ့ ၄၂.၄% နှင့်တစ်ခါမှလက်မထပ်ဖူးတဲ့ အမျိုးသားတွေ (၄.၄ သန်း) ရဲ့ ၄၄.၂% တွေဟာ လိင်ဆက်ဆံဖူးကြောင်း သိရတယ်။
- မိန်းကလေး ၃၅% ကျော်နှင့်ယောကျ်ားလေး ၂၈% နီးပါးက လိင်ဆက်ဆံခြင်းဟာ ၎င်းတို့ရဲ့ဘာသာတရား ဒါမှမဟုတ် ကိုယ်ကျင့်တရားဆိုင်ရာစည်းမျဉ်းတွေနဲ့ ဆန့်ကျင်တယ်လို့ ဆိုကြတယ်။
- ယောကျ်ားလေးရော မိန်းကလေးရော ငါးပုံတစ်ပုံက ကိုယ်ဝန်ကိုရှောင်ကြဉ်ရခြင်းရဲ့အကြောင်းရင်းလို့ ညွှန်းဆိုကြတယ်။ ၂၃% နီးပါးက သူတို့နဲ့ သင့်တော်မယ့်လူကို ရှာမတွေ့သေးဘူးလို့ ဆိုကြတယ်။

https://www.nytimes.com/2017/06/26/health/united- states-teenagers-sexual-activity.html မှရယူထားတယ်။

မိဘတို့၊ သင်တို့ရဲ့ကလေးတွေကို ပုံမှန်ပွေ့ဖက်ထားပါ။ ဆယ်ကျော်သက်တွေဟာ အရင်ကထက် ပိုစောပြီးတော့ လိင်ဆက်ဆံမှုပိုများလာတယ်။ ဘာ့ကြောင့်လဲလို့မေးရင် ဖျော်ဖြေရေးနယ်ပယ်နဲ့မီဒီယာတွေက လိင်ပိုင်းဆိုင်ရာကို မြှင့်တင်လာကြလို့ပါပဲ။ ဒီတော့ ကွာရှင်းပြတ်စဲတာတွေ၊ အဆင်မပြေတဲ့မိသားစုတွေ၊ ကွဲပြားတဲ့အသိုင်းအဝိုင်း/လူမျိုးရေးအတားအဆီးတွေ၊ ကိုယ်ကျင့်တရား/တန်ဖိုးကျဆင်းမှုတွေကြောင့် ပိုများလာပါတယ်။

မိသားစုအတွင်း ကောင်းမွန်တဲ့ထိတွေ့မှုဟာ ကျွန်တော်တို့ရဲ့အသိုင်းအဝိုင်းနှင့်ယဉ်ကျေးမှုကို ဖျက်စီးနေတဲ့ 6 Ds အတွက် သဘာဝဆေးတစ်လက်ဖြစ်ပါတယ်။ မနက်အိပ်ရာနိုးတဲ့အခါ သင့်ချစ်သူနဲ့ ကလေးတွေကို နွေးထွေးတဲ့ပွေ့ဖက်နမ်းရှုံ့ခြင်းဖြင့် နူတ်ဆက်လိုက်ပါ။ ကျွန်တော်ဟာ ဂျူးလူမျိုးဖြစ်ပြီး ပွေ့ဖက်နမ်းရှုံ့တဲ့အကျင့်နဲ့ ရင်းနှီးသူတွေဖြစ်တယ်။ ကျွန်တော်တို့ဇနီးမောင်နှံဟာ မိမိတို့ရဲ့အရွယ်ရောက်သားသမီးတွေကို ပွေ့ဖက်နမ်းရှုံ့လေ့ရှိတယ်။ နူတ်ခမ်းကို နမ်းတယ်။ ယဉ်ကျေးမှုတော်တော်များများမှာ ဒါဟာ ပုံမှန်ပါ။

အနောက်တိုင်းတွင် ဖူရီတန်အဖွဲ့တွေရဲ့အမွေအနှစ်ကြောင့် ထိတွေ့မှုဟာ လိင်သဘောတရားနဲ့ ဆက်စပ်နေပါတယ်လို့ မှားယွင်းစွာယူဆကြတယ်။ ဒီအယူအဆကို ဖြိုခွဲဖို့ အချိန်တန်ပြီ။ သားသမီးတွေ ကျောင်းမသွားခင်၊ အိမ်ပြန်လာချိန်နှင့်ညဘက်အိပ်ရာမဝင်ခင် တစ်နေ့ကိုအနည်းဆုံး ၃ ကြိမ် ပွေ့ဖက်နမ်းရှုံ့သင့်တယ်။ သူတို့အရမ်းငယ်သေးရင် သင့်လက်နဲ့ ချီထားပါ။ နေ့ခင်းက သူတို့ရဲ့ပုံပြင်လေးတွေကို နားထောင်ပေးပါ။

ကလေးတွေကို ကောင်းမွန်တဲ့ထိတွေ့မှုနှင့်အာရုံစူးစိုက်မှုပေးလေလေ တစ်ကိုယ်ရည်အာသာဖြေတာ၊ အင်တာနက်ထဲက ညစ်ညမ်းဗီဒီယိုတွေ ကြည့်ရှုတာ၊ လိင်ဆက်ဆံဖော်တွေနဲ့ ပေါင်းသင်းတာ ပိုမိုနည်းပါးလာမှာဖြစ်ပါတယ်။ ကောင်းမွန်တဲ့နားထောင်ခြင်းနှင့်မျှဝေခြင်း စွမ်းရည်ကို လေ့ကျင့်ပါ။ ဟုတ်ပါတယ်၊ မိဘဆက်ဆံရေးက သူတို့မိသားစုရဲ့ကျန်းမာရေးနဲ့သုခအတွက် အရေးအကြီးဆုံးပါ။

ဆရာတွေဟာ ကျွန်တော်တို့ရဲ့သားသမီးတွေအတွက် ဒုတိယမိဘတွေဖြစ်ကြတယ်။ သူတို့က မိမိတို့ရဲ့ကလေးတွေကို ပညာသင်ပေးတယ်၊ နေ့တိုင်း

၆ နာရီကနေ ၈ နာရီ အချိန်ပေးပြီး ကလေးတွေရဲ့နှလုံးသားနဲ့စိတ်ကို ပုံသွင်းပေးကြတယ်။ ဆရာတွေက မိမိတို့ရဲ့ကလေးတွေကို ပွေ့ဖက်ခြင်းဟာ လုံးဝသဘာဝကျပါတယ်။ ကျောင်းဆရာတွေနဲ့ဝန်ထမ်းတွေအားလုံးဟာ လိင်ပိုင်းဆိုင်ရာစော်ကားသူတွေမဟုတ်ကြောင်း ကျောင်းစည်းကမ်းက စစ်ဆေးမှုတွေ သေသေချာချာလုပ်ရပါမယ်။

ကျွန်တော်တို့ရဲ့ကလေးတွေကို ထိခိုက်ဒဏ်ရာရနေတဲ့အမျိုးသား၊ အမျိုးသမီးတို့မှ ကာကွယ်ဖို့ လိုအပ်ပါတယ်။ ပြဿနာတွေကို အမြစ်မစွဲခင် ဖြေ

ရှင်းဖို့ တိုက်တွန်းချင်ပါတယ်။ ဆရာသမားတွေအနေနဲ့ ၎င်းတို့ရဲ့ကျောင်းသားတွေဖြစ်တဲ့မိမိတို့ရဲ့ကလေးတွေကို ပွေ့ဖက်တာဟာ သင့်လျော်ပါတယ်။

ဒီအကြောင်းအရာနဲ့ ပတ်သက်ပြီး ကျွန်တော့်ရဲ့အခင်ဆုံးသူငယ်ချင်းတစ်ယောက်ဟာ သူ့သားသမီးတွေကို လိင်ပိုင်းဆိုင်ရာအလွဲသုံးစားလုပ်မှုနဲ့ ဆယ်နှစ်ကြာ ထောင်ကျခဲ့တယ်။ သူလုပ်ခဲ့တာတွေက စိတ်မကောင်းစရာပါပဲ။ ဒီလိုလူတွေကို ပြန်လည်ထူထောင်ခြင်းမပြုဘဲ ထောင်ချလိုက်တာဟာ စိတ်ဒဏ်ရာပိုကြီးစေတယ်။ တကယ်တော့ စိတ်ဒဏ်ရာရနေတဲ့သူတွေအတွက် မျှော်လင့်ချက်နှင့်အကူအညီတွေရှိပါတယ်။ ကျွန်တော်အကြိုက်ဆုံး ပါမောက္ခတစ်ယောက်က ဒီလိုပြောဖူးတယ်၊ "ပြစ်မှုကျူးလွန်သူရော သားကောင်ပါ စာသင်ခန်းထဲမှာရှိတဲ့အခါ အမြဲတမ်းရှုပ်ထွေးမှုရှိနေတယ်။ ဘာလို့လဲဆိုတော့ ပြစ်မှုကျူးလွန်သူတိုင်းဟာ တစ်ချိန်က ကလေးဘဝမှာ လိင်ပိုင်းဆိုင်ရာစော်ကားခံရတဲ့သားကောင်ဖြစ်ခဲ့လို့ပါပဲ" လို့ပြောသွားတယ်။ ဒီပါမောက္ခဟာ ဝါရှင်တန် Seattle ရှိ လူမှုဝန်ဆောင်မှုဌာနတွင် ၂၅ နှစ်ကျော် အလုပ်လုပ်ခဲ့တယ်။ စိတ်ဝိညာဉ်ဒဏ်ရာရင်းမြစ်တွေကို ကုစားပေးဖို့၊ သူတို့ရဲ့မေတ္တာလိုအပ်ချက်ဖြည့်ဆည်းပေးဖို့ မိမိတို့ကူညီရမှာဖြစ်ပါတယ်။ သူတို့ရဲ့ကြောက်စရာကောင်းတဲ့အပြုအမူတွေကို အလကားခွင့်လွှတ်ခြင်းမဟုတ်ဘဲ၊ သူတို့လည်း မိမိတို့ရဲ့အချစ်ကို လိုအပ်နေတာဖြစ်ပါတယ်။ ကျွန်တော်ဟာ ငယ်စဉ်က လိင်ပိုင်းဆိုင်ရာအလွဲသုံးစားခံခဲ့ရတဲ့အတွက် ဒီအကြောင်းကို ကောင်းကောင်းသိတယ်။

ဒီနေ့ကျွန်တော်တို့ရဲ့ကမ္ဘာကြီးကို 6 Ds က ဖြိုခွင်းနေတယ်

- ကွာရှင်းခြင်း (Divorce)
- နေ့ကလေးထိန်း (Daycare)
- ဒစ်ဂျစ်တယ်နည်းပညာ (Digital technology)
- အလုပ်မလုပ်တဲ့မိသားစုတွေ (Dysfunctinal families)
- ကွဲပြားခြင်း (Division)
- ကိုယ်ကျင့်တရား/တန်ဖိုးကျဆင်းခြင်း (Decline of morals & values)

အင်္ဂလိပ်လို D နဲ့ စတဲ့ဒီစကားလုံးခြောက်လုံးကို 6 Ds လို့ခေါ်ပြီး ဒါဟာ ကျွန်တော်ရဲ့ပစ္စုပ္ပန်နှင့်အနာဂတ် မျိုးဆက်တွေအပေါ် အကြီးအကျယ်ထိခိုက်စေတဲ့အရာဖြစ်ပါတယ်။

ကွာရှင်းခြင်း - အမေရိကန်မှာ အိမ်ထောင်ရေး ၄၀-၅၀% ခန့်ဟာ ကွာရှင်းပြတ်စဲခြင်းတွင် အဆုံးသတ်ကြတယ်။ ဖော်ပြခဲ့တဲ့မိဘတွေဟာ ကျွန်တော်တို့ရဲ့ဖန်ဆင်းရှင်ကို ကိုယ်စားပြုကြတာဖြစ်ပါတယ်။ တကယ်လို့ မိဘတွေဟာ ကလေးရဲ့အသက်အရွယ်ကိုမထောက်ထားဘဲ ကွာရှင်းပါက ၎င်းတို့ရဲ့အတွင်းကမ္ဘာကို ပြိုကွဲစေတာဖြစ်ပါတယ်။ ကွာရှင်းသွားတဲ့မိဘတွေရဲ့သားသမီးတွေအပေါ် ဂယက်ရိုက်ခတ်မှုကို အင်တာနက်ပေါ်မှာ ရှာဖွေဖတ်ရှုကြည့်ပါ။

နေ့ကလေးထိန်း - ညနေတိုင်း မိဘတွေနဲ့ ပြန်လည်ဆက်သွယ်ဖို့ ခက်ခဲတဲ့ကလေးတွေကို နေ့ခင်းကလေးထိန်းကျောင်းက သီးသန့်ဖန်တီးပေးခြင်းဖြစ်ကြောင်း ကျွန်တော့်ရဲ့လမ်းညွှန်ဆရာ Dr. Martha Welch က မှတ်ချက်ပေးခဲ့ဖူးတယ်။ မိဘတွေက သားသမီးတွေကို ညတိုင်းမထိန်းထားပါက ကလေးတွေဟာ တွယ်တာမှုဝေဒနာတွေတိုးပွားလာပြီး ၎င်းတို့ရဲ့မပြည့်စုံတဲ့လိုအပ်ချက်တွေကို သက်သာစေဖို့အတွက် မကောင်းတဲ့နည်းလမ်းတွေကို ရှာဖွေကြမယ်လို့ပြောသွားတယ်။

ဒစ်ဂျစ်တယ်နည်းပညာ - နည်းပညာဆိုင်ရာကိရိယာတွေဟာ စစ်မှန်တဲ့ဆက်ဆံရေးတွေကို အစားထိုးလာပါတယ်။ တစ်စုံတစ်ဦးကို အွန်လိုင်းပေါ်ကနေ လက်လှမ်းမှီပြီး ထိတွေ့ခြင်း ပြီးမြောက်အောင်မြင်ဖို့ဆိုတာ ဘယ်လိုမှ မဖြစ်နိုင်တဲ့အရာပါ။ လူဆိုတာဟာ ခန္ဓာချင်းထိလိုက်တဲ့အခါ စိတ်ဝိညာဉ်ကို သက်သာရာရစေပြီး ကောင်းမွန်တဲ့ပြုပြင်မှုတွေကို ကလေးတွေနှင့်အနာဂတ်လူကြီးတွေအတွက် ဖန်တီးပေးလိုက်ပါတယ်။ လူနှစ်ယောက်ဟာ စားသောက်ဆိုင် ဒါမှမဟုတ် ကော်ဖီဆိုင်မှာ တစ်ယောက်နဲ့တစ်ယောက်စကားမပြောဘဲ ကိုယ်စီဆဲလ်ဖုန်းတွေသုံးနေတဲ့အမူအကျင့်ဟာ ထုံးစံလိုဖြစ်လာပါတယ်။ ဒစ်ဂျစ်တယ်နည်းပညာဟာ အမျိုးသားနှင့်အမျိုးသမီးတွေရဲ့မျိုးဆက်ကို အဆက်ဖြတ်မှု ဖန်တီးနေပါတယ်။

အလုပ်မလုပ်တဲ့မိသားစုတွေ - ဒီလိုမိသားစုတွေဟာ အင်မတန်ဝမ်းနည်းစရာကောင်းပါတယ်။ ရုပ်မြင်သံကြားရှိုးတွေကိုပဲ တချိန်လုံးကြည့်ရှုနေတယ်။ ကွာရှင်းပြတ်စဲတာတွေ၊ မိဘတွေအချင်းချင်း အဆက်အသွယ်ပြတ်

တောက်သွားတာတွေ၊ စိတ်ဒဏ်ရာရသွားတဲ့သားသမီးတွေကလည်း မှားယွင်းတဲ့အပြုအမူတွေဆီကို ဦးတည်နေကြပါတယ်။ ချစ်ခြင်းမေတ္တာနေရာမှာ လိင်အစားထိုးလာတယ်။ အကြမ်းဖက်မှုနဲ့စွဲလမ်းမှုတွေ တိုးလာတယ်။ စိတ်ကျန်းမာရေးအေဂျင်စီတစ်ခုတွင် အလုပ်သင်လုပ်နေစဉ် "သာမန်မိသားစုတွေရဲ့အရွယ်ရောက်ပြီးသူကလေးတွေ" ဆိုတဲ့ ကာတွန်းတစ်ခုရေးဆွဲဖော်ပြထားတာကို တွေ့ရပါတယ်။ ပုံဟာ ပြခန်းကြီးတစ်ခုဖြစ်ပြီး ရှေ့ဆုံးတန်းမှာ လူတစ်ဦးထိုင်တယ်၊ နောက်တန်းမှာ လူတစ်ယောက်ထိုင်နေပါတယ်။ ကျန်ထိုင်ခုံတွေကတော့ လစ်လပ်နေပါတယ်။

ကွဲပြားခြင်း - ဘာသာတရားတွေ၊ လူမျိုးရေးတွေ၊ လိင်စိတ်တိမ်းညွတ်မှုတွေ စတဲ့ကိစ္စကြောင့် ကွဲပြားမှုတွေရှိနေပေမယ့် နဲနဲလေးပါ။ ဒါပေမယ့် ပိုဆိုးတာက တစ်ဦးနဲ့တစ်ဦးကြား ကွဲပြားစေမယ့်/ဝေးကွာစေမယ့်နည်းလမ်းတွေကို လူတွေကိုယ်တိုင်ကိုက ဖန်တီးနေခြင်းပါပဲ။ ကျွန်တော်တို့ကို ပိုင်းခြားထားတဲ့တံတိုင်းတွေကို ဖြိုဖျက်မယ့်အစား အသစ်တွေကို စိုက်ထူနေကြပါတယ်။

ကိုယ်ကျင့်တရား/တန်ဖိုးတွေကျဆင်းခြင်း - ကျွန်တော်တို့ရဲ့ကိုယ်ကျင့်တရားတွေ၊ ကျင့်ဝတ်တွေနှင့်တန်ဖိုးတွေကို စွန့်ပယ်ခြင်းဟာ လူ့သမိုင်းတစ်လျှောက်မှာ ကြီးမားတဲ့အင်ပါယာတစ်ခုပြီးတစ်ခု ပြိုလဲခြင်းပဲဖြစ်တယ်။ အကျင့်စာရိတ္တရှုပ်ထွေးပြီး လောကဆန်တဲ့ကလေးတွေဟာ အလွယ်တကူညစ်ညမ်းတဲ့လူကြီးတွေဖြစ်လာနိုင်ပါတယ်။ ကျွန်တော်တို့ရဲ့ကိုယ်ကျင့်တရားတွေကို ပစ်ပယ်လိုက်တာနဲ့ ကျန်တဲ့အရာတွေလည်း ပျက်စီးစပြုလာတာကို တွေ့ရမှာဖြစ်ပါတယ်။

ဒီ 6 Ds တွေဟာ စွဲလမ်းမှု၊ လိင်မှုဆိုင်ရာလှုပ်ရှားမှုတွေ (ညစ်ညမ်းပုံတွေ၊ အင်တာနက်လိင်မှုတွေ၊ အချစ်ဝတ္ထုတွေ၊ လိင်စိတ်ကို နိုးဆွပေးတဲ့စာပေတွေ)၊ မှားယွင်းတဲ့နေရာတွေနှင့်မှားယွင်းတဲ့နည်းလမ်းတွေနဲ့ ချစ်ခြင်းမေတ္တာကို ရှာဖွေနေတဲ့အတွက်ဖြစ်ပါတယ်။ ဒါဟာ ကလေးတွေ၊ ဆယ်ကျော်သက်တွေနှင့်လူကြီးတွေအပေါ် ကူးစက်လာပါတယ်။ ကျွန်တော်ထပ်ပြောပါရစေ၊ ကျွန်တော်တို့ရဲ့တကယ့်လိုအပ်ချက်က ရင်းနှီးမှုတွေ၊ ဆက်နွယ်မှုတွေ၊ ချိတ်ဆက်မှုတွေပါ။

မိဘအုပ်ထိန်းမှုဆိုင်ရာ ကျွမ်းကျင်မှုအသစ်တစ်ခုကို အကောင်အထည်မဖော်ခင် ဒါမှမဟုတ် သင့်မိသားစုရဲ့ယဉ်ကျေးမှုကို ပြောင်းလဲခြင်းမပြုခင်

သင့်ကလေးတွေနဲ့ အတူထိုင်ပြီး ဘာတွေဖြစ်လာမလဲဆိုတာကို ရှင်းပြပေးပါ။ သူတို့ကို မေးခွန်းတွေမေးခွင့်ပြုပြီး သင့်စိတ်ထဲကနေ ရိုးသားစွာဖြေကြားပေးရမယ်။ သင်ဟာ အရင်က အဲဒါတွေမလုပ်ခဲ့ဖူးကြောင်း သူတို့ကို အသိပေးပါ၊ ဒါပေမယ့် အခုမှာတော့ သင့်မိသားစုတွင် ပိုမိုကြီးမားတဲ့ချစ်ခြင်းမေတ္တာနှင့် ရင်းနှီးမှုကို ဖန်တီးဖို့ ကျွမ်းကျင်မှုအသစ်တွေကို သင်သင်ယူနိုင်ပါပြီ။

မိသားစုတွေမှာ ကောင်းမွန်တဲ့ထိတွေ့မှုအတွက် လေ့ကျင့်ခန်းတွေ

- သင့်ကလေးတွေကို ပွေ့ဖက်နမ်းရှုံ့ပါ။ ၁) မနက်ခင်း ၂) အိမ်ပြန်ရောက်တဲ့အခါ ၃) အိပ်ရာမဝင်ခင်
- သင့်ကလေးတွေနဲ့ လက်ချင်းတွဲပြီး လမ်းလျှောက်ပါ။ အာရှနှင့် အရှေ့အလယ်ပိုင်း ယဉ်ကျေးမှုတော်တော်များများမှာ လိင်တူတွေ အတူတူလမ်းလျှောက်တာဟာ ပုံမှန်ဖြစ်ပါတယ်။ ဒါပေမယ့် အနောက်နိုင်ငံတွေမှာ လိင်တူနှစ်ယောက် လက်ချင်းတွဲပြီး လမ်းလျှောက်ရင် "လိင်တူချစ်သူတွေ" ဖြစ်ရမယ်လို့ သတ်မှတ်ခံရတယ်။ တကယ်တော့ လိင်ကွဲအမျိုးသမီးတွေက ဒါကို ရှောင်လွှဲလို့ရတယ်။ ဒီတော့ လူသားမျိုးနွယ်ရဲ့ကြီးထွားမှုနဲ့ကုသခြင်းကို တားမြစ်တဲ့စံနှုန်းတွေကို ဖြတ်ကျော်ပြီး ချစ်ခြင်းမေတ္တာကို ချဲ့ထွင်ဖို့ တိုက်တွန်းပါရစေ။
- မိဘတွေအနေနဲ့ အသက်အရွယ်မရွေး သင့်ကလေးတွေနဲ့ လက်ချင်းချိတ်ပြီး လမ်းလျှောက်ပါ။ သင်ဟာ အမြဲတမ်းသူတို့ရဲ့မိဘဖြစ်တယ်ဆိုတာကို ပြသပါ။ သင့်ရဲ့အဘိုးအဘွားတွေ၊ မြေးတွေ၊ ဆွေမျိုးတွေ၊ မိသားစုဝင်တွေ၊ သူငယ်ချင်းတွေနဲ့ လက်တွဲလျှောက်လှမ်းပါ။
- လက်ကို ကိုင်ပါ၊ မျက်နှာချင်းဆိုင်ပါ၊ မျက်လုံးချင်းဆုံပြီး သင့်ခံစားချက်တွေကို ဖော်ပြပါ (ဝမ်းနည်းခြင်း၊ ဝမ်းသာခြင်း၊ ရှုံးသွပ်ခြင်း၊ ကြောက်လန့်ခြင်း၊ ချစ်ခြင်းမေတ္တာ)။

ရင်းနှီးတဲ့မိသားစုနှင့် သူငယ်ချင်းတွေနှင့်အတူ သင့်စိတ်ခံစားချက်တွေကို ဖော်ပြတဲ့ယဉ်ကျေးမှုအသစ်ကိုအစပြုဖို့ ခံစားချက်စက်ဝန်းကိုအသုံးပြုပါ။ ပြီးမှ ကောင်းမွန်တဲ့ထိတွေ့မှု လက်ဆောင်ကို ထည့်ပေးပါ။ မျက်နှာချင်းဆိုင်၊ လက်ကို ဆုပ်ကိုင်ထားပြီး တစ်ဦးနဲ့တစ်ဦး ဒီအချိန်မှာ သူဘယ်လို ခံစားနေရလဲဆိုတာကို မျှဝေပါ။ လက်ကိုကိုင်ပြီး မျက်လုံးချင်းဆုံကာ ခံစားချက်ကို မျှဝေတဲ့အလေ့အကျင့်ဟာ စကားပြောခြင်းနှင့်နားထောင်ခြင်းလိုပဲ သဘာဝအတိုင်းဖြစ်လာလိမ့်မည်။

- သင့်ရဲ့အိမ်ထောင်ဖက်ကို ပွေ့ဖက်ပါ။ ပွေ့ဖက်ခြင်းဟာ သဘာဝအတိုင်းလိင်ဆက်ဆံဖို့ မလိုပါ။ လိင်ဆက်ဆံဖို့ မလိုဘဲ တစ်ကိုယ်လုံးထိတွေ့မှု ရှိနေတဲ့အချိန်ဖြစ်တယ်။ ရှေ့မှာ ဖော်ပြထားသလိုပါပဲ လက်တွဲဖော် နှစ်ဦးစလုံးဟာ ကိုယ်လုံးတီးဖြင့် အတူအိပ်ပြီး အတူတကွအသက်ရှူခြင်းနဲ့ ကောင်းမွန်တဲ့ထိတွေ့မှုမျှဝေခြင်းတွေပြုလုပ်ရမယ်။ အမျိုးသားတွေဟာ လိင်ဆက်ဆံခြင်းမပြုဘဲ ရုပ်ပိုင်းဆိုင်ရာထိတွေ့မှုကို သင်ယူဖို့ လိုအပ်ပါတယ်။ တစ်ပတ်မှာ နှစ်ကြိမ်၊ အဝတ်မပါဘဲ ငါးကနေဆယ်မိနစ်အထိလေ့ကျင့်ပေးပါ။ ဒါကို တစ်လကြာအောင်လုပ်ပါ၊ အဲဒီနောက် ဆယ်မိနစ်ခန့်တစ်ပတ်မှ သုံးကြိမ်ပွေ့ဖက်ခြင်းတိုးလုပ်ပေးပါ။ ကိုယ်လုံးတီးပွေ့ဖက်ပြီး လိင်ဆက်ဆံမှုမပြုရပါ။ ပွေ့ဖက်ခြင်းနှင့်လိင်ဆက်ဆံခြင်းကို သီးခြားထားပါ။ လိင်ဆက်ဆံခြင်းမပြုဘဲ ကောင်းမွန်တဲ့ထိတွေ့မှုကို လေ့ကျင့်ပါ။ ဒါဟာ ရင်းနှီးမှုကို တိုးပွားစေပြီး အသားထိတွေ့မှုအတွက် မရှိမဖြစ်လိုအပ်မှုကို ဖြည့်ဆည်းပေးမှာဖြစ်ပါတယ်။ ဒီလိုလုပ်ခြင်းဖြင့် သင့်ခင်ပွန်းနဲ့ ဘယ်လောက်ချစ်လဲဆိုတာကို ဆက်လက်ထိန်းသိမ်းရမှာဖြစ်ပါတယ်။

သင့်ရင်ဘတ်ဟာ သင့်ခင်ပွန်းနောက်ကျောနဲ့ ထိစပ်နေချိန်မှာ သင့်ရဲ့လက်နှစ်ဖက်က သူ့ရင်ဘတ်မှာ ဖက်ထားပါ။ ဒါဟာ အဝတ်အစားဝတ်ပြီး အိမ်မှာရှိတဲ့ဘယ်နေရာမဆို လုပ်လို့ရပါတယ်။ သင့်ခင်ပွန်းရဲ့နောက်ကျောမှာ သင့်လက်တင်လိုက်တာဟာ ကောင်းမွန်တဲ့ ထိတွေ့မှုတစ်ခုပါပဲ။ ဒါဟာ နှစ်ဦးနှစ်ဖက်ကြားမှာ နွေးထွေးတဲ့ရင်းနှီးမှု အသက်ဝင်စေတာပါပဲ။ တစ်ခါတစ်လေယောကျ်ားက မိန်းမကို ဆုပ်ကိုင်ထားတယ်၊ တစ်ခါတစ်လေတော့ မိန်းမက ယောကျ်ားကို ဆုပ်ကိုင်ထားရတယ်။ ဒါဟာ ချစ်ခြင်းမေတ္တာကို တကယ်အားပြုတဲ့ အမူအကျင့်တစ်ခုပါ။

သတိပြုရမှာက လက်တွဲဖော်တစ်ဦးဟာ ကလေးဘဝမှာ လိင်ပိုင်းဆိုင်ရာမတော်မတရားပြုကျင့်ခံခဲ့ရင် အဲဒီလိုပွေ့ဖက်တာ၊ ဆုပ်ကိုင်ထားတာဟာ သူ့အတွက် လုံခြုံမှုရှိမရှိ အရင်ဆွေးနွေးဖို့ လိုအပ်ပါလိမ့်မယ်။ ဆွေးနွေးခြင်းမလုပ်ဘဲ ဆုပ်ကိုင်လိုက်ရင် သူအရင်ကြုံတွေ့ခဲ့ဖူးတာကြောင့် တုန်လှုပ်ခြောက်ချားသွားနိုင်တယ်။ ဒီတော့ ဒီအချက်ကို သင့်လက်တွဲဖော်နဲ့ အရင်ဆွေးနွေးပါ။

- **အချင်းချင်း နှိပ်နယ်ပေးပါ**
  ဇနီးမောင်နှံအချင်းချင်းအကြားမှာ ပုံစံအမျိုးမျိုးနဲ့ နှိပ်နယ်ပေးနိုင်ပါတယ်။ တစ်ကိုယ်လုံးနှိပ်နယ်ခြင်း၊ ပခုံးနှိပ်နယ်ခြင်း၊ ခြေဖဝါးနှိပ်နယ်ခြင်း၊ လက်နှိပ်နယ်ပေးခြင်း စတာတွေပေါ့။ ဒီဟာနဲ့ပတ်သက်တဲ့ အထောက်အကူပြုစာအုပ်တွေလည်း အများကြီးရှိတယ်။ လုပ်စရာ

  အလုပ်တွေများနေရင်အချင်းချင်း နှိပ်နယ်ရမယ့်အချိန်ဇယားလေးကိုသတ်မှတ်ဖို့လိုလိမ့်မယ်။ ၅မိနစ်က ၁၀ မိနစ်ကြား နှိပ်နယ်ခြင်းဟာ လုံလောက်ပြီးမယုံနိုင်စရာကျေနပ်မှုကို ရရှိစေမှာဖြစ်ပါတယ်။ ဒီလိုနဲ့ တစ်ပတ်မှာ တစ်ကြိမ်အချင်းချင်းတစ်လှည့်စီ နှိပ်နယ်ရမှာဖြစ်ပါတယ်။

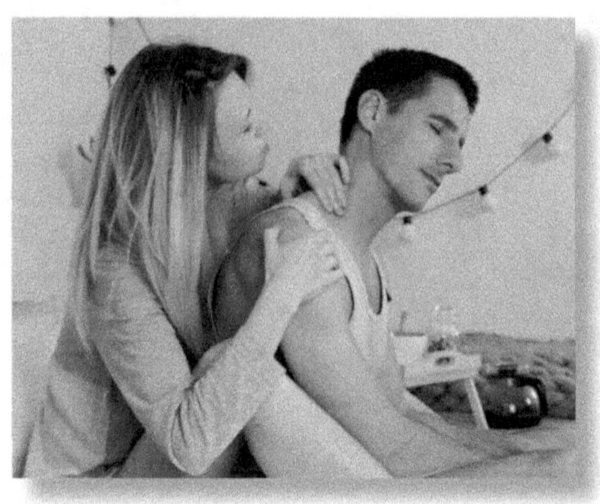

- သင့်အိမ်ထောင်ဖက်ရဲ့ပါးကို သင့်လက်ဖဝါးဖြင့် ကိုင်ထားပြီး အချင်းချင်းမျက်လုံးထဲကိုကြည့်ပါ။ သူ့ပါးပြင်ကို နူးညံ့သိမ်မွေ့စွာပွတ်သပ်ပေးပါ။ ဒါဟာ သင့်ရဲ့ချစ်ခြင်းမေတ္တာကို ဖော်ပြတဲ့နည်းလမ်းတစ်ခုဖြစ်ပါတယ်။ ဒီလိုလုပ်ခြင်းဟာ သူ့ရဲ့ဇီဝကမ္မဗေဒ ကိုလည်း ငြိမ်သက်စေတယ်။ သူ့ပါးကို ကိုင်ထားစဉ်မျက်လုံးချင်းဆုံ ပေးပါ။ သင့်မျက်လုံးတွေနဲ့ ဆက်သွယ်ပါ၊ ပြီးမှ သင့်စကားလုံးတွေနဲ့ ဆက်သွယ်ပါ။ "နင့်ပုံစံအရှိကိုအရှိတိုင်းပဲ ငါချစ်တယ်" ဆိုပြီးတော့ ပြောလိုက်ပါ။

- အလုပ်မသွားခင် သင့်အိမ်ထောင်ဖက်ကို ပွေ့ဖက်ပြီး နမ်းပါ။ သူ့မျက်လုံးတွေကို ကြည့်ရင်း "ချစ်တယ်" လို့ ပြောပါ။ သင့်ကလေး တစ်ဦးစီကိုလည်း ပွေ့ဖက်ခြင်း၊ နမ်းခြင်း၊ မျက်လုံးချင်းဆုံပြီး "ချစ်တယ်" လို့ပြောပါ။
- သင့်ကလေးတွေရှေ့မှာ ဇနီးသည်ကို ချစ်ကြောင်း ပြသပါ။ တီဗီကြည့်ရင်း ပွေ့ဖက်တာတွေ၊ နမ်းတာတွေ၊ လက်ကိုဆွဲကိုင်တာတွေလုပ်ပါ။
- ကြားညှပ်ပွေ့ဖက်ခြင်း

  ဒီပွေ့ဖက်ခြင်းဟာ ပျော်စရာကောင်းတယ်။ မိဘနှစ်ပါးဟာ မုန့်တွေလိုဖြစ်ပြီး သင့်ကလေးဟာ အသားလိုဖြစ်တယ်။ အဖေက တစ်ဖက်မှာ မတ်တပ်ရပ်ပြီး အမေက တစ်ဖက်မှာရပ်မယ်။ ကလေးက အလယ်မှာ ကြားညှပ်နေရမှာပါ။ ဆိုလိုတာကတော့ မိဘတွေက သားသမီးတွေကို နွေးထွေးလှတဲ့မေတ္တာနဲ့ ကြားညှပ်ပေးတယ်၊ လုံခြုံမှုကိုပေးတယ်ဆိုတဲ့သဘောပါပဲ။

  အဖေလုပ်သူအနေနဲ့ သင့်ရဲ့ဆယ်ကျော်သက်သားသမီးတွေကို ပွေ့ဖက်ပေးပါ။ သင့်ရဲ့လက်နှစ်ဖက်ကို တစ်ယောက်စီဝိုင်းထားလိုက်ပါ။ ပြီးတော့ သားသမီးတွေဆီကနေ အနမ်းခံပါ။ ဒါဟာ မိဘတွေနဲ့ သားသမီးတွေကြားမှာ အင်မတန်ကောင်းမွန်တဲ့နမ်းခြင်းပါပဲ။ အဖေလုပ်သူက သားသမီးတွေရဲ့အနမ်းခံရုံသက်သက်မဟုတ်ဘူး၊ သူကလည်း သားသမီးတွေကို လက်တစ်ဖက်စီဝိုင်းဖက်ပြီးတော့ လုံခြုံမှုနဲ့နွေးထွေးမှုကို ပေးနေတာဖြစ်ပါတယ်။

သမီးတွေဟာ ဖခင်/ဦးလေး/အဘိုး/အကိုကြီးတွေရဲ့မေတ္တာနှင့်ချစ်ခင်မှုကို ရရှိဖို့ လိုအပ်တယ်။ ဒီနည်းနဲ့ သူတို့တွေဟာ တန်ဖိုးထားခံရခြင်း၊ မြတ်နိုးခြင်း၊ ပျော်ရွှင်ခြင်းနှင့်ချစ်ခြင်းတွေကို တွေ့ကြုံခံစားရမှာဖြစ်ပါတယ်။

သားတွေလည်း ကြီးကောင်ဝင်စကာလမှာ သူတို့ရဲ့မိခင်၊ အဖွား၊ အဒေါ်၊ မောင်နှမတွေဆီက ချစ်ခြင်းမေတ္တာကို လိုအပ်ကြတယ်။ သူတို့ရဲ့ ယောကျ်ားပီသမှုကို အတည်ပြုတဲ့အနေနဲ့ အမျိုးသမီးတွေရဲ့ကြည်ညိုလေးစားမှုကို ခံစားဖို့ လိုအပ်တယ်။ “မင်းက သန်မာတယ်။ မင်းကို ငယ်ငယ်ကတည်းက အားကျတယ်” ဆိုတဲ့စကားကို ကြားချင်တယ်။ မိဘတိုင်းက သားသမီးတွေရဲ့ထိတွေ့မှု၊ သားသမီးတိုင်းကလည်း မိဘတွေရဲ့ထိတွေ့မှုကို လိုအပ်ကြတယ်။ မိဘနဲ့သားသမီးကြားမှာ အဲဒီလိုထိတွေ့မှုတွေ၊ ပွေ့ဖက်ခြင်းတွေမလုပ်ပါက ဒီကလေးတွေဟာ စွဲလမ်းမှုတစ်ခုခု၊ အုပ်စုဖွဲ့လှုပ်ရှားမှု၊ လိင်နှင့်လိင်ပိုင်းဆိုင်ရာရှုပ်ထွေးမှုတွေ၊ အကြမ်းဖက်မှုတွေမှာ ပါသွားနိုင်တယ်။ မိဘတိုင်းက ကိုယ့်သားသမီးတွေကို မေတ္တာပြပြီး ပွေ့ဖက်တာတွေ အမြဲလုပ်ပေးပါ။

အသိုင်းအဝန်းကို ကုစားခြင်း

လုပ်ငန်းခွင်အတွင်း ထိတွေ့ခြင်းဟာ အလွန်ထိမိတဲ့အကြောင်းအရာတစ်ခုဖြစ်တယ်။ လိင်ပိုင်းဆိုင်ရာနှောင့်ယှက်မှုကို တားဆီးဖို့ တင်းကျပ်ထားတဲ့လမ်းညွှန်ချက်တွေရှိတယ်။ဒါဟာ အင်မတန်ကောင်းမွန်တဲ့အရာဖြစ်တယ်။ မသင့်လျော်တဲ့အပြုအမူတွေကို ရှောင်ရှားဖို့ ကျွန်တော်တို့အများကြီးသိခဲ့ပြီ။ ဒါပေမယ့် ပြဿနာအဖြေကိုမရှာဘဲ ဥပဒေပြုတာဟာ မဖြစ်သင့်တဲ့ကိစ္စပါ။ မသင့်လျော်တဲ့ လိင်ပိုင်းဆိုင်ရာအပြုအမူတွေ၊ အခွင့်ကောင်းယူတာတွေဟာ တကယ့်ကိုမှားယွင်းမှုပါ။ ဘယ်လိုပဲဖြစ်ဖြစ် မိသားစုမှာ၊ ကျောင်းမှာ၊ ဝတ်ပြုတဲ့နေရာတွေမှာ၊ အလုပ်ခွင်တွေမှာ ကောင်းမွန်တဲ့ထိတွေ့မှုကို စတင်ကြပါစို့။ လိင်ပိုင်းဆိုင်ရာအကျင့်ယိုယွင်းမှုနှင့်နှောင့်ယှက်မှုတွေကို မရပ်တန့်ဘဲ အဆုံးထိလုပ်ဆောင်ဖို့ လိုပါတယ်။ နောက်တစ်ဆင့်မှာ လုပ်ဖော်ကိုင်ဖက်တွေကြားမှာ သင့်လျော်တဲ့ထိတွေ့ဆက်ဆံမှုတွေကို စတင်ဖို့ သင်ပေးရမှာဖြစ်ပါတယ်။

တစ်ခါ ဟောလိဝုဒ်ထိပ်သီးပုဂ္ဂိုလ်တွေ၊ ထိပ်တန်းရုပ်ရှင်သရုပ်ဆောင်တွေ၊ နိုင်ငံရေးသမားတွေနှင့်ဘာသာရေးခေါင်းဆောင်တွေဟာ လိင်ပိုင်းဆိုင်ရာအကျင့်ပျက်ခြစားမှုတွေကြောင့် နေ့တိုင်း စွပ်စွဲမှုခံနေကြရတယ်။ MeToo# နှင့် TimesUp# လှုပ်ရှားမှုတွေဟာ အခုအခါ တစ်ကမ္ဘာလုံးသို့ပျံ့နှံ့သွားပါပြီ။ အမျိုးသားတွေနှင့်အမျိုးသမီးတွေဟာ လိင်ပိုင်းဆိုင်ရာစော်ကားမှုနှင့် လိင်ပိုင်းဆိုင်ရာနှောင့်ယှက်မှုတွေကို ဆန့်ကျင်ကန့်ကွက်ကြတယ်။ ဒါက အဆင့်တစ်ပါ။ နောက်တစ်ဆင့်ကို ဘယ်သူက မြှင့်တင်နေလဲ။ လိင်ပိုင်းဆိုင်ရာအလွဲသုံးစားပြုမှုနှင့်အကျင့်ပျက်ခြစားမှုတွေကို ဘယ်သူက အမှန်တကယ်ရပ်တန့်စေမှာလဲ။ TTT ပါပဲ။ ထိတွေ့မှုနည်းပါးတဲ့အမျိုးသာတွေ၊ အမျိုးသမီးတွေအတွက် သူတို့ရဲ့ဘဝရပ်တည်မှုဘယ်လိုပဲဖြစ်နေပါစေ အဖြေရှာရမယ့်အချိန်ဖြစ်တယ်။ မနေ့တနေ့ကပဲ မိတ်ဆွေတစ်ယောက်က သူ့လုပ်ဖော်ကိုင်ဖက်ဖြစ်တဲ့အသက် ၇၀ ငယ်ရွယ်ရှိတဲ့အမျိုးသားတစ်ယောက်ဟာ အမျိုးသမီးတစ်ဦးဆီရောက်လာတာကို တွေ့လိုက်ရတယ်။ ဆိုတော့ ဒီအမျိုးသားရဲ့မိသားစုနောက်ခံသမိုင်းကြောင်းအရ "သူ့ရဲ့အတွင်းစိတ်ကလေးက သူ့မိခင်ရဲ့မေတ္တာကို တောင့်တနေတာ သိသာထင်ရှားပါတယ်"လို့မှတ်ချက်ပေးခဲ့ပါတယ်။

ကျွန်တော်တို့အများစုဟာ မိမိတို့လိုလားတောင့်တနေတဲ့မိဘတွေရဲ့ထိတွေ့မှုအစား သိရက်နဲ့ဖြစ်စေ၊ မသိဘဲနဲ့ဖြစ်စေ ဆံပင်ညှပ်သူတွေ၊ အလှပြင်သူတွေ၊ ဆရာဝန်တွေနှင့်အနှိပ်သမားတွေ သွားကြတယ်။ ဒါဟာ အာရုံစူးစိုက်မှု၊ ချစ်ခင်မှုနှင့်ဆက်သွယ်မှုကို တောင့်တနေတဲ့အတွက်ဖြစ်ပါတယ်။ တချို့ကတော့ အရက်၊ မူးယစ်ဆေးဝါး၊ လောင်းကစား၊ အစားအသောက်၊ ညစ်ညမ်းတဲ့အင်တာနက်၊ တစ်ကိုယ်ရည်အာသာဖြေမှု၊ အချစ်ဝတ္ထု၊ လိင်စိတ်ကို နိုးဆွပေးတဲ့အရာတွေ၊ နှင့်အမည်မသိလိင်ပိုင်းဆိုင်ရာထိတွေ့မှုတွေအတွက် ချိတ်ဆက်မှုတွေအဖြစ် အခြားသူတွေဆီကူးပြောင်းသွားကြတယ်။ ဝမ်းနည်းစရာကောင်းတာက မိမိတို့လိုအပ်နေတဲ့ကောင်းမွန်တဲ့ထိတွေ့မှုနဲ့ အမှန်တကယ်ချိတ်ဆက်မှုအတွက် ပိုမိုနက်ရှိုင်းတဲ့လိုအပ်ချက်တွေကို မကြာခဏလျစ်လျူရှုထားကြတဲ့အရာပါပဲ။

တစ်စုံတစ်ဦးကို လှမ်း၍ထိတွေ့ပါ။ သင့်မိသားစု၊ ဝတ်ပြုရာနေရာ၊ ကလပ်၊ ကျောင်းနှင့်လုပ်ငန်းတွေမှာ ထိတွေ့မှုအစီအစဉ်ကို စတင်ပါ။ လူသိရှင်ကြားပြောဆိုခြင်းနှင့်ခေါင်းဆောင်မှုစွမ်းရည်ကို မြှင့်တင်ဖို့အတွက် အကောင်းဆုံးနေရာကတော့ မိမိတို့ရဲ့နေရပ်ဒေသပါပဲ။ TTT နဲ့ပတ်သက်ပြီး အများကြီးပြောခဲ့ပြီးပါပြီ။ ဒါကြောင့် ကောင်းမွန်တဲ့ထိတွေ့မှုနဲ့ပွေ့ဖက်မှုတွေကို သင့်မိသားစု၊ ဒေသဆိုင်ရာအဖွဲ့အစည်းတွေ၊ ဝတ်ပြုရာနေရာတွေ၊ လုပ်ငန်းခွင်တွေမှာ အကောင်းဆုံးလုပ်ဆောင်နိုင်ပါတယ်။

ကောင်းမွန်တဲ့ထိတွေ့မှုရှိနေသရွေ့ အမုန်းမီးတောက်တွေငြိမ်းသွားနိုင်တယ်။ တစ်ချက်တည်းပွေ့ဖက်ရုံလေးနဲ့ ဒီကမ္ဘာကြီးကို ကုစားလိုက်ပါ။ ဒါဟာ ကျွန်တော့်နှလုံးသားရဲ့ဆန္ဒပါ။ အကြမ်းဖက်သမားတွေ ရှိမှာမဟုတ်တော့ဘူး။ အစ္စရေးနဲ့ပါလက်စတိုင်းတွေ အချင်းချင်းသတ်ဖြတ်နေတာတွေ ရှိမှာမဟုတ်တော့ဘူး။ အလုပ်သမားတွေဟာ လိင်ပိုင်းဆိုင်ရာ နှောင့်ယှက်ခံရမှာမဟုတ်တော့ပါဘူး။ ကျောင်းသားတွေအနိုင်ကျင့်မခံရတော့ဘူး။ ကောင်းမွန်တဲ့ထိတွေ့မှုကို သင်ကြားပေးခြင်းဟာ လိင်ပိုင်းဆိုင်ရာစော်ကားမှုအတွက် ဖြေဆေးဖြစ်တယ်။

ကျွန်တော်တို့လက်ထဲမှာ ကိုင်ထားတဲ့လူတစ်ယောက်ကို မိမိတို့ဘယ်လိုသတ်နိုင်မလဲ။ ကျွန်တော်တို့အားလုံးဟာ မိသားစုဝင်တွေဖြစ်ပြီး စစ်ဖြစ်စရာမလိုအပ်တော့ပါ။ ကမ္ဘာ့လူဦးရေတော်တော်များများက လုံလောက်စွာစားသောက်ပြီး သက်သောင့်သက်သာအသက်ရှင်နေတဲ့အခါမှာ ဘာ့ကြောင့်များ ကမ္ဘာ့လူဦးရေတဲ့ထက်ဝက်နီးပါးက ဆင်းရဲတွင်းနက်နေရမှာလဲ။ ကောင်းမွန်တဲ့ထိတွေ့မှုဟာ စစ်ပွဲတွေကိုအဆုံးသတ်နိုင်ပြီးတော့ ကမ္ဘာကြီးကို ကုစားကာ ဂရုစိုက်တတ်တဲ့ကမ္ဘာ့မိသားစုကို ပြန်လည်ဖန်တီးနိုင်ပါတယ်။

ဘုရားကျောင်းတွေ၊ တရားဇရပ်တွေ၊ ဗလီတွေမှာ လူတွေဟာ ထိတွေ့မှုမရှိဘဲ လက်ဆွဲနှုတ်ဆက်ကြတယ်။ ဘာလို့ မပွေ့ဖက်တာလဲ။ ကျွန်တော်တို့ရဲ့ဝတ်ပြုရာအိမ်တော်တွေဟာ ကမ္ဘာ့အလုံခြုံဆုံးနေရာတွေ၊ ကောင်းမွန်တဲ့ထိတွေ့မှု ခိုအောင်းတဲ့နေရာမဖြစ်သင့်ဘူးလား။ ကျွန်တော်ပါဝင်တက်ရောက်ခဲ့တဲ့ဘုရားကျောင်းတိုင်းမှာ ပွေ့ဖက်တဲ့အလေ့အထကို စတင်ခဲ့တယ်။ ဘုရားကျောင်းဟာ ထိတွေ့မှုကို ပြသဖို့ အလွန်ကောင်းမွန်တဲ့နေရာဖြစ်တယ်။ အဖဘုရားသခင်ရဲ့အိမ်တော်ဟာ လိင်ပိုင်းဆိုင်ရာနှောင့်ယှက်မှု၊ ယုတ်ညတဲ့အပြုအမူတွေကို ကြောက်စရာမလိုဘဲ ကောင်းမွန်တဲ့ထိတွေ့မှုခံစားနိုင်တဲ့ဖြစ်သင့်တယ်။ အဲဒီထဲမှာ ကက်သလစ်၊ ခရစ်ယာန်၊ ဂျူးတွေပါဝင်တယ်။ မွတ်ဆလင်၊

ဟိန္ဒူနှင့်ကမ္ဘာတစ်ဝှမ်းရှိ အခြားကိုးကွယ်ရာနေရာတွေမှာ ဒါဟာ အင်မတန်အရေးကြီးတယ်။ ဒါဟာ TTT ရဲ့ပန်းတိုင်ပါပဲ။

ထိတွေ့မှုဆိုင်ရာကုသခြင်း အစီအစဉ်ကို စတင်ခြင်းအကြောင်း သင်ဝတ်ပြုရာနေရာရဲ့ခေါင်းဆောင်ကို ပြောပြပါ။ သူ့ကို TTT စာအုပ်နဲ့ မိတ်ဆက်ပေးပါ။ သူ့ရဲ့ဓာတ်ပုံတွေကို ပြသပြီး ကောင်းမွန်တဲ့ပွေ့ဖက်ခြင်းကို အခုပဲစတင်ဖို့ အကြံပြုလိုက်ပါ။ တနင်္ဂနွေနေ့တွင် ဝတ်ပြုစည်းဝေးသို့တက်ရောက်တဲ့အခါမှာ သင့်ပတ်ဝန်းကျင်မှာရှိတဲ့လူတွေဆီကနေ ကောင်းမွန်တဲ့ထိတွေ့မှုရရှိခံစားတာဟာ အံ့သြစရာမဟုတ်ပါလား။ အခုတော့ အဲဒါကို အပတ်တိုင်းစောင့်မျှော်ရမယ့်အရာဖြစ်လာပြီ။

သတိထားစရာရှိတယ်။ ဝတ်ပြုတဲ့နေရာအသီးသီးမှာ အမျိုးသမီးအများအပြားဆီကနေ ဘာကြားသလဲဆိုတော့ "ယောကျ်ားတစ်ယောက်က ကျွန်မကိုပွေ့ဖက်တဲ့အခါ သူ့လက်ကို ကျွန်မတင်ပါးပေါ်တင်တယ်။ ကျွန်မက ဒါကိုနှာဘူးစော်ကားတယ်လို့ပဲခံစားရတယ်" လို့ပြောတတ်ကြတယ်။ အမျိုးသမီးဟာ ကိုယ့်မိန်းမ မဟုတ်ရင်/သူမဆီက ခွင့်ပြုချက်မရရင် တင်ပါးကို ဘယ်တော့မှလက်တင်လို့မရပါဘူး။ ကောင်းမွန်တဲ့ပွေ့ဖက်ခြင်းဟာ အခြားသူရဲ့ပခုံးပေါ်မှာ လက်တစ်ဖက်ကိုတင်ပြီး ကျန်လက်တစ်ဖက်ကျောပေါ်မှာ တင်ရမှာပါ။ သင့်လက်ကို တစ်ဖက်လူရဲ့ကျောပေါ်မှာပဲ တင်ပါ၊ ဘယ်တော့မှ တင်ပါးပေါ် မတင်လိုက်ပါနဲ့။

လိင်တူတွေ (အမျိုးသားအချင်းချင်း/အမျိုးသမီးအချင်းချင်း) ပွေ့ဖက်တဲ့ပုံစံကိုလည်း သင်ယူရပါမယ်။ လိင်တူတစ်ယောက်ယောက် ပွေ့ဖက်ရမှာကို ကြောက်တတ်ကြတယ်။ ဘာလို့လဲဆိုတော့ "လိင်တူချစ်သူတွေ" ထင်ကြမှာစိုးလို့လေ။ အဲလိုမဟုတ်ဘူး၊ လိင်တူသူတွေကို ပွေ့ဖက်တာဟာ ကောင်းမွန်တဲ့ထိတွေ့ခြင်းဖြစ်ပြီး ကုစားခြင်းပါပဲ။ ကျွန်တော်တို့အနေနဲ့ လိင်နှစ်မျိုးလုံးကို ဖက်တွယ်တတ်ဖို့ သင်ယူရမှာဖြစ်ပါတယ်။ အမျိုးသားပဲဖြစ်ဖြစ်၊ အမျိုးသမီးပဲဖြစ်ဖြစ် ပွေ့ဖက်တဲ့အခါမှာ မလိုလားအပ်တဲ့နေရာမှာ မထိမိဖို့ အထူးသတိကြီးကြီးထားရမှာပါ။

တစ်စုံတစ်ဦးက သင့်ကို နောက်ဆုံးအကြိမ်ထိတွေ့တာဟာ ဘယ်အချိန်လဲ။ ကျွန်ုပ်တို့အားလုံး အသားထိတွေ့မှုကို ဆာလောင်ကြတယ်။ ကမ္ဘာကြီးက ထိတွေ့မှုကင်းမဲ့နေတယ်။ တစ်နေ့ကို ကောင်းမွန်တဲ့ထိတွေ့မှုနှင့်ပွေ့ဖက်မှု ဆယ့်နှစ်ကြိမ်လုပ်နိုင်မယ်ဆိုရင် ဘာတွေဖြစ်နိုင်ဆိုတာကို တွေးကြည့်နိုင်ပါသလား။ ဘယ်လိုပုံစံပြောင်းလဲမှုတွေဖြစ်လာနိုင်လဲ။ အင်တာနက်ညစ်ညမ်းကြည့်ရှုမှု လျော့နည်းသွားပါလိမ့်မယ်။ လိင်ဆက်ဆံမှု လျော့နည်းလာမယ်။ အိမ်ထောင်ရေးအဆင်မပြေမှုတွေလျော့ပါးမယ်။ အချင်းချင်းရန်ဖြစ်တာတွေလျော့သွားမယ်။ မိသားစုဝင်တွေကြားမှာ မုန်းတီးမှုတွေ သိသိသာသာလျော့ပါးလာမယ်။

ကျွန်တော်တို့အားလုံးက ကောင်းမွန်တဲ့ထိတွေ့မှုကို တောင့်တနေကြတယ်

ထိတွေ့ခြင်း ≠ လိင်ဆက်ဆံခြင်း

သက်ကြီးရွယ်အိုတွေရဲ့ဘဏ္ဍာ

Moody's Analytics မှ ဘောဂဗေဒပညာရှင် Sophia Koropeckyj က "မင်းမှာ အသက်အရွယ်ကြီးရင့်တဲ့ လုပ်သားအင်အားရှိတယ်။ "အသက်ကြီးတဲ့

အလုပ်သမားတွေဟာ အမေရိကန် လုပ်ငန်းခွင်ရဲ့ဒိုင်းနမစ်ကို ပြောင်းလဲနေပါတယ်။ သူတို့ရဲ့အသိပညာနဲ့ကျွမ်းကျင်မှုတွေက အများကြီး ပိုအကျိုးရှိစေပေမယ့် တခြားသူတွေကတော့ နည်းပညာအသစ်တွေနဲ့ပတ်သက်ပြီး တတ်ကျွမ်းမှုနည်းပါတယ်" လို့ Koropeckyj က ပြောကြားခဲ့တယ်။ AARP ဒုဥက္ကဌ Susan Weinstock က သက်ကြီးလုပ်သားတွေဟာ ဖိအားအောက်တွင် အေးဆေးတည်ငြိမ်မှု၊ ပြဿနာတွေကို ဖြေရှင်းနိုင်မှု၊ နားထောင်နိုင်မှုနှင့်စာနာနားလည်မှုတွေ ပိုရှိကြတယ်လို့ပြောကြားခဲ့တယ်။ ဒါဟာ ကွန်ပျူတာ ဒါမှမဟုတ် စက်ရုပ်ဖြင့် အစားထိုးလို့မရတဲ့ထူးခြားတဲ့လူသားစွမ်းရည်တွေဖြစ်ပါတယ်" (USA Today, Paul Davidson, "Baby boomers keep pushing job growth," January 10, 2019, page 2).

သက်ကြီးရွယ်အိုတွေဟာ တစ်သက်လုံးဉာဏ်ပညာကို ဆောင်ကြဉ်းပြီး သူတို့ရဲ့သားစဉ်မြေးဆက်အမွေဆက်ခံဖို့ မျိုးဆက်ရတနာတွေကို ကိုင်စွဲထားကြတယ်။ ကလေးတွေ၊ ဆယ်ကျော်သက်တွေနှင့်လူကြီးတွေအပေါ် သူတို့ရဲ့ကောင်းမွန်တဲ့ထိတွေ့မှုကနေတစ်ဆင့် ၎င်းတို့ရဲ့မိသားစုတွေကို ကောင်းချီးပေးနိုင်တယ်။ ယူကေ၊ ဂျာမနီနှင့်အခြားဥရောပနိုင်ငံတွေမှာ မျိုးဆက်ပေါင်းစုံအိမ်ရာစီမံကိန်းတွေဟာ သက်ကြီးရွယ်အိုတွေအတွက် သူငယ်တန်းနှင့်မူလတန်းကျောင်းကလေးတွေနဲ့ အပြန်အလှန်ဆက်ဆံဖို့ အခွင့်အလမ်းတွေကို ဖန်တီးပေးနေတယ်။ အားလုံးပဲ မင်္ဂလာရှိပြီး အကျိုးကျေးဇူးတွေကတော့ အံ့မခန်းပါပဲ။ သက်ကြီးရွယ်အိုတွေဟာ ဘဝအတွက် ရည်ရွယ်ချက်ရှိကြပြီး လူငယ်တွေဟာ ချစ်ခြင်းမေတ္တာ၊ အာရုံစိုက်မှု၊ ပညာရေး၊ ချစ်ခင်မှုကို ရရှိကြတယ်။ (Retrieved from:https://www.theguardian.com/world/2014/may /02/germany-multigenerationhouse-solve-problems-britain).

သက်ကြီးရွယ်အိုတွေကို ဘိုးဘွားရိပ်သာတွေမှာ မထားဘဲ မိသားစုနှင့်အသိုင်းအဝိုင်းတွေကြားမှာ ထားသင့်တယ်။ ဒါဟာ သူတို့ရှိနေရမယ့်နေရာပါပဲ။ ကျွန်တော်တို့ရဲ့မိဘတွေ၊ ဘိုးဘွားတွေကို မိမိတို့နဲ့အတူ ထားရှိမယ်ဆိုရင် သားသမီးတွေ၊ မြေးတွေနှင့်အနာဂတ်မျိုးဆက်သစ်တွေအတွက် ကောင်းချီးပေးမှာဖြစ်ပါတယ်။ သီးခြားနေထိုင်စေတာဟာ မိသားစုဝင်တစ်ယောက်ချင်းစီအတွက် အစဉ်ကြီးထွားခြင်း၊ ကုစားခြင်းနှင့် ချစ်ခြင်းမေတ္တာတွေအတွက် အခွင့်အရေးဆုံးရှုံးနေတာပဲဖြစ်တယ်။ သက်ကြီးရွယ်အိုတွေဟာ ကျွန်တော်တို့ရဲ့

အကြီးအကဲတွေဖြစ်တဲ့အတိုင်းပါပဲ သူတို့ရဲ့မှန်ကန်တဲ့နေရာမှာ ပြန်ထားပြီး သူတို့ကို အလေးထားလေးစားကြပါစို့။

လေ့ကျင့်ခန်း

ဒါတွေဟာ ရိုးရှင်းပေမယ့် လေးနက်တဲ့လေ့ကျင့်ခန်းတစ်ခုဖြစ်ပြီး သင်ဝတ်ပြုရာနေရာမှာ စတင်လုပ်ဆောင်နိုင်ပါတယ်။ ဒါဟာ သင့်အသိုင်းအဝိုင်းရှိ အမျိုးသားနှင့်အမျိုးသမီးတွေအတွက် ကျန်းမာခြင်းကို ဆောင်ကြဉ်းပေးမယ့် အစွမ်းထက်တာဆာပလာတစ်ခုဖြစ်ပါတယ်။ လေ့ကျင့်ခန်းလုပ်နေစဉ်အတွင်း ဒဏ်ရာတွေသက်သာစေမယ့် နောက်ခံတီးလုံးသီချင်းကောင်းလေးကို ဖွင့်ပါ။

၁။ အမျိုးသမီးတွေက စက်ဝန်းရဲ့အလယ်ဗဟိုမှာ ရပ်နေချိန်တွင် အမျိုးသားတွေက ၎င်းတို့ရဲ့နောက်မှာ မတ်တပ်ရပ်ပြီး မိမိတို့လက်ကို ပခုံးပေါ် ညင်သာစွာတင်ပါ။ နာမည်တွေ ဖလှယ်ပါ။

၂။ ယောကျ်ားတိုင်း မိန်းမအတွက် ဆုတောင်းပါ။

(က) ဘယ်မိန်းမကိုမဆို ကျူးလွန်မိတဲ့အမှားအတွက် နောင်တရပါ။

(ခ) သင့်ရှေ့မှာတင် အဲဒီမိန်းမကျန်းမာခြင်းအတွက် ဆုတောင်းပေးပြီး ကောင်းချီးပေးပါ။

(ဂ) ယောကျ်ားတွေဆီက ကောင်းမွန်တဲ့ထိတွေ့မှုကို ရရှိဖို့ ဆုတောင်းပါ။

၃။ အမျိုးသားတွေက စက်ဝန်းရဲ့အလယ်ဗဟိုမှာ ရပ်နေချိန်တွင် အမျိုးသမီးတွေက ၎င်းတို့ရဲ့နောက်မှာ မတ်တပ်ရပ်ပြီး မိမိတို့လက်ကို ပခုံးပေါ် ညင်သာစွာတင်ပါ။ နာမည်တွေ ဖလှယ်ပါ။

(က) ဘယ်မိန်းမကိုမဆို ကျူးလွန်မိတဲ့အမှားအတွက် နောင်တရပါ။

(ခ) သင့်ရှေ့မှာတင် အဲဒီအမျိုးသားကျန်းမာခြင်းအတွက် ဆုတောင်းပေးပြီး ကောင်းချီးပေးပါ။

(ဂ) မိန်းမတွေဆီက ကောင်းမွန်တဲ့ထိတွေ့မှုကို ရရှိဖို့ ဆုတောင်းပါ။

ပြီးသွားရင်တော့ တစ်ဦးချင်းထိုင်ခိုင်းပြီး အမျိုးသားနဲ့အမျိုးသမီးတွေက သူတို့ရဲ့အတွေ့အကြုံတွေကို တစ်ယောက်နဲ့တစ်ယောက် ဝေမျှခွင့်ပါ။ စုံတွဲတစ်တွဲစီကို စကားပြောဆိုဖို့ လုံလောက်တဲ့အချိန်ပေးပါ။

လိင်စိတ် ပေါ်လာခြင်း

ကျွန်တော်တို့က တူညီ/ဆန့်ကျင်ဘက်လိင်အမျိုးသား/အမျိုးသမီးတွေကို ဘာ့ကြောင့် စွဲဆောင်နေတာလဲဆိုတာကို အမြဲမသိပါ။ ကျွန်တော်တို့ဘဝအသက်တာမှာ လိင်တူတွေအပေါ် ဒါမှမဟုတ် ဆန့်ကျင်ဖက်လိင်တွေအပေါ်မှာ ရင်ခုန်တာတွေရှိလာနိုင်တယ်။ ဒါတွေအများစုဟာ ကောင်းမွန်ပြီး သဘာဝအတိုင်းဖြစ်နိုင်ပါတယ်။ဒါပေမယ့် အစောပိုင်းကလေးဘဝကတည်းက မေတ္တာမခံစားလိုက်တဲ့သူတွေ၊ မိဘတွေရဲ့ပြုစုစောင့်ရှောက်မှုကို အပြည့်အဝမရရှိသူတွေ၊ အခြေခံမေတ္တာလိုအပ်နေသူတွေဟာ လိင်ဆန္ဒတွေပေါ်လာပြီး ရှုပ်ထွေးဆွမှုဖြစ်လာနိုင်ပါတယ်။

ယဉ်ကျေးမှုဆိုင်ရာ တားမြစ်ချက်တွေကြောင့် မေတ္တာရဲ့လိုအပ်ချက်တွေကို မဖြည့်ဆည်းနိုင်တော့ဘဲ အစောပိုင်းဘဝကတည်းက လိုအပ်နေတဲ့မေတ္တာနှောင်ကြိုးအတွက် လိင်ပိုင်းဆိုင်ရာတွေကို လုပ်ဆောင်နေရတာဖြစ်ပါတယ်။ ဖူရီတာဝါဒက ထိတွေ့ခြင်း = လိင်ဆက်ဆံခြင်း TOUCH = SEX ဆိုပြီးတော့ ကျွန်တော်တို့ကို သင်ကြားပေးခဲ့တယ်။ ဒီဝါဒီက ကုသခြင်းနှင့်အခြေခံမေတ္တာလိုအပ်ချက်တွေကို ဖြည့်ဆည်းဖို့အတွက် ဟန့်တားခဲ့တယ်။ ကျွန်တော်တို့တွေ့ကြုံခံစားရတဲ့လိင်ဆွဲဆောင်မှုနဲ့စိတ်ပိုင်းဆိုင်ရာစွဲလမ်းမှုတွေဟာ စိတ်ထဲကနေထွက်လာတာဖြစ်ပါတယ်။ “ငါမေတ္တာလိုအပ်တယ်၊ လမ်းညွှန်မှုလိုတယ်။ ကောင်းမွန်တဲ့ထိတွေ့မှု၊ လုံခြုံတဲ့တွယ်တာမှုတွေကို အမျိုးသား/သမီးတွေဆီကနေ လိုအပ်နေပါတယ်။ တခြားလူတွေကိုလည်း သိစေချင်တယ်။” ဒါဟာ ကလေး၊ ဆယ်ကျော်သက်၊ လူကြီး အကုန်လိုအပ်တယ်။ ဒီရှုပ်ထွေးမှုဟာ နှလုံးသားဒဏ်ရာတွေပျောက်ကင်းသွားတဲ့အထိ၊ အခြေခံ မေတ္တာလိုအပ်ချက်တွေပြည့်စုံသွားတဲ့အထိ ဘဝတစ်လျှောက်လုံးမှာ ဆက်လက်တည်ရှိနေနိုင်တယ်။

ဒီနေခေတ်မှာ လူတစ်ဦးရဲ့လိင်စိတ်၊ လိင်ပိုင်းဆိုင်ရာ၊ ကျားမလက္ခဏာ၊ လိင်ပိုင်းဆိုင်ရာနှစ်သက်မှု ဒါမှမဟုတ် တိမ်းညွတ်မှုနှင့်ပတ်သက်တဲ့ လူလုပတံဆိပ်များစွာရှိတယ်။ Facebook ဟာ လူတစ်ဦးချင်းစီရဲ့လိင်ပိုင်းဆိုင်ရာကျားမလက္ခဏာကို သတ်မှတ်ဖို့အတွက် အမျိုးအစားခုနစ်ဆယ်ကျော်ကို စာရင်းပြုစုထားပါတယ်။ ဒီလိုလူလုပ်အသုံးအနှုန်းတွေဟာ မိမိတို့ရဲ့ရိုးရှင်းတဲ့ဇီ

ဝဗေဒကို လျစ်လျူရှုပါတယ်။ ရှေးဂရိဒဿနပညာရှင် Zeno က "ဘဝရဲ့ပန်းတိုင်ဟာ သဘာဝတရားနှင့်အညီ နေထိုင်ခြင်းဖြစ်တယ်" လို့ဆိုပါတယ်။

အခမဲ့ ပွေ့ဖက်ပေးခြင်း

အခွန်ပေးဆောင်တဲ့နေရာတွေ၊ ပန်းခြံတွေ၊ တက္ကသိုလ်ကျောင်းဝင်းတွေ၊ ဝတ်ပြုစည်းဝေးတဲ့နေရာတွေမှာ အခမဲ့ပွေ့ဖက်ခြင်းကို စတင်လိုက်ပါ။ သင်လုပ်ရမှာက "အခမဲ့ပွေ့ခြင်း" ဆိုတဲ့ဆိုင်းဘုတ်တစ်ခုလုပ်ရမယ်။ သူငယ်ချင်းအချို့ကို အကူအညီတောင်းပါ။ လမ်းလျှောက်သူတွေ၊ ပွေ့ဖက်တာကို လိုချင်တဲ့သူတွေကို ကောင်းမွန်တဲ့ပွေ့ဖက်ခြင်းတွေပေးလိုက်ပါ။

လွန်ခဲ့တဲ့ဆယ်စုနှစ်တွေအတွင်း ကျွန်တော့်ရဲ့ယုယမှု၊ ချစ်ခင်မှုနှင့်ဂရုစိုက်မှုတွေနဲ့ပတ်သက်တဲ့ ကုစားခြင်းဆိုင်ရာ နှီးနှောဖလှယ်ပွဲသို့တက်ရောက်သူတွေဆီမှာ အခမဲ့ပွေ့ဖက်ခြင်း အကြံဉာဏ်ကို ကျွန်တော်အကြံပြုခဲ့တယ်။ ၂၀၀၄ ခုနှစ် ဧပြီလတွင် မကြာသေးမီက TLC ကုစားခြင်းဆိုင်ရာ ဆွေးနွေးပွဲမှာ ပါဝင်ခဲ့တဲ့လူငယ်တစ်ဦးဟာ New York City ကိုပြန်လာပြီး East Village ရှိ Washington Square Park မှာ Free Hugs လှုပ်ရှားမှုကို စတင်ခဲ့တယ်။ သူနှင့်သူ့သူငယ်ချင်းဟာ FREE HUGS ဆိုင်းဘုတ်လေးတွေနှင့်တီရှပ်တွေကို ဖန်တီးခဲ့ပြီး ဖြတ်သန်းသွားသူအများအပြားကို စတင်ပွေ့ဖက်ခဲ့ကြတယ်။

သူတို့ရဲ့ပထမဆုံးပွဲအပြီးမှာ သူ့ရဲ့စကားတွေကို အခုလိုဖော်ပြထားပါတယ်။ "ကျွန်တော်တို့ရဲ့အခမဲ့ပွေ့ဖက်ခြင်းဟာ ကြီးမားတဲ့အောင်မြင်မှုတစ်ခုပါ။ မိုးရွာတဲ့အထိ တစ်နေကုန် လူအယောက်ပေါင်း ၂၀၀ လောက်ကို ပွေ့ဖက်ပေးကြတယ်။ လူတွေက ငါတို့ကို သူတို့ဟာ Great Huggers တွေပဲလို့ ချီးကျူးကြတယ်။ တော်တော်များများက ငါတို့ကို လူမိုက်လို့ ထင်ခဲ့ကြပေမယ့် လူအများက အရမ်းကြိုဆိုကြတယ်။ လိင်တူချစ်သူတွေ၊ လူမည်းတွေ၊ လူဖြူတွေ၊ လိင်ပြောင်းထားသူတွေနှင့် ကမ္ဘာတစ်ဝှမ်းကသွားလာသူတွေကိုလည်း ပွေ့ဖက်ထားတယ်။ ဥရောပခရီးသည်တွေက လက်ခံမှုအရှိဆုံးဖြစ်တယ်။ ဒါဟာ တကယ်အံ့သြစရာကောင်းတဲ့အတွေ့အကြုံတစ်ခုပါပဲ။ လာမယ့်တနင်္ဂနွေနေ့မှာ ထပ်လုပ်ဖို့ မျှော်လင့်ပါတယ်။"

နောက်ထပ် အခမဲ့ပွေ့ဖက်ခြင်းအစီအစဉ်ကို ပန်းခြံမှာ လုပ်ဆောင်ပြီးနောက် အမေရိကန်၊ အင်္ဂလန်၊ ဂျာမနီ၊ ပြင်သစ်၊ အစ္စရေး၊ ပိုလန်နှင့်ထိုင်ဝမ်

ရုပ်သံဌာနမီဒီယာတွေကနေ သူ့ကို တွေ့ဆုံမေးမြန်းခဲ့ကြတယ်။ သူတို့က FREE HUGS ကမ်ပိန်းမှာ မူပိုင်ခွင့်ရှိလားလို့မေးတော့ သူက "ကျွန်တော်လုပ်နေတဲ့အရာတွေအတွက် မူပိုင်ခွင့်မရှိဘူးလို့ပြန်ဖြေတယ်။ တစ်ကမ္ဘာလုံးက လူတွေက ကျွန်တော့်ကို အတုယူကြမယ်လို့မျှော်လင့်ပါတယ်။" မေလ ၁၀၊ ၂၀၀၄ တွင် The New York Times က ဒီလူငယ်ရဲ့အခမဲ့ပွေ့ဖက်ခြင်း လှုပ်ရှားမှုအကြောင်းနဲ့ပတ်သက်ပြီးတော့ "တစ်ယောက်ပြီးတစ်ယောက် အများပြည်သူတွေရဲ့ပွေ့ဖက်ခြင်းအတွက် ဖိတ်ခေါ်ခြင်း" ဆိုတဲ့ခေါင်းစဉ်နဲ့ ဆောင်းပါးတစ်ပုဒ်ကို ရေးသားခဲ့တယ်။ အဲဒီနောက် သူဟာ မကြာခင်မှာပဲ FREE HUGS လှုပ်ရှားမှုကို မိတ်ဆက်ဖို့ ဥရောပပွဲတော်များစွာက ဖိတ်ကြားခဲ့ရတယ်။

အဲဒီအချိန်ကစပြီး အခမဲ့ ပွေ့ဖက်ခြင်းလှုပ်ရှားမှုဟာ ကမ္ဘာတစ်ဝှမ်းလုံး ပျံ့နှံ့သွားခဲ့တယ်။ ဩစတြေးလျနိုင်ငံ Sydney မြို့မှ Juan Mann လို့ခေါ်တဲ့အခြားလူငယ်တစ်ဦးကလည်း ၂၀၀၄ ခုနှစ် ဇွန်လကုန်တွင် အခမဲ့ ပွေ့ဖက်ခြင်းကို စတင်ခဲ့တယ်။ သူရဲ့လှုပ်ရှားမှုကိုလည်း မီဒီယာတွေကနေတစ်ဆင့် ကမ္ဘာအနှံ့ ခရီးသွားတွေဆီပျံ့နှံ့သွားခဲ့တယ်။ သင့်အသိုင်းအဝိုင်းတွင် အခမဲ့ ပွေ့ဖက်ခြင်း လှုပ်ရှားမှုကို စတင်လိုက်ပါ။ ဆိုင်းဘုတ်အချို့ပြုလုပ်ပြီး သင့်ကို လူငယ်တွေပူးပေါင်းဖို့ တောင်းဆိုပါ။ ကောင်းမွန်တဲ့ထိတွေ့မှုက ဆာလောင်တဲ့ဝိညာဉ်ကို ကုသပေးနိုင်စွမ်းတယ်။

ဘားဆိုင်တွေမှာ ပျော်ရွှင်တဲ့အချိန်တွေရှိတယ်။ အခမဲ့ ပွေ့ဖက်တဲ့နေရာမှာကော ဘယ်လိုလဲ။ သင့်အသိုင်းအဝိုင်းတွင် တစ်ခုစတင်ပါ။ စေတနာ့ဝန်ထမ်းတွေကို ဖိတ်ခေါ်ပြီး တစ်ယောက်ကိုတစ်ယောက် ဘယ်လိုတိုက်ခိုက်ရမလဲဆိုတာမဟုတ်ဘဲ ချစ်ခြင်းမေတ္တာဖွဲ့နည်းကို လူထုဆီ သင်ပေးပါ။ အခမဲ့ ပွေ့ဖက်ခြင်းလှုပ်ရှားမှုကို ဆိုရှယ်မီဒီယာပလက်ဖောင်းပေါ်ကနေ စတင်လိုက်ပါ။ မင်းသမီး Olivia Wilde ဟာ အခမဲ့ ပွေ့ဖက်ခြင်းဆိုတဲ့ချစ်စရာဇာတ်ကားကို ရေးသားကာ ဒါရိုက်တာလုပ်ခဲ့တယ်။ ကောင်းမွန်တဲ့ထိတွေ့မှုရဲ့စွမ်းအားဖြင့် ကမ္ဘာကြီးကို ကုစားပါ။

အပြုအမူတိုင်းဟာ ချစ်ခြင်းမေတ္တာကို ဖော်ပြတယ် ဒါမှမဟုတ်
ချစ်ခြင်းမေတ္တာအတွက် ငိုကြွေးခြင်းတစ်ခုဖြစ်တယ်။

နေ့တိုင်း လူသစ်တစ်ယောက်ကို ပွေ့ဖက်ပါ။ သင်ဟာ နိုင်ငံရေးသမား ဖြစ်တယ်ဆိုရင် သင့်ပြည်နယ်၊ သင့်မြို့၊ သင့်ရပ်ကွက်အတွက် “ပွေ့ဖက်ခြင်း နေ့” ကိုစတင်နိုင်ပါတယ်။ “အမျိုးသားပွေ့ဖက်ခြင်းနေ့” ကရော ဘယ်လိုလဲ။ စိတ်ကူးသစ်တိုင်းကို မဖြစ်နိုင်ဘူးလို့ တစ်ချိန်က ယူဆခဲ့တယ်။ ဆယ်ကျော် သက်တွေဟာ သူတို့ရဲ့မိဘတွေ၊ ဆွေမျိုးတွေ၊ ဆရာတွေနှင့်လမ်းညွှန်ပေးသူ တွေဆီကနေ ကောင်းမွန်တဲ့ပွေ့ဖက်မှု များစွာလိုအပ်တယ်။ ဒီလိုမှမဟုတ်ရင် သူတို့တွေဟာ အဲဒီလိုအပ်ချက်ကို လိင်ပိုင်းဆိုင်ရာမှာ အသုံးချသွားနိုင်တယ်။ သူတို့တွေဟာ သူတို့ရဲ့ခန္ဓာကိုယ်နှင့်ဦးနှောက်တွေမှာ ဟော်မုန်းပြောင်းလဲမှု တွေဖြစ်ပေါ်နေတဲ့အတွက် သူတို့ရဲ့ဘဝရှုပ်ထွေးမှုတွေကို ကျော်ဖြတ်နိုင်ဖို့အ တွက် ကောင်းမွန်တဲ့ထိတွေ့မှုတွေ အမှန်တကယ်လိုအပ်ပါတယ်။

အခမဲ့ပွေ့ဖက်မှုဟာ တစ်စုံတစ်ဦးက ဘယ်နေရာမဆိုလုပ်နိုင်ပါတယ်။
ပွေ့ဖက်မှုက ကျန်းမာချမ်းသာသုခကို ဖြစ်ပေါ်စေတယ်။

အပိုင်း သုံး- စကားပြောခြင်း

စကားပြောဆိုခြင်း ဒါမှမဟုတ် ကောင်းမွန်တဲ့ဆက်သွယ်ရေးဟာ ကိုယ်ရေးကိုယ်တာနှင့်ပရော်ဖက်ရှင်နယ်ဆက်ဆံရေးအားလုံး၊ နားထောင်ခြင်းနှင့်မျှဝေခြင်းအတွက်ပါ ထုတ်ပြောခြင်းဖြစ်ပါတယ်။ ထုတ်ပြောခြင်း၊ ကောင်းမွန်တဲ့ဆက်ဆံရေးမရှိရင် ပေါင်းသင်းဆက်ဆံရေးအားလုံးပျက်သုဉ်းသွားမယ်။ ကျွန်တော်တို့ရဲ့အတွေးတွေ၊ ခံစားချက်တွေနှင့်လိုအပ်ချက်တွေကို ထိထိရောက်ရောက်မျှဝေခြင်းအနုပညာ သင်ယူဖို့ လိုအပ်ပါတယ်။ ပိုအရေးကြီးတာက နားထောင်ခြင်းအနုပညာကို သင်ယူဖို့ဖြစ်ပြီး ဝေမျှဖို့ထက် စွမ်းအင်နှစ်ဆပိုလိုအပ်ပါတယ်။ ကျွန်တော်တို့မှာ နားနှစ်လုံးနှင့်ပါးစပ်ပေါက်တစ်ပေါက်ပဲရှိတယ်။ ဒါကြောင့် ကျွန်တော်တို့ပြောသလောက် နှစ်ဆနားထောင်ဖို လိုအပ်တာကို သတိရပါ။ တစ်ယောက်နဲ့တစ်ယောက် မတူကွဲပြားမှုတွေကို လေ့လာပြီး ဂုဏ်ပြုရမှာပါ။ စိတ်နေစိတ်ထား၊ ကိုယ်ရည်ကိုယ်သွေးပုံစံ၊ မေတ္တာစကားတွေ၊ လိင်ကွဲပြားမှု၊ ယဉ်ကျေးမှုနောက်ခံ စတာတွေဖြစ်ပါတယ်။

လိုက်လျောညီထွေမှုရှိပြီး အသိအမြင်ရှိသူတွေဟာ မင်္ဂလာရှိကြတယ်။
အကြောင်းမှာ သူတို့တွေဟာ ပုံသွင်းစရာမလိုလို့ပါပဲ။

မိမိကိုယ်ကို ကုစားခြင်း

- ထိရောက်တဲ့နားထောင်ခြင်း
- ထိရောက်တဲ့မျှဝေခြင်း

မိသားစုကို ကုစားခြင်း

- ပင်ကိုစရိုက်
- ကိုယ်ရေးကိုယ်တာ အမျိုးအစား
- မေတ္တာစကားတွေ
- မွေးစားရင်း အစဉ်လိုက်
- လိင်ခြားနားချက်တွေ

အသိုင်းအဝိုင်းကို ကုစားခြင်း

- ကရုဏာ
- ခြားနားချက်ကို အသိအမှတ်ပြုခြင်း

မိမိကိုယ်ကို ကုစားခြင်း

ကောင်းမွန်တဲ့ဆက်သွယ်ရေးဟာ ပေါင်းသင်းဆက်ဆံရေးအားလုံးအတွက် အောက်ဆီဂျင်နှင့်တူတယ်။ ကျွန်တော်တို့ရဲ့အတွေးအမြင်တွေ၊ ခံစားချက်တွေနှင့်လိုအပ်ချက်တွေကို ထိရောက်စွာမျှဝေခြင်းမရှိဘဲ၊ စစ်မှန်တဲ့ရင်းနှီးမှုနှင့်ချစ်ခြင်းမေတ္တာအတွက် ဖြစ်နိုင်ချေမရှိပါ။

ကျွန်တော်တို့အားလုံးတွင် မတူညီတဲ့စိတ်နေစိတ်ထားတွေ၊ အကျင့်စရိုက်တွေ၊ ကိုယ်ရည်ကိုယ်သွေးတွေရှိတော့ ပဋိပက္ခတွေဟာ မလွှဲမရှောင်သာဖြစ်ပြီး ရင်းနှီးမှုအတွက် မိမိတို့ပေးဆပ်ရမယ့်အခဖြစ်ပါတယ်။ မိသားစုကဏ္ဍမှာရှိတဲ့စိတ်နေစိတ်ထား၊ စရိုက်နှင့်ကိုယ်ရည်ကိုယ်သွေးတွေကြား ခြားနားချက်တွေအကြောင်း ပိုမိုမျှဝေပါမယ်။ ဆက်ဆံရေးဟာ အခြေခံအဆင့်သုံးဆင့်ဖြင့် ရွေ့လျားပါတယ်။

၁။ အပေါ်ယံဆက်သွယ်မှု - တစ်ဦးစီဟာ ခြေတစ်ဖက်ပေါ်တွင် မတ်တပ်ရပ်ပြီး နှာခေါင်းစည်းတွေတပ်ကာ အကောင်းဆုံးခြေလှမ်းကို လှမ်းရတယ်။ ခြေနှစ်ချောင်းဟာ ဆက်နွှယ်မှုရှိတယ်။ သူ့အထဲမှာရှိတဲ့ အကောင်းဆုံးကို ထုတ်ဆောင်လာပါတယ်။ လူတိုင်းက မိမိတို့ရဲ့အကောင်းဆုံးကို ပြသပြီး အဆိုးဆုံးကို ဖုံးကွယ်ထားကြတယ်။

၂။ ပဋိပက္ခတွေကနေတဆင့် ပရမ်းပတာ- မျက်နှာဖုံးတွေကျလာပြီး အရိပ်တွေပေါ်လာတဲ့အခါ ဆက်ဆံရေးအလယ်မှာ ရှုပ်ထွေးလာရတယ်။ “မင်းက ငါထင်ခဲ့တာမဟုတ်ဘူး။” အခုချိန်မှာ ဇနီးသည်များစွာဟာ ၎င်းတို့ရဲ့ခင်ပွန်းတွေကို သူတို့လိုအပ်တဲ့အရာ/ဖြစ်ချင်တဲ့အရာဖြစ်အောင် ပြောင်းလဲပစ်ဖို့ ကြိုးစားကြတယ်။ ခင်ပွန်းများစွာကလည်း နားပိတ်ပြီး နည်းလမ်းမျိုးစုံနဲ့ ထွက်ပြေးကြတယ်။ ဆိုလိုတာကတော့ အလုပ်အလွန်အကျွံလုပ်ခြင်း၊ တစ်ကိုယ်ရည်အာသာဖြေခြင်းနှင့် ညစ်ညမ်းတဲ့ကိစ္စတွေပေါ့။ နောက်ဆုံးတော့ သူတို့ရဲ့တစ်ဦးချင်း ပြဿနာတွေကို ကိုင်တွယ်ဖြေရှင်းရမယ် ဒါမှမဟုတ် လမ်းခွဲရမယ်။ အခုဆိုရင် သူတို့တွေဟာ ခြေသုံးချောင်းနဲ့ ရပ်နေပါတယ်။

၃။ မိမိကိုယ်ကိုယ် သတိပြုမှုနှင့် အပြန်အလှန်လေးစားမှု - နောက်ဆုံးတွင် လင်မယားနှစ်ယောက်စလုံး ခြေထောက်လေးချောင်းပေါ်တွင် ရပ်တည်

ကြတယ်။ ယောက်ျားက သူ့ပြဿနာတွေကို သိရှိနားလည်ပြီး မိန်းမအပေါ် မထားမိဖို့ တာဝန်ရှိတယ်။ မိန်းမကလည်း မိမိကိုယ်မိမိ မှန်ကန်တဲ့ဂရုစိုက်မှုကို သင်ယူပြီး ကောင်းကောင်းခံစားရဖို့ ယောက်ျားကို အားမကိုးသင့်ပါ။ လက်တွဲဖော်တစ်ဦးစီဟာ ၎င်းတို့ရဲ့ပြဿနာတွေကို ကိုယ်စီကိုင်တွယ်ပြီး ၎င်းတို့ရဲ့ကွဲပြားမှုတွေကို အသိအမှတ်ပြုကာ အချင်းချင်းရဲ့လိုအပ်ချက်တွေကို ဖြည့်ဆည်းပေးနိုင်တဲ့အခါ ရင်းနှီးမှုနှင့်ရင့်ကျက်မှုရှိလာပါမယ်။

အဲဒါကို စိတ်ထဲထားပြီး အသုံးဝင်တဲ့ဆက်သွယ်ရေး ကျွမ်းကျင်မှုအချို့ကိုမျှဝေပေးပါမယ်။ ထိရောက်တဲ့နားထောင်ခြင်းနဲ့ စကားပြောခြင်းအနုပညာကို တိုးတက်စေဖို့အတွက် ဒီလေ့ကျင့်ခန်းတွေဟာ သင့်ရဲ့ပုံမှန်စကားပြောဆိုမှုတွေရဲ့အစိတ်အပိုင်းဖြစ်လာတဲ့အထိ မကြာခဏလေ့ကျင့်ပါ။ ဒီနည်းနဲ့ သင်ဟာ ပိုမိုအားကောင်းလာမှာဖြစ်ပြီး ကိုယ်ရေးကိုယ်တာနှင့်ပရော်ဖက်ရှင်နယ်ဆက်ဆံရေးအားလုံးတွင် ပိုမိုရင်းနှီးမှုရရှိမှာဖြစ်တယ်။

ဆက်သွယ်ရေးကျွမ်းကျင်မှုတွေ - ထိရောက်တဲ့နားထောင်ခြင်း

၁။ မျက်လုံးချင်းဆုံအောင် ထိန်းထားပါ။ အခြားသူတစ်ဦးတစ်ဖက်မှာ ရပ်နေချိန်/ထိုင်နေတဲ့အခါမှာ သူ့ရဲ့မျက်လုံးတွေကို တည့်တည့်ကြည့်ပါ။ ဒါက သင့်ရဲ့ပထမဆုံးချိတ်ဆက်မှုကို ဖန်တီးပေးပြီး သူပြောနေတာကို သင်အာရုံစိုက်နေကြောင်း သူကို သိစေတယ်။

၂။ အတူတကွပူးပေါင်းပါ။ အကြံဉာဏ်တွေပေးမယ့်အစား သူ့နားမှာ မတ်တပ်ရပ်လိုက်ပါ။ နားထောင်ရင်းနဲ့ သူ့အမြင်ကို နားလည်အောင် ကြိုးစားပါ။ သင့်ကိုယ်ပိုင်အတွေးအမြင်တွေကိုနှုတ်ဆိတ်နေဖို့လိုအပ်တဲ့အတွက် လေ့ကျင့်ယူရမှာပါမယ်။ သူရဲ့ကမ္ဘာမှာ ပူးပေါင်းလိုက်ပါ။

၃။ စောင့်ကြည့်ပါ။ သူရဲ့ခန္ဓာလှုပ်ရှားမှုစကား၊ လေသံနှင့်စကားလုံးတွေကို မှတ်သားပါ။ သုတေသနပြုချက်တွေအရ ခန္ဓာလှုပ်ရှားမှုစကားနှင့်လေသံဟာ ယေဘုယျအားဖြင့် ပြောလိုက်တဲ့စကားလုံးထက် ပိုကျယ်လို့ဆိုကြတယ်။ သူရဲ့ကိုယ်ဟန်အမူအရာနှင့်မျက်နှာအမူအရာတွေကို စောင့်ကြည့်ပါ။ သူရဲ့လက်တွေကို သူရဲ့ရင်ဘတ်တဝိုက်မှာ အုပ်ထားသလား/ သူရဲ့ဘေးတွင် ဖြေလျှော့နေသလား။ သူ့မျက်နှာက ရွှင်မြူးနေတာလား ဝမ်း

နည်းနေသလား။ သူ့အသံကို နားထောင်ပါ။ သူဟာ တစ်ခုခုပြောပြီး အခြားသတင်းစကားတစ်ခုကို သူ့ရဲ့လေသံနှင့်ခန္ဓာလှုပ်ရှားမှုစကားနဲ့ ပြောနေသလား။ သင့်မျက်လုံး၊ ဉာဏ်၊ နှလုံးသားနဲ့ နားထောင်ပါ။

၄။ ရောင်ပြန်ဟပ်မှုကို နားထောင်ခြင်း လေ့ကျင့်ပါ - Dr. Harville Hendrix အကြံပြုခဲ့တဲ့အတိုင်း ရောင်ပြန်ဟပ်ခြင်းနဲ့ပတ်သက်ပြီး နားထောင်ခြင်းအနုပညာကို သင်ကြားဖို့ နည်းလမ်းသုံးခုရှိပါတယ်။

ပထမအချက်- သူ့ရဲ့ဆက်သွယ်မှု စကားရပ်ကို အတိုကောက်ဖော်ပြပါ။ စာကြောင်းအနည်းငယ်ကို နားထောင်ပြီးနောက် သင်က

"ငါမင်းကို မှန်မှန်ကန်ကန်သိနေရင် မင်းအလုပ်ကနေ အိမ်ပြန်ရောက်တဲ့အခါ မင်းကို ပွေ့ဖက်နမ်းရှုပ်ပြီး မနှုတ်ဆက်မိလို့ စိတ်မကောင်းဖြစ်မိတယ်လို့ မင်းပြောခဲ့တယ်။ ငါပြောတာ ဟုတ်တယ်မလား၊ နောက်ထပ်ရှိသေးလား" လို့ပြောပါလိမ့်မယ်။

စာကြောင်းအနည်းငယ်တိုင်းကို ဆက်နားထောင်တယ်။ အကြာကြီးဆက်နေရင် ညင်ညင်သာသာကြားဖြတ်ပြီးတော့ "မိတ်ဆွေ၊ ငါပြောတာမှန်ရင် မင်းတစ်ခုခုမှားသွားရင် ဒါမှမဟုတ် တစ်ခုခုမေ့သွားရင် စိတ်မပူပါနဲ့၊ သူက မင်းကိုပြင်ပေးလိမ့်မယ်။ သူပြောပြီးရင် သူပြောသမျှအကျဉ်းချုံးဖော်ပြပါ။

"အချုပ်အားဖြင့်ဆိုရရင် မင်းအလုပ်ကနေ အိမ်ပြန်ရောက်တဲ့အခါ မင်းကို ငါမပွေ့ဖက်မနမ်းရင် မင်းစိတ်မကောင်းဖြစ်မယ်။ မင်း ဒါကို ညတိုင်းလို အပ်တယ်။ ဘာလို့လဲဆိုတော့ မင်းက ငါတို့မိသားစုကို ကျွေးမွေးဖို့ အလုပ်ကို အရမ်းကြိုးစားလို့လေ။ မင်းလိုအပ်တာက မင်းကို ဒီနည်းနဲ့ ဂုဏ်ပြုဖို့ပါပဲ။ အဲဒီအခါမှာ မင်းဟာ ပိုပြီးတော့ ချစ်ခြင်းခံရတဲ့အတွက် ကျေနပ်ပျော်ရွှင်နေမှာဖြစ်တယ်။ အဲဒါ အနှစ်သာရပဲမလား။ ငါပြောတာမှန်တယ်မလား။"

တကယ်လို့ သူက "ဟုတ်တယ်၊ ဒါပေမယ့် မင်းမေ့နေတယ်..." လို့ပြောရင် ပြီးသွားတဲ့အခါ ဒီအတွေးကို ပုံဖော်ပြီး "ဒါပဲလား" လို့ ပြောလိုက်ပါ။ သူက "ဟုတ်ကဲ့" လို့ပြောတဲ့အခါ သင်နောက်တဆင့်သို့ရွှေ့ပါ။

သင်စကားပြောနေတဲ့အခါ သင့်ရဲ့အတွေးတွေ၊ ခံစားချက်တွေ၊ အသံအနိမ့်အမြင့်တွေကို ဆက်သွယ်မှုထဲသို့မထည့်လိုက်ပါနဲ့။ စကားပြောသူနဲ့

၁၀၀% သဘောမတူတာ ကောင်းပါတယ်။ ဒါပေမယ့် သင်ဟာ သူနဲ့ပူးပေါင်းပြီး သင်ကြားခဲ့တဲ့အရာကို ပြောပြဖို့ လိုအပ်တယ်။ ဒီနည်းနဲ့ သူက နားလည်မှုနှင့်လေးစားမှုကို ခံစားရလိမ့်မယ်။

ဒုတိယ- သူ့ရဲ့အတွေးအမြင်တွေကို မှန်ကန်စွာစစ်ဆေးပါ။ သင်ကြားတဲ့စကားအပေါ်အခြေခံ၍ သူဘယ်လိုတွေးထင်နေလဲဆိုတာကို စိတ်ကူးကြည့်ပါ။ အတွေးနှင့်ခံစားချက်တွေကို ခွဲခြားဖို့ ခက်ခဲတယ်။

ဒီနေရာမှာ သူဘယ်လိုတွေးခေါ်လဲဆိုတာကို သင်စိတ်ကူးရမယ်။ သင်က သူ့အတွေးတွေကို သက်သေပြနေတာ။ ပြီးတဲ့အခါ "ဒါမှန်လား" လို့ပြောပါ။ မှားနေရင် စိတ်မပူပါနဲ့။ သူက သင့်ကို ပြင်ပေးပါလိမ့်မယ်။ ပြီးမှ သူပြောတဲ့စကားတွေကို အဓိပ္ပါယ်ဖော်ပြီး "မှန်သလား" လို့မေးပါ။

သူ့တွေးခေါ်ပုံကို သင်နားလည်ကြောင်း သူအတည်ပြုရင် သင်ပြီးပြီ။

တတိယ - ရိုးရှင်းတဲ့ခံစားချက်စကားလုံးတွေကို အသုံးပြု၍ သူ့ခံစားချက်တွေကိုစာနာပါ (စက်ဝန်းခံစားချက်တွေကို သင်ကိုးကားနိုင်တယ်)။

"မင်းစိတ်ထိခိုက်နေတယ်၊ စိတ်ပျက်တယ်၊ ဝမ်းနည်းနေတယ်လို့ ငါထင်တယ်။ ဒါတွေဟာ မင်းရဲ့ခံစားချက်ပဲလား။"

သင်အကြံပြုထားတဲ့ ရိုးရှင်းတဲ့ခံစားချက်စကားလုံးတွေကို အတည်ပြုဖို့ ဒါမှမဟုတ် ပြင်ဆင်ဖို့ သူ့ကိုစောင့်ပါ။

"ဟုတ်တယ်၊ ဒါပေမယ့် ငါလည်း စိတ်ဆိုးပြီး ရှုးသွားတယ်။"

သူ့ရဲ့ခံစားချက်သစ်စကားတွေကိုအတည်ပြုခြင်းဖြင့် အပြီးသတ်ပါ။ "မင်းလည်း စိတ်ဆိုးပြီး ရှုးသွားတယ်လို့ ငါထင်တယ်။ ဒါဟုတ်လား" "ဟုတ်ကဲ့၊ ငါ့ကိုနားထောင်ပြီး နားလည်ပေးလို့ ကျေးဇူးတင်တယ်။ ငါမင်းကို အရမ်းလေးစားတယ်။" သူပြောတာကို မင်းအောင်အောင်မြင် မြင်ကြားပြီးပြီ။

ပြန်လည်သုံးသပ်တာကို နားထောင်နေတဲ့အခါမှာ သင်ဟာ စကားပြောသူပြောလိုက်တဲ့အရာကို သဘောတူဖို့ မလိုပါဘူး။ အရေးကြီးတာက နားထောင်ပြီး သူ့ကို အတည်ပြုဖို့ပါပဲ။ အကြံဉာဏ်ပေးစရာမလို၊ နားထောင်ဖို့ပဲလိုတယ်။ စာကြောင်းပြန်ဖတ်တဲ့အခါ ရွဲ့စောင်းတဲ့လေသံဖြင့် စွက်ဖက်ခြင်းမပြုမိပါနဲ့။ အတတ်နိုင်ဆုံး စကားပြောသူလို အသံတူကို သုံးပါ။ ရွဲ့စောင်းတဲ့လေသံကို အသုံးပြုမိရင် အဲဒီဟာက သူမျှဝေသမျှကို ပျက်

ပြယ်သွားစေပါလိမ့်မယ်။ သင်သဘောတူဖို့မလို၊ နားထောင်ပြီး စကားပြန်ဆိုရုံပဲဆိုတာ သတိရပါ။ စိတ်ရှည်ဖို့တော့ တကယ်လိုတယ်။ ရောင်ပြန်ဟပ်တာကို နားထောင်ခြင်းဟာ တစ်ဖက်လူရဲ့ခြေလှမ်းကို သင်ယူခြင်းဖြစ်ပြီး မျက်လုံးတွေနဲ့ဘဝကို မြင်တွေ့ခြင်းဖြစ်တယ်။ သူမျှဝေလိုက်တဲ့အရာတွေကို ပြန်ပြောချင်ရင် အဆင့်သုံးဆင့်ရောင်ပြန်ဟပ်တဲ့နားထောင်ခြင်း လုပ်ငန်းစဉ်ကို အပြီးသတ်တဲ့အခါမှာ သူ့ရဲ့ခွင့်ပြုချက်ကို တောင်းခံရမယ်။ "ငါ့အတွေးတွေကို ကြားချင်ပါလား၊" "ဟုတ်ကဲ့" လို့ပြောရင် ဆက်သွားပါ။ "မဟုတ်ဘူး" လို့ပြောရင် ဒါပဲပေါ့။

၅။ ဆွဲဆောင်မှုရှိတဲ့စကားလုံးတွေကို သုံးပါ။ "ကျေးဇူးတင်ပါတယ်၊ (လူနမည်)၊ ငါ့ကို ထပ်ပြောပါ။" သူ့စကားကြောင့် အရမ်းစိတ်မကောင်းဖြစ်ပြီး သူပြောတာကို အဓိပါယ်မပြနိုင်ဘူးဆိုရင် "ကျေးဇူးတင်ပါတယ် ငါ့ကို ထပ်ပြောပါ" လို့ရိုးရိုးလေးပြောလိုက်ပါ။ ဒါဟာ ရိုးရှင်းပေမယ့် အင်မတန်ထိရောက်တဲ့နားထောင်မှုစွမ်းရည်တစ်ခုဖြစ်တယ်။ စမ်းသုံးကြည့်လိုက်ပါ၊ သင့်မိသားစု၊ သူငယ်ချင်းတွေ၊ လုပ်ဖော်ကိုင်ဖက်တွေနှင့် သင့်အထက်အရာရှိတွေကြားမှာ ဘယ်လောက်ကောင်းလဲဆိုတာကို သင်တွေ့မြင်ရပါလိမ့်မယ်။

၆။ အရာရာမှားနေတယ်၊ အဆင်မပြေဘူးဆိုရင် - သင့်ပါးစပ်ပိတ်ထားပြီး မှတ်ချက်မပေးဘဲ နားထောင်ပါ။ အသံတိတ်သက်သေဖြစ်ပါစေ။ "ကျေးဇူးတင်ပါတယ်၊ နောက်ထပ်ပြောပါ" လို့အမြဲထည့်နိုင်ပါတယ်။ အထူးသဖြင့် သင့်အတွက် အပူချိန်မြင့်နေရင် KYMS ကို အသုံးပြုပါ။

၇။ တိတ်ဆိတ်ခြင်းက ရွှေရောင်ပါ - တိတ်ဆိတ်ခြင်းဟာ အခြားလူကို သင်ပေးနိုင်တဲ့အကောင်းဆုံးလက်ဆောင်တစ်ခုပါ။ အချည်းနှီးစကားလုံးတွေနဲ့ မေးခွန်းတွေ အခိုက်အတန့်မှာ ဖြည့်စွက်ဖို့ မလိုပါ။ သူနဲ့သာ နေလိုက်ပါ။

၈။ သူပြောနေချိန်မှာ သင့်နာရီကို မကြည့်ပါနဲ့၊ သင်စကားပြောနေချိန်မှာပဲ ကြည့်ပါ။

၉။ စိတ်ပိုင်းဆိုင်ရာ စစ်ထုတ်မှုတွေ - မကျန်းမာတဲ့သူတွေ၊ ကိုယ်ရေးကိုယ်တာပြဿနာများစွာကို မဖြေရှင်းရသေးသူတွေ၊ သူတို့ရဲ့ခံယူချက်တွေကို အခြားသူတွေဆီဆက်လက်လွှဲချသူတွေ၊ မကြာခဏဆိုသလို လွဲမှားနေ

တဲ့အမြင်မှားတွေဖြစ်ပါတယ်။ ဒီလိုဟာတွေဟာ နားထောင်သူအတွက် အရမ်းခက်ခဲပါတယ်။

ကျွန်တော်ပါဝင်တဲ့နောက်ဆုံးနေ့တွင် အမျိုးသားအများအပြားက ငါ့ကို မကျေနပ်ကြလို့ အော်ဟစ်ဆဲဆိုကြတယ်။ ငါ့စိတ်ကို လျှော့ပြီး သူတို့ရဲ့ မျက်လုံးတွေကိုကြည့်လိုက်တော့ စွန့်ပစ်ခံရတယ်လို့ခံစားရတဲ့နာကျင်နေတဲ့ယောက်ျားလေးတွေကို ငါတွေ့လိုက်ရတယ်။ ဒီအခြေအနေမှာ စကားဝိုင်းမှသင့်ကိုယ်သင် သဘောထားကြီးစွာဖယ်ရှားခြင်း၊ ရောင်ပြန်ဟပ်တဲ့ နားထောင်ခြင်း ဒါမှမဟုတ် KYMS ကို အသုံးပြုဖို့ အကြံပြုလိုက်တယ်။ သင်ကိုယ်တိုင်ကလွဲလို့ ဘယ်သူ့ကိုမှ မပြောင်းလဲနိုင်ပါဘူး။

ဆက်သွယ်ရေးကျွမ်းကျင်မှု - ထိရောက်တဲ့မျှဝေခြင်း

၁။ "သင်" ဖော်ပြချက်တွေမဟုတ်ဘဲ "ငါ" ဖော်ပြချက်တွေကို အသုံးပြုပါ။

သင့်အတွေးတွေ၊ ခံစားချက်တွေ၊ လိုအပ်ချက်တွေကို ရယူလိုက်ပါ။
"မင်းငါ့ကို ဒီလိုစကားမပြောသင့်ဘူး" ဆိုတာကို မပြောပါနဲ့။
"မင်းငါ့ကို ဒီလိုပြောတဲ့အခါ ငါမကြိုက်ဘူး" လို့ပဲ ပြောပါ။
ပထမလူကို စကားပြောပါ။
"မင်းလုပ်တဲ့အခါ ငါ့ကို စိတ်ဆိုးစေတယ်"လို့ မပြောနဲ့။
"မင်းလုပ်လိုက်တဲ့အခါ ငါစိတ်ဆိုးလိုက်တာ" လို့ပဲ ပြောပါ။

"ငါ" ဖော်ပြချက်တွေရဲ့အရေးပါတဲ့အသုံးပြုမှု - USA မှာ ကျွန်တော်တို့ကို "ငါထင်တယ်..." ဒါမှမဟုတ် "ငါယုံကြည်တယ်..." ဒါမှမဟုတ် "ငါခံစားတယ်..." ဆိုတဲ့တစ်ကိုယ်ကောင်းဆန်တဲ့ဒုတိယနာမ်စားဝါကျတွေကို ပြောဆိုဖို့ မူလတန်းကျောင်းကတည်းက သင်ကြားပေးခံရတယ်။ အဲဒီလို ရေးတတ်အောင်လည်း သင်ပေးခံရတယ်။

ညနေတိုင်း သတင်းနားထောင်ပါ ဒါမှမဟုတ် ကျော်ကြားသူ ဒါမှမဟုတ် နိုင်ငံရေးသမားတစ်ဦးနဲ့ အင်တာဗျူးတစ်ခု ဒါမှမဟုတ် ဆုံးရှုံးမှုကြုံဖူးသူတစ်ဦးနဲ့ အင်တာဗျူးတာကို နားထောင်ပါ။ အဲဒီမှာ သင်ယူစရာကောင်းတဲ့လက်တွေ့ဘဝနမူနာအချို့ဖြစ်တဲ့ "မင်း စိတ်ထိခိုက်ရပေမယ့် ဘာလုပ်ရမှန်းမသိ

တော့ဘူး။ မင်းကြောက်စိတ်တွေနဲ့ နေနေတယ်။" "မင်း အော်စကာဆုရလို့ မင်းအရမ်းအံ့သြသွားတယ်။" "အိမ်နီးနားချင်းတစ်ယောက် အသတ်ခံရတဲ့သတင်းကြားရလို့ မင်းအရမ်းတုန်လှုပ်သွားတယ်" ဆိုတဲ့ဟာတွေ ကြားရမယ်။

တစ်ခါ ကျွန်တော်တို့ဟာ ဒုတိယပုဂ္ဂိုလ်နဲ့ ရေးတတ်ပြောတတ်အောင် သင်ပေးခံရတယ်။ ဒါဟာ ကျွန်တော်တို့ရဲ့စိတ်ပိုင်းဆိုင်ရာ အတွေ့အကြုံတွေ၊ ကိုယ်ပိုင်အတွေးတွေ၊ ခံစားချက်တွေ၊ လိုအပ်ချက်တွေနဲ့ အဆက်အစပ်မရှိပါ။ ဒါကြောင့် ပထမပုဂ္ဂိုလ်နဲ့ပဲ စကားပြောခြင်းနှင့်စာရေးခြင်းဆီသို့ သင့်ရဲ့အသိစိတ်ကို စတင်ပြောင်းလဲလိုက်ပါ။ ဥပမာ "အိမ်နီးနားချင်း အသတ်ခံရတာကို ကြားလိုက်ရလို့ ငါအရမ်းစိတ်ထိခိုက်သွားတယ်။ တုန်လှုပ်သွားတယ်။ ငါအရမ်းဝမ်းနည်းတယ်။" "ငါအော်စကာဆုရခဲ့တယ်။ ငါတကယ်ကို အံ့သြမိတယ်" "ငါစိတ်ထိခိုက်ပြီး ဘာလုပ်ရမှန်းမသိတော့ဘူး။"

သင့်ကိုယ်ပိုင်အတွေ့အကြုံကို ရည်ညွှန်းတဲ့အခါ "သင်" ဖော်ပြချက်အစား "ငါ" ဖော်ပြချက်တွေကို အသုံးပြုတဲ့အခါတိုင်း သင်ဟာ သင့်ကိုယ်ရေးကိုယ်တာစွမ်းအားဆီကို ဝင်ရောက်ပြီး သင့်ကိုယ်သင် ပိုမိုရင်းနှီးလာရတယ်။ တခြားသူတွေနဲ့ ဝေမျှတဲ့အခါ ကိုယ့်ကိုယ်ကို စတင်နားထောင်ပါ။ မကြာခင်မှာ "ငါ" အစား "သင်" နဲ့ စကားပြောနေတဲ့အခါ သင်သတိထားမိလာပါလိမ့်မယ်။ ဖြည်းဖြည်းချင်း သင့်ရဲ့အတွေးတွေ၊ စိတ်ခံစားချက်တွေ၊ လိုအပ်ချက်တွေကို ပြောင်းလဲလိုက်ပါ။ "ငါထင်တယ်..." "ခံစားရတယ်..." ငါလိုတယ်..." ဒါက တစ်ကိုယ်ကောင်းဆန်တာမဟုတ်ဘဲ ကိုယ့်ကိုယ်ကိုယ်နဲ့ ပြည့်နေတာပါ။ သင်ဟာ ပိုအားကောင်းတဲ့ယောကျ်ား ဒါမှမဟုတ် မိန်းမဖြစ်လာတယ်။

၂။ ထိရောက်စွာအကောင်းဆုံး ဆက်သွယ်ပြောဆိုမှုကို လေ့ကျင့်ပါ

(က) မျက်လုံးချင်းဆုံခြင်း

(ခ) ကိုယ်ခန္ဓာထိတွေ့မှု—မိသားစု၊ သူငယ်ချင်းတွေနှင့် အခြားရင်းနှီးတဲ့ ဆက်ဆံရေး။

(ဂ) တာဝန်သိဘာသာစကား—"သင်" ဖော်ပြချက်တွေမဟုတ်ဘဲ "ငါ" ဖော်ပြချက်တွေဖြစ်ရမယ်။

တကယ်လို့ သင့်မှာ တစ်စုံတစ်ဦးကို အပျက်သဘော ဒါမှမဟုတ် ဝမ်းနည်းစရာတစ်ခုခုပြောပြရင် သူ့လက်ကို ကိုင်ထားပါ။ ဒါဟာ သင်နှင့်အခြားသူ

တစ်ဦးကြားတွင် ဆက်သွယ်မှုတစ်ခုအဖြစ် လုပ်ဆောင်နေတာဖြစ်ပါတယ်။ ဆက်သွယ်ဖို့ အကောင်းဆုံးနည်းလမ်းသုံးမျိုးမှာ မျက်လုံးတွေ၊ စကားလုံးတွေ၊ ထိတွေ့ခြင်း (လက်တွေ၊ ပခုံးပေါ်တွေကို ကိုင်ထားခြင်း)။ လုပ်ငန်းရှင်အမျိုးသမီးတွေအနေနဲ့ သူတို့ရဲ့လုပ်ငန်းအကျိုးရှိအောင် ဒီစည်းမျဉ်းလေးကို အသုံးချနိုင်ပါတယ်။ လူတစ်ဦးရဲ့ပခုံး၊ လက်မောင်း ဒါမှမဟုတ် လက်ကိုထိပြီး သူ့နာမည်ပါ ထည့်ပြောပြီး စကားပြောတာဟာ သူ့အတွက် ပိုပြီးတော့ ယုံကြည်မှုကို တည်ဆောက်ပေးတယ်။

၃။ ပဋိပက္ခဖြေရှင်းရေးကို အားပေးပါ

တစ်စုံတစ်ဦးရဲ့ပြောကြားမှု ဒါမှမဟုတ် လုပ်ဆောင်ခဲ့မှုနှင့်ပတ်သက်၍ သင်စိတ်မကောင်းဖြစ်တဲ့အခါ သင့်တွေးတွေးမှုတွေ၊ ခံစားချက်တွေ၊ လိုအပ်ချက်တွေ ဖော်ပြဖို့ လုပ်ထုံးလုပ်နည်းအဆင့်ငါးဆင့်က ဒီလိုဖြစ်ပါတယ်။ (modified from Nonviolent Communication by Marshall B. Rosenberg, Ph.D., and Mankind Project clearing protocol):

ပထမအချက် - သင့်ကို ပြင်းပြင်းထန်ထန်တုံ့ပြန်မှုဖြစ်စေခဲ့တဲ့သူပြောခဲ့တဲ့အရာ ဒါမှမဟုတ် လုပ်ဆောင်ခဲ့တဲ့အချက်အလက်တွေကို တင်ပြပါ။ ဒီဖြစ်ရပ်တစ်ခုအတွက် တိတိကျကျလုပ်ပါ။ "သင်အမြဲတမ်း၊ သင်ဘယ်တော့မှ၊ လူတိုင်းပြောတယ်၊ လူတိုင်းထင်တယ်" ဆိုတဲ့စကားမပြောပါနဲ့။ ဥပမာ "ဒီမနက် သင်အလုပ်မသွားခင် ငါ့ကို ဒေါသထွက်ပြီး အော်တယ်။"

ဒုတိယအချက် - သင့်ခံစားချက်တွေကို အသိအမှတ်ပြုပါ။ ရိုးရှင်းတဲ့ခံစားချက်စကားလုံးတွေ (ဝမ်းနည်းတာ၊ ရှုးသွပ်တာ၊ ဝမ်းသာတာ၊ စိုးရိမ်တာ) ကိုသုံးပါ။ ဥပမာ "ဒီမနက် သင့်အသံမြှင့်လိုက်တဲ့အခါ ငါကြောက်တယ်၊ စိတ်မကောင်းဖြစ်တယ်။"

တတိယအချက် - သူပြောခဲ့တာတွေ၊ လုပ်ခဲ့တာတွေနဲ့ပတ်သက်ပြီး သင့်ရဲ့စီရင်ချက်တွေနဲ့ယုံကြည်ချက်တွေကို ခွဲခြားသတ်မှတ်ပါ။ သင်ဟာ သင့်ရဲ့ခန့်မှန်းချက်တွေနှင့်ကိုယ်ရေးကိုယ်တာ ကိစ္စရပ်တွေကို ပိုင်ဆိုင်ထားပြီး သူပြောခဲ့ပုံ/လုပ်ခဲ့ပုံက သင့်ရဲ့အတိတ်က ကိစ္စရပ်တွေကို သတိပေးတာဖြစ်တယ်။ ဥပမာ "သင့်အသံမြှင့်လိုက်တဲ့အခါ ငါ့အဖေရဲ့

ဒေါသပေါက်ကွဲသံတွေကို သတိရစေတယ်။ ငါက မိုက်မဲတဲ့မိန်းကလေး တစ်ယောက်လို ဖြစ်လာတယ်။"

စတုတ္ထအချက် - သင့်လိုအပ်ချက်တွေ၊ ဆန္ဒတွေကို ဖော်ပြပါ။ ဥပမာ "ဒီလို ပုံစံနဲ့ ပြောဖို့ ငါမထိုက်တန်ပါဘူး။ သင်စိတ်မကောင်းဖြစ်တဲ့အခါ သင့်ကို ငါနှစ်သိမ့်ဖို့အတွက် ငါ့ကို ပြောပါ ဒါမှမဟုတ် သင့်ကို ပွေ့ဖက်ဖို့ ငါ့ကို တောင်းဆိုပါ။ ငါအဲဒါကို အရမ်းဂုဏ်ယူလေးစားတယ်။"

ပဉ္စမအချက် - ဆက်ဆံရေးအဆင်ပြေစေဖို့ သင်ပေးချင်တာကို ဖော်ပြပါ။ ဥပမာ "စိတ်မကောင်းဖြစ်နိုင်ပြီး ဒေါသကို မထိန်းနိုင်ဘဲ နေမှာကို ငါသိတယ်။ ဒီတော့ နှစ်ယောက်လုံးက ခံစားချက်တွေကို တစ်ယောက်နဲ့တစ်ယောက်ဖုံးကွယ်မထားဖို့ ကတိပြုလိုက်ကြရအောင်။ ငါစိတ်မကောင်းဖြစ်တဲ့အခါ ငါ့ကိုကိုင်ထားဖို့ တောင်းဆိုမယ် ဒါမှမဟုတ် အခန်းထဲကနေ ထွက်သွားမယ်။ အဲဒီအတိုင်းလုပ်ဖို့ သဘောတူပါ။ ကျေးဇူးတင်ပါတယ်။"

တတိယအဆင့်တွင် တရားမဟောဖို့ သတိထားပါ။ ဆိုဖာပေါ်တွင် တရားပွဲမရှိ။ သူပြောခဲ့တာတွေ၊ လုပ်ခဲ့တာတွေအပေါ် ကိုယ်တိုင်တုံ့ပြန်ပါ။ ရိုးရှင်းတဲ့တောင်းဆိုမှုတွေပြုလုပ်ပြီး အလားတူကမ်းလှမ်းပါ။ ပဋိပက္ခဖြေရှင်းရေးလုပ်ထုံးလုပ်နည်းဟာ ကိုယ်ရေးကိုယ်တာနှင့် ပရော်ဖက်ရှင်နယ်ဆက်ဆံရေးအားလုံးတွင် လုပ်ဆောင်တယ်။ ပေါင်းသင်းဆက်ဆံရေးကျွမ်းကျင်မှုတိုင်းလိုပဲ လေ့ကျင့်မှုများစွာလိုအပ်တယ်။

ခရစ်တော်ကို ယုံကြည်သူတွေအတွက် ရှင်မဿဲ၊ ၁၈:၁၅-၁၈ မှာ ရေးသားထားတဲ့အခြားပဋိပက္ခဖြေရှင်းရေး လုပ်ထုံးလုပ်နည်းကို မိန့်ဆိုခဲ့ပါတယ်။ တခြားတစ်ယောက်ကြောင့် နာကျင်ခံစားရရင်

(က) သူ့ဆီသွားပြီး သင့်ရဲ့စိုးရိမ်မှုတွေကို ဖော်ပြပါ (ကောင်းမွန်တဲ့ဆက်ဆံရေး ကျွမ်းကျင်ကို အသုံးပြုပါ)။ သူကောင်းကောင်းနားထောင်ပြီး တုံ့ပြန်ရင် ကောင်းတယ်၊ ပြီးသွားပြီ။ ဒါပေမယ့် သူက ခံစစ်နဲ့ တုံ့ပြန်မှုမရှိရင်...

(ခ) ကိစ္စတိုင်းမှာ အဖြစ်မှန်ကို သက်သေပြနိုင်ဖို့ ဒီတစ်ကြိမ်သက်သေတစ်ဦးနှစ်ဦးနှင့်အတူ သူ့ထံသွားပါ။ သူတောင်းပန်ရင် ပြေလည်သွားမယ်။ သူစိတ်မဝင်စားသေးရင်...

(ဂ) အမှုကိစ္စကို "အသင်းတော်" ဒါမှမဟုတ် လေးစားထိုက်တဲ့အသင်းလူကြီးတွေဆီယူဆောင်ပါ။ သူနားထောင်ပြီး တောင်းပန်ရင် ပြီးသွားပြီ။ တကယ်လို့များ သူဟာ ခေါင်းမာပြီး နောင်တမရပါက လျစ်လျူရှုခံရမှာဖြစ်တယ်။ ခြေဖဝါးမှ ဖုန်မှုန့်တွေကို ခါချပြီး ထွက်သွားလိုက်ပါ။ တစ်စုံတစ်ဦးကို သူ့ဆန္ဒမပါဘဲ ဘာမှလုပ်လို့မရပါဘူး။ သင့်ကိုယ်သင်ပဲ ပြောင်းလဲနိုင်တာပါ။

၄။ အသားညှပ်ပေါင်မုန့် နည်းပညာကို သင်ယူပါ

ပထမအချက် - ဆက်ဆံရေးအပေါ် သင်ဘယ်လိုခံစားရတယ်ဆိုတာကို ဖော်ပြပါ။

"ငါ မင်းကို တကယ်ဂရုစိုက်တယ်။"
"မင်းကို ငါချစ်တယ်။"
"ငါတို့ရဲ့ဆက်ဆံရေးကို ငါတန်ဖိုးထားတယ်။"

ဒုတိယအချက် - တစ်ဦးချင်းနှင့် တွေ့ကြုံနေရတဲ့အခက်အခဲတွေကို ပြောပြပါ။ သင်မြင်ချင်တဲ့ရလဒ်ကို ဖော်ပြပါ။

စောနတုန်းက မင်းငါ့ကို အရမ်းအော်တယ်။ ဒါငါ့ကို အရမ်းနာကျင်စေတယ်။ အချစ်မခံရဘူး၊ အရေးမကြီးဘူး၊ ငြင်းပယ်ခံရတယ်လို့ ငါခံစားရတယ်။ သင်ဖိအားတွေ အများကြီးခံနေရတယ်လို့ ငါထင်တယ်။ သင့်ရဲ့စိတ်ပျက်မှုတွေအတွက် ငါအပြစ်တင်တယ်။ သင့်ခံစားချက်တွေကို ပိုပြီး တာဝန်ရှိရှိဖြေရှင်းလိုက်ပါ။ ငါမင်းကို အပြုသဘောဆောင်တဲ့နည်းလမ်းနဲ့ ကူညီဖို့ ဆန္ဒရှိတယ်။ ဒါပေမယ့် သင့်ရဲ့လက်သီးအိတ်မဖြစ်ပါစေနဲ့။"

တတိယအချက် - ဆက်ဆံရေးနဲ့ပတ်သက်ပြီး သင်ဘယ်လိုခံစားရလဲဆိုတာကို ပြန်ပြောပြပါ။

"ငါ မင်းကို ချစ်တယ်။ ငါတို့ဆက်ဆံရေးအပေါ် ကတိတည်တယ်။"

ဒီနည်းနဲ့ သင်ဟာ သင့်ရဲ့စစ်မှန်တဲ့ချစ်ခြင်းမေတ္တာ (မုန့်) အကြားတွင် ပြဿနာ (အသားညှပ်ပေါင်မုန့်) ကို ကြားညှပ်ပေးတယ်။ ဒါဟာ သင့်ရဲ့မျှဝေမှုကို အခြားသူတစ်ဦးမှ လက်ခံရရှိဖို့ ပိုမိုလွယ်ကူစေတယ်။ တစ်ခါ "သင်"ဆိုတဲ့ ဖော်ပြချက်တွေကို အသုံးပြုမယ့်အစား "ငါ" ဆိုတဲ့ဖော်ပြချက်တွေကို အသုံးပြုပြီးတော့ ဆက်သွယ်မှုအားလုံးကို တာဝန်ယူပါ။ "ငါ" ဆိုတဲ့ဖော်ပြချက်ရဲ့ဆို

လိုရင်းက ငါဘယ်လိုတွေးတယ်၊ ဘယ်လိုခံစားတယ်၊ ဘာကိုလိုအပ်တယ်ဆို တာကို ငါတာဝန်ယူတယ်လို့ဆိုလိုတယ်။ "သင်" ဆိုတဲ့ ဖော်ပြချက်ကတော့ သင့်ရဲ့ကောင်းကျိုးအတွက် အခြားသူတွေကို တာဝန်ယူဖို့ ကြိုးစားတယ်။

ကျွန်တော်တို့ကို စိတ်မကောင်းဖြစ်စေတာ အခြေအနေ ဒါမှမဟုတ် လူမဟုတ်ပါ။ မဖြေရှင်းလိုက်တဲ့ဒဏ်ရာတွေ ရှင်သန်လာတဲ့အတွက် လက်ရှိမှာ ဒုက္ခဖြစ်စေတာပါ။ ကျွန်တော်တို့ရဲ့ အဓိကပြဿနာတွေအကြောင်းကို လေ့လာပြီး မိမိကိုယ်ကို ကောင်းမွန်စွာဂရုစိုက်ကာ တာဝန်သိသိဖြင့် ပြောဆိုဆက်ဆံရမယ်။

၅။ "ဒါပေမယ့်" အစား "နှင့်" ဆိုတဲ့စကားဆက်ကို အသုံးပြုပါ

"မင်းပြောခဲ့တဲ့စကားက အရေးကြီးတယ်လို့ ငါထင်တယ်၊ ငါ့မှာ တခြား အမြင်ရှိတယ်။" အခု ဒီခံစားချက်နှစ်ခုကြား ခြားနားချက်ကို ခံစားကြည့်ပါ။

"မင်းကို ငါချစ်တယ်၊ ဒါပေမယ့်..."

"ငါ မင်းကို ချစ်တယ်..."

"နှင့်" ကဘယ်လောက်ကွာခြားလဲ။စာကြောင်းအများစုမှာ "ဒါပေမယ့်" ကို တွဲဖက်အသုံးပြုတဲ့အခါ ယခင်မှျဝေခဲ့တဲ့ကောင်းတာတွေအားလုံးကို ချေ မှုန်းပစ်လိုက်တယ်။ "ဒါပေမယ့်" ဆိုတာကို ကြားပြီးနောက် နားထောင်သူဟာ တမျိုးကြီးဖြစ်သွားနိုင်တယ်။ သင့်ရဲ့ကိုယ်ရေးကိုယ်တာနှင့်ပရော်ဖက်ရှင်နယ် ဆက်သွယ်ရေးအားလုံးတွင် "နှင့်" ဆိုတဲ့ဟာကို သေချာအသုံးပြုပါ။ စာတိုပေး ပို့တာ၊ အီးမေးလ်ပို့တာတွေ ပါဝင်တယ်။

"မင်းက တော်တယ်။ ဒါပေမယ့် မင်းရဲ့ဒေါသကို ငါကြောက်တယ်။"

"မင်းက တော်တယ်။ မင်းရဲ့ဒေါသကို ငါကြောက်တယ်။"

၆။ အဖြစ်မှန်စစ်ဆေးဖို့

တစ်စုံတစ်ယောက်ဟာ သင့်အကြောင်း (သို့) အခြားသူတစ်ဦးအကြောင်း တစ် ခုခုကို တွေးတောနေတယ်လို့ သင်ထင်ခဲ့ရင် ဒါဟာ မှန်လား၊ မှားလားဆိုတာ

သူတို့ကို မေးမြန်းပါ။ ဥပမာ "မင်းငါ့ကို စိတ်မကောင်းဖြစ်နေလား။" သင်က ဒါတွေကို ပြောတဲ့အခါ ဟောဒီဟာတွေကို ဆိုလိုတာလား။ Alfred Hitchcock ရဲ့ ၁၉၄၁ ခုနှစ် Suspicion ဆိုတဲ့ရုပ်ရှင်ဟာ ခင်ပွန်းသည်က ဇနီးသည်ကို သတ်ဖို့ ကြိုးပမ်းနေလို့ ဇနီးသည်ရဲ့ကြောက်ရွံ့မှုကို ပုံဖော်ထားတယ်။ Spoiler သတိပေးချက် - သူမရဲ့အယူအဆဟာ ရုပ်ရှင်အဆုံးမှာ မမှန်ဟုတ်ကြောင်း တွေ့ရှိခဲ့တယ်။

တစ်စုံတစ်ဦးပြောခဲ့တဲ့စကားက ဘာဆိုလိုလဲဆိုတာကို ကျွန်တော်တို့ ရှင်းရှင်းလင်းလင်းတောင်းခံနိုင်ရင် အိမ်ထောင်ဖက်၊ သူငယ်ချင်း၊ လုပ်ဖော်ကိုင်ဖက်တွေကြားမှာ မလိုအပ်တဲ့အငြင်းအခုံတွေ ဘယ်လောက်ရှောင်ရှားနိုင်ခဲ့မလဲ။ ကျွန်တော်တို့ရဲ့စီရင်ချက်တွေဟာ ၉၀% ထက်မနည်းမှားတယ်ဆိုတာကို ကျွန်တော်ကြုံဖူးပါတယ်။ သင့်ယူဆချက်ကို စစ်ဆေးဖို့ ရိုးရှင်းတဲ့လက်တွေ့စစ်ဆေးမှုကို အသုံးပြုပါ။ တကယ်လို့ သူ့အမှားကို ဖုံးဖိနေတယ်၊ သူမှန်တဲ့အကြောင်း ရှင်းပြနေရင် ထားရစ်ရမယ်။ ဘယ်သူ့ကိုမှ သူတို့မလိုချင်တဲ့အရာကို ဒီလိုပြောပါ၊ ဒီလိုလုပ်ပါလို့ သင်လုပ်လို့မရဘူး။ သတင်းကောင်းကတော့ လူအများစုဟာ သူတို့ရဲ့အမှန်တရားကို သင့်ဆီဝေမျှကြပါလိမ့်မယ်။

ယူဆချက်တွေကို အတည်မသတ်မှတ်ပါနဲ့။ တစ်စုံတစ်ဦးက သင့်ကို စိတ်ဆိုးနေတယ်လို့ သင်ထင်ပါက "အမှန်တကယ် စစ်ဆေးခြင်း" ကိုသုံးပါ။ အမှန်တကယ်စစ်ဆေးခြင်း ဥပမာတစ်ခုက "ဒီမနက် မီးဖိုချောင်မှာ မင်းကို တွေ့တုန်းက ငါ့ကို စိတ်ဆိုးနေလား။" အမှန်တကယ်စစ်ဆေးချက်က အခြားသူတစ်ဦးနှင့်ပတ်သက်ပြီးတော့ သင့်ရဲ့ယူဆချက်နှင့်စီရင်ချက်တွေအပေါ် စမ်းသပ်မှုတစ်ခုဖြစ်ပါတယ်။

၇။ သတိရပါ - မျှော်လင့်ချက်တွေကို သတ်ခြင်း

သင်လိုအပ်တာကို တခြားသူတွေသိဖို့ မမျှော်လင့်ပါနဲ့။ သင်လိုချင်တဲ့အရာကို အခြားသူတွေသိဖို့ မျှော်လင့်တာထက် သင့်လိုအပ်ချက်တွေကို ဖော်ပြဖို့ ပိုအရေးကြီးတယ်ဆိုတာကို သင်ယူပါ။ ကလေးငယ်လေးတွေဟာ အသက်ရှင်ရပ်တည်ရေးအတွက် မိဘတွေ ဒါမှမဟုတ် ပြုစုစောင့်ရှောက်ပေးသူတွေအပေါ် လုံးဝမှီခိုနေရတာကြောင့် သူတို့လိုအပ်တာတွေကို သိရှိဖို့ ကျွန်တော်တို့ကို မျှော်လင့်ကြတယ်။ အရွယ်ရောက်ပြီးသူတွေအနေနဲ့ ကျွန်တော်တို့လိုချင်တဲ့

အရာ၊ လိုအပ်တဲ့အရာတွေကို အခြားသူတွေသိရှိဖို့ မျှော်လင့်တာထက် မိမိတို့ လို အပ်တဲ့အရာကို ဖော်ပြဖို့ သင်ယူရပါမယ်။

၈။ "ဘာကြောင့်လဲ" ဆိုတဲ့မေးခွန်းမမေးဘဲ "ဘယ်လိုလဲ" နှင့် "ဘာလဲ" ဆိုတဲ့ မေးခွန်းတွေကို မေးပါ။

"ဘာကြောင့်လဲ" ဆိုတဲ့မေးခွန်းတွေက လူတစ်ယောက်အား သူ့ခေါင်းထဲကို အသိဉာဏ်ပို့ပေးတယ်။ "ဘယ်လိုလဲ" ဒါမှမဟုတ် "ဘာလဲ" ဆိုတဲ့မေးခွန်းက နှလုံးသားထဲမှာရှိတဲ့အရာတွေကို ပိုမိုနက်ရှိုင်းစွာမျှဝေဖို့ ကူညီပေးတယ်။ ဥပမာ "မင်းအတွက် ဘယ်လိုလဲ။" "ဘာလို့ဒီလိုလုပ်တာလဲ" လို့မေးရင် သူက ချက်ချင်းအသိဉာဏ်ပိုထက်မြက်လာတယ်။ "မင်းဘာတွေဖြတ်သန်းခဲ့လဲ" "ဒီဟာက မင်းကို ဘယ်လိုခံစားစေလဲ။"

၉။ တြိဂံဖွဲ့နည်းကို အသိအမှတ်ပြုပါ

တစ်စုံတစ်ယောက်က တခြားလူကို စိတ်ဆိုးပြီး သင့်ဆီ လာပြောရင် အဲဒါကို တြိဂံဖွဲ့နည်းလို့ခေါ်တယ်။ A က B ကိုစိတ်ဆိုးတယ်။ B က သူ့မကျေနပ်ချက်အကြောင်း A နဲ့တိုက်ရိုက်မျှဝေမယ့်အစား C ကိုသွားပြီး B နဲ့ပတ်သက်တဲ့ သူ့ရဲ့ ဝမ်းနည်းမှုတွေကို ဝေမျှတယ်။ အခု C ဟာ A နဲ့ B ကြားမှာ တြိဂံပုံဖွဲ့ထားပြီး မဖြစ်နိုင်တဲ့အရှုံးပေါ်အခြေအနေမျိုးမှာ ထားလိုက်ပါ။ ဒီပြဿနာအတွက် ရိုးရှင်းတဲ့အဖြေတစ်ခုရှိတယ်။ A က B ကိုစိတ်ဆိုးတာနဲ့ပတ်သက်ပြီး မျှဝေတဲ့အခါ "မင်း B ကိုစိတ်ဆိုးနေတာ ငါသိတယ်၊ ငါနားလည်တယ်။ ရိုးရိုးသားသား ပြောရရင် ဒီကိစ္စက မင်းတို့နှစ်ယောက်ကြားထဲမှာပါ။ သင့်အတွေးတွေ၊ ခံစားချက်တွေနှင့်လိုအပ်ချက်တွေအကြောင်း B ကို တိုက်ရိုက်မျှဝေပါ။ ကျေးဇူးအများကြီးတင်ပါတယ်။" ပြီးပြီ။ တခြားသူကို ကယ်တင်ဖို့က မင်းအလုပ်မဟုတ်ဘူး။ သူတို့ရဲ့ဆက်သွယ်မှုမှာ သင်ပါဝင်မယ်ဆိုရင် မသင့်တော်ပါ။

၁၀။ အမျိုးသားနှင့်အမျိုးသမီးတွေ ကွဲပြားစွာဆက်ဆံတာကို သတိပြုပါ

ကျွန်တော်တို့အားလုံးတွင် ချစ်ခြင်းမေတ္တာကို ပုံစံအမျိုးမျိုးနဲ့ ဖော်ပြပြီး လက်ခံကြတယ်။ Deborah Tannen က သူမရဲ့ You Just Don't Understand

ဆိုတဲ့စာအုပ်တွင် အမျိုးသားတွေဟာ "အစီရင်ခံပြောဆိုခြင်း" မှာ ထူးချွန်ပြီး အမျိုးသမီးတွေဟာ "အစေးကပ်တဲ့နေရာမှာ" ထူးချွန်ကြတယ်လို့ဆိုပါတယ်။ ခြုံငုံပြီးပြောရရင် အမျိုးသားတွေဟာ တည့်တည့်သွားပြီး အရာတွေကို ပြုပြင်ချင်ကြပေမယ့် အမျိုးသမီးအများစုကတော့ သူတို့ရဲ့အတွေ့အကြုံတွေကို ဖော်ပြရင်း အချိန်ယူကာ နားထောင်ချင်ကြတယ်။
တစ်ယောက်နဲ့တစ်ယောက် အကြံဉာဏ်တွေ မပေးနိုင်ဘူး။ ဇနီးသည်က အခြေအနေတစ်ခုအတွက် ခင်ပွန်းသည်ကို အလွန်ကျိုးကြောင်းဆီလျော်တဲ့ ဖြေရှင်းချက်ကို ပြောပြတဲ့အခါ သူမဟာ ခင်ပွန်းမိခင်ဖြစ်လာတယ်။ "ချစ်လေး၊ ဒီ TTT စာအုပ်မှာရှိတဲ့လေ့ကျင့်ခန်းတွေကို လုပ်စေချင်တယ်။ အထဲကဟာတွေက မင်းကို အများကြီးကူညီပေးလိမ့်မယ်။" ခင်ပွန်းက ဒီလိုပဲ ရိုးရှင်းတဲ့အကြံဉာဏ်တွေပေးတဲ့အခါ ခင်ပွန်းသည်က ဇနီးသည်ရဲ့ဖခင်ဖြစ်သွားပြန်တယ်။ နှစ်ယောက်စလုံးက ဘယ်လောက်ပဲထက်မြက်ပါစေ၊ လုပနေပါဖြစ်စေ ရည်ရွယ်ချက်ကောင်းမွန်တဲ့စိတ်ကူးတွေကို မရရှိကြပါ။ ဒီတော့ ငြိမ်းငြိမ်းချမ်းချမ်း လုပ်ကြပါ၊ ပညာရှိရှိကိုင်တွယ်ဖြေရှင်းကြပါ။

ထိရောက်တဲ့နားထောင်ခြင်းနဲ့မျှဝေခြင်း = ချစ်ခြင်းမေတ္တာ

Dr. Harville Hendrix နှင့် သူ့ဇနီး Dr. Helen LaKelly Hunt တွေဟာ Safe Conversations လို့ခေါ်တဲ့အလွန်ထိရောက်တဲ့ဆက်သွယ်မှုပရိုဂရမ်ကို အဆင့်မြင့်မြင့်တီထွင်ခဲ့ကြတယ်။ သူတို့ရဲ့ရည်မှန်းချက်မှာ စုံတွဲတွေ၊ မိသားစုတွေ၊ အသိုင်းအဝိုင်းတွေ၊ ကော်ပိုရေးရှင်းတွေ၊ ကျောင်းတွေနှင့်အစိုးရတွေက သူတို့ရဲ့ယဉ်ကျေးမှုကို "တစ်ဦးချင်းစီကြား ပြိုင်ဆိုင်မှု" မှ "လူတိုင်းပူးပေါင်းဆောင်ရွက်တဲ့ပေါင်းသင်းဆက်ဆံရေး ယဉ်ကျေးမှုသို့" ကူးပြောင်းတဲ့အခါ ကူညီပေးဖို့အတွက်ဖြစ်ပါတယ်။ သူတို့ရဲ့ပရိုဂရမ်အကြောင်းကို ပိုမိုသိရှိဖို့ဆိုရင် https://relationshipsfi rst.org မှာ ရှာဖွေလိုက်ပါ။

မိသားစုကို ကုစားခြင်း

စိတ်နေစိတ်ထား၊ စရိုက်နှင့်ကိုယ်ရည်ကိုယ်သွေး

ကျွန်တော်တို့အပါအဝင် တစ်ဦးကိုတစ်ဦး နားလည်ဖို့ အင်မတန်အရေးကြီးတယ်။ ကျွန်တော်တို့တွေဟာ အမွေဆက်ခံတဲ့လက္ခဏာတွေ၊ ရရှိထားတဲ့ ဝိသေသလက္ခဏာတွေ ပေါင်းစပ်ထားပြီး ကျွန်တော်တို့ရဲ့မိသားစုတွေ၊ သူငယ်ချင်းတွေ၊ ကမ္ဘာကြီးနှင့် ဘယ်လိုဆက်ဆံလဲဆိုတဲ့အပေါ်မှာ သက်ရောက်မှုရှိတဲ့သူတွေဖြစ်ကြတယ်။ ကျွန်တော်တို့တစ်ဦးချင်းစီတိုင်းမှာ အခြေခံစိတ်ထား၊ စရိုက်နှင့်ကိုယ်ရည်ကိုယ်သွေးတွေရှိတယ်။ ဒီလို အရေးကြီးတဲ့ခြားနားချက်တွေကို နားလည်ခြင်းဖြင့် ကျွန်တော်တို့ဟာ မိမိတို့ကိုယ်တိုင်၊ ချစ်ရတဲ့သူနှင့် လုပ်ဖော်ကိုင်ဖက်တွေအကြားမှာ သိသာထင်ရှားတဲ့ခြားနားချက်တွေကို နားလည်နိုင်မှာဖြစ်ပါတယ်။ ဒီလိုနဲ့ ကျွန်တော်တို့ဟာ မိမိတို့ရဲ့အခြေခံကွဲပြားချက်တွေကို နားမလည်တာကြောင့် တိုက်ခိုက်ခြင်းနှင့်ငြင်းခုံခြင်းထက် ပိုမိုရင်းနှီးမှုနှင့်ချစ်ခြင်းမေတ္တာကို ရရှိဖို့ ထိရောက်တဲ့ဆက်သွယ်ရေးစွမ်းရည်ကို နားထောင်ခြင်း၊ မျှဝေခြင်း၊ စေ့စပ်ညှိနှိုင်းခြင်း စတာတွေကို အသုံးပြုနိုင်မှာဖြစ်တယ်။ အသိပညာဟာ ပေါင်းသင်းဆက်ဆံရေးအားလုံးတွင် စွမ်းအားဖြစ်တယ်။

စိတ်နေစိတ်ထား - မွေးရာပါစရိုက်တွေ၊ ကျွန်တော်တို့ရဲ့ဇီဝဗေဒ

စာရိတ္တ - သင်ယူထားတဲ့အပြုအမူတွေ၊ ပတ်ဝန်းကျင်လွှမ်းမိုးမှုတွေ

ကိုယ်ရေးကိုယ်တာ - ကျွန်တော်တို့ရဲ့ဇီဝဗေဒနှင့်သင်ယူထားတဲ့အပြုအမူတွေ ပေါင်းစပ်မှု

စိတ်နေစိတ်ထားဟာ - သင့်ရဲ့ပင်ကိုယ်စရိုက်မွေးရာပါ အစိတ်အပိုင်းဖြစ်ပြီး ဒါဟာ သင့်ရဲ့မျိုးရိုးဗီဇကနေဆင်းသက်လာခြင်းဖြစ်တယ်။ "၎င်းဟာ မျိုးရိုးလိုက်၍ သင်အမွေဆက်ခံထားတဲ့စရိုက်တွေကနေ ဆင်းသက်လာတာကြောင့် စိတ်နေစိတ်ထားကို ပြုပြင်ဖို့၊ ခြယ်လှယ်ဖို့၊ ပြောင်းလဲဖို့ ခက်ခဲတယ်။ တစ်နည်းမဟုတ်တစ်နည်း အဲဒီသဘောထားဟာ အမြဲရှိနေမှာဖြစ်တယ်။ ဒါပေမယ့် အဲဒါကို သင်ကိုယ်တိုင်မရပ်ပစ်နိုင်ဘူးလို့ မဆိုလိုပါဘူး။"

စာရိတ္တဟာ သင့်အတွေ့အကြုံတွေကို ထင်ဟပ်စေပါတယ်။ "ဒါက စိတ်နေစိတ်ထား (အမွေဆက်ခံတဲ့စရိုက်တွေ) နဲ့သင်လေ့လာခဲ့ရတဲ့ လူမှုဆက်ဆံရေးနဲ့ပညာရေးဆိုင်ရာ အလေ့အထတွေပါဝင်တဲ့ ကိုယ်ရည်ကိုယ်သွေးရဲ့အင်္ဂါရပ်ဖြစ်ပါတယ်။ စာရိတ္တာ သင့်ပတ်ဝန်းကျင်ကနေလာတဲ့ သင်အစိတ်အပိုင်းတစ်ခုပါ။ ၎င်းဟာ သင့်ဘဝမှာ အတွေ့အကြုံတွေ၊ လူမှုရေးဆိုင်ရာအပြန်အလှန်တုံ့ပြန်မှုတွေ၊ သင်သင်ခန်းစာတွေကနေ သင်ယူခဲ့တဲ့ရလဒ်တစ်ခုလည်းဖြစ်တယ်။ ဒီအကျင့်တွေက သင့်ရဲ့စိတ်နေစိတ်ထားနဲ့ဇီဝဗေဒဆိုင်ရာသဘောထားတွေအပေါ်မှာ လွှမ်းမိုးမှုရှိစေတယ်။ အလေ့အထတွေဟာ စိတ်အားထက်သန်မှုကို ညှိပေးပြီး သင့်ကိုယ်ရည်ကိုယ်သွေးကို ပုံဖော်ပေးတယ်။ စာရိတ္တဟာ မတူညီတဲ့အဆင့်တွေကို ကျော်ဖြတ်သန်းပြီး မြီးကောင်ပေါက်အရွယ်တွင် ၎င်းရဲ့အပြည့်အဝပုံစံကို ရယူပါတယ်။ အဲဒါကြောင့် စာရိတ္တကို ပြုပြင်ပြောင်းလဲပြီး အပြောင်းအလဲတွေ လုပ်နိုင်ပါတယ်။"

ကိုယ်ရည်ကိုယ်သွေးဟာ ဇီဝဗေဒနှင့်သင်ယူထားတဲ့ အပြုအမူတွေဖြစ်ပါတယ်။ ပင်ကိုယ်စရိုက်ဟာ စိတ်နေစိတ်ထား (မွေးရာပါ) နှင့်စရိုက် (သင်ယူခဲ့တဲ့အရာ) ဖြစ်ပါတယ်။ "ကိုယ်ရည်ကိုယ်သွေးဟာ လူတစ်ဦးချင်းစီကို ခွဲခြားသိမြင်နိုင်တဲ့အရာဖြစ်တယ်။ လေ့လာမှုများစွာအရ ၎င်းဟာ အချိန်နှင့်အမျှတည်ငြိမ်နေပြီး အခြေအနေအမျိုးမျိုးကို ဖြတ်သန်းနိုင်တယ်။"
https://exploringyourmind.com/the-differences-between- personality -temperament-and-character/ July 3, 2018 မှယူပါတယ်။

စိတ်သဘောထားလေးပါး

ဂရိဆရာဝန် Hippocrates ဟာ အဝါရောင်သည်းခြေ၊ အနက်ရောင်သည်းခြေ၊ သလိပ်နှင့်သွေး စတဲ့အရာအလေးမျိုးအပေါ်မှာ အခြေခံ၍ စိတ်နေစိတ်ထားသီအိုရီကို တီထွင်ခဲ့တယ်။ ကျွန်တော်တို့ရဲ့ကိုယ်ရည်ကိုယ်သွေးနှင့်ကျန်းမာရေးဟာ ဓာတ်လေးမျိုးရဲ့ဟန်ချက်ညီမှုအပေါ် မူတည်တယ်လို့ သူယုံကြည်ထားတယ်။ နောက်ပိုင်းတွင် ဂရိသမားတော် Galen ဟာ Hippocrates သီအိုရီကိုခံယူပြီး လူအမျိုးအစားလေးမျိုးကို လေ့လာတွေ့ရှိခဲ့ပါတယ်။

• စိတ်ဆိုးလွယ်တာ (အဝါရောင်သည်းခြေ) - မီးလို့ခေါ်တဲ့စိတ်အား ထက်သန်မှု၊ တက်ကြွမှု၊ ဒေါသထွက်လွယ်တာ၊ အတ္တကြီးတာ၊ ဘွင်းဘွင်းပျော် တာ၊ စိတ်လှုပ်ရှားတာ၊ စိတ်မြန်တာ၊ အလုပ်တစ်ခုကို ဦးတည်တာ၊ ရည်မှန်း ချက်ကြီးတာ၊ ပြင်းပြတဲ့ဆန္ဒရှိတာ၊ ထိန်းချုပ်တာ၊ ခေါင်းဆောင်မှုစွမ်းရည်၊ အ စီအစဉ်ဆွဲကောင်းသူ၊ ဖြေရှင်းချက်ကို ဦးတည်တာ။

• စိတ်အားငယ်တာ (အနက်ရောင်သည်းခြေ) - မြေကြီးလိုခေါ်တဲ့လေး နက်တာ၊ တသီးတသန့်နေတတ်တာ၊ သတိကြီးပေးတာ၊ သံသယဖြစ်တာ၊ စိတ်ခံတတ်ကျတာ၊ အာရုံစူးစိုက်တာ၊ အသိစိတ်ရှိတာ၊ အရာရာကို တစ်ယောက် တည်းလုပ်တတ်တာ။

• အေးဆေးတာ (သလိပ်) - ရေလို့ခေါ်တဲ့သီးသန့်၊ တွေးခေါ်မြော်မြင်မှု၊ ငြိမ်သက်မှု၊ စိတ်ရှည်မှု၊ ဂရုစိုက်မှု၊ သည်းခံမှု၊ ဆင်ခြင်တုံတရား၊ ငြိမ်းချမ်းမှု၊ တည်ကြည်မှု၊ ညီညွတ်မှု၊ သစ္စာရှိမှု။

• မျှော်လင့်ချက်ထားတာ (သွေး) - လေလို့ခေါ်တဲ့ပျော်ရွှင်တာ၊ တက် ကြွတာ၊ ပေါင်းသင်းဆက်ဆံတတ်သူ၊ စကားပြောတတ်သူ၊ အကောင်းမြင်သူ၊ နွေးထွေးတဲ့နှလုံးသားရှိသူ၊ အနုပညာ၊ ပေါ့ပေါ့ပါးပါးရှိသူ၊ ပြောင်းလဲတတ်သူ၊ မိတ်ဆွေအလွယ်တကူဖွဲ့တတ်သူ၊ အလုပ်ကို ကျေပွန်စွာရုန်းကန်တတ်သူ။

သင့်ရဲ့စိတ်နေစိတ်ထားကို ဆုံးဖြတ်ဖို့ ဒီနေရာတွင် စမ်းသပ်မှုတွေ ဝင် ရောက်နိုင်တယ်။

https://psychologia.co/four-temperaments-test/

https://temperaments.fighunter.com/?page=test https://four-temperaments.com

ပိုမိုနားလည်သဘောပေါက်ဖို့ Randy Rolfe ရဲ့ The Four Temperaments ကိုဖတ်ပါ ဒါမှမဟုတ် ခရစ်ယာန်ရှုထောင့်မှ Tim LaHaye ရဲ့ဝိညာဉ် ထိန်းချုပ်ထားတဲ့စိတ်နေစိတ်ထားကိုဖတ်ပါ။

စိတ်နေစိတ်ထား လေးပါးကို ကြည့်ပြီး သင့်ခင်ပွန်းကို သင်ဆုံးဖြတ်လို့ ရပြီလား။ သားသမီးတွေရဲ့စိတ်နေစိတ်ထားကရော ဘယ်လိုလဲ။

ကျွန်တော့်ဇနီးသည်က အေးဆေးသမားဖြစ်နေတဲ့ချိန်မှာ ကျွန်တော်က စိတ်ဆိုးလွယ်တဲ့စိတ်ထားရှိသူဖြစ်ပါတယ်။ ကျွန်တော့်ဇနီးသည်က အထဲမှာ

မျိုသိပ်တယ်၊ သီးသန့်နေတယ်၊ ဂရုစိုက်တယ်၊ သစ္စာရှိတယ်၊ ပံ့ပိုးကူညီနေတဲ့ အချိန်တွေမှာ ကျွန်တော်က ဖန်တီးတယ်၊ စာရေးတယ်၊ ဦးဆောင်တယ်၊ သွန်သင်ပေးတယ်၊ အကြံဉာဏ်ပေးတယ်။ သားသမီးတွေသုံးယောက်က မျှော်လင့်ချက်ရှိတဲ့လူ၊ စိတ်အားငယ်တတ်တဲ့လူ၊ အေးဆေးနေတတ်တဲ့လူ၊ စိတ်ဆိုးလွယ်တဲ့လူဆိုပြီးတော့ ကွဲပြားကြတယ်။ တစ်ယောက်နဲ့တစ်ယောက်ရဲ့ပင်ကိုစရိုက်ကိုနားမလည်ဘဲ တန်ဖိုးမထားရင် အလွယ်တကူရန်ဖြစ်ငြင်းခုံနိုင်တယ်။ တစ်ယောက်နဲ့တစ်ယောက်ရဲ့ မတူညီမှုတွေကို လေးစားတန်ဖိုးထားခြင်းဖြင့် ထိရောက်တဲ့နားထောင်ခြင်းနှင့်မျှဝေခြင်း စွမ်းရည်ကို အသုံးပြုခြင်းရှိလာမှာဖြစ်ပြီး လိုအပ်ချက်တွေကို စေ့စပ်ညှိနှိုင်းခြင်းဖြင့် ရင့်ကျက်တဲ့ပုံစံဖြင့် မိမိကိုယ်ကို ဖော်ပြနိုင်မှာဖြစ်ပါတယ်။ ကိုယ့်ရဲ့စိတ်နေစိတ်ထားရှောသူတစ်ပါးရဲ့စိတ်နေစိတ်ထားရှော နားလည်မယ်ဆိုရင် ထူးခြားမှုတွေရှိစေပါတယ်။

သင့်စိတ်နေစိတ်ထား၊ သင့်ခင်ပွန်းရဲ့စိတ်နေစိတ်ထား၊ လုပ်ဖော်ကိုင်ဖက်တွေရဲ့စိတ်နေစိတ်ထားကို နားလည်ခြင်းဖြင့် သင့်စိတ်ကို တည်ငြိမ်စေပြီး မတူညီမှုတွေကို ဖန်တီးမှာဖြစ်တယ်။ ကျွန်တော်တို့ရဲ့ကွဲပြားတဲ့စိတ်နေစိတ်ထားတွေကို နားလည်ခြင်းဖြင့် ကျွန်တော်တို့နှင့်မတူတဲ့သူတွေကို လက်ခံဖို့ မိမိတို့ရဲ့စိတ်ကို ချဲ့ထွင်ထားရတယ်။ ကျွန်တော်တို့တွေဟာ မတူညီမှုတွေကို တန်ဖိုးထားတတ်ဖို့ သင်ယူပြီးတော့ ပေါင်းသင်းဆက်ဆံရေးအားလုံးတွင် ပိုမိုရင်းနှီးမှုရရှိဖို့ ဆက်သွယ်ရေးစွမ်းရည်အမျိုးမျိုးကို အသုံးပြုနိုင်ပါတယ်။

ကိုယ်ရည်ကိုယ်သွေးပါရာဒိုင်း

စိတ်ပညာရှင်အမျိုးမျိုးမှ တီထွင်ထားတဲ့ကိုယ်ရည်ကိုယ်သွေးဆိုင်ရာ အမျိုးအစားများစွာရှိတယ်။ သင့်ကိုယ်သင်၊ သင့်ခင်ပွန်းနှင့်လုပ်ဖော်ကိုင်ဖက်တွေကို ပိုမိုသဘောပေါက်ဖို့ ကြီးမားတဲ့သီအိုရီပင်လယ်ကြီးအတွင်း၌ ပင်ကိုယ်စရိုက်ဆိုင်ရာ နမူနာအနည်းငယ်ဖြစ်ပါတယ်။

ကိုယ်ရည်ကိုယ်သွေးကို ဆုံးဖြတ်ဖို့ စမ်းသပ်မှု (Myers Briggs)

Myers Briggs အမျိုးအစားအညွှန်း (MBTI) ဟာ သင့်ရဲ့ကိုယ်ရည်ကိုယ်သွေးကိုဆုံးဖြတ်ဖို့အတွက် စမ်းသပ်မှုတစ်ခုဖြစ်ပါတယ်။ လုပ်ငန်းများစွာတွင် ၎င်း

တို့ရဲ့ဝန်ထမ်းတွေဟာ Myer Briggs ရဲ့စာရင်းကို ယူထားတာကြောင့် လူတစ်ဦးစီက ၎င်းတို့ရဲ့ကိုယ်ရည်ကိုယ်သွေးသာမက သူ့လုပ်ဖော်ကိုင်ဖက်တွေရဲ့ စရိုက်တွေကိုပါ နားလည်နိုင်စေပါတယ်။ ယင်းက အလုပ်ရှင်နှင့်အလုပ်သမားကြား ပိုမိုသဟဇာတရှိပြီး နားလည်မှုကို ဖြစ်ပေါ်စေပါတယ်။ မိသားစုဝင်တွေအတွက်လည်း အလားတူပါပဲ။ မိသားစုဝင်တစ်ဦးစီရဲ့ကိုယ်ရည်ကိုယ်သွေး အမျိုးအစားကို နားလည်ခြင်းက ပိုမိုနားလည်မှုနှင့်ငြိမ်းချမ်းမှုကိုဖြစ်စေပါတယ်။ ပိုမိုသိရှိလိုပါက https://www.myersbriggs.org တွင်ဝင်ရောက်ကြည့်ရှုပါ။

Myers-Briggs Type Indicator ဟာ ကိုယ်ရည်ကိုယ်သွေး ၁၆ မျိုးကို ကွဲပြားစေပါတယ်။ (https://www.myersbriggs.org/my-mbti-personality-type/mbti-basics/the-16-mbti-types.htm):

၁။ စစ်ဆေးရေးမှူး (ISTJ)
တိတ်ဆိတ်မှုရှိတယ်၊ လေးနက်မှုရှိတယ်၊ ယုတ္တိတန်မှုရှိတယ်၊ စနစ်တကျရှိတယ်၊ လက်တွေ့ကျမှုတယ်၊ တာဝန်သိမှုရှိတယ်၊ ထုံးတမ်းစဉ်လာတွေနဲ့ သစ္စာစောင့်သိမှုကို တန်ဖိုးထားတယ်။

၂။ ပြုစုပျိုးထောင်သူ (ISFJ)
တိတ်ဆိတ်မှုရှိတယ်၊ ဖော်ရွေမှုရှိတယ်၊ တာဝန်သိမှုရှိတယ်၊ အသိစိတ်ရှိတယ်၊ စေ့စေ့စပ်စပ်ရှိတယ်၊ သစ္စာရှိတယ်၊ အခြားသူတွေဘယ်လိုခံစားမယ်ဆိုတာကို စိုးရိမ်ပြီး အလုပ်နှင့်အိမ်တွေမှာ စနစ်တကျ/သဟဇာတဖြစ်အောင် ဖန်တီးဖို့ ကြိုးစားတယ်။

၃။ အတိုင်ပင်ခံပုဂ္ဂိုလ် (INFJ)
စိတ်ကူးထဲမှာ ဆက်ဆံရေးနဲ့ ပစ္စည်းဥစ္စာပိုင်ဆိုင်မှုတွေရဲ့အဓိပ္ပါယ်နှင့် ဆက်စပ်မှုကို ရှာဖွေတတ်တယ်။ မျှော်မှန်းချက်တွေကို အကောင်အထည်ဖော်ရာမှာ စနစ်တကျနဲ့ ပြတ်ပြတ်သားသား ဆုံးဖြတ်တယ်။

၄။ ညွှန်ကြားသူ (INTJ)
မကြာခဏဆိုသလို ဘာသိဘာသာနေတတ်တယ်၊ မူလစိတ်ကူးတွေ၊ အမြင်ကို အကောင်အထည်ဖော်တယ်၊ ရည်မှန်းချက်တွေအောင်မြင်တယ်၊ အလုပ်ရှာတယ်၊ သံသယရှိတတ်တယ်၊ အမှီအခိုကင်းတယ်၊ သူတို့နှင့်အခြားသူတွေအတွက် မြင့်မားတဲ့စံနှုန်းတွေရှိတယ်။

၅။ လက်သမားဆရာ (ISTP)
ခံနိုင်ရည်ရှိတယ်၊ လိုက်လျောညီထွေမှုရှိတယ်၊ အေးအေးဆေးဆေး အကဲခတ်တတ်တယ်၊ လျင်လျင်မြန်မြန်လုပ်ဆောင်တယ်၊ အလုပ်ဖြစ်စေတဲ့အရာကို ခွဲခြမ်းစိတ်ဖြာတယ်၊ အကြောင်းတရားနှင့်အကျိုးတရားကို စိတ်ဝင်စားတယ်၊ ယုတ္တိဗေဒဆိုင်ရာအခြေခံမူတွေကို အသုံးပြု၍ အချက်အလက်တွေကို စုစည်းတတ်တယ်၊ ထိရောက်မှုကို တန်ဖိုးထားတယ်။

၆။ တေးရေးဆရာ (ISFP)
တိတ်ဆိတ်တယ်၊ ဖော်ရွေတယ်၊ ထိလွယ်ရှလွယ်တယ်၊ သစ္စာရှိတယ်၊ သူတို့ရဲ့တန်ဖိုးတွေနဲ့သူတို့အတွက် အရေးကြီးတဲ့လူတွေအတွက် ဆက်ကပ်တယ်။ သဘောထားကွဲလွဲမှုတွေကို မကြိုက်၊ အခြားသူများအပေါ် သူတို့ရဲ့ထင်မြင်ယူဆချက်တွေ/တန်ဖိုးထားတဲ့အရာတွေကို အတင်းဖိအားမပေးတတ်ပါ။

၇။ စိတ်ကူးယဉ်သမား (INFP)
အတွေးအမြင်ရှိတယ်၊ လူတွေအပေါ်မှာ သစ္စာစောင့်သိတယ်၊ စူးစမ်းလိုစိတ်ရှိတယ်၊ ဖြစ်နိုင်ခြေတွေကို အမြန်ရှာတယ်၊ လူတွေကို နားလည်ဖို့ ရှာဖွေတယ်၊ လူတွေရဲ့အလားအလာတွေကို ဖြည့်ဆည်းပေးနိုင်ဖို့ ကူညီပေးတယ်။

၈။ တွေးခေါ်ရှင် (INTP)
ယုတ္တိဗေဒဆိုင်ရာရှင်းလင်းချက်တွေ၊ သီအိုရီနှင့်အတွေးအမြင်တွေကို မြှင့်တင်ဖို့ ရှာဖွေပြီး လူမှုဆက်ဆံရေးထက် စိတ်ကူးစိတ်သန်းတွေကို ပိုမိုစိတ်ဝင်စားတယ်။ တိတ်ဆိတ်တယ်၊ ပါဝင်တတ်တယ်၊ လိုက်လျောညီထွေမှုရှိတယ်။

၉။ လက်တွေ့သမား (ESTP)
လိုက်လျောညီထွေမှုရှိတယ်၊ ခံနိုင်ရည်ရှိတယ်၊ လက်တွေ့ကျတယ်၊ ပစ္စုပ္ပန်ကို အာရုံပြုတယ်၊ ပင်ကိုသဘောရှိတယ်၊ ရုပ်ပိုင်းဆိုင်ရာနှစ်သိမ့်မှုကို ခံစားတယ်၊ လုပ်ခြင်းဖြင့် သင်ယူတယ်။ ပြဿနာတွေကို ဖြေရှင်းဖို့ အားသွန်ခွန်စိုက်လုပ်ဆောင်တတ်တယ်။

၁၀။ ဖျော်ဖြေသူ (ESFP)
အပြင်ထွက်တတ်တယ်၊ ဖော်ရွေမှုရှိတယ်၊ လက်ခံတတ်တယ်၊ လိုက်လျောညီထွေမှုရှိတယ်၊ သက်ရှိတွေ၊ လူတွေနှင့်ရုပ်ဝတ္ထုပစ္စည်းတွေကို အရမ်းချစ်တတ်တယ်။ တစ်ခုခုဖြစ်မြောက်ပြီး ပျော်ရွှင်ဖို့ တခြားသူတွေနဲ့ အလုပ်လုပ်ရတာကို ပျော်ရွှင်တယ်။

၁၁။ ချန်ပီယံ (ENFP)

နွေးထွေးတဲ့စိတ်အားထက်သန်မှု၊ စိတ်ကူးယဉ်ဆန်မှု၊ ဖြစ်နိုင်ခြေတွေနဲ့ ပြည့်နှက်နေတဲ့ဘဝကို မြင်ယောင်တတ်တယ်။ အခြားသူတွေဆီကနေ အတည်ပြုမှု အများကြီးကို လိုချင်တယ်။ သူတို့ရဲ့ကြံဖန်နိုင်စွမ်းကို အားကိုးလေ့ရှိတယ်။

၁၂။ အမြော်အမြင်ရှိသူ (ENTP)

လျင်မြန်တယ်၊ ထက်မြက်တယ်၊ လှုံ့ဆော်မှုရှိတယ်၊ သတိရှိတယ်၊ ပြတ်သားစွာပြောဆိုတယ်၊ ပြဿနာနှင့်စိန်ခေါ်မှုအသစ်တွေကို ဖြေရှင်းရာမှာ အရည်အချင်းပြည့်ဝတယ်၊ လူတွေကို အကဲခတ်တော်တယ်၊ လုပ်ရိုးလုပ်စဉ်တွေကို မလိုချင်သူဖြစ်တယ်။

၁၃။ ကြီးကြပ်ရေးမှူး (ESTJ)

လက်တွေ့ကျတယ်၊ အမှန်တရားသမား၊ ပြတ်သားတယ်၊ ဆုံးဖြတ်ချက်တွေကို အကောင်အထည်ဖော်ဖို့ အမြန်ရွေ့တယ်။ အလုပ်တွေပြီးမြောက်ဖို့ ပရောဂျက်တွေနှင့်လူတွေကို စုစည်းတတ်တယ်၊ ဖြစ်နိုင်သမျှအထိရောက်ဆုံးနည်းလမ်းနဲ့ ရလဒ်တွေရရှိဖို့ အာရုံစိုက်တယ်။

၁၄။ ပံ့ပိုးပေးသူ (ESFJ)

နွေးထွေးတဲ့နှလုံးသားရှိတယ်၊ အသိစိတ်ရှိတယ်၊ ပူးပေါင်းဆောင်ရွက်တတ်တယ်၊ သဟဇာတဖြစ်တယ်၊ ထိရောက်မှုရှိတယ်၊ သစ္စာရှိတယ်၊ သေးငယ်တဲ့ကိစ္စတွေကို လိုက်နာဆောင်ရွက်တတ်တယ်။ အခြားသူတွေရဲ့လိုအပ်ချက်ကို သတိပြုတတ်တယ်။ တန်ဖိုးထားပြီး အသိအမှတ်ပြုခြင်းခံချင်တယ်။

၁၅။ ပေးလှူသူ (ENFJ)

နွေးထွေးမှုရှိတယ်၊ စာနာမှုရှိတယ်၊ တာဝန်ယူမှုရှိတယ်၊ သစ္စာရှိတယ်၊ တခြားသူတွေရဲ့စိတ်ခံစားချက်တွေ၊ လိုအပ်ချက်တွေ၊ စိတ်ပါဝင်စားမှုတွေကို အလွန်အမင်းသိတတ်တယ်။ လူတိုင်းတွင် အလားအလာကို ရှာဖွေတတ်တယ်။

၁၆။ တပ်မှူး (ENTJ)

ဆုံးဖြတ်ချက်ချပြီး ခေါင်းဆောင်မှုကို လက်ခံဖို့ အသင့်ရှိတယ်၊ ယုတ္တိမရှိတဲ့/ထိရောက်မှုမရှိတဲ့ လုပ်ထုံးလုပ်နည်းတွေနှင့်မူဝါဒတွေကို လျင်မြန်စွာမြင်နိုင်ပြီး ပြည့်စုံတဲ့စနစ်တွေကို ဖော်ဆောင်တတ်တယ်။ ပျော်ရွှင်စွာစီစဉ်တတ်တယ်။

"ကိုယ်ရည်ကိုယ်သွေးဦးစားပေးမှုတွေကို နားလည်တဲ့အခါ အိမ်ထောင်ဖက်၊ လုပ်ဖော်ကိုင်ဖက်၊ သားသမီးတွေနဲ့သူငယ်ချင်းတွေ၊ သင်နဲ့ အရင်းနှီးဆုံး

သူတွေကြားက ခြားနားမှုတွေကို သင်ပိုမိုနားလည်သဘောပေါက်လာနိုင်ပါတယ်။ ကိုယ်ရည်ကိုယ်သွေးအမျိုးအစား သိရှိခြင်းက ကွဲပြားမှုတွေကို တန်ဖိုးထားတတ်ရုံသက်သက်မဟုတ်၊ ဟာသဉာဏ်အလင်းကိုပါ မြင်စေပါတယ်။ https://www.myersbriggs.org/type-use-for-everydaylife/psychological-type-and-relationships/ မှယူပါတယ်။

Enneagram ကိုယ်ရည်ကိုယ်သွေး အမျိုးအစားတွေ

Enneagram ကိုယ်ရည်ကိုယ်သွေးအမျိုးအစားဟာ မိမိကိုယ်ကို၊ တစ်ဦးရဲ့လက်တွဲဖော်၊ မိသားစုဝင်တွေ၊ သူငယ်ချင်းတွေနှင့်လုပ်ဖော်ကိုင်ဖက်တွေကို နားလည်ဖို့ အခြေးယာဉ်ဖြစ်ပါတယ်။

"လူတိုင်းဟာ မွေးရာပါစိတ်နေစိတ်ထားနဲ့ သူတို့ရဲ့ပင်ကိုယ်စရိုက်ကိုးမျိုးထဲက တစ်မျိုးနဲ့ မွေးဖွားလာသူတွေပါ။ ဒါဟာ အဓိက Enneagram စာရေးဆရာအများစုက သဘောတူတဲ့နယ်ပယ်တစ်ခုဖြစ်ပြီး ကျွန်တော်တို့တွေဟာ စိုးမိုးမှုအမျိုးအစားနဲ့ မွေးဖွားလာတယ်လို့ဆိုကြတယ်။ နောက်ပိုင်းတွင် ဒီမွေးရာပါ တိမ်းညွတ်မှုဟာ ကျွန်တော်တို့ရဲ့ငယ်စဉ်ကလေးဘဝ ပတ်ဝန်းကျင်နှင့် လိုက်လျောညီထွေဖြစ်အောင် သင်ယူနိုင်တဲ့နည်းလမ်းတွေကို အဆုံးအဖြတ်ပေးတယ်။

Riso-Hudson Enneagram Type Indicator (RHETI ဗားရှင်း 2.5) ဟာ လူတို့အား ၎င်းတို့ရဲ့အခြေခံကိုယ်ရည်ကိုယ်သွေး အမျိုးအစားကို ခွဲခြားသတ်မှတ်ဖို့အတွက် ကူညီပေးတယ်။

https://www.enneagraminstitute.com/how-theenneagram-system-works မှ ပြန်လည်ရယူတယ်။

ပင်ကိုယ်စရိုက် ကိုးမျိုး (https://www.enneagraminstitute.com):

၁။ ပြုပြင်ပြောင်းလဲရေးသမား - ဆင်ခြင်တုံတရား၊ စိတ်ကူးယဉ်ဆန်တယ်။ အမျိုးအစား - အခြေခံကျကျ၊ ရည်ရွယ်ချက်ရှိရှိ၊ ကိုယ်တိုင်ထိန်းချုပ်နိုင်ပြီး၊ ပြီးပြည့်စုံတယ်။

၂။ အကူအညီပေးသူ - ဂရုစိုက်မှု၊ ပေါင်းသင်းဆက်ဆံရေး။ အမျိုးအစား - သရုပ်ပြ၊ ရက်ရောသော၊ လူအများနှစ်သက်သော၊ ပိုင်ဆိုင်မှု။

၃။ အောင်မြင်သူ - အောင်မြင်မှုကို ဦးတည်၊ လက်တွေ့ကျတာ။ အမျိုးအစား - ထူးချွန်တာ၊ မောင်းနှင်တာ၊ ရုပ်ပုံသဏ္ဍာန်ရှိသော။
၄။ တစ်သီးပုဂ္ဂလဝါဒီ - ထိလွယ်ရှလွယ်၊ ရုတ်သိမ်းတာ။ အမျိုးအစား - ထုတ်ဖော်ပြသမှု၊ သိသာထင်ရှားတာ၊ ကိုယ့်အတွက်သာသိတာ၊ စိတ်ဆတ်တာ။
၅။ စုံစမ်းစစ်ဆေးသူ - ပြင်းထန်တာ၊ ဦးနှောက်။ အမျိုးအစား - ခံယူချက်၊ ဆန်းသစ်တီထွင်မှု၊ လျှို့ဝှက်မှု၊ သီးခြား။
၆။ သစ္စာစောင့်သိသူ - ဆက်ကပ်တာ၊ လုံခြုံရေးကို ဦးတည်တယ်။ အမျိုးအစား - ဆွဲဆောင်မှု၊ တာဝန်သိမှု၊ စိုးရိမ်မှု၊ သံသယဖြစ်ဖွယ်။
၇။ စိတ်အားထက်သန်သူ - အလုပ်များတာ၊ ပျော်ရွှင်မှုကို နှစ်သက်တာ။ အမျိုးအစား - အလိုအလျောက်၊ စွယ်စုံရ၊ အာရုံပြောင်းနိုင်တာ၊ ကွဲပြားတာ။
၈။ စိန်ခေါ်သူ - အစွမ်းထက်၊ ကြီးစိုးခြင်း။ အမျိုးအစား - မိမိကိုယ်ကို ယုံကြည်မှု၊ အဆုံးအဖြတ်ပေးတာ၊ ဆန္ဒရှိမှု၊ ထိပ်တိုက်ရင်ဆိုင်မှု။
၉။ ငြိမ်းချမ်းရေးဖော်ဆောင်သူ - ပေါ့ပေါ့ပါးပါး၊ ကိုယ်တိုင်လုပ်နိုင်စွမ်းရှိခြင်း။ အမျိုးအစား - လက်ခံနိုင်မှု၊ စိတ်ချမှု၊ နှစ်သက်ဖွယ်၊ ကျေနပ်အားရတာ။

နောက်တစ်ကြိမ် ထပ်ပြောပါရစေ - အသိပညာဟာ စွမ်းအားဖြစ်ပြီး ပိုမိုနားလည်မှုနှင့်ပိုမိုငြိမ်းချမ်းတဲ့ဆက်ဆံရေးဆီကို ဦးတည်စေတယ်။

နောက်ထပ်ဖတ်ဖို့

၁။ *The Wisdom of the Enneagram: The Complete Guide to Psychological and Spiritual Growth for the Nine Personality Types,* by Don Richard Riso and Russ Hudson.
၂။ *Understanding the Enneagram: The Practical Guide to Personality Types,* by Don Richard Riso and Russ Hudson.
၃။ *The Enneagram: A Christian Perspective,* by Richard Rohr and Andreas Ebert.

Helen Fisher ရဲ့စိတ်နေစိတ်ထားလေးခု

ဇီဝဗေဒပညာရှင် Hellen Fisher က သူမရဲ့စာအုပ်မှာ *“သူ/သူမ ဘာကြောင့်လဲ” ဆိုတဲ့စိတ်နေစိတ်ထားလေးမျိုးအကြောင်းကို ဖော်ပြထားတယ်။ သင့်ကိုယ်ရည်ကိုယ်သွေးအမျိုးအစားကို နားလည်ခြင်းဖြင့် စစ်မှန်တဲ့အချစ်ကို ရှာဖွေခြင်း* (၂၀၀၉)။

ဒီဟာက Dr. Fisher ဖော်ပြတဲ့စိတ်နေစိတ်ထား လေးမျိုးတွေပါ။ ၎င်းတို့ရဲ့အဓိက ဟော်မုန်းတွေအပါအဝင်ပေါ့။

https://thoughtcatalog.com/january-nelson/2018/07/four-temperaments မှရယူထားတယ်။

စူးစမ်းလေ့လာသူ (Dopamine) – ဒီလူဟာ အာရုံကြောပို့လွှတ်မှု ဒိုပါမင်းက လွှမ်းမိုးထားတယ်။ တီထွင်ဖန်တီးတယ်၊ စူးစမ်းချင်စိတ်ရှိတယ်၊ စွန့်စားတယ်၊ စိတ်အားထက်သန်တယ်၊ အမှီအခိုကင်းတယ်၊ မြင့်မားတဲ့စွမ်းအင်ရှိတယ်၊ အသစ်အဆန်းလုပ်တတ်တယ်၊ စိတ်လှုပ်ရှားမှုရှိတယ်၊ လှုံ့ဆော်တတ်တယ်။ ဒါဟာ လူအားလုံးရဲ့ ၂၆ ရာခိုင်နှုန်းကို ကိုယ်စားပြုတယ်။

တည်ဆောက်သူ (Serotonin) – လူမှုဆက်ဆံရေး၊ တည်ငြိမ်အေးချမ်းရေးနဲ့ဆက်နွယ်နေတဲ့ အာရုံကြောပို့လွှတ်မှုတစ်ခုဖြစ်တဲ့ စီရိုတိုနင်ကို လွှမ်းမိုးထားတယ်။ တည်ငြိမ်ခြင်း၊ ပူးပေါင်းဆောင်ရွက်ခြင်း၊ သတိဝီရိယနှင့်တသမတ်တည်းဖြစ်ခြင်းက ခိုင်မြဲတဲ့မိတ်ဆွေတွေကိုဖွဲ့ပြီး အိမ်နှင့်မိသားစုကိုအရမ်းတွယ်တာစေတယ်။ လူဦးရေရဲ့ ၂၈.၆ ရာခိုင်နှုန်းကို ကိုယ်စားပြုတယ်။

ဒါရိုက်တာ (Testosterone) - အမျိုးသားလိင်ဟော်မုန်း တက်စတိုစတီရုန်းအားဖြင့် တီထွင်ဆန်းသစ်မှု၊ အမှီအခိုကင်းမှု၊ အခိုင်အမာ၊ ပြိုင်ဆိုင်မှု၊ ပြတ်သားမှုနှင့်ဆင်ခြင်တုံတရား စတာတွေကို လှုံ့ဆော်ပေးတယ်။ အမျိုးသမီးတွေသာမက အမျိုးသားတွေပါ တက်စတိုစတီရုန်းက လွှမ်းမိုးနိုင်တယ်။ အမျိုးသမီး ၉.၇ ရာခိုင်နှုန်းနှင့်အမျိုးသား ၂၄.၈ ရာခိုင်နှုန်းကို ကိုယ်စားပြုထားတယ်။

စေ့စပ်ညှိနှိုင်းသူ (အီစထရိုဂျင်) - အမျိုးသမီးလိင်ဟော်မုန်း အီစထရိုဂျင်က အလိုလိုသိခြင်း၊ စိတ်ကူးယဉ်ဆန်ခြင်းကို လွှမ်းမိုးထားတယ်။ အတွေးနယ်ချဲ့တတ်သူ၊ နူတ်အတတ်ပညာရှိသူ၊ အများသဘောနဲ့ တည်ဆောက်တတ်

သူ၊ ရေရှည်စီမံကိန်းရေးဆွဲရာမှာ စိတ်ကူးဉာဏ်ကောင်းသူဖြစ်ပါတယ်။ စာနာမှု၊ ပြုစုပျိုးထောင်မှု၊ အခြားလူမှုရေးဆိုင်ရာကျွမ်းကျင်မှုတွေနဲ့ ပတ်သက်လာတဲ့အခါမှာ ပေါ်လွင်ထင်ရှားတယ်။ အမျိုးသား ၂၀.၄ ရာခိုင်နှုန်းနှင့် အမျိုးသမီး ၃၅.၈ ရာခိုင်နှုန်းကို ကိုယ်စားပြုတယ်။

Dr. Fisher က ကျွန်တော်တို့တွေဟာ ဘာ့ကြောင့် တချို့အမျိုးအစားတွေဆီဆွဲဆောင်ခံရတာလဲလို့ ဖော်ပြထားတယ်။

"အဓိကအနေနဲ့ အသစ်အဆန်းကိုရှာကြံ၊ တက်ကြွ၊ စူးစမ်းချင်စိတ်နှင့် တီထွင်ဖန်တီးမှုရှိတဲ့အမျိုးသားတွေနှင့် အမျိုးသမီးတွေဟာ စရိုက်လက္ခဏာတွေကို မျှဝေသူတွေဆီ ကိန်းဂဏန်းအချက်အလက်အရ ပိုမိုဆွဲဆောင်နိုင်ပေမယ့် သတိကြီးစွာထားပြီး စည်းကမ်းလိုက်နာသူတွေကိုလည်း ၎င်းတို့လို လူတစ်ဦးချင်းစီကို ဆွဲဆောင်ထားတယ်။ ဒါပေမယ့် ပိုမိုခွဲခြမ်းစိတ်ဖြာတတ်သူ၊ ခက်ထန်စိတ်ရှိသူ၊ အဆုံးအဖြတ်ရှိသူတွေဟာ သူတို့နဲ့ဆန့်ကျင်ဘက်ဖြစ်တဲ့ စိတ်ကူးယဉ်ဆန်သူ၊ အလိုလိုသိတတ်သူ၊ သနားကြင်နာတတ်သူ၊ လူမှုရေးကောင်းသူတွေအတွက် အချိုးမကျဖြစ်တတ်ပါတယ်။

http://www.helenfisher.com/downloads/articles/
Article_%20We%20Have%20Chemistry.pdf မှရယူထားပါတယ်။

Helen Fisher ရဲ့ကိုယ်ရည်ကိုယ်သွေး စမ်းသပ်မှုကို ခံယူပါ။
https://theanatomyoflove.com/relationship-quizzes/helen-fisherspersonality-test/

မေတ္တာစကားတော

ခြားနားချက်တွေကို ရှင်းပြတဲ့နောက်ထပ်နမူနာတစ်ခုကတော့ မေတ္တာစကားငါးမျိုးပဲဖြစ်ပါတယ်။ မေတ္တာစကားတွေဟာ ငါတို့ရဲ့စိတ်နေစိတ်ထား၊ မွေးရာပါဇီဝဗေဒဆိုင်ရာ စရိုက်လက္ခဏာနှင့် ဆက်စပ်နေတယ်လို့ တစ်စုံတစ်ဦးက ဆိုနိုင်တယ်။ "Five Love Languages" ဆိုတဲ့စာအုပ်ကို ရေးသားသူ Gary Chapman က ကျွန်တော်တို့တစ်ဦးစီတွင် အခြေခံမေတ္တာစကားနှင့်ဒုတိယအဆင့်မေတ္တာစကားရှိတယ်လို့ဖော်ပြထားပါတယ်။ ဟုတ်ပါတယ်၊ မေတ္တာစကားငါးမျိုးစလုံးကို တွေ့ကြုံရတာ အကောင်းဆုံးပါပဲ။ မေတ္တာစကားငါးမျိုးကို

ဒီ TTT နဲ့ ထည့်သွင်းပေးထားတယ်။ မေတ္တာစကားငါးမျိုးရဲ့အကျဉ်းချုပ်ကို အခုလိုတွေ့ရပါတယ်။

မေတ္တာစကား ၁ - အသိအမှတ်ပြုစကားတွေ

၁။ နှုတ်ဖြင့် ချီးမွမ်းစကား

- က) သူတို့ရဲ့ဖြစ်တည်မှု၊ သူတို့ဟာ ဘယ်သူလဲ၊ သူတို့ရဲ့အရည်အချင်းနဲ့ ပင်ကိုအရည်အချင်းတွေကို လေးစားအသိအမှတ်ပြုပါ။ ဥပမာ "သင်ဟာ တကယ်အံ့သြဖွယ်ကောင်းပြီး ယောက်ျားပီသသူပါ။ သင့်ရဲ့ဖြူစင်တဲ့ နှလုံးသားကို ငါတန်ဖိုးထားတယ်။" "နင်က အရမ်းသိမ်မွေ့ပြီး ထူးချွန်တဲ့အမျိုးသမီးတစ်ယောက်ပါ။ နင်အရမ်းလှပြီး သန်မာတယ်။"
- ခ) သူတို့ရဲ့လုပ်ဆောင်ချက်နှင့် အပြုအမူတွေကို တန်ဖိုးထားပါ။ ဥပမာ "နင် ဒီဝတ်စုံနဲ့ လိုက်တယ်။ ဒီနေ့ နင့်ကိုကြည့်ရတာ လှတယ်။ အမှိုက်ကိုပစ်ပေးလို့ အရမ်းကျေးဇူးတင်ပါတယ်။ ကျောင်းမှာ အရမ်းကြိုးစားလုပ်ရတာကို သဘောကျတယ်။ နင်က ငါတို့မိသားစုအတွက် အရမ်းကောင်းတဲ့ပံ့ပိုးပေးသူပါ။"

၂။ အားပေးစကားတွေ - သူတို့ရဲ့မျက်လုံးကနေ ကမ္ဘာကြီးကိုကြည့်ပါ။ သူတို့အတွက် အရေးကြီးတာတွေကို လေ့လာပါ။ "သားလေးကျောင်းမှာ ကစားရတာ အရမ်းကောင်းပါတယ်။ သားအံ့သြစရာကောင်းတဲ့အလုပ်တစ်ခုကို လုပ်မယ်ဆိုတာ ငါသိတယ်။"

၃။ ချစ်ခင်တဲ့စကားလုံးတွေ - "နင့်ကို ငါချစ်တယ်။ နင်ဆိုလိုတာ ငါ့အတွက် အရမ်းအဓိပ္ပာယ်ရှိတယ်။" အသံက အရေးကြီးတယ်။

၄။ အခြားသူတွေကို သက်သေခံပါ - သင့်လုပ်ဖော်ကိုင်ဖက် ဒါမှမဟုတ် ကလေးအကြောင်းကို သင့်မိသားစုဝင်တွေနှင့်သူငယ်ချင်းတွေရှေ့မှာ အသိအမှတ်ပြုပြောဆိုပါ။ သင့်လက်တွဲဖော်နှင့်ကလေးဟာ ဘယ်လောက် အံ့သြစရာကောင်းလဲဆိုတာ သူတို့ကို ပြောပြပါ။

၅။ ရေးထားတဲ့အသိအမှတ်ပြုချက်တွေ - အသိအမှတ်ပြုမှတ်စုတွေ၊ စာတွေ၊ စာတိုတွေ ဒါမှမဟုတ် အီးမေးလ်တွေရေးပါ။

မေတ္တာစကား ၂ - တန်ဖိုးရှိတဲ့အချိန်

၁။ စည်းလုံးညီညွတ်မှု - သင့်လုပ်ဖော်ကိုင်ဖက် ဒါမှမဟုတ် ကလေးအပေါ်မှာ အာရုံစူးစိုက်မှုထားပါ။ သူတို့လိုချင်တာကိုပဲ လုပ်ပါ၊ သင်နှစ်သက်တဲ့အရာကိုမလုပ်ပါနဲ့။

၂။ တန်ဖိုးရှိတဲ့စကားဝိုင်း - သင့်လက်တွဲဖော် ဒါမှမဟုတ် ကလေးပြောနေတဲ့အရာ၊ သူတို့ရဲ့အတွေးအမြင်၊ ခံစားချက်တွေနှင့်ဆန္ဒတွေကို အဓိကထား၍စာနာနားလည်နိုင်တဲ့ဆွေးနွေးမှုနှင့်ကောင်းမွန်တဲ့နားထောင်မှုစွမ်းရည်ကို အသုံးပြုပါ။ ခွဲခြမ်းစိတ်ဖြာခြင်း ဒါမှမဟုတ် ပြဿနာဖြေရှင်းခြင်း မပြုပါနဲ့။ နားထောင်ခြင်းစွမ်းရည်ကို အသုံးပြုပါ။

၃။ တစ်ဖက်လူကို အကဲမဖြတ်ဘဲ သင့်အတွေးတွေ၊ ခံစားချက်တွေနှင့် ဆန္ဒတွေကို မျှဝေဖို့ သင်ယူပါ။ “ငါ” ဆိုတဲ့ဖော်ပြချက်တွေကိုပဲ အသုံးပြုပါ၊ “သင်” ဆိုတဲ့ဖော်ပြချက်တွေကို အသုံးမပြုပါနဲ့။

၄။ တန်ဖိုးရှိတဲ့လှုပ်ရှားမှုတွေ - တစ်သက်တာကြာရှည်စေမယ့် အံ့သြဖွယ်အမှတ်တရတွေ ပေးဆောင်ပါ။ ဆိုလိုတာကတော့ စခန်းချခရီးထွက်ခြင်း၊ ငါးဖမ်းခြင်း၊ တောင်တက်ခြင်း၊ လမ်းလျှောက်ခြင်း၊ အားကစားပွဲတက်ခြင်း၊ ကစားခြင်း၊ ဖျော်ဖြေပွဲတက်ခြင်း၊ ခရီးအတူသွားခြင်း၊ အားလပ်ရက်တွေမှာ မိသားစုနဲ့သွားခြင်း။ သင့်အိမ်ထောင်ဖက်နှင့်ကလေးရဲ့အကျိုးစီးပွားတွေမှာ ပါဝင်ပါ။

မေတ္တာစကား ၃ - လက်ဆောင်တွေရယူခြင်း

၁။ လက်ဆောင်ဆိုတာ နှလုံးသားထဲက ချစ်ခြင်းမေတ္တာကို ဖော်ပြခြင်းလို့ဆိုလိုပါတယ်။ ၎င်းတွေဟာ တစ်ဖက်လူတွေအတွက် ချစ်ခြင်းမေတ္တာရဲ့သင်္ကေတတွေဖြစ်ပါတယ်။

၂။ သင့်အိမ်ထောင်ဖက် ဒါမှမဟုတ် ကလေးက ဘာကို နှစ်သက်လဲဆိုတာကို ရှာဖွေပါ။ သူတို့ရဲ့ဆန္ဒတွေ၊ အကျိုးစီးပွားတွေကို စူးစမ်းလေ့လာပါ။

၃။ လက်ဆောင်တွေဟာ ဝယ်ယူတာ ဒါမှမဟုတ် လုပ်တဲ့အရာဖြစ်နိုင်ပါတယ်။ သင့်အိမ်ထောင်ဖက်နှင့်ကလေးအတွက် မေတ္တာစကားကို ပြသဖို့အတွက်

ငွေကုန်ကျခံပြီး လက်ဆောင်တွေပေးခြင်းဖြင့် သူတို့ရဲ့မေတ္တာပုံးကို ပြည့်စေပါလိမ့်မယ်။

၄။ မွေးနေ့တွေ၊ နှစ်ပတ်လည်နေ့တွေ၊ အားလပ်ရက်တွေ၊ အထူးပွဲတွေမှာ ပေးမယ့်လက်ဆောင်တွေကို တန်ဖိုးထားပါ။ လက်ဆောင်ဆိုတာ ရုပ်ဝတ္ထုတစ်ခုလောက်ပဲမဟုတ်ဘဲ သင့်ချစ်ခြင်းမေတ္တာကို ဖော်ပြခြင်းဖြစ်ပါတယ်။

၅။ သင့်ကိုယ်သင် လက်ဆောင်ပေးပါ။ သင်ရဲ့ရုပ်ခန္ဓာရှိနေခြင်းဟာ အထူးသဖြင့် အကျပ်အတည်း ဒါမှမဟုတ် လိုအပ်တဲ့အချိန်တွေမှာ အားကောင်းတဲ့လက်ဆောင်တစ်ခုပါ။

၆။ လက်ဆောင်တွေရယူခြင်းဟာ မထိုက်တန်တဲ့ကျေးဇူးတော်ဖြစ်တယ်။

၇။ မှတ်ချက် - လက်ဆောင်တွေကို အပြစ်ကင်းကင်းရှင်းရှင်းပေးပါ။ အပြစ်ပါနေရင် ဒါဟာ အတုအပပေးခြင်းပါပဲ။

မေတ္တာစကား ၄ - ဝန်ဆောင်မှုတော

၁။ သင့်အိမ်တောင်ဖက် ဒါမှမဟုတ် ကလေးအတွက် အထူးတစ်ခုခုလုပ်ပါ။ ဥပမာ တစ်ခုခုကို အတူတကွတည်ဆောက်ပါ၊ သူတို့ကို ကျွမ်းကျင်အောင်သင်ပေးပါ၊ အိမ်စာအတူတူလုပ်ပါ။ ဒါဟာ အချိန်၊ အားထုတ်မှု၊ နှလုံးသားနဲ့ရင်းနှီးမြှုပ်နှံနေခြင်းပါ။

၂။ သင့်အိမ်တောင်ဖက် ဒါမှမဟုတ် ကလေးတွေကိုယ်တိုင် မလုပ်နိုင်တဲ့အရာတွေကို လုပ်ပေးပါ။ လုပ်နည်းကို မသိပေမယ့် သင်ယူလိုတဲ့အရာတွေကို သင်ပေးပါ။ "လူတစ်ဦးကိုငါးတစ်ကောင်ပေးပြီး တစ်နပ်စာကျွေးတာထက် တစ်သက်စာကျွေးမွေးခြင်းဖြစ်စေမယ့် ငါးမျှားနည်းကို သင်ပေးပါ။"

၃။ သင့်အိမ်ထောင်ဖက် ဒါမှမဟုတ် ကလေးက သင့်ကို သူတို့အတွက် ပြုစေလို့တဲ့အရာတွေကို စာရင်းပြုစုခိုင်းပါ။

မေတ္တာစကား ၅ - ရုပ်ခန္ဓာထိတွေ့မှု

၁။ ကိုယ်ခန္ဓာထိတွေ့ခြင်းဟာ စိတ်ပိုင်းဆိုင်ရာ ချစ်ခြင်းမေတ္တာနဲ့ ဆက်သွယ်ပေးတယ်။

၂။ ကလေးငယ်တွေအသက်ရှင်သန်ဖို့အတွက် ဆုပ်ကိုင်ခြင်း၊ နမ်းခြင်း၊ လှုပ်ယမ်းခြင်း၊ ပွေ့ပိုက်ပွတ်သပ်ခြင်း လုပ်ပေးရမယ်။
၃။ ဆယ်ကျော်သက်နှင့်အရွယ်ရောက်ပြီးသူတွေ ရှင်သန်ကြီးထွားဖို့အတွက် ကောင်းမွန်တဲ့ထိတွေ့မှု အများကြီးလိုအပ်တယ်။
၄။ ကောင်းမွန်ပြီး လိင်ပိုင်းဆိုင်ရာထိတွေ့မှုမဟုတ်တဲ့ထိတွေမှုထဲမှာ လက်ကို ဆုပ်ကိုင်ခြင်း၊ ပွေ့ဖက်ခြင်း၊ သင့်လက်မောင်းကို သူ့ပုခုံးတစ်ဝိုက်တွင် တင်ခြင်းနှင့်အခြားအရာအများကြီးပါဝင်နိုင်တယ်။
၅။ ထိတွေ့မှု = ရင်းနှီးမှုနှင့်ချစ်ခြင်းမေတ္တာ။ လိုက်လျောညီထွေမှုရှိပါစေ။ သင့်အိမ်ထောင်ဖက် ဒါမှမဟုတ် ကလေးရဲ့လမ်းညွှန်ချက်တွေကို လိုက်နာပါ။

မိသားစုဝင်တစ်ဦးရဲ့မေတ္တာစကားဟာ အခြားတစ်ဦးရဲ့မေတ္တာစကားမဟုတ်ပါ။ သင့်အိမ်ထောင်ဖက်နှင့်ကလေးရဲ့အဓိက မေတ္တာစကားကို ရှာဖွေတွေ့ရှိဖို့ မေးခွန်းတွေမေးပါ။ "သင့်ရဲ့အမြင်အရ ငါတို့ဆက်ဆံရေးကို ဘယ်အရာက ပိုကောင်းအောင်လုပ်မှာလဲ။" သူတို့ရဲ့အပြုအမူနဲ့တောင်းဆိုမှုတွေကို သတိပြုပါ။ ဒါတွေဟာ သူတို့ရဲ့မေတ္တာစကားတွေအတွက် အမှတ်လက္ခဏာပေးပါလိမ့်မယ်။ မတူညီတဲ့မေတ္တာစကားတွေနဲ့ စမ်းသပ်ပြီး သူတို့ဘယ်လို တုံ့ပြန်တယ်ဆိုတာကိုကြည့်ပါ။ ငါရဲ့အိမ်ထောင်ဖက်နှင့်ကလေးတွေဟာ မေတ္တာစကားငါးမျိုးစလုံးကို ပြောဆိုတတ်ဖို့ လိုအပ်ကြတယ်။ ငါးခုလုံးကို ပေးလိုက်ရင်သူတို့ရဲ့အခြေခံနှင့်ဒုတိယမေတ္တာစကားတွေကို သင်နောက်ဆုံးတွင် ရှာဖွေတွေ့ရှိနိုင်မှာဖြစ်တယ်။ သင့်ရဲ့မေတ္တာစကား၊ သင့်အိမ်ထောင်ဖက်နှင့်ကလေးတွေရဲ့မေတ္တာစကားတွေ ကွဲပြားလို့ အခွင့်အလမ်းများစွာရှိတယ်။

မေတ္တာစကားငါးမျိုး စမ်းသပ်မှုကို ရယူပါ: https://www.5lovelanguages.com

တစ်ဖက်လူရဲ့မေတ္တာစကားကို ခွဲခြားသတ်မှတ်ပြီး ၎င်းတို့ကို မေတ္တာတွေ့ကြုံရတဲ့နည်းလမ်းတွေအတိုင်း ချစ်ပါ။ လေ့ကျင့်ပါ။ Dr. Greg Baer က *"စစ်မှန်တဲ့မေတ္တာဟာ ကျွန်တော်တို့ရမယ့်ဟာကို ဘာမှမတွေးဘဲ အခြားသူတစ်ဦးရဲ့ပျော်ရွှင်မှုကို ဂရုစိုက်ခြင်းဖြစ်တယ်"* လို့ဆိုတယ်။ (*Real Love in Marriage*, New York: Gotham Books, 2006, page 4)။ Dr. Patricia Love

က *"စစ်မှန်တဲ့အချစ်ရေးဖြစ်ဖို့ သင့်ရဲ့လက်တွဲဖော်ရဲ့မျက်လုံးတွေကနေ ကမ္ဘာကြီးကိုမြင်ရမယ်"* လို့ဆိုတယ် (Hot Monogamy၊ 2012၊ စာမျက်နှာ 181)။

မွေးဖွားမှု အစီအစဉ်

ဩစတြီးယား စိတ်ရောဂါပညာရှင် Alfred Adler ဟာ မွေးဖွားမှု အစီအစဉ်ရဲ့ ကိုယ်ရည်ကိုယ်သွေး ဖွံ့ဖြိုးမှုအပေါ် လွှမ်းမိုးမှုရှိကြောင်း ပထမဆုံး အကြံပြုခဲ့သူဖြစ်ပါတယ်။ မွေးဖွားမှုအစီအစဉ်ဟာ ကျွန်တော်တို့ရဲ့ဘဝအပေါ် မဖျောက်ဖျက်နိုင်တဲ့အထင်အမြင်တွေကို ချန်ထားခဲ့နိုင်ပြီး ရင်းနှီးမှုနှင့်အလုပ်ဆက်ဆံရေးအားလုံးကို ထိခိုက်စေနိုင်တယ်လို့ သူယုံကြည်ခဲ့တယ်။

စိတ်ရောဂါကုဆရာဝန် Sharon Wegsheider-Cruse ဟာ Virginia Satir နှင့်အခြားကုထုံးပညာရှင်တွေရဲ့လုပ်ဆောင်ချက်ကနေ မွေးဖွားမှုပုံစံကို ပြုပြင်ပြောင်းလဲခဲ့တယ်။ ဒီမိသားစုအခန်းကဏ္ဍတွေအကြောင်း နောက်ထပ်အချက်အလက်တွေအတွက် Sharon Wegsheider-Cruse ရေးသားထားတဲ့ *Another Chance: Hope and Health for the Alcoholic Family* ဆိုတဲ့စာအုပ်ကို ဖတ်ရှုပါ။ အရက်အလွန်အကျွံသောက်ခြင်း၊ စိတ်ဖိစီးမှု၊ အလုပ်မလုပ်တဲ့မိသားစုတွေရဲ့အခန်းကဏ္ဍကို အကျဉ်းချုပ်ဖော်ပြပါမယ်။

၁။ စွဲလမ်းသူ- ဖခင်တစ်ဦးဟာ မူးယစ်ဆေးဝါးတွေကို အလွဲသုံးစားပြုနိုင်တယ် ဒါမှမဟုတ် အမြဲတစေစိတ်ဆိုးတဲ့လူဖြစ်နိုင်တယ်။ သူက သူ့ရဲ့နာကျင်မှုကို ထုံစေဖို့အတွက် အရာဝတ္ထုတွေ၊ ဒေါသတွေ၊ လိင်မှုကိစ္စတွေကို အသုံးချတဲ့သူဖြစ်နိုင်တယ်။ သူဟာ သူ့ဇနီး၊ သားသမီးတွေနဲ့ စိတ်ပိုင်းဆိုင်ရာ ကွဲကွာနေပါတယ်။

၂။ အစောင့် - မိသားစုစနစ်အတွက် မိဘကို တည်ငြိမ်စေခြင်း၊ ၎င်းတို့ရဲ့လက်တွဲဖော်ရဲ့မူးယစ်ဆေးဝါးသုံးစွဲမှု၊ ဒေါသ၊ မသင့်လျော်တဲ့လိင်ပိုင်းဆိုင်ရာအပြုအမူတွေ ဒါမှမဟုတ် အကြမ်းဖက်မှုတွေကို တပြိုင်နက်တည်း တွန်းအားပေးနေချိန်မှာ တင်းမာမှုကို လျှော့ချဖို့ အပြင်းအထန်ကြိုးစားခြင်း။ ဒါဟာ အလွန်အရေးကြီးတဲ့အပြန်အလှန်အားပြုနေခြင်းဖြစ်တယ်။

၃။ သူရဲကောင်း - ပထမကလေးဟာ မိဘတွေနှင့်ဆွေမျိုးတွေရဲ့အာရုံစိုက်မှုကို ရရှိတယ်။ ရံဖန်ရံခါတွင် အသက်အကြီးဆုံးကလေးဟာ ပညာရေး ဒါမှမဟုတ် အပြင်သင်ရိုးညွှန်းတမ်းတွေကနေတဆင့် မိဘရဲ့ပြဿနာတွေကို ဖြေရှင်းဖို့ ကြိုးစားရင်းနဲ့ သူရဲကောင်းဖြစ်လာလိမ့်မယ်။ ဘယ်လောက်ပဲ ကောင်းမွန်စွာ ပြုမူနေပါစေ ပြဿနာတွေဟာ ဆက်လက်ရှိနေမြဲပါပဲ။

၄။ ဆန့်ကျင်သူ - ဒုတိယကလေးဟာ သူရဲကောင်းအပြုအမူရှိတယ်လို့ ဆိုရပေမယ့် တကယ်တမ်းတော့ ဆန့်ကျင်တဲ့ပုံစံနဲ့ တုံ့ပြန်တတ်တယ်။ တကယ်တော့ သူဟာ သူရဲကောင်းနဲ့ ဘာမှမခြား အတူတူပင်ဖြစ်ပြီး သူ့မိဘတွေဆီကနေ ချစ်ခြင်းမေတ္တာ၊ အာရုံစူးစိုက်မှုနှင့်ချစ်ခင်မှုကို ရရှိဖို့ အပြင်းအထန်ကြိုးစားနေတာ ဖြစ်ပါတယ်။ မိသားစုပြဿနာတွေအတွက် အပြစ်တင်ခံရတဲ့သူဖြစ်လာတယ်။ ဒီကလေးဟာ မိသားစုရဲ့ဒေါသနှင့်စိတ်ပျက်မှုကို ဖော်ပြတယ်။

၅။ ပျောက်ဆုံးသွားတဲ့ကလေး - တတိယကလေးဟာ ကောင်းမွန်တဲ့ကလေး၊ ရှက်တတ်တဲ့ကလေး၊ နောက်ဆုတ်တတ်တဲ့ကလေး၊ အထီးကျန်တဲ့ကလေး ဖြစ်လာနိုင်တယ်။မိဘတွေဟာ ပုန်ကန်တတ်တဲ့ကလေးနဲ့ ရန်တွေ့စရာမလို အပ်တာကြောင့် စိတ်သက်သာရာရကြတယ်။ တတိယကလေးဟာ ယေဘုယျအားဖြင့် စာဖတ်ပြီး အေးဆေးနေတတ်တယ်၊ အိမ်မွေးတိရစ္ဆာန်လေးတွေကို ချစ်တဲ့သူဖြစ်တယ်။ ဒါပေမယ့် အရွယ်ရောက်တဲ့အခါမှာ ရင်းနှီးတဲ့ဆက်ဆံရေးအတွက် အခက်အခဲရှိနိုင်ပြီး စိတ်ကျန်းမာရေးပြဿနာတွေ ကြုံတွေ့ရနိုင်တယ်။

၆။ လာဘ်ကောင် - စတုတ္ထမြောက်ကလေးဟာ ဖျော်ဖြေသူ၊ ဘာဘ်ကောင် ဒါမှမဟုတ် လူရွှင်တော်လိုပြုမူပြီး လူတိုင်းကို ရယ်မောစေကာ မိသားစုအတွင်း တင်းမာမှုကို ပျံ့နှံ့စေဖို့ ကြိုးပမ်းနိုင်တယ်။ သူဟာ အခြားသူတွေရဲ့သဘောတူညီချက်ကို ရယူပြီး အလွန်အမင်းထိခိုက်လွယ်တယ်။ တခြားမိသားစုဝင်တွေရဲ့ဖိနှိပ်ချုပ်ချယ်ထားတဲ့ခံစားချက်အားလုံးကို သူ့အနေနဲ့ ဘာကြောင့် ရှုးသွပ်နေရသလဲဆိုတာကို သူနားမလည်ဘူး။

၇။ မိသားစုအိမ်မွေးတိရစ္ဆာန်ဟာ ချစ်ခင်ကြင်နာမှုရဲ့အခန်းကဏ္ဍကို ရယူနိုင်တယ် ဒါမှမဟုတ် ရိုင်းစိုင်းပြီး ထူးဆန်းတဲ့အခန်းကဏ္ဍကနေလည်း ပါဝင်နိုင်

တယ်။ ကျွန်တော်တို့ရဲ့ခွေးလေးဟာ ကျွန်တော်မူရင်းမိသားစုရဲ့အဆင်မပြေမှုကြောင့် ရှုံးနိမ့်သွားတယ်။ နောက်ဆုံးတော့ သူ့ကို ပြန်ကောင်းလာဖို့အတွက် လယ်ကွင်းမှာ ထားခဲ့ကြတယ်။

၈။ တစ်ဦးတည်းသောသား - တစ်ဦးတည်းသောကလေးဟာ မိသားစုမှာ အခန်းကဏ္ဍများစွာပါဝင်နိုင်ပြီး တစ်ခါတစ်ရံသူရဲကောင်း၊ အခြားအချိန်တွေမှာ ပုန်ကန်သူ၊ အထီးကျန်သူ ဒါမှမဟုတ် လာဘ်ကောင် စတဲ့လူဖြစ်နိုင်တယ်။ သူဟာ သူ့ရဲ့ကိုယ်ရည်ကိုယ်သွေးနှင့် မိသားစုရဲ့တက်ကြွမှုအပေါ် မူတည်မှာဖြစ်တယ်။

အသက်အကြီးဆုံးကလေးက အိမ်ကနေထွက်သွားပြီဆိုရင် ကျန်တဲ့ကလေးတွေရဲ့အခန်းကဏ္ဍတွေကလည်း ပြောင်းသွားတယ်။ ဒီလိုပြောင်းလဲသွားတဲ့အနေအထားတွေကို နားလည်ခြင်းက မိမိတို့အရွယ်ရောက်လာတဲ့ဘဝအသက်တာနှင့်ဆက်နွယ်မှုတွေအပေါ်မှာ သက်ရောက်မှုရှိတယ်။ ကျွန်တော်တို့ရဲ့မူလမိသားစုကနေ ရရှိထားတဲ့ဒဏ်ရာတွေကို မိမိတို့မကုသဘူးဆိုရင် အဲဒါတွေကို မိမိတို့ရဲ့နောက်မိသားစုအသစ်တွေဆီ ကူးစက်သွားလိမ့်မယ်။ မိသားစုကျိန်စာတွေကို ချိုးဖျက်ဖို့အတွက် ကုသခြင်းဟာ မရှိမဖြစ်လိုအပ်ပါတယ်။

ကျား/မ ကွဲပြားမှု

အမျိုးသားနဲ့အမျိုးသမီး ကွဲပြားမှုတွေအကြောင်း ကျယ်ပြောလှတဲ့အကြောင်းအရာကို ကျွန်တော်အကျယ်မပြောချင်ပါဘူး။ ကျွန်တော်တို့ရဲ့ဦးနှောက်၊ ကိုယ်ခန္ဓာ၊ အမူအရာနှင့်ဖြစ်တည်မှုတွေ ဘယ်လိုကွဲပြားစွာချိတ်ဆက်ထားလဲဆိုတဲ့အကြောင်းအရာတွေကို သင်ကြားပေးတဲ့ တကယ်ကောင်းတဲ့စာအုပ်တွေနှင့် YouTube ဗီဒီယိုတွေရှိပါတယ်။ ကျွန်တော်ဖော်ပြချင်တဲ့အရာကတော့ ကွဲပြားခြားနားတဲ့စည်းမျဉ်းစည်းကမ်းတွေနှင့် ဆက်သွယ်ပြောဆိုခြင်းကို နားလည်ဖို့ဒါဟာ အမျိုးသားနှင့်အမျိုးသမီးများအတွက် မရှိမဖြစ်လိုအပ်တယ်ဆိုတာပါပဲ။ ယေဘုယျအားဖြင့် ပြောရရင် အမျိုးသားတွေဟာ သူတို့ရဲ့ခေါင်းကနေ ဝေမျှကြပြီး အမျိုးသမီးတွေဟာ သူတို့ရဲ့နှလုံးသားနဲ့ နားထောင်ကြတယ်။ အမျိုးသားတွေအနေနဲ့ သင့်ဇနီးသည်နှင့် ဆက်သွယ်တဲ့အခါမှာ စိတ်ပိုင်းဆိုင်ရာဆွဲဆောင်မှုတစ်ခုလုပ်ပေးဖို့ အရေးကြီးတယ်ဆိုတာကို သတိပြုပါ။ ပြဿနာကို

ဖြေရှင်းဖို့ ကြိုးစားခြင်းဟာ သင့်အမျိုးသမီးနဲ့ ချိတ်ဆက်နိုင်စွမ်းမရှိတဲ့ဘက်ကို ဦးတည်စေမှာဖြစ်တယ်။ တကယ်လို့ သင့်ဇနီးဟာ စိတ်မကောင်းဖြစ်နေရင် နားထောင်ပေးပါ၊ သူ့နာမည်နဲ့ခေါ်ပြီး ကျေးဇူးတင်တယ်လို့ပြောပါ။ အမျိုးသမီးတွေအနေနဲ့ သင်တို့ယောကျ်ားတွေရဲ့စိတ်ခံစားချက်တွေကို သဘောပေါက်ဖို့ အင်မတန်အရေးကြီးတယ်။ သူတို့ကို စိတ်နှလုံးထဲကနေ ပြောတတ်အောင် သင်ပေးပါ။ စိတ်ခံစားချက် စက်ဝန်းကို ပုံမှန်သုံးပါ၊ လေ့ကျင့်ပါ။

စုံတွဲတွေအတွက် နောက်ဆုံးကျွမ်းကျင်မှု - သင့်ရဲ့ဆက်သွယ်ရေးမှာ "ဘယ်တော့မှ" နှင့် "အမြဲတမ်း" ဆိုတဲ့စကားလုံးတွေကို မသုံးပါနဲ့။ ဒီစကားလုံးနှစ်လုံးမှတစ်လုံးကို သုံးလိုက်တဲ့အခါ သင်ဟာ သင့်အတွင်းစိတ်ကလေးကို နောက်ပြန်ဆုတ်သွားစေတယ်။ ဒီစကားတွေဟာ သင့်ရဲ့လက်တွဲဖော်ကို ခေါင်းစဉ်အဖြစ် ဆုပ်ကိုင်ထားတဲ့ သင့်အတွင်းစိတ်ကလေးရဲ့အတိတ်က နာကျင်မှုတွေနှင့်မဖြည့်ဆည်းနိုင်တဲ့လိုအပ်ချက်စကားလုံးတွေပါပဲ။ ဒါကြောင့် သင့်အိမ်ထောင်ဖက်နဲ့ ဆက်သွယ်တဲ့အခါ တိကျတဲ့အကြောင်းအရာတစ်ခုကို ပြောပါ၊ အကြောင်းအရာကို ကမ္ဘာပတ်ပြီး မပြောပါနဲ့။

အသိုင်းအဝိုင်းကို ကုစားခြင်း

ကိုယ်နဲ့တူတဲ့သူတွေကို ချစ်ဖို့လွယ်တယ်။ ဒါပေမယ့် ကွဲပြားတဲ့ကိုယ်ရည်ကိုယ်သွေးရှိတဲ့သူတွေ၊ ယဉ်ကျေးမှုတွေ၊ ဘာသာရေးတွေ၊ လူမျိုးစုတွေကို ချစ်ခင်ပွေ့ဖက်ဖို့ ခက်ခဲတယ်။ အခြေအမြစ်မရှိတဲ့အစွဲအလမ်းဟာ စိတ်ခံစားမှုတစ်ခုပါပဲ။ မိသားစုနှင့်သူငယ်ချင်းတွေဆီကနေ သင်ယူခဲ့တဲ့ရှင်သန်ခြင်းဆိုင်ရာကျွမ်းကျင်မှုမှ အစပြုတာဟာ ယုတ္တိမတန်ပါ။ ကျွန်တော်တို့နဲ့ အခြားသူတွေကြား၊ကျွန်တော်တို့မျိုးနွယ်စုနှင့်ဘေးကင်းတဲ့ပတ်ဝန်းကျင်တွေကြား၊ ဖြစ်နိုင်ချေရှိတဲ့ခြိမ်းခြောက်မှုနှင့်ရန်သူတွေ စတာတွေကို ခွဲခြားသိမြင်နိုင်တဲ့စွမ်းရည်ဟာ မိမိတို့ဘေးကင်းရေးနှင့်ကောင်းကျိုးချမ်းသာအတွက် မရှိမဖြစ်လိုအပ်တယ်။ စက်ဆုပ်ရွံရှာခြင်းကနေ သနားခြင်းသို့ကူးပြောင်းခြင်းဆိုတာဟာ လွယ်ကူတဲ့ခရီးမပေမယ့် အလွန်ဖြစ်နိုင်တယ်။ တစ်ခါ မလိုမုန်းထားခြင်းဟာ သဘာဝပါ။ ဒါကြောင့် ကျွန်တော်တို့နဲ့ မတူကွဲပြားတဲ့သူတွေအပေါ် နားလည်ပေးဖို့ လိုအပ်တာဖြစ်တယ်။ အောက်က အချက်တွေဟာ မလိုမုန်းထားခြင်းကနေ သနားကြင်နာခြင်းသို့ကူးပြောင်းဖို့ ရိုးရှင်းတဲ့နည်းလမ်းတွေဖြစ်တယ်။

၁။ တစ်ဖက်လူအပေါ် ရွံရှာမှု ခံစားရစေဖို့ သင့်ကိုယ်သင်ခွင့်ပြုပါ (သူ့ကိုသင့်စိတ်ထဲတွင် ပုံဖော်ပါ)။ အစကတည်းက ကရုဏာကို အတုခိုးဖို့ မကြိုးစားပါနဲ့။ သူ့အပေါ် မခံမရပ်နိုင်ဖြစ်နေသည်ကို သင့်ကိုယ်သင် ပြောပြပါ။ သင်သူ့ကို မကြိုက်ရတဲ့အကြောင်းရင်းများစွာနဲ့ မနှစ်သက်တဲ့အကြောင်းတွေကို သင့်စိတ်ထဲမှာ ရေးမှတ်ထားလိုက်ပါ။ ဒီခံစားချက်တွေကို သင့်ခန္ဓာကိုယ်ထဲမှာ ခံစားလိုက်ပါ။ သင့်ခန္ဓာကိုယ်ရှိ ခံစားချက်တွေနှင့်တည်နေရာတွေကို ခွဲခြားသတ်မှတ်ပါ။

၂။ အခု မျက်လုံးမှိတ်ပြီး အထဲကို ဝင်လိုက်ပါ။ သင့်ကိုယ်သင်မေးပါ "ဒီခံစားချက်ရဲ့ဇာစ်မြစ်ကဘာလဲ။ ဘယ်ကလာတာလဲ" နားထောင်ပြီး တုံ့ပြန်မှုကိုစောင့်ပါ။ သင့်နှလုံးသားနှင့်စိတ်ဝိညာဉ်က သင့်ကို မယုံတဲ့အတွက် အချိန်ယူရပေမယ်။ သင့်အတွင်းစိတ်ကလေးအတွက် ကုသရေးလှုပ်ရှားမှုတွေ များများလုပ်လေ၊ သင့်နှလုံးဟာ ၎င်းရဲ့အမှန်တရားကို မြန်မြန်ဆန်

ဆန်မှုဝေနိုင်လေဖြစ်မယ်။ ခံစားချက်ရဲ့မူလဇစ်မြစ်ကို ရှာဖွေတွေ့ရှိပြီး တာနဲ့ သင်ဟာ နောက်တစ်ဆင့်ကိုရွှေ့သွားနိုင်တယ်။

၃။ "သူဟာ ငါ့ကို နာကျင်စေခဲ့တဲ့ အတိတ်က တစ်စုံတစ်ယောက်ကို ကိုယ်စားပြုတာလား။" သင်မကြိုက်တဲ့လူရဲ့မျက်လုံးထဲကို ကြည့်လိုက်ပါ (ဒါက သင့်ရဲ့စိတ်ကူးထဲမှာပါ)။ သင့်ရဲ့အတိတ်ကသူဟာ အဲဒီလူလား။ အလားတူကိုယ်ရည်ကိုယ်သွေးတွေရှိတဲ့သူလည်း ရှိကောင်းရှိနိုင်တယ်။ ခဏငြိမ်ပြီး ဒီလူတွေကို ကြည့်လိုက်ပါ။

အခုအချိန်ဟာ သူ့ရဲ့အပြုအမူနှင့်သူ့ရဲ့စကားတွေက သင့်ကို ဘယ်လိုခံစားရစေကြောင်း မျှဝေရမယ့်အချိန်ဖြစ်တယ်။ သင့်နှလုံးသားကို ဖော်ပြခွင့်ပြုပါ။ နောက်မဆုတ်ပါနဲ့၊ ဖြေးဖြေးလုပ်ပါ၊ ဝမ်းနည်းပါ၊ ဒေါသထွက်ပါ၊ အသက်ရှူပါ၊ သင့်စွမ်းအားကို ပြန်ယူပါ။ သင့်နှလုံးသားနဲ့ခွန်အားကို ခံစားပါ။ မင်းဟာ ချစ်ခြင်းခံပြီး ဘေးကင်းတဲ့လူပါ။*

၄။ အဲဒီနောက် အနေအထားပြောင်းပါ။ သင့်ကို နာကျင်စေတဲ့သူဖြစ်အောင်လုပ်ပါ။ အဲဒီအချိန်မှာ သူဘယ်လိုခံစားခဲ့လဲဆိုတာကို တွေးပြီး မြင်ယောင်ကြည့်ပါ။ သူ့ခြေလှမ်းအတိုင်း လှမ်းပြီး သူ့လိုစကားပြောပါ။ သူက သင့်ကို ဘာပြောချင်လဲဆိုတာကို သူ့အမြင်နဲ့ သင့်ကိုသင် စကားပြောပါ။

၅။ သင့်ကို မျှဝေတဲ့စကားပြီးတဲ့အခါ သင့်အနေအထားသို့ပြန်သွားပါ။ တစ်ခါသူ့မျက်လုံးတွေကိုကြည့်လိုက်ပါ။ အခုသင်ဘယ်လိုခံစားရလဲ။ သူ့ရဲ့ကြေကွဲမှုကို သင်မြင်နိုင်ပြီလား။ သူ့ဒဏ်ရာတွေနဲ့အခြေအနေတွေကို ကောင်းကောင်းနားလည်နိုင်လား။ အခြားသူရဲ့ခြေချတဲ့နေရာမှာ ရပ်နေခြင်းဟာ ရန်ငြိုးဖွဲ့မှုကို နားလည်မှုအဖြစ် ပြောင်းလဲလာတယ်။

၆။ ဒီလုပ်ငန်းစဉ်ကို သင်အကြိမ်ပေါင်းများစွာထပ်လုပ်ဖို့ လိုအပ်နိုင်ပြီး သင့်ကိုသစ္စာဖောက်၊ နာကျင်စေပြီး အလွဲသုံးစားလုပ်ခဲ့တဲ့သင့်အတိတ်က မတူညီတဲ့ပုံစံတွေဖြစ်ကောင်းဖြစ်နိုင်တယ်။

* အဆင့် (၃) တွင် သင့်ခံစားချက်တွေကို ဖော်ပြတဲ့အခါ ဒီလုပ်ငန်းစဉ်ပြီးနောက် သင့်ကိုယ်သင် ထောက်ထားဖို့ လိုအပ်ပေမယ်။ Neuro-Linguistic Programming (NLP) နှင့် Hypnosis "ကျောက်ဆူး" လိုခေါ်တဲ့အယူအဆတစ်ခုရှိတယ်။ ကျောက်ဆူးဆိုတာဟာ စိတ်ရဲ့အခြေအနေ ဒါမှမဟုတ် စိတ်အခြေအနေတစ်ခုနဲ့ ဆက်စပ်

နေတဲ့လှုံ့ဆော်မှုတစ်ခုဖြစ်တယ်။ ကျောက်ဆူးဆိုတာ သင့်ရဲ့အတိတ်က မေတ္တာရဲ့အမှတ်ရစရာတစ်ခုဖြစ်နိုင်တယ်။ သင်ဝမ်းနည်းတဲ့အခါတိုင်း၊ ရှုံးသွပ်တဲ့အခါတိုင်း၊ ကြောက်လန့်တဲ့အခါတိုင်း ဒီလှပတဲ့ချစ်ခြင်းမေတ္တာအမှတ်တရကို သတိရပါ။ ဒါဟာ သင့်ကို ပိုမိုဗဟိုပြုမယ့်၊ အခြေတည်မယ့်၊ ငြိမ်းချမ်းမယ့်ကျောက်ဆူးကို ကိုယ်စားပြုတယ်။ ဒီစကားလုံးတွေကို ဖတ်ပြီးချိန်မှာတော့ လှပတဲ့မေတ္တာကို စိတ်ထဲမှာ သတိရလိုက်ပါ။ မျက်စိမှိတ်ပြီး အာရုံခံကြည့်ပါ။ ဒီမြင်ကွင်းကို သင်မြင်တဲ့အခါမှာ သင့်လက်ကို သင့်ရင်ဘတ်ပေါ်တင်လိုက်ပါ/သင့်လက်ကို တံတောင်ဆစ် ဒါမှမဟုတ် ဒူးပေါ်တွင် တင်ထားနိုင်တယ်။ သင့်ခန္ဓာကိုယ်ရဲ့တစ်နေရာရာကို ထိတဲ့အခါ ဒီချစ်ခြင်းရဲ့အမှတ်ရမှုကို ပေါင်းသင်းပါ။ အခု ဒါဟာ သင့်အတွက် လိုအပ်တဲ့အချိန်တွေမှာ ကျောက်ဆူးဖြစ်လာပါလိမ့်မယ်။

ကုထုံးပညာရှင်၊ ယုံကြည်ရတဲ့ချစ်သူ ဒါမှမဟုတ် သူငယ်ချင်းတစ်ဦးမှ ဒီလေ့ကျင့်ခန်းကို လမ်းညွှန်ဖို့ လိုအပ်ပါလိမ့်မယ်။ သင့်ကိုယ်ရေးကိုယ်တာဒဏ်ရာတွေကို သွေးထွက်စေတဲ့ဒီလုပ်ငန်းစဉ်ကို ဖြတ်သန်းခြင်းဖြင့် သင်ဟာ နောက်ဆုံးမှာ "အခြား" ကို သင့်လိုမြင်လာပါလိမ့်မယ်။ ကျွန်တော်တို့အားလုံးဟာ မေတ္တာလိုအပ်ချက်ကြောင့် နာကျင်တယ်၊ ဒဏ်ရာတွေရရှိကြတယ်။

ဒါ့အပြင် သူ/သူမဟာ ကိုယ်စားပြုတဲ့အတွက် အခြားသူတစ်ဦးကို သင်မကြိုက်တာဖြစ်နိုင်ပါတယ်။

(က) သင့်ရဲ့အပယ်ခံတဲ့အစိတ်အပိုင်းတွေ - ကလေးဘဝတုန်းက သင်ဘယ်တုန်းကမှမဖွံ့ဖြိုးခဲ့တဲ့ သင့်ရဲ့ကိုယ်ရည်ကိုယ်သွေးအစိတ်အပိုင်းတွေပါ။ တကယ်လို့ သင်ဟာ တည်ငြိမ်ပြီး ရှက်တတ်တဲ့သူဖြစ်ရင် စကားများတဲ့သူ ဒါမှမဟုတ် အသံကျယ်တဲ့လူကို ကြိုက်မှာမဟုတ်ပါဘူး။

(ခ) ဆုံးရှုံးသွားတဲ့အစိတ်အပိုင်းတွေ - ကလေးဘဝလို ရှင်သန်ဖို့အတွက် သင်မြှုပ်နှံရမယ့် သင့်ကိုယ်ရည်ကိုယ်သွေးရဲ့အစိတ်အပိုင်းတွေ။ သင့်ကိုယ်ပိုင်စရိတ်ဖြင့် အခြားသူတွေကို စောင့်ရှောက်သူဖြစ်လာခဲ့တယ်။ သူတို့ရဲ့စိတ်အားထက်သန်မှုကို ဖြည့်ဆည်းဖို့ အချိန်ယူပြီး မိမိကိုယ်မိမိဂရုစိုက်တတ်သူတွေကို သင်မကြိုက်ဘဲနေနိုင်တယ်။

(ဂ) ကျူးလွန်သူတွေ - ကလေးဘဝတုန်းက သင့်ကို နာကျင်စေသူတွေ။ ဒီလို "လူအမျိုးအစား" ဟာ သင့်ဘဝမှာ အထပ်ထပ်အခါခါ ဆက်လက်ထင်ရှားနိုင်တယ်။ "ငါ့ကို နာကျင်စေတဲ့လူတွေအတွက် ငါဟာ ဘာလို့ဆွဲ

ဆောင်ခံနေရတာလဲ။" ကျွန်တော်တို့ရဲ့အတွင်းစိတ်ကလေးဟာ ဆုံးရှုံးသွားတဲ့ မေတ္တာကိုရရှိဖို့ အမြဲကြိုးစားနေတာကြောင့် မိမိတို့ကို အပြစ်ကျူးလွန်သူတွေကို သံလိုက်လိုဆွဲဆောင်ရတာဖြစ်တယ်။ အဲဒီဒဏ်ရာတွေကို မိမိတို့ဖြေရှင်းပြီး ကိုယ်ကိုကိုယ် ချစ်ခြင်းနှင့်အခြားသူတွေရဲ့ မေတ္တာကို မခံစားမချင်း မိမိတို့ဟာ လက်ရှိဆက်ဆံရေးမှာ မိမိတို့ရဲ့အတိတ်ကို ဆက်လက်ရှင်သန်စေမှာဖြစ်တယ်။

(ဃ) စိတ်စွန်းကွက်မှုကို သင်ယူခဲ့တယ် - မိသားစု၊ မိတ်ဆွေတွေ၊ အသိုက်အဝန်းက လူအမျိုးအစား၊ လူမျိုး၊ ဘာသာတရား စတာတွေကို မနှစ်သက်ဖို့ သင့်ကို သင်ပေးခဲ့တယ်။ ဥပမာ "ဂျူးလူမျိုးတွေဟာ လောဘကြီးသူတွေ၊ တစ်ကိုယ်ကောင်းဆန်သူတွေ" ဖြစ်တယ်။ "မွတ်ဆလင်တွေအားလုံးက အကြမ်းဖက်သမားတွေပါ။" "အီတလီလူမျိုးအားလုံးဟာ မာဖီးယားဂိုဏ်းဝင်တွေပါ။" ဒီဖော်ပြချက်တွေမှာ "အားလုံး" ဆိုတဲ့စကားလုံးကို သတိပြုပါ။ ဒီလိုမလိုမုန်းထားခြင်း စိတ်သဘောထားတွေဟာ ပတ်ဝန်းကျင်လွှမ်းမိုးမှုကနေ သင်ယူရတာဖြစ်တယ်။

(င) မွေးရာပါ မလိုမုန်းထားမှု - ကျွန်တော်တို့က မိမိတို့မသိတဲ့သူတွေနှင့်မိမိတို့နဲ့ မတူကွဲပြားတဲ့အပြုအမူတွေကို ကြောက်တတ်ကြတယ်။ သင့်မှာ လိင်မတူကာမဆက်ဆံတဲ့ဆန္ဒရှိရင် အမျိုးသားနှစ်ယောက် နမ်းနေတာကိုမြင်လိုက်တဲ့အခါမှာ အော့အန်ချင်ပါလိမ့်မယ်။ "အဲဒါ ရွံစရာကောင်းတယ်" ဆိုတာဟာ သင့်အတွင်းပိုင်းအသံဖြစ်တယ်။ သင်နဲ့မတူကွဲပြားတဲ့သူတွေရဲ့ပြောစကားကို နားထောင်ပြီး သင်ယူမှုပဲ သင့်ရဲ့သဘာဝဇီဝဗေဒဆိုင်ရာမလိုမုန်းထားမှုတွေလျော့ပါးပြီး ကရုဏာသက်လာမယ်။

သင့်ကို နာကျင်စေသူတွေကို ခွင့်မလွှတ်ဘူးဆိုရင် ကွင်းဆက်တစ်ခုရဲ့အဆက်အစပ်နှစ်ခုလို သူတို့နဲ့ ထာဝရတွဲနေမှာပါ။ ခွင့်လွှတ်တဲ့အခါ သင့်ကိုချည်နှောင်ထားတဲ့သံကြိုးဟာ ချိုးပစ်ခံရတယ်။ တကယ်တော့ ခွင့်လွှတ်ခြင်းဟာ သင်ကိုယ်တိုင်ပေးကမ်းတဲ့ လက်ဆောင်တစ်ခုပါ။ ဒီနည်းဖြင့် သင်ဟာ တစ်ဖက်သားကို လွှတ်ထားပြီး လွတ်လပ်တဲ့သူဖြစ်လာရတယ်။

တခြားသူတွေနဲ့ ရန်ဖြစ်တဲ့အခါ အဲဒါက သူတို့နဲ့မပတ်သက်ပါဘူး၊ သင့်ကြောင့်ပါ (သင်တခြားလူကို လက်ညှိုးထိုးတဲ့အခါ လက်သုံးချောင်းက သင့်ကို ပြန်ညွှန်ပြနေတာကို သတိရပါ)။ သင့်အတွင်းစိတ်ကလေးဟာ ဟင်းလင်းဖြစ်

နေတယ်၊ ကြောက်လန့်နေတယ်၊ ဒဏ်ရာတွေရနေတယ်။ သင့်ရဲ့မူလနေရာကိုရှာဖွေပြီး သင့်ကိုယ်သင်စိတ်ဖြေပါ။ လက်ရှိပဋိပက္ခတွေအားလုံးဟာ သင့်အတိတ်ကမဖြေရှင်းနိုင်တဲ့ပြဿနာတွေကြောင့်ဖြစ်တယ်။ ဆိုလိုတာကတော့ ပင်ပန်းနွမ်းနယ်မှု၊ အလုပ်ထဲကပဋိပက္ခတွေ၊ ငွေကြေးကိစ္စကြောင့် ကြောက်ရွံ့နေတာတွေဖြစ်နိုင်ပါတယ်။ ဖြစ်ပေါ်စေတဲ့အရာတွေကို ရှာဖွေဖော်ထုတ်ဖို့ အထက်ဖော်ပြပါလုပ်ထုံးလုပ်နည်းကို သင်အသုံးပြုနိုင်ပါတယ်။

သင့်ပြဿနာတွေကို သင်ကိုင်တွယ်ပါ။ သူတစ်ပါးကို အပြစ်တင်ခြင်းဟာ အမြဲတမ်းအရှုံးပေါ်နေတဲ့အခြေအနေဖြစ်တယ်။ သူတစ်ပါးကို သင်အပြစ်တင်တဲ့အခါ သင့်ရဲ့ကိုယ်ပိုင်အခွင့်အာဏာကို တစ်ဖက်လူဆီပေးလိုက်တာပဲဖြစ်တယ်။ ဒီတော့ သင်ဟာ သားကောင်ပြည်မှာ (Victimland) နေထိုင်ပြီး သားကောင်လို (Victimese) စကားပြောနေတာဖြစ်တယ်။ TTT ဟာ မေတ္တာနဲ့အောင်မြင်သူတွေအားလုံးကို ဖိတ်ခေါ်နေတယ်။ သင့်ကိုယ်ကို ချစ်ခြင်းကိုတွေ့ကြုံခံစားပြီး အခြားသူတွေကို မေတ္တာလက်ဆောင်ပေးခြင်းဖြင့် သင့်ရဲ့ကိုယ်ပိုင်စွမ်းအားကို ပြန်လည်ရယူပါ။ တရားဟောရာ ၆:၅ နှင့် ဝတ်ပြုရာ ၁၉:၁၈ တွေကနေကြီးမြတ်တဲ့မိန့်မှာချက်ကို သတိရပါ။ “သင်၏ဘုရားသခင် ထာဝရဘုရားကို စိတ်နှလုံးအကြွင်းမဲ့၊ အစွမ်းသတ္တိရှိသမျှနှင့် ချစ်လော့။ ကိုယ်နှင့်စပ်ဆိုင်သောသူကို ကိုယ်နှင့်အမျှချစ်ရမည်။” ချစ်ခြင်းမေတ္တာရဲ့အဓိပ္ပာယ်နှင့်အစီအစဉ်မှာ ၁) ဘုရားသခင်ရဲ့ချစ်ခြင်းမေတ္တာကို တွေ့ကြုံခံစားပါ၊ ၂) အဖဘုရားသခင်ကို ချစ်ပါ၊ ၃) သင့်ကိုယ်သင် ချစ်ပါ၊ ၄) အခြားသူတွေကို ချစ်ပါ။ ချစ်ခြင်းမခံရဘူးဆိုရင် သင့်ကိုယ်သင်ချစ်တတ်ဖို့ သင်ယူပါ။ ကိုယ့်ကိုယ်ကိုယ်မုန်းတီးမှုက အလုပ်မဖြစ်ပါ။

မတူကွဲပြားမှုတွေကို လေးစားတမှုပြုပါ

(က) ထင်မြင်ချက်တွေ

(ခ) အဖြစ်မှန်တွေ

(ဂ) တန်ဖိုးတွေ

(ဃ) ကိုယ်ရည်ကိုယ်သွေး ပုံစံတွေ

(င) ကျားမကဏ္ဍတွေ

(စ) မျိုးရိုးတွေ - လူမည်း၊ လူဖြူ၊ အဝါ၊ အနီရောင်၊ ပန်းရောင်၊ ခရမ်းရောင်နှင့် အားလုံးရောနှောထားတဲ့ (စံ)
(ဆ) ယဉ်ကျေးမှုအမွေအနှစ်တွေ - ဥရောပ၊ လက်တင်နို၊ အာရှ၊ အရှေ့အလယ်ပိုင်း၊ အမေရိကန် စတာတွေ။
(ဇ) ဘာသာရေးထုံးတမ်းစဉ်လာတွေ - ကက်သလစ်၊ ခရစ်ယာန်၊ ဂျူး၊ အစ္စလာမ်၊ ဟိန္ဒူ စတာတွေ။
(ဈ) လိင်စိတ်တိမ်းညွတ်မှုတွေ - လိင်ကွဲကာမဆက်ဆံမှု၊ လိင်တူဆက်ဆံမှု

ကျွန်တော်တို့အများစုဟာ တစ်စုံတစ်ဦးရဲ့ခံစားချက်ကို ထိခိုက်စေမယ်ကို စိုးရိမ်တဲ့အတွက် အချင်းချင်းရိုးသားမှုမရှိကြပါဘူး။ သင်က အဲဒီလောက်အစွမ်းထက်လူမဟုတ်ပါဘူး။ တစ်စုံတစ်ယောက်ရဲ့ခံစားချက်တွေအတွက် သင့်မှာ တာဝန်မရှိပါဘူး (ဒီလိုမှမဟုတ်ရင် ခင်ဗျားက ဘုရားသခင်ဖြစ်ပြီး သင့်နောက်ကို ကျွန်တော်တို့လိုက်ကုန်ပါလိမ့်မယ်)။ အခြားသူတွေအတွက် သင်တာဝန်ရှိတဲ့အရာတွေကတော့ စစ်မှန်မှု၊ ရိုးသားမှုနှင့်မေတ္တာထားရှိမှုတွေဖြစ်ပါတယ်။ သင့်အိမ်မှာ ကြီးပြင်းလာတဲ့သင့်သားသမီးတွေအတွက် သင်တာဝန်ရှိတယ်။ သူတို့တွေအရွယ်ရောက်လာတဲ့အခါ သင်ယာ သူတို့အတွက် ဘာတာဝန်မှမရှိတော့ပါ။

ဘဝဆိုတာ ရေပန်းစားတဲ့ပြိုင်ပွဲမဟုတ်ဘဲ ပါတီအဖြစ်နဲ့ ဖြစ်လာတာပါ

Nelson Mandela က Marianne Williamson ရဲ့အံ့သြဖွယ်ကိုးကားချက်ကို ရည်ညွှန်းခဲ့တယ်။

ကျွန်တော်တို့အကြောက်ဆုံးမှာ ကျွန်တော်တို့ရဲ့မလုံလောက်မှုမဟုတ်ဘဲ အတိုင်းအတာထက် ကျော်လွန်ခြင်းပဲဖြစ်တယ်။ ကျွန်တော်တို့ကို အလန့်တကြားဖြစ်စေတဲ့အရာဟာ အမှောင်ထုကြီးမဟုတ်ဘဲ အလင်းပဲဖြစ်တယ်။ ကျွန်တော်တို့ဟာ ထက်မြက်သူလား၊ လှပသူလား၊ စိတ်ကူးယဉ်ဆန်သူဖြစ်ဖို့လားဆိုတာကို ကိုယ့်ကိုယ်ကိုမေးပါ။ သင်ဘယ်သူလဲ။ သင်ဟာ ဘုရားသခင်ရဲ့သားသမီးပါ။ သင့်ရဲ့သေးငယ်တဲ့ကစားကွက်က ကမ္ဘာကို အကျိုးပြုမှာမဟုတ်ပါဘူး။ ကျွန်တော်တို့ဟာ မိမိတို့ရဲ့အထဲမှာရှိတဲ့ ဘုရားသခင်ရဲ့ဘုန်းတော်ကို

ထင်ရှားစေဖို့ မွေးဖွားလာခဲ့တာဖြစ်ပါတယ်။ ဒါဟာ ကျွန်တော်ချည်းပဲမဟုတ်ပါဘူး၊ လူတိုင်းမှာလည်းရှိတာပါ။ ကျွန်တော်တို့အထဲမှာရှိတဲ့အလင်း လင်းလာတဲ့အခါမှာ အခြားသူတွေကိုလည်း အလားတူလင်းလက်ဖို့ အခွင့်အရေးဖြစ်ပေါ်စေပါတယ်။ ကျွန်တော်တို့ကိုယ်တိုင်ကြောက်ရွံ့ခြင်းကနေ လွတ်မြောက်တဲ့အခါမှာ အခြားသူတွေကို အလိုလိုလွတ်မြောက်စေတယ်။ (*A Return to Love*, New York: Harper Collins, 1992, pages 190-191).

အသိုက်အဝန်းကို တည်ဆောက်ခြင်းဆိုတာဟာ သင်နဲ့မတူတဲ့လူတွေကို သိလာခြင်းဖြစ်တယ်။ မတူကွဲပြားမှုတွေကို ဖြတ်ကျော်ပါ။ နားထောင်ပါ၊ သင်ယူပါ။ သင်နဲ့မတူတဲ့သူတွေကို ချစ်ပါ။ သင့်ကို သွန်သင်ပေးမှာဖြစ်ပြီး သူတို့အသက်တာကို ကြွယ်ဝစေခဲ့သလို သင့်ဘဝကိုလည်း ကြွယ်ဝစေလိမ့်မယ်။ ရွံ့ရှာခြင်းကနေကရုဏာနှင့်ချစ်ခြင်းသို့ ရွှေ့ပါ၊ ကောင်းချီးပေးပါ။

နိဂုံး- နောက်ဆုံးထိတွေ့ခြင်း

Beauty and the Beast ဆိုတဲ့စာအုပ်ကို ပြင်သစ်ဝတ္ထုစာရေးဆရာ Gabrielle-Suzanne Barbot de Villeneuve က ၁၇၄၀ ခုနှစ်တွင် ရေးသားခဲ့တယ်။ ဇာတ်လမ်းရဲ့အမျိုးသမီး ဇာတ်ဆောင် Belle ဟာ မြင့်မြတ်တဲ့ချစ်ခြင်းမေတ္တာဖြင့် သားရဲရဲ့နှလုံးသားကို အနိုင်ယူခဲ့တယ်။ သူမဟာ သားရဲရဲတိုက်မှာ နေထိုင်ခြင်းဖြင့် သူ့အဖေရဲ့အကြွေးကို ဆပ်ဖို့ သဘောတူတယ်။ သူမက အနောက်တောင်ပံနဲ့ မသွားဖို့ သူ့အမိန့်ကိုမလိုက်နာတဲ့အခါ တောင်းပန်ရတယ်။ သူဒေါသထွက်လာပြီးနောက် သူမက သူ့ရဲ့မသင့်လျော်တဲ့အပြုအမူအတွက် ရပ်တည်ပေးမှာမဟုတ်ဘူးလို့ပြောပါတယ်။ သူမဟာ ရဲတိုက်ကနေ ထွက်သွားတဲ့အခါ ဝံပုလွေတွေက ဝိုင်းရံလာတယ်။ ဒါနဲ့ သားရဲကြီးက ချက်ချင်းရောက်ချလာပြီး သူမအသက်ကို ကယ်တင်လိုက်တယ်။ ရဲတိုက်ကို ပြန်ရောက်တဲ့အခါမှာ သူမက သူ့ကို ကျေးဇူးတင်စကားပြောလိုက်တယ်။ ဒါနဲ့ သူ "မင်းမပြေးရင် ဒီလိုဖြစ်မှာမဟုတ်ဘူး" လို့ ပြောပါတယ်။ သူမကလည်း "မင်းငါ့ကို အဲဒီလိုမဆက်ဆံခဲ့ရင် ငါထွက်မပြေးဘူး" လို့ ပြန်ဖြေတယ်။ ဒီတော့ သူမက သူ့ရဲ့မသင့်လျော်တဲ့အပြုအမူကို အမှန်အတိုင်းထောက်ပြတဲ့အတွက် နှုတ်ဆိတ်နေခဲ့ရတယ်။

Belle ဟာ ဇာတ်လမ်းတွေထဲမှာ ပြောင်းလဲဖြစ်ပေါ်မှုအများဆုံးလူတစ်ဦးဖြစ်တယ်။ သူမဟာ မိဘရဲ့မေတ္တာကို နှလုံးသွင်းထားပြီး မိမိကိုယ်ကိုတန်ဖိုးထားတတ်သူ၊ ကောင်းမွန်တဲ့ကိုယ်ရည်ကိုယ်သွေးရှိသူ၊ တိုင်းတစ်ပါးနဲ့အခြားလူတွေအကြောင်း ဖတ်ရှုလေ့လာခြင်းကို နှစ်သက်ပြီး နောက်ဆုံးမှာ သူတပါးအပေါ် ကရုဏာနှင့်မေတ္တာအပြည့်ရှိသူဖြစ်တယ်။ သူမဟာ ဆင်းရဲဒုက္ခကြုံရင်တောင် ဘယ်သူကိုမှမတရားမဆက်ဆံပါ။ ကျွန်တော်တို့တွေအားလုံးလည်း ဒီအံ့သြဖွယ်ကောင်းတဲ့သနားကြင်နာမှုစံနမူနာကို အတုယူကြပါစို့။

အချိန်ပေးခြင်း ဆိုတာဟာ နေရောင်ခြည်ကို ကိုယ်စားပြုတယ်။ သင့်ရဲ့စိတ်ဝိညာဉ်နဲ့ ထိတွေ့ဖို့၊ သင့်ရဲ့ဒဏ်ရာတွေကို ကုစားဖို့၊ သင့်ရဲ့မပြည့်စုံတဲ့မေတ္တာလိုအပ်ချက်တွေကို ဖြည့်ဆည်းဖို့ အချိန်ပေးခြင်းပါပဲ။ သင့်ကိုယ်သင်မချစ်ရင်/မလေးစားရင် ဘယ်သူမှသင့်ကိုချစ်မှာမဟုတ်ပါဘူး။ ကမ္ဘာ့ငြိမ်းချမ်း

ရေးက အတွင်းကနေစတင်တာပါ။ ကိုယ့်ကိုယ်ကို မုန်းတီးခြင်းဟာ မိမိတို့ရဲ့ ကိုယ်ရေးကိုယ်တာနှင့်ပရော်ဖက်ရှင်နယ်ဆက်ဆံရေးအားလုံးကို ထိခိုက်စေပါတယ်။ လူကိုနာကျင်အောင် လုပ်ရင် လူကိုထိခိုက်တယ်။ ဒီလိုပါပဲ မိမိကိုယ်ကို ချစ်ခြင်းဟာ အပြင်ဘက်ကိုပျံ့နှံ့သွားပါတယ်။ အချိန်ပေးခြင်းဆိုတဲ့အပိုင်းမှာ သင်ဟာ မိမိကိုယ်ကို မှန်ကန်တဲ့စောင့်ရှောက်မှုအတွက် ကျွမ်းကျင်မှုတွေ၊ သင့်မိသားစုနှင့်အသိုက်အဝန်းရဲ့ ကျန်းမာရေးနှင့်ကုသရေးတွေကို ဘယ်လို အားပေးရမယ်ကို သင်ယူခဲ့တယ်။ လူတွေကို ကုစားတာက လူတွေကို ကျန်းမာစေတယ်။

ထိတွေ့မှုဟာ ပေါင်းသင်းဆက်ဆံရေးအားလုံးအတွက် ရေနဲ့တူတယ်။ ရေမရှိရင် ကျွန်တော်တို့သေနိုင်တယ်။ ထိတွေ့မှုဟာ မိမိတို့အာရုံငါးပါးတွင် အရေးအကြီးဆုံးနှင့်လျစ်လျူရှုမှုအရှိဆုံးဖြစ်တယ်။ လိင်မှု၊ ချစ်ခြင်းမေတ္တာနှင့် ရင်းနှီးမှုကြားတွင် ကြီးမားတဲ့ရှုပ်ထွေးမှုတွေရှိနေတာကြောင့် မိမိတို့ရဲ့နေ့စဉ်ဘဝမှာ ကောင်းမွန်တဲ့ထိတွေ့မှုရဲ့သဘာဝအကျိုးကျေးဇူးတွေကို ငြင်းပယ်ခဲ့ရတယ်။ ကျွန်တော်တို့ဟာ မွေးကင်းစကလေးတွေလို အသားချင်းထိတွေ့မှုကို တောင့်တရင်းနဲ့ မွေးဖွားလာကြတယ်။ တကယ်လို့ ကျွန်တော်တို့တွေဟာ မိမိတို့ရဲ့ငယ်ရွယ်စဉ်ဘဝမှာ အခြေခံလိုအပ်ချက်တွေ ဖြည့်ဆည်းမခံရရင်၊ အလွဲသုံးစားလုပ်ခြင်းနှင့်လျစ်လျူရှုခြင်းခံရရင် မိမိတို့ရဲ့ဘဝအသက်တာတစ်ခုလုံးကိုမကောင်းတဲ့ဆက်ဆံရေး/အပြုအမူတွေဖြစ်တဲ့အမျိုးသားတွေအတွက် ညစ်ညမ်းဗီဒီယိုတွေ၊ တစ်ကိုယ်ရည်အာသာဖြေမှုတွေ၊ အမျိုးသမီးတွေအတွက် အချစ်ဝတ္ထုတွေ၊ ကာမရာဂနှိုးဆွစိတ်တွေ၊ လိင်ဆက်ဆံဖော်များစွာနဲ့ ပေါင်းသင်းဆက်ဆံတာတွေကို ရှာဖွေလာမှာဖြစ်တယ်။ မိသားစုတွေ၊ သူငယ်ချင်းတွေ၊ ယုံကြည်သူအသိုင်းအဝိုင်း၊ လုပ်ဖော်ကိုင်ဖက်တွေနဲ့ နေ့တိုင်းကောင်းမွန်တဲ့ထိတွေ့မှုကို ဘယ်လိုရရှိမယ်ဆိုတာကို သင်ယူရမှာဖြစ်တယ်။

စကားပြောဆိုခြင်း ဒါမှမဟုတ် ကောင်းမွန်တဲ့ပေါင်းသင်းဆက်ဆံရေးဟာ နားထောင်ခြင်းနဲ့မျှဝေခြင်း နှစ်ခုလုံးပါဝင်တဲ့ကိုယ်ရေးကိုယ်တာနဲ့ပရော်ဖက်ရှင်နယ်ဆက်ဆံရေးအားလုံးအတွက် လေဖြစ်ပါတယ်။ ကျွန်တော်တို့ရဲ့ အတွေးတွေ၊ ခံစားချက်တွေနှင့်လိုအပ်ချက်တွေကို ထိထိရောက်ရောက် မျှဝေခြင်းအနုပညာကို သင်ယူဖို့ လိုအပ်ပါတယ်။ နားထောင်ခြင်း အနုပညာကို အမှန်တကယ်လေ့လာဖို့ အရေးကြီးတဲ့အပြင် ၎င်းဟာ မျှဝေဖို့ စွမ်းအင်နှစ်ဆပို

လိုအပ်တယ်။ ကျွန်တော်တို့မှာ နားနှစ်လုံးနဲ့ ပါးစပ်ပေါက်တစ်ပေါက်ပါတယ်။ ဒီတော့ ကျွန်တော်တို့ပြောသလောက် နှစ်ဆနားထောင်ဖို့ လိုအပ်တယ်ဆိုတာ ကိုသတိပြုပါ။ ဟောပြောချက်ကဏ္ဍတွင် ထိရောက်တဲ့နားထောင်ခြင်းနှင့်မျှဝေခြင်းစွမ်းရည်တွေ၊ မတူညီတဲ့ကိုယ်ရည်ကိုယ်သွေးပုံစံတွေ၊ မေတ္တာစကားတွေ၊ ကျားမကွဲပြားမှုတွေ၊ ယဉ်ကျေးမှုနောက်ခံအကြောင်းတွေကို သင်လေ့လာခဲ့ပြီးဖြစ်ပါတယ်။

အခုအချိန်ဟာ ဒီစာအုပ်တစ်အုပ်လုံးတွင် သင်ယူခဲ့တဲ့ကျွမ်းကျင်မှု အားလုံးကို အကောင်အထည်ဖော်ရမယ့်အချိန်ဖြစ်တယ်။ လုပ်ဆောင်ချက်မရှိဘဲ ဘာမှမပြောင်းလဲပါဘူး။ ငရဲသို့သွားရာလမ်းကို ဆွဲဆောင်မှုကောင်းတွေနဲ့ ခင်းထားတယ်။ အကြီးကြီးကျရှုံးတာထက် အသေးအမွှားလေး အောင်မြင်ပါစေ။ အပိုင်းသုံးပိုင်းထဲကနေ ကျွမ်းကျင်မှုတစ်ခု ဒါမှမဟုတ် လေ့ကျင့်ခန်းတစ်ခုကို ရွေးချယ်ပြီး ၎င်းကို အခုပဲစတင်အသုံးပြုပါ။ အလုပ်တစ်ခုစီကို ပြီးမြောက်ရဖို့ သင့်ရဲ့ပန်းတိုင်စာရင်းတွေနှင့် တိကျတဲ့အချိန်ဇယားတစ်ခုပြုလုပ်ပါ။ ဥပမာအနေနဲ့ "သင့်ရဲ့အတွင်းစိတ်ကလေး ပြန်လည်ထူထောင်ရေးမှာ လေ့ကျင့်ခန်းတွေအားလုံးကို နှစ်ပတ်တိုင်း အခန်းတစ်ခန်းစလုပ်မယ်။ အဲဒီနေ့စွဲမှာ လေ့ကျင့်ခန်းအားလုံးကို ကျွန်တော်ပြီးမြောက်ပါမယ်။ နောက်မှ MP3 အသံသွင်းခြင်းကို အတည်ပြုပါမယ်။ အရင်ဆုံး ကျွန်တော့်စာရင်းတွေလုပ်မယ်၊ ပြီးတော့ အသံသွင်းဖို့ သူငယ်ချင်းတွေနဲ့ လမ်းညွှန်ဆရာတွေရှာမယ်၊ ကောင်းတဲ့သီချင်းတွေကို နောက်ခံထားမယ်။ ပြီးတော့ အဲဒီလိုနေ့စွဲနဲ့ နေ့တိုင်းနားထောင်မယ်။ အဲဒီနောက် ကိုယ့်ကိုယ်ကို တန်ဖိုးထားတတ်ဖို့ ဆယ်ရက်အတွင်း လေ့ကျင့်ခန်းအားလုံးကို စတင်လုပ်ဆောင်ပါမယ်။ အဲဒီလို ရက်စွဲနဲ့စပြီး နှစ်ပတ်တိုင်း အခန်းတစ်ခန်းလုပ်ပြီးတော့ အဲဒီလိုရက်စွဲနဲ့ ပြီးအောင်လုပ်မယ်။"

ကုသခြင်းအတွက် အချိန်ပေးခြင်း၊ ထိတွေ့ခြင်း၊ စကားပြောခြင်း လေ့ကျင့်ခန်းများပါဝင်တဲ့ တိကျတဲ့ကုသမှုအစီအစဉ်တစ်ခုပြုလုပ်ပါ။ မိမိကိုယ်ကို မှန်မှန်ကန်ကန်စောင့်ရှောက်ခြင်းအတွက် ခိုင်မာတဲ့ပံ့ပိုးမှုစနစ်တစ်ခု ဖန်တီးဖို့ လိုအပ်ပါတယ်။ တိုးတက်လာဖို့ အချိန်ယူရပါမယ်။ နယ်မြေဒေသတွင်း ဒါမှမဟုတ် အွန်လိုင်းပံ့ပိုးကူညီမှုအဖွဲ့တွေကို ရှာဖွေပါ။ ဘယ်လိုပြဿနာပဲဖြစ်ဖြစ် သင်ကိုင်တွယ်ဖြေရှင်းနေတဲ့ပြဿနာတွေကို ကူညီမယ့်အဖွဲ့ကို ဖွဲ့စည်းလိုက်

ပါ။ သင့်ရဲ့ဝိညာဉ်ရေးလိုအပ်ချက်တွေနဲ့ ကိုက်ညီတဲ့အုပ်စုကို ရှာဖွေဖို့ အထူးသတိထားပါ။

၂၀၁၈ ခုနှစ် အောက်တိုဘာလမှာ ထုတ်ဝေတဲ့ PLOS ONE ဂျာနယ်က ပွေ့ဖက်ခြင်းရဲ့အကျိုးကျေးဇူးတွေအကြောင်းကို ပြောပြထားတယ်။ ပွေ့ဖက်ခြင်းဟာ လူအချင်းချင်း ပဋိပက္ခဖြစ်ရတဲ့နေ့တွေမှာ ဖြစ်ပေါ်လေ့ရှိတဲ့အပျက်သဘောဆောင်တဲ့စိတ်ခံစားချက်တွေကို လျော့ပါးသွားခြင်းနဲ့ ဆက်စပ်နေပါတယ်လို့ Michael L. Murphy, Denise Janicki-Deverts, and Sheldon Cohen တွေက ရေးသားကြတယ်။ "လူအချင်းချင်း ထိတွေ့ဆက်ဆံခြင်းဟာ အရွယ်ရောက်ပြီးသူ ဆက်ဆံရေးကို လေ့လာရာတွင် အရေးပါတဲ့အကြောင်းအရာတစ်ခုအဖြစ် ပေါ်ထွက်နေပြီး ၎င်းရဲ့အပြုအမူတွေဟာ ပေါင်းသင်းဆက်ဆံရေးလုပ်ဆောင်မှုနှင့်တစ်ဦးချင်းစီရဲ့ကောင်းကျိုးချမ်းသာကို မြှင့်တင်နိုင်ကြောင်းသုတေသနပြုမှုတွေက ပြသထားတယ်။" (https://journals.plos.org/plosone/article?id=10.1371/journal.pone.0203522 မှပြန်လည်ရယူတယ်။

ဒီနေ့ကျွန်တော်တို့ရဲ့ယဉ်ကျေးမှုနှင့် ကမ္ဘာ့လူအများအပြားဟာ မရှိမဖြစ်လိုအပ်တဲ့ပုံမှန်ဖွံ့ဖြိုးခြင်းနှင့် ကောင်းမွန်တဲ့ထိတွေ့မှုတွေ မရှိခြင်းကြောင့် လိင်ဆက်ဆံမှုလွန်ကဲလာတာကို တွေ့ရတယ်။ ညစ်ညမ်းဗီဒီယိုတွေနှင့် ကာမရာဂစိတ်နှိုးဆွပေးတာတွေဟာ လူတွေကို အမှန်တကယ် ထိတွေ့ခြင်းမပေးဘဲ သွေဖြည်တဲ့လမ်းကိုပဲ ဆောင်ကြဉ်းပေးခဲ့တယ်။

ဘယ်လူမျိုးဘယ်ဘာသာမဆို အမျိုးသားတစ်ဦးနှင့်အမျိုးသမီးတစ်ဦးကြားမှာ လိင်ကိစ္စကို ပေါ့ပေါ့တန်တန်မမှတ်ယူဘဲ မြင့်မြတ်တဲ့ပဋိညာဉ်အဖြစ်ကျင့်သုံးခံယူသင့်တယ်။ သင်းအုပ်ဆရာတချို့က လိင်ကိစ္စနဲ့ပတ်သက်လာရင် ယေရှုဟာ အိမ်ထောင်ရေးဖောက်ပြန်ခြင်းနှင့်ကွာရှင်းပြတ်စဲခြင်း ကိစ္စကလွဲလို့ အတိအကျပြောပြတာ သိပ်မရှိဘူးလို့ဆိုကြတယ်။ ဓမ္မဟောင်းကာလက မိန်းမများများယူတဲ့စနစ်ကို ပြောပြပြီးတော့ သူတို့ကိုယ်သူတို့အခွင့်ပေးသလိုပြောဆိုလာကြတယ်။ တခြားသူတွေက လမ်းလွဲဖောက်ပြန်တာ ကိစ္စမရှိပါဘူး၊ ကိုယ့်အမှားအတွက် ခွင့်လွှတ်ခြင်း ရရှိဖို့ ဘုရားသခင်ဆီ တောင်းပန်ရင်

ခွင့်လွှတ်ခြင်းရရှိတယ်လို့ဆိုကြပြန်တယ်။ ဒါဆိုရင် အိမ်ထောင်မရှိတဲ့သူတွေ၊ ကွာရှင်းပြတ်စဲတဲ့အမျိုးသားတွေ၊ အမျိုးသမီးတွေနှင့်မုဆိုးမတွေကော ဘယ်လိုဖြစ်မလဲ။ လိင်တူဆက်ဆံတဲ့သူတွေဟာ သူတို့ရဲ့ဝိညာဉ်ရေးရာယုံကြည်မှုနဲ့ မကိုက်ညီဘူးလို့ ယုံကြည်တဲ့သူတွေကော ဘယ်လိုဖြစ်မလဲ။ အိမ်ထောင်မရှိတဲ့သူတွေ၊ ကွာရှင်းပြတ်စဲတဲ့သူတွေ၊ မုဆိုးမတွေနှင့်လိင်တူဆက်ဆံတဲ့သူတွေဟာ သူတို့ရဲ့လိင်ပိုင်းဆိုင်ရာလိုအပ်ချက်တွေကို ဖြည့်ဆည်းပိုင်ခွင့်ရှိကြတယ်မဟုတ်လား။ ဖြေကြားဖို့ မလွယ်တဲ့မေးခွန်းတွေပါ။ ဒီအရှုပ်အထွေးတွေဟာ ဘာသာတရားတိုင်းမှာ အလားတူဖြစ်လေ့ရှိတာကို တွေ့ရတယ်။ အချို့သင်းအုပ်ဆရာတွေ၊ ယဇ်ပုရောဟိတ်တွေ၊ ရဗ္ဗိဆရာတွေ၊ အီမာမ်တွေနှင့်အခြားဘာသာရေးခေါင်းဆောင်တွေဟာ ဟောပြောသင်ကြားတာက တစ်မျိုး၊ လက်တွေ့မှာကတစ်မျိုးဖြစ်နေကြတယ်။ လူလိုနဲ့ သူတို့ရဲ့ပရိသတ်တွေကို လှည့်စားနေကြတယ်။ ယုံကြည်တာကတစ်မျိုး၊ လက်တွေ့ကျင့်သုံးနေတာကတစ်မျိုးဖြစ်တယ်။ "ငါပြောသလိုလုပ်ပါ၊ ငါလုပ်သလိုမလုပ်နဲ့" ဆိုတဲ့ငါ့အမေပြောစကား အတိုင်းဖြစ်နေတယ်။

TTT ရဲ့သင်သွန်ချက်ဖြစ်တဲ့ လိင်ဆက်ဆံခြင်းမရှိဘဲ မေတ္တာနှင့်ရင်းနှီးမှုတွေနဲ့ ပိုမိုနက်ရှိုင်းတဲ့လိုအပ်ချက်တွေကို ဖြည့်ဆည်းပေးတဲ့ နည်းလမ်းကို ဘာသာရေးခေါင်းဆောင်တော်တော်များများက ယုံကြည်မှုမရှိကြပါ။ သူတို့တွေဟာ လူသားတွေရဲ့အခြေခံလိုအပ်ချက်တွေဖြစ်တဲ့ ချိတ်ဆက်မှု၊ ရင်းနှီးမှု၊ လိင်ကိစ္စတွေကနေ အဖြေမရှာဘဲ တားမြစ်ချက်တွေနဲ့ သံသရာလည်ပြီး ရှေ့တိုးမရပိတ်မိနေကြတယ်။ ကျွန်တော်တို့အားလုံးက ပွေ့ဖက်ခြင်း၊ နားထောင်ခြင်းနှင့်ကုစားခြင်းတွေကို လိုအပ်တဲ့အပြင် မိမိတို့ဘယ်သူဘယ်ဝါဖြစ်တယ်ဆိုတာကိုသက်သေပြဖို့လိုအပ်တယ်။ ကျွန်တော်တို့အားလုံးဟာ ဘုရားသခင်ရဲ့အထူးသားသမီးတွေအနေနဲ့ ဂုဏ်ပြုဖို့ လိုအပ်ကြတယ်။

ချစ်ခြင်းဟာ လှတယ်။ ချစ်ခြင်းဟာ ပျော်စရာကောင်းတယ်။ ချစ်ခြင်းဟာ လင်နှင့်မယားကြားမှာ စစ်မှန်တဲ့ရင်းနှီးမှုအရှိဆုံးနှင့်တန်ဖိုးအရှိဆုံးဖြစ်ပါတယ်။ စစ်မှန်တဲ့ချစ်ခြင်းမေတ္တာကို တည်ဆောက်ဖို့အတွက် အချိန်ယူရတယ်။ စစ်မှန်တဲ့ချစ်ခြင်းမေတ္တာဟာ လက်တွဲဖော်ဇနီးရဲ့လိုအပ်ချက်တွေကို သိရှိပြီး လိုက်လုပ်ပေးတယ်၊ သူနှစ်သက်တာကို လိုက်လျောပေးတယ်။ ဇနီးလုပ်သူကလည်း သူ့ယောကျ်ားနှစ်သက်မယ့်နည်းလမ်းကို သင်ယူလေ့လာပြီး ဒီလိုနဲ့

အချင်းချင်းရဲ့လိုအပ်ချက်တွေကို အပြန်အလှန်ဖြည့်ဆည်းပေးကြတယ်။ တစ်ဦးကိုတစ်ဦးပျော်ရွှင်စေမယ့် နည်းလမ်းအသစ်တွေကို ရှာဖွေကြတယ်။

TTT ဟာ သင့်စိတ်ဝိညာဉ်နှင့်အလိုဆန္ဒတွေကို အားဖြည့်ပေးမှာဖြစ်ပါတယ်။ တော်တော်များများရဲ့အသက်တာဟာ ဘာမှမရှိဗလာနတ္ထိဖြစ်နေကြပါတယ်။ မေတ္တာကို ဆာငတ်တဲ့အတွက် ကိုယ်ရေးကိုယ်တာဆက်ဆံရေးမှာရော ခေါင်းဆောင်မှုရာထူးမှာပါ ဘာမှမရှိဗလာနတ္ထိဖြစ်နေကြတာကို တွေ့ရတယ်။ သူတို့မှာ မပြည့်စုံတဲ့လိုအပ်ချက်တွေ အများကြီးရှိလို့ မလုပ်ချင်တာကို လုပ်နေကြရတယ်။ သူတို့တွေဟာ ချစ်ခြင်းမေတ္တာကို လိုအပ်တဲ့အတွက် အိမ်ထောင်ရေးမှာရော အိမ်ထောင်ရေးအပြင်ဘက်တွေမှာပါ လိင်ဆက်ဆံခြင်းကို ပြုတတ်ကြတယ်။ လိင်ဆက်ဆံခြင်းဟာ နက်ရှိုင်းတဲ့လိုအပ်ချက်တွေနှင့်အတွင်းပိုင်းစိတ်ဒဏ်ရာတွေကို မကုစားပေးနိုင်ပါ။ ဘာလို့လဲဆိုတော့ လိင်ဆက်ဆံခြင်းဆိုတာဟာ ချစ်ခြင်းမေတ္တာကို ဆာငတ်နေလို့ပါပဲ။ သင့်လိုအပ်ချက်ကို ကောင်းမွန်တဲ့ထိတွေ့မှုမှတစ်ဆင့် ဖြည့်ဆည်းပေးခြင်း၊ သင်ဘယ်သူဘယ်ဝါဖြစ်တယ်ဆိုတာကို ချီးမွမ်းခြင်းခံရခြင်းဖြင့် သင်မလုပ်ချင်တဲ့အရာကို ပြုလုပ်ဖို့မလိုအပ်တော့တာကြောင့် သင်ဟာ အပြစ်ရှိတယ်လို့ခံစားစရာမလိုတော့သလို ရှက်စရာလည်း မလိုတော့ပါ။ အခု ကျွန်တော့်ကို TTT ပရောဂျက်ရဲ့အဆင့် ၂ ကို မိတ်ဆက်ပေးခွင့်ပြုပါ။

အနာဂတ်အတွက် အိပ်မက်တစ်ခု - TTT စင်တာတွေ

ကျွန်တော်တို့ရဲ့အစီအစဉ်ဟာ ကမ္ဘာတစ်ဝှမ်းမှာ TTT စင်တာတွေ ဖန်တီးဖို့ဖြစ်တယ်။ သင်ဟာ TTT စင်တာမှာ အမျိုးသား ဒါမှမဟုတ် အမျိုးသမီး၊ လူငယ်တစ်ဦး ဒါမှမဟုတ် အသက်ကြီးသူတစ်ဦးက ၁၅ မိနစ်၊ ၃၀ မိနစ်၊ ၄၅ မိနစ်၊ တစ်နာရီ ဒါမှမဟုတ် အဲဒီထက်ပိုတဲ့ဆုပ်ကိုင်းထားမှုကို တောင်းဆိုနိုင်ပါတယ်။ သီးသန့် TTT အခန်းတွေမှာရှိတဲ့လုပတဲ့အမျိုးသားတွေ၊ အမျိုးသမီးတွေက သင့်ကို စွဲကိုင်ထားမယ်၊ ဂုဏ်တင်ပေးမယ်၊ တန်ဖိုးထားမှာဖြစ်တယ်။ လုံခြုံစွာစွဲကိုင်ဖို့၊ ကြားနာပေးဖို့နှင့် ကုသပေးဖို့အတွက် ၎င်းဟာ လုံခြုံတဲ့နေရာတစ်ခုဖြစ်လိမ့်မယ်။ လိင်ဆက်ဆံဖို့ မလိုအပ်ပါ၊ တောင်းဆိုမှု လုံးဝမရှိပါ၊ ကမ်းလှမ်းမှုလည်း မရှိပါ။

ကျွန်တော်တို့ရဲ့ TTT စင်တာတွေမှာ သင့်စိတ်ဝိညာဉ်ထဲက ဟာကွက်ကိုဖြည့်ဆည်းပေးဖို့ ကောင်းမွန်တဲ့မေတ္တာနှင့်ချစ်ခင်မှု အရင်းအမြစ်တွေကို သင်တွေ့ရှိရမှာဖြစ်ပါတယ်။ TTT ဟာ သင့်လိုအပ်ချက်တွေကို ရရှိမယ့်နေရာဖြစ်တယ်။ ဒါ့အပြင် သင်ဘာလုပ်လို့မဟုတ်ဘဲ သင့်ရဲ့ဖြစ်တည်မှုအမှန်အတိုင်း ချစ်မြတ်နိုးခြင်းခံစားရမှာဖြစ်တယ်၊ သင့်အနီးရှိ TTT စင်တာတွေ ဖန်တီးခြင်းဆိုင်ရာ အသေးစိတ်အချက်အလက်တွေကို www.TimeTouchandTalk.com တွင် ဆက်လက်ကြည့်ရှုနိုင်ပါတယ်။

နောက်ဆုံးမှာ TTT အက်ပ်ကို ကျွန်တော်တို့ဖန်တီးပါမယ်။ Tindr ဒါမှမဟုတ် Grindr အက်ပ်တွေကို လူတွေနဲ့ပေါင်းစည်းရဖို့ အသုံးပြုမယ့်အစား ကျွန်တော်တို့ရဲ့ TTT စင်တာမှာ လိင်ဆက်ဆံခြင်းမဟုတ်ဘဲ အုံ့အားသင့်ဖွယ်ကောင်းပြီး ဘေးကင်းကာ အတွေ့အကြုံဖွံ့ဖြိုးတာကို သင်တွေ့ရှိနိုင်ပါတယ်။ ကျွန်တော်တို့ရဲ့ TTT လှုပ်ရှားမှု လုပ်ဖော်ဆောင်ဖက်ဖြစ်လာဖို့အတွက် စိတ်ပါစားမှုရှိရင် ကျွန်တော်တို့ကိုဆက်သွယ်ပါ။ အထူးသဖြင့် ကျွန်တော်တို့ဟာ လေ့ကျင့်သင်ကြားထားတဲ့ကုထုံးဆရာတွေ/အတိုင်ပင်ခံတွေ/နည်းပြတွေ ကောင်းမွန်တဲ့ထိတွေ့မှုရဲ့ကုသခြင်းဆိုင်ရာ ပရော်ဖက်ရှင်နယ်လေ့ကျင့်မှုရှိသူတိုင်းကို ရှာဖွေနေပါတယ်။ TTT@TimeTouchandTalk.com တွင် ကျွန်တော်တို့ဆီ အီးမေးလ်ပို့ပါ။

အချိန်ပေးခြင်း၊ ထိတွေ့ခြင်းနှင့်စကားပြောခြင်း ဆိုတာတွေဟာ စစ်မှန်တဲ့ရင်းနှီးမှုရဲ့ကမ္ဘာ့ယဉ်ကျေးမှုကိုဖန်တီးဖို့ ကမ္ဘာလုံးဆိုင်ရာလုပ်ထုံးလုပ်နည်း အပြောင်းအရွှေ့အသစ်တစ်ခုရဲ့အစဖြစ်ပါတယ်။ ကျွန်တော်တို့ရဲ့အိမ်မွေးတိရိစ္ဆာန်တွေသာမက အချင်းချင်းထိတွေ့ဆက်ဆံပါ။ အချင်းချင်းဘေးကင်းလုံခြုံစွာပွေ့ဖက်တတ်ဖို့ သင်ယူရမှာဖြစ်တယ်။

ဘာသာရေးအသိုင်းအဝိုင်းထဲမှာ မပြီးပြတ်နိုင်တဲ့ဖြစ်စဉ်တစ်ခုရှိတယ်။ မကြည့်ပါနဲ့၊ မထိနဲ့၊ မပြောနဲ့ဆိုတဲ့ဟာတွေပေါ့။ ဒီအရာက ပိုမိုလိုအပ်ခြင်း၊ အန္တရာယ်များခြင်း၊ ဓာတုဗေဒဆိုင်ရာနှိုးဆွမှုတိုးလာခြင်း၊ စိတ်ပျက်အားငယ်ခြင်းနှင့်မှားယွင်းစွာလုပ်ဆောင်လိုစိတ်တွေကို ဖန်တီးစေပါတယ်။ တားမြစ်ချက်တွေကို ကျင့်သုံးမယ့်အစား ဘဝလမ်းကြောင်းအားလုံးတွင် ကောင်းမွန်တဲ့ထိတွေ့မှု ဖြေရှင်းနည်းတွေကို မြှင့်တင်ကြပါစို့။ ဒီစာအုပ်ကို သင့်ရဲ့ဝိညာဉ်

ရေးခေါင်းဆောင်ဆီ တင်ပြပြီး သင့်ဝတ်ပြုတဲ့နေရာမှာ ကောင်းမွန်တဲ့ထိတွေ့မှုအစီအစဉ်ကို စတင်ဖို့ အကြံပြုပါ။

ဒီလိုရိုးရှင်းတဲ့စကားကိုပြောတဲ့အခါမှာ ပွေ့ဖက်ခြင်းဟာ သဘာဝကျပါတယ်။ ခရစ်ယာန်အသင်းတော်များစွာကလည်း ဘုရားကျောင်းလာရောက်တဲ့ ဧည့်သည်တွေနှင့်အသင်းသားတွေကို အကောင်းဆုံးဝန်ဆောင်မှုအနေနဲ့ နှုတ်ဆက်လေ့ရှိကြတယ်။ ဒီလိုစည်းဝေးပွဲမှာ အချင်းချင်း ပွေ့ဖက်တာတွေလည်း သဘာဝကျပါတယ်။ ကောင်းမွန်တဲ့ထိတွေ့မှု ပေးဖို့အတွက် ဘုရားကျောင်း၊ တရားဇရပ်၊ ဗလီဝတ်ကျောင်းတွေဟာ ကမ္ဘာပေါ်မှာ အလုံခြုံဆုံးနေရာဖြစ်သင့်တယ်။ နိုင်ငံများစွာနှင့်ဘာသာရေးလောကတွေမှာ အခြားသူတစ်ဦးနှင့် ထိတွေ့ဆက်ဆံရတာကို တားမြစ်ပိတ်ပင်ထားတယ်ဆိုတာ ကျွန်တော်သိရှိထားတယ်။ ဒီတော့ အဲဒီဓလေ့ထုံးတမ်းနှင့်အယူအဆတွေကို ပြောင်းလဲပစ်ဖို့ ကျွန်တော်တို့မှာ တာဝန်အပြည့်အဝရှိတယ်။ ဒါကြောင့် ဒီလိုဖြစ်စဉ်ကြီးကို ကောင်းမွန်တဲ့ထိတွေ့မှုရဲ့စွမ်းအားဖြင့် လူသားမျိုးနွယ်ကို ကုသပေးဖို့အတွက် ကျွန်တော်တို့က တိုးမြင့်လာတဲ့ပြောင်းလဲမှုတွေကို ဖြည်းဖြည်းချင်းမိတ်ဆက်နိုင်ပါတယ်။

အချိန်ကျလာပြီဆိုတဲ့အတွေးထက် ဘယ်အရာကမှ ပိုအားကောင်းတာ မရှိပါဘူး။ စစ်လက်နက်တွေချပြီး လက်ကမ်းရမယ့်အချိန်ရောက်လာပြီ။ စစ်လက်နက်တွေမဟုတ်တော့ဘဲ ချစ်ခြင်းမေတ္တာလက်ကမ်းရတော့မယ့်အချိန်ပါ။ ထိတွေ့ခြင်းဆိုတာဟာ အရာအားလုံးထက် အကြီးမြတ်ဆုံးလက်နက်ပါ။ အဲဒါက ကျွန်တော်တို့ရဲ့စိန်ခေါ်မှုပါပဲ။ ယဉ်ကျေးမှု၊ ဘာသာရေး၊ လူမျိုးရေး၊ ကျား၊မနှင့်လိင်ပိုင်းဆိုင်ရာ တိမ်းညွှတ်မှုတွေကို ကျော်လွှားနိုင်စေဖို့အတွက် မိမိတို့ရဲ့သားသမီးတွေကို ကောင်းမွန်တဲ့ထိတွေ့မှု သင်ကြားပေးပြီး ကမ္ဘာ့စနစ်သစ်ကို ဖန်တီးပေးရမှာပါ။ မြင့်မားတဲ့နည်းပညာ၊ မြင့်မားတဲ့ထိတွေ့မှုနှင့် ချစ်ခြင်းမေတ္တာများစွာကို ဖန်တီးပေးရမှာဖြစ်တယ်။

အရှုပ်တော်ပုံတစ်ခုအပေါ်တစ်ခု အာရုံစိုက်နေမယ့်အစား ထိတွေ့မှု ပရိဂရမ်တွေကို အကောင်အထည်ဖော်ခြင်းကို ဦးစွာအာရုံစိုက်ကြပါစို့။ ဦးစွာပထမမှာ သင့်မိသားစုတွင် ထိတွေ့မှုပရိုဂရမ်တစ်ခုကို စတင်ပါ။ အကြီးကြီးကျရှုံးတာထက် အနည်းငယ်အောင်မြင်ပါစေ။ ရိုးရှင်းတဲ့ထိတွေ့လှုပ်ရှားမှုအသစ်တစ်ခုကို မိတ်ဆက်ပေးပါ။ မနက်တိုင်း ညတိုင်း စက္ကန့် ၆၀ ကြာ ပွေ့ဖက်ပေး

တယ်ဆိုတာကို သင့်ကလေးတွေသိပါစေ။ အားလုံးပိုသက်တောင့်သက်သာရှိလာတာနဲ့ ပွေ့ဖက်ချိန်ကို တိုးမြှင့်နိုင်ပါတယ်။

ဒါကို လပေါင်းများစွာလေ့ကျင့်ပါ။ တစ်ယောက်နဲ့တစ်ယောက် မျက်လုံးတွေကို ကြည့်ပြီး သင့်ရဲ့အတွေးတွေ၊ ခံစားချက်တွေ၊ လိုအပ်ချက်တွေကို မျှဝေပေးပါ။ ခံစားချက်စက်ဝန်းကိုသုံးပါ။ ဖြေးဖြေးလုပ်ပါ။ အကြီးကြီးကျရှုံးတာထက် အနည်းငယ်အောင်မြင်ပါစေ။ ပြီးနောက် သင့်လက်မောင်းကို သင့်သား/သမီးရဲ့ပခုံးပေါ်တင်ပြီး လက်ချင်းချိတ်ကာ လမ်းလျှောက်ပါ။ ဒီအမူအကျင်ကို ဘယ်နိုင်ငံမှာမဆို လက်တွေ့လုပ်ဆောင်နိုင်ပါတယ်။

ပြီးတော့ သင့်သူငယ်ချင်းတွေပါဝင်ဖို့အတွက် ဒီထိတွေ့ခြင်း ပရိုဂရမ်ကို တိုးချဲ့ပါ။ ၎င်းကို သင့်အသိုင်းအဝိုင်းဖြစ်တဲ့အဖွဲ့အစည်းတွေ၊ ဝတ်ပြုရာနေရာတွေ၊ လုပ်ဖော်ကိုင်ဖက်တွေနဲ့ ချိတ်ဆက်ပါ။ မြန်မြန်စတင်လေ ကောင်းမွန်တဲ့ထိတွေ့မှုရဲ့အကျိုးကျေးဇူးတွေကို မြန်မြန်ရရှိလေဖြစ်မယ်။ သင့်ဘဝအသက်တာဟာ ပုဂ္ဂိုလ်ရေးအရရော ပရော်ဖယ်ရှင်နယ်အရပါ သိသာထင်ရှားစွာ တိုးတက်လာမှာဖြစ်တယ်။

အကျပ်အတည်းတွေပေါ်လာမှသာ ကျွန်တော်တို့အကောင်းဆုံးဖြစ်ဖို့ မဟုတ်ပါဘူး။ နေ့ရက်တိုင်းမှာ အကောင်းဆုံးဖြစ်ရမှာပါ။ အမျိုးသမီးတွေအနေနဲ့လိင်ဆက်ဆံခြင်းမရှိဘဲ ယောကျ်ားတွေကို ထိတွေ့နည်း၊ ပွေ့ဖက်နည်း၊ ကိုင်နည်း၊ ပွေ့ဖက်နည်း စတာတွေကို စတင်သင်ကြားပေးပါ။ မိသားစုမှာ အမျိုးသားက ဇနီးသည်ရဲ့လိုအပ်ချက်တွေကို မဖြည့်ဆည်းပေးနိုင်လို့ သူ့မရဲ့စိတ်ခံစားမှု လိုအပ်ချက်တွေဖြည့်ဆည်းပေးဖို့အတွက် သူ့မသားကို အားကိုးအားထားပြုရတဲ့အဖြစ်မျိုး လုံးဝမဖြစ်သင့်ပါ။ ဒီသားလည်း ကြီးပြင်းလာတဲ့အခါ သူ့အဖေက သူ့အမေကို ဆက်ဆံတဲ့ပုံစံအတိုင်း သူ့ဇနီးကို ပြုစုစောင့်ရှောက်ရမှန်းမသိဖြစ်နိုင်ပါတယ်။ ဒါကြောင့် ဒီနေ့ သင့်မိသားစုမှာ ထိတွေ့ခြင်း ပရိုဂရမ်ကို စတင်လိုက်ပါ။ TTT ဟာ ကောင်းမွန်တဲ့ထိတွေ့မှုမှတစ်ဆင့် ကမ္ဘာကြီးကို ကုသပေးတဲ့နည်းလမ်းတစ်ခုဖြစ်ပါတယ်။

ကျွန်တော်တို့ရဲ့အကြီးမားဆုံးသဘာဝအရင်းအမြစ်မှာ အခြားအမျိုးသား၊ အမျိုးသမီး ဒါမှမဟုတ် ကလေးတွေကို ကျွန်တော်တို့လက်နဲ့ ဆုပ်ကိုင်ဖို့ပါပဲ။ ဒါဟာ ကျွန်တော်တို့ရဲ့အကြီးမားဆုံး အရင်းအမြစ်၊ လျှို့ဝှက်လက်နက်ပါပဲ။ လိင်ဆက်ဆံခြင်းက ချစ်ခြင်းမေတ္တာကို အစားထိုးခဲ့တာဟာ ကြာမြင့်နေပြီဖြစ်တယ်။ ဒါဟာ အလုပ်မဖြစ်ပါ။ ကောင်းမွန်တဲ့ထိတွေ့မှုဖြင့် ကမ္ဘာကြီးကို ကုသခြင်းဟာ ကမ္ဘာသစ်အစီအစဉ်ဖြစ်တယ်။

TTT ဟာ အတူတကွအချိန်ယူခြင်း၊ ကောင်းမွန်တဲ့နည်းလမ်းတွေနဲ့ ထိတွေ့ခြင်း၊ တာဝန်သိစွာပြောဆိုခြင်း၊ မျှဝေခြင်း၊ နားထောင်ခြင်းနှင့် လိုအပ်ချက်တွေကို ဖြည့်ဆည်းပေးခြင်းတွေနဲ့ပတ်သက်တယ်။ သေနတ်ကြီးနဲ့ ဒေါသကြီးတဲ့ကောင်လေးတွေက စိတ်ဒဏ်ရာတွေရနေတွေဖြစ်ကြတယ်။ လူကို နာကျင်အောင်လုပ်ရင် လူကိုထိခိုက်တယ်။ ကမ္ဘာ့လူတွေက ကျွန်တော်တို့ကို လိုအပ်တယ်။ ဒီလိုလူတွေကို မြင်တဲ့အခါ လိင်စိတ်မပါဘဲ ပွေ့ဖက်ပြီး နမ်းပေးပါ။ ကောင်းမွန်တဲ့ပွေ့ဖက်ခြင်းနှင့်အနမ်းတွေဟာ နာကျင်နေတဲ့ကလေးတွေနှင့် လူကြီးတွေကို ချမ်းမြေ့စေတယ်။

TTT = အချိန်မရွေး နှလုံးသားရတနာတွေပါ။ ကျေးဇူးပြု၍ သီချင်းတစ်ပုဒ်၊ ကဗျာတစ်ပုဒ်ရေးပါ ဒါမှမဟုတ် TTT အကြောင်း ဗီဒီယိုတစ်ခုဖန်တီးပြီး ကျွန်တော်တို့ရဲ့ TTT YouTube Channel တွင် လင့်ခ်နဲ့ တင်ပေးပါ။ TTT ဖြင့် ကမ္ဘာကြီးကို လှုပ်ခါလိုက်ရအောင်။

Maya Angelou ရေးတဲ့ *I Know Why the Caged Bird Sings* ဆိုတဲ့ စာအုပ်တွင် သူမဟာ ရှစ်နှစ်သားအရွယ်ကလေးဘဝမှာ လိင်ပိုင်းဆိုင်ရာအလွဲ သုံးစားပြုမှုနှင့်မုဒိမ်းမှုဆိုင်ရာ အတွေ့အကြုံအကြောင်းကို ရေးသားခဲ့တယ်။ "ငါတို့ဟာ ယုံကြည်တဲ့အရာတွေကို မရွေးပါဘူး။ ၎င်းတို့ကပဲ ငါတို့ကို ရွေးချယ်တာပါ"လို့ဆိုပါတယ်။ ကျွန်တော်တို့ရဲ့ဆုလက်ဆောင်ဟာ ဒဏ်ရာကနေတစ်ဆင့်ဖြစ်တာပါ။ ဘုရားသခင်က ကျွန်တော့်ကို အလွန်ကြံ့ကြံ့ခံနိုင်တဲ့လူသား တစ်ဦးဖြစ်စေခဲ့တယ်။ နောက်ပြီး ကျွန်မ လိင်ပိုင်းဆိုင်ရာ စော်ကားခံခဲ့ရတယ်။ အဖေက စစ်ကျောင်းမှာ ကြီးပြင်းလာခဲ့အတိုင်း ကလေးဘဝတုန်းက ရသင့်ရထိုက်တာကို မခံစားခဲ့ရဘူး။ သူဟာ သူ့ကလေးဘဝတစ်လျှောက်လုံးမှာ အထိအတွေ့မခံချိမခံသာဖြစ်ခဲ့ရတာကြောင့် ကျွန်မကို ကောင်းကောင်းမထိတွေ့ခဲ့ပါ။ အမေက ကျွန်မနဲ့ အရမ်းနီးကပ်တာကြောင့် သူမရဲ့နာကျင်မှုတွေနဲ့စိတ်ပျက်မှုတွေကို ကျွန်မ မျှဝေခံစားခဲ့ရတယ်။

အရှေ့ပိုင်းစာမျက်နှာတွေမှာ ဖော်ပြသလိုပဲ ကျွန်တော်ဟာ အသက် ၅ နှစ်အရွယ်မှာ ဦးလေး Pete က လိင်ဆက်ဆံဖို့ မိတ်ဆက်ပေးခဲ့ပြီး အလယ်တန်းနဲ့အထက်တန်းကျောင်းတက်တဲ့အခါ သူငယ်ချင်းတွေက မိတ်ဆက်ပေးခဲ့ပါတယ်။ အဲဒီနောက်မှာ အချစ်ကို မှားယွင်းတဲ့နေရာတွေ၊ မှားယွင်းတဲ့နည်းလမ်းတွေနဲ့ နှစ်ပေါင်းများစွာကြာအောင် ရှာခဲ့ရတယ်။ Phillip, Peter၊ Russell, Jae Sook၊ Victoria နှင့် Hilde တို့ရဲ့အကူအညီဖြင့် ကျွန်တော်ရဲ့နှလုံးသားတစ်ဝိုက်မှာ ကာရံထားတဲ့နံရံတွေဟာ အရည်ပျော်လာပြီး အချစ်ဟာ မိမိရဲ့အနက်ရှိုင်းဆုံး အူတိုင်သို့ရောက်ရှိလာရတယ်။ ကျိုးကြေသွားတဲ့ခန္ဓာကိုယ်နဲ့စိတ်ဝိညာဉ်ကို သူတို့ရဲ့ချစ်ခြင်းမေတ္တာတွေ ဖက်တွယ်ထားခြင်းမရှိရင် သေရလိမ့်မယ်။ ပြီးတော့ Jarish၊ Jessica နဲ့ Alfred တတွေလည်း ဘယ်တော့မှမွေးဖွားလာမှာမဟုတ်ပါဘူး။ ကျွန်တော်တို့ရဲ့ထူးကဲလှတဲ့ ကလေးသုံးယောက်ဟာ အခုချိန်မှာ သူတို့ရဲ့ထူးခြားတဲ့ကံကြမ္မာကို ဖြည့်ဆည်းနေကြပါတယ်။

ကောင်းမွန်တဲ့အချိန်ပေးခြင်း၊ ထိတွေ့ခြင်း၊ စကားပြောခြင်း စတဲ့အရာတွေရဲ့ကုစားနိုင်တဲ့စွမ်းအားတွေအကြောင်း ခက်ခဲတဲ့နည်းလမ်းကို လေ့လာခဲ့ပြီးဖြစ်ပါတယ်။ ကျေးဇူးပြု၍ TTT ကနေတဆင့် ကမ္ဘာကြီးကို ပိုမိုသက်သာရာရစေရဖို့အတွက် ကျွန်တော့်ကို ပါဝင်ကူညီပါ။ ကျွန်တော်ဟာ ထိတွေ့ခြင်း ဘုရင်ပါ။ သင်လည်းပဲ ထိတွေ့ခြင်းနဲ့ပတ်သက်ပြီးတော့ ဘုရင်နှင့်ဘုရင်မဖြစ်နိုင်ပါတယ်။ ဒါဟာ ကျွန်တော်တို့ကလေးတွေနှင့်ကမ္ဘာကြီးအတွက် ချစ်ခြင်းမေတ္တာတိုက်ပွဲပါပဲ။ ဘယ်သူအနိုင်ရမလဲ။

အချစ်ဆုံးနဲ့ အကြာဆုံးချစ်တဲ့သူက အချစ်ရဲ့အောင်မြင်သူဖြစ်လိမ့်မယ်

#MeToo နှင့် #TimesUp လှုပ်ရှားမှုတွေဟာ အာဏာအလွဲသုံးစားလုပ်မှုကို ရပ်တန့်ဖို့ ကြိုးစားလုပ်ဆောင်ခဲ့တယ်။ TTT လှုပ်ရှားမှုကတော့ လိင်မှုကိစ္စအလွဲသုံးစားလုပ်စရာမလိုဘဲ ရင်းနှီးမှုကို ဖန်တီးပေးရုံတင်မက ဖြေရှင်းချက်တွေကို ချပြမှာဖြစ်တယ်။ ဉာဏ်အတုဟာ သင့်ပတ်ဝန်းကျင်မှာ ချစ်ခြင်းမေတ္တာရဲ့နွေးထွေးမှုကို ဘယ်တော့မှဆောင်ကြဉ်းပေးနိုင်မှာမဟုတ်ပါ။ လုပ်ရပ်တွေက စကားလုံးတွေထက် ပိုမိုထိရောက်တယ်။ ကျွန်တော်တို့နှင့် အချင်းချင်းထိတွေ့ကြပါစို့။ ကောင်းမွန်တဲ့ထိတွေ့မှုလက်ဆောင်ကို လက်ဆင့်ကမ်း

လိုက်ပါ။ ကျွန်တော်တို့ရဲ့ TTT စင်တာတွေဆီကို သွားရောက်ပြီး ဒီနေ့မှာပဲ ကောင်းမွန်တဲ့ထိတွေ့မှုကို ရယူလိုက်ပါ။

Down's Syndrome ရှိတဲ့ကလေးတွေနှင့်လူကြီးတွေဟာ လူတိုင်းကို ပွေ့ဖက်ထားတယ်။ ဒါဟာ ကြီးမြတ်တယ်ထင်တယ်။ အခုအချိန်ဟာ အလားတူလုပ်ဆောင်ရမယ့်အချိန်ဖြစ်တယ်။ သင်ဟာ ဒီစိတ်ကူးတွေကြောင့် စိတ်အားထက်သန်နေပြီး ဒီလုပ်ထုံးလုပ်နည်းအသစ်တွင် ပါဝင်လိုပါက သင့်အသိုင်းအဝိုင်းမှာ TTT စင်တာတွေကို ဖန်တီးဖို့ ကျွန်တော်တို့ကို ကူညီပေးပါ။ ကျွန်တော်တို့ရဲ့ရုံးကို TTT@TimeTouchandTalk.com တွင် ဆက်သွယ်ပါ။

University of Houston မှ သုတေသန ပါမောက္ခ Brene Brown ဟာ စာအုပ်ကိုးအုပ်ကို ရေးသားခဲ့ပြီး နောက်ဆုံးထွက်ကတော့ *Dare to Lead* ဆိုတဲ့စာအုပ်ဖြစ်တယ်။ The Power of Vulnerability ဆိုင်ရာ သူမရဲ့ TED ဟောပြောချက်ဟာ ကြည့်ရှုသူ ၃၇ သန်းကျော်ရရှိထားပြီးဖြစ်တယ်။ သူမရဲ့ သုတေသနပြုချက်မှာ အားနည်းချက်၊ သတ္တိ၊ စစ်မှန်မှုနှင့် ရှက်စရာအကြောင်း ဖြစ်တယ်။

ပုခက်ကို လှုပ်တဲ့လက်ဟာ ကမ္ဘာကြီးကို အုပ်စိုးတယ်
–J Edgar Hoover

ကောင်းမွန်တဲ့ထိတွေ့ခြင်းက သက်သာပျောက်ကင်းစေမယ့် ဒဏ်ရာအမျိုးအစားများစွာရှိပါတယ်။

၁။ အဖေနှင့်သမီး၊ မိခင်နှင့်သားကြားတွင် အမျိုးမတူတဲ့စိတ်ပိုင်းဆိုင်ရာဒဏ်ရာတွေ၊

၂။ သားအဖနှင့် မိခင်နှင့်သမီး အကြားတွင် မျိုးတူတဲ့စိတ်ခံစားမှု ဒဏ်ရာတွေ၊

၃။ ဒါ့အပြင် မွေးချင်းဒဏ်ရာတွေ၊ လိင်ပိုင်းဆိုင်ရာအလွဲသုံးစားပြုဒဏ်ရာတွေ၊ ကိုယ်ထိလက်ရောက်စော်ကားမှုဒဏ်ရာတွေ၊ လစ်လျူရှုမှုဒဏ်ရာတွေနှင့် အခြားအရာတွေ၊

- အမျိုးသားလမ်းညွှန်ဆရာတွေဟာ အမျိုးသမီးတွေရရှိခံစားနေရတဲ့သူတို့ရဲ့ဖခင်ဒဏ်ရာတွေကို ဖြေရှင်းပေးပြီး ကုသပေးကာ မေတ္တာလိုအပ်ချက်တွေကို ဖြည့်ဆည်းပေးမှာဖြစ်ပါတယ်။

- အမျိုးသားလမ်းညွှန်ဆရာတွေဟာ အမျိုးသားတွေရရှိခံစားနေရတဲ့သူတို့ရဲ့ဖခင်ဒဏ်ရာတွေကို ဖြေရှင်းပေးပြီး ကုသပေးကာ မေတ္တာလိုအပ်ချက်တွေကို ဖြည့်ဆည်းပေးမှာဖြစ်ပါတယ်။
- အမျိုးသမီးလမ်းညွှန်ဆရာတွေဟာ အမျိုးသားတွေရရှိခံစားနေရတဲ့သူတို့ရဲ့မိခင်ဒဏ်ရာတွေကို ဖြေရှင်းပေးပြီး ကုသပေးကာ မေတ္တာလိုအပ်ချက်တွေကို ဖြည့်ဆည်းပေးမှာဖြစ်ပါတယ်။
- အမျိုးသမီးလမ်းညွှန်ဆရာတွေဟာ အမျိုးသမီးတွေရရှိခံစားနေရတဲ့သူတို့ရဲ့မိခင်ဒဏ်ရာတွေကို ဖြေရှင်းပေးပြီး ကုသပေးကာ မေတ္တာလိုအပ်ချက်တွေကို ဖြည့်ဆည်းပေးမှာဖြစ်ပါတယ်။

TTT စင်တာတွေက ဆုံးရှုံးသွားတဲ့ချစ်ခြင်းမေတ္တာနှင့်မဖြေရှင်းလိုက်တဲ့ဒဏ်ရာတွေကို ပြန်လည်ရရှိဖို့အတွက် အမျိုးသားနှင့်အမျိုးသမီး လမ်းညွှန်ဆရာတွေကို စီစဉ်ပေးပါလိမ့်မယ်။ TTT စင်တာတွေဟာ နောက်ဆုံးမှာ ကောလိပ်ကျောင်းဝင်းတွေ၊ အလုပ်စခန်းတွေ၊ ရုံးအဆောက်အအုံတွေ၊ ဟိုတယ်တွေအထိ တိုးချဲ့သွားမှာဖြစ်တယ်။

သင့်ရဲ့အိပ်မက်တွေကို တကယ်ဖြစ်လာအောင်လုပ်ဖို့
ကျွန်တော်တို့ဒီမှာ ရှိနေပါတယ်။
လိင်ကိစ္စကလွဲလို့ ကျွန်တော်တို့အရာအားလုံးကို ကမ်းလှမ်းတယ်

ကောင်းမွန်တဲ့အချိန်ပေးခြင်း၊ ထိတွေ့ခြင်းနှင့်စကားပြောခြင်း ဆိုတဲ့အရာတွေကနေတဆင့် ကမ္ဘာကြီးကို ကုသပေးခြင်း ယူဆောင်ပေးတဲ့နေရာမှာ ဘုရားသခင်က ကျွန်တော်ဂျူးခရစ်ယာန်တစ်ဦးကို အသုံးပြုမယ်လို့ တစ်ခါမှ စိတ်မကူးခဲ့ဖူးပါ။ ကျွန်တော့်ဘဝအသက်တာဟာ အစကနေအဆုံးထိ လုံးဝသမရိုးကျမဟုတ်ပါဘူး။ ဒီစာအုပ်နှင့် TTT ပရောဂျက်ဟာ ၂၂ နှစ်ကြာအိပ်မက်တစ်ခုဖြစ်တယ်။ ဒီစာအုပ်ကို ရေးနေရင်းနဲ့ လွန်ခဲ့တဲ့သုံးနှစ်အတွင်းမှာ ဒီစာမူတွေရဲ့အစိပ္ပါယ်ကို ပြန်လည်ရှာဖွေတွေ့ရှိဖို့ ဆင်းရဲဒုက္ခကို အကြိမ်ကြိမ်ဖြတ်သန်းခဲ့ရတယ်။

ကောင်းမွန်တဲ့အချိန်ပေးခြင်း၊ ထိတွေ့ခြင်း၊ စကားပြောခြင်းနဲ့ပတ်သက်တဲ့အမှန်တရားကို ဖော်ထုတ်ဖို့အတွက် ပေးဆောင်ရမယ့်ဈေးနှုန်းက အတော့်

ကိုဈေးကြီးပါတယ်။ ဒီလက်ဆောင်တွေကို သင့်အတွက် မေတ္တာနဲ့ပေးလိုက်ပါတယ်။ ဒါ့အပြင် ဒီ TTT စာအုပ်မှာပါရှိတဲ့လေ့ကျင့်ခန်းတွေနှင့်သဘောတရားတွေဟာ အစပဲရှိသေးကြောင်း ကျွန်တော်အပြည့်အဝသိရှိထားတယ်။ သင့်ရဲ့နားလည်မှုနှင့်ကိုယ်ရေးကိုယ်တာ ကုသမှုကို ပိုမိုနက်ရှိုင်းစေဖို့အတွက် စာအုပ်ရဲ့နောက်ဘက်ရှိ အကြံပြုထားတဲ့ကိုးကားချက်တွေကို အသုံးပြုပါ။ သင်လေ့လာထားသမျှကို လုပ်ဆောင်ပါ။ အကြီးကြီးကျရှုံးတာထက် အနည်းငယ်လေးအောင်မြင်ပါစေ။

ထိတွေ့ခြင်း ≠ လိင်ကိစ္စကို အမြဲအမြဲတမ်း သတိရပါ။ လိင်ဆက်ဆံတဲ့နည်းလမ်းနဲ့မဟုတ်ဘဲ ကောင်းမွန်တဲ့ထိတွေ့မှုဖြင့် အသားချင်းထိတွေ့ဖို့ လိုလားတောင့်တမှုကို ဖြည့်ဆည်းပေးခြင်းဖြင့် ကျွန်တော်တို့က ↑ ကုန်ထုတ်စွမ်းအား၊ ↑ ကောင်းကျိုးချမ်းသာဖြစ်ခြင်း၊ ↑ မိမိကိုယ်ကိုတန်ဖိုးထားခြင်း၊ ↑ ပျော်ရွှင်မှုနှင့် ↑ သနားကြင်နာမှုတွေကို ရရှိမှာဖြစ်ပါတယ်။

TTT+

အလွန်အင်မတန်နာကျင်ပြီး အကူအညီလိုအပ်နေတဲ့ ခေါင်းဆောင်မှုဆိုင်ရာရာထူးတွေမှာ ကျွန်တော်တို့ဟာ TTT+ လို့ခေါ်တဲ့အပိုဝန်ဆောင်မှုတစ်ခုကို ပေးထားပါတယ်။ တကယ်လို့ သင်ဟာ အလုပ်အလွန်အကျွံလုပ်ရလို့ သင့်မိသားစု၊ လုပ်ငန်း၊ သာသနာ၊ အများအတွက် တစ်ရက်ကိုတောင် အချိန်မပေးနိုင်ဘူးဆိုရင်၊ တကယ်လို့ သင်ဟာ ဓမ္မအမှုတော်မြတ်ကို နှစ်အတန်ကြာထမ်းဆောင်ရင်းနဲ့ သင့်အတွက် တစ်ရက်ကိုတောင် မကျန်တော့ဘူးဆိုရင်၊ သင်ဟာ မလုပ်ချင်တဲ့အရာကိုလုပ်နေတဲ့အတွက် ရပ်ပစ်ချင်ရင်၊ တကယ်လို့ သင်ဟာ စိတ်ကူးအိပ်မက်တွေထက် ပိုမိုပြီးမြောက်အောင်မြင်ခဲ့ရလို့ သင့်နှလုံးသားနှင့်ဝိညာဉ်ကို လူများစွာဆီပေးအပ်ထားတဲ့အတွက် တစ်ရက်ကိုတောင်မရနိုင်တော့ရင်၊ တကယ်လို့ သင်ဟာ အများအတွက် သင့်ရဲ့အကောင်းဆုံးအရာတော်တော်များများကို ပေးထားပြီး သင့်ကို ဂုဏ်ပြုဖို့/နှစ်သိမ့်ပေးဖို့/ချစ်ဖို့ တစ်စုံတစ်ယောက်ကို လိုအပ်နေရင် TTT+ ဟာ သင့်လိုအပ်ချက်တွေကို ဖြည့်ဆည်းပေးဖို့ အသင့်ရှိနေပါတယ်။

သင့်ရဲ့အလိုအပ်ဆုံးအရာတွေကို ဖြည့်ဆည်းပေးနိုင်ဖို့အတွက် စိတ်ဝိညာဉ်ချစ်တဲ့အဖွဲ့တစ်ဖွဲ့ကို ကျွန်တော်တို့ဖွဲ့စည်းထားတယ်။ အချစ်ခံရဖို့၊ ဆုပ်

ကိုင်ထားဖို့၊ နားထောင်ဖို့၊ ကုသဖို့၊ နှစ်တွေတစ်လျှောက်လုံးမှာ အနစ်နာခံပြီး ဝန်ဆောင်မှုပေးခဲ့တဲ့အရာတွေအတွက် ဂုဏ်ပြုခံရမယ့်အချိန်ဟာ အခုအချိန်ပါပဲ။ ကျွန်တော်တို့ရဲ့ TTT+ အဖွဲ့ဟာ သင့်ကို စောင့်မျှော်နေပါတယ်။

သင်မလုပ်ချင်တဲ့အရာတွေကို ဆက်လုပ်ဖို့ မလိုတော့ပါဘူး။ ကောင်းမွန်တဲ့နည်းလမ်းတွေကိုခံယူရမယ့်အချိန်ရောက်ပြီ။ သင့်စိတ်နှလုံး၊ ကိုယ်ခန္ဓာနှင့်စိတ်ဝိညာဉ်တွေကို ဂုဏ်ပြုမယ့်အခမ်းအနားတစ်ခုကို ကျွန်တော်တို့ဖန်တီးပြီး သင်တစ်ခါမှအချစ်မခံဖူးတဲ့အရာနှင့် ဂရုစိုက်မှုမခံဖူးတဲ့အရာကို ခံယူရမှာဖြစ်ပါတယ်။ TTT+ ဟာ သင့်အတွက် ဖန်တီးထားရတာပါ။ ပင်ပန်းနွမ်းနယ်နေမှုတွေ၊ ဒဏ်ရာတွေနှင့် ဟိုယောင်သည်ယောင်လှည့်လည်နေတဲ့ဝိညာဉ်ကို ကုစားဖို့ အချိန်ပေးခြင်း၊ ထိတွေ့ခြင်းနှင့်စကားပြောခြင်း အချိန်ဖြစ်ပါတယ်။ ကျွန်တော်တို့ဟာ သင့်အတွက် ဒီနေရာမှာ ရှိပါတယ်။ သင့်လိုအပ်ချက်တွေကို ဆွေးနွေးဖို့ ကျွန်တော်တို့ရုံးကို ဖုန်းဆက်ပါ။ ကျွန်တော်တို့အကောင်းဆုံးအာမခံပါတယ်။ သင့်ရဲ့လိုအပ်ချက်တွေက မြင့်မြတ်ပြီး ဘေးကင်းလိမ့်မယ်။

နောက်ထပ်ကုစားခြင်းအတွက် ကိုးကားချက်တေ

Embracing Ourselves, Hal and Sidra Strone, Ph.D., (Voice Dialogue), New World Library, 1998.

Focusing, Eugene Gendlin, Ph.D., Bantam Books, New York, 1982.

Healing the Child Within, by Dr. Charles L. Whitfield, M.D., Health Communications, 1987.

The Healing Power of Humor, Allen Klein, Jeremy P. Tarcher, Inc, Los Angeles, CA, 1989.

Holding Time, Martha Welch, M.D., Fireside Book, Simon & Schuster, New York, 1988.

Mindful Loving: 10 Practices for Creating Deeper Connections, Henry Grayson, Ph.D., 2003, Penguin Publishing Group, New York.

Recovery of Your Inner Child, Lucia Capacchione, Ph.D., Simon & Schuster, Fireside Book, New York, 1991.

Self-Parenting: The Complete Guide to Your Inner Conversations, by John K. Pollard III, Generic Human Studies Publishing, Rancho Cordova, CA, 2018.

What you Feel You Can Heal, John Gray, Ph.D., Heart Publishing, Mill Valley, CA,1993.

Raising An Emotionally Intelligent Child: The Heart of Parenting, John Gottman, Simon & Schuster, New York, 1998.

Real Love and Real Love in Marriage, Greg Baer, Avery publishing, 2004 & 2007.

Self-Sabotage, Martha Baldwin, Grand Central Publishing, 1990.

The Secret Life of the Unborn Child, Thomas Verny, M.D., with John Kelly, Dell Publishing, New York, 1981.

Ten Days to Self-Esteem, David Burns, Harper Collins, New York City, New Your, 1993.

Touch Therapy, Helen Colton, Kensington Publishing Corp., New York, 1983.

Touching: The Human Significance of Skin, Ashley Montague, Ph.D., Harper & Row Publishers, New York, 1986.

You Just Don't Understand: Women and Men in Conversation, Deborah Tannen, Ballantine Books, New York, 1990.

Why Marriages Succeed or Fail…And How You Can Make Your Last, John Gottman, Fireside Book, Simon & Schuster, New York, 1994.

မိသားစုကို ကုစားခြင်း အပိုင်းတော

မိသားစုကို ကုစားခြင်း အပိုင်း (FHS) ဟာ မိသားစုအကြံပေးခြင်းတွင် အဆင့်မြင့်ဆုံးနှင့်အထိရောက်ဆုံး ကုထုံးတန်ဆာပလာတစ်ခုဖြစ်တယ်။ FHS ဟာ မိသားစုအတွင်း ပိုမိုရင်းနှီးမှုနှင့် ချစ်ဖွယ်ဆက်ဆံရေးတွေကို ဖန်တီးပေးထားတယ်။ ဒါဟာ မိဘတွေနှင့်သားသမီးတွေကြား ကောင်းမွန်တဲ့ချိတ်ဆက်မှုနှင့်ဆက်သွယ်မှုကို ဟန့်တားတဲ့အတားအဆီးတွေကို ဖယ်ရှားဖို့ အထူးသဖြင့် အထောက်အကူဖြစ်တယ်။ မိသားစုအတွင်း ကာလရှည်ကြာပဋိပက္ခတွေကို ဖြေရှင်းရာမှာလည်း ပံ့ပိုးပေးပါတယ်။

အကောင်းဆုံးကတော့ မိဘတွေနှင့်သားသမီးတွေအားလုံး FHS မှာ ပါဝင်ကြဖို့ပါပဲ။ ကျွန်တော်တို့ရဲ့မိသားစုကို ကုစားခြင်း အပိုင်းတွေမှာ ပါဝင်ခဲ့ကြတဲ့အများအပြားက ဒီအတွေ့အကြုံဟာ ကုထုံးနှစ်ပေါင်းများစွာထက် သာလွန်တယ် ဒါမှမဟုတ် တူညီတယ်လို့ ဆိုကြပါတယ်။

မိဘ-ကလေး နှောင်ကြိုးနဲ့ ပဋိပက္ခတွေကို ဖြေရှင်းခြင်း

မိသားစုကို ကုစားခြင်း အပိုင်းရဲ့ရည်ရွယ်ချက်မှာ ဒဏ်ရာရနေတဲ့သားသမီးတွေကို သူတို့မိဘတွေ ဒါမှမဟုတ် ညီအစ်ကိုမောင်နှမတွေနဲ့ ချိတ်ဆက်ပေးဖို့ဖြစ်ပါတယ်။ ကလေးရဲ့ရုန်းကန်မှုဟာ တစ်မိသားစုလုံး အတူတကွပူးပေါင်းပြီး ကုစားဖို့ အခွင့်အရေးဖြစ်လာပါတယ်။

အရင်က ကလေးတစ်ဦးတွေ့ကြုံခဲ့ရတဲ့ နာကျင်တဲ့အဖြစ်အပျက်ကနေတစ်ဆင့် မိဘနှင့်သားသမီးဆက်ဆံရေးပြတ်သွားတာဖြစ်နိုင်တယ်။ တကယ်လို့စိတ်ပိုင်းဆိုင်ရာ တွယ်တာမှုတစ်ခုဟာ အသိအမှတ်မပြုခဲ့ဘူး/မဖြေရှင်းခဲ့ဘူးဆိုရင် အတွင်းဒဏ်ရာရနေတဲ့ကလေးဟာ ခံစားနေရတဲ့နာကျင်မှုကို ရင်ဆိုင်ဖို့အတွက် "ရောဂါလက္ခဏာ" ဖြစ်ပေါ်လာပါလိမ့်မယ်။ ကျွန်တော်တို့ရဲ့မိသားစုကို ကုစားခြင်း အပိုင်းတွေကနေတစ်ဆင့် မိဘတွေနှင့်ကလေးတွေဟာ သူတို့ရဲ့လွန်ကဲတဲ့စိတ်ခံစားမှုတွေနှင့် ဒဏ်ရာတွေကို ဖော်ပြကြတယ်။ ဒီလုပ်ငန်းစဉ်ရဲ့ရလဒ်ကတော့ လှပတဲ့ဆက်ဆံရေးနဲ့ချစ်ခြင်းမေတ္တာအသစ်ကို တွေ့ကြုံခံစားကြရမှာဖြစ်ပါတယ်။

နောက်ဆုံးမှာ ကလေးဟာ လုံခြုံမှုကို ရရှိခံစားရပြီး "ငါပိုင်ဆိုင်ပြီ" ဆိုတဲ့အတွေးကို ခံစားရလိမ့်မယ်။ သင်ရရှိမယ့်အကျဉ်းချုပ်ကတော့

- မိဘတွေနှင့်ကလေးတွေအတွက် မိသားစုကို ကုစားခြင်း အစီအစဉ်- နှစ်ရက် အထူးကြပ်မတ်
- ကိုယ်ရေးကိုယ်တာ ကုသမှု အစီအစဉ်- မိဘနှင့်သားသမီး ဆက်ဆံရေးကို ဘယ်လိုဆက်လုပ်မလဲ။
- ဂရုစိုက်တဲ့အစီအစဉ်ပြီးရင် ဆက်လက်ပံ့ပိုးကူညီပါ။

ကျွန်တော်တို့ဆီအီးမေးလ်ပို့ပါ: TTT@TimeTouchandTalk.com တကယ်လို့ မိသားစုကို ကုစားခြင်း အပိုင်းကို ပိုမိုသိရှိလိုပါက Tel. (301) 805-5155 ကို ခေါ်ဆိုနိုင်ပါတယ်။

စာရေးသူအကြောင်း

Richard Cohen, M.A. ဟာ စိတ်ရောဂါကုဆရာဝန်၊ သင်ကြားရေးဆရာ၊ စာရေးဆရာဖြစ်ပြီး အမေရိကန်၊ ဥရောပ၊ လက်တင်အမေရိကနှင့်အရှေ့အလယ်ပိုင်းတစ်ခွင်သို့သွားရောက်ကာ အိမ်ထောင်ဆက်ဆံရေး၊ ဆက်သွယ်မှုစွမ်းရည်၊ မိဘအုပ်ထိန်းမှုစွမ်းရည်၊ လိင်ပိုင်းဆိုင်ရာအလွဲသုံးစားပြုမှုမှ ကုစားခြင်း၊ လိင်ပိုင်းဆိုင်ရာစိတ်တိမ်းညွတ်မှု ပြဿနာတွေကို သင်ကြားပေးသူဖြစ်တယ်။ လွန်ခဲ့တဲ့နှစ် ၃၀ အတွင်း သူဟာ ကုထုံးရေးမှာ ရာနဲ့ ချီတဲ့လူတွေ၊ ကုသရေး နှီးနှောဖလှယ်ပွဲတွေကနေ တစ်ဆင့် သမားတော် ၆၀၀၀ ကျော်၊ စိတ်ပညာရှင်တွေ၊ အတိုင်ပင်ခံတွေ၊ သာသနာ့ခေါင်းဆောင်တွေကို ကူညီပေးခဲ့သူဖြစ်ပါတယ်။ သူသင်ကြားပေးခဲ့တဲ့သူတွေလည်း လိင်ပိုင်းဆိုင်ရာမှာ အခက်အခဲရှိသူတွေကို ကူညီဖြေရှင်းပေးနိုင်ဖို့အတွက် ဖြစ်ပါတယ်။ Cohen ဟာ ၁) လိင်တူချင်းဆက်ဆံသူ (Gay) ဖြစ်ခဲ့ဖူးတယ်၊ ၂) လိင်တူချင်းဆက်ဆံတဲ့မိသားစုတွေကို ကုစားခြင်းအတွက် အစီအစဉ်ရှိသူဖြစ်ပါတယ်၊ ၃) လိင်တူချင်းဆက်ဆံတဲ့မိသားစုဝင်တွေ၊ သူငယ်ချင်းတွေနှင့်အိမ်နီးချင်းတွေကို ချစ်ခင်သူဖြစ်ပါတယ်၊ ၄) လူသားတွေကို ကုစားခြင်းဆိုတဲ့အရာနဲ့ပတ်သက်ပြီးတော့ အချိန်ပေးခြင်း၊ ထိတွေ့ခြင်းနှင့်စကားပြောခြင်း စတဲ့အကြောင်းကို ရေးသားပြီး မကြာမီထွက်ရှိတော့မယ်၊ ၅) TTT Parenting ကို ရေးသားသင်ကြားပေးသူလည်းဖြစ်တယ်။

သူဟာ ၁၉၉၀ ခုနှစ်တွင် International Healing Foundation (IHF) ကို တည်ထောင်ခဲ့ပြီး လက်ရှိတွင် Positive Approaches To Healthy Sexuality (PATH) ရဲ့ဥက္ကဋ္ဌနှင့် ပူးတွဲတည်ထောင်သူဖြစ်တယ်။ Washington, D.C. မြို့ကြီးပြရေိယာတွင် အခြေစိုက်ထားတဲ့ PATH ဟာ အတိုင်ပင်ခံလေ့ကျင့်

ရေးအစီအစဉ်တွေ၊ မိသားစု ကုသရေးအပိုင်းတွေ၊ တိုင်ပင်ဆွေးနွေးမှုတွေ၊ အထောက်အကူပြု အရင်းအမြစ်ပစ္စည်းတွေနှင့် စကားပြောဆိုဆက်ဆံမှုတွေကို ပံ့ပိုးပေးပါတယ်။ Cohen ဟာ ကောလိပ်တွေ၊ တက္ကသိုလ်ကျောင်းတွေ၊ ကုထုံးနှင့်ဘာသာရေးညီလာခံတွေမှာ ခေါ်ဖိတ်ခြင်းခံလေ့ရှိတဲ့ ကထိကဆရာကြီး တစ်ပါးဖြစ်ပါတယ်။

Cohen ဟာ Boston University မှ Bachelor's degree နှင့် Antioch University မှ counseling psychology တွင် Master's degree တွေကို ရရှိထားသူဖြစ်ပြီး ကလေးအလွဲသုံးစားပြုမှု ကုသရေးဝန်ဆောင်မှုတွေ၊ တစ်ဦးချင်း၊ စုံတွဲတွေ၊ မိသားစု ကုထုံးဆိုင်ရာဝန်ဆောင်မှုတွေမှာ ပါဝင်လုပ်ကိုင်ခဲ့တယ်။ အမေရိကန်ကြက်ခြေနီအဖွဲ့ Seattle, Washington အခန်းကြီးအတွက် HIV/AIDS ပညာပေးဆရာအဖြစ် သုံးနှစ်ကြာလုပ်ကိုင်ခဲ့ပြီး HIV ပိုးကူးစက်ခံထားရတဲ့ ကလေးတွေနဲ့ပတ်သက်တဲ့ မွေးစားမိဘတွေနှင့်ကျန်းမာရေးစောင့်ရှောက်မှု ပေးသူတွေအတွက် ပြည်နယ်အနှံ့ သင်ရိုးညွှန်းတမ်းကို ရေးသားခဲ့သူလည်းဖြစ်တယ်။

Cohen ဟာ ၂၀/၂၀ မှာ Jimmy Kimmel Live, Larry King Live, The O'Reilly Factor၊ CNN နှင့်ကမ္ဘာတစ်ဝှမ်းရှိ အခြားသတင်းမီဒီယာတွေအပါအဝင် သတင်းစာ၊ ရေဒီယိုနှင့်ရုပ်မြင်သံကြားမီဒီယာတွေကနေ တွေ့ဆုံမေးမြန်းခဲ့တယ်။ သူဟာ အသက်လေးဆယ်နှစ်ရှိသူ ဇနီးသည်နှင့်အတူ ဝါရှင်တန်ဒီစီမြို့တော်နယ်မြေအတွင်းမှာ နေထိုင်ပြီး သူ့ရဲ့အရွယ်ရောက်ပြီးသူ ကလေးသုံးဦးတွေဟာလည်း ကမ္ဘာသိပုဂ္ဂိုလ်တွေဖြစ်လာကြတယ်။

အချိန်ပေးခြင်း၊ ထိတွေ့ခြင်းနှင့်စကားပြောခြင်း
P.O. Box 2315, Bowie, MD 20718
Tel. (301) 805-5155 / Fax (301) 805-0182

Email: TTT@TimeTouchandTalk.com
www.TimeTouchandTalk.com

၂၀၁၈ ခုနှစ် ဖေဖော်ဝါရီလတွင် စပိန်နိုင်ငံ၊ Barcelona အနီးရှိ Montserrat ကျောင်းတိုက်မှာ TTT စာအုပ်အတွက် ကောက်ကြောင်းကို ရေးသားခဲ့တယ်။ ဒီစာအုပ်ရေးနေစဉ်တွင် Montserrat Boys တွေရဲ့ဓမ္မတေးသံစုံကျူးအဖွဲ့ရဲ့အသံသွင်းခြင်းကိုလည်း တစ်နှစ်ကျော်ကြာ နားထောင်ခဲ့ရတယ်။

www.ingramcontent.com/pod-product-compliance
Lightning Source LLC
LaVergne TN
LVHW010427230826
846092LV00009BA/1079

* 9 7 9 8 9 8 7 0 2 6 0 2 1 *